KB215181

웨스트민스터 대요리문답 해설

구원과 삶에 관한 거의 모든 것

(개정판)

세움북스 는 기독교 가치관으로 교회와 성도를 건강하게 세우는 바른 책을 만들어 갑니다.

세움 클래식 **14**

웨스트민스터 대요리문답 해설(개정판)

구원과 삶에 관한 거의 모든 것

초 판 1쇄 발행 2021년 11월 20일
개정판 1쇄 발행 2024년 4월 15일

지은이 | 김태희
펴낸이 | 강인구

펴낸곳 | 세움북스
등 록 | 제 2014-000144호
주 소 | 서울 종로구 대학로19, 한국기독교회관 1010호
전 화 | 02-3144-3500
이메일 | cdgn@daum.net

디자인 | 참디자인

ISBN 979-11-93996-01-0 (03230)

세 움
클래식
1 4

| 개정판 |

웨스트민스터 대요리문답 해설

웨스트민스터 총회 지음 ㅣ 김태희 해설

COMMENTARY ON
WESTMINSTER
LARGER CATECHISM

"구원과 삶에 관한
거의 모든 것"

세움북스

제가 이 책을 쓸 수 있었던 것은 많은 사람의 기도와 사랑 때문입니다. 특히 송재홍 목사님과 정현주 사모님을 언급하지 않을 수 없습니다. 제가 고등학생일 때부터 저를 지도하셨던 송재홍 목사님은 SFC간사로 평생을 헌신하시다가, 지금은 군포에서 들꽃교회를 개척하여 모두에게 귀감이 되는 목회를 하고 계십니다. 강사 사례비를 모두 털어 저의 학비를 지원해 주시던 목사님의 모습, 제가 백혈병 진단을 받았을 때 서럽게 우시며 저를 안아 주시던 사모님의 모습은, 어렵고 힘든 시간마다 다시 일어설 수 있는 원동력이 됩니다. 이 책 《웨스트민스터 대요리문답 해설》을 송재홍 목사님과 정현주 사모님께 바칩니다.

차 례

제1부 · 구원에 관한 거의 모든 것

제2부 · 삶에 관한 거의 모든 것

추천사

Commentary on
Westminster Larger Catechism

1640년대에 영국 의회의 명령으로 런던 소재 웨스트민스터 사원에서 회집했던 청교도 신학자들과 평신도 지도자들은 장기간의 논의를 통해 웨스트민스터 표준문서들이라 불리는 신앙고백, 대·소요리문답, 그리고 예배모범 등을 제정하고 반포했습니다. 그들의 회의와 논의 과정은 다섯 권의 두터운 회의록(Minutes)으로 출간될 정도로 신중하고, 섬세하고, 치밀했습니다. 그러하기에 웨스트민스터 문서들은 칼뱅주의를 가장 잘 요약하고 해설해 준 것으로 정평이 나 있으며, 영미 장로교회와 한국 장로교회는 여전히 신앙의 표준문서로 수용하고 활용하고 있습니다. 그런데 소요리문답과 신앙고백에 비하자면, 196문답으로 된 대요리문답은 교회에서나 출판물에 있어 많은 홀대를 받아온 것이 역사적 사실입니다. 대요리문답은 문항도 많을 뿐 아니라, 답변의 내용이 자세하고 풍성하기에 청년들이나 장년 신자들의 신앙 교육에 아주 유익함에도 불구하고, 이러한 배움을 소홀히 여김은 한국 교회에도 손해라고 생각됩니다. 그런데 이번에 김태희 목사님이 집필하신 600쪽에 달하는《웨스트민스터 대요리문답 해설》을 살펴보니, 내용이 자세할 뿐 아니라 이해하기 쉽게 잘 설명이 되어 있어, 환영을 하고 적극적으로 추천을 하는 바입니다. 김 목사님은 앞서도 신앙고백 문서들과 관련하여 다양한 저술들을 출간한 바 있는, 이 분야에 베테랑 작가라고 할 수가 있습니다. 이 해설서와 더불어 웨스트민스터 대요리문답에 대한 열정이 조국 교회 내에 불같이 일어나기를 소망하는 바입니다.

_ **이상웅 교수** (총신대학교 신학대학원, 조직신학)

웨스트민스터 '대'(Larger)·'소'(Shorter) 요리문답(Catechism)은 웨스트민스터 신앙고백
(Confession)과 내용은 일치하지만, 구성에 있어서는 약간의 차이가 있습니다. 교회론
(62-69문답)이 대요리문답에는 있지만, 소요리문답에는 없고, '신앙과 회개'가 대요리
문답에는 '구원'(154문답)안에 포함되지만, 소요리문답은 따로 배치(86-87문답)합니다.
무엇보다도 신앙고백에는 '십계명'과 '주기도'가 없지만, 대·소요리문답에는 상세
하게 나옵니다. 그것은 신앙고백과 요리문답의 작성 목적과 관련이 있습니다. 요리
문답은 성도 개인의 삶을 위한 것입니다. 그러한 점에서 대·소요리문답은 '십계명
과 주기도문'이 강점입니다. 더구나 대요리문답은 십계명 해설이 상세하고 깁니다.
그 점이 대요리문답의 백미라고 할 수 있습니다. 잉글랜드에서는 당시 기독교가 국
교회였기 때문에 윤리적 문제가 더 강조되어야 했던 정황을 고려하면, 더욱 잘 이해
할 수 있습니다. 이렇게 귀한 대요리문답 해설서를 써 주신 존경하는 후배 김태희 목
사에게 감사를 드립니다. 성도들에게 소개할 수 있는 믿을 만한 책을 가지게 되어 정
말 기쁩니다.

_ **임경근 목사** (다우리교회 담임, 《교리와 함께하는 365 가정예배》 저자)

최근 몇 년 한국 교회에 교리에 관한 관심이 고조된 것은 매우 고무적인 일입니다. 그
러나 홍수 속의 가뭄이라는 말처럼, 정말 필요했던 것은 바로 웨스트민스터 대요리
문답(W.L.C)이었음에도 정작 이 W.L.C에 대한 교재나 해설서는 J.G. 보스와 G.I. 윌
리암슨의 해설 번역서를 제외하고는 전무 하다시피 하였습니다. 저는 교리문답과
관련해서 W.L.C를 모르는 것은 아직 요리문답을 모르는 것과 다름이 없다고 생각
합니다. 일찍이 B.B. 워필드가 안타까워했던 것처럼, W.L.C에 대한 가치는 현대에
와서도 정당한 평가를 받지 못하고 있음이 현실입니다. 그 탄생과 가치를 살펴보면
W.L.C에는 사도신경 주해가 **빠져** 있음을 알 수 있습니다. 사도신경이 성경처럼 영
감된 문서가 아니라는 이유에서였습니다. 이 문답은 좀 더 신앙이 성숙한 자들을 위
한 것으로 조지 길레스피는 "우유와 고기를 한 접시에 담아낼 수 없는 것"이라고 말
했습니다. 심지어 존 머레이는 제30-32문답의 은혜 언약은 웨스트민스터 신앙고백

서보다 더 나은 내용이라고 말하기까지 했고, 또 십계명 해설의 경우 전반적으로 칼뱅의 해설을 가져오고 있습니다. 특히 W.L.C의 교회론은 소요리문답이 거의 침묵하는 것과 대조를 이루고 있습니다.

한국 교회를 위해서 늘 필요한 책을 출간하고 있는 세움북스에서 《웨스트민스터 대요리문답 해설》을 내놓기 위한 수고를 해 주심에 감사를 드립니다. 또 이 해설서를 집필하기에 가장 적임자라 할 수 있는 김태희 목사님께서 집필해 주신 것도 감사 드립니다. 김태희 목사님은 이미 이 분야에 몇 권의 책을 집필하셨습니다. 새롭게 탄생한 《웨스트민스터 대요리문답 해설》은 문답의 내용을 전부 다루면서도 아주 중요한 부분들을 잘 요약 해설하고 있습니다. 그러므로 W.L.C를 강해하거나 교육하기를 원하는 분들에게는 더할 수 없는 좋은 길잡이가 될 것을 의심하지 않습니다. 이 책과 함께 한국 교회 강단이 더 풍성해질 것을 기대하며 즐거운 마음으로 추천하는 바입니다.

_ **임종구 목사** (대구 푸른초장교회 담임, 《기독교강요 핵심 강독 설교》 저자)

웨스트민스터 대요리문답에 대한 해설서는 한국만이 아니라 세계적으로도 매우 적습니다. 그러한 중에 김태희 목사가 다음과 같은 뛰어난 장점을 지닌 해설서를 내었기에 기쁨으로 추천합니다. 첫째, 웨스트민스터 신앙고백이나 소요리문답이나 대요리문답에 대한 해설서 대부분이 내용 중 상당 부분을 빠뜨리고 저자의 편리에 따라 취사 선택하여 해설하는 경향이 있는데, 이 책은 대요리문답의 모든 구절에 대한 설명을 담고 있습니다. 독자는 대요리문답이 담고 있는 모든 의미를 접하는 데 크게 도움을 받을 것입니다. 둘째, 신앙고백은 절대로 그 자체로써 의미가 있지 않고 성경의 모든 내용을 체계적으로 설명하는 데 큰 의미가 있습니다. 이 책은 관련 성경 구절에 근거하여 설명하고 있습니다. 이 해설서를 읽으면 대요리문답에 대한 지식만이 아니라 성경에 대한 넓고 깊은 이해에 이를 수 있습니다. 셋째, 이 책은 각 문답의 핵심된 설명만을 담아 경쾌하고 빠르게 진행합니다. 특히 바쁜 목회자가 적은 시간과 노력으로 대요리문답을 이해하여 성도를 가르치는 데 편리합니다. 넷째, 영어 원문을 참고하지 않아도 본래의 뜻을 이해하는 데 장애가 되지 않을 정도로 대요리문답의 번역이 잘 되었을 뿐만 아니라, 번역체 또한 영어식 표현이 아니라 한국어의 특성에 맞게 수려하게 잘 되어서 가독성이 좋습니다. 다섯째, 편집과 디자인이 잘 되어 대요리문답 본문과 해설이 명확하게 구분이 될 뿐만 아니라 이해하는 데 크게 도움이 됩니다.

_ **정요석 목사** (세움교회 담임, 《칼뱅주의 5대 교리 완전정복》 저자)

저자 김태희 목사님은 과거 《처음 시작하는 기독교강요》에서 보인 목회자적 작가의 내공을 이 책에서도 발휘합니다. 소요리문답서와 대요리문답서는 가정에서 아이들과 어른들을 교육하는 학습의 도구로서, 가장 쉽고 간결한 언어로 기독교의 진리 전체를 가르치기 위해 쓰였습니다. 그러나 기독교의 체계적인 진리를 처음 접하는 분들은 이러한 문답서도 낯설고 어렵게 느낍니다. 종합적인 교리에 대한 배움을 처음 시작하는 청년이나 어른에게 너무도 친절한 입문서로 기획된 이 책은, 대요리 문답들을 이해하기 쉽도록 설명합니다. 교회를 오래 다니고 성경에 대한 파편적인 지식이 있더라도, 여전히 기독교 진리의 교리적 토대가 약한 분들에게 이 책은 훌륭한 성인용 교리 교육 교재가 되리라고 생각합니다. 그룹이나 교사가 혹 없어도, 이 책을 읽기만 하면 선물처럼 기독교의 큰 그림이 마음에 그려질 것입니다. 교리문답 교육은 기독교에 대한 단편적인 지식의 한계를 극복하는 최고의 방법이고, 교회의 지적인 중산층의 허리를 튼실하게 만드는 최고의 비결입니다. 그 방법과 비결의 소유자가 되기를 바라는 마음으로 이 책의 일독을 추천합니다.

_ **한병수 교수** (전주대학교, 교의학, 《거인들의 예정》 저자)

서론 :
왜 〈웨스트민스터 대요리문답〉을
공부해야 하는가?

신앙고백서 교육의 필요성

신앙고백서 교육은 여러 시대에 걸쳐서 큰 반대를 받았습니다. 많은 사람들이 신앙고백서가 성경의 지위를 찬탈할 것을 우려했습니다. 그럼에도 불구하고 신앙고백서는 계속해서 자기 자리를 지켰습니다. 그 이유는 성경을 가르치는 것과 신앙고백서를 가르치는 것이 다르지 않기 때문입니다.

만약 모든 사람이 성경을 정확하게 이해할 수 있다면, 신앙고백서는 설 자리가 없을 것입니다. 만약 모든 사람이 성경을 오류 없이 이해할 수 있다면, 신앙고백서는 아무 필요가 없을 것입니다. 그러나 현실은 그렇지 않습니다. 사람들은 자기 기준에 따라서 말씀을 이해합니다. 똑같은 말씀을 어떤 사람은 이런 식으로, 어떤 사람은 저런 식으로 해석합니다.

그래서 교회는 하나님의 말씀을 정확한 문장으로 만들어서 가르쳐야 합니다. 그렇게 해서 신자들이 오류와 미신에 빠지지 않도록 해야 합니다. 바로 이것이 교회가 신앙고백서를 작성하는 이유입니다. 교회가 신앙고백서를 작성하는 목적은 하나님의 말씀을 대체하는 것이 아닙니다. 하나님의 말씀을 올바르게 가르치는 것입니다.

해마다 새로운 이단들이 등장합니다. 하지만 이단들의 주장 가운데 새로운 것은 거의 없습니다. 현대 이단들의 논리는 과거 이단들의 논리와 거의 일치합니다. 바로 이것이 신앙고백서가 필요한 현실적인 이유입니다. 신앙고백서는 거짓 교회들과 싸우는 과정에서 작성되었습니다. 그래서 신앙고백서에는 이단들의 논리를 반박할 수 있는 성경적 원리들이 담겨 있습니다. 현대 교회가 이단의 공격에 맥을 못 추는 것은 신앙고백서 교육을 게을리했기 때문입니다.

　신앙고백서는 모두가 동의하는 내용이어야 합니다. 그래서 신앙고백서는 교회의 회의를 통해 주로 작성되었습니다. 장로교회 역사에서 가장 유명하고, 또 중요한 회의는 웨스트민스터 총회입니다. 이 총회를 통해 웨스트민스터 대요리문답을 비롯한 웨스트민스터 문서들이 작성되었습니다.

웨스트민스터 총회

16세기에 대륙에서 시작된 종교개혁은 바다 건너 섬나라에서 전혀 다른 형태로 뿌리를 내렸습니다. 잉글랜드는 지도자에 의해 시작되어 아래로 전파되었지만, 스코틀랜드는 아래에서 시작되어 위로 전파되었습니다. 결과적으로 스코틀랜드 교회는 하나님만을 왕으로 섬기는 진정한 종교개혁을 이루었지만, 잉글랜드 교회는 왕을 머리로 삼는 기이한 종교개혁을 이루었습니다.

　잉글랜드 국왕이었던 제임스 1세와 그의 아들 찰스 1세는 스코틀랜드 교회를 못마땅하게 여겼습니다. 그들은 자신들의 권력이 교회에도 미치기를 원했습니다. 마침내 찰스 1세의 군대가 스코틀랜드를 침범했을 때, 스코틀랜드 교회는 종교의 자유를 수호하기 위해 궐기했습니다. 찰스 1세는 두 차례에 걸쳐 스코틀랜드를 공격했지만, 두 번 다 뜻을 이루지 못했습니다. 참된 신앙을 수호하기 위해 무기를 들었던 스코틀랜드 교회는 두 차례 모두 왕의 군대를 격퇴했습니다.

　모든 잉글랜드 신자들이 왕을 교회의 머리로 삼은 것은 아닙니다. 잉글랜드에도 하나님만을 왕으로 섬기는 순수한 신자들이 있었습니다. 동시대인들은 그들을 순수한 신자라는 뜻으로 '청교도'라고 불렀습니다. 잉글랜드의 청교도들은 무수한 시련 속에서도, 순수한 교회를 세우기 위해 노력했습니다.

　찰스 1세를 비롯한 잉글랜드 귀족들은 점차 종교개혁의 원리로부터 멀어졌습니다. 그들은 점점 교황주의에 가까워졌습니다. 마침내 청교도들이 깃발을 들었습니다. 찰스 1세를 따르는 왕당파와, 청교도가 중심이 된 의회파 사이에 전쟁이 벌어졌습니다. 이 전쟁을 '잉글랜드 내전'또는 '청교도 혁명'이라고 부릅니다.

　만약 왕당파가 승리한다면, 힘겹게 쟁취한 스코틀랜드 교회의 자유마저 사라질 수 있었습니다. 따라서 스코틀랜드 교회는 신앙의 자유를 위해 청교도 혁명에 동참했습니다. 당시 스코틀랜드 교회가 군대를 파병하는 조건은 스코틀랜드 교회와 잉글랜드 교회를 하나로 묶는 신앙고백서를 작성하는 일이었습니다.

두 교회의 연합을 위한 총회, 즉 웨스트민스터 총회는 1643년 7월 1일에 처음 소집되었습니다. 총회에 참석한 총대는 모두 151명으로, 각 지역을 대표하는 성직자가 121명이었고, 의회 의원이 30명이었습니다. 스코틀랜드에서 온 특사 8명은 회원권은 없는 대신 자문을 담당했습니다. 그렇게 1649년 2월 22일까지 모임을 계속했습니다. 참석자들은 총회가 강제로 해산되기까지 모두 1,163회의 회의를 개최했고, 그 기간은 정확하게 5년 6개월 21일이었습니다. 역사상 전무후무한 총회였습니다.

여기서 장로교회의 표준문서들이 작성되었습니다. 1645년에는 예배 모범, 1646년에는 장로교 정치, 1647년에는 웨스트민스터 신앙고백서, 1648년에는 웨스트민스터 대요리문답과 소요리문답이 각각 작성되었습니다.

웨스트민스터 신앙고백서 작업이 거의 마무리 되어 갈 때, 총회는 새로운 결정을 내렸습니다. 웨스트민스터 신앙고백서의 내용을 성도들에게 가르칠 수 있는 문답서를 만들기로 한 것입니다. 그 결정에 따라 대요리문답과 소요리문답이 각각 작성되었습니다. 대요리문답은 성숙한 신자들을 위한 것이었고, 소요리문답은 어린 신자들을 위한 것이었습니다. 그래서 대요리문답은 기독교 교리를 체계적이면서도 방대하게 담고 있고, 소요리문답은 기독교 교리를 핵심만 명료하게 담고 있습니다.

청교도들의 목표는 단순히 신앙고백서 하나를 작성하는 것이 아니었습니다. 그들은 순수한 교회를 건설하려고 했고, 교회들을 바른 신앙고백으로 연합시키려고 했습니다. 그리하여 모든 신자들이 하나님의 뜻대로 살아가고, 하나님만을 왕으로 섬기는 나라를 건설하기를 원했습니다. 그들은 분명 그런 원대한 꿈을 가진 자들이었습니다.

안타깝게도 청교도들이 품었던 꿈은 그 시대에 이루어지지 않았습니다. 청교도 혁명을 통해 시작된 웨스트민스터 총회, 웨스트민스터 총회를 통해 만들어진 웨스트민스터 신앙고백서는 얼마 가지 않아 잉글랜드 안에서 폐기되었습니다. 총회에 참석한 청교도들은 처형되거나 잉글랜드에서 추방당했습니다.

하지만 청교도들의 노력이 모두 수포로 돌아간 것은 아닙니다. 청교도들이 작성한 웨스트민스터 신앙고백서는, 곧바로 스코틀랜드와 아일랜드에서 공식적인 신앙고백으로 채택되었습니다. 그리고 신대륙으로 건너간 이주민들을 통하여 미국 장로교회와 호주 장로교회의 신앙고백이 되었습니다. 이후에는 장로교 선교사들을 통해

전 세계에 두루 퍼졌습니다. 그 결과 웨스트민스터 신앙고백서와 대소요리문답은 전 세계에 흩어진 장로교회들을 하나로 묶어주는 역할을 감당하게 되었습니다.

대요리문답 교육의 필요성

앞서 언급했듯이 대요리문답은 성숙한 신자들을 교육하기 위해 작성되었습니다. 그래서 대요리문답은 어린 신자용으로 작성된 소요리문답에 비해 기독교 교리를 훨씬 더 탁월하게 요약하고 있습니다. 역사상 대요리문답처럼 기독교 신앙을 구체적이고 균형있게 설명하는 문서는 찾아보기 어렵습니다.

대요리문답의 탁월성은 특히 십계명 해설에서 잘 드러납니다. 대요리문답에서 십계명을 다루는 문답은 59개나 됩니다. 비중으로 따지면 30%입니다. 그래서 웨스트민스터 신학교의 제3대 총장을 역임했던 고드프리 박사는, 대요리문답이 십계명을 완전하게 주해한다고까지 말했습니다.

대요리문답은 교회론도 풍성하게 설명합니다. 소요리문답에서 '교회'라는 단어는 한 번밖에 사용되지 않습니다. 전체에서 차지하는 비중도 0.9%밖에 되지 않습니다. 하지만 대요리문답에서 교회라는 단어는 26번 사용되고, 전체에서 차지하는 비중도 13.2%나 됩니다(J. G. 보스, G. I. 윌리암슨, 『웨스트민스터 대요리문답 강해』, 류근상·신호섭 옮김 [서울: 크리스챤출판사, 2007], 46.). 아마도 요리문답을 작성했던 사람들은 소요리문답에서 미진하게 다루었던 부분들을 대요리문답을 통해 보충하고자 했던 것 같습니다.

대요리문답에서 좀 더 풍성하게 다루어지는 주제는 교회론만이 아닙니다. 대요리문답은 소요리문답에서 간략하게 다루고 있는 은혜의 방편을 훨씬 상세하게 설명합니다. 말씀과 기도가 은혜의 방편으로써 가지고 있는 역할뿐만 아니라, 성찬과 세례에 대해서도 훨씬 구체적으로 설명합니다.

웨스트민스터 총회가 작성한 세 가지 문서, 신앙고백서와 대·소요리문답은 교회 역사상 가장 위대한 보물이라고 해도 과언이 아닙니다. 교회가 이 문서들을 멀리하는 것은 심각한 질병에 걸린 사람이 치료약을 두고도 복용하지 않는 것과 같습니다. 특히 소요리문답보다 더욱 풍성한 진리를 담고 있는 대요리문답을 공부하는 일은 아무리 강조해도 지나치지 않습니다.

PART 1 구원에 관한 거의 모든 것

COMMENTARY ON
WESTMINSTER
LARGER CATECHISM

제1문 사람의 첫째 되고 가장 높은 목적은 무엇입니까?

답: 사람의 첫째 되고 가장 높은 목적은 하나님을 영화롭게 하고, 그분을 영원토록 온전히 즐거워하는 것입니다.

1. 사람의 첫째 되고 가장 높은 목적은 하나님을 영화롭게 하고,

> 그런즉 너희가 먹든지 마시든지 무엇을 하든지 다 하나님의 영광을 위하여 하라(고전 10:31)
> 오라 우리가 굽혀 경배하며 우리를 지으신 여호와 앞에 무릎을 꿇자 그는 우리의 하나님이시요 우리는 그가 기르시는 백성이며 그의 손이 돌보시는 양이기 때문이라(시 95:6-7)
> 너희 자신의 것이 아니라 값으로 산 것이 되었으니 그런즉 너희 몸으로 하나님께 영광을 돌리라(고전 6:19-20)

인간에게는 두 종류의 목적이 있습니다. 하나는 첫째 되는 목적, 즉 근본적인 목적이고, 또 하나는 부차적인 목적입니다. 예를 들어 설명해 보겠습니다. 아버지들이 매일 출근하는 목적은 무엇일까요? 돈을 벌고 가족을 부양하기 위해서일 것입니다. 어머니들이 매일 식사를 준비하는 목적은 무엇일까요? 맛있고 영양가 있는 밥을 가족들에게 제공하기 위해서일 것입니다. 자녀들이 학교에 가는 목적은 무엇일까요? 공부하고 지식을 쌓기 위해서일 것입니다.

그런데 이런 목적은 '근본적인 목적'이 될 수 없습니다. 성경이 우리에게 "무슨 일을 하든지 하나님의 영광을 위하여 하라"라고 말하고 있기 때문입니다(고전 10:31). 따라서 하나님의 영광만이 근본적인 목적이며, 그 외에는 모두 다 부차적인 목적입니다.

하나님의 영광만을 "첫째 되고 가장 높은 목적"으로 삼아야 하는 이유는 무엇일까요? 첫째, 하나님께서 우리를 지으셨기 때문입니다(시 95:6-7). 우리가 하나님의 피조물이라면 하나님께만 영광을 돌리는 것이 마땅합니다. 둘째, 하나님께서 우리를 구원하셨기 때문입니다(고전 6:19-20). 하나님께서 우리의 구원을 위해 자기 아들을 대속 제물로 바치셨음을 믿는다면, 이제 남은 생은 하나님의 영광을 위해서만 사는 것이 당연합니다.

2. 그분을 영원토록 온전히 즐거워하는 것입니다.

> 주의 앞에는 충만한 기쁨이 있고 주의 오른쪽에는 영원한 즐거움이 있나이다(시 16:11)
> 주의 집에 사는 자들은 복이 있나니 그들이 항상 주를 찬송하리이다(시 84:4)
> 여호와여 주의 얼굴을 들어 우리에게 비추소서 주께서 내 마음에 두신 기쁨은 그들의 곡식과 새 포도주가 풍성할 때보다 더하니이다 내가 평안히 눕고 자기도 하리니 나를 안전히 살게 하시는 이는 오직 여호와이시니이다(시 4:6-8)

이쯤 되면 불안한 마음이 생길 것입니다. 하나님의 영광을 위해서만 살아야 한다면, 인생이 괴롭지 않을까 하는 것이지요. 모든 즐거움을 끊고 고행에 전념하는 수도사가 떠오르기 마련입니다. 하지만 불안해할 필요 없습니다. 하나님의 영광을 위해 사는 삶이 가장 행복한 삶이기 때문입니다.

시편 16편 기자는 주님께 충만한 기쁨과 영원한 즐거움이 있다고 노래했습니다. 시편 84편 기자는 주의 집에 사는 자들에게 복이 있다고 노래했고, 시편 4편 기자는 주님께서 주시는 기쁨이 세상의 성공이 주는 기쁨보다 더 크다고 노래했습니다.

솔로몬의 고백 역시 중요한 증거입니다. "내가 나를 위하여 집들을 짓고 포도원을 일구며 여러 동산과 과원을 만들고 그 가운데에 각종 과목을 심었으며 나를 위하여 수목을 기르는 삼림에 물을 주기 위하여 못들을 팠으며 … 은 금과 왕들이 소유한 보배와 여러 지방의 보배를 나를 위하여 쌓고 또 노래하는 남녀들과 인생들이 기뻐하는 처첩들을 많이 두었노라"(전 2:4-8)

솔로몬은 집을 짓고 포도원을 일구고 저수지를 만들었습니다. 그런데 하나님이 아니라 자기 자신을 위해서 했습니다. 그 결과 솔로몬의 고백은 이렇게 끝납니다. "그 후에 내가 생각해 본즉 내 손으로 한 모든 일과 내가 수고한 모든 것이 다 헛되어 바람을 잡는 것이며 해 아래에서 무익한 것이로다"(전 2:11)

솔로몬의 삶에 허무와 탄식이 가득했던 이유는, 하나님의 영광을 위해서 살지 않앗기 때문입니다. 그러므로 우리는 삶의 목적을 분명히 해야 합니다. 하나님의 영광을 위해서 살고, 그것을 가장 큰 즐거움으로 삼아야 합니다. 그것이 바로 우리가 존재하는 "첫째 되고 가장 높은 목적"입니다.

제2문 하나님이 계시다는 사실은 어떻게 알 수 있습니까?

답: 사람 안에 있는 본성의 참된 빛과 그분이 하신 일들이 하나님이 계시다는 사실을 분명하게 선포합니다. 그러나 사람의 구원을 위하여서는 하나님의 말씀과 성령만이 사람들에게 하나님을 충분하고 효과적으로 계시하십니다.

1. 사람 안에 있는 본성의 참된 빛과 그분이 하신 일들이 하나님이 계시다는 사실을 분명하게 선포합니다.

> 이는 하나님을 알 만한 것이 그들 속에 보임이라 하나님께서 이를 그들에게 보이셨느니라(롬 1:19)
> 하늘이 하나님의 영광을 선포하고 궁창이 그의 손으로 하신 일을 나타내는도다(시 19:1)

하나님은 자신을 숨기지 않으십니다. 크게 두 가지 방법으로 자신을 나타내십니다. 한 가지는 보편적인 방법이고, 또 한 가지는 특별한 방법입니다. 흔히 보편적인 방법을 자연계시, 특별한 방법을 특별계시라고 합니다.

먼저 자연계시를 살펴보겠습니다. 자연계시에는 크게 두 종류가 있습니다. 하나는 "본성의 빛"이고, 다른 하나는 "그분이 하신 일들"입니다. 본성의 빛이란, 사람의 마음속에 심겨진 종교의 씨앗입니다. 바울은 이것을 두고 하나님을 알만한 것이 사람의 마음속에 있다고 했습니다(롬 1:19).

"그분이 하신 일들"은 피조 세계에 드리워진 창조주의 흔적입니다. 예를 들어, 우주의 별들은 저마다 일정한 규칙과 질서를 가지고 있습니다. 수많은 별이 조화를 유지하는 것을 볼 때, 우주를 설계하신 창조주의 존재를 의심하기란 불가능합니다. 그래서 시편 기자는 "하늘이 하나님의 영광을 선포"한다고 노래했습니다(시 19:1).

하지만 자연계시만으로는 하나님을 충분히 알 수 없습니다. 창조주가 존재한다는 정도의 지식은 가질 수 있을지라도, 구원을 얻기에 필요한 지식은 가질 수 없습니다. 아담의 범죄와 타락으로 인해 본성의 빛이 훼손되었기 때문입니다.

2. 그러나 사람의 구원을 위하여서는 하나님의 말씀과 성령만이 사람들에게 하나님을 충분하고 효과적으로 계시합니다.

오직 하나님이 성령으로 이것을 우리에게 보이셨으니 성령은 모든 것 곧 하나님의 깊은 것까지도 통달하시느니라(고전 2:10)

그러나 진리의 성령이 오시면 그가 너희를 모든 진리 가운데로 인도하시리니 그가 스스로 말하지 않고 오직 들은 것을 말하며 장래 일을 너희에게 알리시리라(요 16:13)

성경은 능히 너로 하여금 그리스도 예수 안에 있는 믿음으로 말미암아 구원에 이르는 지혜가 있게 하느니라(딤후 3:15)

자신의 능력만으로 하나님을 충분히 알 수 있는 사람은 없습니다. 아담의 범죄와 타락으로 인해 본성의 빛이 훼손되었기 때문입니다. 그래서 특별계시가 필요합니다. 첫 번째 특별계시는 성령님입니다(고전 2:10). 하나님의 깊은 것까지 통달하신 성령님께서 우리가 하나님을 알 수 있도록 도우십니다. 그런데, 성령님은 스스로 말씀하시지 않습니다(요 16:13). 두 번째 특별계시인 성경을 사용하십니다(딤후 3:15). 그래서 성령님과 성경은 반드시 함께해야 합니다. 성령님은 성경 없이 계시하시지 않고, 성경은 성령님의 도움 없이 이해할 수 없습니다.

답: 구약과 신약 성경이 하나님의 말씀이며, 믿음과 순종의 유일한 법칙입니다.

1. 구약과 신약 성경이 하나님의 말씀이며,

> <u>모든 성경은 하나님의 감동으로 된 것으로</u> 교훈과 책망과 바르게 함과 의로 교육하기에
> 유익하니(딤후 3:16)
> 먼저 알 것은 성경의 모든 예언은 사사로이 풀 것이 아니니 예언은 언제든지 사람의 뜻
> 으로 낸 것이 아니요 <u>오직 성령의 감동하심을 받은 사람들이</u> 하나님께 받아 말한 것임이
> 라(벧후 1:20-21)

66권의 신·구약 성경은 약 40명의 저자에 의해 기록되었습니다. 그럼에도 우리는 사람의 말이 아니라, 하나님의 말씀으로 믿습니다. 성경의 내용이 사람의 창작이 아니라, "하나님의 감동"에 근거하고 있기 때문입니다. "하나님의 감동"으로 번역된 헬라어는 '데오프뉴스토스'입니다. '하나님'을 뜻하는 '데오스'와 '숨결'을 뜻하는 '프네오'가 결합된 단어입니다. 즉 "하나님의 감동"이란 하나님의 숨결이 부어졌다는 뜻으로서, 성령님께서 인간 저자들에게 신령한 영향을 미쳤다는 뜻입니다. 이것을 '성경의 영감'이라고 합니다.

베드로후서 1장 21절은 성경 영감설의 중요한 근거가 되지만 오해의 여지도 있습니다. 어떤 사람들은 이 말씀을 근거로 '기계적 영감설'을 주장합니다. 기계적 영감설이란, 하나님께서 성경을 기록하실 때 성경 저자들의 정신 활동을 정지시키셨다는 것입니다. 그래서 성경 저자들은 하나님의 말씀을 기계적으로 받아 쓴 타자기에 불과하다는 주장입니다.

이것은 올바른 주장이 아닙니다. 성경에는 인간 저자들의 다양한 경험과 지식이 반영되어 있기 때문입니다. 그래서 올바른 교회는 '유기적 영감설'을 지지합니다. 하

나님께서 성경을 기록하실 때, 인간 저자들의 경험과 지식을 최대한 활용하셨다는 설명입니다. 성경은 성령님의 감동하심을 입은 인간 저자의 글이면서, 동시에 한 치의 오류도 없는 하나님의 말씀입니다.

2. 믿음과 순종의 유일한 법칙입니다.

> 우리나 혹은 하늘로부터 온 천사라도 우리가 너희에게 전한 복음 외에 <u>다른 복음을 전하면 저주를 받을지어다</u> 우리가 전에 말하였거니와 내가 지금 다시 말하노니 만일 누구든지 너희가 받은 것 외에 다른 복음을 전하면 저주를 받을지어다(갈 1:8-9)
> 마땅히 율법과 증거의 말씀을 따를지니 <u>그들이 말하는 바가 이 말씀에 맞지 아니하면 그들이 정녕 아침 빛을 보지 못하고</u>(사 8:20)

바울은 이미 기록된 성경 외에, 다른 것을 성경처럼 주장하는 자는 저주를 받을 것이라고 경고했습니다(갈 1:8). 성경만이 유일한 믿음의 법칙이기 때문입니다. 이사야 선지자는 하나님의 말씀대로 살지 않으면 엄중한 심판이 있을 것이라고 경고했습니다(사 8:20). 성경만이 유일한 순종의 법칙이기 때문입니다. 우리는 성경에서만 하나님을 영화롭게 하는 방법을 찾아야 합니다. 성경대로 믿어야 하며, 성경대로 살아야 합니다. 그렇지 않고서는 하나님을 영화롭게 할 수 없습니다.

역사적으로 크게 두 가지가 성경의 권위를 훼손했습니다. 첫째, 교회의 전통입니다. 예를 들어, 로마 가톨릭교회는 교회의 전통을 하나님의 말씀처럼 생각합니다. 교회가 공적으로 선포한 가르침을 오류가 없는 진리로 여깁니다. 이것은 올바른 태도가 아닙니다. 교회의 전통이 성경과 동등한 권위를 가질 수는 없기 때문입니다.

둘째, '직통 계시'입니다. 구약 시대에는 66권의 정경이 완성되지 않았으므로, 하나님께서 꿈과 환상을 통해서 직접 계시하셨습니다. 그러나 지금은 66권의 정경이 완성되었으므로 성경을 통해서 계시하십니다. 따라서 자신을 선지자나 사도와 동등하게 여기는 사람은 거짓 선지자에 불과합니다.

제4문 성경이 하나님의 말씀인 것을 어떻게 알 수 있습니까?

답: 성경은 그 자체의 존엄성과 순결성, 모든 부분의 일치, 하나님께 모든 영광을 돌리는 성경 전체의 의도, 그리고 죄인들을 자각하여 회개하게 만들고, 신자들을 위로하고 격려하여 구원에 이르게 하는 그 자체의 빛과 능력으로써 스스로 하나님의 말씀인 것을 나타냅니다. 그러나 성경에 의해, 성경과 함께 사람의 마음에 증거하시는 하나님의 성령만이 성경이 참으로 하나님의 말씀인 것을 완전히 납득시킬 수 있습니다.

1. 성경은 그 자체의 존엄성과

> 우리가 온전한 자들 중에서는 지혜를 말하노니 이는 이 세상의 지혜가 아니요 또 이 세상에서 없어질 통치자들의 지혜도 아니요 오직 은밀한 가운데 있는 <u>하나님의 지혜를</u> 말하는 것으로서(고전 2:6-7)

성경이 하나님의 말씀이라는 증거는, 성경이 가지고 있는 '존엄성'입니다. 존엄하다는 것은 함부로 범할 수 없이 높고 엄숙하다는 뜻입니다. 그래서 바울은 성경을 이 세상의 지혜가 아니라 하나님의 지혜라고 말했습니다(고전 2:6-7).

2. 순결성,

> <u>여호와의 말씀은 순결함이여</u> 흙 도가니에 일곱 번 단련한 은 같도다(시 12:6)

시편 12편 기자의 고백처럼 성경은 순결합니다. 성경에는 오류가 전혀 없고, 불결한 것은 흔적조차 찾을 수 없습니다. 간혹 이해할 수 없는 사건들이 보이기도 합니다. 예를 들어 사사기가 그러합니다. 끝없는 타락과 불순종으로 가득합니다. 심지어 첩의 시체를 조각내는 끔찍한 사건도 기록되어 있습니다(삿 19:29). 하지만 이런 말씀들조차, 선한 능력을 담고 있습니다. 우리의 죄를 깨닫게 하여, 결국에는 하나님께 영광이 됩니다. 그러므로 성경은 수차례 단련한 은과 같이 순결합니다.

3. 모든 부분의 일치,

> 이에 모세와 모든 선지자의 글로 시작하여 <u>모든 성경에 쓴 바 자기에 관한 것을</u> 자세히 설명하시니라(눅 24:27)

예수님은 한두 권의 성경이 아니라, 모든 성경을 근거로 자신에 관해 설명하셨습니다(눅 24:27). 예수님이 성경 전체의 일관된 주제입니다. 성경은 대략 1400년 동안, 40여 명의 저자들에 의해 기록되었습니다. 이렇게 오랜 시간 동안, 이렇게 많은 사람이 기록하였는데, 어떻게 일관된 주제를 가질 수 있을까요? 하나님께서 성경의 1차 저자이시기 때문입니다. 하나님께서 쓰시지 않았다면 있을 수 없는 결과입니다. 66권의 성경이 일관되게 예수님에 대해 말하고 있다는 것은 성경이 하나님의 말씀이라는 증거입니다.

4. 하나님께 모든 영광을 돌리는 성경 전체의 의도,

> 지혜로우신 하나님께 예수 그리스도로 말미암아 <u>영광이 세세무궁하도록 있을지어다</u> 아멘(롬 16:27)

66권의 성경이 일관되게 예수님을 말하는 이유는 무엇일까요? '예수'라는 복음을 통해 하나님께 영광을 돌리기 위함입니다. 하나님의 영광, 바로 이것이 성경이 가지고 있는 궁극적인 목적입니다. 이처럼 성경에는 인간적인 것이 전혀 없습니다. 하나님의 영광만 충만합니다. 하나님의 말씀이기 때문입니다.

5. 그리고 죄인들을 자각하여 회개하게 만들고, 신자들을 위로하고 격려하여 구원에 이르게 하는 그 자체의 빛과 능력으로써 스스로 하나님의 말씀인 것을 나타냅니다.

> 하나님의 말씀은 살아 있고 활력이 있어 좌우에 날선 어떤 검보다도 예리하여 혼과 영과 및 관절과 골수를 찔러 쪼개기까지 하며 또 마음의 생각과 뜻을 판단하나니(히 4:12)
> 무엇이든지 전에 기록된 바는 우리의 교훈을 위하여 기록된 것이니 우리로 하여금 인내로 또는 성경의 위로로 소망을 가지게 함이니라(롬 15:4)
> 지금 내가 여러분을 주와 및 그 은혜의 말씀에 부탁하노니 그 말씀이 여러분을 능히 든든히 세우사 거룩하게 하심을 입은 모든 자 가운데 기업이 있게 하시리라(행 20:32)

성경은 사람의 마음을 흔들어 죄를 자백하게 합니다(히 4:12). 성경은 우리를 위로하여 소망을 가지게 합니다(롬 15:4). 성경은 성도의 믿음을 든든히 세웁니다(행 20:32). 어떻게 이런 일이 가능할까요? 성경이 하나님의 말씀이기 때문입니다.

6. 그러나 성경에 의해, 성경과 함께 사람의 마음에 증거하시는 하나님의 성령만이 성경이 참으로 하나님의 말씀인 것을 완전히 납득시킬 수 있습니다.

> 내가 아직도 너희에게 이를 것이 많으나 지금은 너희가 감당하지 못하리라(요 16:12)
> 그러나 진리의 성령이 오시면 그가 너희를 모든 진리 가운데로 인도하시리니 그가 스스로 말하지 않고 오직 들은 것을 말하며 장래 일을 너희에게 알리시리라(요 16:13)
> 너희는 거룩하신 자에게서 기름 부음을 받고 모든 것을 아느니라(요일 2:20)

우리의 능력으로는 성경의 깊은 진리를 알 수 없습니다. 예수님께서 제자들에게 "지금은 너희가 감당하지 못하리라"라고 말씀하신 것도 바로 그런 이유 때문입니다(요 16:12). 그래서 성령님의 도움이 필요합니다(요 16:13). 성령님이 우리와 함께 하시면, 성경이 하나님의 말씀인 것을 깨닫게 됩니다(요일 2:20).

제5문 성경은 주로 무엇을 가르칩니까?

답: 성경은 주로 사람이 하나님에 관하여 믿어야 할 것과 하나님께서 사람에게 요구하시는 의무를 가르칩니다.

1. 성경은 주로 사람이 하나님에 관하여 믿어야 할 것과

> 성경은 능히 너로 하여금 그리스도 예수 안에 있는 믿음으로 말미암아 <u>구원에 이르는 지</u>혜가 있게 하느니라(딤후 3:15)

성경은 하나님에 관한 모든 것을 기록한 책이 아닙니다. 하나님에 관한 모든 것을 기록하려면, 온 우주를 사용해도 모자랍니다. 하나님은 무한하시지만, 세상은 유한하기 때문입니다. 그렇다고 성경이 부족한 것은 아닙니다. 성경이 하나님에 관한 모든 것을 말하지는 않을지라도, 구원을 위해 필요한 것은 충분하게 제공하기 때문입니다(딤후 3:15). 성경에는 구원에 이르는 지혜가 부족함 없이 담겨 있습니다.

2. 하나님께서 사람에게 요구하시는 의무를 가르칩니다.

> 모든 성경은 하나님의 감동으로 된 것으로 <u>교훈과 책망과 바르게 함과 의로 교육하기에 유익하니</u> 이는 하나님의 사람으로 온전하게 하며 모든 선한 일을 행할 능력을 갖추게 하려 함이라(딤후 3:16-17)

하나님은 우리의 창조주요, 구원자이십니다. 그래서 우리는 하나님께서 요구하시는 대로 살아야 합니다. 그것이 우리의 의무입니다. 바로 이것이 성경을 봐야 할 이유입니다. 성경 외에 그 어디에서도 하나님께서 요구하시는 본분을 찾을 수 없습니다. 성경만이 하나님의 감동으로 기록된 하나님의 말씀입니다. 성경만이 교훈과 책망과 바르게 함과 의로 교육함의 유일한 기준입니다(딤후 3:16-17).

제6문 성경은 하나님에 대하여 무엇을 알려 줍니까?

답: 성경은 하나님께서 어떤 분이신지와 한 신격 안에 있는 위격들과 하나님의 작정과 하나님께서 그 작정들을 어떻게 이루시는지를 알려 줍니다.

1. 성경은 하나님께서 어떤 분이신지와

> 하나님은 영이시니 예배하는 자가 영과 진리로 예배할지니라(요 4:24)
> 하나님이 모세에게 이르시되 나는 스스로 있는 자이니라(출 3:14)

성경에 나타난 하나님의 계시에는 중요한 특징이 있습니다. 설득이 아니라 선포의 형식을 취한다는 점입니다. 하나님은 자신의 존재를 설득하지 않으십니다. 왜 자신이 '영'으로 존재하는지, 왜 자신이 "스스로 있는 자"인지, 우리를 설득하시지 않습니다. 대신 자신이 그런 존재임을 선포하십니다. 그런 점에서 우리의 역할은 자명합니다. 믿는 것입니다. 이해되지 않는 부분이 혹 있더라도 하나님의 말씀을 신뢰하는 것입니다. 바로 이것이 성경을 대하는 성도의 자세입니다. 이런 마음가짐 없이는 그 누구도 성경을 제대로 이해할 수 없습니다.

2. 한 신격 안에 있는 위격들과

> 그러므로 너희는 가서 모든 민족을 제자로 삼아 아버지와 아들과 성령의 이름으로 세례를 베풀고(마 28:19)
> 주 예수 그리스도의 은혜와 하나님의 사랑과 성령의 교통하심이 너희 무리와 함께 있을지어다(고후 13:13)

성경에서의 하나님이 다른 (거짓)신들과 구분되는 가장 큰 특징은 삼위일체로 존재하신다는 점입니다. 성경은 '한 하나님'을 믿으라고 선포하는 동시에, '삼위 하나님'에 대해서 말합니다. 만약 우리가 단일하신 하나님만 알고, 각각 구별되는 삼위 하나님을 알지 못한다면, 하나님을 전혀 모르는 것이나 마찬가지입니다.

3. 하나님의 작정과

> 모든 일을 <u>그의 뜻의 결정대로 일하시는 이</u>의 계획을 따라 우리가 예정을 입어 그 안에서 기업이 되었으니(엡 1:11)
> 내가 시초부터 종말을 알리며 <u>아직 이루지 아니한 일을 옛적부터 보이고</u> 이르기를 나의 뜻이 설 것이니 내가 나의 모든 기뻐하는 것을 이루리라 하였노라(사 46:10)

하나님은 충동적으로 일하시지 않습니다. 철저히 계획적입니다. 하나님은 먼저 뜻을 세우시고, 그 뜻대로 일하십니다(엡 1:11). 하나님은 먼저 계획하시고, 그 계획을 이루십니다(사 46:10). 이것을 하나님의 작정이라고 합니다. 하나님은 작정하시고, 이루십니다. 성경은 이것을 보여 주는 책입니다.

4. 하나님께서 그 작정들을 어떻게 이루시는지를 알려 줍니다.

> 과연 헤롯과 본디오 빌라도는 이방인과 이스라엘 백성과 합세하여 하나님께서 기름 부으신 거룩한 종 예수를 거슬러 <u>하나님의 권능과 뜻대로 이루려고 예정하신 그것을</u> 행하려고 이 성에 모였나이다(행 4:27-28)

성경은 예언의 책인 동시에, 성취의 책입니다. 하나님의 작정이 어떻게 성취되는지를 살펴보는 것은 매우 흥미롭고 은혜로운 일입니다. 예수님의 십자가 사건이 대표적입니다. 작정과 성취의 관점에서 보지 않으면 예수님의 십자가는 끔찍한 사건일 뿐입니다. 하지만 작정과 성취의 관점에서 보면, 그 사건 역시 하나님의 섭리임을 알 수 있습니다. 성경은 헤롯과 빌라도의 행동조차 하나님의 섭리 안에 있었다고 말합니다(행 4:27-28). 그들도 하나님의 작정을 이루는 도구에 불과했습니다. 이처럼 성경은 하나님께서 작정을 어떻게 이루시는지를 알려 줍니다.

제7문 하나님은 어떤 분이십니까?

답: 하나님은 영이시며, 존재와 영광과 복되심과 완전하심이 그분 자신 안에서 그리고 그분 스스로 무한하십니다. 그래서 하나님은 자족하시며, 영원하시며, 불변하시며, 불가해하시며, 어디든지 계시며, 전능하시며, 모든 것을 아십니다. 또한 하나님은 지극히 지혜로우시며, 지극히 거룩하시며, 지극히 의로우시며, 지극히 자비로우시며, 은혜로우시며, 오래 참으시며, 선하심과 진실하심이 풍성하십니다.

1. 하나님은 영이시며,

> <u>하나님은 영이시니</u> 예배하는 자가 영과 진리로 예배할지니라(요 4:24)

하나님이 '영'이시라는 것은 물질적인 몸을 가지고 있지 않다는 뜻입니다. 인간은 물질적인 몸이 있어야 존재할 수 있지만, 하나님은 물질적인 몸이 없어도 존재하십니다. 그래서 인간은 몸이 있는 곳에만 존재하지만, 하나님은 어디에나 계십니다. 이것이 바로 어디서나 하나님을 예배할 수 있는 이유입니다(요 4:24).

2. 존재와

> <u>하나님이 참으로 땅에 거하시리이까</u> 하늘과 하늘들의 하늘이라도 주를 용납하지 못하겠거든 하물며 내가 건축한 이 성전이오리이까(왕상 8:27)

고대인들은 신을 위해서 성전을 지었습니다. 자신들이 믿는 신이 그 성전 안에 산다고 믿었습니다. 솔로몬 역시 하나님을 위해 성전을 지었지만, 하나님께서 그 성전 안에만 계시다고 믿지는 않았습니다(왕상 8:27). 하나님의 존재가 무한함을 알았기 때문입니다.

3. 영광과

> 여호와여 신 중에 주와 같은 자가 누구니이까 주와 같이 거룩함으로 <u>영광스러우며</u> 찬송할 만한 위엄이 있으며 기이한 일을 행하는 자가 누구니이까(출 15:11)

'영광'으로 번역된 히브리어는 '아다르'입니다. '크다' 또는 '장엄하다'는 뜻입니다. 하나님의 영광이 무한하다는 것은 누구와도 비교할 수 없는 '큰 지위'와 '큰 명예'를 가지고 있다는 뜻입니다.

4. 복되심과

> <u>하나님은 복되시고</u> 유일하신 주권자이시며 만왕의 왕이시며 만주의 주시오(딤전 6:15)

하나님은 복된 존재이십니다(딤전 6:15). '복'으로 번역된 헬라어는 '마카리오스'입니다. '최고의 복' 또는 '행복한'이라는 뜻입니다. 따라서 하나님이 복된 존재라는 것은 하나님이 가장 행복한 상태, 최고의 안식을 누리는 상태로 존재하신다는 뜻입니다.

5. 완전하심이 그분 안에서 그리고 그분 스스로 무한하십니다.

> 하늘에 계신 너희 아버지의 <u>온전하심과 같이</u> 너희도 온전하라(마 5:48)

하나님은 온전한 분이십니다(마 5:48). '온전함'으로 번역된 헬라어는 '텔레이오스'입니다. 정신적이고 도덕적인 면에서 완전한 상태를 뜻합니다. 따라서 하나님께서 온전하시다는 것은 하나님께서 더이상 성숙할 수 없는 최상의 상태로 존재하신다는 뜻입니다.

6. 그래서 하나님은 자족하시며,

> 누가 주께 먼저 드려서 갚으심을 받겠느냐 이는 만물이 주에게서 나오고 주로 말미암고
> 주에게로 돌아감이라 그에게 영광이 세세에 있을지어다 아멘(롬 11:35-36)

모든 만물은 하나님께 의존하고 있습니다(롬 11:35-36). 하나님께서 존재하시지 않는
다면 아무것도 존재할 수 없습니다. 그러나 하나님은 반대입니다. 하나님은 누군가
에게 의존하시지 않습니다. 하나님은 어떤 필요가 채워져야만 존재하는 분이 아닙니
다. 하나님은 자족하는 분이십니다.

7. 영원하시며,

> 산이 생기기 전, 땅과 세계도 주께서 조성하시기 전 곧 영원부터 영원까지 주는 하나님이
> 시니이다(시 90:2)

하나님은 영원한 분이십니다(시 90:2). '영원'은 시작과 끝이 없는 상태, 시간의 제약을
받지 않는 상태를 말합니다. 예를 들어, 구원받은 성도들이 천국에서 영원히 산다는
것은 오래오래 산다는 의미가 아니라, 시간을 초월하여 산다는 뜻입니다. 모든 만물
은 처음과 마지막, 시작과 끝, 태어남과 죽음이 있습니다. 시간의 제약 속에 있기 때
문입니다. 하지만 하나님은 원래부터 계셨고, 앞으로도 그럴 것입니다. 그분은 영원
한 분이시기 때문입니다.

8. 불변하시며,

> 온갖 좋은 은사와 온전한 선물이 다 위로부터 빛들의 아버지께로부터 내려오나니 그는
> 변함도 없으시고 회전하는 그림자도 없으시니라(약 1:17)

하나님은 불변하는 분이십니다(약 1:17). 인간은 늙거나 병이 드는 형태로 본질이 변합
니다. 상황에 따라서 성격도 변합니다. 하지만 하나님은 어떤 식으로든 변하지 않으
십니다.

하나님의 불변하심에는 언약적인 의미도 있습니다. 하나님은 언약을 이행함에 있

어서 불변하십니다. 변덕스럽지 않고 신실하십니다. 하나님의 성품이 변덕스럽다면, 누구도 자신의 구원을 장담할 수 없습니다. 구원하겠다는 약속을 언제 바꾸실지 알 수 없기 때문입니다. 그러나 하나님은 불변하시기에, 우리는 우리의 구원을 의심하지 않습니다.

9. 불가해하시며,

> 여호와는 위대하시니 크게 찬양할 것이라 그의 위대하심을 <u>측량하지 못하리로다</u>(시 145:3)

하나님은 불가해한 분이십니다(시 145:3). 아무도 하나님을 다 이해할 수 없습니다. 하나님은 무한하신 데 반해, 인간은 유한하기 때문입니다. 그래서 시편 기자는 하나님의 위대하심을 측량할 수 없다고 노래했습니다.

10. 어디든지 계시며,

> 내가 주의 영을 떠나 어디로 가며 주의 앞에서 어디로 피하리이까 <u>내가 하늘에 올라갈지라도 거기 계시며 스올에 내 자리를 펼지라도 거기 계시니이다</u>(시 139:7-8)

하나님은 어디에나 계신 분이십니다(시 139:7-8). 하나님은 땅끝에도 계시고, 하늘 끝에도 계십니다. 사실 하나님께서 어디에나 계신 것이 아니라, 온 세상이 하나님 안에 있는 것입니다. 하나님께서 만물을 창조하셨기 때문입니다.

11. 전능하시며,

> 아브람이 구십구 세 때에 여호와께서 아브람에게 나타나서 그에게 이르시되 <u>나는 전능한 하나님이라</u> 너는 내 앞에서 행하여 완전하라(창 17:1)

하나님은 전능한 분이십니다(창 17:1). 하나님의 전능하심을 가장 잘 보여 주는 것은 창조의 사역입니다. 하나님께서 말씀만으로 모든 것을 지으셨기 때문입니다. 그러나 하나님의 전능하심은 모든 것을 할 수 있다는 의미가 아닙니다. 하나님은 죄를 지을 수 없으십니다. 대신 원하시는 일은 무엇이든 하실 수 있습니다. 예를 들어, 하나님은 늙은 아브라함에게 자식 주기를 원하셨습니다. 당사자인 아브라함조차 불가능으로 여겼던 일입니다. 하지만 결국 아브라함은 이삭을 품에 안았습니다. 하나님께서 그것을 원하셨기 때문입니다.

12. 모든 것을 아십니다.

> 여호와여 주께서 나를 살펴 보셨으므로 나를 <u>아시나이다</u> 주께서 내가 앉고 일어섬을 <u>아시고</u> 멀리서도 나의 생각을 밝히 <u>아시오며</u> 나의 모든 길과 내가 눕는 것을 살펴 보셨으므로 나의 모든 행위를 익히 <u>아시오니</u> 여호와여 내 혀의 말을 <u>알지 못하시는 것이 하나도 없으시니이다</u>(시 139:1-4)

하나님은 모든 것을 아는 분이십니다(시 139:1-4). 인간은 눈에 보이는 것만 알 수 있습니다. 과거에 일어난 일과 지금 눈앞에서 일어나는 일만 알 수 있습니다. 하지만 하나님은 모든 것을 아십니다. 마음과 생각을 아시고, 미래에 일어날 일을 아십니다. 그래서 하나님 앞에서는 아무것도 숨길 수 없습니다. 하나님께서 이해하지 못하시는 일은 없습니다.

13. 또한 하나님은 지극히 지혜로우시며,

> <u>지혜로우신 하나님께</u> 예수 그리스도로 말미암아 영광이 세세무궁하도록 있을지어다 아멘(롬 16:27)

하나님은 지혜로운 분이십니다(롬 16:27). 하나님은 모든 것을 아십니다. 생각하고 추론한 결과로써 아시는 것이 아니라 원래부터 아십니다. 이것이 하나님의 지혜입니다. 하나님의 지혜는 아름답고 다양한 피조 세계를 통해서도 드러납니다. 노을이 산마루를 붉게 물들일 때, 집채만 한 파도가 바다를 뒤엎을 때, 거대한 운무가 도시를 집어삼킬 때, 황소가 크게 울부짖을 때, 높은 산이 물을 뿜어 낼 때, 천둥이 공기를 가를 때, 우리는 그저 감탄밖에 할 수 있는 일이 없습니다. 누가 이런 일을 할 수 있을까요? 지혜로우신 하나님밖에 없습니다.

14. 지극히 거룩하시며,

> 주여 누가 주의 이름을 두려워하지 아니하며 영화롭게 하지 아니하오리이까 오직 주만
> 거룩하시니이다
> (계 15:4)

하나님은 거룩한 분이십니다(계 15:4). '거룩함'으로 번역된 헬라어는 '호시오스'입니다. 더러운 것과 구별된 '올바름'을 뜻합니다. 하나님은 죄가 없으시며, 악한 것이나 어두운 것이 전혀 없다는 뜻입니다. 하나님께서 자기 아들을 속죄의 제물로 바치신 것은 하나님께서 거룩하시기 때문입니다. 예수님의 십자가 사역으로 우리의 죄를 해결하지 않고서는, 우리를 가까이 하실 수 없었기 때문입니다.

15. 지극히 의로우시며,

> 그는 반석이시니 그가 하신 일이 완전하고 그의 모든 길이 정의롭고 진실하고 거짓이 없
> 으신 하나님이시니 공의로우시고 바르시도다(신 32:4)

하나님은 의로운 분이십니다. 하나님께서 의로우시다는 것은 하나님의 도덕적 통치로 드러납니다. 하나님은 악한 것을 그냥 두지 않으십니다. 하나님은 악인을 의롭다고 하거나, 죄인을 선하다고 하지 않으십니다. 하나님은 모든 만물을 정의롭게 다스리십니다.

16. 지극히 자비로우시며, 은혜로우시며, 오래 참으시며, 선하심과 진실하심이 풍성하십니다.

> 여호와께서 그의 앞으로 지나시며 선포하시되 여호와라 여호와라 자비롭고 은혜롭고 노
> 하기를 더디하고 인자와 진실이 많은 하나님이라(출 34:6)

하나님은 자비로운 분이십니다. '자비'로 번역된 히브리어는 '라훔'입니다. 동정심이 많다는 뜻입니다. 하나님은 은혜로운 분이십니다. '은혜'로 번역된 히브리어는 '한눈'입니다. 인정이 많다는 뜻입니다. 자비와 은혜 둘 다 자격 없는 자에게 베풀어지는 하

나님의 조건 없는 사랑을 뜻합니다. 우리 같은 죄인이 하나님의 긍휼을 입을 수 있었던 것은 하나님께서 자비로우시며 은혜로우시기 때문입니다.

하나님은 오래 참는 분이십니다. 하나님께서 오래 참으신다는 것은 죄인에게 기회를 주신다는 뜻입니다. 하나님은 우리가 회개하기까지 오래도록 인내하십니다.

하나님은 선한 분이십니다. 선함은 자비보다 넓은 의미의 사랑을 의미합니다. 예를 들어, 하나님께서 니느웨의 백성들과 가축을 아끼신 것은 선하심의 발로였습니다 (욘 4:11).

하나님은 진실한 분이십니다. '진실'로 번역된 히브리어는 '에메트'입니다. '확실함' 또는 '진리'라는 의미입니다. 하나님의 모든 말씀은 오류가 없는 진리입니다. 하나님의 약속은 반드시 성취된다는 점에서 진리입니다.

제8문 하나님 한 분 외에 다른 신들이 있습니까?

답: 살아 계시고 참되신 하나님은 오직 한 분뿐이십니다.

1. 살아 계시고 참되신 하나님은 오직 한 분뿐이십니다.

> 이스라엘아 들으라 우리 하나님 여호와는 오직 유일한 여호와이시니(신 6:4)
> 오직 여호와는 참 하나님이시요 살아 계신 하나님이시요 영원한 왕이시라 그 진노하심에
> 땅이 진동하며 그 분노하심을 이방이 능히 당하지 못하느니라(렘 10:10)

하나님은 유일하십니다(신 6:4). 하나님은 살아 계십니다(렘 10:10). 오직 하나님만 참되시고 살아 계신 신이십니다. 많은 사람이 저마다의 종교를 가지고 있지만 참된 종교는 기독교뿐입니다. 많은 사람이 저마다 다양한 신을 숭배하고 있지만, 참된 예배는 오직 하나님께 드리는 예배뿐입니다.

제9문 하나님의 신격에는 몇 위가 계십니까?

답: 하나님의 신격에는 삼위가 계시니, 곧 성부, 성자, 성령이십니다. 이 삼위는 참되시고 영원하신 한 하나님이시며, 각 위의 고유성은 서로 구별되지만 본질이 같으시고, 능력과 영광에 있어서 동등하십니다.

1. 하나님의 신격에는 삼위가 계시니, 곧 성부, 성자, 성령이십니다.

> 그러므로 너희는 가서 모든 민족을 제자로 삼아 <u>아버지와 아들과 성령의 이름으로</u> 세례를 베풀고(마 28:19)
> 주 <u>예수 그리스도</u>의 은혜와 <u>하나님</u>의 사랑과 <u>성령</u>의 교통하심이 너희 무리와 함께 있을 지어다(고후 13:13)

성경은 처음부터 끝까지 하나님이 한 분이라고 증언합니다. 동시에 성부와 성자와 성령이 각각 하나님이라고 말합니다. 예를 들어, 예수님은 "아버지와 아들과 성령의 이름으로" 세례를 주라고 하셨고, 바울은 성부와 성자와 성령의 이름으로 복을 빌었습니다. 교회는 이 신비를 표현하기 위해 삼위일체라는 용어를 사용했습니다. 삼위일체는 '하나 안에 셋'을 뜻하는 라틴어에서 유래했습니다.[1] 나누어지지 않는, 한 신성 안에 서로 구별되는 세 위격이 존재한다는 뜻입니다.

　삼위일체 교리는 역사상 많은 공격을 받아 왔습니다. 교회는 삼위일체 교리를 지키기 위해 적당한 용어를 분별해서 사용했습니다. 일반적으로 삼위일체라고 번역된 용어는 테르툴리아누스(Tertullianus, 약 155~240)에 의해 확립된 것으로 알려져 있습니다.[2] 테르툴리아누스는 하나님의 단일성을 나타내는 '일체'에는 '에센티아'를, 하나님

1　로버트 쇼, 『웨스트민스터 신앙고백 해설』, 조계광 옮김 (서울: 생명의 말씀사, 2017), 86.
2　헤르만 바빙크, 『개혁파 교의학』, 김찬영·장호준 옮김 (서울: 새물결플러스, 2011), 410.

의 복수성을 나타내는 '삼위'에는 '페르소나'를 사용했습니다.[3] 에센티아는 본질을 뜻하고 페르소나는 인격을 뜻합니다. 하나님은 본질(에센티아)에 있어서는 하나이시지만, 인격(페르소나)에 있어서는 셋이십니다.

2. 이 삼위는 참되시고 영원하신 한 하나님이시며, 각 위의 고유성은 서로 구별되지만 본질이 같으시고, 능력과 영광에 있어서 동등하십니다.

나와 아버지는 하나이니라 하신대(요 10:30)

고대인들은 신들 사이에 능력과 영광의 차이가 있다고 믿었습니다. 고등신이 있는 반면 하급신이 있다고 믿었습니다. 고등신은 더 탁월한 신성을, 하급신은 더 열등한 신성을 가지고 있다고 믿었습니다. 하지만 성부, 성자, 성령 사이에는 능력과 영광의 차이가 없습니다. 성부, 성자, 성령은 구별되시지만 동등하십니다. 만약 성부가 성자보다 더 탁월하시거나, 성자가 성부보다 더 열등하다면, 예수님은 결코 "나와 아버지는 하나이니라"라고 말씀하시지 않았을 것입니다(요10:30).

성부, 성자, 성령은 서로를 높이고 지지합니다. 이것을 '상호 영화'라고 합니다.[4] 성부는 성자를 영화롭게 하시고(요 8:50, 54; 12:23; 17:1) 성자는 성부를 영화롭게 하시며(요 7:18; 17:4) 성령은 성자를 영화롭게 하십니다(요 16:14). 따라서 삼위 모두가 참되시고 영원한 한 하나님이십니다. 삼위의 능력과 영광은 동등합니다.

---

3   위의 책, 410.
4   존 프레임, 『존 프레임의 조직신학』, 김진운 옮김 (서울: 부흥과개혁사, 2013), 510.

제10문 **하나님의 신격에 있는 삼위의 고유성은 무엇입니까?**

답: 성부의 고유성은 성자를 낳으심이며, 성자의 고유성은 성부에게서 나심이며, 성령의 고유성은 영원 전부터 성부와 성자에게서 나오심입니다.

1. 성부의 고유성은 성자를 낳으심이며,

> 내가 여호와의 명령을 전하노라 여호와께서 내게 이르시되 너는 내 아들이라 오늘 <u>내가 너를 낳았도다</u>(시 2:7)
> 하나님께서 어느 때에 천사 중 누구에게 <u>너는 내 아들이라 오늘 내가 너를 낳았다</u> 하셨으며 또 다시 나는 그에게 아버지가 되고 그는 내게 아들이 되리라 하셨느냐(히 1:5)

삼위 하나님은 동일한 신성을 가지고 계십니다. 무한성, 영원성, 불변성은 삼위 하나님의 공통된 속성입니다. 동시에 구별되는 고유성도 가지고 계십니다. 성부의 고유성은 성자를 낳으심입니다(시 2:7; 히 1:5). 성자의 아버지가 되심은 성부께만 속한 일입니다. 그런데 성부께서 성자를 낳으신 것은 시간 속에서 일어난 일이 아닙니다. 성부께서 성자를 시간 속에서 낳으셨다면, 성자께서 존재하지 않은 때가 있었다는 말이 됩니다. 성자는 영원 전부터 계신 필연적인 존재입니다. 따라서 성부는 성자를 낳으시되 시간 속에서가 아니라 영원 속에서 낳으셨습니다.[5]

---

5 존 프레임, 『존 프레임의 조직신학』, 김진운 옮김 (서울: 부흥과개혁사, 2013), 522.

2. 성자의 고유성은 성부에게서 나심이며,

> 말씀이 육신이 되어 우리 가운데 거하시매 우리가 그의 영광을 보니 아버지의 독생자의 영광이요 은혜와 진리가 충만하더라(요 1:14)

성부의 고유성이 '아버지 됨'이라면, 성자의 고유성은 '아들 됨'입니다(요 1:14). 성부로부터 나심은 성자에게만 속한 일입니다. 하지만 성자의 나심을 인간적으로 생각해선 안 됩니다. 인간은 출생하기 전까지는 존재할 수 없습니다. 이 개념을 성자에게 적용하면 성자께서 존재하지 않았던 때가 있었다는 결론이 나옵니다. 이것은 하나님의 본질 중 하나인 영원성에 위배됩니다. 성자가 하나님이시라면 영원 전부터 존재하셔야 합니다. 따라서 성자는 성부에게서 나셨지만, 동시에 영원 전부터 존재하셨습니다. 그래서 성자의 출생을 '영원한 출생'이라고 표현합니다.[6]

하이델베르크 요리문답의 저자 자카리아스 우르시누스(Zacharias Ursinus, 1534-1583)는, 성자가 성부에게서 나신 것은 성부가 성자에게 신성을 전해준 것을 뜻한다고 주장했습니다.[7] 칼뱅은 이런 입장을 반대했습니다. 칼뱅은 성자가 성부에게서 받는 것은 신성이 아니라 "아들 됨"이라고 주장했습니다.[8] 대요리문답은 칼뱅의 견해를 따르고 있습니다.

3. 성령의 고유성은 영원 전부터 성부와 성자에게서 나오심입니다.

> 내가 아버지께로부터 너희에게 보낼 보혜사 곧 아버지께로부터 나오시는 진리의 성령이 오실 때에 그가 나를 증언하실 것이요(요 15:26)

성령의 고유성은 성부와 성자에게서 나오신 것입니다. 이것은 성령께만 속한 일입니다. 성자께서 영원 속에서 출생하셨듯이, 성령님도 영원 속에서 나오셨습니다. 그래서 성령의 나오심을 '영원한 발출'이라고 합니다.[9]

사람은 어렸을 때는 자녀였다가 나이가 들면 부모가 됩니다. 사람의 속성은 시

---

6 위의 책, 521.
7 위의 책, 522.
8 위의 책, 523에서 재인용.
9 위의 책, 527.

간에 따라 변합니다. 하지만, 하나님의 속성은 변하지 않습니다. 성부의 아버지 되심, 성자의 아들 되심, 성령의 나오심은 영원합니다. 삼위의 속성은 영원한 존재 방식이며, 삼위 안에 있는 영원한 관계입니다.[10]

고대에 동방 교회와 서방 교회는 '성령의 영원한 발출'을 두고 오랫동안 논쟁을 벌였습니다. 동방 교회는 성령이 성부에게서 발출되었다고 보았고, 서방 교회는 성령이 성부와 성자에게서 발출되었다고 보았습니다. 대요리문답은 서방 교회의 견해를 따르고 있습니다. 그 이유는 다음과 같습니다. 성경은 성령을 '하나님의 영'으로 언급할 뿐만 아니라 '그리스도의 영'으로도 언급합니다.[11] 또 성령의 임무 가운데 하나는 그리스도를 증언하는 것입니다(요 15:26).[12] 하지만 우리는 '성자의 나심'과 '성령의 발출'을 설명함에 있어서 지극히 겸손해야 합니다. 사실상 성경은 이에 대해 상세하고 확실한 정보를 제공하지 않습니다.

---

10 헤르만 바빙크, 『개혁파 교의학』, 김찬영, 장호준 옮김 (서울: 새물결플러스, 2011), 416.
11 존 프레임, 『존 프레임의 조직신학』, 김진운 옮김 (서울: 부흥과개혁사, 2013), 531.
12 위의 책, 531.

제11문 성자와 성령이 성부와 동등한 하나님 이신 것을 어떻게 알 수 있습니까?

답: 성경이 하나님께만 고유한 이름, 속성, 사역, 예배를 성자와 성령에게도 돌림으로써, 성자와 성령이 성부와 동등한 하나님이신 것을 나타냅니다.

1. 성경이 하나님께만 고유한 이름,

> 또 아는 것은 하나님의 아들이 이르러 우리에게 지각을 주사 우리로 참된 자를 알게 하신 것과 또한 우리가 참된 자 곧 그의 아들 예수 그리스도 안에 있는 것이니 그는 참 하나님이시요 영생이시라(요일 5:20)
> 베드로가 이르되 아나니아야 어찌하여 사탄이 네 마음에 가득하여 네가 성령을 속이고 땅 값 얼마를 감추었느냐 땅이 그대로 있을 때에는 네 땅이 아니며 판 후에도 네 마음대로 할 수가 없더냐 어찌하여 이 일을 네 마음에 두었느냐 사람에게 거짓말한 것이 아니요 하나님께로다(행 5:3-4)

성자와 성령이 성부와 동등한 하나님이신 첫 번째 이유는, 하나님의 이름이 성자와 성령께도 돌려지기 때문입니다. 요한일서 5장 20절은 예수님을 가리켜 '참 하나님'이라고 말하고, 사도행전 5장 3-4절은 성령님을 가리켜 '하나님'이라고 말합니다.

2. 속성,

> 태초에 말씀이 계시니라 이 말씀이 하나님과 함께 계셨으니 이 말씀은 곧 하나님이시니라(요 1:1)
> 오직 하나님이 성령으로 이것을 우리에게 보이셨으니 성령은 모든 것 곧 하나님의 깊은 것까지도 통달하시느니라(고전 2:10)

성자와 성령이 성부와 동등한 하나님이신 두 번째 이유는, 하나님께만 합당한 속성들이 성자와 성령께도 돌려지기 때문입니다. 요한복음 1장 1절은 예수님이 태초부터 성부와 함께 계셨다고 말합니다. 따라서 예수님은 영원하신 하나님이십니다. 고린도전서 2장 10절은 성령께서 하나님의 깊은 것까지 통달하신다고 말합니다. 따라서 성령님은 전지하신 하나님이십니다.

3. 사역,

> 만물이 그로 말미암아 지은 바 되었으니 지은 것이 하나도 그가 없이는 된 것이 없느니라
> (요 1:3)
> 땅이 혼돈하고 공허하며 흑암이 깊음 위에 있고 하나님의 영은 수면 위에 운행하시니라
> (창 1:2)

성자와 성령이 성부와 동등한 하나님이신 세 번째 이유는, 성부께서 행하신 일을 성자와 성령께도 돌리고 있기 때문입니다. 태초에 천지를 창조하신 분은 하나님입니다. 그런데 요한복음 1장 3절과 창세기 1장 2절은 성자와 성령 역시 세상을 창조하신 창조주라고 말합니다.

4. 예배를 성자와 성령에게도 돌림으로써, 성자와 성령이 성부와 동등한 하나님이신 것을 나타냅니다.

> 그러므로 너희는 가서 모든 민족을 제자로 삼아 아버지와 아들과 성령의 이름으로 세례를 베풀고(마 28:19)
> 주 예수 그리스도의 은혜와 하나님의 사랑과 성령의 교통하심이 너희 무리와 함께 있을지어다(고후 13:13)

성자와 성령이 성부와 동등한 하나님이신 네 번째 이유는, 성부께 합당한 예배를 성자와 성령께도 돌리고 있기 때문입니다. 세례와 축도는 예배의 한 부분으로서 하나님께만 드려지는 일입니다. 그런데 마태복음 28장 19절은 성부의 이름뿐만 아니라 성자와 성령의 이름으로도 세례를 주라고 말합니다. 또 고린도후서 13장 13절은 성부의 이름뿐만 아니라 성자와 성령의 이름으로 축복하고 있습니다.

제12문 하나님의 작정이란 무엇입니까?

답: 하나님의 작정은 하나님의 뜻대로 계획하신 지혜롭고, 자유롭고, 거룩한 행위입니다. 이로써 하나님은 일어나는 모든 일, 특히 천사들과 사람들에 관한 것들을 자신의 영광을 위하여 영원 전에 불변하도록 미리 정하셨습니다.

1. 하나님의 작정은 하나님의 뜻대로 계획하신

> 모든 일을 그의 뜻의 결정대로 일하시는 이의 계획을 따라 우리가 예정을 입어 그 안에서 기업이 되었으니(엡 1:11)

하나님은 세상을 창조하시기 전에 앞으로 일어날 모든 일을 계획하셨습니다. 이것을 하나님의 작정이라고 합니다. 우리의 구원도 하나님께서 작정하신 일입니다(엡 1:11). 물론 사람도 계획을 세우고 실행합니다. 하지만 사람은 포기하거나 실패할 때가 많습니다. 하나님은 사람과 다릅니다. 하나님께서 어떤 것을 결정하신 후, 그것을 실행하지 않는 것은 불가능합니다.[13]

2. 지혜롭고,

> 깊도다 하나님의 지혜와 지식의 풍성함이여, 그의 판단은 헤아리지 못할 것이며 그의 길은 찾지 못할 것이로다(롬 11:33)
> 과연 헤롯과 본디오 빌라도는 이방인과 이스라엘 백성과 합세하여 하나님께서 기름 부으신 거룩한 종 예수를 거슬러 하나님의 권능과 뜻대로 이루려고 예정하신 그것을 행하려고 이 성에 모였나이다(행 4:27-28)

---

13   J. 판 헨더렌 & H. 펠레마, 『개혁교회 교의학』, 신지철 옮김 (서울: 새물결플러스, 2018), 333.

이 세상에는 이해하기 힘든 사건이 너무나 많습니다. 그래서 많은 사람이 하나님의 지혜를 의심합니다. 하나님께서 지혜롭게 모든 일을 계획하셨다면, 끔찍한 사건이 발생할 수 없다는 것이지요. 하지만 성경은 하나님의 지혜를 우리가 다 이해할 수 없다고 말합니다(롬 11:33). 따라서 하나님의 작정에 문제가 있는 것이 아닙니다. 우리의 지혜가 부족한 것입니다.

예를 들어 예수님의 십자가는 역사상 가장 끔찍한 사건 가운데 하나입니다. 인간이 하나님의 아들을 처형했으니까요. 하지만 성경은 그것조차 하나님께서 계획하신 일이라고 말합니다(행 4:28). 그리고 그처럼 끔찍한 일이 일어나지 않았다면 우리의 구원은 애초에 불가능했을 것입니다. 이처럼 하나님의 계획은 하나님의 지혜에 근거하고 있습니다. 따라서 우리가 이해하지 못하는 일이 일어날지라도 하나님을 불신하지 말아야 합니다. 사실 우리가 하나님을 이해하지 못하는 것은 오직 하나님만 지혜로우시기 때문입니다.

3. 자유롭고,

> 모세에게 이르시되 내가 긍휼히 여길 자를 긍휼히 여기고 불쌍히 여길 자를 불쌍히 여기리라 하셨으니(롬 9:15)

하나님은 자유롭게 작정하십니다. 누구의 간섭이나 방해도 받지 않으십니다. 하나님은 긍휼히 여기고 싶으신 자를 긍휼히 여기시고, 불쌍히 여기고 싶으신 자를 불쌍히 여기십니다(롬 9:15). 오직 하나님의 절대 주권에 기초해서 결정하십니다. 하나님의 작정에는 하나님 외의 다른 변수가 없습니다. 그리고 하나님의 자유로운 선택에는 그럴만한 이유가 있습니다.[14] 그래서 하나님의 작정은 옳고, 반드시 성취됩니다.

4. 거룩한 행위입니다.

> 기록된 바 내가 야곱은 사랑하고 에서는 미워하였다 하심과 같으니라 그런즉 우리가 무슨 말을 하리요
> 하나님께 불의가 있느냐 그럴 수 없느니라(롬 9:13-14)

---

14 J. 판 헨더렌 & H. 펠레마, 『개혁교회 교의학』, 신지철 옮김 (서울: 새물결플러스, 2018), 334.

하나님은 모든 것을 작정하셨습니다. 하나님은 구원할 자와 심판할 자도 작정하셨습니다. 이것을 두고 하나님을 비판하는 자들이 있습니다. 하나님께도 죄의 책임이 있다는 것이지요. 하지만 하나님께는 아무런 책임이 없습니다. 하나님께서 죄를 짓도록 하신 것이 아니라, 사람들이 스스로 부패하여 죄를 지었기 때문입니다. 하나님은 거룩하시고, 하나님의 작정도 거룩합니다(롬 9:13-14).

5. 이로써 하나님은 일어나는 모든 일, 특히 천사들과 사람들에 관한 것들을

> 모든 일을 그의 뜻의 결정대로 일하시는 이의 계획을 따라 우리가 예정을 입어 그 안에서 기업이 되었으니(엡 1:11)

하나님은 무엇을 작정하셨을까요? 모든 일입니다(엡 1:11). 하나님은 일어날 모든 일을 작정하셨습니다. 이 세상에 하나님의 작정과 상관없는 일은 없습니다. 모든 것이 하나님께서 작정하신 결과입니다.

6. 자신의 영광을 위하여

> 만일 하나님이 그의 진노를 보이시고 그의 능력을 알게 하고자 하사 멸하기로 준비된 진노의 그릇을 오래 참으심으로 관용하시고 또한 영광 받기로 예비하신 바 긍휼의 그릇에 대하여 그 영광의 풍성함을 알게 하고자 하셨을지라도 무슨 말을 하리요(롬 9:22-23)

하나님께서 모든 것을 작정하신 목적은 하나님의 영광입니다. 하나님은 모든 일이 하나님께 가장 영광이 되도록 작정하셨습니다(롬 9:22-23). 그러므로 이해하기 힘든 사건과 사고 속에서도 하나님의 뜻이 있음을 믿어야 합니다. 결국에는 모든 것이 합력하여 하나님께 영광이 될 것을 믿어야 합니다.

7. 영원 전에 불변하도록 미리 정하셨습니다.

여호와의 계획은 영원히 서고 그의 생각은 대대에 이르리로다(시 33:11)

하나님은 영원 전에 미리 정하셨습니다(시 33:11). 하나님의 작정이 모든 일의 시작입니다. 이 세상에 하나님의 작정보다 앞서는 사건은 없습니다. 그러므로 우발적으로 발생하거나 우연히 발생하는 일도 없습니다. 일어나는 모든 사건은 하나님의 변하지 않는 작정에 근거합니다.

하나님께서 천사들과 사람들에 관해 특별히 작정하신 것은 무엇입니까?

답: 하나님은 적절한 때에 나타날 자신의 영광스러운 은혜를 찬미하게 하시려고, 자신의 순전한 사랑에서 비롯된 영원하고 불변하는 작정에 따라 어떤 천사들을 영광에 이르도록 선택하셨고, 그리스도 안에서 어떤 사람들이 영생을 얻도록 선택하시되 그 방법까지 선택하셨습니다. 그리고 하나님은 하나님의 주권적인 권능과 측량할 수 없는 뜻(곧 자신이 기뻐하시는 대로 호의를 베풀 수도 있고 아니 할 수도 있는 뜻)을 따라 나머지 천사들과 사람들을 간과하시고, 그들의 죄로 인하여 수치와 진노를 받도록 미리 정하심으로써, 하나님의 공의의 영광을 찬양하게 하셨습니다.

1. **하나님은 적절한 때에 나타날 자신의 영광스러운 은혜를 찬미하게 하시려고, 자신의 순전한 사랑에서 비롯된 영원하고 불변하는 작정에 따라 어떤 천사들을 영광에 이르도록 선택하셨고,**

> 곧 창세 전에 <u>그리스도 안에서 우리를 택하사</u> 우리로 사랑 안에서 그 앞에 거룩하고 흠이 없게 하시려고(엡 1:4)
> 하나님과 그리스도 예수와 <u>택하심을 받은 천사들</u> 앞에서 내가 엄히 명하노니 너는 편견이 없이 이것들을 지켜 아무 일도 불공평하게 하지 말며(딤전 5:21)

천사라는 이름은 그들의 본성이 아니라 직무에서 유래했습니다.[15] 하나님은 천사들을 보내시고 사용하시는데, 바로 그것이 그들의 이름입니다. 천사라고 번역된 히브리어 '말라크'와 헬라어 '앙겔로스'는 '메시지를 전달하는 자', 또는 '특별한 임무를 수행하는 자'를 의미합니다.

---

15 헤르만 바빙크, 『개혁파 교의학: 단권축약본』, 김찬영 · 장호준 옮김 (서울: 새물결플러스, 2011), 489.

선택받은 사람들이 있는 것처럼 선택받은 천사들도 있습니다. 그런데 성경은 사람에 대해서는 그리스도 안에서 선택받았다고 말하지만(엡 1:4), 천사들에 대해서는 선택을 받았다고만 말합니다(딤전 5:21). 그 이유는 사람은 구원을 위해 선택받았으므로 그리스도가 필요하지만, 천사들은 구원과는 상관이 없기 때문입니다.

2. 그리스도 안에서 어떤 사람들이 영생을 얻도록 선택하시되 그 방법까지 선택하셨습니다.

> 곧 창세 전에 <u>그리스도 안에서</u> 우리를 택하사 우리로 사랑 안에서 그 앞에 거룩하고 흠이 없게 하시려고(엡 1:4)
> 내 아버지의 뜻은 <u>아들을 보고 믿는 자마다 영생을 얻는</u> 이것이니(요 6:40)

하나님은 우리를 "그리스도 안에서" 선택하셨습니다(엡 1:4). 하나님은 예수님 때문에, 예수님을 보시고 우리를 선택하셨습니다. 하나님은 영생에 이르는 방법까지 선택하셨습니다. 영생에 이르는 방법은 예수님을 믿는 것입니다(요 6:40).

3. 그리고 하나님은 하나님의 주권적인 권능과 측량할 수 없는 뜻(곧 자신이 기뻐하시는 대로 호의를 베풀 수도 있고 아니 할 수도 있는 뜻)을 따라 나머지 천사들과 사람들을 간과하시고, 그들의 죄로 인하여 수치와 진노를 받도록 미리 정하심으로써, 하나님의 공의의 영광을 찬양하게 하셨습니다.

> 토기장이가 진흙 한 덩이로 하나는 귀히 쓸 그릇을, 하나는 천히 쓸 그릇을 만들 권한이 없느냐 만일 하나님이 그의 진노를 보이시고 그의 능력을 알게 하고자 하사 멸하기로 준비된 진노의 그릇을 오래 참으심으로 관용하시고 또한 영광 받기로 예비하신 바 긍휼의 그릇에 대하여 그 영광의 풍성함을 알게 하고자 하셨을지라도 무슨 말을 하리요(롬 9:21-23)
> 그들이 말씀을 순종하지 아니하므로 넘어지나니 이는 그들을 이렇게 정하신 것이라(벧전 2:8)

하나님은 어떤 사람들을 구원으로 예정하셨습니다. 그리고 나머지 사람들은 심판으로 예정하셨습니다. 전자를 '선택', 후자를 '유기'라고 합니다. 칼뱅은 『기독교강요』라는 책에서 이 주제를 상세하게 다루었습니다. 그래서 이 교리를 '칼뱅의 이중예정'이라고 말하곤 합니다. 하나님께서 주권적으로 선택과 유기를 결정하셨다는 칼뱅의 이중예정론은 오랫동안 비판의 대상이 되었습니다.

하지만 이중예정은 칼뱅이 만든 교리가 아니라 성경에 근거한 교리입니다. 대표적인 말씀이 로마서입니다(롬 9:21-23). 로마서는 어떤 사람은 진노의 그릇으로 창조되었지만, 어떤 사람은 긍휼의 그릇으로 창조되었다고 말합니다. 이 모든 것이 하나님의 뜻이기에 아무도 불평할 수 없다고 말합니다. 베드로전서도 동일합니다(벧전 2:8). 베드로전서는 하나님께서 유기될 자들을 미리 정하셨다고 말합니다.

선택 예정은 믿을 수 있지만, 유기 예정은 믿을 수 없다고 주장하는 자들도 있습니다. 이것은 모순입니다. 선택으로 예정된 자들이 있다면, 유기로 예정된 자들이 있다는 것은 당연한 논리요 사실이기 때문입니다.

유념해야 할 것은 예정 교리가 왜 나왔는가 하는 점입니다. 예정 교리는 구원의 근거를 설명하는 교리입니다. 성경은 구원의 근거가 하나님의 뜻이라고 말합니다. 하나님께서 사람의 조건을 보고 구원하신 것이 아니라, 자신의 주권적인 뜻에 따라 구원하셨다고 말합니다.

만약 하나님께서 사람의 조건을 보고 구원을 결정하신다면 아무도 구원을 받을 수 없습니다. 누구도 하나님의 기준을 통과할 수 없기 때문입니다. 그런 점에서 예정 교리는 은혜와 사랑의 교리입니다. 자격 없는 우리가 하나님의 예정으로 말미암아 구원받았음을 보여 주기 때문입니다. 칼뱅의 기독교강요 역시 이중예정을 설명하면서, 유기는 상대적으로 소극적으로 다루고 있습니다. 칼뱅이 이중예정을 설명한 목적은 예정 교리를 통해 하나님의 은혜를 설명하는 데 있었기 때문입니다.

그렇다고 해서 구원을 위해 아무것도 하지 말라는 것은 아닙니다. 성경은 하나님의 주권적인 예정과 인간의 책임을 함께 말하고 있습니다. 그러므로 불신자에게 예정 교리를 적용해서는 안 됩니다. 누가 선택된 자이고 누가 유기된 자인지 지금 우리는 알 수 없기 때문입니다. 예정 교리는 지금 이미 구원의 자리에 들어선 자들을 위한 것입니다. 자신이 왜 구원받게 되었는지를 예정 교리에서 확인하고, 모든 영광을 하나님께만 돌리도록 하기 위함입니다(엡 1:6). 그러므로 예정과 관련한 불필요한 논쟁은 중단하고, 우리에게 베풀어진 은혜를 찬양하는 데, 온 힘을 쏟아야 합니다.

하나님은 자신의 작정을 어떻게 이루 십니까?

답: 하나님은 자신의 작정을 창조와 섭리의 사역들로 이루시되, 자신의 틀림없는 예지와 자신이 뜻하신 자유롭고 불변하는 계획을 따라서 그렇게 하십니다.

1. 하나님은 자신의 작정을 창조와 섭리의 사역들로 이루시되,

하나님의 작정이 이루어지기 위해서는 두 가지가 필요합니다. 첫째, 작정이 이루어 질 공간이 필요합니다. 그래서 하나님은 창조의 사역을 행하셨습니다. 둘째, 작정이 이루어질 능력이 필요합니다. 그래서 하나님은 섭리의 사역을 행하십니다. 섭리의 사역이란, 하나님의 계획이 이루어질 수 있도록 창조세계에 부어지는 하나님의 능력 입니다. 자세한 내용은 15-20문답 해설에서 살펴보겠습니다.

2. 자신의 틀림없는 예지와

그가 하나님께서 <u>정하신 뜻과 미리 아신 대로</u> 내준 바 되었거늘 너희가 법 없는 자들의 손 을 빌려 못 박아 죽였으나(행 2:23)
하나님이 <u>미리 아신</u> 자들을 또한 그 아들의 형상을 본받게 하기 위하여 미리 정하셨으니 이는 그로 많은 형제 중에서 맏아들이 되게 하려 하심이니라(롬 8:29)

한 가지 오해를 짚고 넘어가려 합니다. 예지 예정의 오류입니다. 예지 예정이란, 하나 님께서 미리 보시고 아신 다음에, 구원받을 만한 사람은 구원으로 심판받을 만한 사 람은 심판으로 예정하셨다는 주장입니다. 일면 그럴듯해 보입니다. 하지만 예지 예 정이 사실이라면 구원은 하나님의 은혜가 아닙니다. 구원은 인간의 행위에 달린 문제가 됩니다.

물론, 하나님은 누가 구원받을 자인지를 아십니다. 미리 보셔서 아는 것이 아니라, 미리 정하셨기에 아십니다. 예를 들어, 사도행전 2장 23절은 하나님께서 미리 정하셨기에 미리 아셨다고 말합니다. 로마서 8장 29절도 마찬가지입니다. 하나님께서 미리 아시는 것은 하나님께서 미리 정하셨기 때문입니다. 그러므로 예지의 근거는 하나님의 작정입니다.

3. 자신이 뜻하신 자유롭고

> 땅의 모든 사람들을 없는 것 같이 여기시며 하늘의 군대에게든지 땅의 사람에게든지 그는 자기 뜻대로 행하시나니 그의 손을 금하든지 혹시 이르기를 <u>네가 무엇을 하느냐고 할 자가 아무도 없도다</u>(단 4:35)

하나님을 향해 "네가 무엇을 하느냐"라고 물을 자는 없습니다(단 4:35). 하나님은 모든 일을 자신의 자유로운 뜻에 따라 행하십니다. 이것을 두고 하나님이 독단적이라고 비판해서는 안 됩니다. 하나님은 지극히 지혜로우시기 때문입니다. 하나님의 작정에는 사람이 이해할 수 없는 분명한 이유와 근거가 있습니다. 따라서 하나님의 자유로운 작정이 우리와 창조 세계 전체에 가장 좋은 일입니다.

4. 불변하는 계획을 따라서 그렇게 하십니다.

> 하나님은 사람이 아니시니 거짓말을 하지 않으시고 인생이 아니시니 <u>후회가 없으시도다</u>
> 어찌 그 말씀하신 바를 행하지 않으시며 하신 말씀을 실행하지 않으시랴(민 23:19)
> 이스라엘의 지존자는 거짓이나 <u>변개함이 없으시니</u> 그는 사람이 아니시므로 결코 변개하지 않으심이니이다 하니(삼상 15:29)

하나님은 후회하시거나 변개하시지 않습니다(민 23:19; 삼상 15:29). 그렇다면 하나님께서 후회하셨다고 말하는 성경 구절은 어떻게 이해해야 할까요? 예를 들어, 창세기 6장 6절은 "땅 위에 사람 지으셨음을 한탄하사 마음에 근심하시고"라고 말합니다. 이것은 하나님의 역사를 우리가 이해하기 쉽도록 표현한 것입니다. 이것을 일컬어 '신인동형론'이라고 합니다. 예를 들어, 하나님은 몸이 없음에도 불구하고 성경에는 하나님의 눈, 하나님의 손, 하나님의 발과 같은 표현이 자주 등장합니다. 하나님의 역사를 우리가 이해하기 쉽도록 인간에게 빗대어 표현한 것입니다. 창세기 6장 6절 역시 마찬가지입니다. 하나님께서 실제로 후회하셨다는 것이 아닙니다. 인간의 타락에 대한 하나님의 거룩한 분노를 우리가 이해하기 쉽게 표현한 것입니다.

제15문 창조의 사역은 무엇입니까?

답: 창조의 사역은 하나님께서 태초에 자신의 능력의 말씀으로 아무것도 없는 데서 세계와 그 가운데 있는 만물을 자기를 위하여 엿새 동안에 매우 좋게 만드신 것입니다.

1. 창조의 사역은 하나님께서 태초에 자신의 능력의 말씀으로,

> 여호와의 말씀으로 하늘이 지음이 되었으며 그 만상을 그의 입 기운으로 이루었도다(시 33:6)

하나님은 온 세상을 말씀만으로 창조하셨습니다(시 33:6). 하나님께 창조는 힘들고 고된 일이 아니었습니다. 하나님은 단지 말씀만으로 모든 것을 하실 수 있는 능력의 하나님이십니다.

2. 아무것도 없는 데서 세계와 그 가운데 있는 만물을

> 믿음으로 모든 세계가 하나님의 말씀으로 지어진 줄을 우리가 아나니 보이는 것은 나타난 것으로 말미암아 된 것이 아니니라(히 11:3)

모든 세계가 하나님의 말씀으로 지어졌습니다(히 11:3). 하나님은 재료와 도구를 사용하지 않으셨습니다. 어떤 이들은 창세기 1장 2절을 근거로 하나님께서 무에서 유를 창조하신 것이 아니라고 주장합니다. 물론 창세기 1장 2절을 보면 6일간의 창조 이전에 이미 땅이 존재한 것은 사실입니다.[16] 그래서 헤르만 바빙크와 같은 학자는 창세

---

16   헤르만 바빙크, 『개혁파 교의학: 단권축약본』, 김찬영, 장호준 옮김 (서울: 새물결플러스, 2011), 504.

기 1장 1-2절의 창조와 6일간의 창조를 구분합니다. 전자를 첫 번째 창조 행위, 후자를 두 번째 창조 행위로 설명합니다.[17] 하지만 하나님께서 아무것도 없는 데서 모든 것을 창조하셨다는 사실에는 변함이 없습니다. 창세기 1장이 제시하는 "엘로힘"은 이미 있는 재료를 사용해서 예술 작품을 만들어 내는 우주적인 조각가가 아니라, 오직 능력의 말씀으로 모든 것이 존재하도록 불러내시는 분입니다.[18]

3. 자기를 위하여

> 여호와께서 <u>온갖 것을 그 쓰임에 적당하게</u> 지으셨나니 악인도 악한 날에 적당하게 하셨느니라(잠 16:4)

수많은 사람이 "하나님은 왜 세상을 창조하셨습니까?"라고 물었습니다. 성경은 시종일관 이 질문의 답을 하나님의 뜻이라고 말합니다(시 33:6; 115:3; 사 46:10; 단 4:35; 마 11:25; 롬 9:15; 엡 1:4, 9, 11; 계 4:11). 하나님은 자기 뜻대로 모든 것을 지으셨습니다. 그리고 하나님의 궁극적인 뜻은 하나님의 영광입니다(롬 11:36). 따라서 하나님의 뜻과 영광이 창조의 이유와 목적입니다.[19] "온갖 것을 그 쓰임에 적당하게" 지으셨다는 말씀처럼(잠 16:4), 하나님의 뜻과 영광에서 자유로운 피조물은 없습니다.

4. 엿새 동안에 매우 좋게 만드신 것입니다.

> 하나님이 지으신 그 모든 것을 보시니 보시기에 심히 좋았더라 저녁이 되고 아침이 되니 이는 여섯째 날이니라(창 1:31)

하나님의 창조가 육 일 만에 끝났다는 말씀은 역사적으로 상당한 논쟁을 불러일으켰습니다. 교회 내부적으로는 창세기 1장의 하루를 24시간으로 볼 것인지, 아니면 일정한 기간으로 볼 것인지 하는 논쟁이 있었습니다. '하루'로 번역된 히브리어 '욤'에는 24시간이라는 의미 외에 일정한 기간이라는 의미도 있기 때문입니다.

이에 대해서는 24시간으로 보는 것이 합당합니다. 창세기 1장을 보면 "저녁이 되

---

17 위의 책, 505.
18 헤르만 바빙크, 『개혁파 교의학: 단권축약본』, 김찬영·장호준 옮김 (서울: 새물결플러스, 2011), 472.
19 위의 책, 482.

고 아침이 되니 이는 몇째 날이니라"라는 식으로 표현하고 있기 때문입니다. 결정적으로 하나님께서 직접 6일 동안 천지를 창조하셨다고 말씀하신 바 있습니다(출 20:11). 모세에게 이 말씀을 하실 때는 이미 하루가 24시간 정도라는 개념이 정립되었던 시기입니다. 그러므로 하나님의 창조는 6번의 특정한 기간이 아니라, 6일 만에 끝난 것으로 보아야 합니다.

외부적으로는 지질학과의 논쟁이 있었습니다. 지질학자들은 지구의 나이를 수백만 년에서 심지어 수십억 년으로 추산합니다. 이를 '늙은 지구론'이라고 합니다. 반면 천지 창조를 6일로 보는 창조론자들은 지구의 나이를 대략 6천 년으로 추산합니다. 이를 '젊은 지구론'이라고 합니다. 어떤 사람들은 지질학은 과학적이고 사실이며, 창조론은 비과학적이고 신앙일 뿐이라고 주장합니다. 하지만 지질학에도 비과학적이고 신앙적인 측면이 있습니다. 예를 들어, 지질학자 리터 폰 홀게르는 지질학의 비과학성에 대해 이렇게 말했습니다.

> 우리는 막이 이미 내린 후에 비로소 극장에 도착했다는 불쾌한 사실에 직면하지 않을 수 없다. 우리는 무대 뒤에 남겨진 장식, 무대장치, 무기 따위를 통해 어떤 연극이 상연되었는지를 추측해내야 한다. 그렇기 때문에 우리는 틀리더라도 확실한 변명의 여지가 있다.[20]

지질학상의 기록은 매우 파편적이고 부분적입니다. 지질학자들은 흩어지고 잃어버린 파편들의 원래 형상을 추측해야 합니다. 여기에는 그들의 진화론적인 신념이 들어갈 수밖에 없습니다. 그런 점에서 지질학 역시 하나의 신앙입니다. 그들은 진화론을 믿고, 그 믿음에 근거해서 지질학을 형성합니다.

우리가 이 주제를 다룸에 있어서 유념해야 할 사실은 지구의 나이를 꼭 알아야 할 필요는 없다는 점입니다. 우리가 지구의 나이를 꼭 알아야 했다면, 하나님은 정확한 연도가 성경에 기록되도록 하셨을 것입니다. 성경이 중점적으로 다루지 않는 주제로 논쟁하는 것은 어리석은 일입니다. 그러므로 6일간의 창조에 대해서는 이 정도로 마무리 짓는 것이 좋겠습니다.

20　위의 책, 518. 에서 재인용.

제16문 하나님은 천사들을 어떻게 창조하셨습니까?

답: 하나님은 모든 천사를 영들로, 죽지 않게, 거룩하게, 지식이 탁월하게, 권능이 강하게 창조하셨습니다. 이렇게 하여 그들이 하나님의 명령을 시행하고 하나님의 이름을 찬양하게 하셨습니다. 그러나 변할 수 있는 존재로 창조하셨습니다.

1. 하나님은 모든 천사를

> 만물이 그에게서 창조되되 하늘과 땅에서 보이는 것들과 보이지 않는 것들과 혹은 왕권들이나 주권들이나 통치자들이나 권세들이나 만물이 다 그로 말미암고 그를 위하여 창조되었고(골 1:16)

하나님께서 만물을 창조하셨습니다. 하나님은 땅에 있는 것들을 창조하셨을 뿐만 아니라, 하늘에 있는 것들도 창조하셨습니다(골 1:16). 하나님은 보이는 것들을 창조하셨을 뿐만 아니라, 보이지 않는 것들도 창조하셨습니다(골 1:16). 하늘에 있는 보이지 않는 것들은 천사들을 의미합니다.[21] 이처럼 천사도 하나님의 피조물입니다.

천사들 간에는 등급과 지위, 위엄과 영광, 사역과 직무에 차이가 있고 고유한 이름들이 있습니다.[22] 성경에 첫 번째로 등장하는 천사는 '그룹'입니다. 그룹은 에덴 동산을 지키는 역할을 맡았으며(창 3:24), 성전의 위엄을 나타내는 형상으로 조각되기도 했습니다(출 25:18). 그룹은 하나님의 영광을 가장 가까이에서 수호하고(시 80:1; 사 37:16), 하나님께서 땅으로 내려오실 때는 그룹을 타고 오시는 것으로 묘사되며(삼하 22:11; 시 18:10; 사 66:15), 소의 힘, 사자의 엄위, 독수리의 신속함, 사람의 지성을 가진 탁

---

21 길성남, 『골로새서·빌레몬서』(서울: 이레서원, 2019), 87.

22 헤르만 바빙크, 『개혁파 교의학: 단권축약본』, 김찬영·장호준 옮김 (서울: 새물결플러스, 2011), 489.

월한 존재로 묘사됩니다(계 4장). 이사야 6장에서 소개되는 천사는 스랍입니다. 스랍은 보좌에 앉으신 하나님을 바로 곁에서 섬기는 종으로 묘사됩니다. 그룹이 능력 있는 천사라면, 스랍은 고귀한 천사입니다.[23]

다니엘서에는 고유한 이름을 가진 두 천사가 등장합니다. '가브리엘'과 '미가엘'입니다(단 8:16; 10:13). 신약 성경에는 이름이 언급되지 않는 다양한 천사가 등장합니다. 그들은 통치자들과 권세들(엡 3:10; 골 2:10), 주관자들(엡 1:21; 골 1:16), 보좌들(골 1:16), 그리고 능력들로 묘사됩니다. 이런 표현들은 천사들의 지위와 존귀에 차이가 있음을 나타냅니다.[24]

2. 영들로,

> 한 영이 나아와 여호와 앞에 서서 말하되 내가 그를 꾀겠나이다(왕상 22:21)

천사는 영적인 존재입니다(왕상 22:21). 때로는 인간의 몸을 입기도 합니다. 아브라함에게 나타난 천사나(창 18:2), 삼손의 부모님께 나타난 천사가 대표적입니다(삿 13:3). 천사가 영적인 존재라는 것은 하나님이 영이신 것과는 다릅니다. 하나님은 영이셔서 온 세상에 편만하십니다. 반면 천사들은 영일지라도 편재하지 않습니다. 예를 들어 다니엘서 10장에 등장하는 천사는 다니엘에게 오는 데 21일이 걸렸다고 말합니다(단 10:13). 천사들은 영일지라도 시공간의 제약을 받습니다.

3. 죽지 않게,

> 그들은 다시 죽을 수도 없나니 이는 천사와 동등이요 부활의 자녀로서 하나님의 자녀임이라(눅 20:36)

성경은 부활한 인간이 천사처럼 될 것이라고 말합니다. 천사처럼 다시 죽지 않을 것이라고 말합니다. 그러므로 천사는 불멸의 존재입니다.

---

[23] 위의 책, 490.
[24] 위의 책, 491.

4. 거룩하게,

> 또 자기 지위를 지키지 아니하고 자기 처소를 떠난 천사들을 큰 날의 심판까지 영원한 결박으로 흑암에 가두셨으며(유 1:6)

성경은 타락한 천사들에 대해 자기 지위를 지키지 않은 자들이라고 말합니다(유 1:6). 그러므로 천사는 원래 거룩하게 창조된 존재입니다. 유다서 6절의 타락한 천사들은 의심의 여지없이 사탄과 그의 추종자들을 의미합니다. 아마 천사들이 타락한 후에 사탄의 유혹과 아담의 타락이 일어났을 것입니다.[25]

5. 지식이 탁월하게,

> 그러나 그날과 그때는 아무도 모르나니 <u>하늘의 천사들도, 아들도 모르고</u> 오직 아버지만 아시느니라(마 24:36)

예수님은 하늘의 천사들도 마지막 때는 알지 못한다고 말씀하셨습니다. 이것은 천사들의 뛰어난 능력을 간접적으로 나타내는 표현입니다. 천사들은 지식이 탁월한 존재입니다.

6. 권능이 강하게 창조하셨습니다.

> 환난을 받는 너희에게는 우리와 함께 안식으로 갚으시는 것이 하나님의 공의시니 주 예수께서 자기의 <u>능력의 천사들과</u> 함께 하늘로부터 불꽃 가운데에 나타나실 때에(살후 1:7) 그가 너를 위하여 그의 천사들을 명령하사 네 모든 길에서 너를 지키게 하심이라 그들이 그들의 손으로 너를 붙들어 발이 돌에 부딪히지 아니하게 하리로다(시 91:11-12)

천사는 능력 있는 존재입니다(살후 1:7). 천사들의 능력은 하나님의 백성들을 지키고 보호하는 데서 드러납니다. 로마 가톨릭교회는 영세(세례)를 받은 사람에게는 수호천사가 있다고 주장합니다. 수호천사가 신자들을 양육하고 보호해 준다고 주장하니

---

25 J. 판 헨더렌 & H. 펠레마, 『개혁교회 교의학』, 신지철 옮김 (서울: 새물결플러스, 2018), 471.

다.[26] 하지만 이런 가르침은 성경에 없습니다. 심지어 로마 가톨릭은 자신의 수호천사를 숭배해야 한다고까지 가르칩니다. 이는 명백히 하나님의 말씀에 어긋나는 일입니다. 칼뱅은 수호천사의 존재에 대해 신중한 입장을 취했습니다. 칼뱅은 『기독교강요』 제1권에서 모든 신자마다 수호천사가 있다기보다는, 모든 천사가 함께 모든 신자를 돌보는 것으로 보아야 한다고 주장했습니다.[27]

7. 이렇게 하여 그들이 하나님의 명령을 시행하고 하나님의 이름을 찬양하게 하셨습니다.

> 능력이 있어 여호와의 말씀을 행하며 그의 말씀의 소리를 듣는 여호와의 천사들이여 여호와를 송축하라 그에게 수종들며 그의 뜻을 행하는 모든 천군이여 여호와를 송축하라 (시 103:20-21)

천사들은 하나님의 말씀을 행하며, 하나님을 찬양하는 존재입니다. 하나님 곁에 있는 천사들은 결코 죄를 짓지 않으며, 앞으로도 죄를 짓지 않을 것입니다.[28] 그래서 예수님은 주기도문에서 "뜻이 하늘에서 이루어진 것 같이 땅에서도 이루어지이다"라고 기도하라고 하셨습니다. 여기서 하나님의 뜻이 하늘에서 이루어졌다는 것은 하늘에 있는 천사들의 전적인 순종을 말합니다.

8. 그러나 변할 수 있는 존재로 창조하셨습니다.

> 하나님이 범죄한 천사들을 용서하지 아니하시고 지옥에 던져 어두운 구덩이에 두어 심판 때까지 지키게 하셨으며(벧후 2:4)

성경은 범죄한 천사들이 있다고 말합니다(벧후 2:4). 따라서 천사는 거룩하고 능력 있게 창조되었지만, 타락할 수 있는 존재입니다. 하지만 지금 하나님 곁에 있는 천사들은 타락하지 않습니다. 성경은 하늘의 천사들에 대해 "하나님의 뜻을 행하는 모든 천군"(시 103:20), "택하심을 받은 천사들"(딤전 5:21), "거룩한 천사들"(눅 9:26)로 묘사합니다. 이는 그들이 하나님께 불순종하지 않는 존재임을 뜻합니다.

---

26 위의 책, 471.
27 존 칼빈, 『기독교강요 (상)』, 원광연 옮김 (고양: 크리스챤다이제스트, 2007), 202.
28 J. 판 헨더렌 & H. 펠레마, 앞의 책, 472.

제17문 하나님은 사람을 어떻게 창조하셨습니까?

답: 하나님은 다른 모든 피조물을 만드신 후에 사람을 남자와 여자로 창조하시되, 남자의 몸은 땅의 흙으로 빚으셨으며, 여자는 남자의 갈비뼈로 지으셨습니다. 그리고 그들에게 살아 있고, 이성적이며, 죽지 않는 영혼을 주시되, 하나님의 형상대로 지식과 의와 거룩함이 있게 하시고, 그들 마음에 하나님의 율법을 새기시고, 율법대로 살 수 있는 능력도 주셔서, 다른 피조물을 다스리게 하셨습니다. 그러나 그들을 타락할 수도 있는 존재로 지으셨습니다.

1. 하나님은 다른 모든 피조물을 만드신 후에 사람을 남자와 여자로 창조하시되,

> 하나님이 자기 형상 곧 하나님의 형상대로 사람을 창조하시되 <u>남자와 여자를 창조하시고</u> (창 1:27)
> 여호와 하나님이 이르시되 사람이 혼자 사는 것이 좋지 아니하니 내가 그를 위하여 <u>돕는 배필을 지으리라</u> 하시니라(창 2:18)
> 하나님이 그들에게 복을 주시며 하나님이 그들에게 이르시되 <u>생육하고 번성하여 땅에 충만하라</u>(창 1:28)

하나님은 남자만 창조하시거나 여자만 창조하시지 않고, 남자와 여자를 각각 창조하셨습니다(창 1:27). 그 이유는 크게 두 가지입니다. 첫째, 남자와 여자가 서로에게 "돕는 배필"이 되기 때문입니다(창 2:18). 그래서 남자와 여자는 장단점이 다릅니다. 서로의 장점으로 상대방의 단점을 보완하는 것이 하나님의 뜻입니다. 둘째, 혼인하고 출산하여 생육하고 번성해야 하기 때문입니다(창 1:28). 그래서 성도는 자녀를 키우는 일이 힘들다고 해도, 출산과 육아의 사명을 피하지 말아야 합니다.

2. 남자의 몸은 땅의 흙으로 빚으셨으며,

> 여호와 하나님이 <u>땅의 흙으로 사람을 지으시고</u> 생기를 그 코에 불어넣으시니 사람이 생령이 되니라(창 2:7)

사람의 창조에 사용된 단어는 히브리어 '야차르'입니다(창 2:7). '야차르'는 토기장이가 진흙으로 토기를 빚어내는 것을 가리키는 용어입니다. 사람은 하나님께서 직접 흙으로 만든 작품입니다. 물론 사람만 흙으로 만들어진 것은 아닙니다. 하나님은 다른 피조물도 흙으로 만드셨습니다(창 2:19). 하지만 중요한 차이점이 있습니다. 다른 피조물들은 하나님의 명령에 따라 땅이 산출한 것입니다(창 1:24).[29] 반면 사람은 하나님께서 땅의 흙을 사용하셔서 친히 빚어내셨습니다.

3. 여자는 남자의 갈비뼈로 지으셨습니다.

> 여호와 하나님이 <u>아담에게서 취하신 그 갈빗대로 여자를 만드시고</u> 그를 아담에게로 이끌어 오시니(창 2:22)

하나님은 하와를 아담의 갈비뼈로 창조하셨습니다. 아담에게서 하와가 나오게 하셨습니다. 이것은 모든 인류가 하나의 기원을 가지는 것이 하나님의 뜻이었기 때문입니다. 이로써 모든 인류는 한 혈통에 속하게 되었고, 아담은 모든 사람의 대표가 되었습니다.

4. 그리고 그들에게 살아 있고,

> 여호와 하나님이 땅의 흙으로 사람을 지으시고 <u>생기를 그 코에 불어넣으시니</u> 사람이 생령이 되니라(창 2:7)

원래 사람은 흙에 지나지 않았습니다. 흙으로 번역된 히브리어 '아파르'는 먼지 또는 티끌이란 뜻으로 보잘것없다는 의미입니다. 하지만 하나님께서 '생기'를 불어넣으시

---

29   헤르만 바빙크, 『개혁파 교의학: 단권축약본』, 김찬영 · 장호준 옮김 (서울: 새물결플러스, 2011), 543.

자 '생령'이 되었습니다(창 2:7). "생기"는 생명의 호흡을, "생령"은 살아 있는 존재를 의미합니다. 사람이 호흡하는 살아 있는 존재가 된 것은 하나님께서 주신 '살아 있는 영혼' 때문입니다.

5. 이성적이며,

> 땅의 짐승들보다도 우리를 더욱 가르치시고 하늘의 새들보다도 우리를 더욱 지혜롭게 하시는 이가 어디 계시냐고 말하는 이도 없구나(욥 35:11)

인간은 땅의 짐승이나 하늘의 새와는 다릅니다. 사람에게는 다른 모든 피조물과 구별되는 지혜가 있습니다(욥 35:11). 이것은 하나님께서 사람에게 '이성적인 영혼'을 주신 결과입니다.

6. 죽지 않는 영혼을 주시되,

> 예수께서 이르시되 내가 진실로 네게 이르노니 오늘 네가 나와 함께 낙원에 있으리라 하시니라(눅 23:43)

예수님은 죽음을 앞둔 강도에게 "오늘 네가 나와 함께 낙원에 있으리라"라고 말씀하셨습니다. 이것은 강도의 영혼을 두고 하신 말씀입니다. 육신은 땅에 묻혀 흙으로 돌아가지만, 영혼은 영원히 죽지 않기 때문입니다.

7. 하나님의 형상대로

> 하나님이 자기 형상 곧 하나님의 형상대로 사람을 창조하시되 남자와 여자를 창조하시고 (창 1:27)

사람의 특별함은 사람이 하나님의 형상이라는 데 있습니다(창 1:27). 형상으로 번역된 히브리어 '체렘'은 모양이라는 뜻으로서, 사람이 하나님과 닮은 존재라는 의미입니다. 하나님 형상에 대한 자세한 의미는 아래와 같습니다.

8. 지식과

> 새 사람을 입었으니 이는 <u>자기를 창조하신 이의 형상을 따라 지식에까지 새롭게 하심을</u> 입은 자니라(골 3:10)

바울은 구원받은 신자들이 하나님의 형상을 회복하며, 특히 지식을 회복한다고 말했습니다(골 3:10). 따라서 지식은 하나님 형상의 일부입니다. 사람이 하나님의 형상으로 창조되었다는 것은 '하나님을 아는 지식'을 가진 존재로 창조되었다는 뜻입니다.

9. 의와 거룩함이 있게 하시고,

> 하나님을 따라 <u>의와 진리의 거룩함으로 지으심을 받은 새 사람을 입으라</u>(엡 4:24)

타락하기 전의 인류는 하나님의 형상으로서 의와 거룩함을 가지고 있었습니다. 그래서 구원받은 신자들은 의와 거룩함을 회복해 갑니다(엡 4:24). 의의 기준은 율법입니다. 율법을 지키는 것이 의입니다(빌 3:6). 따라서 의로운 사람은 율법을 준행하는 사람입니다. 거룩의 기준은 하나님의 성품입니다. 하나님의 성품이 거룩입니다(사 6:3). 따라서 거룩한 사람은 하나님을 닮은 사람입니다.

요약하면, 사람은 하나님의 형상으로서, 지식과 의와 거룩함을 가진 존재로 창조되었습니다. 지식은 하나님을 아는 지식, 의는 율법을 준행하는 능력, 거룩은 하나님을 닮은 성품입니다. 태초의 아담은 하나님에 대한 충분한 지식이 있었고, 율법을 준행할 능력이 있었으며, 하나님을 닮은 성품을 가지고 있었습니다.

10. 그들 마음에 하나님의 율법을 새기시고,

> 이런 이들은 그 양심이 증거가 되어 그 생각들이 서로 혹은 고발하며 혹은 변명하여 <u>그 마음에 새긴 율법의 행위</u>를 나타내느니라(롬 2:15)

하나님은 사람의 마음에 율법을 새기셨습니다(롬 2:15). 이것을 다른 말로 '양심'이라고 합니다. 대부분의 나라에서 살인을 법으로 규제합니다. 거의 모든 사람이 거짓말은 악하다고 생각합니다. 이것은 하나님께서 사람들의 마음에 율법을 새기셨기 때문입다. 비록 죄와 타락으로 인해 많이 훼손되었지만, 일말의 양심이 남아 있기 때문입니다.

11. 율법대로 살 수 있는 능력도 주셔서,

> 내가 깨달은 것은 오직 이것이라 곧 하나님은 사람을 정직하게 지으셨으나 사람이 많은 꾀들을 낸 것이니라(전 7:29)

지금은 율법대로 살 수 있는 사람이 아무도 없습니다. 이것은 하나님의 창조가 부족하기 때문이 아닙니다. 하나님은 사람을 선하게 지으셨으나, 사람이 스스로 죄를 짓고 타락했기 때문입니다(전 7:29). 율법을 지키지 못한 책임은 전적으로 사람에게 있습니다.

12. 다른 피조물을 다스리게 하셨습니다.

> 하나님이 그들에게 복을 주시며 하나님이 그들에게 이르시되 생육하고 번성하여 땅에 충만하라, 땅을 정복하라, 바다의 물고기와 하늘의 새와 땅에 움직이는 모든 생물을 다스리라 하시니라(창 1:28)

하나님께서는 사람에게 모든 피조물을 다스릴 권한을 주셨습니다(창 1:28). 바로 이것이 하나님께서 사람을 하나님의 형상으로 지으신 목적입니다. 사람은 하나님을 대신하여 모든 만물을 다스리는 존재입니다. 하지만 이 권한은 하나님께서 주신 것이므로 오직 하나님의 영광을 위해서만 사용되어야 합니다.

13. 그러나 그들을 타락할 수도 있는 존재로 지으셨습니다.

> 여자가 그 나무를 본즉 먹음직도 하고 보암직도 하고 지혜롭게 할 만큼 탐스럽기도 한 나무인지라 여자가 그 열매를 따먹고 자기와 함께 있는 남편에게도 주매 그도 먹은지라(창 3:6)

하나님은 사람을 타락할 수도 있는 존재로 지으셨습니다(창 3:6). 최초의 사람은 완전히 성화된 존재가 아니라, 완전한 성화를 향해 나아가야 하는 존재였습니다. 하지만 이 땅에서는 아무도 완전히 성화될 수 없습니다. 완전한 성화는 죽음 이후에야 가능합니다.

제18문 **하나님의 섭리의 사역들은 무엇입니까?**

답: 하나님의 섭리의 사역들은 자기가 지으신 모든 피조물을 지극히 거룩하고, 지혜롭고, 능력 있게 보존하시고, 통치하시는 것이며, 하나님 자신의 영광을 위하여 모든 피조물과 그들의 행위를 주관하시는 것입니다.

1. 하나님의 섭리의 사역들은 자기가 지으신 모든 피조물을 지극히 거룩하고,

> 너는 그를 거룩히 여기라 그는 네 하나님의 음식을 드림이니라 너는 그를 거룩히 여기라 너희를 거룩하게 하는 나 여호와는 거룩함이니라(레 21:8)

'섭리'라는 단어는 '미리 보다'라는 라틴어 동사에서 왔습니다. 하지만 하나님의 섭리는 시간적으로 앞서서 무슨 일이 일어나는지를 미리 내다보는 것을 의미하지 않습니다. 오히려 하나님께서 모든 것을 공급하신다는 것을 의미합니다.[30] 그래서 칼뱅은 "섭리란, 하나님의 눈 못지않게 그의 손길에도 관계되는 것이다"라고 말했습니다.[31]

하나님의 섭리를 간단하게 설명하면, '지으신 모든 만물을 친히 돌보시는 것'이라 할 수 있습니다. 하나님의 돌보심에는 몇 가지 원칙이 있습니다. 가장 중요한 원칙은 '지으신 모든 피조물'을 지극히 거룩하게 돌보시는 것입니다. 따라서 하나님의 섭리에서 제외되는 피조물은 없습니다.

섭리와 반대되는 사상에는 범신론과 이신론이 있습니다. 범신론은 하나님과 세상을 동일시하는 사상이고, 이신론은 하나님과 세상을 분리하는 사상입니다.[32] 범신론

---

30 J. 판 헨더렌 & H. 펠레마, 『개혁교회 교의학』, 신지철 옮김 (서울: 새물결플러스, 2018), 478.
31 존 칼빈, 『기독교강요 (상)』, 원광연 옮김 (고양: 크리스챤다이제스트, 2007), 243.
32 J. 판 헨더렌 & H. 펠레마, 앞의 책, 487.

은 모든 것을 하나님으로 보기 때문에 유일하신 하나님을 인정하지 않습니다. 이신론은 흔히 시계공 이론으로 잘 알려져 있습니다. 만약 어떤 시계공이 완벽한 시계를 만들었다면, 그는 더 이상 시계의 작동에 개입할 필요가 없습니다. 마찬가지 원리로 이신론자들은 하나님께서 세상을 완벽하게 창조하셨다면 더 이상 세상에 개입하실 필요가 없다고 주장합니다.

2. 지혜롭고,

> 여호와여 주께서 하신 일이 어찌 그리 많은지요 주께서 지혜로 그들을 다 지으셨으니 주께서 지으신 것들이 땅에 가득하니이다(시 104:24)
> 이도 만군의 여호와께로부터 난 것이라 그의 경영은 기묘하며 지혜는 광대하니라(사 28:29)

하나님은 지혜롭게 만물을 돌보십니다(시 104:24). 이해할 수 없는 일들로 가슴 아파하다가도, 결국에는 손뼉을 치며 하나님께 감사하게 되는 것이 바로 이것 때문입니다. 하나님의 돌보심은 충동적이거나 감정적이지 않습니다. 하나님의 섭리는 광대한 지혜에 근거합니다(사 28:29). 그래서 성도는 급변하는 세상에서도 요동하지 않습니다. 불안한 소식과 소문에도 흔들리지 않습니다. 우리를 돌보시는 하나님의 지혜를 신뢰하기 때문입니다.

3. 능력 있게 보존하시고,

> 이는 하나님의 영광의 광채시요 그 본체의 형상이시라 그의 능력의 말씀으로 만물을 붙드시며 죄를 정결하게 하는 일을 하시고 높은 곳에 계신 지극히 크신 이의 우편에 앉으셨느니라(히 1:3)
> 오직 주는 여호와시라 하늘과 하늘들의 하늘과 일월 성신과 땅과 땅 위의 만물과 바다와 그 가운데 모든 것을 지으시고 다 보존하시오니 모든 천군이 주께 경배하나이다(느 9:6)

지구가 갑자기 멸망할지 모른다고 불안해하는 사람들이 있습니다. 예를 들어, 소행성이 지구와 충돌하거나 전 세계적인 핵전쟁이 일어날 수 있다고 믿는 것입니다. 하지만 그런 일은 불가능합니다. 하나님께서 만물을 보존하시기 때문입니다(히 1:3). 만물의 보존은 하나님께서 섭리하시는 중요한 목적 가운데 하나입니다(느 9:6). 그래서 세상이 갑자기 멸망하거나, 사라지는 일은 없습니다. 지구가 한순간에 멸망할 수 있는 유일한 가능성은 하나님께서 섭리의 사역을 중단하는 것입니다. 만약 하나님께서 단 1분이라도 섭리의 사역을 중단하신다면 지구뿐만 아니라 온 우주가 사라지고 말 것입니다.

4. 통치하시는 것이며,

> 여호와께서 그의 보좌를 하늘에 세우시고 그의 왕권으로 <u>만유를 다스리시도다</u>(시 103:19)

세상 왕들의 보좌는 땅에 있지만, 하나님의 보좌는 하늘에 있습니다(시 103:19). 세상 왕들은 땅의 일부분만 다스리지만, 하나님은 만유를 다스립니다. 만유로 번역된 히브리어는 '콜'인데, 모든 것 또는 전체를 의미합니다. 이 세상에 하나님의 통치를 벗어난 것은 하나도 없다는 뜻입니다. 통치하시는 하나님은 자신의 목적을 향해서 모든 피조물을 이끌어 가십니다.

심지어 성경은 사탄도 하나님의 통치를 받는다고 말합니다(욥 1:6). 결론적으로 하나님의 통치에서 자유로운 존재는 있을 수 없고, 하나님께서 뜻하시지 않은 일은 발생할 수 없습니다. 만물이 하나님의 통치 아래 있기 때문입니다. 그렇다고 해서 하나님의 섭리가 인간의 자유의지를 무시한다는 의미는 아닙니다. 하나님은 사람들의 의지에 반하여 강제로 통치하지 않습니다. 모든 사람은 자신들의 의지에 따라 행동합니다. 하지만 하나님께서 그들의 삶 속에 섭리하고 계시기 때문에, 결국에는 하나님께서 예정하신 대로만 행하게 됩니다.

5. 하나님 자신의 영광을 위하여

> 이는 만물이 주에게서 나오고 주로 말미암고 주에게로 돌아감이라 <u>그에게 영광이 세세에 있을지어다</u> 아멘(롬 11:36)

하나님께서 침묵하시지 않고, 세상 모든 일에 간섭하시는 이유가 무엇일까요? 하나님의 영광입니다. 모든 영광이 하나님께만 있게 하려는 것입니다. 이것은 참으로 합당한 일입니다. 하나님은 세상의 창조주, 만물의 아버지이시기 때문입니다. 그러므로 우리는 하나님의 영광을 위해 살아야 합니다. 우리의 영광이 아니라, 하나님의 영광입니다. 삶의 목적을 사사로운 이익이 아니라, 하나님의 기쁨에 두어야 합니다. 바로 그것이 하나님과 동행하는 삶입니다. "이것이 노아의 족보니라 노아는 의인이요 당대에 완전한 자라 그는 하나님과 동행하였으며"(창 6:9).

6. 모든 피조물과 그들의 행위를 주관하시는 것입니다.

> 참새 두 마리가 한 앗사리온에 팔리지 않느냐 그러나 너희 아버지께서 허락하지 아니하시면 그 하나도 땅에 떨어지지 아니하리라 너희에게는 머리털까지 다 세신 바 되었나니 (마 10:29-30)
> 우리가 그를 힘입어 살며 기동하며 존재하느니라 너희 시인 중 어떤 사람들의 말과 같이 우리가 그의 소생이라 하니(행 17:28)

하나님의 섭리는 첫째, 모든 피조물에 미칩니다. 참새 같은 미물의 생사도 하나님의 섭리 아래 있습니다(마 10:29-30). 둘째, 모든 피조물의 행위에 미칩니다. 모든 피조물은 하나님의 도움을 받아 살아갑니다(행 17:28). 하나님의 도움 없이는 존재할 수 없습니다.

칼뱅은 우리의 믿음이 하나님의 섭리로 이어지지 않으면, 우리가 아무리 마음으로 파악하고 입으로 고백한다 할지라도 우리는 아직 하나님이 창조주라는 말의 의미를 제대로 이해한 것이 아니라고 했습니다.[33] 칼뱅의 주장처럼 창조만 하고 섭리하지 않는 하나님은 참된 창조주라고 할 수 없습니다. 다행히도 하나님은 우리를 가만 내버려 두시지 않습니다. 하나님은 영원한 통치자요 보존자입니다. 우리의 전 인생은 하나님의 손안에 있습니다. 그래서 우리는 안전합니다.

---

[33]　존 칼빈, 『기독교강요 (상)』, 원광연 옮김 (고양: 크리스챤다이제스트, 2007), 238.

제19문 천사들에 대한 하나님의 섭리는 무엇입니까?

답: 하나님은 자신의 섭리에 의하여, 어떤 천사들은 고의적이고도 돌이킬 수 없는 죄를 범하여 정죄를 당하게 허용하시면서도, 그 과정과 그들의 모든 죄는 하나님 자신의 영광을 이루도록 규제하고 통제하셨습니다. 또한 나머지 천사들은 거룩하고 행복하게 세우심으로써 자신의 권능과 자비와 공의를 시행하시는 일에 이 모든 것을 기쁘게 사용하셨습니다.

1. 하나님은 자신의 섭리에 의하여, 어떤 천사들은 고의적이고도 돌이킬 수 없는 죄를 범하여 정죄를 당하게 허용하시면서도,

> 또 자기 지위를 지키지 아니하고 자기 처소를 떠난 천사들을 큰 날의 심판까지 영원한 결박으로 흑암에 가두셨으며(유 1:6)
> 하나님이 범죄한 천사들을 용서하지 아니하시고 지옥에 던져 어두운 구덩이에 두어 심판 때까지 지키게 하셨으며(벧후 2:4)
> 너희는 너희 아비 마귀에게서 났으니 너희 아비의 욕심대로 너희도 행하고자 하느니라 그는 처음부터 살인한 자요 진리가 그 속에 없으므로 진리에 서지 못하고 거짓을 말할 때마다 제 것으로 말하나니 이는 그가 거짓말쟁이요 거짓의 아비가 되었음이라(요 8:44)

천사들 가운데 일부는 자기 위치를 떠났습니다(유 1:6). 천사들 가운데 일부는 하나님께 범죄하고 타락했습니다(벧후 2:4). 하나님을 떠난 천사들의 우두머리를 사탄 또는 마귀라고 하며, 그를 따르는 천사들을 귀신이라고 합니다. 사탄은 하나님의 피조물 가운데 가장 먼저 죄를 지은 존재입니다(요 8:44). 하나님은 악한 사람들을 심판하시는 것과 마찬가지로, 악한 천사들도 지옥에서 영원한 심판을 받게 하실 것입니다.

2. 그 과정과 그들의 모든 죄는 하나님 자신의 영광을 이루도록 규제하고 통제하셨습니다.

> 여호와께서 사탄에게 이르시되 내가 그의 소유물을 다 네 손에 맡기노라 다만 그의 몸에는 네 손을 대지 말지니라 사탄이 곧 여호와 앞에서 물러가니라(욥 1:12)
>
> 칠십 인이 기뻐하며 돌아와 이르되 주여 주의 이름이면 귀신들도 우리에게 항복하더이다(눅 10:17)
>
> 귀신들이 예수께 간구하여 이르되 만일 우리를 쫓아 내시려면 돼지 떼에 들여 보내 주소서 하니(마 8:31)

사탄이 하나님과 대등한 존재인 것처럼 생각하는 사람들이 있습니다. 선한 영역은 하나님께서 주관하시고, 악한 영역은 사탄이 주관하는 것처럼 말입니다. 심지어 사탄이 지옥의 통치자라고 여기는 경우도 있습니다. 결코 그렇지 않습니다. 만물의 통치자는 하나님밖에 없습니다. 사탄은 하나님의 피조물에 지나지 않습니다. 사탄은 하나님의 통치를 받는 피조물에 불과합니다(욥 1:12). 사탄의 졸개인 귀신들은 말할 것도 없습니다(눅 10:17; 마 8:31). 타락한 천사들은 하나님의 섭리에서 벗어난 독립적인 존재가 아닙니다. 타락한 천사들의 활동 역시 하나님의 섭리 아래 있습니다.

3. 또한 나머지 천사들은 거룩하고 행복하게 세우심으로써

> 하나님과 그리스도 예수와 택하심을 받은 천사들 앞에서 내가 엄히 명하노니 너는 편견이 없이 이것들을 지켜 아무 일도 불공평하게 하지 말며(딤전 5:21)
>
> 누구든지 이 음란하고 죄 많은 세대에서 나와 내 말을 부끄러워하면 인자도 아버지의 영광으로 거룩한 천사들과 함께 올 때에 그 사람을 부끄러워하리라(막 8:38)

타락한 천사들과 달리 자기 자리를 굳게 지키는 천사들도 있습니다. 성경은 이들에 대해 "택하심을 받은 천사들"(딤전 5:21) 또는 "거룩한 천사들"(막 8:38)이라고 말합니다. 택함을 받았다는 데서 알 수 있듯이, 천사들의 활동도 하나님의 섭리 아래 있습니다. 그렇다면 하나님께서 천사들을 통해서 하시고자 하는 일은 무엇일까요? 하나님의 권능과 자비와 공의를 시행하는 일입니다. 그렇다면 왜 천사들을 통해서 이런 일을 하실까요? 분명한 것은 하나님이 부족하셔서, 천사들의 도움을 받는 것이 아니라는 것입니다. 칼뱅은 이것을 하나님의 자비로 해석합니다. 하나님을 직접 대면할 수 없

는 죄인들을 위해 천사를 대리자로 사용하신다는 것입니다.[34]

하나님께서는 마치 천사들이 없이는 아무 일도 하지 못하시기라도 하는 것처럼 어쩔 수 없어서 그렇게 하시는 것이 아니다. 원하시면 하나님은 언제라도 그들을 물리치시고 그의 뜻만으로 역사를 이루시기 때문이다. 그러므로 천사들을 써서 어려움을 덜고자 하시는 것이 결코 아닌 것이다. 하나님께서 천사들을 사용하시는 것은 우리의 연약함을 위로하사 우리 마음을 일으켜 선한 소망을 갖게 하고 마음에 안전에 대한 확증을 갖는 데에 아무것도 부족한 것이 없도록 하시기 위함인 것이다 (기독교강요. 1. 14. 11).

4. 자신의 권능과 자비와 공의를 시행하시는 일에 이 모든 것을 기쁘게 사용하셨습니다.

이 밤에 여호와의 사자가 나와서 앗수르 진영에서 군사 십팔만 오천 명을 친지라 아침에 일찍이 일어나 보니 다 송장이 되었더라(왕하 19:35)
모든 천사들은 섬기는 영으로서 구원받을 상속자들을 위하여 섬기라고 보내심이 아니냐 (히 1:14)
그들에 대한 부르짖음이 여호와 앞에 크므로 여호와께서 이 곳을 멸하시려고 우리를 보내셨나니 우리가 멸하리라(창 19:13)

천사들은 하나님의 권능과 자비와 공의를 시행하는 도구입니다. 하나님은 천사들을 통해 앗수르 군대를 멸하심으로써 자신의 권능을 나타내셨습니다(왕하 19:35). 하나님은 천사들을 통해 성도들을 보살핌으로써 자신의 자비를 나타내십니다(히 1:14). 하나님은 천사들을 통해 악한 자들을 심판하심으로써 자신의 공의를 나타내십니다(창 19:13). 이처럼 천사들은 하나님의 도구이며, 하나님은 자신의 영광을 위해 천사들을 기쁘게 사용하십니다.

---

[34] 존 칼빈, 『기독교강요(상)』, 원광연 옮김 (고양: 크리스챤다이제스트, 2007), 206.

창조된 본래의 상태에 있던 사람을 향한 하나님의 섭리는 무엇이었습니까?

답: 창조된 본래의 상태에 있던 사람을 향한 하나님의 섭리는, 그를 에덴 동산에 두시고, 그것을 돌보도록 그를 임명하시고, 땅에서 나는 모든 열매를 먹을 수 있는 자유를 그에게 주신 것이며, 모든 피조물을 그의 통치 아래 두시고, 돕는 배필을 주시기 위해 결혼을 제정하신 것입니다. 또 하나님 자신과 교제하게 하시고, 안식일을 제정하셨으며, 인격적이고 완전하며 항구적인 복종을 조건으로 생명 나무를 보증으로 삼아 사람과 더불어 생명의 언약을 맺으시고, 선악을 알게 하는 나무의 열매 먹음을 죽음의 형벌로 금지하신 것입니다.

1. 창조된 본래의 상태에 있던 사람을 향한 하나님의 섭리는, 그를 에덴 동산에 두시고, 그것을 돌보도록 그를 임명하시고, 땅에서 나는 모든 열매를 먹을 수 있는 자유를 그에게 주신 것이며,

> 여호와 하나님이 동방의 에덴에 동산을 창설하시고 그 지으신 사람을 거기 두시니라(창 2:8)
> 여호와 하나님이 그 사람에게 명하여 이르시되 동산 각종 나무의 열매는 네가 임의로 먹되(창 2:16)
> 여호와 하나님이 땅에 비를 내리지 아니하셨고 땅을 갈 사람도 없었으므로 들에는 초목이 아직 없었고 밭에는 채소가 나지 아니하였으며(창 2:5)
> 여호와 하나님이 그 사람을 이끌어 에덴 동산에 두어 그것을 경작하며 지키게 하시고(창 2:15)

창조된 본래의 상태란 타락하기 이전의 상태를 말합니다. 타락하기 이전에 사람의 거주지는 에덴이었습니다(창 2:8). 에덴은 낙원(Paradise)으로도 불리는데, 땅에서 나는 모든 것을 자유롭게 먹을 수 있었기 때문입니다(창 2:16). 하지만 에덴을 무위도식(無

爲徒食)의 공간으로 생각해선 안 됩니다. 아담은 아무 노동도 하지 않았던 것이 아닙니다. 채소와 열매를 먹기 위해 열심히 땅을 일구고 경작해야 했습니다(창 2:5, 15). 태초의 노동은 무죄한 상태에서 이루어졌으므로, 고통스런 일이 아니라 즐거운 일이었을 것입니다.

2. 또 모든 피조물을 그의 통치 아래 두시고,

> 하나님이 그들에게 복을 주시며 하나님이 그들에게 이르시되 생육하고 번성하여 땅에 충만하라, 땅을 정복하라, 바다의 물고기와 하늘의 새와 땅에 움직이는 <u>모든 생물을 다스리라</u> 하시니라(창 1:28)
> 아담이 모든 가축과 공중의 새와 들의 <u>모든 짐승에게 이름을 주니라</u>(창 2:20)

타락하기 이전의 인간은 만물의 통치자였습니다(창 1:28). 땅과 바다와 하늘의 생물들은 아담의 명령에 복종했습니다. 아담이 그들에게 이름을 지어준 것이 대표적입니다(창 2:20). 모든 동물은 아담 앞에 모였고, 아담이 지어 주는 이름을 받아들였습니다.

3. 돕는 배필을 주시기 위해 결혼을 제정하신 것입니다.

> 여호와 하나님이 이르시되 사람이 혼자 사는 것이 좋지 아니하니 <u>내가 그를 위하여 돕는 배필을 지으리라</u> 하시니라(창 2:18)

아담에게는 부족한 것이 없었습니다. 아담은 선악과를 제외한 모든 것을 먹을 수 있었습니다. 아담은 모든 피조물에 통치권을 행사했습니다. 하지만 한 가지 부족한 것이 있었습니다. 이성(二性)적 존재입니다. 이성 없이 아담 혼자 사는 것은 좋은 일이 아니었습니다. 그래서 하나님은 결혼 제도를 제정하시고, 돕는 배필로서 하와를 주셨습니다(창 2:18).

4. 또 하나님 자신과 교제하게 하시고,

> 하나님이 자기 형상 곧 하나님의 형상대로 사람을 창조하시되 남자와 여자를 창조하시고 하나님이 그들에게 복을 주시며 하나님이 그들에게 이르시되 생육하고 번성하여 땅에 충만하라, 땅을 정복하라, 바다의 물고기와 하늘의 새와 땅에 움직이는 모든 생물을 다스리라 하시니라(창 1:27-28)

하나님은 사람을 '하나님의 형상'으로 창조하셨습니다(창 1:27). 그리하여 하나님의 마음을 이해하고, 하나님의 영광을 위해서 살아가게 하셨습니다. 사람은 하나님의 마음을 헤아릴 수 없는 짐승들과 달랐습니다. 사람은 하나님과 교제할 수 있는 존재로 지음받았습니다.

5. 안식일을 제정하셨으며,

> 하나님이 그 일곱째 날을 복되게 하사 거룩하게 하셨으니 이는 하나님이 그 창조하시며 만드시던 모든 일을 마치시고 그날에 안식하셨음이니라(창 2:3)

하나님은 항상 안식을 누리고 계십니다. 하나님은 완전하시기 때문입니다. 하지만 하나님께서 제칠 일에 안식하신 것은 특별한 사건입니다(창 2:3). 하나님께서 사람을 초대하셨기 때문입니다. 지금까지는 하나님 홀로 안식을 누리셨다면, 이제부터는 사람도 안식을 누리게 되었습니다. 안타깝게도 지금은 태초와 같은 안식을 경험할 수 없습니다. 사람이 타락하고 부패했기 때문입니다. 그래서 우리는 마지막 날을 사모하며 기다립니다. 그날에는 우리 모두 하나님의 안식에 동참하게 될 것입니다.

6. 인격적이고 완전하며 항구적인 복종을 조건으로 생명 나무를 보증으로 삼아 사람과 더불어 생명의 언약을 맺으시고, 선악을 알게 하는 나무의 열매 먹음을 죽음의 형벌로 금지하신 것입니다.

> 선악을 알게 하는 나무의 열매는 먹지 말라 네가 먹는 날에는 반드시 죽으리라 하시니라
> (창 2:17)
> 너는 마음을 다하고 뜻을 다하고 힘을 다하여 네 하나님 여호와를 사랑하라(신 6:5)
> 무릇 율법 행위에 속한 자들은 저주 아래에 있나니 기록된 바 누구든지 율법 책에 기록된
> 대로 모든 일을 항상 행하지 아니하는 자는 저주 아래에 있는 자라 하였음이라(갈 3:10)

태초의 아담은 무죄한 존재였습니다. 하지만 죄를 지을 수도 있었습니다. 아담은 영생을 소유한 존재가 아니라, 영생을 향해 나아가는 존재였습니다. 아담이 영생을 소유하는 방법은 복종이었습니다. 아담은 하나님의 율법에 복종함으로써 영생을 얻을 수 있었습니다(창 2:17).

하나님께서 아담과 맺으신 구원 언약을 '생명 언약'이라고 합니다. 순종을 통해 생명을 얻을 수 있었기 때문입니다. 동일한 언약에 대해 웨스트민스터 신앙고백서(7장 2항)는 생명 언약이 아니라 행위 언약이라고 칭합니다. 이것은 모순이나 오류가 아닙니다. 생명 언약은 순종이 가져오는 복을 강조하는 것이고, 행위 언약은 영생 얻는 수단을 강조하는 것일 뿐입니다.

행위 언약으로 영생을 얻기 위해서는 하나님의 율법에 복종해야 합니다. 복종하되 인격적으로 복종해야 합니다(신 6:5). 완전하며 항구적으로 복종해야 합니다(갈 3:10). 지금 시각으로 볼 때는 매우 불합리한 요구입니다. 하지만 태초의 아담에게는 전혀 불합리하지 않았습니다. 태초의 아담에게는 율법에 복종할 능력이 있었기 때문입니다. 도리어 하나님께서 친히 영생에 이르는 길을 제시하셨다는 점에서, 행위 언약은 하나님의 은혜였습니다.

사람은 하나님께서 창조한 본래의 상태를 유지하였습니까?

답: 우리의 시조는 의지의 자유를 받았으나, 사탄의 유혹에 빠져 하나님께서 금하신 열매를 먹음으로 하나님의 계명을 어겼으며, 그리하여 창조된 본래의 무죄한 상태에서 타락하였습니다.

1. 우리의 시조는 의지의 자유를 받았으나,

하나님이 자기 형상 곧 하나님의 형상대로 사람을 창조하시되 남자와 여자를 창조하시고 (창 1:27)
내가 깨달은 것은 오직 이것이라 곧 하나님은 사람을 정직하게 지으셨으나 사람이 많은 꾀들을 낸 것이니라(전 7:29)
기록된 바 의인은 없나니 하나도 없으며(롬 3:10)

사람은 '하나님의 형상'으로 창조되었습니다(창 1:27). 다른 피조물과 구별된 고귀한 성품과 지혜를 가진 존재로 창조되었습니다. 그래서 아담은 '의지의 자유'를 행사할 수 있었습니다. 자유롭게 선을 행할 수 있었습니다(전 7:29).

그런데 아담은 태초의 상태에 머물지 않았습니다. 아담은 하나님처럼 되려는 악한 마음을 가졌고, 그것을 실행에 옮겼습니다. 그 결과 모든 인간이 타락하게 되었습니다. 그리하여 모든 인류는 '의지의 자유'를 잃어버렸습니다. 오직 악한 것만을 행하게 되었습니다(롬 3:10).

2. 사탄의 유혹에 빠져 하나님께서 금하신 열매를 먹음으로

> 뱀이 여자에게 이르되 너희가 결코 죽지 아니하리라 너희가 그것을 먹는 날에는 너희 눈이 밝아져 하나님과 같이 되어 선악을 알 줄 하나님이 아심이니라(창 3:4-5)
> 근신하라 깨어라 너희 대적 마귀가 우는 사자 같이 두루 다니며 삼킬 자를 찾나니(벧전 5:8)

죄의 기원은 신비에 싸여 있습니다. 하나님께서 죄를 만드신 것은 아니지만, 하나님의 작정에서 죄가 제외되지도 않습니다.[35] 죄는 하나님으로부터 자유롭기를 원하는 '마음'입니다. 죄는 하나님처럼 되려는 '욕망'입니다. 이런 마음과 욕망은 뱀의 거짓말을 통해 세상에 들어왔습니다(창 3:4-5). 성경은 뱀의 이면에 사탄이 있었다고 말합니다(계 20:2). 따라서 죄는 땅에서 시작된 것이 아니라, 하늘에서 시작되었습니다. 사탄이 먼저 타락하여 아담과 하와를 유혹했고, 그 결과 아담과 하와도 타락했습니다.[36]

"사탄(사타나스)"이라는 이름은 '악한 자' 또는 '대적자'를 의미합니다(마 4:10). 이 이름처럼 사탄이 존재하는 유일한 목적은 악을 행하고, 하나님을 대적하는 것입니다. 사탄의 또 다른 이름은 "마귀(디아볼로스)"입니다(벧전 5:8). '중상자' 또는 '비방자'를 뜻합니다. 이 이름처럼 사탄은 하나님과 사람 사이를 갈라놓는 존재입니다.

사탄이 아담을 유혹했지만, 아담에게 아무런 책임이 없는 것은 아닙니다. 아담은 사탄의 말을 하나님의 말씀보다 더 중요하게 여겼습니다. 하나님께만 복종해야 할 아담이 하나님의 대적인 사탄에게 복종했습니다. 이것은 심각한 배신이며 반역행위였습니다.

3. 하나님의 계명을 어겼으며, 그리하여 창조된 본래의 무죄한 상태에서 타락하였습니다.

> 뱀이 그 간계로 하와를 미혹한 것 같이 너희 마음이 <u>그리스도를 향하는 진실함과 깨끗함에서 떠나 부패할까</u> 두려워하노라(고후 11:3)

---

35 헤르만 바빙크, 『개혁파 교의학: 단권축약본』, 김찬영 · 장호준 옮김 (서울: 새물결플러스, 2011), 589.
36 위의 책, 592.

아담은 하나님의 율법을 어겼습니다. 죄를 짓고 부패했습니다(고후 11:3). 성경에서 '부패하다'로 번역되는 헬라어는 '프데이로'입니다. 완전히 파괴되어 못쓰게 된 상태를 의미합니다. 하나님께서 아담에게 주신 하나님의 형상은 파괴되었습니다. 흔적만 남아있을 뿐, 제 역할을 못하게 되었습니다.

제22문 모든 인류가 아담이 처음 죄를 지을 때 타락하였습니까?

답: 아담은 인류를 대표하는 사람으로서, 하나님께서 아담과 맺은 언약은 아담뿐만 아니라 아담의 후손과도 맺은 것이므로, 보통 생육법으로 아담에게서 난 모든 인류는 아담이 처음 죄를 지을 때 아담 안에서 죄를 짓고 아담과 함께 타락하였습니다.

1. 아담은 인류를 대표하는 사람으로서, 하나님께서 아담과 맺은 언약은 아담뿐만 아니라 아담의 후손과도 맺은 것이므로,

> 인류의 모든 족속을 한 혈통으로 만드사 온 땅에 살게 하시고 그들의 연대를 정하시며 거주의 경계를 한정하셨으니(행 17:26)
> 아담 안에서 모든 사람이 죽은 것 같이 그리스도 안에서 모든 사람이 삶을 얻으리라(고전 15:22)

한 사람의 행동이 모두에게 영향을 끼칠 때, 그 사람을 대표라고 합니다. 예를 들어, 한국의 대통령과 미국의 대통령이 조약을 체결하면 한국과 미국의 모든 사람에게 영향을 미칩니다. 대통령이 각 나라의 대표이기 때문입니다.

교회의 대표는 그리스도입니다(엡 1:22). 그래서 그리스도의 행동은 모든 신자에게 영향을 끼칩니다. 그리스도의 죽음은 모든 신자의 죽음이며, 그리스도의 승리는 모든 신자의 승리입니다. 그렇다면 모든 인류의 대표는 누구일까요? 아담입니다. 아담은 단순히 첫 번째 사람이 아니라 모든 인류의 대표입니다(행 17:26). 그래서 모든 신자가 그리스도 안에서 생명을 얻듯이, 모든 인류가 아담 안에서 저주를 받습니다(고전 15:22).

안타깝게도 아담의 역사성을 의심하는 사람들이 있습니다. 그들은 선악과 사건을 일종의 신화로 해석합니다. 선악과 사건은 실제로 일어난 역사적 사건입니다. 성경이 아담과 그리스도를 대조하는 것이 분명한 증거입니다(고전 15:22). 그리스도의 성육신과 죽음이 역사적 사건이라면, 아담의 타락 역시 역사적 사건입니다.

2. 보통 생육법으로 아담에게서 난 모든 인류는 아담이 처음 죄를 지을 때 아담 안에서 죄를 짓고 아담과 함께 타락하였습니다.

> 그러므로 한 사람으로 말미암아 죄가 세상에 들어오고 죄로 말미암아 사망이 들어왔나니 이와 같이 모든 사람이 죄를 지었으므로 사망이 모든 사람에게 이르렀느니라(롬 5:12)

아담은 평범한 개인이 아니라 모든 인류의 대표입니다. 선악과 언약은 하나님과 아담 사이의 사적인 언약이 아니라 '공적인 언약'입니다. 그래서 아담이 범죄할 때 모든 인류도 범죄한 것이고, 아담이 타락할 때 모든 인류도 타락한 것입니다(롬 5:12).

그런데 이 일은 '보통 생육법'으로 출생하는 자들에게만 해당합니다. 예수님은 보통 생육법이 아니라 성령의 능력으로 나셨습니다. 부모로부터 잉태된 것이 아니라 성령으로 잉태되셨습니다. 육신의 아버지는 없었고 육신의 어머니로부터는 자궁만을 빌렸을 뿐입니다. 그래서 예수님은 아담의 후손이 아닙니다. 예수님은 아담으로부터 유전되는 원죄와 아무런 상관이 없습니다.

아담과 인류 사이의 연관성을 불쾌하게 여기는 자들이 있습니다. 그들은 아담의 범죄에 직접 참여하지도 않았는데, 똑같이 취급받는 것을 억울하게 생각합니다. 하지만 납득이 되지 않을지라도 아담이 모든 인류의 대표라는 사실은 부인할 수 없는 진리입니다. 납득이 되지 않는다고 해서 아담으로부터 유전된 죄의 책임이 사라지는 것은 아닙니다.

아담 같은 사람을 인류의 대표로 세운 것은 옳지 않다고 여기는 자들도 있습니다. 그들은 고작 열매 하나 참지 못한 사람을 인류의 대표로 인정할 수 없다고 말합니다. 하지만 아담을 대표로 세우신 분은 하나님이시고, 하나님은 가장 지혜로우십니다. 만약 우리가 하나님의 섭리를 부정한다면, 우리가 하나님보다 더 지혜롭다고 항변하는 것이나 마찬가지입니다.

아담의 타락은 인류를 어떤 상태에 빠지게 하였습니까?

답: 아담의 타락은 인류를 죄와 비참의 상태에 빠지게 하였습니다.

1. 아담의 타락은 인류를 죄와

> 그러므로 한 사람으로 말미암아 죄가 세상에 들어오고 죄로 말미암아 사망이 들어왔나니 이와 같이 모든 사람이 죄를 지었으므로 사망이 모든 사람에게 이르렀느니라(롬 5:12)

아담의 타락이 가져온 결과는 크게 두 가지입니다. '죄'와 '비참'입니다. 주목할 것은 죄가 먼저 소개된다는 점입니다. 죄는 비참의 원인이고, 비참은 죄의 결과입니다. 타락한 이후의 상태를 알기 위해서는 먼저 타락 이전의 상태를 알아야 합니다. 타락하기 이전의 인간은 첫째, 무죄한 존재였고, 둘째, 하나님께서 주신 본래적 의로움, 즉 원의(原義)를 가지고 있었습니다. 하지만 타락한 이후로는 죄인이 되었고 본래적 의로움도 상실하게 되었습니다(롬 5:12).

2. 비참의 상태에 빠지게 하였습니다.

> 내가 네게 임신하는 고통을 크게 더하리니 네가 수고하고 자식을 낳을 것이며(창 3:16)
> 네가 흙으로 돌아갈 때까지 얼굴에 땀을 흘려야 먹을 것을 먹으리니(창 3:19)

비참은 죄의 결과입니다. 세상에 슬픔이 가득한 이유가 바로 여기에 있습니다. 죄가 세상에 들어오기 전에는 출산의 고통이 없었습니다(창 3:16). 노동의 고통도 없습니다(창 3:19). 죄가 들어오면서부터 갖가지 고통과 슬픔이 생겨났습니다.

불신자들도 세상에 슬픔이 가득하다는 사실을 압니다. 하지만 그렇게 된 원인은 알지 못합니다. 그래서 현대인들이 내놓는 대책들은 미봉책에 불과합니다. 원인은 그냥 두고 증상만 해결하려는 것입니다. 사실상 인류가 내놓은 모든 해결책은 그저 고통을 줄이려는 시도에 지나지 않습니다.

세상은 비참의 상태에 빠져 있습니다. 성경은 그 원인이 죄라고 말합니다. 그러므로 참된 행복은 죄 문제를 해결하는 데 있습니다. 이 진리를 이해할 때, 비로소 천사들의 노래를 이해할 수 있습니다. "지극히 높은 곳에서는 하나님께 영광이요 땅에서는 하나님이 기뻐하신 사람들 중에 평화로다"(눅 2:14) 이 노래의 핵심은 이것입니다. 돈과 명예와 권력을 가진 자들이 아니라, 예수님을 구주로 믿는 자들에게 평화가 있다는 것입니다. 예수님만이 죄를 해결하시기 때문입니다.

죄란 무엇입니까?

답: 죄는 이성을 가진 피조물에게 법칙으로 주어진 하나님의 율법 가운데 어떤 것
 이라도 부족하게 순종하거나 그것을 어기는 것입니다.

1. 죄는 이성을 가진 피조물에게 법칙으로 주어진 하나님의 율법 가운데 어떤 것이라도

> 죄를 짓는 자마다 불법을 행하나니 죄는 불법이라(요일 3:4)

죄는 하나님의 법, 즉 율법을 어기는 것입니다(요일 3:4). 국가 역시 자국의 법을 근거로 특정인을 죄인으로 규정하기 때문에, 세상이 말하는 죄와 성경이 말하는 죄를 구분할 필요가 있습니다. 일반적으로 하나님의 계명을 어긴 것을 죄라고 하며, 국가의 법을 어긴 것을 범죄라고 합니다. 죄와 범죄의 범위는 다음과 같이 구분할 수 있습니다.

첫째, 죄도 되고 범죄도 되는 경우입니다. 살인과 도둑질이 이 범주에 들어갑니다. 둘째, 죄이기는 하지만 범죄는 아닌 경우입니다. 마음으로 누군가를 미워하거나 음란한 마음을 품는 것입니다. 셋째, 죄는 아닌데 범죄 행위인 경우입니다. 이런 경우는 흔치 않은데, 일제 강점기의 신사 참배가 이 범주에 들어갑니다. 신사에 참배하지 않는 것은 하나님 앞에서 선을 행한 일이었으나, 국가적으로는 위법 행위였습니다.

율법을 행하기 위해서는 이성이 있어야 합니다. 그런 점에서 사람과 천사를 제외한 모든 피조물은 율법의 대상이 아닙니다. 다시 말해 이성이 없는 피조물은 죄를 지을 수 없고, 구원과 심판의 대상이 아닙니다. 성경에 따르면 사람과 천사 가운데 먼저 죄를 지은 것은 천사입니다. 하나님은 천사를 포함한 모든 피조물을 선하게 창조하셨습니다(창 1:31). 그런데 천사들 가운데 일부가 죄를 짓고 타락하여 하늘에서 추방당

했습니다(요일 3:8). 성경은 천사들이 지은 죄를 구체적으로 말하지 않습니다. 대신 교만의 죄를 지었다거나(딤전 3:6), 자기 지위를 지키지 않았다고 말합니다(유 1:6). 아마도 타락한 천사들은 하나님께서 자신들에게 주신 지위와 권세에 만족하지 않았던 것 같습니다.[37]

2. 부족하게 순종하거나

> 안식일을 기억하여 거룩하게 지키라(출 20:8)
> 네 부모를 공경하라(출 20:12)

율법은 크게 두 가지 형태를 취하고 있습니다. 첫 번째는 무언가를 "하라!"라고 요구하는 것입니다. 십계명 가운데 두 개의 계명이 이 형태를 취하고 있습니다. 하라고 하신 것에 순종하지 않거나, 순종하더라도 부족하게 순종하는 것을 죄라고 합니다.

3. 그것을 어기는 것입니다.

> 너는 나 외에는 다른 신들을 네게 두지 말라(출 20:3)
> 너를 위하여 새긴 우상을 만들지 말고(출 20:4)
> 네 하나님 여호와의 이름을 망령되게 부르지 말라(출 20:7)
> 살인하지 말라(출 20:13)
> 간음하지 말라(출 20:14)
> 도둑질하지 말라(출 20:15)
> 네 이웃에 대하여 거짓 증거하지 말라(출 20:16)
> 네 이웃의 집을 탐내지 말라(출 20:17)

율법의 형태 가운데 두 번째는 무언가를 "하지 말라!"라고 요구하는 것입니다. 십계명 가운데 여덟 개의 계명이 이 형태를 취하고 있습니다. 하나님께서 금하신 것을 행하는 것이 죄입니다. 일반적으로 율법을 세 가지 형태로 구분합니다. 시민법, 제사법, 도덕법입니다. 이 중 시민법과 제사법은 예수님께서 오신 이후로 폐지되었고, 도덕법만 유효합니다. 자세한 내용은 다음과 같습니다.

---

[37]　루이스 벌코프, 『벌코프 조직신학』, 이상원, 권수경 옮김 (고양: 크리스챤다이제스트, 2000), 435.

1. 시민법

구약의 이스라엘은 국가인 동시에 교회였습니다. 그래서 율법에는 국가의 시민으로서 지켜야 하는 법도 포함되어 있었습니다. 이것을 시민법 또는 사회법이라고 합니다. 대표적인 것이 안식일에 일한 사람은 돌로 쳐 죽여야 한다는 율법입니다(출 31:15). 만약 지금도 이 율법을 지켜야 한다면 어떻게 될까요? 성도들은 모두 범죄자가 될 것입니다. 하지만 시민법에 포함되는 율법은 이제 문자적으로 지키지 않아도 됩니다. 국가이면서 동시에 교회인 나라는 더 이상 존재하지 않기 때문입니다.

2. 제사법

제사법은 제사와 관계된 율법입니다. 언제, 어떻게 제사를 드려야 하는지를 규정하는 율법입니다(레 4:27-29). 시민법과 마찬가지로 제사법도 이제는 폐지되었습니다. 예수님께서 자기 몸으로 단 한 번에 영원한 제사를 드리셨기 때문입니다(히 10:14).

3. 도덕법

시민법과 제사법은 지키지 않아도 되지만 도덕법은 다릅니다. 도덕법은 십계명이라고도 하는데, 오늘날에도 반드시 지켜야 합니다. 예를 들어 예수님은 제6계명을 더 엄격히 지켜야 한다고 말씀하셨습니다(마 5:21-22). 결론적으로 오늘날 선과 악의 기준이 되는 것은 십계명입니다.

제25문 사람이 타락한 상태에서의 죄는 어떤 것들이 있습니까?

답: 사람이 타락한 상태에서의 죄는 아담이 처음 지은 죄에 대한 죄책, 창조되었을 때 받은 의의 결핍, 본성의 부패로 구성되어 있습니다. 이로 말미암아 사람은 영적으로 선한 모든 것을 매우 싫어하고, 행할 능력도 없으며, 거역하고, 마음이 악을 향해 전적으로, 또 계속적으로 기울어지게 됩니다. 이것을 일반적으로 원죄라 하며, 이 원죄로부터 모든 자범죄들이 나오게 됩니다.

1. 사람이 타락한 상태에서의 죄는 아담이 처음 지은 죄에 대한 죄책,

> 그러므로 한 사람으로 말미암아 죄가 세상에 들어오고 죄로 말미암아 사망이 들어왔나니 이와 같이 <u>모든 사람이 죄를 지었으므로</u> 사망이 모든 사람에게 이르렀느니라(롬 5:12)
> 한 사람이 순종하지 아니함으로 많은 사람이 죄인 된 것 같이 한 사람이 순종하심으로 많은 사람이 의인이 되리라(롬 5:19)
> 아담 안에서 <u>모든 사람이 죽은 것 같이</u> 그리스도 안에서 모든 사람이 삶을 얻으리라(고전 15:22)

원죄는 세 가지로 이루어져 있습니다. 첫째, 아담이 범한 죄의 공동 책임. 둘째, 원래 의의 결핍. 셋째, 본성의 부패입니다. 먼저 원죄의 첫 번째 요소를 살펴보겠습니다. 성경은 아담의 죄를 모든 사람의 죄와 동일시합니다. 아담이 죄를 지은 것은 모든 사람이 죄를 지은 것과 같습니다(롬 5:12) 아담이 죄인이 된 순간, 모든 사람도 죄인이 되었습니다(롬 5:19). 아담이 죽을 때, 모든 사람이 함께 죽었습니다(고전 15:22). 그 이유는 아담이 모든 인류의 대표이기 때문입니다. 그래서 모든 인류가 아담의 죄에 대해 공동 책임을 지는 것입니다. 바로 이것이 원죄를 구성하는 첫 번째 요소입니다.

2. 창조되었을 때 받은 의의 결핍,

기록된 바 의인은 없나니 하나도 없으며(롬 3:10)
깨닫는 자도 없고 하나님을 찾는 자도 없고(롬 3:11)
다 치우쳐 함께 무익하게 되고 선을 행하는 자는 없나니 하나도 없도다(롬 3:12)

세상에는 의인이 없습니다(롬 3:10). 죄와 타락으로 말미암아 창조되었을 때 받은 '의'를 상실했기 때문입니다. 의를 상실한 인간에게는 두 가지 증상이 나타납니다. 첫째, 하나님에 대한 무지입니다(롬 3:11). 사람은 스스로의 능력으로 하나님을 깨닫거나 찾을 수 없습니다. 둘째, 선행에 있어서의 무기력입니다(롬 3:12). 사람은 선을 행할 능력이 없으므로 무익한 일들만 되풀이할 뿐입니다.

3. 본성의 부패로 구성되어 있습니다.

깨끗한 자들에게는 모든 것이 깨끗하나 더럽고 믿지 아니하는 자들에게는 아무 것도 깨끗한 것이 없고 오직 그들의 마음과 양심이 더러운지라(딛 1:15)
육신의 생각은 하나님과 원수가 되나니 이는 하나님의 법에 굴복하지 아니할 뿐 아니라 할 수도 없음이라(롬 8:7)

본성의 부패란 타락한 이후 인간에게 스며든 마음과 양심의 더러움입니다(딛 1:15). 중생하지 않은 인간의 마음은 하나님에 대한 증오심으로 가득 채워져 있습니다(롬 8:7).

4. 이로 말미암아 사람은 영적으로 선한 모든 것을 매우 싫어하고, 행할 능력도 없으며, 거역하고, 마음이 악을 향해 전적으로, 또 계속적으로 기울어지게 됩니다.

내가 죄악 중에서 출생하였음이여 어머니가 죄 중에서 나를 잉태하였나이다(시 51:5)
악인은 모태에서부터 멀어졌음이여 나면서부터 곁길로 나아가 거짓을 말하는도다(시 58:3)

사람은 죄를 지어서 죄인이 될까요, 아니면 죄인으로 태어났기 때문에 죄를 지을까요? 후자입니다. 사람은 죄인으로 태어났기 때문에 죄를 짓고(시 51:5), 출생한 순간부터 죄를 짓습니다(시 51:5). 죄인의 본성을 가지고 태어난 인류는 선한 것을 싫어합니다. 선한 것을 행하지 않습니다. 오히려 하나님을 거역합니다. 지속적으로 거역합니다.

5. 이것을 일반적으로 원죄라 하며, 이 원죄로부터 모든 자범죄들이 나오게 됩니다.

욕심이 잉태한즉 죄를 낳고 죄가 장성한즉 사망을 낳느니라(약 1:15)
마음에서 나오는 것은 악한 생각과 살인과 간음과 음란과 도둑질과 거짓 증언과 비방이니(마 15:19)

죄는 피부에 생긴 상처와 다릅니다. 죄는 육신이 아니라 마음에 뿌리를 내립니다(약 1:15). 그래서 죄는 잘라낼 수 없습니다. 죄는 사람의 마음속에 자리를 잡고 주인처럼 행세합니다. 죄는 마음의 중심에 자리를 잡고서는 사람들이 악을 행하도록 부추깁니다. 이것을 '원죄'라고 합니다. 원죄란 부패한 마음, 죄의 지배를 받는 마음입니다.

그리고 원죄에서 나오는 것들을 자범죄라고 합니다. 원죄는 뿌리이고 자범죄는 열매입니다. 뿌리가 죄에 물들었기에 열매로 나타나는 생각과 말과 행동도 불결할 수밖에 없습니다(마 15:19).

원죄가 우리의 시조로부터 그들의 후손들에게 어떻게 전달됩니까?

답: 원죄는 자연 생육법으로 우리의 시조로부터 그들의 후손들에게 전달되었습니다. 그래서 이 방식으로 그들에게서 나오는 사람은 다 죄 중에 잉태되고 태어납니다.

---

1. **원죄는 자연 생육법으로 우리의 시조로부터 그들의 후손들에게 전달되었습니다. 그래서 이 방식으로 그들에게서 나오는 사람은 다 죄 중에 잉태되고 태어납니다.**

> 내가 죄악 중에서 출생하였음이여 어머니가 죄 중에서 나를 잉태하였나이다(시 51:5)
> 육으로 난 것은 육이요 영으로 난 것은 영이니(요 3:6)

다윗은 자신이 죄악 중에 출생했다고 고백했습니다(시 51:5). 이것은 모든 인류에게 공통된 사항입니다. 누구나 아담의 첫 번째 범죄의 결과, 즉 원죄를 전가 받은 상태로 태어납니다. 자연 생육법으로 태어나는 사람이라면 누구나 아담과 동일한 운명입니다(창 2:17).

펠라기우스는 원죄를 인정하지 않았습니다. 펠라기우스는 모든 사람이 순수한 영혼을 가지고 태어나며, 죄는 모방을 통해서만 발생한다고 주장했습니다.[38] 하지만 우리의 경험은 원죄가 사실임을 보여 줍니다. 우리가 순수하다고 여기는 어린이들의 행동을 자세히 살펴보면, 누구든지 그들의 마음에 죄의 씨앗이 심겨져 있음을 확인할 수 있습니다. 어린이의 순수함은 상대적인 순수함일 뿐입니다.[39]

---

38 헤르만 바빙크, 『개혁파 교의학: 단권축약본』, 김찬영 · 장호준 옮김 (서울: 새물결플러스, 2011), 614.
39 위의 책, 616.

간혹 원죄가 부모로부터 유전된다고 생각하는 사람들이 있습니다. 잘못된 생각입니다. 그렇다면 중생한 부모에게서 태어난 사람은 원죄가 없어야 합니다. 모든 인류가 가지고 있는 원죄는 부모가 아니라 아담에게서 옵니다.

예수님은 "육으로 난 것은 육"이라고 하셨습니다(요 3:6). 자연 생육법으로 출생한 사람은 누구나 원죄를 가지고 있다는 뜻입니다. 우리가 원죄의 저주에서 벗어나는 길은 하나밖에 없습니다. 성령으로 다시 태어나는 것입니다.

제27문 타락은 인류에게 어떤 비참을 가져왔습니까?

답: 타락은 인류에게 하나님과의 교제 상실, 하나님의 진노와 저주를 가져왔습니다. 그러므로 우리는 본질상 진노의 자녀이고, 사탄에게 매인 종이며, 이 세상뿐만 아니라 오는 세상에서도 모든 형벌을 받아야 마땅한 존재입니다.

1. 타락은 인류에게 하나님과의 교제 상실,

> 그들이 그날 바람이 불 때 동산에 거니시는 여호와 하나님의 소리를 듣고 아담과 그의 아내가 여호와 하나님의 낯을 피하여 동산 나무 사이에 숨은지라(창 3:8)
>
> 이같이 하나님이 그 사람을 쫓아내시고 에덴 동산 동쪽에 그룹들과 두루 도는 불 칼을 두어 생명 나무의 길을 지키게 하시니라(창 3:24)
>
> 그때에 너희는 그리스도 밖에 있었고 이스라엘 나라 밖의 사람이라 약속의 언약들에 대하여는 외인이요 세상에서 소망이 없고 하나님도 없는 자이더니(엡 2:12)

원래 아담과 하와는 하나님과 허물없이 교제했습니다. 두 사람은 에덴에서 하나님의 임재와 자비를 충만히 누렸습니다. 하지만 아담과 하와가 죄를 짓고 타락한 이후에 상황이 급변했습니다. 아담과 하와는 하나님의 임재를 두려워했습니다(창 3:8). 그들과 하나님 사이에 죄라는 장벽이 생겼기 때문입니다. 급기야 아담과 하와는 하나님과 깊고 친밀한 교제를 나누었던 에덴에서 쫓겨났습니다(창 3:24).

아담과 하와가 죄를 지은 즉시 죽지 않았다고 하여 "네가 먹는 날에는 반드시 죽으리라"는 하나님의 말씀이 거짓으로 드러난 것은 아닙니다. 하나님과의 교제가 파괴되는 것이 죽음 그 자체이기 때문입니다.[40]

---

40   헤르만 바빙크, 『개혁파 교의학: 단권축약본』, 김찬영 · 장호준 옮김 (서울: 새물결플러스, 2011), 657.

바울은 하나님이 없는 자에게는 소망도 없다고 했습니다(엡 2:12). 하나님과의 교제가 인간이 누릴 수 있는 가장 큰 행복입니다. 아담과 하와는 순간의 욕망을 추구하다가 가장 좋은 것을 잃어버렸습니다.

2. 하나님의 진노와 저주를 가져왔습니다.

> 하나님의 진노가 불의로 진리를 막는 사람들의 모든 경건하지 않음과 불의에 대하여 하늘로부터 나타나나니(롬 1:18)
> 그는 반석이시니 그가 하신 일이 완전하고 그의 모든 길이 정의롭고 진실하고 거짓이 없으신 하나님이시니 공의로우시고 바르시도다(신 32:4)
> 선악을 알게 하는 나무의 열매는 먹지 말라 네가 먹는 날에는 반드시 죽으리라 하시니라(창 2:17)

하나님도 진노하십니다(롬 1:18). 하지만 하나님의 진노는 인간의 진노와 다릅니다. 인간의 진노에는 악한 감정이 녹아 있지만, 하나님의 진노는 거룩합니다. 인간의 진노는 악을 이루지만, 하나님의 진노는 선을 이룹니다.

하나님은 사랑이신 동시의 정의입니다(신 32:4). 하나님의 도덕적 질서가 침해되는 순간, 하나님의 성품은 형벌을 요구합니다(창 2:17). 만약 하나님께서 죄에 침묵하신다면, 하나님은 자기 자신을 부인하시는 것이나 마찬가지입니다. 죄의 형벌은 하나님의 하나님 되심에 있어서 필수적입니다.

3. 그러므로 우리는 본질상 진노의 자녀이고,

> 전에는 우리도 다 그 가운데서 우리 육체의 욕심을 따라 지내며 육체와 마음의 원하는 것을 하여 다른 이들과 같이 본질상 진노의 자녀이었더니(엡 2:2-3)

"진노의 자녀"라는 표현은 에베소서 2장 3절에서 왔습니다. 모든 인간은 타락한 본질을 가지고 태어나기 때문에, 나면서부터 하나님을 불쾌하게 한다는 뜻입니다. 타락한 인간은 하나님께서 보시기에 심히 좋은 존재가 아닙니다(창 1:31).

4. 사탄에게 매인 종이며,

그들로 깨어 마귀의 올무에서 벗어나 하나님께 사로잡힌 바 되어 그 뜻을 따르게 하실까 함이라(딤후 2:26)
너희는 너희 아비 마귀에게서 났으니 너희 아비의 욕심대로 너희도 행하고자 하느니라 그는 처음부터 살인한 자요 진리가 그 속에 없으므로 진리에 서지 못하고 거짓을 말할 때마다 제 것으로 말하나니 이는 그가 거짓말쟁이요 거짓의 아비가 되었음이라(요 8:44)

사람은 "마귀의 올무" 안에 있습니다(딤후 2:26). 올무로 번역된 헬라어 '파기스'는 함정이라는 뜻입니다. 일반적인 함정이 아니라 사람을 단단히 붙들어 매는 그런 종류의 함정입니다. 사람은 자기가 의식하지 못하는 순간에도 마귀의 영향 아래 있습니다. 그래서 성경은 마귀를 죄인들의 "아비"라고 말합니다(요 8:44). 부모가 자녀에게 큰 영향을 미치는 것처럼, 마귀가 사람에게 미치는 영향력은 막강합니다. 심지어 예수님은 사람들이 욕심을 따라 행하는 이유가 마귀 때문이라고 말씀하셨습니다(요 8:44).

그래서 아우구스티누스는 사람들의 본성을 "노예의지"라고 말했습니다.[41] 자신의 의지로 자유롭게 결정한 것 같지만 실제로는 사탄에게 매여 있어서, 오직 악한 일만을 행하기 때문입니다.

5. 이 세상뿐만 아니라 오는 세상에서도 모든 형벌을 받아야 마땅한 존재입니다.

죄의 삯은 사망이요(롬 6:23)
또 왼편에 있는 자들에게 이르시되 저주를 받은 자들아 나를 떠나 마귀와 그 사자들을 위하여 예비된 영원한 불에 들어가라(마 25:41)

죄를 심리적 질병 정도로 생각하는 사람들이 있습니다. 죄를 짓는 이유는 그 사람이 연약하기 때문이고, 충분한 치료와 상담을 받으면 해결된다고 생각하는 것입니다. 하지만 성경은 죄를 단순하게 정의하지 않습니다. 성경이 말하는 죄는 영원한 죽음과 형벌의 원인입니다.

---

41 존 칼빈, 『기독교 강요 (상)』, 원광연 옮김 (고양: 크리스챤다이제스트, 2003), 321.

제28문 이 세상에서 받는 죄의 형벌은 무엇입니까?

답: 이 세상에서 받는 죄의 형벌은 내적으로는 굳은 마음, 상실한 마음, 강력한 미혹, 완악한 마음, 양심의 공포, 부끄러운 욕심이며, 외적으로는 우리 때문에 피조 세계에 임한 하나님의 저주, 죽음 그 자체, 더불어 우리의 육신과 명예와 재산과 관계와 노동에 미치는 모든 해악입니다.

1. 이 세상에서 받는 죄의 형벌은 내적으로는 굳은 마음,

> 그들의 총명이 어두워지고 그들 가운데 있는 무지함과 그들의 <u>마음이 굳어짐</u>으로 말미암아 하나님의 생명에서 떠나 있도다(엡 4:18)

'형벌'이라는 단어는 벌, 속죄, 고통을 의미하는 라틴어 '포에나'에서 파생했습니다. 어떤 잘못된 행동 때문에 가해지는 고통 또는 고난을 의미합니다.[42] 보다 구체적으로 말하면, 율법을 범함으로써 침범당하는 정의를 수호하기 위해서 율법 수여자가 직접 또는 간접적으로 가하는 고통 또는 손실입니다.[43] 하나님께서 죄인들을 벌하시는 일차적인 이유는 하나님의 공의로우신 성품이 형벌을 요구하기 때문입니다. 하나님의 공의는 그것을 유지하고 회복하기 위해 사람의 소유물과 생명을 청구할 만큼 지극히 가치 있는 것입니다.[44]

대요리문답 제28문답은 죄인이 받을 형벌을 내적인 형벌과 외적인 형벌로 나눕니다. 내적인 형벌 가운데 첫 번째로 소개되는 것은 "굳은 마음"입니다. 이것은 에베소

---

42 루이스 벌코프, 『벌코프 조직신학』, 이상원, 권수경 옮김 (고양: 크리스챤다이제스트, 2000), 477.
43 위의 책, 435.
44 헤르만 바빙크, 『개혁파 교의학: 단권축약본』, 김찬영 · 장호준 옮김 (서울: 새물결플러스, 2011), 661.

100 | 웨스트민스터 대요리문답 해설(개정판)

서 4장 18절에 나오는 표현입니다. '굳은'으로 번역된 헬라어는 '포로시스'인데, '딱딱하다' 또는 '저항하다'라는 의미입니다. 따라서 굳은 마음이란, 하나님께 저항하는 마음을 의미합니다.

죄를 내적인 형벌과 외적인 형벌로 구분하는 대신, 소극적인 형벌과 적극적인 형벌로 구분하기도 합니다. 예를 들어 게으른 사람은 자연적으로 가난해지고, 술주정뱅이는 자연적으로 자신과 가족의 멸망을 초래하며, 범법자는 자연적으로 수치와 모욕을 당합니다.[45] 이러한 형벌을 소극적 형벌이라고 합니다. 성경은 여러 곳에서 소극적 형태의 형벌에 대해 말합니다(욥 4:8; 시 9:15; 94:23; 잠 5:22; 23:21; 24:14; 31:3). 적극적인 형벌은 거룩한 율법에 근거해서 범법자에게 가해지는 형벌입니다. 성경이 통상적으로 말하는 형벌은 이것을 지칭합니다. 특히 구약에서 말하는 형벌은 대부분 적극적인 형벌입니다.[46]

2. 상실한 마음,

> 또한 그들이 마음에 하나님 두기를 싫어하매 하나님께서 그들을 그 상실한 마음대로 내버려 두사 합당하지 못한 일을 하게 하셨으니(롬 1:28)

내적인 형벌 중 두 번째는 "상실한 마음"입니다. 이것은 로마서 1장 28절에 나오는 표현입니다. '상실한'으로 번역된 헬라어는 '아도키모스'인데 '자격이 없는' 또는 '쓸모없는'이라는 뜻입니다. '마음'으로 번역된 헬라어는 '누스'인데, '마음'뿐만 아니라 '이성', '이해력', '사고' 등의 뜻을 동시에 가지고 있습니다. 종합하면 "상실한 마음"이란, 이성이 제 기능을 하지 못하는 것을 의미합니다.

3. 강력한 미혹,

> 이러므로 하나님이 미혹의 역사를 그들에게 보내사 거짓 것을 믿게 하심은(살후 2:11)

내적인 형벌 중 세 번째는 "강력한 미혹"입니다. 미혹이란, 거짓을 진리처럼 믿는 상

---

45 루이스 벌코프, 『벌코프 조직신학』, 이상원, 권수경 옮김 (고양: 크리스찬다이제스트, 2000), 475.
46 위의 책, 476.

태를 의미합니다. 진화론에 대한 맹신이 대표적입니다. 하나님은 부패한 자들이 미혹에 빠지게 하심으로 그들의 죄를 벌하십니다.

4. 완악한 마음,

> 다만 네 고집과 <u>회개하지 아니한 마음</u>을 따라 진노의 날 곧 하나님의 의로우신 심판이 나타나는 그날에 임할 진노를 네게 쌓는도다(롬 2:5)
> 내가 바로의 마음을 완악하게 하고(출 7:3)
> 여호와의 영이 사울에게서 떠나고 여호와께서 부리시는 <u>악령이 그를 번뇌하게 한지라</u>(삼상 16:14)

내적인 형벌 중 네 번째는 "완악한 마음"입니다. 완악하다는 것은 고집이 세다는 뜻으로 하나님께 복종하지 않는 상태를 뜻합니다. 이런 사람들은 회개하라거나 복음을 들으라는 요청에 응답할 수 없습니다(롬 2:5). 대표적인 사례가 애굽의 왕 바로(출 7:3)와 이스라엘의 초대 왕 사울입니다(삼상 16:14). 하나님은 그들의 죄를 완악한 마음으로 벌하셨습니다. 그들은 여호와의 역사를 눈앞에서 보았지만 회개하지 않았습니다. 오히려 계속해서 죄를 지었습니다.

5. 양심의 공포,

> 이르되 <u>내가 무죄한 피를 팔고 죄를 범하였도다</u> 하니 그들이 이르되 그것이 우리에게 무슨 상관이냐 네가 당하라 하거늘(마 27:4)
> 오직 <u>무서운 마음으로 심판을 기다리는 것</u>과 대적하는 자를 태울 맹렬한 불만 있으리라(히 10:27)

유다는 예수님을 배반한 이후 심각한 두려움에 사로잡혔습니다. 바로 이것이 내적인 형벌 중 다섯 번째인 "양심의 공포"입니다. 타락한 사람들은 죄짓는 것은 즐거워하면서 죄의 형벌은 두려워합니다(마 27:4). 고의로 죄를 지으면서 마음으로는 마지막 심판을 무서워합니다(히 10:27). 바로 이것이 불신자들이 이 세상에서 당하는 하나님의 진노와 심판입니다.

6. 부끄러운 욕심이며,

> 이 때문에 하나님께서 그들을 <u>부끄러운 욕심</u>에 내버려 두셨으니 곧 그들의 여자들도 순리대로 쓸 것을 바꾸어 역리로 쓰며 그와 같이 남자들도 순리대로 여자 쓰기를 버리고 서로 향하여 음욕이 불 일듯 하매 남자가 남자와 더불어 부끄러운 일을 행하여 그들의 그릇됨에 상당한 보응을 그들 자신이 받았느니라(롬 1:26-27)

내적인 형벌 중 여섯 번째는 "부끄러운 욕심"입니다. 이것은 로마서 1장 26절에 나오는 표현입니다. '부끄러운'으로 번역된 헬라어는 '아티미아'인데 '불명예', '수치', '치욕'을 의미합니다. '욕심'으로 번역된 헬라어는 '파도스'인데 '욕망'을 의미합니다. 종합하면 부끄러운 욕심이란 비정상적인 욕망입니다. 대표적으로 동성애를 꼽을 수 있습니다. 특히 로마서 1장 27절은 동성애 자체를 하나님의 보응(심판)으로 정의합니다. 비정상적인 동성애를 정상으로 인정해 달라고 요구하는 현실은 이 세상이 하나님의 저주와 심판 아래 있다는 증거입니다.

7. 외적으로는 우리 때문에 피조 세계에 임한 하나님의 저주,

> 아담에게 이르시되 네가 네 아내의 말을 듣고 내가 네게 먹지 말라 한 나무의 열매를 먹었은즉 <u>땅은 너로 말미암아 저주를 받고</u> 너는 네 평생에 수고하여야 그 소산을 먹으리라 <u>땅이 네게 가시덤불과 엉겅퀴를 낼 것이라</u>(창 3:17-18)

외적인 형벌 가운데 첫 번째는 피조 세계에 임한 하나님의 저주입니다. 홍수와 가뭄 같은 기상 이변과 가시덤불과 엉겅퀴 같은 장애물은 하나님께서 피조 세계를 저주하신 결과입니다(창 3:17-18). 지금 우리는 하나님께서 심히 좋아하셨던 세상이 아니라, 죄로 말미암아 황폐하게 변한 세상을 살고 있습니다.

8. 죽음 그 자체,

> 너희가 그때에 무슨 열매를 얻었느냐 이제는 너희가 그 일을 부끄러워하나니 이는 그 마지막이 사망임이라(롬 6:21)

하나님은 죽음으로 죄를 벌하십니다(롬 6:21). 모든 사람은 결국 죽음을 맞이합니다. 하지만 신자의 죽음은 형벌의 결과가 아닙니다. 신자의 죽음은 영생으로 들어가는 통로입니다.

9. 더불어 우리의 육신과 명예와 재산과 관계와 노동에 미치는 모든 해악입니다.

> 네가 만일 네 하나님 여호와의 말씀을 순종하지 아니하여 내가 오늘 네게 명령하는 그의 모든 명령과 규례를 지켜 행하지 아니하면 이 모든 저주가 네게 임하며 네게 이를 것이니 네가 성읍에서도 저주를 받으며 들에서도 저주를 받을 것이요 또 네 광주리와 떡 반죽 그릇이 저주를 받을 것이요 네 몸의 소생과 네 토지의 소산과 네 소와 양의 새끼가 저주를 받을 것이며 네가 들어와도 저주를 받고 나가도 저주를 받으리라(신 28:15-19)

신명기 28장은 모세 언약의 결론에 해당하는 부분입니다. 여기서 모세는 순종하는 자에게는 삶의 모든 부분에 미치는 전반적인 은혜가, 불순종하는 자에게는 삶의 모든 부분에 미치는 전반적인 저주가 있을 것이라고 경고합니다.

제29문 **오는 세상에서 받을 죄의 형벌은 무엇입니까?**

답: 오는 세상에서 받을 죄의 형벌은 위로를 주시는 하나님에게서 영원히 분리되고, 영혼과 몸이 꺼지지 않는 지옥 불에서 영원토록 최악의 고통을 당하는 것입니다.

1. 오는 세상에서 받을 죄의 형벌은 위로를 주시는 하나님에게서 영원히 분리되고,

> 이런 자들은 주의 얼굴과 그의 힘의 영광을 떠나 영원한 멸망의 형벌을 받으리로다(살후 1:9)
> 그들은 영벌에, 의인들은 영생에 들어가리라 하시니라(마 25:46)

죄인들은 다음 세상에서 하나님과 분리됩니다(살후 1:9). 하나님께서 복의 근원이시기에, 하나님과 분리되는 것은 최고의 징벌입니다.

죄인들이 하나님과 분리되는 기간은 언제까지일까요? 이에 대해 두 가지 잘못된 주장이 존재합니다. 하나는 '영혼 멸절설'입니다. 사망과 함께 영혼이 소멸되며 다음 세상의 형벌은 없다는 주장입니다. 또 하나는 '만인 구원론'입니다. 죄인들이 정해진 기간만 형벌을 받으면, 천국에 들어오는 것이 허락된다는 주장입니다.

두 가지 모두 잘못된 주장입니다. 하나님의 심판은 영원합니다. "영원한 멸망의 형벌을 받으리로다"(살후 1:9), "그들은 영벌에 … 들어가리라"(마 25:46). 지옥으로 떨어진 자들에게는 하나님의 위로가 전혀 없습니다.

2. 영혼과 몸이 꺼지지 않는 지옥의 불에서 영원토록 최악의 고통을 당하는 것입니다.

> 만일 네 손이 너를 범죄하게 하거든 찍어버리라 장애인으로 영생에 들어가는 것이 두 손을 가지고 지옥 곧 꺼지지 않는 불에 들어가는 것보다 나으니라(막 9:43)
> 불러 이르되 아버지 아브라함이여 나를 긍휼히 여기사 나사로를 보내어 그 손가락 끝에 물을 찍어 내 혀를 서늘하게 하소서 내가 이 불꽃 가운데서 괴로워하나이다(눅 16:24)
> 또 왼편에 있는 자들에게 이르시되 저주를 받은 자들아 나를 떠나 마귀와 그 사자들을 위하여 예비된 영원한 불에 들어가라(마 25:41)

죄인들은 다음 세상에서 지옥의 형벌을 받습니다. 성경이 지옥을 상세히 말하지 않으므로, 그곳을 구체적으로 설명할 수는 없습니다. 하지만 그곳이 어떤 곳인지 가늠할 수는 있습니다. 성경은 지옥을 꺼지지 않는 불(막 9:43; 마 25:41)과 영원한 고통(눅 16:24)이 있는 곳으로 묘사합니다. 따라서 지옥은 영혼과 육체가 영원한 고통을 받는 곳입니다.

어떤 사람들은 다음과 같이 주장합니다. "어떻게 사랑의 하나님께서 자신의 피조물을 지옥으로 보낼 수 있겠는가?" 이렇게 주장하는 사람들의 특징은 하나님에 대해 부분적으로만 이해하고 있다는 점입니다. 물론 하나님께서 사랑의 하나님인 것은 사실입니다. 그러나 동시에 정의와 공의의 하나님이시기도 합니다. 하나님이 죄인들을 무조건적으로 용서하신다면, 사랑의 성품에는 합당할지 몰라도 정의와 공의의 성품에는 위배됩니다.

제30문 하나님은 모든 인류를 죄와 비참의 상태에서 멸망하도록 버려두셨습니까?

답: 하나님은 일반적으로 행위 언약이라고 하는 첫 번째 언약을 위반하여 죄와 비참에 빠진 모든 사람을 멸망하도록 버려두지 않으시고, 하나님의 순수한 사랑과 자비로써 자신이 택한 자들을 죄와 비참의 상태에서 건져 내셔서, 일반적으로 은혜 언약이라고 하는 두 번째 언약을 통해 구원의 상태에 이르게 하십니다.

1. 하나님은 일반적으로 행위 언약이라고 하는 첫 번째 언약을 위반하여

> 무릇 율법 행위에 속한 자들은 저주 아래에 있나니 기록된 바 누구든지 율법 책에 기록된 대로 모든 일을 항상 행하지 아니하는 자는 저주 아래에 있는 자라 하였음이라(갈 3:10)

하나님께서 인류와 맺은 첫 번째 언약은 행위 언약입니다. 하나님은 인류의 대표인 아담을 통해 모든 인류와 행위 언약을 맺으셨습니다. 인류는 하나님의 율법에 순종하는 행위를 통해 영생에 도달해야 했고, 또 도달할 수 있었습니다. 하지만 이제는 행위 언약으로 영생을 얻는 것이 불가능합니다(갈 3:10). 아담의 불순종으로 인해 모든 인류가 타락했기 때문입니다.

2. 죄와 비참에 빠진 모든 사람을 멸망하도록 버려두지 않으시고,

> 하나님이 우리를 세우심은 노하심에 이르게 하심이 아니요 오직 <u>우리 주 예수 그리스도로 말미암아 구원을 받게 하심이라</u>(살전 5:9)
> 하나님이 우리를 구원하사 거룩하신 소명으로 부르심은 <u>우리의 행위대로 하심이 아니요 오직 자기의 뜻과 영원 전부터 그리스도 예수 안에서 우리에게 주신 은혜대로 하심이라</u>(딤후 1:9)

하나님은 모든 사람이 죄와 비참의 상태에서 멸망하도록 버려두지 않으셨습니다. 하나님은 새로운 언약을 제정하셨습니다. 바로 은혜 언약입니다. 두 번째 언약을 은혜 언약이라 부르는 이유는, 하나님께서 구원의 조건을 우리에게서 찾지 않으시고 예수님에게서 찾으시기 때문입니다(살전 5:9). 하나님은 은혜 언약 안에 있는 자들을 그들의 행위대로 판단하지 않으십니다(딤후1:9). 하나님은 그들을 예수님 안에서 판단하십니다. 예수님의 순종을 그들의 순종으로, 예수님의 죽음을 그들의 죽음으로 여겨 주십니다.

행위 언약과 은혜 언약의 핵심적인 차이는 구원의 근거가 자기에게 있는가, 아니면 예수님에게 있는가 하는 것입니다. 행위 언약 안에서는 자신의 자격이 중요합니다. 반대로 은혜 언약 안에서는 예수님의 자격이 중요합니다. 그래서 행위 언약을 통해서는 구원을 받을 수 없는 사람도, 은혜 언약을 통해서는 구원을 받을 수 있습니다.

3. 하나님의 순수한 사랑과 자비로써 자신이 택한 자들을 죄와 비참의 상태에서 건져 내셔서, 일반적으로 은혜 언약이라고 하는 두 번째 언약을 통해 구원의 상태에 이르게 하십니다.

> 우리 구주 하나님의 자비와 사람 사랑하심이 나타날 때에(딛 3:4)
> 영생의 소망을 위함이라 이 영생은 거짓이 없으신 하나님이 영원 전부터 약속하신 것인데(딛 1:2)
> 곧 예수 그리스도를 믿음으로 말미암아 모든 믿는 자에게 미치는 하나님의 의니 차별이 없느니라(롬 3:22)

하나님께서는 타락한 인류를 구원할 의무와 책임이 전혀 없습니다. 그럼에도 불구하고 하나님께서 은혜 언약을 베푸시는 이유는 전적으로 하나님의 사랑과 자비 때문입니다(딛 3:4). 은혜 언약의 혜택을 받을 수 있는 사람들은 하나님께 택함받은 자들입니다. 하나님은 영원 전에 어떤 사람들을 은혜 언약의 수혜자로 선택하셨습니다(딛 1:2).

하나님은 은혜 언약 안에 있는 자들에게 크게 두 가지 일을 행하십니다. 첫째, 그들을 행위 언약에서 끄집어내십니다. 둘째, 예수님을 믿게 하셔서 예수님의 의로움이 전가되게 하십니다(롬 3:20-22).

은혜 언약을 다음과 같이 세분화할 수 있습니다. 영원 전에 성부, 성자, 성령 사이에 체결된 '구속 언약'이 있고, 이 언약에 근거해서 하나님과 택함을 받은 자들 사이에 맺어진 언약을 '은혜 언약'으로 보는 것입니다.[47] 성경은 삼위 하나님께서 구원을 의논하셨다고 말합니다(엡 3:11; 살후 2:13, 약 2:5 등).[48] 흔히 이것을 '삼위의 구원 협약'이라고 합니다.[49] 성부는 구원의 발기자(發起者)요, 성자는 집행자요, 성령은 적용자로 일을 분담하셨습니다.[50]

따라서 우리가 은혜 언약의 혜택을 받은 것은 먼저 그리스도께서 구속 언약을 성취하셨기 때문입니다. 그렇게 보면 은혜 언약은 우리의 입장에서는 은혜이지만, 그리스도의 입장에서는 행위 언약입니다.[51] 그리스도께서 율법을 모두 이루셔야지만 구속 언약이 성취되고, 구속 언약이 성취되어야만 은혜 언약이 성취되기 때문입니다.

---

47 루이스 벌코프, 『벌코프 조직신학』, 이상원, 권수경 옮김 (고양: 크리스챤다이제스트, 2000), 489.
48 위의 책, 490.
49 헤르만 바빙크, 『개혁교의학 2』, 박태현 옮김 (서울: 부흥과개혁사, 2010), 262.
50 루이스 벌코프, 앞의 책, 490.
51 위의 책, 492.

제31문 은혜 언약은 누구와 맺으신 것입니까?

답: 은혜 언약은 둘째 아담이신 그리스도와 맺으시고, 또 그리스도 안에서 그리스도의 후손으로 택함받은 모든 사람과 맺으신 것입니다.

1. 은혜 언약은 둘째 아담이신 그리스도와 맺으시고,

> 아담 안에서 모든 사람이 죽은 것 같이 그리스도 안에서 모든 사람이 삶을 얻으리라(고전 15:22)
>
> 기록된 바 첫 사람 아담은 생령이 되었다 함과 같이 마지막 아담은 살려 주는 영이 되었나니(고전 15:45)

그리스도는 첫 번째 아담과 대비되는 두 번째 아담이십니다(고전 15:22, 45). 죄로 타락하기 이전에는 행위 언약이 맺어졌으며, 행위 언약의 머리는 아담이었습니다. 아담이 행위 언약을 깨뜨린 다음에는 은혜 언약이 뒤따랐으며, 은혜 언약의 머리는 둘째 아담이신 그리스도입니다.[52]

52　J. 판 헨더렌 & H. 펠레마, 『개혁교회 교의학』, 신지철 옮김 (서울: 새물결플러스, 2018), 912.

2. 또 그리스도 안에서 그리스도의 후손으로 택함받은 모든 사람과 맺으신 것입니다.

> 그런즉 한 범죄로 많은 사람이 정죄에 이른 것 같이 한 의로운 행위로 말미암아 많은 사람이 의롭다 하심을 받아 생명에 이르렀느니라(롬 5:18)
> 한 사람이 순종하지 아니함으로 많은 사람이 죄인 된 것 같이 한 사람이 순종하심으로 많은 사람이 의인이 되리라(롬 5:19)
> 곧 창세 전에 그리스도 안에서 우리를 택하사 우리로 사랑 안에서 그 앞에 거룩하고 흠이 없게 하시려고(엡 1:4)
> 하나님이 우리를 구원하사 거룩하신 소명으로 부르심은 우리의 행위대로 하심이 아니요 오직 자기의 뜻과 영원 전부터 그리스도 예수 안에서 우리에게 주신 은혜대로 하심이라(딤후 1:9)

세상에는 두 부류의 사람들이 있습니다. 아담을 머리로 하는 사람과 그리스도를 머리로 하는 사람입니다. 아담에게 속한 자들을 죄인이라 하고(롬 5:19), 그리스도에게 속한 자들을 의인이라 합니다(롬 5:19). 아담에게 속한 자들을 죄인이라 하는 이유는 그들이 아담이 행한 범죄의 영향 아래 있기 때문입니다(롬 5:18). 그리스도께 속한 자들을 의인이라 하는 이유는 그들이 그리스도께서 행하신 의로운 행위의 영향 아래 있기 때문입니다(롬 5:18).

아담이 행한 범죄는 선악과 사건입니다. 이때 모든 인류는 아담 안에서 아담과 함께 타락했습니다. 반면, 그리스도가 행한 의로운 행위는 십자가 사건입니다. 신자들의 모든 죄는 이때 십자가 위에서 다 소멸되었습니다.

이처럼 구원에 있어서 가장 중요한 것은 '누구에게 속했는가?' 하는 것입니다. 아담에게 속한 자들은 아담에게서 물려받은 원죄 때문에 심판에 이릅니다. 반면 그리스도에게 속한 자들은 그리스도 안에서 받은 은혜 때문에 구원에 이릅니다. 이것이 구원 교리의 핵심입니다. 구원의 근거는 행위에 있지 않습니다. 그런 점에서 행위와 구원을 연결 짓는 모든 시도는 지극히 큰 교만입니다. 우리가 기억해야 할 것은 이것입니다. 하나님께서 우리를 선택하시고, 양자 삼으시고, 구원하시는 것은 전적으로 예수님 때문이라는 사실입니다.

제32문 하나님의 은혜가 두 번째 언약에서 어떻게 나타납니까?

답: 하나님의 은혜는 두 번째 언약에서 다음과 같이 나타납니다. 하나님께서는 그 언약 안에서 한 중보자를 값없이 예비하여 죄인들에게 제공하시고, 중보자로 말미암아 생명과 구원을 베푸십니다. 그리고 하나님은 죄인들이 중보자와 관계를 맺을 수 있도록 믿음을 요구하시고, 그의 택하신 모든 사람에게 다른 모든 구원의 은혜와 더불어 믿음이 그들 안에서 역사하도록 하나님의 성령을 약속하시고 주셔서, 그들로 모든 일에 거룩하게 순종할 수 있게 하십니다. 이러한 순종은 하나님께 대한 그들의 믿음과 감사가 진실하다는 증거이며, 하나님께서 그들을 구원하시기 위해 약속하신 방법입니다.

1. 하나님의 은혜는 두 번째 언약에서 다음과 같이 나타납니다. 하나님께서는 그 언약 안에서 한 중보자를 값없이 예비하여 죄인들에게 제공하시고,

> 하나님은 한 분이시요 또 하나님과 사람 사이에 <u>중보자도 한 분이시니 곧 사람이신 그리스도 예수라</u>(딤전 2:5)
> 내가 너로 여자와 원수가 되게 하고 네 후손도 여자의 후손과 원수가 되게 하리니 <u>여자의 후손은 네 머리를 상하게 할 것이요</u> 너는 그의 발꿈치를 상하게 할 것이니라 하시고 (창 3:15)

아담은 금지된 열매를 먹었습니다. 하나님과 맺은 언약을 어겼습니다. 이로써 인류는 심판의 대상이 되었습니다. 하지만 그것으로 끝나지 않았습니다. 하나님은 죄인들의 중보자를 약속하셨습니다. 중보자란, 적대적인 두 사람을 화해시키는 존재입니다. 이 중보자가 필요한 이유가 중요합니다. 인류는 중보자 없이 단독으로 하나님 앞에 설 수가 없기 때문입니다. 죄로 인해 심판의 대상이 되었기 때문입니다.

누가 하나님과 사람 사이의 중보자가 될 수 있을까요? 하나님이자 사람이신 예수님입니다. "하나님은 한 분이시요 또 하나님과 사람 사이에 중보자도 한 분이시니 곧 사람이신 그리스도 예수라"(딤전 2:5) 예수님은 '원시 복음'에서 처음으로 중보자로 계시되셨습니다(창 3:16). '원시 복음'은 아담이 타락한 직후에 선포된 복음입니다. 여자의 후손이 뱀의 머리를 상하게 한다는 말씀은 사람으로 오실 하나님의 아들이 죄인들의 구세주가 되신다는 뜻입니다.

2. 중보자로 말미암아 생명과 구원을 베푸십니다.

> 또 이르시되 네가 내 얼굴을 보지 못하리니 나를 보고 살 자가 없음이니라(출 33:20)
> <u>아들이 있는 자에게는 생명이 있고</u> 하나님의 아들이 없는 자에게는 생명이 없느니라
> (요일 5:12)

타락한 인류는 중보자이신 그리스도 없이는 생명과 구원을 얻을 수 없습니다. 죄로 인해 단독으로는 하나님 앞에 설 수 없기 때문입니다. 만약 누구든지 중보자 없이 하나님 앞에 선다면 그대로 소멸되고 말 것입니다(출 33:20). 우리는 하나님의 아들을 통해서만 생명과 구원을 얻을 수 있습니다(요일 5:12).

3. 그리고 하나님은 죄인들이 중보자와 관계를 맺을 수 있도록 믿음을 요구하시고,

> 하나님이 세상을 이처럼 사랑하사 독생자를 주셨으니 이는 <u>그를 믿는 자마다</u> 멸망하지 않고 영생을 얻게 하심이라(요 3:16)
> 영접하는 자 곧 <u>그 이름을 믿는 자들에게는</u> 하나님의 자녀가 되는 권세를 주셨으니(요 1:12)
> <u>아들을 믿는 자에게는</u> 영생이 있고 아들에게 순종하지 아니하는 자는 영생을 보지 못하고 도리어 하나님의 진노가 그 위에 머물러 있느니라(요 3:36)

누가 중보자의 혜택을 받을 수 있을까요? 그리스도를 믿는 사람입니다(요 1:12; 3:16, 36). 믿음이라는 통로를 통해 중보자의 혜택을 제공받습니다. 구원 얻는 참된 믿음에는 두 가지가 포함되어야 합니다. 첫째, '자기 버림'입니다. 자신의 능력으로는 구원에 이를 수 없음을 알고, 그리스도만을 바라보는 낮아짐이 있어야 합니다. 둘째, '지

식'입니다. 그리스도가 우리의 주인이며 머리라는 지식, 그리스도가 우리의 유일한 구원자라는 지식이 있어야 합니다. 정리하면, 철저한 자기 버림과 그리스도에 대한 정확한 지식이 없는 믿음은 구원 얻는 참된 믿음이 아닙니다.

4. 그의 택하신 모든 사람에게 다른 모든 구원의 은혜와 더불어

> 오직 성령의 열매는 사랑과 희락과 화평과 오래 참음과 자비와 양선과 충성과 온유와 절제니 이같은 것을 금지할 법이 없느니라(갈 5:22-23)

예수님을 믿는 사람은 반드시 달라집니다. 정도의 차이는 있지만 반드시 변화됩니다. 성령님께서 그 안에서 역사하시기 때문입니다. 이것을 성령의 열매라고 합니다. 주목할 것은 성령의 열매가 주로 내적인 변화에 초점이 맞춰져 있다는 점입니다(갈 5:22-23). 물론 하나님의 은혜로 외적인 변화가 일어날 수도 있지만, 그런 것은 성령님의 주된 사역이 아닙니다. 우리는 구원의 증거를 외적인 변화가 아니라 내적인 성숙에서 찾아야 합니다.

5. 믿음이 그들 안에서 역사하도록 하나님의 성령을 약속하시고 주셔서,

> 그러므로 내가 너희에게 알리노니 하나님의 영으로 말하는 자는 누구든지 예수를 저주할 자라 하지 아니하고 또 성령으로 아니하고는 누구든지 예수를 주시라 할 수 없느니라(고전 12:3)
> 너희는 그 은혜에 의하여 믿음으로 말미암아 구원을 받았으니 이것은 너희에게서 난 것이 아니요 하나님의 선물이라(엡 2:8)
> 나의 책망을 듣고 돌이키라 보라 내가 나의 영을 너희에게 부어 주며 내 말을 너희에게 보이리라(잠 1:23)
> 소망이 우리를 부끄럽게 하지 아니함은 우리에게 주신 성령으로 말미암아 하나님의 사랑이 우리 마음에 부은 바 됨이니(롬 5:5)

오직 믿는 사람만 구원을 얻을 수 있습니다. 그렇다면 누가 믿음을 가질 수 있을까요? 성령님께서 함께 하시는 사람입니다. 성령으로 아니하고는 누구든지 예수를 주시라 할 수 없기 때문입니다(고전 12:3). 다시 말해서, 믿음조차도 성도의 행위가 아니라, 하나님의 은혜입니다. 그러므로 성도의 구원은 전적으로 하나님의 선물입니다

(엡 2:8).

　우리의 연약함 때문에, 하나님의 구원하심이 실패할 수 있을까요? 없습니다. 하나님은 택하신 자들을 반드시 구원하십니다. 하나님의 구원이 확고한 이유는, 하나님께서 약속하신 성령님 때문입니다(잠 1:23). 우리 안에는 성령님이 계십니다. 성령님께서 우리의 구원을 위해서 일하십니다(롬 5:5). 이처럼 구원의 여정은 우리 홀로 가는 외로운 길이 아닙니다. 성령님과 함께 하는 든든한 길입니다.

6. 그들로 모든 일에 거룩한 순종을 할 수 있게 하십니다.

> 또 새 영을 너희 속에 두고 새 마음을 너희에게 주되 너희 육신에서 <u>굳은 마음을 제거하고 부드러운 마음을 줄 것이며</u> 또 내 영을 너희 속에 두어 너희로 내 율례를 행하게 하리니 너희가 내 규례를 지켜 행할지라(겔 36:26-27)

　타락한 인류는 하나님께 순종할 수 없습니다. 그렇다면 성도들의 순종은 어디서 왔을까요? 성령님입니다. 우리 안에 계신 성령님은 우리의 굳은 마음을 부드러운 마음으로 변화시키십니다(겔 36:26-27). 우리의 악한 마음을 순종하는 마음으로 바꾸어 주십니다. 그러므로 성도의 거룩한 순종 역시 하나님께서 주신 선물입니다.

7. 이러한 순종은 하나님께 대한 그들의 믿음과 감사가 진실하다는 증거이며,

> 그가 모든 사람을 대신하여 죽으심은 살아 있는 자들로 하여금 다시는 그들 자신을 위하여 살지 않고 오직 <u>그들을 대신하여 죽었다가 다시 살아나신 이를 위하여 살게 하려 함이라</u>(고후 5:15)
> 어떤 사람은 말하기를 너는 믿음이 있고 나는 행함이 있으니 행함이 없는 네 믿음을 내게 보이라 나는 행함으로 내 믿음을 네게 보이리라 하리라(약 2:18)
> 네가 보거니와 믿음이 그의 행함과 함께 일하고 <u>행함으로 믿음이 온전하게 되었느니라</u>(약 2:22)

　구원과 행위의 관계에 대해 두 가지 주장이 있습니다. 하나는 선한 행위를 통해 구원에 이른다는 것이고, 또 하나는 구원을 받았기 때문에 선한 행위가 가능하다는 것입니다. 성경이 지지하는 것은 후자입니다. 성경은 순종을, 구원의 근거가 아니라 구원의 결과라고 말합니다. 예를 들어, 고린도후서 5장 15절은 그리스도께서 우리 대신 죽으셨으므로 하나님께 순종하는 것이 마땅하다고 말합니다. 감사가 순종의 이유라는 뜻입니다.

야고보서도 마찬가지입니다. 흔히 오해하는 것처럼 야고보서는 행위 구원을 말하는 성경이 아닙니다. 야고보서의 강조점은 거룩한 삶으로 참된 신자임을 입증하라는 것이지, 거룩한 삶을 통해 구원에 이르라는 것이 아닙니다(약 2:18).

만약 우리에게 하나님의 말씀에 순종하고자 하는 생각과 의지가 전혀 없다면, 우리 자신의 구원을 의심해 보아야 합니다. 반대로 하나님의 말씀에 순종하고자 하는 생각과 의지가 있다는 것은 우리의 구원이 진짜라는 증거입니다(약 2:22).

8. 하나님께서 그들을 구원하시기 위해 약속하신 방법입니다.

> 우리는 그가 만드신 바라 그리스도 예수 안에서 선한 일을 위하여 지으심을 받은 자니 이 일은 하나님이 전에 예비하사 우리로 그 가운데서 행하게 하려 하심이니라(엡 2:10)
> 그가 우리를 대신하여 자신을 주심은 모든 불법에서 우리를 속량하시고 우리를 깨끗하게 하사 선한 일을 열심히 하는 자기 백성이 되게 하려 하심이라(딛 2:14)

구원은 전적인 하나님의 선물입니다. 그렇다고 우리가 아무것도 하지 않아도 된다는 의미는 아닙니다. 우리는 하나님께서 구원을 위해 예비하신 일들을 성실하게 행해야 합니다(엡 2:10). 하나님께서 믿음을 통해 우리를 구원하시므로, 우리는 성실하게 믿어야 합니다. 하나님께서 성령을 통해 우리를 구원하시므로, 우리는 성령과 동행하기 위해 노력해야 합니다. 선을 행하는 것이 하나님의 뜻이므로, 우리는 선한 일을 열심히 해야 합니다(딛 2:14).

제33문 은혜 언약은 언제나 유일하고 동일한 방식으로 시행되었습니까?

답: 은혜 언약이 언제나 유일하고 동일한 방식으로 시행된 것은 아니었습니다. 구약 시대에는 신약 시대와 다르게 시행되었습니다.

1. 은혜 언약이 언제나 유일하고 동일한 방식으로 시행된 것은 아니었습니다. 구약시대에는 신약시대와 다르게 시행되었습니다.

> 너희 조상 아브라함은 나의 때 볼 것을 즐거워하다가 보고 기뻐하였느니라 (요 8:56)
> 다윗이 그리스도를 주라 칭하였은즉 어찌 그의 자손이 되겠느냐 하시니 (마 22:45)

하나님께서 인류와 맺은 언약은 크게 두 가지입니다. 행위 언약과 은혜 언약입니다. 이 중 행위 언약은 아담의 타락 이후 그 의미를 상실했습니다. 행위 언약으로 구원 얻는 것이 불가능하게 되었기 때문입니다. 그래서 인류는 은혜 언약으로만 영생을 얻을 수 있게 되었습니다. 여기서 한 가지 의문이 발생합니다. 은혜 언약의 중보자는 그리스도입니다. 그런데 구약의 성도들은 그리스도를 알지 못했습니다. 그렇다면 구약의 성도들은 은혜 언약과 상관이 없을까요? 그렇지 않습니다. 구약의 성도들도 행위 언약이 아니라 은혜 언약으로 구원받기 때문입니다.[53] 다만 은혜 언약이 시행되는 방식이 달랐을 뿐입니다.

구약의 성도들도 은혜 언약 안에 있었음을 보여 주는 중요한 증거가 있습니다. 아브라함과 다윗의 신앙입니다. 아브라함은 예수님을 기쁨으로 기다렸고(요 8:56), 다윗은 예수님을 주님으로 믿었습니다(마 22:45). 구약의 성도들도 '오실 그리스도'

---

53 존 칼빈, 『기독교강요 (상)』, 원광연 옮김 (고양: 크리스챤다이제스트, 2007), 528.

를 믿었고, 그리스도 때문에 구원받았습니다.

하지만, 구약 성도들의 믿음을 신약 성도들의 믿음과 완전히 동일한 것으로 생각해서는 안 됩니다. 아브라함과 다윗이 예수님을 믿었다고 하지만, 신약의 성도들처럼 정확하고 구체적으로 믿은 것은 아닙니다. 다만 그들은 하나님께서 언젠가는 죄인들의 중보자를 보내주실 것을 믿었습니다.

정리하면, 하나님께 택함을 받은 자들은 모두 은혜 언약 안에 있습니다. 이 점에 있어서 구약의 성도들과 신약의 성도들은 동일합니다. 신약 성도들의 머리가 그리스도인 것처럼, 구약 성도들의 머리도 그리스도입니다. 신약 성도들은 예수님 때문에 구원받고, 구약 성도들은 율법의 행위로 구원받는 것이 결코 아닙니다. 구약 시대든 신약 시대든 택함 받은 자들은 모두 예수님 때문에 구원을 받습니다. 하지만 은혜 언약이 시행되는 방식은 다릅니다. 구약의 성도들은 예수님을 정확하고 구체적으로 알지 못했습니다. 대신 예수님을 희미하게 상징하는 것들을 통해서 간접적으로 예수님을 믿었습니다. 그럴지라도 구약 성도들의 믿음은 구원 얻기에 충분한 믿음이었습니다.

제34문 구약 시대에는 은혜 언약이 어떻게 시행되었습니까?

답: 구약 시대에는 은혜 언약이 약속들, 예언들, 제사들, 할례, 유월절, 그리고 다른 예표들과 의식들로 시행되었습니다. 이 모든 것들은 오실 그리스도를 미리 보여 줌으로써, 당시 택함 받은 자들이 약속된 메시아에 대한 믿음을 충분히 갖게 했고, 그 메시아로 말미암아 완전한 죄의 용서와 영원한 구원을 얻게 하였습니다.

1. 구약 시대에는 은혜 언약이 약속들,

내가 너로 여자와 원수가 되게 하고 네 후손도 여자의 후손과 원수가 되게 하리니 <u>여자의 후손</u>은 네 머리를 상하게 할 것이요 너는 그의 발꿈치를 상하게 할 것이니라 하시고(창 3:15)

은혜 언약의 중보자는 그리스도입니다. 그리스도는 구약에서 약속되었고, 신약에서 성취되었습니다. 그리스도께서 중보자로 오실 것이 처음으로 약속된 것은 원시 복음(창 3:15)입니다. 여기서 그리스도는 여자의 후손으로 묘사됩니다.

2. 예언들,

또 주께서 너희를 위하여 <u>예정하신 그리스도</u> 곧 예수를 보내시리니(행 3:20)
또한 사무엘 때부터 이어 말한 <u>모든 선지자도 이 때를 가리켜 말하였느니라</u>(행 3:24)
<u>규가 유다를 떠나지 아니하며 통치자의 지팡이가</u> 그 발 사이에서 떠나지 아니하기를 실로가 오시기까지 이르리니 그에게 모든 백성이 복종하리로다(창 49:10)
<u>그의 아들에게 입맞추라</u> 그렇지 아니하면 진노하심으로 너희가 길에서 망하리니 그의 진노가 급하심이라 여호와께 피하는 모든 사람은 다 복이 있도다(시 2:12)

제1부 _ 구원에 관한 거의 모든 것 ｜ **119**

은혜 언약의 중보자이신 그리스도는 구약에서 예언되었고(행 3:20, 24), 신약에서 성취되었습니다. 그리스도에 대한 대표적인 예언은 창세기 49장 10절입니다. 여기서 '규'와 '지팡이'는 왕의 권세를 상징합니다. 유다 지파에서 왕이 탄생한다는 뜻입니다. 이 왕이 바로 그리스도입니다.

오실 그리스도는 시편의 중요한 주제입니다. 상당수의 시편이 그리스도를 예언하는 노래입니다. 시편 2편이 좋은 사례입니다. 심지어 이 시편은 여호와의 아들을 구체적으로 언급하기까지 합니다.

3. 제사들,

> 율법은 장차 올 좋은 일의 그림자일 뿐이요 참 형상이 아니므로 해마다 늘 드리는 같은 제사로는 나아오는 자들을 언제나 온전하게 할 수 없느니라(히 10:1)

히브리서 기자는 율법이 장차 올 좋은 일의 그림자라고 했습니다(히 10:1). 대표적인 예가 제사입니다. 구약의 제사는 완전한 제사가 아닙니다. 그래서 구약의 제사로는 죄를 온전히 해결할 수 없습니다. 그렇다고 해서 구약 성도들의 죄 문제가 해결되지 않았다는 말은 아닙니다. 하나님께서 오실 그리스도를 보시고 구약의 제사를 인정해 주셨기 때문입니다. 다시 말해, 구약의 제사는 그것이 그리스도를 예고하는 그림자이기 때문에 의미가 있습니다. 특히 구약의 제사는 '피 흘림 없이는 죄 사함도 없다'는 사실을 교훈해 주었습니다. 하나님께서 세우신 중보자가 피 흘림을 통해 하나님의 백성들을 구원할 것이라 예고해 주었습니다.

4. 할례,

> 그가 할례의 표를 받은 것은 무할례시에 믿음으로 된 의를 인친 것이니 이는 무할례자로서 믿는 모든 자의 조상이 되어 그들도 의로 여기심을 얻게 하려 하심이라(롬 4:11)

유대인들은 할례를 구원의 조건으로 믿었습니다. 할례를 받지 않은 이방인은 구원에서 제외된다고 생각했습니다. 하지만 할례는 그 자체로는 아무 의미가 없습니다. 할례의 중요성은 그것이 그리스도에 대한 믿음을 나타내는 데 있습니다. 이 사실은 로마서 4장 11절에 잘 나타납니다. 아브라함이 할례를 받은 이유는 할례를 받아야만 구원을 받을 수 있기 때문이 아니었습니다. 아브라함은 자신이 이미 구원을 받았다는 사실을 확실한 표로 남기기 위해서 할례를 받았습니다(롬 4:11).

할례는 남자의 생식기 일부를 절단하는 의식입니다. 고대 사회에서 남자의 생식기는 힘과 능력을 상징했습니다. 그러므로 할례는 스스로의 능력이 아니라, 하나님의 은혜로만 구원에 이른다는 사실을 나타내는 의식입니다. 그런 점에서 할례는 하나님의 은혜인 그리스도를 상징하는 것이고, 아브라함은 이 의미를 잘 이해했습니다. 따라서 구약의 성도들은 율법으로 구원받고, 신약의 성도들은 은혜로 구원받는다고 생각하는 것은 크나큰 오류입니다.

5. 유월절,

> 너희는 누룩 없는 자인데 새 덩어리가 되기 위하여 묵은 누룩을 내버리라 우리의 <u>유월절 양 곧 그리스도</u>께서 희생되셨느니라(고전 5:7)

하나님께서 애굽의 모든 장자를 심판하신 날이 유월절입니다. 그런데 유월절에 이스라엘의 장자는 한 사람도 죽지 않았습니다. 양의 피를 문에 발랐기 때문입니다. 바로 이것이 그리스도를 유월절 양이라고 부르는 이유입니다(고전 5:7). 하나님께서 유월절 양의 피를 보시고 은혜를 베푸신 것처럼, 지금은 그리스도의 피를 보시고 은혜를 베푸십니다. 구약의 유월절은 앞으로 오실 그리스도를 대망하는 의식이었습니다.

6. 그리고 다른 예표들과 의식들로 시행되었습니다.

> 이런 것은 먹고 마시는 것과 여러 가지 씻는 것과 함께 육체의 예법일 뿐이며 개혁할 때까지 맡겨 둔 것이니라(히 9:10)

예표란 원형을 상징하는 것입니다. 구약에서 그리스도를 상징하는 중요한 예표는 성전입니다. 구약의 성도들은 죄를 해결하기 위해 성전으로 갔습니다. 이것은 죄 사함을 받기 위해 그리스도께로 나아갈 것을 예표합니다. 구약의 의식들도 마찬가지입니다(히 9:10). 예를 들어, 구약의 율법은 문둥병자를 부정한 자로 간주하고, 거주지에서 추방할 것을 요구합니다. 문둥병이 죄를 상징했기 때문입니다. 구약의 성도들은 이러한 의식을 통해 죄가 가져오는 끔찍한 결과와 죄를 해결하기 위해 중보자가 필요하다는 사실을 배울 수 있었습니다.

7. 이 모든 것들은 오실 그리스도를 미리 보여줌으로써, 당시 택함 받은 자들이 약속된 메시아에 대한 믿음을 충분히 갖게 했고,

> 이 사람들은 다 믿음을 따라 죽었으며 약속을 받지 못하였으되 그것들을 멀리서 보고 환영하며 또 땅에서는 외국인과 나그네임을 증언하였으니(히 11:13)

지금까지 설명한 모든 것들은 그리스도를 미리 보여 주는 도구입니다. 이것들이 완전하진 않을지라도, 그 당시에는 구약 성도들의 믿음을 강화하는데 충분한 효력을 제공했습니다. 그 증거는 히브리서 11장입니다. 흔히 이 장을 믿음의 장이라고 합니다. 여기 등장하는 믿음의 사람들은 구약의 성도들입니다. 히브리서 기자는 구약 성도들의 믿음을 칭송하고 있습니다. 구약 성도들이 그리스도를 멀리서 보았을지라도 그 믿음은 전혀 손색이 없었기 때문입니다.

8. 그 메시아로 말미암아 완전한 죄의 용서와 영원한 구원을 얻게 하였습니다.

> 또 하나님이 이방을 믿음으로 말미암아 의로 정하실 것을 성경이 미리 알고 먼저 아브라함에게 복음을 전하되 모든 이방인이 너로 말미암아 복을 받으리라 하였느니라(갈 3:8)

로마 가톨릭교회는 구약의 성도들이 예수님께서 오시기까지 죄 사함을 받지 못했다고 가르칩니다. 구약 성도들의 믿음을 부족한 것으로 여기기 때문입니다. 하지만 성경은 아브라함에게 먼저 복음이 선포되었다고 말합니다(갈 3:8). 비록 아브라함이 그리스도를 희미하게 보고 믿었을지라도, 본질적으로 아브라함의 믿음은 신약 성도들의 믿음과 동일하기 때문입니다. 따라서 구약 성도들이 받은 구원은 신약 성도들이 받은 구원과 동일합니다.

신약 시대에는 은혜 언약이 어떻게 시행되었습니까?

답: 신약 시대에는 실체이신 그리스도께서 나타나심으로 동일한 은혜 언약이 말씀의 설교와 성례인 세례와 성찬으로 시행되었으며, 계속 시행되어야 합니다. 이런 방식으로 은혜와 구원은 모든 민족에게 더 충만히, 명백하게, 효과적으로 제시됩니다.

1. 신약 시대에는 실체이신 그리스도께서 나타나심으로 동일한 은혜 언약이 말씀의 설교와

> 또 이르시되 너희는 온 천하에 다니며 만민에게 복음을 전파하라(막 16:15)
> 또 그의 이름으로 죄 사함을 받게 하는 회개가 예루살렘에서 시작하여 모든 족속에게 전파될 것이 기록되었으니 너희는 이 모든 일의 증인이라(눅 24:47-48)

은혜 언약은 구약 시대와 신약 시대에 각각 다르게 적용되었습니다. 가장 큰 차이점은 구약 시대에는 은혜 언약이 율법 아래에서 시행된 반면, 신약시대에는 복음 아래에서 시행된다는 점입니다. 구약 시대에는 그리스도를 상징하는 것들을 통해서 간접적으로 은혜 언약의 혜택을 받았지만, 신약 시대에는 복음의 실체이신 그리스도에게서 직접 은혜 언약의 혜택을 받습니다.

그래서 예수님은 사도들에게 복음을 전하라고 하셨고(막 16:15), 복음의 증인이 되라고 하셨습니다(눅 24:48). 율법의 렌즈를 통해 그리스도를 간접적으로 보는 것이 아니라 복음의 렌즈를 통해 그리스도를 직접 봄으로써, 은혜 언약의 혜택을 더 완전하고 분명하고 효과적으로 누릴 수 있기 때문입니다.

언약에 따른 시대 구분

아담이 타락하기 이전	구약 시대 (아담의 타락부터 예수님의 십자가까지)	신약 시대 (예수님의 십자가부터 세상 끝날까지)
행위 언약	은혜 언약이 율법 아래에서 시행됨	은혜 언약이 복음 아래에서 시행됨

2. 성례인 세례와 성찬으로 시행되었으며, 계속 시행되어야 합니다.

> 너희는 가서 모든 민족을 제자로 삼아 아버지와 아들과 성령의 이름으로 <u>세례를 베풀고</u>
> (마 28:19)
> 이것은 너희를 위하는 내 몸이니 <u>이것을 행하여 나를 기념하라</u>(고전 11:24)

구약 시대에는 은혜 언약이 매우 복잡하고 번거롭게 시행되었습니다. 절기에 관한 상세한 규정이 있었고, 제사에 관한 복잡한 규정이 있었습니다. 일상에서 항상 지켜야 하는 쉽지 않은 절차들이 있었습니다. 지금은 이것들이 단순하고 분명한 것으로 대체되었습니다. 신약 시대에는 은혜 언약이 주로 세 가지를 통해 적용됩니다. 복음을 설교하는 것, 그리고 세례와 성찬입니다(마28:19; 고전11:24). 이것들은 복음의 실체이신 그리스도를 매우 분명하게 보여 줍니다.

구약의 성도들은 율법을 통해 자신들이 죄인이라는 사실과 죄를 해결해 줄 중보자가 필요하다는 사실까지만 알 수 있었습니다. 중보자가 누구이며, 어떤 방식으로 자신들의 죄가 해결되는지는 알지 못했습니다. 그러나 신약의 성도들은 중보자가 누구이며, 어떤 방식으로 자신들의 죄가 해결되는지를 분명하게 압니다. 세례와 성찬이 구약의 의식들보다 탁월한 이유입니다. 구약의 의식들은 그리스도를 간접적으로만 보여 주지만, 세례와 성찬은 예수님의 대속적 죽음과 그 효과를 분명하게 보여 줍니다.

3. 이런 방식으로 은혜와 구원은 모든 민족에게 더 충만히, 명백하게, 효과적으로 제시됩니다.

> 내가 복음을 부끄러워하지 아니하노니 이 복음은 모든 믿는 자에게 구원을 주시는 하나님의 능력이 됨이라 먼저는 유대인에게요 그리고 헬라인에게로다(롬 1:16)
>
> 그가 또한 우리를 새 언약의 일꾼 되기에 만족하게 하셨으니 율법 조문으로 하지 아니하고 오직 영으로 함이니 율법 조문은 죽이는 것이요 영은 살리는 것이니라(고후 3:6)
>
> 그러나 이제 그는 더 아름다운 직분을 얻으셨으니 그는 더 좋은 약속으로 세우신 더 좋은 언약의 중보자시라 저 첫 언약이 무흠하였더라면 둘째 것을 요구할 일이 없었으려니와 (히 8:6-7)

은혜 언약은 구약 시대와 신약 시대에 각각 다르게 적용되었고, 역사하는 범위와 효과도 다릅니다. 첫째, 구약 시대에는 은혜 언약의 혜택이 이스라엘 민족으로 제한되어 있었지만, 신약 시대에는 이방인을 포함한 모든 민족으로 확장되었습니다(롬 1:16). 둘째, 구약 시대와 달리 신약 시대에는 보다 역동적인 성령의 역사가 더해졌습니다 (고후 3:6). 그런 점에서 신약 시대에 시행된 은혜 언약이 구약 시대에 시행된 은혜 언약보다 더 탁월하고 우월하다고 볼 수 있습니다(히 8:6).

답: 은혜 언약의 유일한 중보자는 주 예수 그리스도이십니다. 그리스도는 성부 하나님과 본질이 같고 동등하신 하나님의 영원한 아들이시며, 때가 차매 사람이 되셨으니, 그때부터 계속해서 영원토록 한 위격(person)에 구별된 두 본성을 가지신 하나님이시요 또한 사람이신 분이십니다.

1. 은혜 언약의 유일한 중보자는 주 예수 그리스도이십니다. 그리스도는 성 부 하나님과 본질이 같고 동등하신

하나님은 한 분이시요 또 하나님과 사람 사이에 중보자도 한 분이시니 곧 사람이신 그리스도 예수라(딤전 2:5)
그는 근본 하나님의 본체시나 하나님과 동등됨을 취할 것으로 여기지 아니하시고(빌 2:6)
나와 아버지는 하나이니라 하신대(요 10:30)

로마 가톨릭교회는 성모 마리아가 하나님과 사람 사이의 중보자라고 가르칩니다. 심지어 성인도 중보자의 역할을 할 수 있다고 주장합니다. 그 외에도 수많은 이단들이 저마다 다양한 중보자를 내세웁니다. 하지만 참된 중보자는 그리스도 밖에 없습니다(딤전 2:5). 그리스도 외에는 그 누구도 하나님과 사람 사이의 중보자가 될 수 없습니다.

그리스도는 성부 하나님과 본질이 같고 동등하십니다(빌 2:6). 그리스도의 신성은 성부의 신성과 동일합니다(요 10:30). 그러므로 그리스도는 하나님이 되신 사람이 아닙니다. 성부 하나님께 종속된 존재도 아닙니다. 그리스도의 신성은 50% 신성이거나 90% 신성이 아닙니다. 그리스도는 참 하나님입니다.

2. 하나님의 영원한 아들이시며,

> 말씀이 육신이 되어 우리 가운데 거하시매 우리가 그의 영광을 보니 <u>아버지의 독생자의</u>
> 영광이요 은혜와 진리가 충만하더라(요 1:14)
> <u>태초에 말씀이 계시니라</u> 이 말씀이 하나님과 함께 계셨으니 이 말씀은 곧 하나님이시니
> 라(요 1:1)

그리스도는 하나님의 유일한 아들입니다(요 1:14). 신자들은 예수님을 통해서 성부의
자녀로 입양되었지만, 예수님은 영원 전부터 성부의 아들이셨습니다(요 1:1).

3. 때가 차매 사람이 되셨으니,

> <u>때가 차매</u> 하나님이 그 아들을 보내사 여자에게서 나게 하시고(갈 4:4)

그리스도는 때가 찼을 때 이 땅에 오셨습니다(갈 4:4). 그리스도의 오심은 영원 전부터
계획된 사건이었습니다. 하나님은 창세 전부터 그리스도의 성육신을 준비하셨고,
지정된 시간이 되었을 때 여자에게서 나게 하셨습니다(갈 4:4).

4. 그때부터 계속해서 영원토록 한 위격person에 구별된 두 본성을 가지신 하나님이시요 또한 사람이신 분이십니다.

> 이 예수는 <u>하늘로 가심을 본 그대로 오시리라</u> 하였느니라(행 1:11)
> 예수는 영원히 계시므로 그 제사장 직분도 갈리지 아니하느니라(히 7:24)

하나님이신 그리스도는 사람의 몸을 입고 이 땅에 오셨습니다. 하나님이시면서 동시
에 사람이 되셨습니다. 승천하신 이후에도 마찬가지입니다.

어떤 사람들은 그리스도께서 이 땅에 계실 동안만 사람의 형상을 취하셨다고 주
장합니다. 이것은 성경의 증언과 반대됩니다. 그리스도는 하늘로 가신 모습 그대로
오실 것입니다(행 1:11). 승천하실 때 하나님이자 사람이셨듯이, 재림하실 때도 하나님
이자 사람이실 것입니다.

그리스도는 영원한 제사장이십니다(히 7:24). 그리스도는 하나님이자 사람으로 제

사장 직분을 수행하셨으므로, 앞으로도 영원토록 하나님이자 사람이실 것입니다.

어떤 사람들은 그리스도가 하나님이자 사람으로 계시는 것을 그릇되게 이해합니다. 그리스도 안에 하나님의 본성과 인간의 본성이 혼합된 것처럼 생각하는 것이 대표적입니다. 만약 그것이 사실이라면 그리스도는 하나님도 아니고 사람도 아닙니다. 그렇다면 그리스도는 하나님과 사람 사이의 중보자가 되실 수 없습니다. 그리스도는 하나님의 본성과 사람의 본성을 모두 가지신 분, 즉 "구별된 두 본성"을 가지신 분입니다.

그릇된 이해의 또 다른 예는, 그리스도 안에 두 인격(위격)이 있다고 생각하는 것입니다. 하나님으로서의 인격과 사람으로서의 인격을 동시에 가지고 있다는 것입니다. 만약 그것이 사실이라면 그리스도는 우리의 중보자가 될 수 없습니다. 우리의 중보자는 '하나님이자 사람'이어야지, '하나님과 사람'이어서는 안 되기 때문입니다.

이에 대한 칼케돈 신조의 고백은 유명합니다. 주후 451년 칼케돈 회의는 그리스도에 관해 "양성을 인정하되 두 본성은 혼동되거나 변화하거나 구분되거나 분리되지 않으며, 양성의 구별은 연합으로 인해 결코 말소되지 않고 오히려 각각의 본성의 특징이 보존되고, 두 위격으로 분할되거나 구분되지 않고, 하나의 위격과 실체로 합치된다"라고 선언했습니다.[54]

---

54 루이스 벌코프, 『벌코프 조직신학』, 이상원, 권수경 옮김 (고양: 크리스챤다이제스트, 2000), 550.

제37문 하나님의 아들이신 그리스도는 어떻게 사람이 되셨습니까?

답: 하나님의 아들이신 그리스도는 참된 몸과 이성적인 영혼을 취하셔서 사람이 되셨는데, 마리아의 형질을 가지고 마리아의 몸에서 탄생하셨으나, 성령의 능력으로 동정녀 마리아의 태중에 잉태되셨으므로, 죄는 없으십니다.

1. 하나님의 아들이신 그리스도는 참된 몸과 이성적인 영혼을 취하셔서 사람이 되셨는데,

내 손과 발을 보고 나인 줄 알라 또 나를 만져 보라 영은 살과 뼈가 없으되 너희 보는 바와 같이 나는 있느니라(눅 24:39)
말씀이 육신이 되어 우리 가운데 거하시매 우리가 그의 영광을 보니 아버지의 독생자의 영광이요 은혜와 진리가 충만하더라(요 1:14)
이에 말씀하시되 내 마음이 매우 고민하여 죽게 되었으니 너희는 여기 머물러 나와 함께 깨어 있으라 하시고(마 26:38)
예수께서 그가 우는 것과 또 함께 온 유대인들이 우는 것을 보시고 심령에 비통히 여기시고 불쌍히 여기사(요 11:33)

그리스도의 성육신이 환상이거나 거짓에 불과하다는 주장은 사실이 아닙니다. 그리스도는 실제 인간의 몸을 입으셨습니다(눅 24:39; 요 1:14). 그리스도께서 사람의 몸을 취하셨다는 것은 성경이 말하는 너무나 확실한 사실이어서, 사도 요한은 이를 부인하는 이들을 가리켜 적그리스도라고 불렀습니다(요일 2:22).

그리스도는 이성적 영혼을 취하셨습니다(마 26:38; 요 11:33). 참된 사람이 되시기 위해 사람의 영혼을 취하셨습니다. 그래서 그리스도는 고민하시고, 슬퍼하시며, 심지어 울기도 하셨습니다. 하지만 그리스도는 신적인 영도 함께 가지고 계셨으므로, 인간이신 동시에 하나님이셨습니다.

2. 마리아의 형질을 가지고 마리아의 몸에서 탄생하셨으나, 성령의 능력으로 동정녀 마리아의 태중에 잉태되셨으므로, 죄는 없으십니다.

> 마리아가 천사에게 말하되 나는 남자를 알지 못하니 어찌 이 일이 있으리이까(눅 1:34) 천사가 대답하여 이르되 성령이 네게 임하시고 지극히 높으신 이의 능력이 너를 덮으시리니 이러므로 나실 바 거룩한 이는 하나님의 아들이라 일컬어지리라(눅 1:35)

그리스도는 사람의 몸에서 나셨지만, 일반적인 방식으로 나시지는 않았습니다. 그리스도는 혼인한 여자가 아닌 처녀의 몸에서 나셨습니다(눅 1:34). 이것을 '동정녀 탄생 교리'라고 합니다. 만약 그리스도께서 일반적인 방식으로 나셨다면 그리스도 역시 아담으로부터 원죄를 물려받으셨을 것입니다. 그리스도는 성령의 능력으로 마리아의 태중에 잉태되셨으므로 원죄와 상관없이 나셨습니다(눅 1:35).

제38문 중보자는 왜 반드시 하나님이셔야 했습니까?

답: 중보자가 반드시 하나님이셔야 했던 이유는 그분이 자신의 인성을 하나님의 무한하신 진노와 사망의 권세 아래 빠지는 것으로부터 막아서 지키시고, 자신의 고난과 순종과 중보를 가치 있고 효력 있게 하셔야 했기 때문입니다. 또 하나님의 공의를 만족시키시고, 하나님의 은총을 얻으시며, 특별한 백성을 사시고, 그들에게 성령을 주시며, 그들의 모든 원수를 정복하시고, 그들을 영원한 구원에 이르게 하셔야 했기 때문입니다.

1. 중보자가 반드시 하나님이셔야 했던 이유는 자신의 인성이 하나님의 무한하신 진노와 사망의 권세 아래 빠지는 것으로부터 막아서 지키시고,

> 하나님께서 그를 사망의 고통에서 풀어 살리셨으니 이는 <u>그가 사망에 매여 있을 수 없었음이라</u>(행 2:24)
> 성결의 영으로는 <u>죽은 자들 가운데서 부활하사</u> 능력으로 하나님의 아들로 선포되셨으니 곧 우리 주 예수 그리스도시니라(롬 1:4)

아브라함과 다윗처럼 비범한 사람이라면 우리의 중보자가 될 수 있을까요? 아닙니다. 그들 역시 구원이 필요한 죄인입니다. 설령 그들에게 죄가 없을지라도, 자신의 의로 자신만 구원할 수 있을 뿐입니다.

그리스도는 우리의 중보자가 되시기에 충분한가요? 그렇습니다. 그리스도는 사람이신 동시에 하나님이시기 때문입니다. 하나님이신 그리스도께서 사람의 육체를 취하실 때, 그리스도의 신성은 인성에 무한한 가치를 부여했습니다. 그 결과 그리스도의 죽음은 평범한 죽음이 아니라 많은 사람을 위한 대속의 죽음이 될 수 있었습니다.

그리스도는 사망에 매이지 않았습니다(행 2:24). 만약 그리스도가 부활하지 못하셨다면, 그리스도는 하나님이 아닐 것입니다. 하지만 그리스도는 죽음을 이기시고 부활하셨습니다(롬 1:4). 자신이 하나님이심을 스스로 입증하셨습니다.

2. 자신의 고난과 순종과 중보를 가치 있고 효력 있게 하셔야 했기 때문입니다.

우리를 위한 그리스도의 고난	여러분은 자기를 위하여 또는 온 양 떼를 위하여 삼가라 성령이 그들 가운데 여러분을 감독자로 삼고 <u>하나님이 자기 피로 사신 교회를</u> 보살피게 하셨느니라(행 20:28)
우리를 위한 그리스도의 순종	하물며 영원하신 성령으로 말미암아 흠 없는 <u>자기를 하나님께 드린 그리스도의 피</u>가 어찌 너희 양심을 죽은 행실에서 깨끗하게 하고 살아 계신 하나님을 섬기게 하지 못하겠느냐(히 9:14)
우리를 위한 그리스도의 중보	그러므로 자기를 힘입어 하나님께 나아가는 자들을 온전히 구원하실 수 있으니 이는 <u>그가 항상 살아 계셔서 그들을 위하여 간구하심이라</u> (히 7:25)

만약 그리스도가 사람에 불과하다면, 그리스도는 단 한 사람만 구원할 수 있습니다. 그러면 이 세상에는 구원을 받기로 예정된 수만큼의 중보자가 필요합니다. 하지만 그럴 필요는 없습니다. 그리스도가 하나님이시기 때문입니다. 그래서 그리스도의 가치는 모든 인류의 가치를 더한 것보다 큽니다. 사람의 가치는 유한하지만, 하나님의 가치는 무한하기 때문입니다.

그리스도의 고난과 순종과 중보에 효력이 있는 것도 바로 그런 이유 때문입니다. 하나님이신 그리스도께서 우리 대신 피 흘려 죽으셨기에 우리의 죄가 용서받지 못할 이유가 없습니다(행 20:28). 하나님이신 그리스도께서 우리 대신 순종하셨기에 우리가 심판받을 이유가 없습니다(히 9:14). 하나님이신 그리스도께서 우리를 위해 중보의 기도를 하시기에, 그 기도가 응답되지 않을 수 없습니다(히 7:25). 이처럼 중보자의 고난과 순종과 기도가 효력 있기 위해서, 우리의 중보자는 반드시 하나님이셔야 했습니다.

3. 또 하나님의 공의를 만족시키시고,

> 이 예수를 하나님이 그의 피로써 믿음으로 말미암는 화목제물로 세우셨으니 이는 하나님
> 께서 길이 참으시는 중에 전에 지은 죄를 간과하심으로 <u>자기의 의로우심을 나타내려 하</u>
> <u>심이니</u>(롬 3:25)

부채가 매일 늘어난다면 그 부채를 갚는 것이 가능할까요? 불가능합니다. 이런 경우
에는 채권자가 부채를 탕감해 주는 것밖에 방법이 없습니다. 죄도 마찬가지입니다.
사람은 스스로의 능력으로 죄를 해결할 수 없습니다. 사람은 매일 죄를 범하기에, 죄
가 해결되기는커녕 점점 더 늘어날 뿐입니다. 그래서 부채를 탕감받는 것과 마찬가
지로, 하나님께서 우리의 죄를 용서해 주시는 것밖에는 방법이 없습니다. 하지만 이
경우에는 하나님의 공의가 훼손된다는 문제가 발생합니다. 하나님의 정의로운 속성
상 죄인을 무죄하다고 하실 수 없기 때문입니다. 이 모든 문제를 일거에 해결하는 것
이 그리스도의 십자가입니다. 그리스도께서 우리 대신 벌을 받으셨기에 우리의 죄
문제는 모두 해결되었고, 성부께서는 자기 아들을 대신 벌하셨기에 하나님의 공의도
전혀 훼손되지 않습니다(롬 3:24-26).

4. 하나님의 은총을 얻으시며,

> 이는 <u>그가 사랑하시는 자</u> 안에서 우리에게 거저 주시는 바 그의 은혜의 영광을 찬송하게
> 하려는 것이라(엡 1:6)

우리를 대신해서 소나 양이 죽는 것과 그리스도가 죽는 것. 이 둘 사이의 가장 큰 차
이점은 무엇일까요? 그리스도의 죽음은 하나님의 은총을 얻어내기에 가장 합당한
죽음이라는 점입니다. 그 이유는 성부와 성자의 관계에 있습니다. 그리스도는 성부
의 사랑을 받는 독생자입니다(엡 1:6). 성부께서 모든 성도를 사랑하시지만 성자를 향
한 사랑에 비교할 수 없습니다.

5. 특별한 백성을 사시고,

> 그가 우리를 대신하여 자신을 주심은 모든 불법에서 우리를 속량하시고 우리를 깨끗하게 하사 선한 일을 열심히 하는 <u>자기 백성이</u> 되게 하려 하심이라(딛 2:14)

바울은 그리스도의 죽음으로 인해 우리가 그리스도의 백성이 되었다고 말합니다(딛 2:14). 따라서 우리의 중보자가 하나님이셔야 하는 이유는 단순히 우리를 구원하실 뿐만 아니라, 우리를 자신의 백성으로 삼기 위해서입니다. 우리는 그리스도 때문에 죄에서 구원받았고, 그 결과 그리스도의 백성이 되었습니다.

6. 그들에게 성령을 주시며,

> <u>내가 아버지께로부터 너희에게 보낼 보혜사</u> 곧 아버지께로부터 나오시는 진리의 성령이 오실 때에 그가 나를 증언하실 것이요(요 15:26)

우리의 구원이 완성되려면 보혜사 성령님께서 우리에게 오셔야 합니다. 그래야만 그리스도께서 이루신 구원이 우리에게 적용됩니다. 바로 이것이 우리의 중보자가 하나님이셔야 하는 이유입니다. 그리스도가 하나님이 아니라면 우리에게 성령을 보내실 수 없습니다(요 15:26).

7. 그들의 모든 원수를 정복하시고,

> 사람들이 잘 때에 <u>그 원수가 와서 곡식 가운데 가라지를 덧뿌리고 갔더니</u>(마 13:25)
> 가라지를 뿌린 원수는 마귀요 추수 때는 세상 끝이요 추수꾼은 천사들이니(마 13:39)
> 제자들이 조용히 묻자오되 우리는 어찌하여 능히 그 귀신을 쫓아내지 못하였나이까 이르시되 <u>기도 외에 다른 것으로는 이런 종류가 나갈 수 없느니라</u>(막 9:28-29)

우리의 중보자가 하나님이셔야 하는 이유는 우리의 원수들을 정복하셔야 하기 때문입니다. 성도들의 원수는 일차적으로 마귀입니다. 마귀는 하나님의 뜻을 훼방하기 위해 호시탐탐 기회를 노리며, 실제로 강력한 영향력을 행사합니다. 심지어 교회 안에 "가라지를" 심어 교회의 부패를 방조하기도 합니다(마 13:25, 39).

예수님의 제자들은 귀신을 쫓아내지 못했습니다. 사람은 마귀를 이길 수 없습니다. 하지만 하나님은 하실 수 있습니다(막 9:28-29). 그래서 우리의 중보자는 하나님이셔야 합니다.

8. 그들을 영원한 구원에 이르게 하셔야 했기 때문입니다.

온전하게 되셨은즉 자기에게 순종하는 모든 자에게 영원한 구원의 근원이 되시고(히 5:9) 그리스도께서는 … 염소와 송아지의 피로 하지 아니하고 오직 자기의 피로 영원한 속죄를 이루사 단번에 성소에 들어가셨느니라(히 9:11-12)

만약 우리가 1억이라는 빚을 지고 있다면, 그 금액을 다 갚을 때까지 반복해서 부채를 상환해야 합니다. 만약 우리가 무한대의 빚을 지고 있다면, 영원히 반복해서 부채를 상환해야 합니다. 그래서 구약 시대에는 반복해서 제사를 드렸습니다. 사람이 하나님께 무한대에 이르는 죄의 빚을 지고 있기 때문입니다.

지금은 제사를 반복하지 않습니다. 그리스도께서 오셨기 때문입니다. 하나님이신 그리스도께서 자기 몸으로 제사를 드리셨기 때문입니다. 그리스도는 우리가 하나님께 지고 있던 무한대의 빚을 단 한 번에 갚으셨습니다. 그래서 그리스도께서 이루신 구원은 일시적인 구원이 아니라 영원한 구원입니다(히 5:9; 9:11-12). 바로 이것이 하나님이신 그리스도께서 우리의 중보자가 되신 이유입니다.

제39문 중보자는 왜 반드시 사람이어야 했습니까?

답: 중보자가 반드시 사람이어야 했던 이유는 우리의 본성을 향상하기 위해, 율법에 순종하시기 위해, 우리의 본성으로 우리를 위하여 고난을 받고 중보하시기 위해, 우리의 연약함을 동정하셔야 했기 때문입니다. 그리하여 우리가 양자가 되게 하시고, 위로를 받으며, 은혜의 보좌로 담대히 나아갈 수 있게 하시기 위해서입니다.

1. 중보자가 반드시 사람이어야 했던 이유는 우리의 본성을 향상하기 위해,

이는 확실히 천사들을 붙들어 주려 하심이 아니요 오직 <u>아브라함의 자손을 붙들어 주려 하심이라</u>(히 2:16)
이로써 그 보배롭고 지극히 큰 약속을 우리에게 주사 이 약속으로 말미암아 너희가 정욕 때문에 세상에서 썩어질 것을 피하여 <u>신성한 성품에 참여하는 자가 되게 하려</u> 하셨느니라(벧후 1:4)

그리스도께서 사람이 되신 근본적인 이유는 구원의 대상이 사람이기 때문입니다. 만약 그리스도가 타락한 천사들의 구원자가 되고자 하셨다면, 마땅히 천사의 본질을 취하셨을 것입니다. 그리스도는 인류의 구원자이시므로 반드시 사람의 본질을 취하셔야 했습니다(히 2:16).

그리스도께서 사람의 구원자로 오셨으므로 그 효력도 사람에게 나타납니다. 그리스도를 믿는 자는 타락한 성품을 벗고 신성한 성품을 덧입게 됩니다(벧후 1:4). 신자들은 사람으로 오신 그리스도로 인해 점점 거룩으로 나아갑니다.

---

2. 율법에 순종하시기 위해,

> 때가 차매 하나님이 그 아들을 보내사 여자에게서 나게 하시고 <u>율법 아래에 나게 하신 것</u>은(갈 4:4)
> 한 사람이 순종하지 아니함으로 많은 사람이 죄인 된 것 같이 <u>한 사람이 순종하심으로</u> 많은 사람이 의인이 되리라(롬 5:19)
> 내가 율법이나 선지자를 폐하러 온 줄로 생각하지 말라 폐하러 온 것이 아니요 <u>완전하게 하려 함이라</u>(마 5:17)

아담과 그의 후손들이 하나님의 저주 아래 놓이게 된 것은 율법을 범했기 때문입니다. 그래서 그리스도에게는 모든 율법에 순종하시고(갈 4:4), 그 공로를 선택받은 자들에게 돌려주어야 할 사명이 있었습니다. 바로 이것이 그리스도께서 사람으로 오신 이유입니다.

성경은 한 사람의 불순종으로 인해 많은 사람이 죄인 되었지만, 한 사람의 순종으로 인해 많은 사람이 의인 되었다고 말합니다(롬 5:19). 아담의 불순종과 그리스도의 순종을 대조하는 말씀입니다. 그리스도는 순종의 공로를 신자들에게 돌려주기 위해 사람이 되셨습니다.

3. 우리의 본성으로 우리를 위하여 고난을 받고 중보하시기 위해,

> 자녀들은 혈과 육에 속하였으매 <u>그도 또한 같은 모양으로 혈과 육을 함께 지니심은</u> 죽음을 통하여 죽음의 세력을 잡은 자 곧 마귀를 멸하시며(히 2:14)
> 예수는 영원히 계시므로 그 제사장 직분도 갈리지 아니하느니라 그러므로 <u>자기를 힘입어 하나님께 나아가는 자들을 온전히 구원하실 수 있으니</u> 이는 그가 항상 살아 계셔서 그들을 위하여 간구하심이라(히 7:24-25)

사람은 형벌을 당해야 합니다. 죄를 지었기 때문입니다. 형벌에는 육신과 영혼의 고통이 포함됩니다. 이는 오직 사람만 할 수 있는 일입니다. 하나님으로서는 형벌과 고통을 당할 수 없습니다. 그래서 그리스도는 사람의 몸과 영혼을 취하셨습니다. 실제 사람이 되셨습니다(히 2:14). 그리하여 자기를 힘입어 하나님께 나아가는 자들을 온전히 구원하십니다(히 7:24-25).

4. 우리의 연약함을 동정하셔야 했기 때문입니다.

우리에게 있는 대제사장은 <u>우리의 연약함을 동정하지 못하실 이가 아니요 모든 일에 우리와 똑같이 시험을 받으신 이로되 죄는 없으시니라</u>(히 4:15)

어떤 사람들은 그리스도께서 사람의 고통을 이해하기 위해 사람이 되셨다고 말합니다. 잘못된 생각입니다. 하나님은 전지하시기 때문에 사람이 되시지 않아도 사람의 고통을 아십니다. 하지만 경험하는 것은 다른 문제입니다. 사람이 되시지 않는 한 사람의 고통을 경험할 수는 없습니다. 오직 인류의 고통을 체험적으로 알고 일체의 시험을 극복한 자만이 신자들의 완벽한 모범이 되실 수 있습니다.[55] 바로 이것이 그리스도께서 사람이 되신 이유입니다. 사람이 되신 그리스도는 우리의 연약함을 초월적으로 아시는 것이 아니라 경험적으로 아십니다. 이 사실은 고난 중에 있는 성도들에게 큰 위로가 됩니다. 그리스도는 우리의 아픔을 아실 뿐만 아니라 경험하셨습니다. 그래서 그리스도는 우리의 아픔을 진심으로 동정하십니다(히 4:15).

5. 그리하여 우리가 양자가 되게 하시고,

때가 차매 하나님이 그 아들을 보내사 여자에게서 나게 하시고 율법 아래에 나게 하신 것은 율법 아래에 있는 자들을 속량하시고 <u>우리로 아들의 명분을 얻게 하려 하심이라</u>(갈 4:4-5)

성도들은 믿음을 통해, 성령의 능력으로, 그리스도와 연합되어 있습니다. 그래서 성도들은 그리스도의 신분을 공유합니다. 그리스도가 하나님의 아들인 것처럼, 성도들도 하나님의 자녀입니다(갈 4:4-5). 죄로 인해 영원한 심판을 받아 마땅한 우리가, 하나님의 자녀가 된 것은 무엇과도 비교할 수 없는 은혜입니다.

---

55 루이스 벌코프, 『벌코프 조직신학』, 이상원, 권수경 옮김 (고양: 크리스챤다이제스트, 2000), 548.

6. 위로를 받으며, 은혜의 보좌로 담대히 나아갈 수 있게 하시기 위해서입니다.

> 그러므로 우리는 긍휼하심을 받고 때를 따라 돕는 은혜를 얻기 위하여 <u>은혜의 보좌 앞에 담대히 나아갈 것이니라</u>(히 4:16)

그리스도께서 이루신 구원은 영원한 구원이며, 아무 흠이 없는 구원입니다. 그 근거는 그리스도께서 사람이 되신 데 있습니다. 만약 그리스도가 친히 사람이 되셔서 우리의 대표가 되시지 않았다면, 우리는 지금도 불완전한 제사를 반복해서 드려야 합니다. 하지만 이제는 제사를 드리지 않습니다. 하나님이신 그리스도께서 자기 몸으로 제사를 드리셨기 때문입니다.

그래서 우리는 은혜의 보좌로 담대히 나아갑니다(히 4:16). 과거에 지은 죄가 아무리 크다 할지라도 두려워하지 않습니다. 하나님과 우리 사이에 그리스도가 계신 것을 알기 때문입니다. 차마 하나님의 이름을 부르기 힘든 부끄러운 순간에도 이렇게 담대히 고백할 수 있습니다. "저에게는 아무 자격이 없지만, 그리스도의 공로를 힘입어 나아갑니다."

중보자는 왜 반드시 한 위격person 안에 서 하나님이시요 또한 사람이셔야 했습니까?

답: 하나님과 사람을 화목하게 할 중보자가 친히 한 위격(person) 안에서 하나님이시요 또한 사람이셔야 했던 이유는, 중보자의 신성과 인성의 각기 고유한 사역들이 위격 전체의 사역으로써, 우리를 위해 하나님께서 받으시는 바 되셔야 했고, 또한 우리의 믿는 바가 되셔야 했기 때문입니다.

1. 하나님과 사람을 화목하게 할 중보자가 친히 한 위격person 안에서 하나님이시요 또한 사람이셔야 했던 이유는,

> 아들을 낳으리니 이름을 예수라 하라 이는 그가 자기 백성을 그들의 죄에서 구원할 자이심이라 하니라(마 1:21)
> 보라 처녀가 잉태하여 아들을 낳을 것이요 그의 이름은 임마누엘이라 하리라 하셨으니 이를 번역한즉 하나님이 우리와 함께 계시다 함이라(마 1:23)

마태복음 1장 21절은 우리를 죄에서 구원할 자가 예수님이라고 말합니다. 마태복음 1장 23절은 예수님을 사람이 되신 하나님이라고 말합니다. 종합하면, 예수님께서 우리의 중보자가 되셔야 했던 이유는 그분이 사람이 되신 하나님이셨기 때문이라는 것입니다. 그런데 이런 의문이 제기될 수 있습니다. 굳이 성자께서 사람이 되실 것이 아니라, 하나님과 사람, 이렇게 각각 두 명의 중보자를 세우면 되지 않느냐는 것입니다. 제40문답은 바로 이 의문에 답하고 있습니다.

2. 중보자의 신성과 인성의 각기 고유한 사역들이 위격^{person} 전체의 사역으로써, 우리를 위해 하나님께서 받으시는 바 되셔야 했고,

> 하늘로부터 소리가 있어 말씀하시되 이는 내 사랑하는 아들이요 <u>내 기뻐하는 자라</u> 하시니라(마 3:17)

우리의 중보자는 반드시 한 위격(한 인격) 안에서 하나님이자 사람이어야 합니다. 그 이유는 다음과 같습니다. 우선, 하나님으로서는 죽을 수 없기 때문입니다. 그래서 동시에 사람이어야 했습니다. 그런데, 사람으로서는 죽음을 이길 수 없습니다. 그래서 동시에 하나님이셔야 했습니다.

사람으로서도 택함 받은 모든 사람을 대표할 수 있어야 했습니다. 그래서 천사, 심지어 성부와 성령조차도 우리의 중보자가 될 수 없는 것입니다. 사람이 아니기 때문입니다. 그렇다고 아브라함과 다윗처럼 비범한 사람이 우리의 중보자가 될 수 없었습니다. 그들 역시 죄인 중 한 명이므로 모든 사람을 대신할 만한 가치를 가지고 있지 않기 때문입니다. 죄가 없이 죽음을 이길 수 있는 사람이어야만 했습니다. 바로 이것이 하나님과 사람, 각각 두 명의 중보자가 존재할 수 없는 이유입니다.

그래서 우리의 유일한 중보자는 사람이 되신 하나님, 예수 그리스도 한 분밖에 없습니다. 그리스도는 한 위격(인격) 안에 신성과 인성이 결합 된 분으로서, 우리의 중보자가 갖추어야 할 자격을 모두 가지고 계십니다. 바로 이것이 하나님께서 그리스도를 기뻐하신 이유입니다. "이는 내 사랑하는 아들이요 내 기뻐하는 자라"라는 성부의 외침은 그리스도를 중보자로 인정하는 공적인 선언입니다(마 3:17).

3. 또한 우리의 믿는 바가 되셔야 했기 때문입니다.

> 성경에 기록되었으되 보라 내가 택한 보배로운 모퉁잇돌을 시온에 두노니 <u>그를 믿는 자는 부끄러움을 당하지 아니하리라</u> 하였으니(벧전 2:6)

아무리 대단한 사람이라도 예수님을 믿지 않으면 부끄러움을 당할 것입니다. 하지만 아무리 부족한 자라도 예수님을 믿기만 하면 부끄러움을 당하지 않을 것입니다(벧전 2:6). 왜냐하면 믿음에 있어서 중요한 것은 믿음의 주체가 아니라 믿음의 대상이기 때문입니다. 그래서 인류 역사에서 가장 대단한 사람도 그리스도를 믿지 않으면 구원받을 수 없습니다. 반대로 미천한 사람이라도 그리스도를 믿으면 넉넉히 구원에 이를 수 있습니다. 이처럼 구원의 근거는 '누구를 믿는가?'에 달려 있습니다.

제41문 **왜 우리의 중보자를 예수라고 부릅니까?**

답: 우리의 중보자를 예수라고 부르는 것은 그가 자기 백성을 그들의 죄에서 구원할 자이시기 때문입니다.

1. 우리의 중보자를 예수라고 부르는 것은 그가 자기 백성을 그들의 죄에서 구원할 자이시기 때문입니다.

> 아들을 낳으리니 이름을 예수라 하라 이는 그가 자기 백성을 그들의 죄에서 구원할 자이심이라 하니라(마 1:21)

예수라는 이름은 히브리어 여호수아(수 1:1)의 헬라어 형태입니다.[56] "여호와는 구원이시다"를 의미합니다. 여호수아가 이스라엘을 가나안으로 인도했듯이, 그리스도께서 자기 백성을 하나님께로 인도할 것을 나타냅니다.

마태복음 1장 21절의 기록에 따르면 그리스도의 구원 사역은 세 가지 특징을 가집니다. 첫째, 구원이란 우리가 얻어 내야 하는 것이 아니라, 그리스도께서 주시는 선물입니다. 둘째, 그리스도께서 우리에게 주시는 것은 구원의 기회가 아니라 구원 그 자체입니다. 셋째, 그리스도는 모든 사람을 구원하기 위해 오신 것이 아니라, "자기 백성"을 구원하기 위해 오셨습니다.

---

[56]　루이스 벌코프, 『벌코프 조직신학』, 이상원, 권수경 옮김 (고양: 크리스챤다이제스트, 2000), 541.

왜 우리의 중보자를 그리스도라고 부릅니까?

답: 우리의 중보자를 그리스도라고 부르는 이유는 그가 성령으로 한량없는 기름 부음을 받으사, 성별되시고, 모든 권세와 능력을 충만히 부여받으심으로, 그의 낮아지심과 높아지심의 두 상태에서 자신의 교회를 위한 선지자, 제사장, 왕의 직분을 수행하시기 때문입니다.

1. 우리의 중보자를 그리스도라고 부르는 이유는 그가 성령으로 한량없는 기름 부음을 받으사,

> 하나님이 보내신 이는 하나님의 말씀을 하나니 이는 <u>하나님이 성령을 한량없이 주심이니라</u>(요 3:34)
> 왕은 정의를 사랑하고 악을 미워하시니 그러므로 하나님 곧 왕의 하나님이 <u>즐거움의 기름을 왕에게 부어 왕의 동료보다 뛰어나게 하셨나이다</u>(시 45:7)

예수가 성자의 사적인 명칭이라면, 그리스도는 성자의 공적인 명칭입니다. 그리스도는 히브리어 '메시아'와 동의어이며, '기름 부음받은 자'를 의미합니다.[57] 구약 시대에는 선지자와 제사장과 왕에게 기름을 부었습니다. 따라서 선지자와 제사장과 왕이 구약의 그리스도입니다.

기름 부음은 성령의 임재를 상징합니다.[58] 기름 부음받은 자들이 직분을 잘 감당할 수 있도록 성령님께서 도와주셨기 때문입니다. 하지만 구약의 그리스도들은 참되고 완전한 그리스도가 아니었습니다. 그들의 역할은 완전하며 최종적인 그리스도를 예고하는 일이었습니다. 그들은 예수님께서 선지자와 제사장과 왕의 사역을 참되고 완전하게 수행하시리라 예고한 그림자였습니다.

---

57 위의 책, 541.
58 위의 책, 542.

실제로 예수님은 이 땅에 오셔서 "성령을 한량없이" 받으셨습니다(요 3:34). 그리하여 자신이 완전하며 최종적인 그리스도임을 입증하셨습니다. 시편 45편 7절은 다음과 같이 말합니다. "왕의 하나님이 즐거움의 기름을 왕에게 부어 왕의 동료보다 뛰어나게 하셨나이다". 여기서 왕은 예수님을 의미합니다. 성부께서는 예수님께 한량없는 기름을 부으셔서, 예수님을 다른 그리스도들과 구별하셨습니다.

2. 성별되시고,

> 썩을 양식을 위하여 일하지 말고 영생하도록 있는 양식을 위하여 하라 이 양식은 인자가 너희에게 주리니 인자는 아버지 하나님께서 인치신 자니라(요 6:27)

구약의 그리스도들이 하나님을 위해 성별되었던 것처럼, 예수님도 성부의 영광을 위해 거룩하게 구별되셨습니다. 예수님이 하나님의 "인 치신"자라는 말은 하나님의 구속 사역을 위해 특별히 구별되셨다는 뜻입니다.

3. 모든 권세와 능력을 충만히 부여받으심으로

> 예수께서 나아와 말씀하여 이르시되 하늘과 땅의 모든 권세를 내게 주셨으니(마 28:18)

구약의 그리스도들도 특별한 권세와 능력을 하나님께 받았습니다. 그러나 그들의 권세와 능력은 일시적이고 제한적이었습니다. 이와 달리 예수님은 "하늘과 땅의 모든 권세를" 위임 받으셨습니다(마 28:18).

4. 자기의 낮아지심과 높아지심의 두 상태에서 자신의 교회를 위한 선지자,

> 네 하나님 여호와께서 너희 가운데 네 형제 중에서 너를 위하여 나와 같은 선지자 하나를 일으키시리니 너희는 그의 말을 들을지니라(신 18:15)
> 또 주께서 너희를 위하여 예정하신 그리스도 곧 예수를 보내시리니 하나님이 영원 전부터 거룩한 선지자들의 입을 통하여 말씀하신 바 만물을 회복하실 때까지는 하늘이 마땅히 그를 받아 두리라 모세가 말하되 주 하나님이 너희를 위하여 너희 형제 가운데서 나 같은 선지자 하나를 세울 것이니 너희가 무엇이든지 그의 모든 말을 들을 것이라(행 3:20-22)

예수님은 낮아지심과 높아지심의 상태에서 그리스도의 직분을 수행하십니다. 낮아지심의 상태는 인간의 몸을 입고 이 땅에서 사셨던 때를 말하고, 높아지심의 상태는 부활하신 이후를 말합니다.

모세는 하나님께서 한 선지자를 보낼 것이라고 예언했습니다(신 18:15). 베드로는 그 예언이 예수님을 통해 성취되었다고 말했습니다(행 3:20). 따라서 예수님은 하나님께서 보내신 참 선지자이십니다. 자세한 내용은 43문답 해설에서 알아보겠습니다.

5. 제사장,

> 그러므로 우리에게 큰 대제사장이 계시니 승천하신 이 곧 하나님의 아들 예수시라 우리가 믿는 도리를 굳게 잡을지어다(히 4:14)
> 그리스도께서 대제사장 되심도 스스로 영광을 취하심이 아니요 오직 말씀하신 이가 그에게 이르시되 너는 내 아들이니 내가 오늘 너를 낳았다 하셨고(히 5:5)

예수님은 제사장입니다(히 4:14). 하나님께서 직접 세우신 대제사장입니다(히 5:5). 자세한 내용은 44문답 해설에서 알아보겠습니다.

6. 왕의 직분을 수행하시기 때문입니다.

> 보라 네 왕이 네게 임하시나니 그는 공의로우시며 구원을 베푸시며 겸손하여서 나귀를 타시나니 나귀의 작은 것 곧 나귀 새끼니라(슥 9:9)
> 시온 딸에게 이르기를 네 왕이 네게 임하나니 그는 겸손하여 나귀, 곧 멍에 메는 짐승의 새끼를 탔도다 하라 하였느니라(마 21:5)
> 그 옷과 그 다리에 이름을 쓴 것이 있으니 만왕의 왕이요 만주의 주라 하였더라(계 19:16)

스가랴 선지자는 한 왕이 오셔서 나귀를 탈 것이라고 예언했습니다(슥 9:9). 마태는 그 예언이 예수님을 통해서 성취되었다고 했습니다(마 21:5). 이처럼 예수님은 하나님께서 보내신 참 왕이십니다(계 19:16). 자세한 내용은 45문답 해설에서 알아보겠습니다.

제43문 그리스도는 선지자의 직분을 어떻게 수행하십니까?

답: 그리스도는 교회의 교화와 구원에 관한 모든 일에 있어서 하나님의 온전한 뜻을, 그의 영과 말씀에 의한 여러 가지 방식으로, 모든 세대의 교회에 나타내심으로써 선지자의 직분을 수행하십니다.

1. 그리스도는

> 태초에 말씀이 계시니라 이 말씀이 하나님과 함께 계셨으니 <u>이 말씀은 곧 하나님이시니라</u>(요 1:1)

선지자가 미래를 예언하는 사람이라 생각할 수 있습니다. 물론 틀린 말은 아닙니다. 선지자들이 미래에 일어날 일을 예언한 경우가 있었기 때문입니다. 하지만 선지자의 일차적 역할은 하나님의 말씀을 대변하는 것입니다. 하나님은 자신의 말씀을 선지자의 입에 넣어 주셨습니다(렘 1:9). 그래서 선지자의 말은 곧 하나님의 말씀입니다.

예수님은 지금껏 존재했던 그 어떤 선지자와도 다릅니다. 예수님은 그 자신이 곧 하나님이시기 때문입니다(요 1:1). 따라서 예수님은 하나님의 말씀을 전달만 하신 것이 아닙니다. 그분의 말씀이 곧 하나님의 말씀입니다. 사람들이 예수님의 말씀을 듣고 크게 놀란 이유가 여기에 있습니다(마 7:28). 예수님께는 선지자 이상의 권위가 있었습니다.

2. 교회의 교화와 구원에 관한 모든 일에 있어

그가 어떤 사람은 사도로, 어떤 사람은 선지자로, 어떤 사람은 복음 전하는 자로, 어떤 사람은 목사와 교사로 삼으셨으니 이는 성도를 온전하게 하여 봉사의 일을 하게 하며 그리스도의 몸을 세우려 하심이라 우리가 다 하나님의 아들을 믿는 것과 아는 일에 하나가 되어 온전한 사람을 이루어 그리스도의 장성한 분량이 충만한 데까지 이르리니(엡 4:11-13)

오직 이것을 기록함은 너희로 예수께서 하나님의 아들 그리스도이심을 믿게 하려 함이요 또 너희로 믿고 그 이름을 힘입어 생명을 얻게 하려 함이니라(요 20:31)
지금 내가 여러분을 주와 및 그 은혜의 말씀에 부탁하노니 그 말씀이 여러분을 능히 든든히 세우사 거룩하게 하심을 입은 모든 자 가운데 기업이 있게 하시리라(행 20:32)

예수님께서 선지자의 직분을 수행하신 것은 언제일까요? 예수님은 모든 시대에 걸쳐 선지자의 직분을 수행하셨습니다. 구약 시대에는 자신의 영을 선지자들에게 보내셔서 선지자의 직분을 수행하셨고(계 19:10), 공생애 때는 직접 백성들을 가르쳐서 선지자의 직분을 수행하셨습니다. 이후로는 말씀의 사역자들을 통해서 선지자의 직분을 수행하십니다.

에베소서 4장은 예수님께서 선지자의 직분을 수행하실 때 일어나는 결과를 잘 보여 줍니다. 예수님이 말씀 사역자들을 통해서 선지자의 직분을 수행하시면, 교회는 "하나님의 아들을 믿는 것과 아는 일에 하나가 되어 온전한 사람을 이루어 그리스도의 장성한 분량이 충만한 데까지" 이르게 됩니다(엡 4:11-13).

예수님께서 전해 주신 말씀은 완전한 말씀입니다. 기록된 말씀인 성경에는 우리가 구원 얻기에 필요한 모든 것이 충분하게 담겨 있습니다. 그래서 사도 요한은 이 말씀을 믿는 자에게 생명이 있다고 했으며(요 20:31), 바울은 은혜의 말씀이 교회를 든든히 세울 것이라고 말했습니다(행 20:32).

3. 하나님의 온전한 뜻을,

> 시몬 베드로가 대답하되 주여 영생의 말씀이 주께 있사오니 우리가 누구에게로 가오리이까(요 6:68)
> 이제부터는 너희를 종이라 하지 아니하리니 종은 주인이 하는 것을 알지 못함이라 너희를 친구라 하였노니 내가 내 아버지께 들은 것을 다 너희에게 알게 하였음이라(요 15:15)
> 나를 저버리고 내 말을 받지 아니하는 자를 심판할 이가 있으니 곧 내가 한 그 말이 마지막 날에 그를 심판하리라(요 12:48)

베드로가 영생의 말씀이 예수님께 있다고 말할 때에(요 6:68), 예수님은 베드로의 고백을 부정하지 않으셨습니다. 심지어 예수님은 아버지께 들은 것을 모두 가르쳤다고 하셨습니다(요 15:15). 이처럼 예수님의 말씀은 완전한 진리입니다. 그러므로 예수님의 모든 말씀은 우리 신앙과 행동의 토대가 되어야 합니다. 하나님은 마지막 날에 예수님의 말씀을 근거로 온 세상을 심판하실 것입니다(요 12:48).

4. 그의 영과 말씀에 의한 여러 가지 방식으로,

외적인 선지자 사역	오직 이것을 기록함은 너희로 예수께서 하나님의 아들 그리스도이심을 믿게 하려 함이요 또 너희로 믿고 그 이름을 힘입어 생명을 얻게 하려 함이니라(요 20:31)
내적인 선지자 사역	보혜사 곧 아버지께서 내 이름으로 보내실 성령 그가 너희에게 모든 것을 가르치고 내가 너희에게 말한 모든 것을 생각나게 하리라(요 14:26)

예수님은 선지자직을 내적으로, 그리고 외적으로 수행하십니다. 예수님께서 자신의 선지자직을 외적으로 수행하시는 것은 기록된 하나님의 말씀인 성경과 그분의 종들이 성경을 설교하는 것을 통해 이루어집니다.[59]

그런데 성경만으로는 하나님의 뜻을 알 수 없습니다. 타락한 인간에게는 성경을 이해할 지혜가 없습니다. 그래서 예수님은 성령님을 통해서 자신의 선지자직을 내적

---

59   빌헬무스 아 브라켈, 『그리스도인의 합당한 예배 1』, 김효남, 서명수, 장호준 옮김 (서울: 지평서원, 2019), 922.

으로 수행하십니다.[60] 성령님의 도움을 받은 사람들은 성경을 이해하게 되는데, 이것을 '성령의 조명'이라고 합니다. 똑같이 말씀을 들어도 상반되는 결과가 나타나곤 합니다. 어떤 사람은 변화되는 반면, 어떤 사람은 변화되지 않습니다. 이러한 차이는 그리스도의 내적인 선지자 사역에서 비롯됩니다.

5. 모든 세대의 교회에 나타내심으로써 선지자의 직분을 수행하십니다.

내가 그 발 앞에 엎드려 경배하려 하니 그가 나에게 말하기를 나는 너와 및 예수의 증언을 받은 네 형제들과 같이 된 종이니 삼가 그리하지 말고 오직 하나님께 경배하라 <u>예수의 증언은 예언의 영이라</u> 하더라(계 19:10)
이에 모세와 모든 선지자의 글로 시작하여 <u>모든 성경에 쓴 바 자기에 관한 것을</u> 자세히 설명하시니라(눅 24:27)

예수님은 모든 세대에 걸쳐 선지자직을 수행하셨습니다. 따라서 신약 성경뿐만 아니라 구약 성경도 예수님의 말씀입니다. 구약의 선지자들이 받은 예언의 영이 곧, 예수님의 영이기 때문입니다(계 19:10). 그리고 신구약 성경 모두가 예수님에 관한 말씀이라는 점에서(눅 24:27), 66권의 성경은 하나님의 말씀인 동시에 예수님의 말씀입니다.

---

60 위의 책, 922.

제44문 그리스도는 제사장의 직분을 어떻게 수행하십니까?

답: 그리스도는 자기 백성의 죄를 위한 화목 제물이 되시려고, 자기를 흠 없는 희생 제물로 하나님께 단번에 드리시고, 자기 백성을 위하여 끊임없는 중보 기도를 하심으로 제사장직을 수행하십니다.

1. 그리스도께서는 자기 백성의 죄를 위한 화목 제물이 되시려고,

> 그러므로 그가 범사에 형제들과 같이 되심이 마땅하도다 이는 하나님의 일에 자비하고 신실한 대제사장이 되어 백성의 죄를 속량하려 하심이라(히 2:17)
> 또 십자가로 이 둘을 한 몸으로 하나님과 화목하게 하려 하심이라 원수 된 것을 십자가로 소멸하시고(엡 2:16)

제사장이라는 명칭은 이따금 군주들, 통치자들, 관리들과 같이 크게 존경받는 사람들에게 사용되기도 했습니다.[61] 그래서 제사장으로 불리면서도 실제로는 제사장의 역할을 감당하지 않는 사람들이 있었습니다. 하지만 예수님은 제사장으로 불리셨을 뿐만 아니라 실제로 제사장의 역할을 감당하셨습니다. 즉, 예수님은 비유나 은유의 측면에서가 아니라, 진리와 본질의 차원에서 제사장이십니다.[62]

예수님은 자기 자신을 제물로 드려 제사장의 직분을 수행하셨습니다. 예수님께서 친히 제물이 되신 이유는 두 가지입니다. 첫째, 그것만이 하나님의 공의를 만족시켜 우리의 죄 문제를 해결할 수 있기 때문입니다(히 2:17). 둘째, 죄 문제가 해결되어야만 우리가 하나님과 화목하게 될 수 있기 때문입니다(엡 2:16).

---

61 위의 책, 947.
62 위의 책, 949.

2. 자기를 흠 없는 희생 제물로 하나님께 단번에 드리시고,

하물며 영원하신 성령으로 말미암아 흠 없는 자기를 하나님께 드린 그리스도의 피가 어찌 너희 양심을 죽은 행실에서 깨끗하게 하고 살아 계신 하나님을 섬기게 하지 못하겠느냐(히 9:14)
이와 같이 그리스도도 많은 사람의 죄를 담당하시려고 단번에 드리신 바 되셨고 구원에 이르게 하기 위하여 죄와 상관 없이 자기를 바라는 자들에게 두 번째 나타나시리라(히 9:28)

예수님 한 분의 피가 택함을 받은 모든 사람의 죄를 대속할 수 있는 이유는, 예수님께서 하나님이시기 때문입니다. 그분의 피에는 무한한 가치가 있으므로, 죄인들을 향한 하나님의 무한한 진노를 해결하기에 부족함이 없습니다. 그래서 예수님은 흠 없는 희생 제물입니다(히 9:14).

그래서 지금은 희생 제물이 필요하지 않습니다. 예수님의 피에 무한한 가치가 있어서 단 한 번에 많은 사람의 죄를 해결하셨기 때문입니다. 예수님은 하나님께 자신을 단번에 드리셨고, 두 번 다시 자신을 제물로 드릴 필요가 없습니다(히 9:28).

3. 자기 백성을 위하여 끊임없는 중보 기도를 하심으로 제사장직을 수행하십니다.

누가 정죄하리요 죽으실 뿐 아니라 다시 살아나신 이는 그리스도 예수시니 그는 하나님 우편에 계신 자요 우리를 위하여 간구하시는 자시니라(롬 8:34)
그러므로 자기를 힘입어 하나님께 나아가는 자들을 온전히 구원하실 수 있으니 이는 그가 항상 살아 계셔서 그들을 위하여 간구하심이라(히 7:25)

중보 기도는 제사장의 두 번째 책무입니다. 예수님도 제사장이시기에 우리를 위해 중보 기도를 하십니다(롬 8:34; 히 7:25). 예수님은 우리에게 성령 주시기를 기도하시고 (요 14:16), 우리가 하늘의 영광 보게 되기를 기도하십니다(요 17:24).

제45문 그리스도는 왕의 직분을 어떻게 수행하십니까?

답: 그리스도는 왕의 직분을 다음과 같이 수행하십니다. 그리스도는 세상으로부터 한 백성을 자기에게로 불러내시고, 그들에게 직분자들과 율법과 권징을 주심으로써, 누구나 보고 알 수 있게 그들을 통치하십니다. 자신이 택한 자들에게 구원의 은혜를 베푸시되, 그들의 순종에 대하여는 상을 주시고, 그들이 범한 죄에 대하여는 징계하시며, 그들이 당하는 모든 시험과 고난 중에 그들을 보존하시고 도우실 뿐 아니라, 그들의 모든 원수를 제어하시고 정복하심으로, 자신의 영광과 백성들의 선을 위해 모든 것을 권능으로 주관하십니다. 그리고 하나님을 알지 못하고 복음에 순종하지 않는 나머지 사람들에 대해서는 원수를 갚으십니다.

1. 그리스도께서는 왕의 직분을 다음과 같이 수행하십니다.

> 이르시되 때가 찼고 하나님의 나라가 가까이 왔으니 회개하고 복음을 믿으라 하시더라 (막 1:15)

예수님은 "하나님의 나라가 가까이" 온 것을 복음으로 선포하셨습니다(막 1:15). '나라'로 번역된 헬라어 '바실레이아'는 '왕의 통치' 또는 '왕의 통치가 미치는 범위로서의 왕국'을 의미합니다. 예수님이 본격적인 사역을 시작하시면서 하나님의 나라가 가까이 왔다고 외치신 이유는, 예수님께서 곧 왕이시기 때문입니다.

이 메시지는 당대의 배경을 알면 더 정확하게 이해할 수 있습니다. 로마인들은 황제의 후계자가 태어나거나, 황제가 즉위하는 일을 복음으로 생각했습니다. 로마 황제에게 세상의 평화가 달려 있다고 믿었기 때문입니다. 그런데 예수님은 복음의 주인공을 자신으로 바꾸셨습니다. 로마 황제가 아니라 예수님께서 진정한 통치자이기 때문입니다. 예수님께서 통치하실 때만 참된 평화가 임하기 때문입니다. 그렇다면 예수님은 어떤 방식으로 우리를 통치하실까요? 구체적인 내용은 아래와 같습니다.

2. 그리스도는 세상으로부터 한 백성을 자기에게로 불러내시고,

> 하나님이 처음으로 이방인 중에서 <u>자기 이름을 위할 백성을 취하시려고</u> 그들을 돌보신 것을 시므온이 말하였으니(행 15:14)
> 규가 유다를 떠나지 아니하며 통치자의 지팡이가 그 발 사이에서 떠나지 아니하기를 실로가 오시기까지 이르리니 <u>그에게 모든 백성이 복종하리로다</u>(창 49:10)

예수님께서 왕으로 통치하시기 위해서는 예수님을 왕으로 믿고 따를 백성이 있어야 합니다. 그래서 예수님은 한 백성을 자기에게로 불러내십니다. 구약 시대에는 이스라엘 민족을 자기 백성으로 부르셨고, 지금은 모든 나라와 민족 가운데서 자기 백성을 불러 모으십니다(행 15:14).

야곱은 이것을 다음과 같이 예언하였습니다. "규가 유다를 떠나지 아니하며 통치자의 지팡이가 그 발 사이에서 떠나지 아니하기를 실로가 오시기까지 이르리니 그에게 모든 백성이 복종하리로다"(창 49:10) 이 말씀처럼 예수님은 유다 지파의 후손으로 오셨고, 예정하신 자들을 자기 백성으로 불러내셨습니다.

3. 그들에게 직분자들과

> <u>하나님이 교회 중에 몇을 세우셨으니</u> 첫째는 사도요 둘째는 선지자요 셋째는 교사요 그 다음은 능력을 행하는 자요 그 다음은 병 고치는 은사와 서로 돕는 것과 다스리는 것과 각종 방언을 말하는 것이라(고전 12:28)
> <u>그가 어떤 사람은 사도로, 어떤 사람은 선지자로, 어떤 사람은 복음 전하는 자로, 어떤 사람은 목사와 교사로 삼으셨으니</u> 이는 성도를 온전하게 하여 봉사의 일을 하게 하며 그리스도의 몸을 세우려 하심이라(엡 4:11-12)

예수님은 직분자들을 통해서 자기 백성을 통치하십니다(고전 12:28; 엡 4:11-12). 교회의 직분자들은 예수님의 통치를 대변하는 일꾼입니다. 따라서 교회의 봉사자들은 왕이신 예수님의 뜻을 따라서 섬기고 봉사해야 합니다.

4. 율법과

세상 나라에 법이 있듯이, 예수님의 나라에도 법이 있습니다(사 33:22). 이 법은 율법
입니다. 모든 율법을 열 가지로 요약한 것이 십계명이며, 두 가지로 요약한 것이 하나
님 사랑과 이웃 사랑입니다. 이처럼 성도의 삶은 자율과 방종이 아닙니다. 율법에 순
종해야 함이 강하게 요구됩니다. 따라서 무율법주의는 기독교가 아닙니다. 심지어
사도 요한은 예수님의 계명을 지키지 않는 자는 거짓말하는 자이며 진리가 없는 자
라고 했습니다(요일 2:4).

5. 권징을 주심으로써, 누구나 보고 알 수 있게 그들을 통치하십니다.

예수님은 교회에 권징의 권세를 부여하셨습니다. 교회가 정당하게 권징을 시행하
면, 하늘에서도 권징의 효력을 인정하겠다고 하셨습니다(마 18:17-18). 따라서 정당하
게 시행되는 권징은 예수님의 통치 행위의 일환입니다. 우리는 권징을 통해 예수님
의 통치를 눈으로 확인할 수 있습니다.
권징의 목적은 심판이 아니라 회복입니다. 바울은 권징의 목적을 다음과 같이 말했
습니다. "이는 육신은 멸하고 영은 주 예수의 날에 구원을 받게 하려 함이라"(고전 5:4-
5). 따라서 성도들의 영혼을 진심으로 사랑하는 교회라면, 반드시 권징을 시행해야
합니다. 교회에서 권징이 사라지게 되면, 죄가 누룩처럼 퍼져서 교회 전체의 거룩함
을 위협하게 될 것입니다.

6. 자신이 택한 자들에게 구원의 은혜를 베푸시되,

> 너희가 나무에 달아 죽인 예수를 우리 조상의 하나님이 살리시고 이스라엘에게 회개함과
> 죄 사함을 주시려고 그를 오른손으로 높이사 임금과 구주로 삼으셨느니라(행 5:30-31)

예수님은 세상의 왕들처럼 백성 위에 군림하지 않으셨습니다. 백성들을 억압하고 착취하지 않으셨습니다. 오히려 백성들을 섬기셨고, 백성들을 위해 죽기까지 하셨습니다(막 10:45). 그리하여 우리의 구원을 이루셨습니다. 하나님께서 예수님을 왕으로 세우신 것은 우리에게 구원의 은혜를 부여하시기 위해서입니다(행 5:30-31).

7. 그들의 순종에 대하여는 상을 주시고,

> 보라 내가 속히 오리니 내가 줄 상이 내게 있어 각 사람에게 그가 행한 대로 갚아 주리라
> (계 22:12)
> 그때에 임금이 그 오른편에 있는 자들에게 이르시되 내 아버지께 복 받을 자들이여 나아
> 와 창세로부터 너희를 위하여 예비된 나라를 상속받으라(마 25:34)
> 참고 선을 행하여 영광과 존귀와 썩지 아니함을 구하는 자에게는 영생으로 하시고(롬
> 2:7)

예수님은 자기 백성들에게 상을 주십니다. 예수님은 행한 대로 갚아 주십니다(계 22:12). 하지만 특별한 경우에는 신실한 성도들이 고난과 어려움을 겪게도 하십니다. 주님의 크신 뜻을 우리는 다 알 수 없습니다. 그러나 예수님의 백성들이 참된 상급에서 제외되는 일은 없습니다. 그것은 예비 된 나라를 상속받는 것(마 25:34), 즉 영생입니다(롬 2:7).

8. 그들이 범한 죄에 대하여는 징계하시며,

> 무릇 내가 사랑하는 자를 책망하여 징계하노니 그러므로 네가 열심을 내라 회개하라(계
> 3:19)
> 주께서 그 사랑하시는 자를 징계하시고 그가 받아들이시는 아들마다 채찍질하심이라 하
> 였으니 너희가 참음은 징계를 받기 위함이라 하나님이 아들과 같이 너희를 대우하시나니
> 어찌 아버지가 징계하지 않는 아들이 있으리요(히 12:6-7)

예수님은 자기 백성들을 징계하십니다(계 3:19; 히 12:6-7). 예수님의 징계는 벌 그 자체가 목적이 아닙니다. 회개하고 돌이키는 것이 목적입니다. 그러므로 예수님께 징계를 받을 때는 오히려 감사해야 합니다.

9. 그들이 당하는 모든 시험과 고난 중에 그들을 보존하시고 도우실 뿐 아니라,

> 그들의 모든 환난에 동참하사 자기 앞의 사자로 하여금 그들을 구원하시며 그의 사랑과 그의 자비로 그들을 구원하시고 옛적 모든 날에 그들을 드시며 안으셨으나(사 63:9)
> 사람이 감당할 시험 밖에는 너희가 당한 것이 없나니 오직 하나님은 미쁘사 너희가 감당하지 못할 시험 당함을 허락하지 아니하시고 시험 당할 즈음에 또한 피할 길을 내사 너희로 능히 감당하게 하시느니라(고전 10:13)

의로운 왕은 자기 백성의 어려움을 모르는 체하지 않습니다. 예수님도 마찬가지입니다. 예수님은 우리의 어려움에 눈을 감지 않으십니다. 우리가 고난을 당할 때, 예수님은 우리 곁에 계십니다(사 63:9). 우리의 신음을 들으시고, 우리의 마음을 위로해 주시고, 우리의 육신에 힘을 더하십니다. 그래서 우리는 어떤 시험이든 견딜 수 있고, 이길 수 있습니다. 우리가 감당하지 못할 시험은 없습니다(고전 10:13).

10. 그들의 모든 원수를 제어하시고 정복하심으로,

> 그가 모든 원수를 그 발 아래에 둘 때까지 반드시 왕 노릇 하시리니(고전 15:25)
> 밤에 주께서 환상 가운데 바울에게 말씀하시되 두려워하지 말며 침묵하지 말고 말하라 내가 너와 함께 있으매 어떤 사람도 너를 대적하여 해롭게 할 자가 없을 것이니 이는 이 성중에 내 백성이 많음이라 하시더라(행 18:9-10)

예수님은 우리의 모든 원수를 제압하시고 정복하심으로 우리를 통치하십니다(고전 15:25). 우리 주님께서 허락하시지 않는 한, 원수들은 우리의 털끝 하나 건드릴 수 없습니다(행 18:9-10). 사탄이 하나님의 허락 없이는 욥을 시험할 수 없었던 것처럼 말입니다.

11. 자신의 영광과

> 네가 어찌하여 네 형제를 비판하느냐 어찌하여 네 형제를 업신여기느냐 우리가 다 하나님의 심판대 앞에 서리라 기록되었으되 주께서 이르시되 내가 살았노니 모든 무릎이 내게 꿇을 것이요 모든 혀가 하나님께 자백하리라 하였느니라(롬 14:10-11)

장차 모든 사람이 예수님께 무릎을 꿇을 것입니다(롬 14:10-11). 예수님의 영광이 모든 역사의 종착지입니다. 바로 이것이 예수님께서 통치하시는 목적입니다. 예수님은 자기 영광을 위해 모든 것을 자기 뜻대로 통치하십니다.

12. 백성들의 선을 위해 모든 것을 권능으로 주관하십니다.

> 우리가 알거니와 하나님을 사랑하는 자 곧 그의 뜻대로 부르심을 입은 자들에게는 모든 것이 합력하여 선을 이루느니라(롬 8:28)

예수님은 자기 백성의 유익을 위해 모든 것을 조정하십니다. 그래서 성도들의 삶에 의미 없는 사건은 없습니다. 결국에는 모든 것이 합력하여 선을 이룹니다(롬 8:28).

13. 그리고 하나님을 알지 못하고 복음에 순종하지 않는 나머지 사람들에 대해서는 원수를 갚으십니다.

> 하나님을 모르는 자들과 우리 주 예수의 복음에 복종하지 않는 자들에게 형벌을 내리시리니(살후 1:8)
> 내게 구하라 내가 이방 나라를 네 유업으로 주리니 네 소유가 땅 끝까지 이르리로다 네가 철장으로 그들을 깨뜨림이여 질그릇 같이 부수리라 하시도다(시 2:8-9)

예수님은 자기 백성만 통치하시는 것이 아닙니다. 예수님을 왕으로 인정하지 않은 자들에게는 형벌을 내리는 방식으로 통치하십니다(살후 1:8). 하나님은 심판의 권세를 예수님께 주셨습니다. 장차 예수님은 무쇠 막대기로 질그릇을 부수듯 세상을 심판하실 것입니다(시 2:8-9).

제46문 그리스도의 낮아지심의 상태란 무엇입니까?

답: 그리스도의 낮아지심의 상태는 그가 잉태되어 탄생하시고, 사시다가 죽으시고, 죽으신 후 부활하시기까지, 우리를 위하여 자신의 영광을 스스로 비우시고 종의 형체를 취하여 비천한 형편에 처하신 것입니다.

1. 그리스도의 낮아지심의 상태는 그분이 잉태되어 탄생하시고, 사시다가 죽으시고, 죽으신 후 부활하시기까지,

> 제47-50문답에서 자세히 살펴보겠습니다.

예수님의 고난이라고 하면 십자가 사건을 떠올리기 쉽습니다. 하지만 그것은 극히 일부분에 불과합니다. 하나님이신 예수님께서 인간이 되신 것, 무한하신 분이 유한한 세상에 들어오신 것, 그 자체가 고난입니다. 그래서 대요리문답은 예수님의 낮아지심을 잉태되신 순간부터 죽음에 이르는 순간까지, 즉 전 생애에 걸쳐 설명합니다.

2. 우리를 위하여 자신의 영광을 스스로 비우시고

> 그는 <u>근본 하나님의 본체</u>시나 하나님과 동등됨을 취할 것으로 여기지 아니하시고 오히려 <u>자기를 비워 종의 형체를 가지사</u> 사람들과 같이 되었고 사람의 모양으로 나타나사 자기를 낮추시고 죽기까지 복종하셨으니 곧 십자가에 죽으심이라(빌 2:6-8)

예수님은 "근본 하나님의 본체"이십니다(빌 2:6). 예수님은 성부 하나님과 동등한 신성을 가지고 계십니다. 예수님은 성부보다 열등한 신이 아닙니다. 그런데 예수님은 이러한 영광을 자발적으로 내려놓으셨습니다. 대신 종의 형체, 즉 인간의 형체를 가지셨습니다(빌 2:7).

어떤 이단들은 이것을 두고 예수님께서 신성을 비우고 인성을 채웠다고 말합니다. 이것은 말이 되지 않습니다. 그러면 이 땅에 오신 예수님은 하나님이 아니라 사람에 불과하기 때문입니다.

예수님께서 자신을 비우신 것은 신성을 포기하신 것이 아닙니다. 자신의 신성에 인성을 더하신 것입니다. 신이시기를 포기하신 것이 아니라, 사람이 되시는 굴욕을 받으면서까지 겸손하게 자신을 낮추신 것입니다.[63]

3. 종의 형체를 취하여

> 오히려 자기를 비워 <u>종의 형체를 가지사</u> 사람들과 같이 되셨고(빌 2:7)
> 보라 <u>네가 잉태하여 아들을 낳으리니</u> 그 이름을 예수라 하라(눅 1:31)

예수님은 자기를 비우셨습니다. 하늘에서 누렸던 모든 영광을 스스로 내려놓으셨습니다. 그리고 종의 형체, 즉 사람의 형체를 취하셨습니다(빌 2:7). 이것이 성육신입니다. 많은 이단이 성육신 교리를 부정했습니다. 영지주의가 대표적입니다. 그들은 예수님께서 사람의 몸을 입은 것처럼 보였을 뿐이라고 주장했습니다. 하지만 예수님은 사람의 아들로 태어나셨습니다(눅 1:31). 실제 사람이 되셨습니다.

4. 비천한 형편에 처하신 것입니다.

> 우리 주 예수 그리스도의 은혜를 너희가 알거니와 <u>부요하신 이로서 너희를 위하여 가난하게 되심은</u> 그의 가난함으로 말미암아 너희를 부요하게 하려 하심이라(고후 8:9)

예수님은 사람으로 살고 죽기 위해 하늘의 영광을 포기하셨습니다. 부요한 자리에서 가난한 자리로 내려오셨습니다(고후 8:9). 그리고 사람으로 낮아지신 상태에서 사사로운 이유로 신성을 자랑하거나 사용하시지 않았습니다. 이는 오직 우리를 사랑하셨기 때문입니다. 그 사랑은 십자가의 죽음으로 절정에 이르렀습니다. 바울은 이것이야말로 우리가 본받아야 할 사랑의 모범이라고 말했습니다(고후 8:14).

---

63 리고니어 미니스트리 출판부, 『개혁주의 스터디 바이블』, 김진운 외 옮김 (서울: 부흥과 개혁사, 2017), 2142

제47문 그리스도는 잉태되시고 태어나실 때 자신을 어떻게 낮추셨습니까?

답: 그리스도는 잉태되시고 태어나실 때 자신을 다음과 같이 낮추셨습니다. 곧 그분은 영원 전부터 아버지 품속에 계신 하나님의 아들이셨으나, 때가 차매 기꺼이 사람의 아들이 되셨고, 신분이 낮은 여자에게서 출생하심으로, 평범하지 않은 여러 가지 열악한 형편에 처하셨습니다.

1. 그리스도는 잉태되시고 태어나실 때 자신을 다음과 같이 낮추셨습니다.

2. 곧 그분은 영원 전부터 아버지 품속에 계신 하나님의 아들이셨으나,

> 말씀이 육신이 되어 우리 가운데 거하시매 우리가 <u>그의 영광을 보니 아버지의 독생자의</u> 영광이요 은혜와 진리가 충만하더라(요 1:14)
> 본래 하나님을 본 사람이 없으되 <u>아버지 품 속에 있는 독생하신 하나님</u>이 나타내셨느니라(요 1:18)

그리스도가 얼마나 낮아지셨는지를 알기 위해서는, 그리스도가 얼마나 높은 위치에 계셨는지를 먼저 알아야 합니다. 그리스도는 성부 하나님의 독생자였습니다(요 1:14). 독생자로 번역된 헬라어 '모노게네스'는 '유일하다'는 뜻입니다. 그리스도는 하나님의 양자로 입양된 성도들과 다릅니다. 그리스도는 성부와 동등한 신성을 가지고 계신 제2위 하나님이십니다(요 1:14). 그리스도는 영원 전부터 "아버지 품속에" 계신 아들이셨습니다(요 1:18).

3. 때가 차매 기꺼이 사람의 아들이 되셨고,

> 때가 차매 하나님이 그 아들을 보내사 여자에게서 나게 하시고 율법 아래에 나게 하신 것은(갈 4:4)

성부께서는 영원 전에 우리의 구원을 계획하셨습니다. 우리의 구원을 위해 독생자를 사람으로 보내실 것을 계획하셨습니다. 그리고 때가 찼을 때, 그리스도는 사람으로 이 땅에 오셨습니다.

4. 신분이 낮은 여자에게서 출생하심으로,

> 마리아가 이르되 내 영혼이 주를 찬양하며 내 마음이 하나님 내 구주를 기뻐하였음은 그의 여종의 비천함을 돌보셨음이라(눅 1:46-48)

마리아는 하나님이 자신에게 은혜 베푸신 것을 "여종의 비천함"을 돌보신 것이라고 표현했습니다(눅 1:46-48). 여종으로 번역된 헬라어 '둘레'는 노예를 의미하며, 비천함으로 번역된 헬라어 '타페이노시스'는 가난하고 빈곤한 상태를 의미합니다. 이 고백처럼 마리아는 사회 경제적으로 신분이 매우 낮은 여인이었습니다.

5. 평범하지 않은 여러 가지 열악한 형편에 처하셨습니다.

> 거기 있을 그때에 해산할 날이 차서 첫아들을 낳아 강보로 싸서 구유에 뉘었으니 이는 여관에 있을 곳이 없음이러라(눅 2:6-7)

그리스도는 마구간에서 출생하셨고, 짐승의 밥그릇인 구유에 누우셨습니다(눅 2:6-7). 출생과 동시에 헤롯을 피해 애굽으로 피신하셨습니다. 이 모든 것이 그리스도께서 출생 시에 겪은 평범하지 않은 여러 가지 비천한 형편들입니다.

그리스도는 자신의 생애에서 자신을 어떻게 낮추셨습니까?

답: 그리스도는 자신의 생애에서 스스로 율법에 복종하심으로 율법을 완전히 성취하시고, 인간 본성에 공통된 것들이든, 특별히 자신의 비천한 상태에 수반하는 것들이든 세상의 멸시, 사탄의 시험, 육신의 연약함과 싸우심으로써 자신을 낮추셨습니다.

1. 그리스도는 자신의 생애에서 스스로 율법에 복종하심으로

> 때가 차매 하나님이 그 아들을 보내사 여자에게서 나게 하시고 율법 아래에 나게 하신 것은(갈 4:4)

예수님은 율법 아래에 나셨습니다(갈 4:4). 율법에 복종해야 하는 사람이 되셨습니다. 이것은 지극히 큰 자기비하(自己卑下)입니다. 예수님은 온 우주의 창조주이시기 때문입니다. 예수님은 왕으로서 율법을 제정하시고, 율법에 순종할 것을 명령하는 위치에 계셨습니다. 그런 예수님께서 율법에 복종하는 종의 자리로 내려오셨습니다. 따라서 예수님이 율법에 복종하신 일은 자신을 지극히 낮추신 일이었습니다.

2. 율법을 완전히 성취하시고,

> 내가 율법이나 선지자를 폐하러 온 줄로 생각하지 말라 폐하러 온 것이 아니요 완전하게 하려 함이라(마 5:17)한 사람이 순종하지 아니함으로 많은 사람이 죄인 된 것 같이 한 사람이 순종하심으로 많은 사람이 의인이 되리라(롬 5:19)

예수님은 율법을 '완전하게' 하셨습니다(마 5:17). 예수님 당시의 유대인들은 자기 입맛에 따라 율법을 수정하거나(마 15:5-6), 무시했지만(마 19:5), 예수님은 율법을 고치거나 다른 것으로 대체하지 않으셨습니다. 율법의 참된 의미와 목적을 가르치셨고, 그 의미와 목적을 따라 온전히 순종하셨습니다. 율법을 훼손하고 불순종하는 세상에 오셔서, 한 치의 부족함도 없이 율법에 순종하셨습니다.

예수님께서 율법에 복종하신 이유는 무엇일까요? 자신의 의로움을 자기 백성들에게 전가하기 위해서입니다(롬 5:19). 따라서 예수님의 순종은 우리를 위한 순종입니다. 우리의 구원을 위한 순종입니다.

3. 인간 본성에 공통된 것들이든 특별히 자신의 비천한 상태에 수반하는 것들이든 세상의 멸시,

> 나는 벌레요 사람이 아니라 <u>사람의 비방 거리요 백성의 조롱 거리니이다</u>(시 22:6)

예수님은 세상의 멸시를 받기까지 낮아지셨습니다. 이것을 잘 보여 주는 것이 시편 22편입니다. 시편 22편은 고난 중에 있는 한 개인의 탄식입니다. 동시에 이 시편은 예수님의 고난을 예언하는 시편입니다. 실제로 예수님은 시편 22편을 직접 인용하셨습니다. 시편 22편의 화자와 마찬가지로 세상의 멸시를 받으셨습니다. 시편 22편과 예수님의 관계는 아래의 표와 같습니다.[64]

시 22:18	내 겉옷을 나누며 속옷을 제비 뽑나이다	그들이 예수를 십자가에 못 박은 후에 그 옷을 제비 뽑아 나누고	마 27:35
시 22:7	나를 보는 자는 다 나를 비웃으며 입술을 비쭉거리고 머리를 흔들며	지나가는 자들은 자기 머리를 흔들며 예수를 모욕하여	마 27:39
시 22:8	그가 여호와께 의탁하니 구원하실 걸, 그를 기뻐하시니 건지실 걸 하나이다	그가 하나님을 신뢰하니 하나님이 원하시면 이제 그를 구원하실지라	마 27:43
시 22:1	내 하나님이여 내 하나님이여 어찌 나를 버리셨나이까	나의 하나님, 나의 하나님, 어찌하여 나를 버리셨나이까	마 27:46

---

64 크로스웨이 ESV 스터디 바이블 편찬팀, 『ESV 스터디 바이블』, 신저철 외 옮김 (서울: 부흥과 개혁사, 2014), 1096.

4. 사탄의 시험,

> 그때에 예수께서 성령에게 이끌리어 <u>마귀에게 시험을 받으러</u> 광야로 가사(마 4:1)
> <u>마귀가 모든 시험을 다 한 후에</u> 얼마 동안 떠나니라(눅 4:13)

예수님은 마귀에게 시험을 받으셨습니다. 이것 역시 자기비하(自己卑下)입니다. 예수님은 온 우주의 창조주이신데 반해 마귀는 예수님의 피조물이기 때문입니다. 예수님은 가장 거룩하신 분이신데 반해 마귀는 가장 악한 존재이기 때문입니다. 예수님은 한낱 피조물에 불과한 사악한 존재에게 시험과 수치를 당하기까지 자신을 낮추셨습니다.

5. 육신의 연약함과 싸우심으로써 자신을 낮추셨습니다.

> <u>그가 시험을 받아 고난을 당하셨은즉</u> 시험 받는 자들을 능히 도우실 수 있느니라(히 2:18)
> 전에는 <u>그의 모양이 타인보다 상하였고 그의 모습이 사람들보다 상하였으므로</u> 많은 사람이 그에 대하여 놀랐거니와(사 52:14)

예수님은 하나님이십니다. 따라서 지칠 수 없고, 배고플 수 없고, 수치와 배척을 당하실 수 없습니다. 하지만 사람의 몸을 입으신 이후로는 지치셨고, 배고프셨고, 수치와 배척을 당하셨습니다(히 2:18, 사 52:14). 예수님께서 지상에 계시는 동안 이처럼 자신을 낮추신 것은 우리에게 영생을 주시기 위해서입니다. 우리를 지극히 높이기 위해 자신을 지극히 낮추셨습니다.

그렇다면 우리의 삶은 어떠해야 할까요? 이제부터 우리의 삶은 자기 영광을 취하는 삶이 아니라, 주님께 영광을 돌리는 삶이 되어야 합니다. 또 고난을 당할 때마다, 우리를 위해 고난을 견디신 주님을 생각하며 힘써 견뎌야 합니다.

제49문 그리스도는 죽으실 때 자신을 어떻게 낮추셨습니까?

답: 그리스도는 죽으실 때 자신을 다음과 같이 낮추셨습니다. 그분은 유다에게 배반을 당하셨고, 제자들에게 버림을 받으셨으며, 세상으로부터 조롱과 배척을 받으셨고, 빌라도에게 정죄를 받으셨으며, 핍박자들에게 고문을 당하셨습니다. 또한 죽음의 공포와 어둠의 세력들과 싸우셨고, 하나님의 진노의 무게를 느끼시고 그것을 참으셨으며, 자기 생명을 속죄 제물로 드리셨고, 십자가에서 고통과 수치와 저주의 죽음을 당하셨습니다.

1. 그리스도는 죽으실 때 자신을 다음과 같이 낮추셨습니다.

2. 그분은 유다에게 배반을 당하셨고,

> 그때에 열둘 중의 하나인 가룟 유다라 하는 자가 대제사장들에게 가서 말하되 내가 예수를 너희에게 넘겨 주리니 얼마나 주려느냐 하니 그들이 은 삼십을 달아 주거늘 그가 그때부터 예수를 넘겨 줄 기회를 찾더라(마 26:14-16)

예수님은 유다를 열두 제자 중 한 명으로 선택하셨습니다. 예수님은 유다에게 특별한 관심과 가르침을 베풀어 주셨습니다. 예수님은 이런 유다에게 배반을 당하시기까지 자기를 낮추셨습니다(마 26:14-16). 더구나 예수님을 판 값, 은 삼십은 종의 몸값입니다(출 21:32).

3. 제자들에게 버림을 받으셨으며,

> 그러나 이렇게 된 것은 다 선지자들의 글을 이루려 함이니라 하시더라 이에 제자들이 다
> 예수를 버리고 도망하니라(마 26:56)

예수님은 유다뿐만 아니라 열두 제자 모두에게 버림받으셨습니다(마26:56). 위급한 순간이 되자, 그 누구도 예수님을 위해 자기를 희생하려 하지 않았습니다. 제자들은 예수님의 안전보다 자신들의 안전을 더 중요하게 생각했습니다. 예수님은 그토록 사랑했던 제자들에게 버림을 받기까지 자신을 낮추셨습니다.

4. 세상으로부터 조롱과 배척을 받으셨고,

> 그는 멸시를 받아 사람들에게 버림 받았으며 간고를 많이 겪었으며 질고를 아는 자라 마
> 치 사람들이 그에게서 얼굴을 가리는 것 같이 멸시를 당하였고 우리도 그를 귀히 여기지
> 아니하였도다(사 53:3)
> 인자가 이방인들에게 넘겨져 희롱을 당하고 능욕을 당하고 침 뱉음을 당하겠으며 그들은
> 채찍질하고 그를 죽일 것이나 그는 삼 일 만에 살아나리라 하시되(눅 18:32-33)

예수님은 성경에 기록된 대로 수없이 많은 조롱과 배척을 받으셨습니다(사 53:3). 심지어 희롱과 능욕과 침 뱉음과 채찍질을 당하기까지 하셨습니다(눅 18:32-33). 창조주이신 예수님은 피조물에 불과한 인간들에게 이토록 수치를 당하기까지 자신을 낮추셨습니다.

5. 빌라도에게 정죄를 받으셨으며, 핍박자들에게 고문을 당하셨습니다.

> 빌라도가 아무 성과도 없이 도리어 민란이 나려는 것을 보고 물을 가져다가 무리 앞에서
> 손을 씻으며 이르되 이 사람의 피에 대하여 나는 무죄하니 너희가 당하라(마 27:24)
> 이에 바라바는 그들에게 놓아 주고 예수는 채찍질하고 십자가에 못 박히게 넘겨 주니라
> (마 27:26)

빌라도는 예수님의 무죄를 확신하고 풀어 주려 했습니다. 하지만 민란이 나려고 하자 십자가형을 선언했습니다(마 27:24, 26). 예수님은 불의한 재판을 당하시기까지 자

신을 낮추셨습니다.

6. 또한 죽음의 공포와 어둠의 세력들과 싸우셨고, 하나님의 진노의 무게를 느끼시고 그것을 참으셨으며,

> 예수께서 힘쓰고 애써 더욱 간절히 기도하시니 땀이 땅에 떨어지는 핏방울 같이 되더라 (눅 22:44)
> 제구시쯤에 예수께서 크게 소리 질러 이르시되 엘리 엘리 라마 사박다니 하시니 이는 곧 나의 하나님, 나의 하나님, 어찌하여 나를 버리셨나이까 하는 뜻이라(마 27:46)

예수님은 완전한 인성을 취하신 하나님입니다. 온전한 한 명의 사람으로서, 십자가의 공포에 짓눌리는 것은 당연한 반응입니다. 땀을 피처럼 흘리셨다는 기록은(눅 22:44) 당시 예수님께서 당하신 공포가 얼마나 엄청난 것이었는지를 생생하게 보여 줍니다.

예수님은 하나님께 버림받는다는 사실 때문에 두려워하셨습니다. 십자가 위의 예수님은 더 이상 하나님께 사랑받는 자가 아니었습니다. 온 인류의 죄를 뒤집어쓴 한 명의 죄인에 불과했습니다. "어찌하여 나를 버리셨나이까"라는 외침은(마 27:46) 죄로 인해 하나님과 단절되어야 했던 예수님의 고통을 잘 보여 줍니다. 예수님은 죽음의 공포와 싸우고, 하나님의 진노를 받기까지 자신을 낮추셨습니다.

7. 자기 생명을 속죄 제물로 드리셨고,

> 예수는 우리가 범죄한 것 때문에 내줌이 되고 또한 우리를 의롭다 하시기 위하여 살아나 셨느니라(롬 4:25)

예수님의 죽음은 특별한 죽음입니다. 예수님은 평범한 사람들처럼 죽지 않으셨고, 그 의미도 전혀 다릅니다. 예수님의 죽음은 우리를 대신한 죽음입니다. 우리가 받아야 할 죄의 형벌을 대신 받으신 죽음입니다(롬 4:25). 무죄하신 예수님은 우리 대신 죽기까지 자신을 낮추셨습니다.

8. 십자가에서 고통과 수치와 저주의 죽음을 당하셨습니다.

> 믿음의 주요 또 온전하게 하시는 이인 예수를 바라보자 그는 그 앞에 있는 기쁨을 위하여 십자가를 참으사 부끄러움을 개의치 아니하시더니 하나님 보좌 우편에 앉으셨느니라(히 12:2)
> 그리스도께서 우리를 위하여 저주를 받은 바 되사 율법의 저주에서 우리를 속량하셨으니 기록된 바 나무에 달린 자마다 저주 아래에 있는 자라 하였음이라(갈 3:13)

예수님 당시에 십자가형은 가장 끔찍하고 수치스러운 죽음으로 여겨졌습니다. 십자가형이 주는 고통 때문입니다. 십자가형은 신체에 치명적인 손상을 가하지 않습니다. 대신 상당히 오랫동안 십자가에 매달려서 출혈과 갈증이 주는 고통을 겪게 만듭니다. 그래서 로마 시민에게는 절대 십자가형을 언도하지 않았고, 중죄인이나 노예에게만 십자가형을 언도했습니다. 따라서 예수님이 십자가에서 죽으신 것은 지극한 자기비하(自己卑下)입니다(히 12:2).

십자가가 가신 비하(卑下)의 의미는 여기서 그치지 않습니다. 구약 율법(신 21:23)은 중대한 죄를 지은 사람을 나무에 매달도록 했습니다. 그래서 나무에 달려 죽은 죽음은 하나님의 저주를 상징했습니다. 예수님께서 나무 십자가에 달려 죽으신 이유가 여기에 있습니다. 예수님은 우리가 받아야 할 저주를 대신 받았음을 보여 주시기 위해, 나무 십자가에 달려 죽으셨습니다(갈 3:13). 이처럼 예수님은 가장 수치스러운 죽음, 하나님께 저주받은 죽음을 당하시기까지 자신을 낮추셨습니다.

그리스도께서 죽으신 후 그의 낮아지심은 무엇입니까?

답: 그리스도께서 죽으신 후 그의 낮아지심은 장사되셔서, 죽은 자의 상태로, 제3일까지 사망의 권세 아래 머물러 계셨음을 말합니다. 이를 다른 말로 "그리스도께서 지옥에 내려가셨다"라고 표현합니다.

1. 그리스도께서 죽으신 후 그의 낮아지심은 장사되셔서,

내가 받은 것을 먼저 너희에게 전하였노니 이는 성경대로 그리스도께서 우리 죄를 위하여 죽으시고 장사 지낸 바 되셨다가 성경대로 사흘 만에 다시 살아나사(고전 15:3-4)

만약 예수님의 죽음이 역사적 사실이 아니라면 우리의 구원도 사실일 수 없습니다. 우리의 구원은 예수님께서 우리 대신 죽으셨다는 역사적 사실에 근거하기 때문입니다. 그런 점에서 예수님께서 실제로 장사되셨다는 말씀은 매우 중요합니다(고전 15:3-4). 예수님의 죽음이 역사적 사실이라는 증거이기 때문입니다.

예수님께서 무덤에 묻히신 것이 수치와 비하(卑下)인 이유가 무엇일까요? 예수님께서 죄인이라는 사실을 나타내기 때문입니다(롬 6:23). 원래 예수님은 죽으실 수 없습니다. 하나님이실 뿐 아니라 죄가 없으시기 때문입니다. 그런데도 죽어서 무덤에 묻히신 것은 우리의 죄를 대신 짊어지셨기 때문입니다. 예수님은 죽으시고 무덤에 묻히기까지 자신을 낮추셨습니다.

2. 죽은 자의 상태로, 제3일까지 사망의 권세 아래 머물러 계셨음을 말합니다.

> 요나가 밤낮 사흘 동안 큰 물고기 뱃속에 있었던 것 같이 <u>인자도 밤낮 사흘 동안 땅 속에</u>
> <u>있으리라</u>(마 12:40)

예수님은 3일 동안 무덤 속에 계셨습니다(마 12:40). 무덤은 죽음의 권세를 상징합니다. 예수님은 3일 동안 죽음의 권세 아래 계시기까지 자신을 낮추셨습니다.

3. 이를 다른 말로 "그리스도께서 지옥에 내려가셨다"라고 표현합니다.

현재 한국 교회가 사용하는 사도신경에는 예수님께서 지옥에 내려가셨다는 표현이 없습니다. 하지만 라틴어로 된 원문 사도신경에는 이 표현이 있습니다. 영어로 된 사도신경에도 "descended to hell"이라는 표현이 있습니다. 사실 한글 사도신경에도 원래는 이 표현이 있었습니다. 1894년 언더우드 선교사가 번역한 사도신경과 1905년 장로교 선교사 협의회에서 번역한 사도신경에는 "그가 지옥에 내려가셨다"라는 표현이 있었습니다.[65] 그런데 지금은 왜 이 표현이 사라지고 없을까요? 이는 장로교와 감리교가 합동 찬송가를 발행하면서 예수님께서 지옥에 내려가셨다는 표현이 논쟁이 되었는데, 이때 장로교가 삭제하기로 타협했기 때문입니다.[66]

이 표현에 대해서는 한국 교회만이 아니라 역사적으로도 상당한 논쟁이 있었습니다. 로마 가톨릭교회는 이 표현이 예수님께서 '선조 림보'로 간 것을 의미한다고 주장합니다.[67] '선조 림보'란 로마 가톨릭교회만의 독특한 교리로서, 구약의 성도들이 구원의 완성을 기다리는 장소입니다. 그러나 이것은 잘못된 견해입니다. 성경이 선조 림보에 대해서는 단 한마디도 하지 않기 때문입니다. 또, 루터파 교회는 예수님께서 죽음의 세계에 있는 영적 세력들에게 자신의 승리를 선포하신 것으로 해석합니다. 하지만 성자 하나님께서 부활하시기도 전에 이미 살아나셨다는 주장은 성경적으로 옳지 않습니다.[68]

그렇다면 정확한 해석은 무엇일까요? 개혁 교회는 예수님께서 지옥에 내려가셨

65 손재익, 『사도신경 12문장에 담긴 기독교 신앙』(서울: 디다스코, 2017), 176.
66 위의 책, 176.
67 위의 책, 178.
68 위의 책, 179.

다는 표현을 비유적으로 해석합니다. 로마 가톨릭이나 루터파처럼 '실제적인 장소'로 보는 것이 아니라, '지옥의 고통'을 의미하는 것으로 봅니다. 개혁 교회가 이렇게 해석하는 이유는 예수님께서 죽으신 후에 어떤 특정한 장소로 가셨다는 말씀이 성경에 없기 때문입니다.[69] 대요리문답도 이 해석을 따라, 예수님께서 지옥에 내려가셨다는 것을 지옥과 같은 고통을 경험하신 것으로 설명하고 있습니다. 예수님께서 십자가의 죽음을 통해, 마치 지옥과 같은 영적 고통을 겪으신 것으로 보는 것입니다.

---

69 위의 책, 181.

제51문 **그리스도의 높아지심의 상태란 무엇입니까?**

답: 그리스도의 높아지심의 상태는 그리스도의 부활과 승천과 성부의 오른편에 앉으심과 장차 세상을 심판하기 위해 다시 오시는 것입니다.

1. 그리스도의 높아지심의 상태는 그리스도의 부활과 승천과 성부의 오른편에 앉으심과 장차 세상을 심판하기 위해 다시 오시는 것입니다.

대요리문답은 그리스도의 높아지심을 네 가지로 설명합니다. 첫 번째는 부활. 두 번째는 승천. 세 번째는 성부의 우편에 앉으심. 네 번째는 세상을 심판하시기 위해 다시 오심입니다. 이 가운데 두 가지는 과거에 발생한 사건이고, 한 가지는 현재 진행형이며, 또 한 가지는 미래에 될 일입니다. 정리하면 아래와 같습니다.

높아지신 그리스도		
1. 부활	과거에 발생한 사건	제52문답
2. 승천		제53문답
3. 성부의 우편에 앉으심	현재 진행형	제54–55문답
4. 세상을 심판하기 위해 다시 오심	미래에 될 일	제56문답

그리스도는 부활을 통해 어떻게 높아지셨습니까?

답: 그리스도는 부활을 통해 다음과 같이 높아지셨습니다. 그리스도는 죽음에 매여 있을 수 없으셨기에, 사망 중에도 부패하지 않으셨고, 고난받으실 때의 몸과 본질적으로 같은 속성의 몸을 가지셨습니다. 하지만 그 몸에는 더 이상의 죽음도, 이 세상에서 누구나 겪는 연약함도 없었습니다. 그리스도는 자신의 영혼과 실제로 연합하여, 자신의 능력으로 제3일에 죽은 자 가운데서 다시 살아나셨고, 이로써 자신을 하나님의 아들로 선포하셨으며, 하나님의 공의를 만족시키셨고, 죽음과 죽음의 권세 가진 자를 정복하사, 산 자와 죽은 자의 주가 되셨습니다. 그리스도는 이 모든 일을 교회의 머리요 대표자로서 행하셨는데, 곧 신자들을 의롭다 하시고, 은혜로 살리시며, 원수들과 대항하여 싸우도록 도우시고, 마지막 날에 그들을 죽은 자들 가운데서 다시 살리실 것을 확신시키기 위해서 행하셨습니다.

1. 그리스도는 부활을 통해 다음과 같이 높아지셨습니다.

2. 그리스도는 죽음에 매여 있을 수 없으셨기에, 사망 중에도 부패하지 않으셨고,

> 하나님께서 그를 사망의 고통에서 풀어 살리셨으니 이는 <u>그가 사망에 매여 있을 수 없었음이라</u>(행 2:24)

예수님의 부활은 필연적 사건입니다. 예수님은 하나님이시기 때문입니다. 예수님은 하나님이시기 때문에 계속해서 죽음의 상태에 머물러 계실 수 없었습니다(행 2:24). 신적 본질 가운데 하나인 영원성이 있으셨기에, 예수님은 반드시 부활하셔야 했습니다.

3. 고난받으실 때의 몸과 본질적으로 같은 속성의 몸을 가지셨습니다. 하지만 그 몸에는 더 이상의 죽음도, 이 세상에서 누구나 겪는 연약함도 없었습니다.

> 내 손과 발을 보고 나인 줄 알라 또 나를 만져 보라 영은 살과 뼈가 없으되 너희 보는 바와 같이 나는 있느니라(눅 24:39)
> 이는 그리스도께서 죽은 자 가운데서 살아나셨으매 다시 죽지 아니하시고 사망이 다시 그를 주장하지 못할 줄을 앎이로라(롬 6:9)

부활하신 예수님은 자신의 손과 발을 제자들에게 보여 주셨습니다(눅 24:39). 고난받으셨던 바로 그 몸으로 부활하신 것을 깨우치시기 위해서였습니다. 예수님은 육체의 본질적 특성, 예를 들어 "살과 뼈"를 가진 몸으로 부활하셨습니다(눅 24:39).

예수님의 부활은 소생과 다릅니다. 소생은 죽기 전과 같은 몸으로 다시 사는 것입니다. 예를 들어 나사로가 다시 산 것은 부활이 아니라 소생입니다. 살아났을지라도 결국에는 다시 죽었습니다. 하지만 예수님은 부활하셨습니다. 죽기 전과 다른 몸, 사망이 주장할 수 없는 몸으로 다시 사셨습니다(롬 6:9). 예수님은 죽지 않는 몸, 질병과 노화 같이 이 세상에서 누구나 겪는 연약함이 없는 몸으로 부활하셨습니다.

4. 그리스도는 자신의 영혼과 실제로 연합하여, 자신의 능력으로 제3일에 죽은 자 가운데서 다시 살아나셨고,

> 내가 내 목숨을 버리는 것은 그것을 내가 다시 얻기 위함이니 이로 말미암아 아버지께서 나를 사랑하시느니라 이를 내게서 빼앗는 자가 있는 것이 아니라 내가 스스로 버리노라 나는 버릴 권세도 있고 다시 얻을 권세도 있으니 이 계명은 내 아버지에게서 받았노라 하시니라(요 10:17-18)

앞서 나사로의 소생과 예수님의 부활이 어떻게 다른지를 설명했습니다. 그리고 또 하나의 결정적인 차이가 있습니다. 나사로는 예수님의 능력으로 다시 살아났지만, 예수님은 자신의 능력으로 다시 살아나셨다는 점입니다(요 10:17-18). 예수님은 부활에 수동적으로 임하지 않았습니다. 능동적으로 살아나셔서 자신의 신성을 드러내셨습니다.

5. 이로써 자신을 하나님의 아들로 선포하셨으며,

> 성결의 영으로는 죽은 자들 가운데서 부활하사 능력으로 하나님의 아들로 선포되셨으니
> 곧 우리 주 예수 그리스도시니라(롬 1:4)

예수님은 자신이 하나님의 아들이라고 하셨습니다. 만약 예수님의 말씀이 사실이 아니었다면, 하나님은 예수님을 다시 살리시지 않았을 것입니다. 따라서 예수님의 부활은 예수님이 하나님의 아들이라는 증거입니다(롬 1:4).

6. 하나님의 공의를 만족시키셨고,

> 누가 정죄하리요 죽으실 뿐 아니라 다시 살아나신 이는 그리스도 예수시니 그는 하나님
> 우편에 계신 자요 우리를 위하여 간구하시는 자시니라(롬 8:34)
> 우리 형제들을 참소하던 자 곧 우리 하나님 앞에서 밤낮 참소하던 자가 쫓겨났고(계
> 12:10)
> 또 우리 형제들이 어린 양의 피와 자기들이 증언하는 말씀으로써 그를 이겼으니(계 12:11)

누가 우리를 정죄할 수 있을까요? 아무도 할 수 없습니다. 예수님께서 우리 대신 죽으시고 다시 살아나셨기 때문입니다(롬 8:34). 양이나 소의 희생은 하나님의 공의를 충족할 수 없습니다. 하지만 예수님의 희생은 하나님의 공의를 만족하기에 충분합니다. 예수님은 하나님의 독생자이기 때문입니다.

성경은 사탄에 대해 성도를 고발하는 자라고 말합니다(계 12:10). 하지만 하나님은 사탄의 고발을 인정하지 않으십니다. 성도들이 어린 양의 피로써 사탄을 이겼기 때문입니다(계 12:11). 그리스도께서는 자신의 피로서 하나님의 공의를 채우셨고, 부활을 통해 그 사실을 입증하셨습니다.

7. 죽음과 죽음의 권세 가진 자를 정복하사,

> 자녀들은 혈과 육에 속하였으매 그도 또한 같은 모양으로 혈과 육을 함께 지니심은 죽음
> 을 통하여 죽음의 세력을 잡은 자 곧 마귀를 멸하시며(히 2:14)

마귀는 죽음의 권세를 가지고 있습니다(히 2:14). 마귀는 인류를 고발하는 자로서(계 12:10), "죄의 삯은 사망"(롬 6:23)임을 요구합니다. 하지만 마귀의 고발은 예수님의 죽음과 부활 안에서 근거를 잃어버립니다. 예수님께서 우리 대신 죽음의 형벌을 받으셨기 때문입니다. 예수님은 부활을 통해 죽음과 죽음의 권세를 가진 자를 정복하셨습니다.

8. 산 자와 죽은 자의 주가 되셨습니다.

> 이를 위하여 <u>그리스도께서 죽었다가 다시 살아나셨으니 곧 죽은 자와 산 자의 주가 되려 하심이라</u>(롬 14:9)
> <u>그가 우리를 흑암의 권세에서 건져내사 그의 사랑의 아들의 나라로 옮기셨으니</u>(골 1:13)

원래 우리는 사단의 백성이었지만, 이제는 예수님의 백성입니다(롬 14:9). 예수님의 죽음과 부활을 통해 성부께서 우리를 예수님의 나라로 옮기셨기 때문입니다(골 1:13). 이제 우리의 주님은 예수님밖에 없습니다. 우리는 살아도 예수님을 위하여 살고 죽어도 예수님을 위하여 죽어야 합니다(롬 14:8). 우리의 모든 말과 행동을 통해 우리의 주인이 예수 그리스도임을 나타내어야 합니다.

9. 그리스도는 이 모든 일을 교회의 머리요 대표자로서 행하셨는데,

> 또 만물을 그의 발 아래에 복종하게 하시고 <u>그를 만물 위에 교회의 머리로 삼으셨느니라</u> (엡 1:22)
> <u>그는 몸인 교회의 머리시라</u> 그가 근본이시요 죽은 자들 가운데서 먼저 나신 이시니 이는 친히 만물의 으뜸이 되려 하심이요(골 1:18)

아담의 타락 이후 모든 인류는 사망의 권세 아래 놓이게 되었습니다. 아담 한 사람 때문에 전 인류가 저주를 받은 이유는 아담이 모든 사람의 대표이기 때문입니다. 반대로 예수님의 죽음과 부활로 인하여 택함을 받은 모든 자는 영생을 소유하게 되었습니다. 예수님 한 분만으로 모든 성도가 구원받을 수 있었던 이유는 예수님께서 모든 신자의 머리이자(엡 1:22) 대표이기(골 1:18) 때문입니다. 하나님은 예수님을 교회의 머리로 삼으셔서 그분의 공로가 교회 전체에 돌려지게 하셨습니다.

10. 곧 신자들을 의롭다 하시고,

● **그리스도의 부활이 주는 첫 번째 유익**

> 예수는 우리가 범죄한 것 때문에 내줌이 되고 또한 우리를 의롭다 하시기 위하여 살아나
> 셨느니라(롬 4:25)

그리스도의 부활을 통해 교회가 얻는 유익은 크게 네 가지입니다. 첫 번째는 '칭의'입
니다. 그리스도는 죽음을 통해 우리가 받아야 할 죄의 형벌을 해결하셨고, 부활을 통
해 자신의 의로움을 입증하셨습니다(롬 4:25). 그러므로 부활은 예수님을 의롭다고 판
결하신 하나님의 선고이며, 예수님과 연합된 성도들의 칭의의 근거입니다.

11. 은혜로 살리시며,

● **그리스도의 부활이 주는 두 번째 유익**

> 허물로 죽은 우리를 그리스도와 함께 살리셨고(너희는 은혜로 구원을 받은 것이라) 또 함
> 께 일으키사 그리스도 예수 안에서 함께 하늘에 앉히시니(엡 2:5-6)

그리스도의 부활을 통해 교회가 얻는 두 번째 유익은 은혜 가운데 사는 것입니다. 바울
은 그리스도의 죽음과 부활이 신자들에게 적용된다고 말합니다(엡 2:5-6). 그리스도와
교회가 서로 연합되어 있기 때문입니다. 그리스도의 죽음은 성도들의 죽음이며, 그리
스도의 부활은 성도들의 부활입니다. 이러한 영적 연합 속에서 성도들은 하나님의 자
녀라는 새로운 신분을 얻고, 사탄의 지배에서 벗어나 거룩하게 살아갈 힘을 얻습니다.

12. 원수들과 대항하여 싸우도록 도우시고,

● **그리스도의 부활이 주는 세 번째 유익**

> 그가 모든 원수를 그 발 아래에 둘 때까지 반드시 왕 노릇 하시리니(고전 15:25)

그리스도의 부활을 통해 교회가 얻는 세 번째 유익은 영적 원수들과 대항하여 싸울 힘을 공급받는 것입니다. 바울은 부활하신 그리스도가 모든 원수를 멸할 때까지 왕 노릇 하실 것이라고 말했습니다(고전 15:25). 자기 백성들이 영적 원수와 싸워 이길 수 있도록 도우신다는 뜻입니다. 그러므로 성도란, 부활하신 그리스도를 힘입어 세상과 싸우는 존재입니다.

우리는 이 싸움의 결과에 대해 숙고할 필요가 있습니다. 악한 세력들이 공격하는 것은 이미 패배한 원수들이 공격하는 것입니다.[70] 그들은 그리스도의 권세 아래 지속적으로 통제되고 있습니다. 그들이 완전히 전멸하는 것은 시간문제입니다. 결국 그리스도는 "모든 통치와 모든 권세와 능력을" 멸하실 것입니다(고전 15:24). 그리고 맨 나중에는 사망조차 멸망할 것입니다(고전 15:26).

13. 마지막 날에 그들을 죽은 자들 가운데서 다시 살리실 것을 확신시키기 위해서 행하셨습니다.

● 그리스도의 부활이 주는 네 번째 유익

> 그러나 이제 <u>그리스도께서 죽은 자 가운데서 다시 살아나사 잠자는 자들의 첫 열매가 되셨도다</u>(고전 15:20)

한 번도 일어나지 않은 사건이 언젠가는 반드시 일어날 것이라고 믿기란 쉽지 않습니다. 부활도 마찬가지입니다. 그 누구도 부활한 적이 없다면, 부활에 대한 우리의 믿음은 쉽게 시들어 버릴 것입니다. 그런 점에서 그리스도의 부활은 성도가 부활할 것에 대한 보증입니다. 우리의 머리이신 그리스도께서 부활하셨으므로, 우리 역시 반드시 부활할 것입니다.

---

70 헤르만 바빙크, 『개혁파 교의학: 단권축약본』, 김찬영·장호준 옮김 (서울: 새물결플러스, 2011), 880.

제53문 그리스도는 승천을 통해 어떻게 높아지셨습니까?

답: 그리스도는 승천을 통해 다음과 같이 높아지셨습니다. 그리스도는 부활하신 후에 사도들에게 자주 나타나셔서 대화하시며 하나님 나라에 관한 일을 말씀하시고, 모든 민족에게 복음 전할 사명을 주셨습니다. 또 그분은 부활하시고 40일 후에, 우리의 본성을 가지신 우리의 머리로서 원수들을 이기시고, 사람들이 보는 가운데서 지극히 높은 하늘로 올라가셨습니다. 그리고 그분은 거기서 사람들을 위하여 선물을 받으시고, 우리로 그곳을 사모하게 하시며, 우리를 위한 거처를 예비하십니다. 그분은 지금도 그곳에 계시며, 세상 끝날에 다시 오실 때까지 계속 그곳에 계실 것입니다.

1. 그리스도는 승천을 통해 다음과 같이 높아지셨습니다.

2. 그리스도는 부활하신 후에 사도들에게 자주 나타나셔서 대화하시며 하나님 나라에 관한 일을 말씀하시고,

> 그가 고난 받으신 후에 또한 그들에게 확실한 많은 증거로 친히 살아 계심을 나타내사 사십 일 동안 그들에게 보이시며 하나님 나라의 일을 말씀하시니라(행 1:3)

그리스도는 부활하시고 승천하시기까지 40일을 이 땅에 머무셨습니다. 그동안 사도들에게 자주 나타나셔서 그들과 대화를 나누시고, 그들에게 하나님 나라의 일을 말씀하셨습니다(행 1:3).

3. 모든 민족에게 복음 전할 사명을 주셨습니다.

> 그러므로 너희는 가서 모든 민족을 제자로 삼아 아버지와 아들과 성령의 이름으로 세례를 베풀고 내가 너희에게 분부한 모든 것을 가르쳐 지키게 하라 볼지어다 내가 세상 끝날까지 너희와 항상 함께 있으리라 하시니라(마 28:19-20)

부활하신 그리스도는 '대위임령' 또는 '지상명령'이라 불리는 사명을 제자들에게 부여하셨습니다(마 28:19-20). 핵심은 유대인뿐만 아니라 모든 민족에게 복음을 전하는 것입니다. 부활하신 그리스도는 유대인뿐만 아니라 모든 나라와 민족의 통치자이시기 때문입니다.

모든 민족을 제자 삼기 위해서는 두 가지를 행해야 합니다. 첫째, 불신자에게 복음을 전하여 세례를 주어야 합니다. 둘째, 예수님의 가르침을 따라 살게 해야 합니다. 따라서 불신자를 교회로 인도하는 것은 전도의 전부가 될 수 없습니다. 참된 전도란, 예수님의 가르침을 따라 사는 제자가 되게 하는 것입니다.

4. 또 그분은 부활하시고 40일 후에, 우리의 본성을 가지신 우리의 머리로서

> 그리로 앞서 가신 예수께서 멜기세덱의 반차를 따라 영원히 대제사장이 되어 우리를 위하여 들어 가셨느니라(히 6:20)

부활하신 그리스도는 우리의 본성(인성)을 가지고 승천하셨습니다. 사람의 몸과 마음을 가지고 승천하셨습니다. 하늘로 올라가신 이후에도 여전히 우리의 제사장이 되시기 위함입니다(히 6:20). 따라서 그리스도께서 승천하신 이후에도 그리스도와 우리의 관계는 변함이 없습니다. 우리는 반드시 그리스도와 함께 영원히 살 것입니다.

5. 원수들을 이기시고,

> 주께서 높은 곳으로 오르시며 사로잡은 자들을 취하시고 선물들을 사람들에게서 받으
> 시며 반역자들로부터도 받으시니 여호와 하나님이 그들과 함께 계시기 때문이로다(시
> 68:18)
> 그러므로 이르기를 그가 위로 올라가실 때에 사로잡혔던 자들을 사로잡으시고 사람들에
> 게 선물을 주셨다 하였도다 올라가셨다 하였은즉 땅 아래 낮은 곳으로 내리셨던 것이 아
> 니면 무엇이냐 내리셨던 그가 곧 모든 하늘 위에 오르신 자니 이는 만물을 충만하게 하려
> 하심이라(엡 4:8-10)

시편 68편은 하나님께서 승리하시고 왕으로 즉위하는 장면을 노래한 시편입니다.
바울은 이 시편을 에베소서 4장 8절에서 인용했습니다. 시편 68편을 그리스도의 승
리와 승천에 대한 예시로 간주한 것입니다.[71] 여기 기록된 "사로잡혔던 자들을 사로
잡으시고"라는 말씀은 그리스도께서 마귀에게 결정적인 패배를 안기셔서 자기 백성
을 구원하셨음을 의미합니다.

6. 사람들이 보는 가운데서 지극히 높은 하늘로 올라가셨습니다. 그리고 그 분은 거기서 사람들을 위하여 선물을 받으시고,

> 이 말씀을 마치시고 그들이 보는데 올려져 가시니 구름이 그를 가리어 보이지 않게 하더
> 라(행 1:9)
> 그러므로 이르기를 그가 위로 올라가실 때에 사로잡혔던 자들을 사로잡으시고 사람들에
> 게 선물을 주셨다 하였도다(엡 4:8)

그리스도는 아무도 보지 않을 때 은밀하게 승천하지 않으셨습니다. 사도들이 보는
가운데서 공개적으로 승천하셨습니다(행 1:9). 이때 제자들은 맑은 정신을 가지고 있
었습니다. 따라서 제자들은 환상을 본 것이 아닙니다. 그리스도의 승천은 역사적 사
실입니다.

그리스도는 승천하시면서 교회에 선물을 주셨습니다(엡 4:8). 그리스도께서 교회
에 주신 선물은 직분자들입니다. 직분자들은 그리스도께서 교회에 주신 선물로서,

---

[71] 리고니어 미니스트리 출판부 편, 『개혁주의 스터디 바이블』, 김진운 외 옮김 (서울: 부흥과 개혁사, 2017),
2125.

교회에 은혜를 베푸시는 도구입니다.

"그가 어떤 사람은 사도로, 어떤 사람은 선지자로, 어떤 사람은 복음 전하는 자로, 어떤 사람은 목사와 교사로 삼으셨으니 이는 성도를 온전하게 하여 봉사의 일을 하게 하며 그리스도의 몸을 세우려 하심이라"(엡 4:11-12).

7. 우리로 그곳을 사모하게 하시며,

> 그러므로 너희가 그리스도와 함께 다시 살리심을 받았으면 <u>위의 것을 찾으라</u> 거기는 그리스도께서 하나님 우편에 앉아 계시느니라 위의 것을 생각하고 땅의 것을 생각하지 말라(골 3:1-2)

그리스도를 사모하는 자라면 하늘을 사모하지 않을 수 없습니다. 그리스도께서 그곳에 계시기 때문입니다(골 3:1-2). 그리스도께서는 "네 보물 있는 그 곳에는 네 마음도 있느니라"(마 6:21)라고 말씀하셨습니다. 최고의 보물은 그리스도이시므로, 우리 마음은 항상 그리스도께서 계신 곳을 사모해야 마땅합니다.

8. 우리를 위한 거처를 예비하십니다.

> 내 아버지 집에 거할 곳이 많도다 그렇지 않으면 너희에게 일렀으리라 <u>내가 너희를 위하여 거처를 예비하러 가노니</u> 가서 너희를 위하여 거처를 예비하면 내가 다시 와서 너희를 내게로 영접하여 나 있는 곳에 너희도 있게 하리라(요 14:2-3)
> 내가 아버지께 구하겠으니 <u>그가 또 다른 보혜사를 너희에게 주사</u> 영원토록 너희와 함께 있게 하리니(요 14:16)

그리스도께서 우리의 거처로 예비하고 계신 "아버지의 집"은 천국입니다(요 14:2-3). 최종적으로는 마지막 날에 완성될 새 하늘과 새 땅입니다. 우리를 위해 천국을 준비하는 그리스도의 사역은 성령님을 보내시는 것으로 정점에 달합니다(요 14:16). 성령님은 구원받은 성도들의 마음속에서 성도의 최종 종착지인 천국을 준비하십니다.

9. 그분은 지금도 그곳에 계시며, 세상 끝날에 다시 오실 때까지 계속 그곳에 계실 것입니다.

하나님이 영원 전부터 거룩한 선지자들의 입을 통하여 말씀하신 바 만물을 회복하실 때까지는 <u>하늘이 마땅히 그를 받아 두리라</u>(행 3:21)

그리스도께서 천국에 계신 것을 통해 알 수 있는 몇 가지 사실이 있습니다. 그리스도는 인간의 몸을 가진 상태로 승천하셨다는 사실입니다. 그러므로 지금 그리스도께서 계신 곳은 구체적인 장소입니다(행 3:21). "너희를 위하여 거처를 예비"(요 14:3)하러 간다는 말씀은 천국이 구체적인 장소임을 더욱 확증해 줍니다.[72] 우리는 천국이 어디에 있는지 알 수 없습니다. 하지만 천국이 실재하는 장소라는 사실은 확고하게 믿어야 합니다.

---

[72] J. G. 보스, G. I. 윌리암슨, 『웨스트민스터 대요리문답 강해』, 류근상 · 신호섭 옮김 (서울: 크리스챤출판사, 2007), 189.

제54문 그리스도는 하나님의 오른편에 앉으심으로 어떻게 높아지셨습니까?

답: 그리스도는 하나님의 오른편에 앉으심으로 다음과 같이 높아지셨습니다. 하나님이시요 또한 사람이신 그리스도는 성부 하나님의 최고의 총애를 받으사, 모든 충만한 기쁨과 영광, 그리고 하늘과 땅의 만물을 다스리는 권세를 가지셨습니다. 그리고 그분은 자신의 교회를 모으시고 지키시며, 교회의 원수들을 굴복시키시고, 자신의 사역자들과 백성들에게 은사와 은혜를 베푸시며, 그들을 위하여 중보 기도하십니다.

1. 그리스도는 하나님의 오른편에 앉으심으로 다음과 같이 높아지셨습니다.

> 그의 능력이 그리스도 안에서 역사하사 죽은 자들 가운데서 다시 살리시고 하늘에서 자기의 오른편에 앉히사(엡 1:20)

그리스도는 성부의 오른편에 앉아 계십니다(엡 1:20). 여기서 오른편은 장소를 의미하지 않습니다. 하나님은 영이시므로 물질적인 몸이 없으시기 때문입니다. 그렇다면 그리스도께서 성부의 오른편에 앉아 계심은 무엇을 의미할까요? 하나씩 살펴보겠습니다.

2. 하나님이시요 또한 사람이신 그리스도는 성부 하나님의 최고의 총애를 받으사,

> 이러므로 하나님이 그를 지극히 높여 모든 이름 위에 뛰어난 이름을 주사(빌 2:9)

첫째, 그리스도께서 성부에게 지극한 사랑을 받으심을 의미합니다. 한때 그리스도는 성부에게 저주의 대상이었습니다. 그리스도는 십자가 위에서 성부의 저주와 진노를 받으셨습니다. 하지만 부활하신 그리스도는 저주와 진노의 대상이 아닙니다. 성부는 그리스도를 지극히 높이셨습니다(빌 2:9). 성부는 그리스도에게 모든 이름 위에 뛰어난 이름을 주셨습니다(빌 2:9). 성부께서 그리스도를 지극히 사랑하시기 때문입니다.

3. 모든 충만한 기쁨과

> 이는 내 영혼을 음부에 버리지 아니하시며 주의 거룩한 자로 썩음을 당하지 않게 하실 것임이로다 주께서 생명의 길을 내게 보이셨으니 주 앞에서 내게 기쁨이 충만하게 하시리로다 하였으므로(행 2:27-28)

둘째, 그리스도께서 성부로부터 충만한 기쁨을 받으심을 의미합니다. 베드로는 오순절날 행한 설교에서 성부께서 성자를 버리지 않으시며, 도리어 충만한 기쁨을 부어 주신다고 말했습니다(행 2:27-28). 이처럼 승천하신 그리스도는 성부로부터 충만한 기쁨을 받고 계십니다.

4. 영광,

> 아버지여 창세 전에 내가 아버지와 함께 가졌던 영화로써 지금도 아버지와 함께 나를 영화롭게 하옵소서(요 17:5)

셋째, 그리스도께서 원래의 영광을 회복하셨음을 의미합니다(요 17:5). 그리스도는 사람이 되시기 위해 원래의 영광을 잠시 내려놓으셨습니다. 하지만 승천하신 이후에는 창세 전에 가지셨던 영화를 모두 회복하셨습니다.

---

5. 그리고 하늘과 땅의 만물을 다스리는 권세를 가지셨습니다.

> 또 만물을 그의 발 아래에 복종하게 하시고 그를 만물 위에 교회의 머리로 삼으셨느니라
> (엡 1:22)
> 그는 하늘에 오르사 하나님 우편에 계시니 천사들과 권세들과 능력들이 그에게 복종하느
> 니라(벧전 3:22)

넷째, 그리스도는 하늘과 땅의 만물을 다스리게 되셨습니다. 성부는 모든 만물이 그리스도의 발 아래 복종하게 하셨습니다(엡 1:22). 그리스도에게 하늘과 땅의 모든 만물을 다스릴 권세를 주셨습니다. 심지어 "천사들과 권세들과 능력들"도 그리스도에게 복종합니다(벧전 3:22). 권세라고 번역된 헬라어는 '엑수시아'인데 주로 공적 권위를 의미합니다. 능력이라고 번역된 헬라어는 '두나미스'인데, 주로 무언가를 할 수 있는 능력을 의미합니다. 요점은 그 무엇보다 높고 강한 권세가 승천하신 그리스도에게 주어졌다는 것입니다.

6. 그리고 그분은 자신의 교회를 모으시고 지키시며, 교회의 원수들을 굴복시키시고, 자신의 사역자들과 백성들에게 은사와 은혜를 베푸시며, 그들을 위하여 중보 기도하십니다.

교회의 머리가 되심	또 만물을 그의 발 아래에 복종하게 하시고 그를 만물 위에 교회의 머리로 삼으셨느니라(엡 1:22)
교회를 불러 모으심	이 말은 스스로 함이 아니요 그 해의 대제사장이므로 예수께서 그 민족을 위하시고 또 그 민족만 위할 뿐 아니라 흩어진 하나님의 자녀를 모아 하나가 되게 하기 위하여 죽으실 것을 미리 말함이러라(요 11:51-52)
교회를 지키심	나는 선한 목자라 선한 목자는 양들을 위하여 목숨을 버리거니와(요 10:11)
교회의 원수들을 굴복시키심	여호와께서 내 주에게 말씀하시기를 내가 네 원수들로 네 발판이 되게 하기까지 너는 내 오른쪽에 앉아 있으라 하셨도다(시 110:1)

교회에 은사와 은혜를 주심	그가 어떤 사람은 사도로, 어떤 사람은 선지자로, 어떤 사람은 복음 전하는 자로, 어떤 사람은 목사와 교사로 삼으셨으니 이는 성도를 온전하게 하여 봉사의 일을 하게 하며 그리스도의 몸을 세우려 하심이라 (엡 4:11-12)
교회를 위해 중보 기도 하심	누가 정죄하리요 죽으실 뿐 아니라 다시 살아나신 이는 그리스도 예수시니 그는 하나님 우편에 계신 자요 우리를 위하여 간구하시는 자시니라(롬 8:34)

다섯째, 성부께서 그리스도를 교회의 머리로 삼으셨음을 의미합니다(엡 1:22). 그리스도는 교회의 머리이시므로, 자신의 백성들을 교회로 불러 모으시고(요 11:51-52), 교회를 지키시며(요 10:11), 교회의 원수들을 굴복시키시고(시 110:1), 자신의 교회에 은사와 은혜를 베푸시며(엡 4:11-12), 교회를 위해 중보 기도하십니다(롬 8:34).

제55문 그리스도는 우리를 위하여 어떻게 간구하십니까?

답: 그리스도는 우리를 위하여 다음과 같이 간구하십니다. 그리스도는 지상에서 이루신 자신의 순종과 희생의 공로로써, 하늘에 계신 성부 앞에 우리의 본성을 지니신 모습으로 끊임없이 나아가사, 그 순종과 희생의 공로가 모든 신자에게 적용되도록 자신의 뜻을 언명(言明)하십니다. 또 그들에 대한 모든 고발에 답변하시고, 날마다 넘어지는 그들임에도 그들에게 양심의 평안을 갖게 하셔서, 은혜의 보좌로 담대히 나아가게 하여, 그들 자신과 그들의 봉사가 받아들여지게 하십니다.

1. 그리스도는 우리를 위하여 다음과 같이 간구하십니다.

> 그리스도께서는 참 것의 그림자인 손으로 만든 성소에 들어가지 아니하시고 바로 그 하늘에 들어가사 이제 <u>우리를 위하여 하나님 앞에 나타나시고</u>(히 9:24)

대제사장은 모든 백성을 위해 성소에서 하나님께 중보 기도를 드렸습니다. 히브리서 기자는 그러한 대제사장의 역할을 이제 그리스도께서 수행하신다고 말합니다(히 9:24). 지금 그리스도는 우리를 위한 대제사장으로서 하나님 앞에 계십니다.

2. 그리스도는 지상에서 이루신 자신의 순종과 희생의 공로로써,

> 이는 하나님의 영광의 광채시요 그 본체의 형상이시라 그의 능력의 말씀으로 만물을 붙드시며 죄를 정결하게 하는 일을 하시고 높은 곳에 계신 지극히 크신 이의 우편에 앉으셨느니라(히 1:3)

그리스도는 우리를 위해 하나님 아버지께 간구하십니다. 우리를 위해 간구하실 수 있는 것은 우리의 죄가 용서받았기 때문입니다. 우리의 죄가 용서받은 것은 그리스도 때문입니다. 그리스도께서 지상에 계실 때 자신의 순종과 희생을 통해 우리의 죄를 정결하게 하셨기 때문입니다(히 1:3). 바로 이것이 그리스도께서 우리를 위해 간구할 수 있는 근거입니다.

3. 하늘에 계신 성부 앞에 우리의 본성을 지니신 모습으로 끊임없이 나아가사,

염소와 송아지의 피로 하지 아니하고 오직 자기의 피로 영원한 속죄를 이루사 단번에 성소에 들어가셨느니라(히 9:12)
그리스도께서는 참 것의 그림자인 손으로 만든 성소에 들어가지 아니하시고 바로 그 하늘에 들어가사 이제 우리를 위하여 하나님 앞에 나타나시고(히 9:24)

대제사장은 해마다 반복해서 성소에 들어가야 했습니다. 짐승으로 드린 희생 제사는 일시적인 가치만 가지고 있기 때문입니다. 하지만 그리스도께서 자기 몸으로 드린 희생 제사는 단 한 번에 영원한 속죄를 이루었습니다(히 9:12). 그리스도의 생명에는 영원한 가치가 있기 때문입니다. 그러므로 하나님과 우리 사이를 중재하는 그리스도의 사역은 일시적인 사역이 아니라 '끊임없이' 이어지는 사역입니다.

그리스도는 여전히 두 본성을 가진 상태로 성부 앞에 계십니다. 여전히 하나님이자 사람으로 성부 앞에 계십니다. 그러므로 그리스도는 하늘에서도 여전히 우리의 대표입니다. 그리스도는 우리의 대표로서 우리를 위해 성부 앞에 계십니다(히 9:24).

4. 그 순종과 희생의 공로가 모든 신자에게 적용되도록 자신의 뜻을 언명(言明)하십니다.

아버지여 내게 주신 자도 나 있는 곳에 나와 함께 있어 아버지께서 창세 전부터 나를 사랑하시므로 내게 주신 나의 영광을 그들로 보게 하시기를 원하옵나이다(요 17:24)

요한복음 17장은 그리스도의 대제사장적 기도입니다. 그리스도는 자기 백성을 위해 성부 하나님께 자신의 뜻을 아뢰셨습니다. 이는 자신의 공로가 모든 신자에게 적용되기를 원하셨기 때문입니다.

5. 또 그들에 대한 모든 고발에 답변하시고,

> 누가 능히 하나님께서 택하신 자들을 고발하리요 의롭다 하신 이는 하나님이시니(롬 8:33)
> 누가 정죄하리요 죽으실 뿐 아니라 다시 살아나신 이는 그리스도 예수시니 그는 하나님 우편에 계신 자요 우리를 위하여 간구하시는 자시니라(롬 8:34)

사탄이 신자들을 고발할지라도(슥 3:1), 신자들은 정죄를 당하지 않습니다. 하나님께서 신자들을 의롭다고 하셨기 때문입니다(롬 8:33). 그 이유는 그리스도 때문입니다. 그리스도께서 우리 대신 정죄를 당하시고, 우리를 위해서 기도하시기 때문입니다(롬 8:34).

6. 날마다 넘어지는 그들임에도 양심의 평안을 갖게 하셔서,

> 율법이 들어온 것은 범죄를 더하게 하려 함이라 그러나 죄가 더한 곳에 은혜가 더욱 넘쳤나니(롬 5:20)
> 나의 자녀들아 내가 이것을 너희에게 씀은 너희로 죄를 범하지 않게 하려 함이라 만일 누가 죄를 범하여도 아버지 앞에서 우리에게 대언자가 있으니 곧 의로우신 예수 그리스도시라 그는 우리 죄를 위한 화목 제물이니 우리만 위할 뿐 아니요 온 세상의 죄를 위하심이라(요일 2:1-2)

성도들이 양심의 평안을 누리지 못하는 이유는 죄와의 싸움에서 매일 패배하기 때문입니다. 하지만 성경은 "죄가 더한 곳에 은혜가 더욱" 넘쳤다고 말합니다(롬 5:20). 우리의 넘어짐보다 그리스도의 공로가 더 크다는 뜻입니다(요일 2:1-2). 그리스도는 창조주 하나님이십니다. 따라서 그리스도의 십자가는 무한한 가치를 가지고 있습니다. 우리의 죄가 아무리 크다고 한들 십자가보다 클 수는 없습니다. 바로 이 사실이 우리의 양심에 평안을 갖게 합니다.

7. 은혜의 보좌로 담대히 나아가게 하여,

> 우리에게 있는 대제사장은 우리의 연약함을 동정하지 못하실 이가 아니요 모든 일에 우리와 똑같이 시험을 받으신 이로되 죄는 없으시니라 그러므로 우리는 긍휼하심을 받고 때를 따라 돕는 은혜를 얻기 위하여 은혜의 보좌 앞에 담대히 나아갈 것이니라(히 4:15-16)

원래 우리는 은혜의 보좌 앞에 담대히 나아갈 수 없습니다. 우리는 죄인이지만 하나님은 거룩하시기 때문입니다. 그래서 히브리서 기자는 우리의 대제사장이 누구인지를 설명합니다. 우리의 대제사장은 평범한 존재가 아닙니다. 우리의 대제사장은 하나님의 독생자입니다. 바로 이것이 우리가 은혜의 보좌 앞에 담대히 나아갈 수 있는 근거입니다.

8. 그들 자신과

> 이는 그가 사랑하시는 자 안에서 우리에게 거저 주시는 바 그의 은혜의 영광을 찬송하게 하려는 것이라(엡 1:6)

하나님은 우리의 찬양을 기쁘게 받아 주십니다. 그 이유는 우리가 그리스도 안에 있기 때문입니다(엡 1:6). 만약 우리가 그리스도 안에 있지 않다면, 하나님은 우리의 찬양을 받아 주시지 않을 것입니다. 하나님께서 우리를 받아 주시는 유일한 근거는 그리스도입니다.

9. 그들의 봉사가 받아들여지게 하십니다.

> 너희도 산 돌 같이 신령한 집으로 세워지고 예수 그리스도로 말미암아 하나님이 기쁘게 받으실 신령한 제사를 드릴 거룩한 제사장이 될지니라(벧전 2:5)

사람이 아무리 대단한 일을 할지라도 그 자체로 하나님께 영광이 되지는 않습니다. 사람은 죄인이기 때문입니다. 우리가 보기에는 대단한 일도 하나님 앞에서는 죄로 인해 더럽혀진 일에 불과합니다.

하나님께서 우리의 예배와 봉사를 인정해 주시는 유일한 근거는 그리스도입니다. 하나님께서 그리스도 안에서 우리의 예배와 봉사를 보시기 때문입니다(벧전 2:5). 예컨대, 어린아이들이 부모를 위해 그림을 그렸습니다. 그 자체로는 보잘 것 없는 그림입니다. 하지만 그 그림에 감동하지 않을 부모는 없습니다. 그림 자체가 대단해서가 아닙니다. 그림을 그린 사람이 자기 자식이기 때문입니다. 우리도 마찬가지입니다. 우리는 그리스도 안에 있습니다. 하나님은 그리스도를 통해서 우리를 보십니다. 그래서 우리의 부족한 봉사도 하나님께 영광이 됩니다.

제56문 그리스도는 세상을 심판하러 다시 오실 때 어떻게 높아지십니까?

답: 그리스도는 세상을 심판하러 다시 오실 때 다음과 같이 높아지십니다. 악한 자들에 의해 불의하게 재판을 받으시고 정죄를 당하신 그리스도는 마지막 날에 큰 권능을 가지고 다시 오실 것인데, 자기 자신과 아버지의 영광을 충만하게 나타내시면서, 모든 거룩한 천사들, 큰 외침, 천사장의 소리, 그리고 하나님의 나팔 소리와 함께 오사, 세상을 의로 심판하실 것입니다.

1. 그리스도는 세상을 심판하러 다시 오실 때 다음과 같이 높아지십니다.

2. 악한 자들에 의해 불의하게 재판을 받으시고 정죄를 당하신 그리스도는

> 너희가 거룩하고 의로운 이를 거부하고 도리어 살인한 사람을 놓아 주기를 구하여 생명의 주를 죽였도다 그러나 하나님이 죽은 자 가운데서 그를 살리셨으니 우리가 이 일에 증인이라(행 3:14-15)
> 너는 내가 내 아버지께 구하여 지금 열두 군단 더 되는 천사를 보내시게 할 수 없는 줄로 아느냐(마 26:53)

그리스도는 악한 사람들에게 불의한 재판을 당하셨습니다(행 3:14-15). 그리스도는 천사들을 통해 불의한 재판에서 벗어나실 수 있었습니다(마 26:53). 하지만 우리의 구원을 위해 그 모든 수치와 고난을 감내하셨습니다.

3. 마지막 날에 큰 권능을 가지고 다시 오실 것인데,

> 그때에 인자의 징조가 하늘에서 보이겠고 그때에 땅의 모든 족속들이 통곡하며 그들이 인자가 구름을 타고 능력과 큰 영광으로 오는 것을 보리라(마 24:30)
> 제사장이 성소에서 나올 때에 구름이 여호와의 성전에 가득하매 제사장이 그 구름으로 말미암아 능히 서서 섬기지 못하였으니 이는 여호와의 영광이 여호와의 성전에 가득함이 었더라(왕상 8:10-11)

그리스도는 마지막 날에 구름을 타고 오실 것입니다(마 24:30). 여기서 구름은 이동 수단이 아니라 신적 영광을 나타내는 도구입니다. 여호와의 영광을 나타내기 위해 성전에 드리웠던 바로 그 구름입니다(왕상 8:10-11). 그리스도는 재림하실 때 여호와의 권능을 가지고 오실 것입니다.

4. 자기 자신과 아버지의 영광을 충만하게 나타내시면서 모든 거룩한 천사들,

> 누구든지 나와 내 말을 부끄러워하면 인자도 자기와 아버지와 거룩한 천사들의 영광으로 올 때에 그 사람을 부끄러워하리라(눅 9:26)
> 인자가 자기 영광으로 모든 천사와 함께 올 때에 자기 영광의 보좌에 앉으리니(마 25:31)

그리스도는 낮은 모습으로 초림(初臨)하셨습니다. 연약한 아기의 모습으로 오셨을 뿐만 아니라, 신분이 낮은 여인의 후손으로 오셔서 여러 가지 비천한 상태를 겪으셨습니다. 하지만 다시 오실 때는 정반대의 모습으로 오실 것입니다. 모든 거룩한 천사들과 함께(눅 9:26), 자기 자신과 아버지의 영광을 충만하게 나타내시면서 오실 것입니다(마 25:31).

5. 큰 외침, 천사장의 소리, 그리고 하나님의 나팔 소리와 함께 오사,

> 주께서 호령과 천사장의 소리와 하나님의 나팔 소리로 친히 하늘로부터 강림하시리니 그리스도 안에서 죽은 자들이 먼저 일어나고(살전 4:16)

그리스도께서 다시 오실 때, 큰 외침과 천사장의 소리와 하나님의 나팔 소리가 있을 것입니다(살전 4:16). 이 세 가지 소리는 죽은 자들을 생명으로 일깨우는 소리이며, 세상 모든 사람의 이목을 집중시키는 소리입니다. 그리스도께서 세상 모든 사람이 지켜보는 가운데 공개적으로 오실 것입니다. 따라서 자신이 은밀하게 재림한 구세주라고 주장하는 자들은 모두 이단입니다.

6. 세상을 의로 심판하실 것입니다.

> 이는 정하신 사람으로 하여금 천하를 공의로 심판할 날을 작정하시고 이에 그를 죽은 자 가운데서 다시 살리신 것으로 모든 사람에게 믿을 만한 증거를 주셨음이니라 하니라(행 17:31)

그리스도는 하나님의 계명을 근거로 세상을 심판할 것입니다. 이때 신자들도 심판대 앞에 서겠지만, 심판은 받지 않을 것입니다. 신자들에겐 그리스도의 공로가 전가되어 있기 때문입니다. 불신자들이 정죄를 당하는 자리에서 신자들은 무죄를 선고받을 것입니다. 그러므로 우리는 그리스도께서 재림하실 날을 소망해야 합니다. 불신자들에게는 그날이 영원한 심판의 날일지라도, 우리에게는 영원한 구원이 선포되는 날이기 때문입니다.

그리스도는 자신의 중보로 무슨 혜택들을 획득하셨습니까?

답: 그리스도는 자신의 중보로 은혜 언약에 속한 다른 모든 혜택과 함께 구속을 획득하셨습니다.

1. 그리스도는 자신의 중보로 은혜 언약에 속한 다른 모든 혜택과 함께

하나님의 약속은 얼마든지 그리스도 안에서 예가 되니 그런즉 그로 말미암아 우리가 아멘 하여 하나님께 영광을 돌리게 되느니라(고후 1:20)
자기 아들을 아끼지 아니하시고 우리 모든 사람을 위하여 내주신 이가 어찌 그 아들과 함께 모든 것을 우리에게 주시지 아니하겠느냐(롬 8:32)

하나님은 신자들의 구원을 약속하셨습니다. 신자들의 구원은 그리스도를 통해서 성취됩니다(고후 1:20; 롬 8:32). 하나님께서 그리스도를 통해서 신자들을 구원하시는 것을 은혜 언약이라고 합니다. 신자들은 은혜 언약 안에서 아래와 같은 혜택들을 받습니다.

그리스도 안에서 우리에게 약속된 은혜	
1. 칭의	제70–73문답
2. 양자 됨	제74문답
3. 성화	제75–78문답
4. 그리스도와의 교제: 이생에서	제83문답
5. 그리스도와의 교제: 사망 중에	제84–85문답

6. 그리스도와의 교제: 사망 이후에	제86문답
7. 그리스도와의 교제: 부활 중에	제87문답
8. 그리스도와의 교제: 부활 이후에	제88문답

2. 구속을 획득하셨습니다.

우리는 그리스도 안에서 그의 은혜의 풍성함을 따라 그의 피로 말미암아 속량 곧 죄 사함을 받았느니라(엡 1:7)
염소와 송아지의 피로 하지 아니하고 오직 자기의 피로 영원한 속죄를 이루사 단번에 성소에 들어가셨느니라(히 9:12)
그가 모든 사람을 위하여 자기를 대속물로 주셨으니 기약이 이르러 주신 증거니라(딤전 2:6)
인자가 온 것은 섬김을 받으려 함이 아니라 도리어 섬기려 하고 자기 목숨을 많은 사람의 대속물로 주려 함이니라(막 10:45)

그리스도는 우리의 중보자입니다. '중보'는 적대적인 관계에 있는 두 사람을 화목하게 하는 일입니다. 그리스도는 이 일을 '구속'을 통해 이루셨습니다. 구속은 속량과 같은 의미인데, 대가를 지불하여 노예를 자유롭게 한다는 뜻입니다(엡 1:7). 구약에서는 여호와께서 이스라엘을 애굽에서 자유롭게 하신 것을 설명할 때 주로 사용되었습니다.

그리스도께서 우리를 구속하기 위해 지불하신 대가는 '자기의 피'입니다(히 9:12). 그래서 성경은 그리스도를 '대속물'로 표현합니다(딤전 2:6). 우리를 구원하기 위해 자기 목숨을 대신 바쳤다는 뜻입니다(막 10:45). 베드로는 이것을 속전(贖錢)으로 말하기도 하는데(벧전 3:18), 속전이란 몸값을 의미합니다. 그리스도께서 자신의 피 값으로, 우리를 사셨다는 것입니다.

용어 정리		
중보	적대 관계에 있는 두 사람을 화해시키는 일이다. 하나님과 사람 사이의 중보자는 그리스도 한 분 밖에 없다.	하나님은 한 분이시요 또 하나님과 사람 사이에 중보자도 한 분이시니 곧 사람이신 그리스도 예수라(딤전 2:5)
구속 (속량)	값을 지불하고 노예를 해방시키는 일이다. 그리스도는 자신의 피를 지불하시고, 사망의 권세에서 우리를 해방시키셨다.	그리스도 예수 안에 있는 속량으로 말미암아 하나님의 은혜로 값 없이 의롭다 하심을 얻은 자 되었느니라(롬 3:24)
대속	그리스도께서 우리 대신 죽으신 것을 의미한다.	인자가 온 것은 섬김을 받으려 함이 아니라 도리어 섬기려 하고 자기 목숨을 많은 사람의 대속물로 주려 함이니라(마 20:28)
속전	생명 값으로 지불하는 대가를 의미한다. 그리스도의 보혈만이 우리의 생명을 위한 속전이 될 수 있다.	아무도 자기의 형제를 구원하지 못하며 그를 위한 속전을 하나님께 바치지도 못할 것은 그들의 생명을 속량하는 값이 너무 엄청나서 영원히 마련하지 못할 것임이니라(시 49:7-8)

제58문 우리는 그리스도께서 획득하신 혜택들에 어떻게 참여하는 자가 됩니까?

답: 우리는 그리스도께서 획득하신 혜택들을 우리에게 적용하시는 성령 하나님의 특별한 사역으로 그 혜택들에 참여하는 자가 됩니다.

1. 우리는 그리스도께서 획득하신 혜택들을 우리에게 적용하시는

> 영접하는 자 곧 그 이름을 믿는 자들에게는 하나님의 자녀가 되는 권세를 주셨으니 (요 1:12)
> 기록된 바 의인은 없나니 하나도 없으며 깨닫는 자도 없고 하나님을 찾는 자도 없고 (롬 3:10-11)

그리스도께서 우리를 위해 구속을 성취하셨으므로, 그리스도를 믿는 자는 은혜 언약의 모든 혜택들을 누릴 수 있습니다(요 1:12). 그런데 문제가 하나 있습니다. 자연인의 본성으로는 하나님을 알고 찾는 것이 불가능하다는 것입니다(롬 3:10-11). 그래서 우리의 육적인 본성을 영적인 본성으로 바꾸어 줄 외부적인 은혜가 필요합니다.

2. 성령 하나님의 특별한 사역으로 그 혜택들에 참여하는 자가 됩니다.

> 우리를 구원하시되 우리가 행한 바 의로운 행위로 말미암지 아니하고 오직 그의 긍휼하심을 따라 중생의 씻음과 성령의 새롭게 하심으로 하셨나니 우리 구주 예수 그리스도로 말미암아 우리에게 그 성령을 풍성히 부어 주사(딛 3:5-6)
> 예수께서 대답하시되 진실로 진실로 네게 이르노니 사람이 물과 성령으로 나지 아니하면 하나님의 나라에 들어갈 수 없느니라 육으로 난 것은 육이요 영으로 난 것은 영이니(요 3:5-6)

육적인 본성으로는 그리스도를 믿을 수 없습니다. 그래서 성령님의 역사가 필요합니다(딛 3:5-6). 성령님께서 일하시면, 육적인 사람에서 영적인 사람으로 거듭나게 됩니다(요 3:5-6).

제59문 누가 그리스도로 말미암은 구속에 참여하는 자가 됩니까?

답: 구속은 그리스도께서 값 주고 사신 모든 사람에게 확실히 적용되고 효력 있게 전달됩니다. 그들은 때가 되면 성령으로 말미암아 복음을 통해 그리스도를 믿을 수 있게 됩니다.

1. 구속은 그리스도께서 값 주고 사신 모든 사람에게 확실히 적용되고 효력 있게 전달됩니다.

> 아버지께서 내게 주시는 자는 다 내게로 올 것이요 내게 오는 자는 내가 결코 내쫓지 아니하리라(요 6:37)
> 를 보내신 이의 뜻은 내게 주신 자 중에 내가 하나도 잃어버리지 아니하고 마지막 날에 다시 살리는 이것이니라(요 6:39)

성부는 구원을 주시기로 계획하신 자들을 그리스도께로 인도하십니다(요 6:37). 그리스도는 성부께서 "주신 자"들을 한 사람도 내쫓거나 잃어버리지 않고 마지막 날에 다시 살리십니다(요 6:39). 그러므로 택함받은 자들의 구원은 참으로 확고합니다.

어떤 사람들은 그리스도께서 모든 사람을 위해 죽으셨으므로, 누구에게나 구원의 가능성이 있다고 주장합니다(만인구원론). 하지만 그리스도는 모든 사람을 위해서 죽지 않으셨습니다. 그리스도는 성부께서 주신 자들(요 6:37), 즉 구원으로 예정된 자들을 위해 죽으셨습니다. 그러므로 구속의 효력은 택함받은 사람들에게 확실하고 효력 있게 전달됩니다. 중요한 근거는 요한복음 10장입니다. 모든 사람이 예수님의 양이 아닙니다. 예수님은 자기 양이 누구인지를 미리 알고 계십니다(요 10:4). 그리고 모든 사람이 아니라 자신의 양들을 위해서 목숨을 버리십니다(요 10:11).

그렇다면 그리스도께서 온 세상의 죄를 위해 돌아가셨다는 말씀(요일 2:2)은 어떻게 이해해야 할까요? 성경은 그리스도께서 자기 백성을 위해서 죽으셨다고 말합니다(요 17:9). 따라서 요한일서 2장 2절의 "온 세상"은 '세상 모든 사람'을 의미하는 것이 아니라, '택함받은 모든 사람'을 의미합니다. 사실을 과장해서 표현하는 것은 유대인들의 문학 기법 가운데 하나입니다. 예를 들어, 마가복음 1장 32절의 "모든 병자"는 세상 모든 병자가 아니라, '많은 병자'를 의미합니다. 사도행전 4장 21절의 "모든 사람" 역시 세상 모든 사람이 아니라, '많은 사람'을 의미합니다.

비록 그리스도의 구속이 택함받은 자들에게만 효력이 미친다 할지라도, 그 수는 결코 작지 않습니다. 성경이 "각 나라와 족속과 백성과 방언에서 아무도 능히 셀 수 없는 큰 무리가"(계 7:9) 구원받을 것이라고 말하기 때문입니다.

2. 그들은 때가 되면 성령으로 말미암아

> 그 안에서 너희도 진리의 말씀 곧 너희의 구원의 복음을 듣고 그 안에서 또한 믿어 **약속의 성령으로 인치심을 받았으니 이는 우리 기업의 보증이 되사** 그 얻으신 것을 속량하시고 그의 영광을 찬송하게 하려 하심이라(엡 1:13-14)

택함받은 자들의 구원이 참으로 확고한 이유는, "약속의 성령으로 인치심을 받았"기 때문입니다(엡 1:13-14). 인을 친다는 것은 도장을 찍는 것이고, 도장을 찍는 것은 모든 일이 완료되었다는 것입니다. 따라서 성령님의 역사를 "성령으로 인치심"이라고 표현하는 이유는, 성령님의 사역이 결코 실패할 수 없기 때문입니다. 성령님은 택함받은 자들의 마음속에서 그들을 구원으로 인도하는 일을 하고 계십니다. 성도의 구원이 실패하려면 성령 하나님도 실패해야 하는데, 그것은 불가능한 일입니다. 그러므로 택함받은 자들의 구원은 실패할 수 없습니다. 그런 점에서 성령님은 우리가 반드시 구원 얻을 것에 대한 보증이 되십니다.

3. 복음을 통해 그리스도를 믿을 수 있게 됩니다.

> <u>아들을 믿는 자에게는 영생이 있고</u> 아들에게 순종하지 아니하는 자는 영생을 보지 못하고 도리어 하나님의 진노가 그 위에 머물러 있느니라(요 3:36)
> 주께서 사랑하시는 형제들아 우리가 항상 너희에 관하여 마땅히 하나님께 감사할 것은 하나님이 처음부터 너희를 택하사 <u>성령의 거룩하게 하심과</u> 진리를 믿음으로 구원을 받게 하심이니(살후 2:13)

하나님은 복음을 믿는 자들에게 영생을 선물로 주십니다(요 3:36). 그렇다면 어떤 사람이 복음을 믿을 수 있을까요? 성령님께서 거룩하게 하신 자들입니다(살후 2:13). 정리하면 하나님은 미리 택하신 자들에게 성령님을 보내시고, 성령님의 역사로 복음을 통해 그리스도를 믿게 됩니다. 그 결과 은혜 언약의 여러 가지 혜택들을 누리게 됩니다.

제60문 복음을 전혀 들어 본 적이 없어서 예수 그리스도를 알지도 못하고 믿지도 못 하는 사람들은 본성의 빛을 따라 사는 것으로 구원받을 수 있습니까?

답: 복음을 전혀 들어본 적이 없어서 예수 그리스도를 알지도 못하고 믿지도 못하는 사람들은 본성의 빛을 따라, 혹은 자신들이 믿는 종교의 법을 따라 아무리 열심히 산다 해도 구원받을 수 없습니다. 자기 몸된 교회의 유일한 구주이신 그리스도 외에는 다른 누구에게도 구원은 없습니다.

1. 복음을 전혀 들어 본 적이 없어서

> 그런즉 그들이 믿지 아니하는 이를 어찌 부르리요 듣지도 못한 이를 어찌 믿으리요 전파하는 자가 없이 어찌 들으리요(롬 10:14)

복음 전파는 영광스러운 사역입니다. 복음을 듣지 않고서는 아무도 구원에 이를 수 없기 때문입니다(롬 10:14). 복음을 듣고 믿는 것은 구원에 있어서 필수입니다.

　어떤 사람들은 복음을 한 번도 들어보지 못한 자들이 심판을 받는 것은 불공평하다고 말합니다. 하지만 그들이 심판을 받는 결정적인 이유는 복음을 듣지 않아서가 아니라 죄를 지었기 때문입니다. 따라서 하나님의 심판은 정의로운 일입니다.

2. 예수 그리스도를 알지 못하고

그리스도를 알지 못하는 자들은 영원한 형벌을 받습니다(살후 1:8-9). 그 이유는 다음
과 같습니다. 그리스도를 알지 못하는 것은 그리스도를 믿지 않는 것이기 때문입니
다. 그리스도를 믿지 않는 것은 그리스도 밖에 있는 것이고(엡 2:12), 그리스도 밖에 있
는 것은 은혜 언약 밖에 있는 것이며, 은혜 언약 밖에 있는 자들은 행위 언약 안에 있
는 것입니다. 그런데 행위 언약으로, 다시 말해서 율법을 다 지켜서 구원에 이를 수
있는 사람은 아무도 없습니다. 그러므로 그리스도를 알지 못하는 자들은 영원한 형
벌을 피할 수 없습니다.

3. 믿지 않는 사람들은 본성의 빛을 따라,

아무도 본성의 빛(이성)을 따라서는 구원에 이를 수 없습니다(고전 1:21). 모든 사람은
타락한 본성을 가지고 있기 때문입니다. 타락한 본성으로는 옳고 그른 것을 구분할
수 없습니다. 오히려 선한 것을 싫어하고, 악한 것을 좋아합니다. 심지어 본성의 빛
아래에서는 그리스도의 십자가조차 미련한 것으로 보입니다(고전 1:23). 그러므로 믿
지 않는 사람들이 본성의 빛을 따라 구원에 이르는 것은 불가능합니다.

4. 혹은 자신들이 믿는 종교의 법을 따라

> 너희는 <u>알지 못하는</u> 것을 예배하고 우리는 아는 것을 예배하노니 이는 구원이 유대인에게서 남이라(요 4:22)의의 법을 따라간 이스라엘은 율법에 이르지 못하였으니 어찌 그러하냐 이는 그들이 믿음을 의지하지 않고 행위를 의지함이라 <u>부딪칠 돌에 부딪쳤느니라</u>(롬 9:31-32)
> 내가 그를 위하여 모든 것을 잃어버리고 <u>배설물로 여김은</u>(빌 3:8)

예수님은 사마리아 여인의 종교를 "알지 못하는 것을 예배"하는 것으로 말씀하셨습니다(요 4:22). 바울은 유대교를 돌에 부딪친 것으로 표현했고(롬 9:32), 심지어 자신이 유대교에서 행한 모든 일이 배설물과 같다고 말했습니다(빌 3:8). 따라서 자신이 옳다고 여기는 종교의 법을 따라 아무리 열심히 예배하고 봉사해도, 하나님 앞에서는 무익합니다.

현대인들은 진리보다 정성을 중요하게 생각하는 경향이 있습니다. 하지만 진리 없는 열정은 배설물에 지나지 않습니다. 진리 없는 종교는 열심을 낼수록 더욱 깊은 멸망의 나락으로 떨어집니다. 이단들의 신앙이 대표적입니다. 아무리 열심을 낸다 해도 그들의 믿음이 진리로 바뀌지 않습니다.

5. 아무리 열심히 산다 해도 구원받을 수 없습니다.

> 믿고 세례를 받는 사람은 구원을 얻을 것이요 <u>믿지 않는 사람은 정죄를 받으리라</u>(막 16:16)
> 그러므로 내가 너희에게 말하기를 <u>너희가 너희 죄 가운데서 죽으리라</u> 하였노라 너희가 만일 내가 그인 줄 믿지 아니하면 너희 죄 가운데서 죽으리라(요 8:24)

예수님을 믿지 않는 사람은 정죄를 받아(막 16:16) 죄 가운데 죽을 것입니다(요 8:24). 예외는 없습니다. 예수님을 통하지 않고서는 죄를 해결할 방법이 없습니다.

6. 자기 몸된 교회의 유일한 구주이신

> 이는 남편이 아내의 머리 됨이 <u>그리스도께서 교회의 머리 됨과 같음이니 그가 바로 몸의</u>
> <u>구주시니라</u>(엡 5:23)

교회는 그리스도의 몸이고, 그리스도는 교회의 머리입니다(엡 5:23). 그리스도는 모든
사람의 구원자가 아니라 교회의 구원자입니다. 따라서 그리스도를 머리로 하는 사람
에게만 구원이 있습니다.

7. 그리스도 외에는 다른 누구에게도 구원은 없습니다.

> <u>다른 이로써는 구원을 받을 수 없나니</u> 천하 사람 중에 구원을 받을 만한 다른 이름을 우리
> 에게 주신 일이 없음이라 하였더라(행 4:12)
> 예수께서 이르시되 내가 곧 길이요 진리요 생명이니 <u>나로 말미암지 않고는 아버지께로</u>
> <u>올 자가 없느니라</u>(요 14:6)

만약 우리 앞에 징그러운 벌레 한 마리가 있다면, 우리는 그 벌레를 어떻게 대할까
요? 십중팔구 파리채와 같은 것으로 내리쳐서 죽음에 이르게 할 것입니다. 하나님과
사람의 관계도 같습니다. 그리스도의 공로를 덧입지 않은 사람은 하나님 앞에서 끔
찍한 죄인에 불과합니다. 그리스도 없이 하나님 앞에 선 사람의 운명은 심판밖에 없
습니다(행 4:12; 요 14:6).
벌레 중에서 가장 멋진 벌레라 할지라도 우리가 보기에는 그냥 벌레입니다. 사람도
마찬가지입니다. 사람 중에서 가장 대단한 사람이라 할지라도 하나님이 보시기에는
그냥 죄인입니다. 그러므로 그리스도 외에 다른 어떤 사람에게도 구원은 없습니다.

답: 복음을 듣고 유형 교회 안에서 생활하는 사람들이 다 구원을 받는 것은 아닙니다. 무형 교회의 참된 회원들만이 구원을 받습니다.

1. 복음을 듣고 유형 교회 안에서 생활하는 사람들이 다 구원을 받는 것은 아닙니다. 무형 교회의 참된 회원들만이 구원을 받습니다.

> 그러나 하나님의 말씀이 폐하여진 것 같지 않도다 이스라엘에게서 난 그들이 다 이스라엘이 아니요(롬 9:6)
> 나더러 주여 주여 하는 자마다 다 천국에 들어갈 것이 아니요 다만 하늘에 계신 내 아버지의 뜻대로 행하는 자라야 들어가리라(마 7:21)

바울은 "그리스도께서 교회를 사랑하시고 그 교회를 위하여 자신을" 주셨다고 말했습니다(엡 5:25). 따라서 교회란, 그리스도로 인하여 구원을 받은 사람들을 일컫는 말입니다.[73] 교회를 유형 교회(가시적 교회)와 무형 교회(비가시적 교회)로 구별하곤 합니다. 그렇다고 해서 두 종류의 교회가 있다는 말은 아닙니다. '가시적(유형)'과 '비가시적(무형)'이라는 단어는 동일한 교회를 살펴보는 두 가지 다른 방식, 즉 두 관점입니다.[74] 유형 교회는 지금 우리가 속해 있는 교회입니다. 우리가 속해 있는 교회는 눈으로 볼 수 있습니다. 예배하고 찬양하는 모습을 눈으로 확인할 수 있습니다. 따라서 유형 교회란, 지상에 있는 그리스도인들이 보는 대로의 교회입니다.[75]

---

73 웨인 그루뎀, 『웨인 그루뎀의 조직신학 (하)』, 노진준 옮김 (서울: 은성, 2009), 21.
74 존 프레임, 『존 프레임의 조직신학』, 김진운 옮김 (서울: 부흥과개혁사, 2013), 1036.
75 웨인 그루뎀, 앞의 책, 24.

동시에 교회는 영적인 측면에서 무형적(비가시적)입니다.[76] 사람들의 마음속에 있는 영적인 상태는 보이지 않습니다. 유형 교회에 속해 있으면서도 참된 믿음이 없는 사람이 있을 수 있습니다. 예수님은 그들을 가라지라고 하셨습니다(마 13:25). 우리는 유형 교회 안에서 가라지를 구별해 낼 수 없습니다. 하나님만 아십니다. 하나님은 누가 참된 신자인지를 아십니다. 하나님은 누가 가라지인지를 아십니다. 오직 하나님만 참된 교회를 보실 수 있습니다. 따라서 무형 교회란, 하나님께서 보시는 대로의 교회입니다.[77]

바울은 "이스라엘에게서 난 그들이 다 이스라엘이 아니요"라고 말했습니다(롬 9:6). 예수님은 "주여 주여 하는 자마다 다 천국에 들어갈 것이 아니요"라고 말씀하셨습니다(마 7:21). 이처럼 유형 교회에 속해 있다고 해서 누구나 구원을 받는 것이 아닙니다. 참된 교회인 무형 교회에 속한 자들만 구원을 받습니다.

바로 이것이 예수님께서 치리를 명하신 이유입니다. 만약 성도임을 자처하면서도 부패하고 방탕한 삶을 사는 자들을 그냥 내버려 둔다면 어떤 일이 일어날까요? 죄가 누룩처럼 온 교회에 퍼질 것입니다. 그러므로 교회의 지도자들은 구원의 열매가 조금도 보이지 않는 자들을 그냥 내버려 두어선 안 됩니다. 그들이 무형 교회의 신자가 아닌 것으로 간주하고 유형 교회에서 쫓아내야 합니다.

> "네 형제가 죄를 범하거든 가서 너와 그 사람과만 상대하여 권고하라 만일 들으면 네가 네 형제를 얻은 것이요 만일 듣지 않거든 한두 사람을 데리고 가서 두세 증인의 입으로 말마다 확증하게 하라 만일 그들의 말도 듣지 않거든 교회에 말하고 교회의 말도 듣지 않거든 이방인과 세리와 같이 여기라"(마 18:15-17)

---

76 웨인 그루뎀, 앞의 책, 23.
77 웨인 그루뎀, 앞의 책, 23.

제62문 유형 교회란 무엇입니까?

답: 유형 교회는 모든 시대와 세계 각처에서 참된 신앙을 고백하는 모든 사람과 그
들의 자녀들로 구성된 공동체입니다.

1. 유형 교회는 모든 시대와 세계 각처에서 참된 신앙을 고백하는 모든 사람과

> 고린도에 있는 하나님의 교회 곧 그리스도 예수 안에서 거룩하여지고 성도라 부르심을
> 받은 자들과 또 각처에서 우리의 주 곧 그들과 우리의 주 되신 예수 그리스도의 이름을 부
> 르는 모든 자들에게(고전 1:2)
> 우리가 유대인이나 헬라인이나 종이나 자유인이나 다 한 성령으로 세례를 받아 한 몸이
> 되었고 또 다 한 성령을 마시게 하셨느니라(고전 12:13)

유형 교회란 눈에 보이는 교회라는 뜻입니다. 그래서 '가시적 교회'라고 부르기도 합
니다. 이렇게 부르는 이유는 유형 교회가 눈으로 볼 수 있는 공동체를 형성하기 때문
입니다. 예를 들어 유형 교회는 소속된 성도들을 볼 수 있고, 성도들의 교제를 볼 수
있으며, 예배가 진행되는 과정을 볼 수 있습니다. 한 마디로 유형 교회는 눈으로 식별
이 가능합니다.

누가 유형 교회의 회원이 될 수 있을까요? 바울은 방방곡곡 어디서나 주님의 이름
을 부르는 모든 자들과(고전 1:2), 인종과 민족을 초월하여 성령으로 세례를 받은 모든
사람이 유형 교회의 회원이라고 말했습니다(고전 12:13). 따라서 시간과 장소를 초월하
여 참된 믿음을 고백하는 모든 사람이 유형 교회의 회원입니다.

유형 교회는 완전무결한 교회가 아닙니다. 열두 제자 가운데 가룟 유다가 있었던
것처럼, 역사상 모든 교회에는 가라지가 있었고 오류도 있었습니다. 하지만 유형 교
회에서 가라지를 모두 몰아내어 순수한 교회를 만들려고 해서는 안 됩니다(마 13:29).

그것은 불가능한 시도입니다. 누가 참된 성도이고 또 참된 성도가 아닌지는 오직 하나님만이 아시기 때문입니다. 그런 식으로 순수한 교회를 만들려고 하다가는 오히려 교회 자체를 무너뜨리게 될 뿐입니다.

"주인이 이르되 가만 두라 가라지를 뽑다가 곡식까지 뽑을까 염려하노라"(마 13:29). 가라지를 그냥 두라는 것은 권징을 시행하지 말라는 의미가 아닙니다. 참된 성도와 거짓 성도를 인위적이고 강제적으로 구분하여 완전무결한 교회를 이루려고 하지 말라는 것입니다. 참된 성도와 거짓 성도를 구분하는 인간의 판단에는 오류가 있을 수 있고, 완전무결한 교회는 이 땅에서는 불가능하기 때문입니다. 그래서 칼뱅은 키프리아누스와 아우수스티누스의 글을 인용하여 다음과 같이 가르쳤습니다.

> "교회 안에 가라지나 부정한 그릇들이 있는 것처럼 보인다 할지라도 우리 자신
> 이 그 교회에서 물러 나와야 하는 이유는 없다. 오히려 우리는 알곡이 되기 위해
> 힘써야 하며, 금과 은으로 만든 그릇들이 되기 위해 할 수 있는 만큼 수고해야 한
> 다. 질그릇을 깨뜨리는 일은 오직 주님께 속한 것이요, 그가 철장으로 그것들을
> 깨뜨리실 것이다(시 2:9; 계 2:27)."[78]
>
> _ 키프리아누스

> "할 수 있는 만큼 긍휼로 교정시켜 주며, 그들로서 할 수 없는 문제에 대해서는
> 인내로 견디며, 사랑으로 아파하고 슬퍼하며, 하나님께서 그들을 교정시켜 주실
> 때까지, 아니면 마지막 추수 때에 가라지를 뽑으시고 쭉정이를 날려 버리시기까
> 지 기다려야 할 것이다(마 3:12; 13:40; 눅 3:17)."[79]
>
> _ 아우구스티누스

---

78 존 칼빈, 『기독교강요 (하)』, 원광연 옮김 (고양: 크리스챤다이제스트, 2007), 35.
79 위의 책, 31.

2. 그들의 자녀들로 구성된 공동체입니다.

> 이 약속은 너희와 <u>너희 자녀와</u> 모든 먼 데 사람 곧 주 우리 하나님이 얼마든지 부르시는
> 자들에게 하신 것이라 하고(행 2:39)
> 내가 내 언약을 나와 너 및 네 대대 후손 사이에 세워서 영원한 언약을 삼고 <u>너와 네 후손</u>
> <u>의 하나님이 되리라</u>(창 17:7)

신자의 자녀들도 유형 교회의 회원이 될 수 있는지는 오랫동안 논쟁이 되어온 중요
한 주제입니다. 이에 대한 대요리문답의 대답은 그들 역시 유형 교회의 회원이라는
것입니다. 가장 중요한 근거는 언약의 범위입니다. 예를 들어, 하나님께서 아브라함
과 언약을 맺으실 때 아브라함의 후손 역시 언약 백성의 범주에 포함되었습니다. 여
호와는 아브라함의 하나님이실 뿐만 아니라, "너와 네 후손의 하나님"이셨습니다(창
17:7).

이 약속은 신약 시대에 들어와서도 취소되지 않았습니다. 베드로 역시 언약 백
성의 범주에 신자의 자녀를 포함시켰습니다(행 2:39). 그러므로 우리는, 불신자로
드러나기 전까지는 신자의 자녀들도 유형 교회의 회원으로 간주하고 성례에 참여
시켜야 합니다. 주님 역시 신자의 자녀들을 유형 교회의 회원으로 간주하셨습니
다. "예수께서 그 어린아이들을 불러 가까이 하시고 이르시되 어린 아이들이 내게
오는 것을 용납하고 금하지 말라 하나님의 나라가 이런 자의 것이니라"(눅 18:16).

제63문 유형 교회의 특권은 무엇입니까?

답: 유형 교회가 누리는 특권은 하나님의 특별한 돌보심과 다스리심을 받는 것, 모든 원수의 반대에도 불구하고 모든 시대에 보호받고 보존되는 것, 성도의 교제와 구원의 통상적인 방편들을 누리는 것, 그리고 복음의 사역으로 교회의 모든 회원에게 제공되는 그리스도의 은혜를 누리는 것입니다. 이 복음은 누구든지 그리스도를 믿는 자는 구원을 얻을 것이요, 그리스도께 오는 자는 아무도 배척을 당하지 않는다고 증언합니다.

1. 유형 교회가 누리는 특권은 하나님의 특별한 돌보심과 다스리심을 받는 것,

여호와께서 거하시는 온 시온 산과 모든 집회 위에 낮이면 구름과 연기, 밤이면 화염의 빛을 만드시고 그 모든 영광 위에 덮개를 두시며 또 초막이 있어서 낮에는 더위를 피하는 그늘을 지으며 또 풍우를 피하여 숨는 곳이 되리라(사 4:5-6)
이를 위하여 우리가 수고하고 힘쓰는 것은 우리 소망을 살아 계신 하나님께 둠이니 곧 모든 사람 특히 믿는 자들의 구주시라(딤전 4:10)

유형 교회가 누리는 특권은 첫째, 하나님의 특별한 돌보심을 받는 것입니다. 하나님은 구약의 유형 교회인 이스라엘을 낮에는 구름기둥으로 밤에는 불기둥으로 지키셨습니다(사 4:5-6). 물론 하나님은 유형 교회만 돌보시지 않습니다. 하나님은 불신자들에게도 일반 은총을 베푸십니다. 하지만 하나님은 "특히 믿는 자들의 구주"이십니다(딤전 4:10). 디모데전서 4장 10절에서 "특히"라고 번역된 헬라어 '말리스타'는 '매우'라는 의미를 가진 헬라어 '말라'의 최상급 형태입니다. 하나님은 유형 교회의 회원들을 매우 특별하게 돌보십니다.

2. 모든 원수의 반대에도 불구하고 모든 시대에 보호받고 보존되는 것,

> 나 만군의 여호와가 강림하여 시온 산과 그 언덕에서 싸울 것이라 새가 날개 치며 그 새끼를 보호함 같이 나 만군의 여호와가 예루살렘을 보호할 것이라 그것을 호위하며 건지며 뛰어넘어 구원하리라 하셨느니라(사 31:5)
> 또 내가 네게 이르노니 너는 베드로라 내가 이 반석 위에 내 교회를 세우리니 음부의 권세가 이기지 못하리라(마 16:18)

유형 교회가 누리는 특권은 둘째, 원수들에게서 보호를 받는 것입니다. 하나님은 이스라엘을 원수들로부터 보호하셨습니다(사 31:5). 예수님도 음부의 권세로부터 교회를 보호할 것이라고 하셨습니다(마 16:18). 실제로 유형 교회는 모든 시대에 걸쳐서 하나님의 특별한 보호를 받았습니다. 초대 교회는 로마 제국의 핍박을 받았지만, 마침내 로마 제국의 국교가 되었습니다. 중세 교회는 타락한 로마 교회의 억압을 받았지만, 결국 종교 개혁을 이루었습니다. 현대에 들어와서는 사회주의를 비롯한 여러 가지 사상들의 공격을 받았지만, 그마저도 모두 이겨냈습니다. 유형 교회는 모든 원수의 반대에도 불구하고, 모든 시대에 걸쳐서 하나님의 특별한 보호를 받고 있습니다.

3. 성도의 교제와 구원의 통상적인 방편들을 누리는 것, 복음의 사역으로 교회의 모든 회원에게 제공되는 그리스도의 은혜를 누리는 것입니다.

성도의 교제	믿는 사람이 다 함께 있어 모든 물건을 서로 통용하고 또 재산과 소유를 팔아 각 사람의 필요를 따라 나눠 주며(행 2:44-45)
구원의 통상적인 방편들	베드로가 이르되 너희가 회개하여 각각 예수 그리스도의 이름으로 세례를 받고 죄 사함을 받으라 그리하면 성령의 선물을 받으리니 이 약속은 너희와 너희 자녀와 모든 먼 데 사람 곧 주 우리 하나님이 얼마든지 부르시는 자들에게 하신 것이라 하고(행 2:38-39)
복음 사역의 은혜	어떤 사람은 복음 전하는 자로, 어떤 사람은 목사와 교사로 삼으셨으니 이는 성도를 온전하게 하여 봉사의 일을 하게 하며 그리스도의 몸을 세우려 하심이라(엡 4:11-12)

유형 교회가 누리는 특권은 셋째, '성도의 교제'입니다. 예를 들어 초대교회에는 가난한 사람들이 많았습니다. 하지만 성도의 교제를 통해 어려움을 극복할 수 있었습니다. 초대 교회는 "모든 물건을 서로 통용하고 또 재산과 소유를 팔아 각 사람의 필요를 따라 나눠"주기까지 했습니다(행 2:42-47). 초대 교회의 사례가 모든 시대에 획일적으로 통용될 수는 없겠지만, 지금도 우리는 성도의 교제를 통해 많은 유익을 누리고 있습니다.

유형 교회가 누리는 특권은 넷째, '구원의 통상적인 방편들을 누리는 것'입니다. 여기에는 복음 설교, 성례, 목회적 돌봄 등이 포함됩니다. 성도는 이러한 은혜의 방편들을 통해, 성숙한 신자로 자라게 됩니다. 그래서 칼뱅은 교회를 '신자의 어머니'라고 불렀으며, 교회를 떠나서는 구원이 없다고까지 말했습니다(기독교강요.4.1.1).

> 하나님께서는 그의 자녀들을 교회의 품 속으로 모으셔서 유아와 어린아이의 상태에 있는 동안 교회의 도움과 사역을 통하여 그들을 기르실 뿐 아니라, 또한 그들이 장성하여 마침내 믿음의 목표에 도달하기까지 어머니와 같은 보살핌을 통하여 인도하시기를 기뻐하시는 것이다. "하나님께서 짝지어 주신 것을 사람이 나누지 못할지니라"(막 10:9)고 말씀하셨듯이, 하나님께서 아버지가 되시는 자들에게는 교회가 또한 그 어머니가 되도록 하셨다.[80]

유형 교회가 누리는 특권은 다섯째, '복음 사역의 은혜'입니다. 그리스도는 복음 사역자들을 통해 영적인 은혜를 자기 교회 위에 부어 주십니다. 교회는 이 은혜 안에서, 회개하며, 자라며, 구원에 이릅니다.

그런데, 유형 교회의 회원이 아니면 절대로 구원을 받을 수 없을까요? 그렇지 않습니다. 웨스트민스터 신앙고백서 제25장은 이 주제를 다음과 같이 설명합니다. "이 교회를 떠나서는 특별한 경우가 아니고는 구원받을 가능성이 없다." 여기 보면 "특별한 경우"라는 예외를 인정하고 있습니다. 그 이유는 특별한 경로를 통해 복음을 알게 되었지만, 아직 유형 교회에 속할 기회를 갖지 못한 사람들이 있을 수 있기 때문입니다. 예를 들어 한 목사님이 사형수에게 마지막으로 복음을 전했고, 그 사형수가 죽기 전에 복음을 받아들였다고 가정해 봅시다. 사형수는 참으로 복음을 받아들였지만, 유형 교회에는 한 번도 속하지 못했습니다. 하지만 이런 사례는 매우 특별한 경우입니

---

80 존 칼빈, 『기독교강요 (하)』, 원광연 옮김 (고양: 크리스챤다이제스트, 2007), 10.

다. 하나님은 대부분의 경우, 유형 교회를 통해 자기 백성을 구원하십니다. 유형 교회 밖에서는 은혜의 방편들이 주는 유익을 누릴 수 없기 때문입니다.

4. 이 복음은 누구든지 그리스도를 믿는 자는 구원을 얻을 것이요,

> 또 이르시되 너희는 온 천하에 다니며 만민에게 복음을 전파하라 믿고 세례를 받는 사람은 구원을 얻을 것이요 믿지 않는 사람은 정죄를 받으리라(막 16:15-16)

누구에게 복음을 전해야 할까요? 모든 사람입니다. 그리스도께서는 "온 천하에 다니며 만민에게 복음을 전파하라"라고 하셨습니다(막 16:15-16). 복음을 믿고 세례를 받는 사람은 누구든지 구원을 얻을 것이지만, 그렇지 않은 사람은 정죄를 받을 것입니다. 비록 택함을 입은 자가 적을지라도(마 22:14), 가능한 많은 사람에게 복음을 전하는 것이 우리의 사명입니다.

5. 그리스도께 오는 자는 아무도 배척을 당하지 않는다고 증언합니다.

> 아버지께서 내게 주시는 자는 다 내게로 올 것이요 내게 오는 자는 내가 결코 내쫓지 아니하리라(요 6:37)

"혹시 나는 구원에서 배제된 것이 아닐까?"하고 고민할 필요가 전혀 없습니다. 그리스도는 자기에게 오는 자를 아무도 배척하지 않으십니다(요 6:37). 간절한 마음으로 그리스도를 바라보는 사람은 누구든지 구원을 얻을 것입니다. 그리스도를 의지하는 마음은 구원받기로 예정된 하나님의 백성이라는 증거입니다.

제64문 무형 교회란 무엇입니까?

답: 무형 교회는 머리이신 그리스도 아래에서 하나로 모여 있었고, 모여 있고, 모여 있을 택함받은 사람들의 전체입니다.

---

1. 무형 교회는 머리이신 그리스도 아래에서 하나로 모여 있었고(과거), 모여 있고(현재), 모여 있을(미래) 택함받은 사람들의 전체입니다.

> 그를 만물 위에 교회의 머리로 삼으셨느니라(엡 1:22)
> 교회는 그의 몸이니(엡 1:23)
> 그리스도 안에서 통일되게 하려 하심이라(엡 1:10)
> 또 이 우리에 들지 아니한 다른 양들이 내게 있어 내가 인도하여야 할 터이니 그들도 내 음성을 듣고 한 무리가 되어 한 목자에게 있으리라(요 10:16)
> 또 그 민족만 위할 뿐 아니라 흩어진 하나님의 자녀를 모아 하나가 되게 하기 위하여 죽으실 것을 미리 말함이러라(요 11:52)

무형 교회라 부르는 이유는 눈으로 볼 수 없기 때문입니다. 그들의 이름은 생명책에 기록되어 있으며, 하나님만 정확하게 아십니다. 어떤 사람은 유형 교회의 회원이기는 하나, 무형 교회의 회원은 아닙니다. 안타깝게도 마지막 날에는 상당수의 유형 교회 회원들이 바깥 어두운 데로 쫓겨날 것입니다(마 8:12).

무형 교회는 그리스도를 머리로 하는 사람들입니다(엡 1:22). 그리스도를 머리로 한 몸을 이룬 사람들입니다(엡 1:23). 그래서 무형 교회는 그리스도 안에서 통일되어 있습니다(엡 1:10). 그리스도께서 미래의 신자들을 위해 기도하셨듯이, 무형 교회에는 과거와 현재뿐만 아니라 미래의 성도들도 포함됩니다(요 10:16).

요한복음 11장 52절은 가야바의 말에 대한 요한의 해석입니다. 예수님의 죽음이 유대인만이 아니라, 택함받은 모든 사람을 위한 죽임이라는 뜻입니다. 예수님의 죽음을 통해 모든 세대의 신자들이 구원을 받고, 한 몸을 이룹니다.

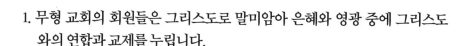

제65문 무형 교회의 회원들이 그리스도로 말미암아 누리는 특별한 혜택은 무엇입니까?

답: 무형 교회의 회원들은 그리스도로 말미암아 은혜와 영광 중에 그리스도와의 연합과 교제를 누립니다.

1. 무형 교회의 회원들은 그리스도로 말미암아 은혜와 영광 중에 그리스도와의 연합과 교제를 누립니다.

무형 교회의 회원들이 누리는 특별한 혜택(은덕)	
은혜 중에 누리는 (지금 세상에서)	1. 그리스도와의 연합
	2. 그리스도와의 교제
영광 중에 누리는 (다음 세상에서)	3. 그리스도와의 연합
	4. 그리스도와의 교제

제65문답은 이어지는 내용의 표제이자 머리말입니다. 제65문답의 질문은 "무형 교회의 회원들이 그리스도로 말미암아 누리는 특별한 혜택은 무엇입니까?"입니다. 이에 대해 간단하게 두 가지를 답합니다. 첫 번째는 그리스도와의 연합이고, 두 번째는 그리스도와의 교제입니다. 그리스도와의 연합에 대한 것은 제66-68문답이, 그리스도와의 교제에 대한 것은 제69-90문답이 상세하게 가르쳐 줍니다.

제65문이 '특별한 혜택'에 대해 묻는 이유는 이것이 오직 무형 교회의 회원에게만 제공되는 것이기 때문입니다. 대요리문답은 무형 교회의 회원이 누리는 혜택들을 두 부분으로 나눕니다. 하나는 은혜 중에, 즉 지금 세상에서 누리는 연합과 교제이고, 또 하나는 영광 중에, 즉 다음 세상에서 누리는 연합과 교제입니다.

제66문 택함받은 사람이 그리스도와 이루는 연합이란 무엇입니까?

답: 택함받은 사람이 그리스도와 이루는 연합은 하나님의 은혜의 사역인데, 이 은혜로 말미암아 그들은 그들의 머리이자 신랑이신 그리스도와 영적이고 신비하게, 그러면서도 실제적이고 나뉠 수 없게 연합을 이룹니다. 이는 그들이 효력 있는 부르심을 받을 때 이루어집니다.

1. 택함받은 사람이 그리스도와 이루는 연합은 하나님의 은혜의 사역인데,

> 그를 만물 위에 <u>교회의 머리로</u> 삼으셨느니라(엡 1:22)
> 곧 <u>창세 전에 그리스도 안에서 우리를 택하사</u> 우리로 사랑 안에서 그 앞에 거룩하고 흠이 없게 하시려고(엡 1:4)

그리스도는 교회의 머리입니다(엡 1:22). 그리스도와 교회는 영적으로 긴밀하게 연합되어 있습니다. 이것은 하나님께서 택하신 자들을 구원하는 방법입니다. 교회를 그리스도와 연합하게 하셔서 하나의 운명 공동체가 되게 하십니다. 이로써 그리스도의 죽음과 부활은 곧 교회의 죽음과 부활이 됩니다.

그리스도와의 영적 연합은 우리가 이루어 낸 것이 아닙니다. 우리가 어떤 자격을 갖추어서 얻어낸 것도 아닙니다. 전적으로 하나님의 은혜입니다. 하나님은 우리가 존재하지도 않았던 때에 우리와 그리스도의 영적 연합을 계획하셨습니다(엡 1:4).

2. 이 은혜로 말미암아 그들은 그들의 머리이자 신랑이신 그리스도와 영적이고 신비하게, 그러면서도 실제적이고 나눌 수 없게 연합을 이룹니다.

주와 합하는 자는 한 영이니라(고전 6:17)
내가 그들에게 영생을 주노니 영원히 멸망하지 아니할 것이요 또 그들을 내 손에서 빼앗을 자가 없느니라(요 10:28)

그리스도와 교회의 연합을 눈으로 확인할 수는 없습니다. 그리스도와 교회의 연합은 물질적인 연합이 아니라 영적인 연합이기 때문입니다(고전 6:17). 하지만 그리스도와 교회의 연합은 실제로 일어난 사건입니다. 눈에 보이지 않는 공기가 실제로 존재하는 것처럼, 그리스도와 교회의 연합도 허구가 아닌 사실입니다. 그렇다면 영적 연합에 유효 기간이 있을까요? 또는 영적 연합이 깨어질 수 있을까요? 없습니다. 아무도 그리스도와 교회의 연합을 깨뜨릴 수 없습니다(요 10:28).

그리스도와 신자들이 실제로 연합하여 있으므로, 하나님은 그리스도가 하신 일들을 우리가 한 일로 간주하십니다.[81] 하나님은 그리스도의 순종을 우리의 순종으로 여기시며(롬 5:19), 그리스도의 죽음과 부활을 우리의 죽음과 부활로 여기십니다(엡 2:6).

그러므로 그리스도께서 하늘로 승천하셨을 때 구원의 모든 복이 우리의 것이 되었고, 하나님은 그 복의 권한이 우리에게 있는 것으로 여겨 주셨습니다.[82] 그럼에도 불구하고 이 복들은 아직은 하늘에 저장되어 있어서 개인적으로 우리에게 적용될 날을 기다리고 있었습니다(엡 1:3).[83]

---

81   웨인 그루뎀, 『웨인 그루뎀의 조직신학 (중)』, 노진준 옮김 (서울: 은성, 2009), 553.
82   위의 책, 554.
83   위의 책, 554.

3. 이는 그들이 효력 있는 부르심을 받을 때 이루어집니다.

또 미리 정하신 그들을 또한 부르시고(롬 8:30)
너희를 불러 그의 아들 예수 그리스도 우리 주와 더불어 교제하게 하시는 하나님은 미쁘시도다(고전 1:9)
이는 너희를 부르사 자기 나라와 영광에 이르게 하시는 하나님께 합당히 행하게 하려 함이라(살전 2:12)
너희도 그들 중에서 예수 그리스도의 것으로 부르심을 받은 자니라(롬 1:6)
로마에서 하나님의 사랑하심을 받고 성도로 부르심을 받은 모든 자에게(롬 1:7)
형제들아 너희가 자유를 위하여 부르심을 입었으나(갈 5:13)
몸이 하나요 성령도 한 분이시니 이와 같이 너희가 부르심의 한 소망 안에서 부르심을 받았느니라(엡 4:4)
하나님이 우리를 부르심은 부정하게 하심이 아니요 거룩하게 하심이니(갈 4:7)
믿음의 선한 싸움을 싸우라 영생을 취하라 이를 위하여 네가 부르심을 받았고(딤전 6:12)

하늘에 저장되어 있던 복은 하나님의 부르심을 통해서 실제로 적용됩니다(롬 8:30). 하나님은 택하신 자들을 그리스도와 더불어 교제하게 하려고 부르십니다(고전1:9). 하나님은 자기 나라와 영광에 이르도록 부르십니다(살전 2:12). 하나님은 그리스도에게 속하도록 부르십니다(롬 1:6). 하나님은 성도로 부르시고(롬 1:7) 자유로 부르시고(갈 5:13), 소망으로 부르시고(엡 4:4), 거룩함으로 부르시고(갈 4:7), 영생으로 부르십니다(딤전 6:12).

이와 같은 하나님의 부르심을 사람의 복음 전파와 구분하기 위해 "효력 있는 부르심"이라고 합니다. 사람의 부름은 거절할 수 있고 실제로 자주 거절되지만, 하나님의 부르심은 거절할 수 없기 때문입니다. 이 부르심은 우주의 왕으로부터의 호출입니다. 따라서 그 요구에는 사람이 가슴으로 응답하게 하는 능력이 있습니다. 효력 있는 부르심은 인간의 응답을 보장하는 하나님의 행위입니다.[84]

하지만 사람의 복음 전파가 "효력 있는 부르심"에 전혀 포함되지 않는 것은 아닙니다. 사실 하나님의 "효력 있는 부르심"도 사람의 복음 전파를 통해 임합니다. 따라서 효력 있는 부르심은 다음과 같이 정의할 수 있습니다. "효력 있는 부르심이란 사람의 복음 전파를 통하여 말씀하시는 성부 하나님의 행위로서, 사람들이 구원에 이르는

---

84 위의 책, 302.

믿음으로 반응하도록 자신에게로 부르는 것이다."[85]

철저하게 하나님의 일인 "효력 있는 부르심"과 구별해서, 사람의 복음 전파를 '일반적인 부르심'이라고 합니다.[86] 효력 있는 부르심은 택함받은 자들에게 주어지는 데 반해, 일반적인 부르심은 심지어 그것을 받아들이지 않는 사람들을 포함해서 모든 사람에게 주어집니다.[87] 효력 있는 부르심은 사람의 내면에서 역사하기에 '내적인 부르심'이라 하며, 일반적인 부르심은 사람의 외부에서 일어나는 일이기에 '외적인 부르심'이라 합니다. 일반적인 부르심은 자주 거부당하지만, 효력 있는 부르심은 언제나 열매를 맺습니다. 하지만 일반적인 부르심, 즉 복음 전파의 중요성을 축소해서는 안 됩니다. 하나님은 사람의 복음 전파를 통해 효력 있는 부르심을 산출해 내시기 때문입니다.[88] 사람의 복음 전파가 없이는 아무도 응답할 수 없고 구원을 받을 수 없습니다. "그런즉 그들이 믿지 아니하는 이를 어찌 부르리요 듣지도 못한 이를 어찌 믿으리요 전파하는 자가 없이 어찌 들으리요"(롬 10:14)

	대상	주체	결과
일반적인 부르심 (외적인 부르심)	모든 사람	교회	항상 효력 있지 않음
효력 있는 부르심 (내적인 부르심)	택함받은 사람	하나님	반드시 효력을 냄

---

85 위의 책, 303.
86 위의 책, 304.
87 위의 책, 304.
88 위의 책, 304.

제67문 효력 있는 부르심이란 무엇입니까?

답: 효력 있는 부르심은 하나님의 전능하신 능력과 은혜의 사역으로서, 이는 택함받은 사람들 안에 하나님의 마음을 움직일 만한 것이 있어서가 아니라, 오직 그들을 향한 하나님의 자유롭고 특별한 사랑에서 비롯된 것이며, 이 효력 있는 부르심으로 하나님은 택함받은 사람들을 자신이 기뻐하시는 때에 말씀과 성령으로 예수 그리스도에게로 초청하고 이끄십니다. 그리하여 구원을 얻도록 그들의 마음을 밝히시며, 그들의 의지를 새롭게 하시고 강하게 결단하게 하심으로, 그들이 비록 죄로 죽었을지라도 하나님의 부르심에 기꺼이 그리고 자유롭게 응답할 수 있게 하시며, 그 부르심을 통해 제공되고 전달되는 은혜를 마음에 받아들이고 수용하게 하십니다.

1. 효력 있는 부르심은 하나님의 전능하신 능력과 은혜의 사역으로서,

그의 능력이 그리스도 안에서 역사하사 죽은 자들 가운데서 다시 살리시고 하늘에서 자기의 오른편에 앉히사(엡 1:20)
하나님이 우리를 구원하사 거룩하신 소명으로 부르심은 우리의 행위대로 하심이 아니요 오직 자기의 뜻과 영원 전부터 그리스도 예수 안에서 우리에게 주신 은혜대로 하심이라 (딤후 1:8-9)

효력 있는 부르심에 응답하는 사람들은 그리스도와 연합하게 되고, 그리스도 안에서 값없이 주어지는 구원을 선물로 받습니다. 이 부르심을 '효력 있는 부르심'이라 부르는 이유는 반드시 열매를 맺기 때문인데, 그 이유는 하나님의 전능하신 능력에 근거하기 때문입니다(엡 1:20). 그리고 효력 있는 부르심은 공로나 상급이 아닙니다. 우리가 무엇을 행한 결과가 아닙니다. 오직 은혜입니다(딤후 1:9).

2. 이는 택함받은 사람들 안에 하나님의 마음을 움직일 만한 것이 있어서가 아니라, 오직 그들을 향한 하나님의 자유롭고 특별한 사랑에서 비롯된 것이며,

> 우리를 구원하시되 <u>우리가 행한 바 의로운 행위로</u> 말미암지 아니하고 오직 그의 긍휼하심을 따라 중생의 씻음과 성령의 새롭게 하심으로 하셨나니 (딛 3:5)
> <u>그 자식들이 아직 나지도 아니하고 무슨 선이나 악을 행하지 아니한 때에 택하심을 따라 되는 하나님의 뜻</u>이 행위로 말미암지 않고 오직 부르시는 이로 말미암아 서게 하려 하사 (롬 9:11)
> 너희는 그 은혜에 의하여 믿음으로 말미암아 구원을 받았으니 <u>이것은 너희에게서 난 것이 아니요 하나님의 선물이라</u>(엡 2:8)

알미니안 주의자들은 하나님께서 어떤 특정한 사람이 그리스도를 믿게 될 것이라고 미리 아셨기 때문에 그를 예정하셨다고 주장합니다. 선택받을 자격이 있어서 선택받았다는 것입니다. 만약 그들의 주장이 사실이라면, 하나님의 부르심은 우리 행위에 근거한 일입니다. 하지만 성경은 정반대로 말합니다. 하나님의 부르심은 우리 행위에 근거하지 않습니다(롬 9:11). 하나님의 부르심은 오직 하나님의 긍휼에 근거합니다 (딛 3:5). 그래서 구원은 하나님의 선물입니다(엡 2:8).

3. 이 효력 있는 부르심으로 하나님은 택함받은 사람들을 자신이 기뻐하시는 때에 말씀과 성령으로 예수 그리스도에게로 초청하고 이끄십니다.

> 이르시되 내가 은혜 베풀 때에 너에게 듣고 구원의 날에 너를 도왔다 하셨으니 <u>보라 지금은 은혜 받을 만한 때요 보라 지금은 구원의 날이로다</u>(고후 6:2)
> 주께서 사랑하시는 형제들아 우리가 항상 너희에 관하여 마땅히 하나님께 감사할 것은 하나님이 처음부터 너희를 택하사 <u>성령의 거룩하게 하심과 진리를 믿음으로</u> 구원을 받게 하심이니(살후 2:13)

바울은 "보라 지금은 은혜 받을 만한 때요 보라 지금은 구원의 날이로다"라고 말했습니다(고후 6:2). 여기서 "지금"은 택함받은 자가 구원의 제의를 듣는 순간입니다.[89] 바로 이때가 하나님께서 효력 있는 부르심으로 택함받은 자들을 부르는 순간입니다.

---

89 리고니어 미니스트리 출판부 편, 『개혁주의 스터디 바이블』, 김진운 외 옮김 (서울: 부흥과 개혁사, 2017), 2076.

효력 있는 부르심의 시기와 방법은 각각 다릅니다. 어떤 사람은 어려서부터 부르심을 받고, 어떤 사람은 죽기 직전에 부르심을 받습니다. 어떤 사람은 은밀하게 부르심을 받고, 어떤 사람은 극적으로 부르심을 받습니다. 모든 것은 하나님의 뜻에 달려 있습니다. 효력 있는 부르심은 하나님께서 계획하신 때에 이루어집니다.

바울은 택함받은 자들이 "성령의 거룩하게 하심과 진리를 믿음으로" 구원에 이른다고 말했습니다(살후 2:13). 하나님께서 효력 있는 부르심의 수단으로 사용하는 것은 '성령'과 '말씀'입니다. 만약 이 가운데 하나라도 없으면 효력이 나타나지 않습니다. 성령이 역사하셔야만 말씀의 열매가 나타나고, 말씀이 없는 곳에서는 성령께서 자신의 능력을 감추십니다.

4. 그리하여 구원을 얻도록 그들의 마음을 밝히시며,

> 오직 하나님이 성령으로 이것을 우리에게 보이셨으니 성령은 모든 것 곧 하나님의 깊은 것까지도 통달하시느니라 / 우리가 세상의 영을 받지 아니하고 오직 하나님으로부터 온 영을 받았으니 이는 우리로 하여금 하나님께서 우리에게 은혜로 주신 것들을 알게 하려 하심이라(고전 2:10, 12)
>
> 그 눈을 뜨게 하여 어둠에서 빛으로, 사탄의 권세에서 하나님께로 돌아오게 하고 죄 사함과 나를 믿어 거룩하게 된 무리 가운데서 기업을 얻게 하리라 하더이다(행 26:18)

자연인은 스스로의 능력으로 그리스도께로 나올 수 없습니다. 하나님과 복음을 거부하는 타락한 마음을 가지고 있기 때문입니다. 그래서 택함받은 자들이 그리스도께로 인도되기 위해서는 그들의 어두운 마음에 빛이 비추어져야 합니다. 그래서 하나님은 택함받은 자들에게 성령을 보내셔서 그들의 마음을 밝히십니다(고전 2:10, 12). 그래야만 "어둠에서 빛으로, 사탄의 권세에서 하나님께로" 돌아설 수 있습니다(행 26:18).

5. 그들의 의지를 새롭게 하시고 강하게 결단하게 하심으로,

> 내가 그들에게 한 마음을 주고 그 속에 새 영을 주며 그 몸에서 돌 같은 마음을 제거하고 살처럼 부드러운 마음을 주어(겔 11:19)

하나님은 택하신 자들을 기계처럼 다루지 않고, 인격적으로 다루십니다. 택함받은 자들의 인격이나 의지와 상관없이 강제로 부르시지 않고, 자발적으로 그리스도를 찾게 하십니다. 이것은 성령의 역사입니다. 하나님은 택함받은 자들에게 성령을 보내셔서 "돌 같은 마음"을 "부드러운 마음"으로 바꾸십니다(겔 11:19). 그 결과 택함받은 자들은 선한 결심을 할 수 있게 됩니다. 겉으로 보기에는 자발적으로 그리스도께 나온 것 같지만, 사실은 하나님의 은혜입니다.

6. 그들이 비록 죄로 죽었을지라도 하나님의 부르심에 기꺼이 그리고 자유롭게 응답할 수 있게 하시며, 그 부르심을 통해 제공되고 전달되는 은혜를 마음에 받아들이고 수용하게 하십니다.

> 선지자의 글에 그들이 다 하나님의 가르치심을 받으리라 기록되었은즉 아버지께 듣고 배운 사람마다 내게로 오느니라(요 6:45)
> 너희 안에서 행하시는 이는 하나님이시니 자기의 기쁘신 뜻을 위하여 너희에게 소원을 두고 행하게 하시나니(빌 2:13)
> 허물로 죽은 우리를 그리스도와 함께 살리셨고(너희는 은혜로 구원을 받은 것이라)(엡 2:5)

모든 사람은 죄로 인해 영적으로 죽어 있습니다. 아무도 스스로의 능력으로 하나님의 부르심에 응답할 수 없습니다. 하지만 성령의 능력이 임하면 하나님의 부르심에 기꺼이 그리고 자유롭게 응답하게 됩니다(요 6:45).

이처럼 성도의 믿음은 성령님께서 역사하신 결과입니다. 성령님께서 우리 마음에 선한 소원을 주신 결과입니다(빌 2:13). 우리가 예수님을 믿고 구원에 이르는 모든 과정은 전적으로 하나님의 은혜입니다(엡 2:5).

제68문 택함받은 사람들만 효력 있는 부르심을 받습니까?

답: 모든 택함받은 사람, 오직 그들만이 효력 있는 부르심을 받습니다. 비록 택함받지 않은 사람들도 말씀의 사역과 성령의 일반적인 활동으로 어느 정도 외적으로 부름을 받을 수도 있고 종종 부름을 받을지라도, 그들은 자기들에게 제공되는 은혜를 고의로 무시하고 멸시하기 때문에, 당연히 불신앙에 내버려지고, 결코 예수 그리스도께 참되게 나아가지 못합니다.

1. 모든 택함받은 사람, 오직 그들만이 효력 있는 부르심을 받습니다.

이방인들이 듣고 기뻐하여 하나님의 말씀을 찬송하며 영생을 주시기로 작정된 자는 다 믿더라(행 13:48)

부르심에는 두 종류가 있습니다. 교회의 말씀 사역을 통한 외적인 부르심과 성령의 역사를 통한 내적인 부르심입니다. 이 가운데, 내적인 부르심을 받은 사람들만 궁극적으로 그리스도에게로 인도됩니다. 그렇다면 누가 내적인 부르심을 받을 수 있을까요? 택함받은 자들입니다(행 13:48). 오직 택함받은 자들만 효력 있는 부르심을 받습니다.

2. 비록 택함받지 않은 사람들도

청함을 받은 자는 많되 택함을 입은 자는 적으니라(마 22:14)

많은 사람이 복음을 듣습니다. 하지만 일부만 복음에 반응합니다(마 22:14). 누구나 청함을 받습니다. 하지만 적은 숫자만 회심에 이릅니다. 택함받지 않은 사람은 참되게 예수님께 나아갈 수 없습니다.

3. 말씀의 사역과 성령의 일반적인 활동으로 어느 정도 외적으로 부름을 받을 수도 있고 종종 부름을 받을지라도,

> 그날에 많은 사람이 나더러 이르되 주여 주여 우리가 주의 이름으로 선지자 노릇 하며 주의 이름으로 귀신을 좇아 내며 주의 이름으로 많은 권능을 행하지 아니하였나이까 하리니(마 7:22)
> 돌밭에 뿌려졌다는 것은 말씀을 듣고 즉시 기쁨으로 받되 그 속에 뿌리가 없어 잠시 견디다가 말씀으로 말미암아 환난이나 박해가 일어날 때에는 곧 넘어지는 자요(마 13:20-21)
> 한 번 빛을 받고 하늘의 은사를 맛보고 성령에 참여한 바 되고 하나님의 선한 말씀과 내세의 능력을 맛보고도 타락한 자들은 다시 새롭게 하여 회개하게 할 수 없나니 이는 그들이 하나님의 아들을 다시 십자가에 못 박아 드러내 놓고 욕되게 함이라(히 6:4-6)

택함받지 않은 사람들도 '성령의 일반적인 사역'을 통해 삶을 개혁하고, 자비를 행하고, 이타적인 삶을 살 수 있습니다. 불신자면서 인류 역사에 큰 족적을 남긴 사람들은 성령의 일반적인 영향을 크게 받은 사람들입니다. 하지만 성령의 일반적인 사역만으로는 구원에 이를 수 없습니다. 구원을 받기 위해서는 죄를 깨닫고 그리스도를 바라보게 하는 '성령의 특별한 사역'이 필요합니다.

교회 안에도 그런 사람이 있을 수 있습니다. 어떤 사람들은 주님의 이름으로 선지자 노릇하고 귀신을 좇아내고 권능을 행하기도 하였지만, 참된 구원에 이르지 못합니다(마 7:22). 바로 이들이 성령의 일반적인 은총만 받은 사람들입니다. 환난이 찾아오자 곧바로 신앙을 버린 사람들과 복음의 능력을 맛보고도 타락한 사람들 역시 마찬가지입니다(마 13:20-21). 효력 있는 부르심 없이 성령의 일반적인 은총만으로는 참된 구원에 이를 수 없습니다(히 6:4-6).

4. 그들은 자기들에게 제공되는 은혜를 고의로 무시하고 멸시하기 때문에, 당연히 불신앙에 내버려지고, 결코 예수 그리스도께 참되게 나아가지 못합니다.

> 내 백성이 내 소리를 듣지 아니하며 이스라엘이 나를 원하지 아니하였도다(시 81:11)
> 그러므로 내가 그의 마음을 완악한 대로 버려 두어 그의 임의대로 행하게 하였도다(시 81:12)

대다수의 이스라엘 민족은 하나님의 소리를 듣지 않았고, 하나님을 원하지도 않았습니다(시 81:11). 그 결과 하나님은 그들을 불신앙 가운데 내버려 두셨습니다(시 81:12). 이처럼 불신자들이 심판을 받는 이유는 자신들에게 제공된 은혜를 고의로 무시하고 멸시했기 때문입니다. 따라서 심판의 이유를 하나님께 돌려서는 안 됩니다.

무형 교회의 회원들이 은혜 안에서 그리스도와 나누는 교제는 무엇입니까?

답: 무형 교회의 회원들이 은혜 안에서 그리스도와 나누는 교제는 그들의 칭의, 양자 됨, 성화, 그밖에 이 세상에서 그리스도와의 연합을 나타내는 모든 것에 있어 그리스도의 중보의 효험에 참여하는 것입니다.

1. 무형 교회의 회원들이 은혜 안에서 그리스도와 나누는 교제는 그들의 칭의,

> 또 미리 정하신 그들을 또한 부르시고 부르신 그들을 또한 의롭다 하시고 의롭다 하신 그들을 또한 영화롭게 하셨느니라(롬 8:30)

효력 있는 부르심을 통해 그리스도와 연합된 자들에게는 많은 유익이 있습니다. 그중 첫 번째는 '칭의'입니다. 하나님은 택하신 자들을 부르시고, 부르신 자들을 의롭다고 하십니다(롬 8:30). 칭의에 대한 자세한 내용은 제70-73문답 해설에서 살펴보겠습니다.

2. 양자 됨,

> 그 기쁘신 뜻대로 우리를 예정하사 예수 그리스도로 말미암아 자기의 아들들이 되게 하셨으니(엡 1:5)

효력 있는 부르심을 통해 그리스도와 연합한 자들이 받는 두 번째 유익은 '양자 됨'입니다. 우리가 하나님의 자녀가 되는 것은 하나님께서 우리를 그리스도와 연합시키신 목적입니다(엡 1:5). 양자 됨에 대한 자세한 내용은 제74문답 해설에서 살펴보겠습니다.

---

3. 성화, 그밖에 이 세상에서 그리스도와의 연합을 나타내는 모든 것에 있어 그리스도의 중보의 효험에 참여하는 것입니다.

> 너희는 하나님으로부터 나서 그리스도 예수 안에 있고 <u>예수는 하나님으로부터 나와서</u> 우리에게 지혜와 의로움과 <u>거룩함과</u> 구원함이 되셨으니(고전 1:30)

효력 있는 부르심을 통해 그리스도와 연합한 자들이 받는 세 번째 유익은 '성화'입니다. 신자들은 그리스도 때문에 의롭게 되는 것과 마찬가지로, 그리스도 때문에 거룩하게 되어 갑니다(고전 1:30). 자세한 내용은 제75-78문답에서 살펴보겠습니다.

그리스도와 연합함으로써 받는 유익은 셀 수 없이 많습니다. 성경은 우리가 가진 모든 좋은 것들이 하늘에 계신 아버지로부터 온 것이라고 말합니다(약 1:17). 왜 하늘에 계신 아버지께서 좋은 것들을 우리에게 주실까요? 우리가 그리스도와 연합되어 있기 때문입니다. 만약 우리가 그리스도와 상관없는 존재라면, 우리는 하나님의 진노의 대상에 지나지 않습니다.

칭의란 무엇입니까?

답: 칭의는 하나님께서 죄인들에게 값없이 베푸시는 은혜의 행위로서, 죄인들의
모든 죄를 용서하시고, 자기 목전에서 그들을 의로운 자로 용납하시고 간주하
시는 것입니다. 칭의는 죄인들 안에서 이루어진 어떤 것이나 그들이 행한 어떤
일로 말미암은 것이 아닙니다. 오직 하나님께서 죄인들에게 전가하시고, 죄
인들이 오직 믿음으로 받아들인 그리스도의 완전한 순종과 충분한 대속으로
말미암은 것입니다.

1. 칭의는 하나님께서 죄인들에게 값없이 베푸시는 은혜의 행위로서,

> 그리스도 예수 안에 있는 속량으로 말미암아 <u>하나님의 은혜로 값 없이</u> 의롭다 하심을 얻
> 은 자 되었느니라(롬 3:24)
> 일을 아니할지라도 <u>경건하지 아니한 자를 의롭다 하시는</u> 이를 믿는 자에게는 그의 믿음
> 을 의로 여기시나니(롬 4:5)
> 누가 능히 하나님께서 택하신 자들을 고발하리요 <u>의롭다 하신 이는 하나님이시니 누가
> 정죄하리요</u> 죽으실 뿐 아니라 다시 살아나신 이는 그리스도 예수시니 그는 하나님 우편
> 에 계신 자요 우리를 위하여 간구하시는 자시니라(롬 8:33-34)

그리스도인은 "의롭다 하심을 얻은 자"입니다(롬 3:24). 의롭다는 선언은 주로 재판장
이 합니다. 마찬가지로 우리가 의롭다고 선언하시는 분은 온 우주의 재판장이신 하
나님입니다. 우주의 재판장이신 하나님께서 택함받은 자들을 의롭다고 선언해 주시
는 것이 '칭의'입니다. 그래서 칭의를 받은 자들은 실제로는 의인이 아닙니다. 실제로
는 경건하지 않은 자요, 죄인입니다(롬 4:5). 칭의는 하나님께서 경건하지 않은 자를
의로운 자로 바꾸시는 것이 아니라, 경건하지 않은 자를 의로운 자라고 선언해 주시

는 것입니다.[90]

칭의는 정죄와 반대되는 말입니다. '정죄'는 죄를 지은 사람에게 죄인이라고 선언하는 것이고, 칭의는 죄를 지은 사람에게 의인이라고 선언하는 것입니다. 누군가는 이것을 두고 불합리하다고 비판할지 모릅니다. 하지만 아무도 칭의된 자들을 고발할 수 없습니다. 그들을 의롭다고 선언하신 분이 하나님이시기 때문입니다(롬 8:33-34).

칭의가 사법적인 선언이기 때문에, 우리는 칭의를 받은 후에도 여전히 부패한 성품을 가지고 있습니다. 하지만 재판장이신 하나님께서 우리를 의롭다고 선언하셨기 때문에, 우리는 죄의 결과인 영원한 사망으로부터 완전히 자유로운 존재입니다.

칭의를 얻기 위해 우리가 해야 하는 일은 없습니다. 할 수 있는 일도 없습니다. 칭의의 근거는 오직 '그리스도 예수'입니다. 하나님은 우리를 "그리스도 예수 안에 있는 속량으로 말미암아" 값없이 의롭다고 선언하여 주셨습니다(롬 3:24). 칭의는 하나님께서 죄인들에게 값없이 베푸시는 은혜의 행위입니다.

2. 죄인들의 모든 죄를 용서하시고, 자기 목전에서 그들을 의로운 자로 용납하시고 간주하시는 것입니다.

> 하나님이 죄를 알지도 못하신 이를 우리를 대신하여 죄로 삼으신 것은 우리로 하여금 그 안에서 하나님의 의가 되게 하려 하심이라(고후 5:21)

칭의에는 두 가지 요소가 있습니다. 한 가지는 하나님께서 우리의 죄를 용서해 주시는 것이고, 다른 한 가지는 하나님께서 우리를 의로운 자로 여겨 주시는 것입니다(고후 5:21). 전자를 통해서는 합법적으로 형벌을 면제받고, 후자를 통해서는 영생에 들어갈 자격을 얻습니다.[91]

---

90   웨인 그루뎀, 『웨인 그루뎀의 조직신학 (중)』, 노진준 옮김 (서울: 은성, 2009), 356.
91   J. G. 보스, G. I. 윌리암슨, 『웨스트민스터 대요리문답 강해』, 류근상·신호섭 옮김 (서울: 크리스찬출판사, 2007), 231.

3. 칭의는 죄인들 안에서 이루어진 어떤 것이나 그들이 행한 어떤 일로 말미암는 것이 아닙니다.

> 우리를 구원하시되 우리가 행한 바 의로운 행위로 말미암지 아니하고 오직 그의 긍휼하심을 따라 중생의 씻음과 성령의 새롭게 하심으로 하셨나니(딛 3:5)

하나님께서 우리를 의롭다고 인정해 주시는 것은 우리가 의로운 일을 행했기 때문이 아닙니다(딛 3:5). 하나님께서 우리를 긍휼히 여기시기 때문입니다. 그리고 긍휼의 근거는 그리스도입니다.

4. 오로지 하나님께서 죄인들에게 전가하시고,

> 그런즉 한 범죄로 많은 사람이 정죄에 이른 것 같이 한 의로운 행위로 말미암아 많은 사람이 의롭다 하심을 받아 생명에 이르렀느니라(롬 5:18)

하나님께서 우리를 의롭다고 인정해 주시는 근거는 예수 그리스도입니다(롬 5:18). 하나님은 우리에게 전가된 그리스도의 의를 보시고, 우리를 의롭다고 인정해 주십니다. 이것을 '의의 전가'라고 합니다.

5. 죄인들이 오직 믿음으로 받아들인 그리스도의 완전한 순종과 충분한 대속으로 말미암은 것입니다.

> 이 예수를 하나님이 그의 피로써 믿음으로 말미암는 화목제물로 세우셨으니 이는 하나님께서 길이 참으시는 중에 전에 지은 죄를 간과하심으로 자기의 의로우심을 나타내려 하심이니(롬 3:25)
> 진실로 너희에게 이르노니 천지가 없어지기 전에는 율법의 일점 일획도 결코 없어지지 아니하고 다 이루리라(마 5:18)
> 그러므로 우리가 믿음으로 의롭다 하심을 받았으니 우리 주 예수 그리스도로 말미암아 하나님과 화평을 누리자(롬 5:1)

우리에게 전가된 예수님의 의에는 다음과 같은 특징이 있습니다. 첫째, '완전한 대속'입니다. 하나님이 우리를 의롭다고 선언하기 위해서는 우리의 죄 문제가 해결되어야 합니다. 죄 문제가 해결되지 않은 상태에서 우리를 의롭다고 선언하시는 것은 하나님의 정의로운 성품에 위배됩니다. 그래서 예수님은 우리를 위한 화목제물이 되셨습니다(롬 3:25). 하나님이신 예수님께서 우리 대신 화목 제물이 되셨으므로, 우리의 죄는 완전히 해결되었습니다.

둘째, '완전한 순종'입니다. 완전한 대속만으로는 부족합니다. 완전한 대속은 우리를 무죄한 상태로 만들 뿐입니다. 하나님께서 우리를 의롭다고 선언하시기 위해서는 '완전한 의'가 더해져야 합니다. 그래서 예수님은 모든 율법에 순종하셨습니다(마 5:18). 완전한 의를 이루셨습니다. 따라서 우리에게 전가된 의는 완전한 의입니다.

예수님의 '완전한 순종'과 '완전한 대속'의 공로는 오직 믿음으로만 받을 수 있습니다(롬 5:1). 믿음은 예수님의 공로를 주입받는 통로입니다. 칭의의 근거는 전적으로 그리스도께서 이루신 공로에 있지만, 그 공로가 우리에게 전가되는 통로는 믿음입니다. 간단하게 정리하면 그리스도 때문에, 믿음을 통해서, 의롭다 함을(칭의) 얻습니다.

제71문 칭의가 어떻게 하나님께서 값없이 베
푸시는 은혜의 행위입니까?

답: 그리스도는 의롭다 함을 받을 사람들을 위하여 자신의 순종과 죽으심으로 하
나님의 공의에 대해 적절하고 실제적이며 충분한 만족을 드리셨습니다. 그러
나 하나님은 그들에게 요구하실 수 있었던 만족을 한 보증인에게서 받으시되,
자신의 독생자를 그 보증인으로 제공하시고, 독생자의 의를 그들에게 전가하
셨습니다. 또 그들의 칭의를 위하여 그들에게 믿음 외에는 아무것도 요구하지
않으셨고, 그 믿음 또한 하나님의 선물인 까닭에, 그들의 칭의는 그들에게 값
없이 베푸신 은혜의 행위입니다.

1. 그리스도는 의롭다 함을 받을 사람들을 위하여 자신의 순종과 죽으심으
로 하나님의 공의에 대해 적절하고 실제적이며 충분한 만족을 드리셨습
니다.

> 인자가 온 것은 섬김을 받으려 함이 아니라 도리어 섬기려 하고 <u>자기 목숨을</u> 많은 사람의
> 대속물로 주려 함이니라(마 20:28)
> 너희가 알거니와 너희 조상이 물려 준 헛된 행실에서 대속함을 받은 것은 은이나 금 같
> 이 없어질 것으로 된 것이 아니요 오직 흠 없고 점 없는 어린 양 같은 <u>그리스도의 보배로</u>
> <u>운 피로</u> 된 것이니라(벧전 1:18-19)
> <u>우리가 그의 피로 말미암아</u> 의롭다 하심을 받았으니 더욱 그로 말미암아 진노하심에서
> 구원을 받을 것이니
> (롬 5:9)

우리 편에서 볼 때 칭의는 값없는 은혜입니다. 우리는 칭의를 위해 아무것도 한 일
이 없습니다. 그러나 하나님 편에서는 다릅니다. 하나님은 엄청난 대가를 치르셨습니
다. 그 대가는 다름 아닌 독생자의 피와 목숨입니다(마 20:28; 벧전 1:18-19; 롬 5:9). 만약

그리스도께서 자신의 피와 목숨을 대속의 대가로 지불하지 않으셨다면, 우리는 결코 칭의를 얻을 수 없었을 것입니다. 하나님은 공의로우셔서 죄인을 무죄하다 하실 수 없기 때문입니다.

2. 그러나 하나님은 그들에게 요구하실 수 있었던 만족을 한 보증인에게서 받으시되, 자신의 독생자를 그 보증인으로 제공하시고,

> 우리는 다 양 같아서 그릇 행하여 각기 제 길로 갔거늘 여호와께서는 우리 모두의 죄악을 그에게 담당시키셨도다(사 53:6)
> 나의 의로운 종이 자기 지식으로 많은 사람을 의롭게 하며 또 그들의 죄악을 친히 담당하리로다(사 53:11)
> 자기 아들을 아끼지 아니하시고 우리 모든 사람을 위하여 내주신 이가 어찌 그 아들과 함께 모든 것을 우리에게 주시지 아니하겠느냐(롬 8:32)

이사야 선지자는 한 보증인을 예언하였습니다(사 53:6). "보증인"이란, 도저히 자기 힘으로 빚을 갚을 수 없는 사람을 대신해서 빚을 갚아주는 사람입니다. 이사야 선지자가 예언한 보증인은 우리가 하나님께 진 죄의 빚을 대신 갚아주는 보증인입니다(사 53:11). 하나님은 그 보증인이 우리의 죄악을 담당하게 하실 것이고, 그 보증인은 우리를 위해 기꺼이 고난을 받을 것입니다. 그 보증인은 하나님의 아들인 것으로 밝혀졌습니다(롬 8:32). 바로 이것이 하나님께서 우리의 칭의를 이루신 방법입니다.

3. 독생자의 의를 그들에게 전가하셨습니다.

> 하나님이 죄를 알지도 못하신 이를 우리를 대신하여 죄로 삼으신 것은 우리로 하여금 그 안에서 하나님의 의가 되게 하려 하심이라(고후 5:21)
> 너희는 하나님으로부터 나서 그리스도 예수 안에 있고 예수는 하나님으로부터 나와서 우리에게 지혜와 의로움과 거룩함과 구원함이 되셨으니(고전 1:30)

왜 하나님은 독생자의 의가 우리에게 전가되게 하셨을까요? 하나님의 공의를 만족시킬 만큼 의로운 분은 그리스도밖에 없기 때문입니다(고후 5:21). 예수님의 의가 우리에게 전가되었으므로, 우리는 하나님의 공의를 만족시키기에 조금도 부족함이 없는 의를 소유하게 되었습니다(고전 1:30).

4. 또 그들의 칭의를 위하여 그들에게 믿음 외에는 아무것도 요구하지 않으셨고,

> 이 예수를 하나님이 그의 피로써 <u>믿음으로 말미암는</u> 화목제물로 세우셨으니 이는 하나님께서 길이 참으시는 중에 전에 지은 죄를 간과하심으로 자기의 의로우심을 나타내려 하심이니(롬 3:25)

그리스도는 "믿음으로 말미암는 화목 제물"이십니다(롬 3:25). 그리스도의 의를 전가받는 방법이 '믿음'이라는 뜻입니다. 하나님은 칭의를 위해, 믿음 외에는 아무것도 요구하지 않으십니다. 믿음으로 얻는 칭의는 로마서와 갈라디아서의 주된 주제입니다. 여기서 바울은 행위가 아니라 믿음으로서 의롭다 함을 얻는다고 말합니다(롬 3:20; 갈 2:16).

그런데 야고보서는 앞의 두 성경과 다른 주장을 하는 것처럼 보입니다. 예를 들어 야고보서에는 이런 구절이 있습니다. "사람이 행함으로 의롭다 하심을 받고 믿음으로만은 아니니라"(약 2:24). 문맥과 상관없이 이 구절만 보면 야고보가 행위 구원을 주장하는 것처럼 생각할 수 있습니다. 하지만 전체 문맥에서 보면 오해는 쉽게 해결됩니다. 앞에는 이런 말씀이 있습니다. "어떤 사람은 말하기를 너는 믿음이 있고 나는 행함이 있으니 행함이 없는 네 믿음을 내게 보이라 나는 행함으로 내 믿음을 네게 보이리라"(약 2:18). 여기서 야고보가 의로움을 입증하고자 하는 대상은 하나님이 아니라 사람입니다. 사람 앞에서 우리의 의로움을 입증하기 위해서는 행함이 있어야 합니다. 하지만 하나님 앞에서는 행위로 의로움을 입증할 수 없습니다. 하나님은 오직 믿음을 통해서만 우리를 의롭다고 하십니다.

정리하면 다음과 같습니다. 로마서와 갈라디아서는 하나님 앞에서 의로움을 얻는 방법에 대해 말합니다. 반대로 야고보서는 사람 앞에서 의로움을 입증하는 문제에 대해 말합니다. 그래서 로마서와 갈라디아서는 믿음을 강조하고, 야고보서는 행위를 강조합니다.

5. 그 믿음 또한 하나님의 선물인 까닭에

> 너희는 그 은혜에 의하여 믿음으로 말미암아 구원을 받았으니 <u>이것은 너희에게서 난 것</u>
> <u>이 아니요 하나님의 선물이라</u>(엡 2:8)

구원 얻는 믿음에 대해 크게 두 가지 오해가 있습니다. 첫째, 믿음을 공로로 생각하는 것입니다. '저 사람은 믿지 않아서 심판을 받고, 나는 믿어서 구원을 받는다'라고 생각하는 경우입니다. 하지만 성경은 믿음조차 "하나님의 선물"이라고 말합니다(엡 2:8). 믿음을 우리의 공로, 또는 우리의 선행으로 생각해서는 안 됩니다.

둘째, 우리의 의지와 상관없이 하나님께서 일방적으로 믿게 하신다고 생각하는 것입니다. 그것 역시 사실이 아닙니다. 하나님은 우리의 인격을 기계적으로 다루시지 않습니다. 하나님은 우리의 본성과 마음을 움직이셔서 우리가 자발적으로 예수님을 믿게 하십니다.

6. 그들의 칭의는 그들에게 값없이 베푸신 은혜의 행위입니다.

> 우리는 그리스도 안에서 <u>그의 은혜의 풍성함을 따라</u> 그의 피로 말미암아 속량 곧 죄 사함
> 을 받았느니라(엡 1:7)

믿음을 통해서만 의롭게 됩니다. 그런데 믿음조차 하나님의 선물입니다. 그러므로 칭의는 하나님께서 우리에게 값없이 베푸신 은혜입니다(엡 1:7).

제72문 **의롭게 하는 믿음이란 무엇입니까?**

답: 의롭게 하는 믿음은 성령과 하나님의 말씀으로 말미암아 죄인의 마음속에서
일어나는 구원의 은혜입니다. 이로써 죄인은 자신의 죄와 비참을, 그리고 자신
의 상실된 상태로부터 스스로 회복할 수 있는 능력이 자신과 다른 모든 피조물
에게 전혀 없다는 것을 깨닫고, 복음이 약속하는 진리에 동의할 뿐 아니라, 죄
사함을 받기 위하여, 그리고 하나님 보시기에 구원받을 만한 의인으로 간주되
고 용납되기 위하여, 복음에 제시된 그리스도와 그분의 의를 받아들이고 의지
합니다.

1. 의롭게 하는 믿음은

> 우리는 뒤로 물러가 멸망할 자가 아니요 오직 영혼을 구원함에 이르는 믿음을 가진 자니
> 라(히 10:39)

믿음은 우리에게 구원을 가져다 줍니다(히 10:39). 하지만 모든 믿음이 구원의 통로가
되는 것은 아닙니다. 의롭게 하는 믿음은 두 가지를 포함합니다. 첫째, 하나님의 말씀
을 믿게 하시는 성령님의 역사입니다. 둘째, 믿음의 내용이 되는 하나님의 말씀입니
다. 이 두 가지가 반드시 함께 있어야 하는 이유는, 성령의 역사 없이는 하나님의 말
씀을 깨달을 수 없고, 하나님의 말씀이 없이는 무엇을 믿어야 할지 알 수 없기 때문입
니다.

의롭게 하는 믿음과 상관없는 것으로는 '긍정의 힘'을 꼽을 수 있습니다. 긍정의 힘
을 요약하면 '믿는 대로 된다'입니다. 잘될 것이라고 긍정적으로 믿으면 그 믿음대로
잘될 것이고, 안 될 것이라고 부정적으로 믿으면 그 믿음대로 잘되지 않는다는 것입
니다. 이런 믿음은 의롭게 하는 믿음이라 할 수 없습니다. 믿음의 내용이 없기 때문
입니다. "잘될 것이라고 내가 믿는 것을 믿는다." 이것은 자기의 욕망을 믿는다는 말

입니다. 어떻게 이런 믿음이 참된 믿음일 수 있겠습니까? 의롭게 하는 믿음은 하나님께서 말씀하신 것을 믿는 믿음이며, 진리에 근거한 믿음입니다. 따라서 '긍정의 힘'과 같은 믿음은 의롭게 하는 믿음이 아닙니다.

2. 성령과

> 우리 주 예수 그리스도의 하나님, 영광의 아버지께서 <u>지혜와 계시의 영을 너희에게 주사 하나님을 알게 하시고</u>(엡 1:17)

본래 그리스도를 믿을 수 있는 사람은 없습니다(롬 3:10). 의롭게 하는 믿음은 인간의 능력으로 획득할 수 없습니다. 그런데 우리는 어떻게 그리스도를 믿었을까요? 하나님께서 우리에게 성령님을 보내 주셨기 때문입니다(엡 1:17). 따라서 우리의 믿음은 성령님께서 우리 마음 가운데 역사하신 결과입니다.

3. 하나님의 말씀으로 말미암아

> 그러므로 <u>믿음은 들음에서 나며 들음은 그리스도의 말씀으로 말미암았느니라</u>(롬 10:17)
> 주께서 사랑하시는 형제들아 우리가 항상 너희에 관하여 마땅히 하나님께 감사할 것은 하나님이 처음부터 너희를 택하사 성령의 거룩하게 하심과 <u>진리를 믿음으로 구원을 받게 하심이니</u>(살후 2:13)

믿음에는 내용이 있어야 합니다. 내용이 없는 믿음은 참된 믿음이 아닙니다. 구원을 위해서는 무엇을 믿어야 할까요? 하나님의 말씀입니다(롬 10:17; 살후 2:13). 이것이 구체적으로 어떤 믿음인지는 4-7번 해설을 통해 살펴보겠습니다.

4. 죄인의 마음속에서 일어나는 구원의 은혜입니다. 이로써 죄인은 자신의 죄와 비참을, 그리고 자신의 상실된 상태에서 스스로 회복할 수 있는 능력이 자신과 다른 피조물에게 전혀 없다는 것을 깨닫고,

> 그들이 이 말을 듣고 <u>마음에 찔려</u> 베드로와 다른 사도들에게 물어 이르되 <u>형제들아 우리가 어찌할꼬</u> 하거늘(행 2:37)

> 베드로가 이르되 너희가 회개하여 각각 <u>예수 그리스도의 이름으로 세례를 받고 죄 사함</u>
> <u>을 받으라</u>(행 2:38)

의롭게 하는 믿음에는 다음의 세 가지 요소가 포함되어야 합니다. 첫째, 자신의 죄와
비참을 알아야 합니다(행 2:37). 둘째, 죄와 비참에서 벗어날 능력이 자신에게 없음을
알아야 합니다(행 2:37). 셋째, 오직 그리스도를 믿음으로써만 죄와 비참에서 벗어날
수 있음을 알아야 합니다(행 2:38).

　　베드로의 설교를 들은 유대인들은 마음이 찔렸습니다(행 2:37). 자신들의 죄와 비참
을 알게 되었기 때문입니다. 이것이 의롭게 하는 믿음의 첫째 요소입니다. 유대인들
은 "우리가 어찌할꼬"하고 외쳤습니다(행 2:37). 죄와 비참에서 벗어날 능력이 자신들
에게 없음을 깨달았기 때문입니다. 이것이 의롭게 하는 믿음의 둘째 요소입니다. 베
드로는 "예수 그리스도의 이름으로 세례를 받고 죄 사함을 받으라"라고 말했습니다
(행 2:38). 오직 그리스도를 믿음으로써만 죄와 비참에서 벗어날 수 있기 때문입니다.
이것이 믿음의 셋째 요소입니다.

5. 복음이 약속하는 진리에 동의할 뿐 아니라,

> 네가 <u>만일 네 입으로 예수를 주로 시인하며</u> 또 하나님께서 그를 죽은 자 가운데서 살리신
> 것을 네 마음에 믿으면 구원을 받으리라(롬 10:9)

성령님께서 성도의 마음속에 믿음의 씨앗을 심으시면, 말씀에 대한 불신이 점점 사
라지게 됩니다. 그리하여 자발적으로 복음이 약속하는 것들을 진리로 시인하게 됩니
다(롬 10:9).

6. 죄 사함을 받기 위하여,

> 그에 대하여 모든 선지자도 증언하되 그를 믿는 사람들이 다 <u>그의 이름을 힘입어 죄 사함을 받는다</u> 하였느니라(행 10:43)

우리의 힘으로는 죄를 해결할 수 없습니다. 해결하기는커녕 날마다 죄를 지어 하나님의 진노를 추가할 뿐입니다. 해결책은 하나밖에 없습니다. 하나님께서 우리의 죄를 용서해 주시는 것입니다. 하지만 하나님은 정의로운 분이시기에 조건 없이 용서하실 수 없습니다. 그래서 하나님은 그리스도를 믿는 자만을 용서해 주십니다. 그리스도께서 우리가 받아야 할 징벌을 모두 받으셨기 때문입니다. 따라서 우리가 죄 사함을 받기 위해서는 반드시 그리스도를 믿고, 믿음으로 그분의 의를 받아들이고, 그분만을 의지해야 합니다(행 10:43).

7. 그리고 하나님 보시기에 구원받을 만한 의인으로 간주되고 용납되기 위하여, 복음에 제시된 그리스도와 그분의 의를 받아들이고 의지합니다.

> 사람이 의롭게 되는 것은 율법의 행위로 말미암음이 아니요 <u>오직 예수 그리스도를 믿음으로 말미암는 줄 알므로</u>(갈 2:16)
> 또한 모든 것을 해로 여김은 내 주 그리스도 예수를 아는 지식이 가장 고상하기 때문이라 <u>내가 그를 위하여 모든 것을 잃어버리고 배설물로 여김은</u> 그리스도를 얻고(빌 3:8)

의롭게 하는 믿음은 '오직' 그리스도만을 바라보는 믿음입니다(갈 2:16). 만약 다른 방법으로도 구원을 받을 수 있다고 생각한다면, 그것은 의롭게 하는 믿음이 아닙니다. 의롭게 하는 믿음이란, 우리의 선행과 공로를 비롯하여 지금껏 우리가 의지했던 모든 것들을 내려놓고 오직 그리스도만을 바라보는 믿음입니다(빌 3:8).

제73문 믿음이 어떻게 죄인을 하나님 보시기에 의롭게 합니까?

답: 믿음이 죄인을 하나님 보시기에 의롭게 하는 것은 믿음에 항상 따르는 다른 은혜들이나 믿음의 열매인 선행 때문이 아닙니다. 또 믿음의 은혜 자체나 믿음에서 나오는 어떤 행위가 의롭다 함을 위해서 죄인에게 전가되기 때문도 아닙니다. 믿음이 죄인으로 하여금 그리스도와 그의 의를 받아들이고 적용하게 하는 유일한 도구이기 때문입니다.

1. 믿음이 죄인을 하나님 보시기에 의롭게 하는 것은 믿음에 항상 따르는 다른 은혜들이나 믿음의 열매인 선행 때문이 아닙니다.

> 너희는 그 은혜에 의하여 믿음으로 말미암아 구원을 받았으니 이것은 너희에게서 난 것이 아니요 하나님의 선물이라 행위에서 난 것이 아니니 이는 누구든지 자랑하지 못하게 함이라(엡 2:8-9)

믿음은 그리스도를 구원자로 받아들이는 신자의 행위입니다. 그런데 하나님은 믿음을 행위로 간주하시지 않습니다. 오히려 행위와 정반대되는 것으로 말씀하십니다(엡 2:8-9). 만일 하나님께서 믿음을 "행위"로 간주하신다면, 우리는 자신의 믿음을 자랑할 여지를 갖게 됩니다. 그러나 믿음은 행위가 아니기에 자랑할 수 없습니다(엡 2:9). 그러므로 믿음은 행위로 간주할 수 없고, 그 안에 어떤 공로적 요소도 없으며, 어떤 의미에서도 구원의 근거가 될 수 없습니다.[92]

---

92 J. G. 보스, G. I. 윌리암슨, 『웨스트민스터 대요리문답 강해』, 류근상 · 신호섭 옮김 (서울: 크리스챤출판사, 2007), 243.

2. 또 믿음의 은혜 자체나 믿음에서 나오는 어떤 행위가 의롭다 함을 위해서 죄인에게 전가되기 때문도 아닙니다.

> 우리를 구원하시되 우리가 행한 바 의로운 행위로 말미암지 아니하고 오직 그의 긍휼하심을 따라 중생의 씻음과 성령의 새롭게 하심으로 하셨나니 우리 구주 예수 그리스도로 말미암아 우리에게 그 성령을 풍성히 부어 주사 우리로 그의 은혜를 힘입어 의롭다 하심을 얻어 영생의 소망을 따라 상속자가 되게 하려 하심이라(딛 3:5-7)

믿음과 선행은 밀접한 관계를 맺고 있습니다. "행함이 없는 믿음은 그 자체가 죽은 것이라"는 말씀처럼, 참된 믿음은 선행을 산출합니다(약 2:17). 하지만 하나님께서 믿음에서 나오는 행위를 보시고 우리를 의롭다고 하시는 것은 아닙니다. 우리의 선행은 구원의 근거가 될 수 없습니다(딛 3:5).

3. 믿음이 죄인으로 하여금 그리스도와 그의 의를 받아들이고 적용하게 하는 유일한 도구이기 때문입니다.

> 사람이 의롭게 되는 것은 율법의 행위로 말미암음이 아니요 오직 예수 그리스도를 믿음으로 말미암는 줄 알므로 우리도 그리스도 예수를 믿나니 이는 우리가 율법의 행위로써가 아니고 그리스도를 믿음으로써 의롭다 함을 얻으려 함이라 율법의 행위로써는 의롭다 함을 얻을 육체가 없느니라(갈 2:16)

믿음은 '구원의 근거'가 될 수 없습니다. 그리스도의 십자가만이 구원의 유일한 근거입니다(마 26:28). 똑같은 이유로 믿음은 '구원의 원인'이 될 수 없습니다. 믿음조차 하나님의 선물이기 때문입니다(엡 2:8). 그렇다면 믿음의 역할은 무엇일까요? 믿음은 도구입니다. 믿음은 그리스도의 의가 우리에게 전달되는 통로입니다. 비록 우리의 믿음은 불완전하고 하나님 앞에서 아무런 가치도 없지만, 하나님은 은혜에 도달하고 은혜를 받는 수단으로 믿음을 선택하셨습니다.[93]

그렇다면 왜 하나님은 의롭다 함을 받는 수단으로 믿음을 선택하셨을까요? 믿음이란, 우리가 스스로를 의지하는 것과 정반대되는 마음의 상태이기 때문입니다.[94] 우리가 그리스도를 구원자로 믿을 때는 "저의 힘으로는 구원을 얻을 수 없습니다. 저의

---

93 존 프레임, 『존 프레임의 조직신학』, 김진운 옮김 (서울: 부흥과개혁사, 2013), 974.
94 웨인 그루뎀, 『웨인 그루뎀의 조직신학 (중)』, 노진준 옮김 (서울: 은성, 2009), 368.

힘으로는 의롭게 될 수 없습니다. 저의 힘으로 구원받는 것을 포기합니다. 이제 철저하게 그리스도만을 의지합니다"라고 고백하는 것입니다. 그런 측면에서 믿음은 구원을 선물로 주시는 하나님의 마음에 가장 합당한 도구입니다.

양자 됨이란 무엇입니까?

답: 양자 됨은 하나님께서 독생자 예수 그리스도 안에서, 그리고 예수 그리스도 때문에 죄인들에게 값없이 주시는 은혜의 행위입니다. 이로 말미암아 하나님은 의롭다 함을 받은 모든 사람을 자기 자녀로 받아 주시고, 하나님의 이름을 그들에게 두시며, 하나님의 아들의 영을 그들에게 주십니다. 또한 그들을 아버지 같이 돌보시고 다스리시며, 하나님의 자녀들이 누리는 모든 자유와 특권을 그들에게 허락하시고, 그들을 모든 약속의 상속자요 그리스도와 함께 영광을 받을 한 상속자가 되게 하십니다.

1. 양자 됨은 하나님께서 독생자 예수 그리스도 안에서, 그리고 예수 그리스도 때문에

> 그 기쁘신 뜻대로 우리를 예정하사 예수 그리스도로 말미암아 자기의 아들들이 되게 하셨으니(엡 1:5)
> 때가 차매 하나님이 그 아들을 보내사 여자에게서 나게 하시고 율법 아래에 나게 하신 것은 율법 아래에 있는 자들을 속량하시고 우리로 아들의 명분을 얻게 하려 하심이라(갈 4:4-5)

대요리문답은 칭의를 설명한 후에 양자 됨을 설명합니다. 하지만 둘 사이에 시간적인 순서가 있는 것은 아닙니다. 칭의와 양자 됨은 동시적인 사건입니다. 칭의와 양자 됨은 유사한 점이 많습니다. 첫째, 칭의가 한순간에 일어나는 것처럼, 양자 됨도 한순간에 일어납니다. 서서히 칭의되는 경우가 없는 것처럼, 조금씩 양자가 되는 사람도 없습니다. 둘째, 칭의의 유일한 근거가 그리스도인 것처럼, 양자 됨도 오직 그리스도 때문에 받는 은혜입니다(엡 1:5). 양자가 되기 위해 어떤 자격이나 공로를 갖추어야 하는 것은 아닙니다.

칭의와 양자 됨 사이에는 차이점도 있습니다. 칭의는 죄인에서 의인이 되는 법적인 변화이며, 양자 됨은 진노의 대상에서 자녀로 변화되는 관계적인 변화입니다(갈 4:4-5). 칭의는 의롭게 되었다는 선언이며, 양자 됨은 하나님의 자녀가 되었다는 선언입니다. 칭의는 천국 백성으로 초대받는 것이고, 양자 됨은 하나님의 가족으로 초대받는 것입니다.

2. 죄인들에게 값없이 주시는 은혜의 행위입니다.

> 보라 아버지께서 어떠한 사랑을 우리에게 베푸사 하나님의 자녀라 일컬음을 받게 하셨는가, 우리가 그러하도다 그러므로 세상이 우리를 알지 못함은 그를 알지 못함이라(요일 3:1)

칭의의 근원이 하나님의 사랑이었던 것과 마찬가지로, 양자 됨도 하나님의 사랑에서 시작되는 은혜로운 행위입니다.

3. 이로 말미암아 하나님은 이 은혜의 행위로 말미암아 의롭다 함을 받은 모든 사람을 자기 자녀로 받아 주시고,

> 영접하는 자 곧 그 이름을 믿는 자들에게는 하나님의 자녀가 되는 권세를 주셨으니(요 1:12)

그리스도를 믿음과 동시에 의롭게 되고, 의롭게 됨과 동시에 하나님의 자녀가 됩니다. 칭의와 양자 됨은 동시적인 사건입니다. 따라서 칭의되었으나 양자가 되지 못하는 경우는 없습니다. 그 반대로도 마찬가지입니다.

4. 하나님의 이름을 그들에게 두시며,

> 너희에게 아버지가 되고 너희는 내게 자녀가 되리라 전능하신 주의 말씀이니라 하셨느니라(고후 6:18)
> 이기는 자는 내 하나님 성전에 기둥이 되게 하리니 그가 결코 다시 나가지 아니하리라 내가 하나님의 이름과 하나님의 성 곧 하늘에서 내 하나님께로부터 내려오는 새 예루살렘의 이름과 나의 새 이름을 그이 위에 기록하리라(계 3:12)

하나님은 그리스도를 믿는 자들에게 자기 자녀라는 이름을 새기십니다. 그 이름은 영원히 지워지지 않습니다.

5. 하나님의 아들의 영을 그들에게 주십니다.

> 너희가 아들이므로 하나님이 그 아들의 영을 우리 마음 가운데 보내사 아빠 아버지라 부르게 하셨느니라(갈 4:6)

우리에게는 하나님을 '아빠'라고 부를 자격이 있습니다(갈 4:6). '아빠'는 아버지를 의미하는 아람어로서, 예수님이 성부를 부르실 때 사용하신 단어입니다(막 14:36). 우리가 하나님을 아버지라고 부를 수 있는 근거는 "아들의 영"이 우리 안에 계시기 때문입니다. 우리 안에 계신 성령님은 성부의 영이신 동시에 성자의 영이십니다.

6. 또한 그들을 아버지같이 돌보시고 다스리시며,

> 그러므로 염려하여 이르기를 무엇을 먹을까 무엇을 마실까 무엇을 입을까 하지 말라 이는 다 이방인들이 구하는 것이라 너희 하늘 아버지께서 이 모든 것이 너희에게 있어야 할 줄을 아시느니라(마 6:31-32)
> 하나님이 아들과 같이 너희를 대우하시나니 어찌 아버지가 징계하지 않는 아들이 있으리요(히 12:7)

우리가 하나님의 양자로서 누리는 특권은 하나님의 부성(父性)적 돌보심과 다스림을 받는 것입니다. 하나님은 아버지가 자녀를 돌보듯이 우리를 돌보시며(마 6:31-32), 아버지가 자녀를 다스리듯이 우리를 다스리십니다(히 12:7).

7. 하나님의 자녀들이 누리는 모든 자유와 특권을 그들에게 허락하시고, 그들을 모든 약속의 상속자요 그리스도와 함께 영광을 받을 한 상속자가 되게 하십니다.

모든 천사들은 섬기는 영으로서 <u>구원받을 상속자들</u>을 위하여 섬기라고 보내심이 아니냐 (히 1:14)
남편들아 이와 같이 지식을 따라 너희 아내와 동거하고 그를 더 연약한 그릇이요 또 <u>생명의 은혜를 함께 이어받을 자</u>로 알아 귀히 여기라 이는 너희 기도가 막히지 아니하게 하려 함이라(벧전 3:7)
내 사랑하는 형제들아 들을지어다 하나님이 세상에서 가난한 자를 택하사 믿음에 부요하게 하시고 또 자기를 사랑하는 자들에게 <u>약속하신 나라를 상속으로</u> 받게 하지 아니하셨느냐(약 2:5)
자녀이면 또한 상속자 곧 <u>하나님의 상속자요</u> 그리스도와 함께 한 상속자니 우리가 <u>그와 함께 영광을 받기 위하여 고난도 함께 받아야 할 것이니라</u>(롬 8:17)

우리는 하나님의 자녀입니다. 자녀는 부모의 유산을 상속받습니다. 따라서 우리는 하나님의 상속자입니다(히 1:14). 우리는 하나님께 구원과 천국을 상속받습니다(벧전 3:7; 약 2:5). 하지만 책임도 있습니다. 그리스도와 함께 고난받을 책임입니다(롬 8:17). 우리는 구원과 천국을 상속받은 자로서 작은 그리스도가 되어야 합니다. 타락한 세상을 거슬러 살아야 합니다. 이것은 결코 손해가 아닙니다. 그리스도와 함께 고난을 받은 자들은 그리스도와 함께 영광도 받을 것이기 때문입니다(롬 8:17).

성화란 무엇입니까?

답: 성화는 하나님의 은혜의 사역입니다. 이로 말미암아 하나님은 세상을 창조하시기 전에 거룩하게 되도록 택하신 사람들이 정하신 때에, 그리스도의 죽음과 부활을 적용하시는 성령님의 강력한 활동을 통해서, 전인을 하나님의 형상을 따라서 새롭게 하십니다. 그리고 하나님은 그들 마음속에 두신 생명에 이르는 회개의 씨와 그밖에 다른 모든 구원의 은혜들을 고무하고, 증가하고, 강화하여서, 그들이 점점 죄에 대하여는 죽고, 새로운 생명에 대하여는 살아나게 하십니다.

1. 성화는 하나님의 은혜의 사역입니다. 이로 말미암아 하나님은 세상을 창조하시기 전에 거룩하게 되도록 택하신 사람들이 정하신 때에,

> 곧 창세 전에 그리스도 안에서 우리를 택하사 우리로 사랑 안에서 그 앞에 거룩하고 흠이 없게 하시려고(엡 1:4)

성화 역시 하나님의 은혜입니다. 그래서 특별한 자격을 갖춘 자들이 아니라, 택함받은 자들에게 성화가 발생합니다(엡 1:4). 대요리문답은 칭의(제70문답)와 양자 됨(제74문답)을 하나님의 "은혜의 행위"라고 표현한 반면, 성화는 "은혜의 사역"이라고 표현합니다. 칭의와 양자 됨은 한순간에 일어나는 신분적인 변화인데 반해, 성화는 평생에 걸쳐 일어나는 실제적인 변화이기 때문입니다.[95]

칭의와 양자 됨이 한순간에 일어나는 것은 그것이 전적으로 하나님의 일이기 때문입니다. 칭의와 양자 됨을 위해 사람이 할 수 있는 일은 없습니다. 하지만 성화는

---

95 J. G. 보스, G. I. 윌리암슨, 『웨스트민스터 대요리문답 강해』, 류근상 · 신호섭 옮김 (서울: 크리스찬출판사, 2007), 249.

다릅니다. 성화는 하나님과 사람이 상호 협력하는 일입니다.[96] 그래서 성화는 점진적으로 이루어집니다. 성화는 점점 죄를 미워하고, 점점 그리스도를 닮아 가는 것인데, 이것은 일평생 진행됩니다.

성화는 크게 세 단계로 이루어집니다. 첫째, 중생입니다. 바울이 "중생의 씻음과 성령의 새롭게 하심"(딛 3:5)이라고 말한 것처럼, 중생을 기점으로 도덕적인 변화가 발생합니다. 중생한 사람은 기뻐하면서 습관적으로 죄를 지을 수 없습니다. 신자가 자신의 삶을 죄에게 내주는 것을, 성령님께서 막아 주시기 때문입니다.[97]

둘째, 삶을 통해 지속되는 과정입니다. 중생한 사람 안에도 죄가 남아 있습니다(롬 6:11-13). 그래서 우리는 일평생 죄와 싸워야 합니다.

셋째, 죽음입니다. 신자의 성화는 죽음을 통해 완성됩니다. 신자의 영혼은 죽음과 동시에 완전히 거룩하게 되고(히 12:23), 신자의 몸은 죽음에서 부활하는 날에 완전히 거룩하게 됩니다(빌 3:21).

2. 그리스도의 죽음과 부활을 적용하시는 성령님의 강력한 활동을 통해서,

> 그러므로 우리가 그의 죽으심과 합하여 세례를 받음으로 그와 함께 장사되었나니 이는 아버지의 영광으로 말미암아 그리스도를 죽은 자 가운데서 살리심과 같이 우리로 또한 새 생명 가운데서 행하게 하려 함이라(롬 6:4)
> 너희 중에 이와 같은 자들이 있더니 주 예수 그리스도의 이름과 우리 하나님의 성령 안에서 씻음과 거룩함과 의롭다 하심을 받았느니라(고전 6:11)

성경은 그리스도가 죽을 때 우리 역시 죽었고, 그리스도가 살아날 때 우리 역시 살아났다고 말합니다(롬 6:4). 아담과 연합되었던 옛사람이 죽고, 그리스도와 연합된 새사람으로 다시 살아났다는 뜻입니다. 바로 이것이 성화의 근거입니다. 성령님은 그리스도의 죽음과 부활을 신자에게 적용하심으로써, 신자의 성화를 이루십니다(고전 6:11).

---

96 웨인 그루뎀, 『웨인 그루뎀의 조직신학 (중)』, 노진준 옮김 (서울: 은성, 2009), 394.
97 위의 책, 395.

3. 전인을 하나님의 형상을 따라서 새롭게 하십니다.

> 오직 너희의 심령이 새롭게 되어 하나님을 따라 의와 진리의 거룩함으로 지으심을 받은
> 새 사람을 입으라(엡 4:23-24)

타락으로 인한 죄의 오염은 인간의 전인(全人)에 일어났습니다. 몸과 영혼 전체가 죄의 권세 아래 놓이게 되었습니다. 그래서 우리를 거룩하게 하시는 성령의 사역 역시 전인에 영향을 미칩니다(엡 4:23-24).

성화는 우리의 지식에 영향을 끼칩니다. "새 사람을 입었으니 이는 자기를 창조하신 이의 형상을 따라 지식에까지 새롭게 하심을 입은 자니라"(골 3:10). 성화는 우리의 감정에 영향을 끼칩니다. "오직 성령의 열매는 사랑과 희락과 화평과 오래 참음과"(갈 5:20). 성화는 우리의 의지에 영향을 끼칩니다. "너희 안에서 행하시는 이는 하나님이시니 자기의 기쁘신 뜻을 위하여 너희에게 소원을 두고 행하게 하시나니"(빌 2:13). 끝으로 성화는 우리의 육체에도 영향을 끼칩니다. "평강의 하나님이 친히 너희를 온전히 거룩하게 하시고 또 너희의 온 영과 혼과 몸이 우리 주 예수 그리스도께서 강림하실 때에 흠 없게 보전되기를 원하노라"(살전 5:23).

4. 그리고 하나님은 그들 마음속에 두신 생명에 이르는 회개의 씨와 그밖에 다른 모든 구원의 은혜들을

> 그들이 이 말을 듣고 잠잠하여 하나님께 영광을 돌려 이르되 그러면 하나님께서 이방인에게도 생명 얻는 회개를 주셨도다 하니라(행 11:18)
> 하나님께로부터 난 자마다 죄를 짓지 아니하나니 이는 하나님의 씨가 그의 속에 거함이요 그도 범죄하지 못하는 것은 하나님께로부터 났음이라(요일 3:9)

성화는 우리 자신으로부터 시작하지 않습니다. 성화는 하나님께서 시작하신 일입니다. 하나님께서 우리 안에 회개의 씨와 그밖에 다른 모든 구원의 은혜를 베푸신 결과입니다(행 11:18; 요일 3:9). 따라서 거룩함을 자신의 공로로 삼아서는 안 됩니다.

5. 고무하고, 증가하고, 강화하여서,

> 그의 영광의 풍성함을 따라 그의 <u>성령으로 말미암아</u> 너희 속사람을 능력으로 강건하게 하시오며 믿음으로 말미암아 그리스도께서 너희 마음에 계시게 하시옵고 너희가 사랑 가운데서 뿌리가 박히고 터가 굳어져서 히 모든 성도와 함께 지식에 넘치는 그리스도의 사랑을 알고 그 너비와 길이와 높이와 깊이가 어떠함을 깨달아 하나님의 모든 충만하신 것으로 너희에게 충만하게 하시기를 구하노라(엡 3:16-19)

바울은 에베소 성도들의 속사람이 강건해지고, 믿음이 견고해지며, 사랑이 성숙해지기를 기도했습니다(엡 3:16-18). 바울이 그렇게 기도할 수 있었던 근거는 성령님입니다(엡 3:16). 성령님께서 성화의 사역을 통해 성도들의 마음에 새겨진 구원의 은혜를 고무시키시고, 증가시키시며, 강화하시기 때문입니다(엡 3:19).

6. 그들이 점점 죄에 대하여는 죽고, 새로운 생명에 대하여는 살아나게 하십니다.

> 죄가 너희를 주장하지 못하리니 이는 너희가 법 아래에 있지 아니하고 <u>은혜 아래에 있음</u><u>이라</u>(롬 6:14)
> 우리가 알거니와 우리의 옛 사람이 예수와 함께 십자가에 못 박힌 것은 죄의 몸이 죽어 다<u>시는 우리가 죄에게 종노릇하지 아니하려 함이니</u>(롬 6:6)
> 그러므로 우리가 그의 죽으심과 합하여 세례를 받음으로 그와 함께 장사되었나니 이는 아버지의 영광으로 말미암아 그리스도를 죽은 자 가운데서 살리심과 같이 <u>우리로 또한</u><u>새 생명 가운데서 행하게 하려 함이라</u>(롬 6:4)
> <u>그리스도 예수의 사람들은 육체와 함께 그 정욕과 탐심을 십자가에 못 박았느니라</u>(갈 5:24)

원래 우리는 죄의 열매만 맺을 수 있었습니다. 원죄 때문입니다. 하지만 지금은 은혜 아래 있습니다(롬 6:14). 지금 우리는 그리스도와 연합되었고, 성령님의 권세 안에 있습니다. 그 결과 죄에 대해서는 점점 죽고(롬 6:6), 의에 대해서는 점점 살아납니다(롬 6:4). 점차 악한 것을 미워하고, 선한 것을 사모하게 됩니다(갈 5:24). 이것이 우리를 향하신 하나님의 뜻입니다.

제76문 생명에 이르는 회개란 무엇입니까?

답: 생명에 이르는 회개는 성령과 하나님의 말씀에 의해서 죄인의 마음속에 일어나는 구원의 은혜입니다. 이로 말미암아 죄인은 자기 죄의 위험뿐 아니라, 추함과 가증함을 보고 느끼며, 그리스도 안에 있는 하나님의 자비를 깨닫고 깊이 뉘우칩니다. 그리하여 그는 자기 죄를 크게 슬퍼하고 미워하여, 그 모든 죄로부터 하나님께로 돌이키고, 범사에 새로운 순종으로 하나님과의 동행을 결심하고 이를 위해 부단히 노력합니다.

1. 생명에 이르는 회개는 성령과

> 내가 다윗의 집과 예루살렘 주민에게 <u>은총과 간구하는 심령</u>을 부어 주리니 그들이 그 찌른 바 그를 바라보고 그를 위하여 애통하기를 독자를 위하여 애통하듯 하며 그를 위하여 통곡하기를 장자를 위하여 통곡하듯 하리로다(슥 12:10)

회개가 있어야만 칭의와 양자 됨과 성화가 가능합니다. 그럼에도 불구하고, 대요리문답이 칭의와 양자 됨과 성화를 회개보다 먼저 다루는 이유는 하나님의 행위를 먼저 생각하고 그 후에 사람의 반응(회개)을 생각하고자 하는 데 있습니다.[98] 따라서 대요리문답은 아주 만족스러운 순서를 가지고 있습니다.

스가랴 선지자는 하나님께서 "은총과 간구하는 심령"을 부어 주시면, 비로소 이스라엘이 회개하게 될 것이라고 말했습니다(슥 12:10). "은총과 간구하는 심령"은 성령님을 의미합니다.[99] 따라서 스가랴 선지자의 메시지는 성령님이 역사하셔야만 참으로 회개할 수 있다는 뜻입니다. 그러므로 생명에 이르는 회개는 성령님의 역사입니다.

---

98 G. I. 윌리암슨, 『웨스트민스터 신앙고백서 강해』, 나용화 옮김 (서울: 개혁주의신행협회, 2006), 160.
99 리고니어 미니스트리 출판부 편, 『개혁주의 스터디 바이블』, 김진운 외 옮김 (서울: 부흥과 개혁사, 2017), 1574.

대요리문답이 "생명에 이르는 회개"라고 구체적으로 명시한 이유는 생명에 이르지 못하는 회개도 있기 때문입니다. 가룟 유다가 대표적입니다. 그는 자신의 잘못을 깨달았지만 참으로 회개하지는 않았습니다. 성령의 역사 없이, 인간적인 뉘우침만으로는 참으로 회개할 수 없습니다.

2. 하나님의 말씀에 의해

> 그들이 이 말을 듣고 잠잠하여 하나님께 영광을 돌려 이르되 그러면 <u>하나님께서 이방인에게도 생명 얻는 회개를 주셨도다</u> 하니라(행 11:18)

예수님 당시의 유대인들은 이방인에게는 구원이 없다고 믿었습니다. 그러나 실제로는 그렇지 않았습니다. 하나님의 말씀이 전파되자 이방인들도 주께로 돌아왔습니다(행 11:18). 하나님의 말씀이 선포되는 곳에서 회개의 역사가 일어났습니다. 하지만 성령님의 역사 없이 말씀의 선포만으로 생명에 이르는 회개가 발생하지는 않습니다. 말씀을 심령에 적용하시는 성령님의 역사가 필수적입니다.

3. 죄인의 마음속에 일어나는 구원의 은혜입니다.

> 거역하는 자를 온유함으로 훈계할지니 혹 <u>하나님이 그들에게 회개함을 주사</u> 진리를 알게 하실까 하며(딤후 2:25)

칭의와 양자 됨은 하나님의 은혜라 할지라도, 회개만은 성도 개개인의 선택에 달린 것이라고 생각하기 쉽습니다. 오해입니다. 회개 역시 하나님의 선물입니다. 성경은 하나님께서 회개함을 주셔야만 참으로 회개할 수 있다고 말합니다(딤후 2:25). 생명에 이르는 회개 역시 하나님의 "은혜"입니다.

4. 이로 말미암아 죄인은 자기 죄의 위험뿐 아니라,

> 주 여호와의 말씀이니라 이스라엘 족속아 내가 너희 각 사람이 행한 대로 심판할지라 너희는 돌이켜 회개하고 모든 죄에서 떠날지어다 그리한즉 그것이 너희에게 죄악의 걸림돌이 되지 아니하리라(겔 18:30)

생명에 이르는 회개의 첫 번째 요소는 "자기 죄의 위험"을 깨닫는 것입니다. 죄가 하나님의 형벌을 불러온다는 사실을 자각하고 두려워하는 것입니다(겔 18:30).

5. 추함과 가증함을 보고 느끼며,

> 그때에 너희가 너희 악한 길과 너희 좋지 못한 행위를 기억하고 너희 모든 죄악과 가증한 일로 말미암아 스스로 밉게 보리라(겔 36:31)

생명에 이르는 회개의 두 번째 요소는 자기 죄의 추함과 가증함을 보고 느끼는 것입니다. 단지 하나님의 형벌을 두려워하는 것만으로는 충분치 않습니다. 진정한 회개란 형벌을 두려워하는 것과 함께, 진심으로 자기 죄를 더럽고 가증하게 여기는 일이 병행되어야 합니다(겔 36:31).

6. 그리스도 안에 있는 하나님의 자비를 깨닫고 깊이 뉘우칩니다.

> 주께서 돌이켜 베드로를 보시니 베드로가 주의 말씀 곧 오늘 닭 울기 전에 네가 세 번 나를 부인하리라 하심이 생각나서(눅 22:61)
> 그러나 내가 너를 위하여 네 믿음이 떨어지지 않기를 기도하였노니 너는 돌이킨 후에 네 형제를 굳게 하라(눅 22:32)

생명에 이르는 회개의 세 번째 요소는 하나님의 자비를 깨닫는 것입니다. 자신의 죄를 슬퍼하고 미워하기만 한다면, 절망에서 벗어날 수 없습니다. 참으로 회개하기 위해서는 그리스도 안에 있는 자들에게 베풀어지는 하나님의 자비를 깨달아야 합니다. 우리가 아무리 악하고 큰 죄를 지었더라도, 우리가 그리스도 안에 있기만 하다면 하나님의 자비를 받기에 부족함이 없음을 깨달아야 합니다.

베드로는 예수님을 세 번이나 부인했지만(눅 22:61), 절망하지 않았습니다. 이는 그가 하나님의 자비를 알았기 때문입니다. 예수님은 베드로가 자신을 부인할 것을 미리 알았지만, 그를 저버리기는커녕 오히려 그를 위해 기도하셨습니다(눅 22:32). 베드로는 그리스도의 사랑을 알았기 때문에 죄로 인해 넘어지지 않고 오히려 참으로 회개할 수 있었습니다.

7. 그리하여 그는 자기 죄를 크게 슬퍼하고

> 내가 돌이킨 후에 뉘우쳤고 내가 교훈을 받은 후에 내 볼기를 쳤사오니 이는 어렸을 때의 치욕을 지므로 <u>부끄럽고 욕됨이니이다</u> 하도다(렘 31:18-19)

참되게 회개하는 사람은 이전과 같을 수 없습니다. 참되게 회개하는 사람은 자기 죄를 부끄러워합니다. 참되게 회개하는 사람은 자기 죄를 슬퍼합니다(렘 31:19). 참되게 회개하는 사람은 같은 죄를 반복하지 않으려고 노력합니다.

8. 미워하여,

> 보라 하나님의 뜻대로 하게 된 이 근심이 너희로 얼마나 간절하게 하며 얼마나 변증하게 하며 <u>얼마나 분하게 하며</u> 얼마나 두렵게 하며 얼마나 사모하게 하며 얼마나 열심 있게 하며 얼마나 벌하게 하였는가 너희가 그 일에 대하여 일체 너희 자신의 깨끗함을 나타내었느니라(고후 7:11)

바울은 고린도 교회 성도들에게, 하나님의 뜻대로 하게 된 근심이 그들을 얼마나 "분하게" 하였는지 보라고 말합니다. 여기서 "분"이라고 번역된 헬라어는 '아가나크테시스'인데, 분개 또는 분노를 의미합니다. 고린도 교회 성도들은 참으로 회개한 결과, 자신들의 죄를 혐오하게 되었습니다.

9. 그 모든 죄로부터 하나님께로 돌이키고,

> 그 눈을 뜨게 하여 어둠에서 빛으로, 사탄의 권세에서 하나님께로 돌아오게 하고 죄 사함
> 과 나를 믿어 거룩하게 된 무리 가운데서 기업을 얻게 하리라 하더이다(행 26:18)
> 그런즉 너는 이스라엘 족속에게 이르기를 주 여호와의 말씀에 너희는 마음을 돌이켜 우
> 상을 떠나고 얼굴을 돌려 모든 가증한 것을 떠나라(겔 14:6)

회개는 후회와 다릅니다. 자기 죄를 슬퍼하기만 하는 것은 회개가 아니라 후회입니
다. 성경이 말하는 회개는 "어둠에서 빛으로, 사탄의 권세에서 하나님께로" 돌이키
는 것입니다(행 26:18). 우리의 "얼굴을 돌려 모든 가증한 것"에서 떠나는 것입니다(겔
14:6). 죄에서 돌이켜 선한 삶을 사는 것입니다. 이전의 행실을 버리고 새로운 삶을 사
는 것입니다.

10. 범사에 새로운 순종으로 하나님과의 동행을 결심하고 이를 위해 부단히
노력합니다.

> 내가 내 행위를 생각하고 주의 증거들을 향하여 내 발길을 돌이켰사오며(시 119:59)

시편 119편은 참된 회개의 모습을 잘 보여 줍니다. 시편 기자는 자기 죄를 슬퍼하는
것으로 끝나지 않았습니다. 하나님의 계명에 순종하는 것을 새로운 목표로 삼았습니
다(시 119:59). 이처럼 참된 회개란 자기를 주인으로 삼던 인생에서, 하나님을 주인으로
삼는 인생으로의 돌이키는 것입니다. 자신의 가치관을 따라 살던 인생에서, 하나님
의 계명에 순종하는 인생으로 돌이키는 것입니다.

칭의와 성화는 어떤 점에서 다릅니까?

답: 성화는 칭의와 분리할 수 없게 연결되어 있지만, 그 둘은 서로 다릅니다. 칭의에서는 하나님께서 그리스도의 의를 전가하시지만, 성화에서는 하나님의 영이 은혜를 주입하시고 그 은혜가 영향을 미치게 하십니다. 칭의에서는 죄가 용서되는 데 반해, 성화에서는 죄가 억제됩니다. 칭의에서는 모든 신자가 똑같이 하나님의 복수하시는 진노에서 자유롭게 되되, 이 세상에서 완전히 자유롭게 되어 결코 정죄 받지 않지만, 성화에서는 성화가 모든 신자에게 똑같이 일어나지 않을 뿐만 아니라 이 세상에서는 아무도 완전히 성화될 수 없으며 다만 완전을 향해서 자라 갈 뿐입니다.

1. 성화는 칭의와 분리할 수 없게 연결되어 있지만,

> 너희는 하나님으로부터 나서 그리스도 예수 안에 있고 예수는 하나님으로부터 나와서 우리에게 지혜와 <u>의로움과 거룩함과</u> 구원함이 되셨으니(고전 1:30)

칭의와 성화는 불가분의 관계에 있습니다. 예수님은 우리를 의롭게 하실 뿐만 아니라 거룩하게도 하십니다(고전 1:30). 따라서 칭의된 사람은 반드시 성화되며, 성화된 사람은 반드시 칭의된 사람입니다.

2. 그 둘은 서로 다릅니다. 칭의에서는 하나님께서 그리스도의 의를 전가하시지만, 성화에서는 하나님의 영이 은혜를 주입하시고 그 은혜가 영향을 미치게 하십니다.

칭의 그리스도에게 전가받은 의로움	하나님이 죄를 알지도 못하신 이를 우리를 대신하여 죄로 삼으신 것은 <u>우리로 하여금 그 안에서 하나님의 의가 되게 하려 하심이라</u>(고후 5:21)
성화 성령께서 이루시는 실제적인 의로움	또 <u>내 영을 너희 속에 두어 너희로 내 율례를 행하게 하리니 너희가 내 규례를 지켜 행할지라</u>(겔 36:27)

칭의와 성화는 의로움의 성격이 다릅니다. 칭의를 통해 얻는 의로움은 그리스도에게서 전가 받은 의로움입니다(고후 5:21). 반면 성화를 통해 얻는 의로움은 성령께서 이루시는 실제적인 의로움입니다(겔 36:27).

3. 칭의에서는 죄가 용서되는 데 반해, 성화에서는 죄가 억제됩니다.

칭의 하나님께서 우리의 죄를 사면하심	이 예수를 하나님이 그의 피로써 믿음으로 말미암는 화목제물로 세우셨으니 이는 하나님께서 길이 참으시는 중에 <u>전에 지은 죄를 간과하심으로</u> 자기의 의로우심을 나타내려 하심이니(롬 3:25)
성화 하나님께서 우리의 죄를 억제하심	우리가 알거니와 우리의 옛 사람이 예수와 함께 십자가에 못 박힌 것은 죄의 몸이 죽어 다시는 우리가 <u>죄에게 종노릇하지 아니하려 함이</u>니(롬 6:6)

칭의와 성화는 하나님께서 죄를 다루시는 방법에 있어서 다릅니다. 하나님은 칭의에 있어서는 우리가 전혀 죄를 짓지 않았던 것처럼 우리의 죄를 "간과"하시고 사면하시며(롬 3:25), 성화에 있어서는 우리가 "죄에게 종노릇"하지 않도록 죄를 억제하십니다(롬 6:6).

4. 칭의에서는 모든 신자가 똑같이 하나님의 복수하시는 진노에서 자유롭게 되되, 이 세상에서 완전히 자유롭게 되어 결코 정죄 받지 않지만, 성화에서는 성화가 모든 신자에게 똑같이 일어나지 않을 뿐만 아니라 이 세상에서는 아무도 완전히 성화 될 수 없으며 다만 완전을 향해서 자라 갈 뿐입니다.

칭의	처음부터 완전하고, 모두에게 동등하며, 이생에서 완전히 성취됨	그러므로 이제 그리스도 예수 안에 있는 자에게는 <u>결코 정죄함이 없나니</u>(롬 8:1)
성화	처음부터 완전하지 않고 사람마다 다르며	형제들아 내가 신령한 자들을 대함과 같이 너희에게 말할 수 없어서 육신에 속한 자 곧 <u>그리스도 안에서 어린 아이들을 대함과 같이 하노라</u>(고전 3:1)
	이생에서 완전히 성화될 수 없고	만일 우리가 범죄하지 아니하였다 하면 <u>하나님을 거짓말하는 이로 만드는 것이니</u> 또한 그의 말씀이 우리 속에 있지 아니하니라(요일 1:10)
	다만 완전을 향해서 자라 갈 뿐임	그런즉 사랑하는 자들아 이 약속을 가진 우리는 하나님을 두려워하는 가운데서 <u>거룩함을 온전히 이루어</u> 육과 영의 온갖 더러운 것에서 자신을 깨끗하게 하자(고후 7:1)

로마서 8장 1절은 "그리스도 예수 안에 있는 자에게는 결코 정죄함이" 없다고 말합니다. 이것은 칭의를 말합니다. 칭의는 처음부터 완전하게 주어집니다. 그리스도에게서 의로움을 절반만 전가 받는 경우는 없습니다. 그리스도는 완전한 의로움을 전가해 주십니다. 그래서 칭의는 모두에게 동등합니다.

성화는 칭의와 다릅니다. 바울은 고린도교회 성도들을 영적 "어린아이"로 부릅니다(고전 3:1). 고린도 교회 성도들의 믿음이 연약했기 때문입니다. 이처럼 성화는 사람마다 다릅니다. 어떤 사람은 성숙한 반면, 어떤 사람은 미숙합니다. 또 성화는 처음부터 완전하지 않을뿐더러 세상 끝날까지 그러합니다. 그래서 사도 요한은 만약 누군가가 자신을 완전히 의롭다고 주장한다면, 그것은 하나님을 속이는 일이라고 말합니다(요일 1:10). 그런 점에서 성화는 평생의 사명입니다(고후 7:1).

제78문 왜 신자들은 성화를 완전히 이룰 수 없습니까?

답: 신자들이 성화를 완전히 이룰 수 없는 것은 그들의 모든 부분에 남아 있는 죄의 잔재들과 성령을 끊임없이 거스르는 육신의 정욕 때문입니다. 그것 때문에 신자들은 자주 시험에 들게 되고, 많은 죄에 빠지며, 그들의 모든 영적인 봉사에 방해를 받습니다. 그래서 신자들이 행하는 가장 좋은 행위들도 하나님의 목전에서는 불완전하고 불결합니다.

1. 신자들이 성화를 완전히 이룰 수 없는 것은 그들의 모든 부분에 남아 있는 죄의 잔재들과 성령을 끊임없이 거스르는 육신의 정욕 때문입니다. 그것 때문에 신자들은 자주 시험에 들게 되고, 많은 죄에 빠지며,

내 속 곧 내 육신에 선한 것이 거하지 아니하는 줄을 아노니 원함은 내게 있으나 선을 행하는 것은 없노라(롬 7:18)
내 지체 속에서 한 다른 법이 내 마음의 법과 싸워 내 지체 속에 있는 죄의 법으로 나를 사로잡는 것을 보는도다(롬 7:23)

완전주의를 주장하는 자들이 있습니다. 그들은 이생에서도 죄 없이 완전한 상태에 이를 수 있다고 주장합니다. 그들은 마태복음 5장 48절과 고린도후서 7장 1절을 근거로 삼습니다. 하지만 마태복음 5장 48절과 고린도후서 7장 1절은 하나님이 우리 삶의 기준임을 제시할 뿐입니다.[100]

이생에서 완전한 상태에 이를 수 있다고 말하는 성경 구절은 없습니다. 반면에 이생에서 도덕적으로 완전할 수 없다고 가르치는 구절들은 신·구약 여러 곳에 있습니

---

100 웨인 그루뎀, 『웨인 그루뎀의 조직신학(중)』, 노진준 옮김 (서울: 은성, 2009), 401.

다(왕상 8:46; 전 7:20; 잠 20:9; 약 3:2; 요일 1:8).**101**

신자의 성화는 이생에서 완성되지 않습니다. 죄의 영향력이 여전히 성도들의 마음속에 남아 있기 때문입니다(롬 7:18). 그것 때문에 신자들은 구원받은 이후에도 자주 유혹에 빠지고, 실제로 죄를 짓습니다(롬 7:23).

2. 그들의 모든 영적인 봉사에 방해를 받습니다.

> 육체의 소욕은 성령을 거스르고 성령은 육체를 거스르나니 이 둘이 서로 대적함으로 너희가 원하는 것을 하지 못하게 하려 함이니라(갈 5:17)
> 이러므로 우리에게 구름 같이 둘러싼 허다한 증인들이 있으니 모든 무거운 것과 얽매이기 쉬운 죄를 벗어 버리고 인내로써 우리 앞에 당한 경주를 하며(히 12:1)

신자들은 선과 악 사이에서 끊임없이 갈등합니다. 타락한 본성 때문입니다(갈 5:17). 타락한 본성이 사라지고 완전히 거룩하게 되는 것은 부활한 이후입니다. 그때까지는 타락한 육체에 남아 있는 죄의 잔재들과 끊임없이 싸워야 합니다(히 12:1).

3. 그래서 신자들이 행하는 가장 좋은 행위들도 하나님의 목전에서는 불완전하고 불결합니다.

> 이 패를 아론의 이마에 두어 그가 이스라엘 자손이 거룩하게 드리는 성물과 관련된 죄책을 담당하게 하라 그 패가 아론의 이마에 늘 있으므로 그 성물을 여호와께서 받으시게 되리라(출 28:38)
> 무릇 우리는 다 부정한 자 같아서 우리의 의는 다 더러운 옷 같으며 우리는 다 잎사귀 같이 시들므로 우리의 죄악이 바람 같이 우리를 몰아가나이다(사 64:6)

이 땅에서 신자의 성화는 불완전합니다. 이 땅에서 신자의 성화는 완성되지 않습니다. 그래서 신자들이 행하는 가장 좋은 행위들도 하나님께서 보시기에는 불완전하고 불결합니다. 대표적인 사례를 대제사장 아론의 사역에서 찾을 수 있습니다. 하나님은 아론에게 "여호와께 성결"이라고 적힌 황금 패를 이마에 부착하라고 하셨습니다(출 28:36). "거룩하게 드리는 성물과 관련된 죄책"을 담당하기 위해서입니다. 이 말은

---

101 위의 책, 402.

우리가 여호와께 성물을 드리는 행위조차 죄에 오염되어 있다는 뜻입니다. 그러므로 우리는 우리가 의롭게 여기는 것조차도 하나님께서 보시기에는 더러운 옷과 같을 수 있음을 기억하고, 항상 겸손해야 합니다(사 64:6).

제79문 참된 신자들이 그들의 불완전함과 그들을 사로잡는 많은 유혹과 죄로 인해, 은혜의 상태에서 떨어져 나갈 수 있습니까?

답: 참된 신자들은 은혜의 상태에서 전적으로 타락하거나 최종적으로 떨어져 나갈 수 없고, 구원에 이르는 믿음을 통하여 하나님의 능력으로 보호를 받습니다. 이는 하나님의 변함없는 사랑, 신자들에게 견인을 베푸시는 하나님의 작정과 언약, 그리스도와의 분리될 수 없는 연합, 그들을 위한 그리스도의 끊임없는 중보 기도, 그리고 그들 안에 거하시는 성령님과 하나님의 씨 때문입니다.

1. 참된 신자들은 은혜의 상태에서 전적으로 타락하거나 최종적으로 떨어져 나갈 수 없고,

> 내가 그들에게 영생을 주노니 영원히 멸망하지 아니할 것이요 또 <u>그들을 내 손에서 빼앗을 자가 없느니라</u>(요 10:28)

참된 신자라도 일시적으로는 하나님의 은혜에서 멀어질 수 있습니다. 어두운 영적 터널을 지날 수도 있습니다. 하지만 참된 신자라면 결코 전적으로 타락할 수 없습니다(요 10:28). 하지만 진정으로 중생하지 않은 거짓 신자들과 이단적 교리를 믿는 자들은 이 약속에 포함되지 않습니다.

2. 구원에 이르는 믿음을 통하여 하나님의 능력으로 보호를 받습니다.

> 너희는 말세에 나타내기로 예비하신 구원을 얻기 위하여 믿음으로 말미암아 하나님의 능력으로 보호하심을 받았느니라(벧전1:5)

베드로전서 1장 5절에서 "보호하심"으로 번역된 헬라어 '프루레오'는 성을 지키고 보호한다는 의미의 군사적 용어입니다. 가장 강력한 형태의 보호를 의미합니다. 하나님은 우리에게 믿음을 주시고, 그 믿음을 통해 우리를 지키십니다. 하나님의 보호는 군사가 성을 지키는 것처럼 강력하여 결코 침범할 수 없습니다. 대요리문답은 이어지는 다섯 가지 증거를 통해 이 사실을 확정합니다.

3. 이는 하나님의 변함없는 사랑,

> 옛적에 여호와께서 나에게 나타나사 내가 영원한 사랑으로 너를 사랑하기에 인자함으로 너를 이끌었다 하였노라(렘 31:3)

성도의 구원이 영원하고 확실한 첫 번째 이유는 '하나님의 변함없는 사랑' 때문입니다. 우리를 향한 하나님의 사랑은 변하지 않습니다(렘 31:3). 그 결과 하나님과 우리의 관계도 변하지 않습니다. 하나님은 영원히 우리의 아버지이시며, 우리는 영원히 하나님의 자녀입니다.

4. 신자들에게 견인을 베푸시는 하나님의 작정과 언약,

> 그러나 하나님의 견고한 터는 섰으니 인침이 있어 일렀으되 주께서 자기 백성을 아신다 하며 또 주의 이름을 부르는 자마다 불의에서 떠날지어다 하였느니라(딤후 2:19)

성도의 구원이 영원하고 확실한 두 번째 이유는 하나님의 작정과 언약 때문입니다. 하나님은 누가 구원받을 자인지를 아십니다(딤후 2:19). 하나님께서 직접 구원받을 자를 예정하셨기 때문입니다. 신자들은 하나님의 작정과 언약 안에 있습니다. 하나님의 작정과 언약은 실패할 수 없으므로, 우리의 구원도 실패할 수 없습니다.

5. 그리스도와의 분리될 수 없는 연합,

> 주와 합하는 자는 한 영이니라(고전 6:17)
> 높음이나 깊음이나 다른 어떤 피조물이라도 우리를 우리 주 그리스도 예수 안에 있는 하
> 나님의 사랑에서 끊을 수 없으리라(롬 8:39)
> 주께서 너희를 우리 주 예수 그리스도의 날에 책망할 것이 없는 자로 끝까지 견고하게 하
> 시리라 너희를 불러 그의 아들 예수 그리스도 우리 주와 더불어 교제하게 하시는 하나님
> 은 미쁘시도다(고전 1:8-9)

성도의 구원이 영원하고 확실한 세 번째 이유는 그리스도와 영적 연합 때문입니다
(고전 6:17). 모든 신자는 그리스도와 연합되어 있습니다. 이 연합은 절대로 분리되지
않습니다. 아무도 우리를 그리스도 예수 안에 있는 하나님의 사랑에서 끊을 수 없기
때문입니다(롬 8:39). 그래서 참된 신자는 은혜의 상태에서 전적으로 타락하거나 구원
을 잃어버리지 않습니다. 신자의 구원은 끝까지 견고한 상태로 남아 있습니다(고전
1:8-9).

6. 그들을 위한 그리스도의 끊임없는 중보 기도,

> 그러므로 자기를 힘입어 하나님께 나아가는 자들을 온전히 구원하실 수 있으니 이는 그
> 가 항상 살아 계셔서 그들을 위하여 간구하심이라(히 7:25)

성도의 구원이 영원하고 확실한 네 번째 이유는 그리스도의 간구(중보 기도) 때문입니
다(히 7:25). 그리스도께서 쉬지 않고 우리를 위해 중보 기도 하시기 때문에, 우리의 구
원은 절대로 취소될 수 없습니다.

7. 그리고 그들 안에 거하시는 성령님과 하나님의 씨 때문입니다.

우리 안에 거하시는 성령	너희는 주께 받은 바 <u>기름 부음이 너희 안에 거하나니 아무도 너희를 가르칠 필요가 없고</u> 오직 그의 기름 부음이 모든 것을 너희에게 가르치며 또 참되고 거짓이 없으니 너희를 가르치신 그대로 주 안에 거하라(요일 2:27)
하나님의 씨, 곧 하나님의 말씀	하나님께로부터 난 자마다 죄를 짓지 아니하나니 이는 <u>하나님의 씨가 그의 속에 거함이요</u>(요일 3:9) 너희가 거듭난 것은 썩어질 씨로 된 것이 아니요 <u>썩지 아니할 씨로 된 것이니 살아 있고 항상 있는 하나님의 말씀</u>으로 되었느니라(벧전 1:23)

성도의 구원이 영원하고 확실한 네 번째 이유는 성령님이 우리 안에 거하시기 때문입니다. 성령님께서 거룩한 말씀으로 우리를 지도하시기 때문입니다. 요한일서 2장 27절의 "기름 부음"은 성령님을 의미합니다. "아무도 너희를 가르칠 필요가" 없다는 말씀은 성경을 배울 필요가 없다는 뜻이 아닙니다. 성경이 진리라는 사실을 확신하는 데 '성령의 조명'으로 충분하다는 뜻입니다. 성령이 거하는 성도는 성경을 하나님의 말씀으로 믿기 때문에 구원의 길에서 이탈할 수 없습니다.

요한일서 3장 9절의 "하나님의 씨"는 하나님의 말씀(벧전 1:23), 또는 성령의 역사를 의미합니다. 성령님은 말씀을 통해 역사하시기 때문에 아마 사도 요한은 두 개념 모두를 염두에 두었을 것입니다.[102] 말씀을 통해 일하시는 성령님이 우리 안에 거하시기 때문에, 우리는 절대로 구원을 잃어버리지 않습니다.

---

102   크로스웨이 ESV 스터디 바이블 편찬팀, 『ESV 스터디 바이블』, 신지철 외 옮김 (서울: 부흥과 개혁사, 2014), 2503.

제80문 참된 신자들은 자신들이 은혜의 상태에 있고, 구원에 이르기까지 은혜의 상태에서 견인할 것이라고 틀림없이 확신할 수 있습니까?

답: 그리스도를 참되게 믿고, 그리스도 앞에서 모든 선한 양심으로 행하고자 애쓰는 사람들은, 비상한 계시가 없어도, 자신들이 은혜의 상태에 있다는 것과 구원에 이르기까지 그 은혜의 상태에서 견인할 것이라고 틀림없이 확신할 수 있습니다. 이는 하나님의 약속의 진실함에 근거한 믿음으로, 생명의 약속을 받은 것을 그들이 분별할 수 있게 하시며, 자신들이 하나님의 자녀라는 것을 그들의 영혼에 증언하시는 성령님 때문입니다.

1. 그리스도를 참되게 믿고, 그리스도 앞에서 모든 선한 양심으로 행하고자 애쓰는 사람들은, 비상한 계시가 없어도, 자신들이 은혜의 상태에 있다는 것과 구원에 이르기까지 그 은혜의 상태에서 견인할 것이라고 틀림없이 확신할 수 있습니다.

1. 그리스도를 믿는 믿음	내가 하나님의 아들의 이름을 믿는 너희에게 이것을 쓰는 것은 너희로 하여금 너희에게 영생이 있음을 알게 하려 함이라(요일 5:13)
2. 선한 양심	우리가 그의 계명을 지키면 이로써 우리가 그를 아는 줄로 알 것이요 (요일 2:3)

참된 신자들은 자신들이 은혜의 상태에 있고, 은혜의 상태에서 견인(堅忍)하여 구원에 이를 것을 확신할 수 있습니다. 그 근거는 다음과 같습니다. 첫째, 그리스도를 믿

는 믿음입니다. 사도 요한은 예수님을 하나님의 아들로 믿는 자들에게 영생이 있다고 말했습니다(요일 5:13). 우리 안에 그리스도를 믿는 믿음이 있다면, 구원받은 자임이 틀림없습니다. 둘째, 선한 양심입니다. 사도 요한은 참된 신자라면 하나님의 계명을 지키기 위해 노력할 것이라고 말했습니다(요일 2:3). 우리 안에 하나님의 계명을 지키려는 마음이 있다면, 우리는 구원받은 자임이 틀림없습니다.

2. 이는 하나님의 약속의 진실함에 근거한 믿음으로, 생명의 약속을 받은 것을 그들이 분별할 수 있게 하시며, 자신들이 하나님의 자녀라는 것을 그들의 영혼에 증언하시는 성령님 때문입니다.

	하나님의 약속을 믿게 하심	성령이 친히 우리의 영과 더불어 <u>우리가 하나님의 자녀인 것을 증언하시나니</u>(롬 8:16)
3. 성령님	우리 안에 생명이 있음을 분별하게 하심	우리가 세상의 영을 받지 아니하고 오직 하나님으로부터 온 영을 받았으니 이는 우리로 하여금 <u>하나님께서 우리에게 은혜로 주신 것들을 알게 하려 하심이라</u>(고전 2:12)

셋째, 성령님입니다. 성령님은 우리에게 믿음을 주십니다. 우리가 하나님의 자녀임을 믿을 수 있는 것은 성령님 때문입니다(롬 8:16). 우리가 하나님의 은혜를 믿을 수 있는 것은 성령님 때문입니다(고전 2:12). 우리에게 믿음이 있는 것은 우리 안에 성령님이 거하신다는 증거입니다. 우리 안에 성령님이 거하신다면 우리의 구원은 확실합니다.

모든 참된 신자는 현재 자신들이 은혜의 상태에 있는 것과 장차 구원을 받으리라는 것을 항상 확신합니까?

답: 은혜와 구원에 대한 확신은 믿음의 본질에 속한 것이 아니기 때문에, 참된 신자들도 그것을 얻기까지 오랜 시일이 걸리고, 확신을 얻은 후에도 여러 가지 근심, 죄, 유혹, 탈선으로 인하여 약해지거나 일시적으로 중단될 수 있습니다. 그러나 하나님의 성령께서 그들과 항상 함께하시고 도우시기 때문에 참된 신자들은 결코 완전한 절망에 빠지지 않습니다.

1. 은혜와 구원에 대한 확신은 믿음의 본질에 속한 것이 아니기 때문에, 참된 신자들도 그것을 얻기까지 오랜 시일이 걸리고,

> 여호와여 어찌하여 나의 영혼을 버리시며 어찌하여 주의 얼굴을 내게서 숨기시나이까(시 88:14)

한 아버지와 한 아들이 있습니다. 두 사람은 틀림없는 부자(父子) 관계입니다. 어느 날 아들이 아버지에게 크게 실망하게 되었습니다. 그 순간 아들은 아버지를 의심하게 되었습니다. 자신이 아버지의 아들이 아닐 수도 있다고 생각하게 되었습니다. 하지만 그 순간에도 두 사람은 여전히 부자(父子) 관계입니다.

구원의 확신도 마찬가지입니다. 참으로 구원받은 사람도 자신의 구원을 의심할 수 있습니다. 하지만 의심 때문에 구원이 취소되지 않습니다. 의심은 사람의 마음에서 일어나는 주관적인 사건이지만, 구원은 하나님께서 행하신 객관적인 사건입니다.

1945년에 일본이 항복함으로써 제2차 세계 대전이 종식되었습니다. 지구 반대편의 남미 지역에 살고 있던 일본인들은 그 사실을 믿지 않았습니다. 도리어 일본이 승리했다고 믿었습니다. 일본이 패전했다는 소식은 유언비어라고 믿었습니다. 이런 사람들을 '카치구미'라고 부릅니다. 여기서 일본이 패배했다는 사실은 객관적인 사실입니다. 하지만 카치구미들의 행동은 주관적인 생각입니다. 카치구미들의 주관적인 생각 때문에, 일본이 패배했다는 객관적인 사실이 바뀌지 않습니다.

구원의 확신도 이와 같습니다. 하나님께서 참된 신자들을 구원하신 것은 객관적인 사실입니다. 반면 참된 신자들이 자신의 구원을 의심하는 것은 주관적인 생각입니다. 일시적으로 갈등을 겪는 신자들의 주관적인 생각 때문에, 하나님께서 그들을 구원하셨다는 객관적인 사실이 바뀌지 않습니다.

시편 88편은 대표적인 탄원시입니다. 대부분의 탄원시가 결국에는 찬양으로 마무리되지만, 본 시편은 처음부터 끝까지 시인의 고통으로만 채워져 있습니다. 심지어 시인은 참을 수 없는 고통 때문에 하나님께서 자기 영혼을 버리신 게 아닌가 생각하기도 합니다(시 88:14). 그렇다고 해서 이 시인에게 구원이 없다고 말할 수 없습니다. 구원의 확신은 처음부터 완전하지 않고, 일평생 자라납니다. 참된 신자라도 그것을 얻기까지는 오랜 시일이 걸립니다.

2. 확신을 얻은 후에도 여러 가지 근심, 죄, 유혹, 탈선으로 인하여 약해지거나 일시적으로 중단될 수 있습니다.

> 밤에 부른 노래를 내가 기억하여 내 심령으로, 내가 내 마음으로 간구하기를 주께서 영원히 버리실까, 다시는 은혜를 베풀지 아니하실까, 그의 인자하심은 영원히 끝났는가, 그의 약속하심도 영구히 폐하였는가, 하나님이 그가 베푸실 은혜를 잊으셨는가, 노하심으로 그가 베푸실 긍휼을 그치셨는가 하였나이다(시 77:6-9)

처음부터 구원의 확신을 확고하게 가지는 신자들도 있지만, 어떤 신자들은 오랜 시간이 필요합니다. 그리고 구원의 확신은 그것을 얻은 후에 다시 상실할 수도 있습니다. 시편 77편 기자의 경우가 대표적입니다. 그는 여호와의 인자와 은혜를 안다는 점에서 구원의 확신을 가졌던 사람입니다. 하지만 지금은 여호와께 버림을 받을지도 모른다는 두려움에 사로잡혀 있습니다. 이처럼 구원의 확신은 다시 상실할 수 있습니다.

3. 그러나 하나님의 성령께서 그들과 항상 함께 하시고 도우시기 때문에 참된 신자들은 결코 완전한 절망에 빠지지 않습니다.

하나님께로부터 난 자마다 죄를 짓지 아니하나니 <u>이는 하나님의 씨가 그의 속에 거함이요 그도 범죄하지 못하는 것은 하나님께로부터 났음이라</u>(요일 3:9)

사도 요한은 하나님께로부터 난 자마다 죄를 짓지 않는다고 말합니다. 구원을 받은 사람은 절대 죄를 짓지 않는다는 것이 아니라, 죄가 신자의 인생을 최종적으로 결정짓지 못한다는 뜻입니다.[103] 이는 "하나님의 씨"가 그 속에 거하기 때문입니다. 여기서 "하나님의 씨"란 성령님을 의미합니다.[104] 결론적으로 참된 신자는 하나님의 성령으로 보호받기 때문에, 결코 완전한 절망에 빠지지 않습니다.

---

103 리고니어 미니스트리 출판부 편, 『개혁주의 스터디 바이블』, 김진운 외 옮김 (서울: 부흥과 개혁사, 2017), 2331.
104 크로스웨이 ESV 스터디 바이블 편찬팀, 『ESV 스터디 바이블』, 신지철 외 옮김 (서울: 부흥과 개혁사, 2014), 2502.

무형 교회의 회원들이 영광 중에 그리스도와 나누는 교제는 무엇입니까?

답: 무형 교회의 회원들이 영광 중에 그리스도와 나누는 교제는 이 세상에서도 있고, 죽음 직후에도 있으며, 부활과 심판의 날에 결국 완전히 누립니다.

1. 무형 교회의 회원들이 영광 중에 그리스도와 나누는 교제는 이 세상에서도 있고, 죽음 직후에도 있으며, 부활과 심판의 날에 결국 완전히 누립니다.

이 세상에서 누리는 그리스도와의 영광스런 교제	우리가 다 수건을 벗은 얼굴로 거울을 보는 것 같이 주의 영광을 보매 그와 같은 형상으로 변화하여 영광에서 영광에 이르니 곧 주의 영으로 말미암음이니라(고후 3:18)	대요리문답 제83문답
죽음 직후에 누리는 그리스도와의 영광스런 교제	예수께서 이르시되 내가 진실로 네게 이르노니 오늘 네가 나와 함께 낙원에 있으리라 하시니라 (눅 23:43)	대요리문답 제84-86문답
부활의 날에 누리는 그리스도와의 영광스런 교제	사랑하는 자들아 우리가 지금은 하나님의 자녀라 장래에 어떻게 될지는 아직 나타나지 아니하였으나 그가 나타나시면 우리가 그와 같을 줄을 아는 것은 그의 참모습 그대로 볼 것이기 때문이니(요일 3:2)	대요리문답 제87-90문답

대요리문답은 그리스도와의 교제를 두 부분으로 나누어 설명합니다. 69-81문답은 '은혜' 가운데 그리스도와 나누는 교제를 설명하고, 82-90문답은 '영광' 가운데 그리

스도와 나누는 교제를 설명합니다. 은혜 가운데 누리는 교제는 주로 이생에서 받는 구원의 복을 말하고, 영광 가운데 누리는 교제는 주로 다음 세상에서 받게 될 구원의 복을 말합니다.[105]

---

105 J. G. 보스, G. I. 윌리암슨, 『웨스트민스터 대요리문답 강해』, 류근상 · 신호섭 옮김 (서울: 크리스챤출판사, 2007), 279.

제83문 무형 교회의 회원들이 이 세상에 사는 동안 영광 중에 그리스도와 함께 누리는 교제는 무엇입니까?

답: 무형 교회의 회원들은 이 세상에 사는 동안 그리스도와 함께 영광의 첫 열매를 누립니다. 그들은 그들의 머리이신 그리스도의 지체들이므로 그리스도 안에서 그분이 충만히 소유하고 계시는 영광에 함께 참여합니다. 그리고 그 보증으로 그들은 하나님의 사랑에 대한 의식, 양심의 평화, 성령 안에서의 기쁨, 영광의 소망을 누립니다. 반면에 악인들은 하나님께서 갚으실 진노에 대한 의식, 양심의 공포, 심판에 대한 두려움 가운데 사는데, 이는 악인들이 죽음 후에 당할 고통의 시작일 뿐입니다.

1. 무형 교회의 회원들은 이 세상에 사는 동안 그리스도와 함께 영광의 첫 열매를 누립니다. 그들은 그들의 머리이신 그리스도의 지체들이므로 그리스도 안에서 그분이 충만히 소유하고 계시는 영광에 함께 참여합니다.

> 허물로 죽은 우리를 그리스도와 함께 살리셨고(너희는 은혜로 구원을 받은 것이라) 또 함께 일으키사 그리스도 예수 안에서 함께 하늘에 앉히시니(엡 2:5-6)

이 세상에서 그리스도의 영광에 완전히 참여하는 것은 불가능합니다. 구원받은 신자라 할지라도 죄에 물든 본성과 몸을 가지고 있으며, 타락한 세상에 둘러싸여 있기 때문입니다. 하지만 다음 세상에서 누릴 영광을 미리 맛보는 것은 가능합니다. 대요리문답은 이것을 "영광의 첫 열매"라고 표현합니다. 이 세상에서도 영광의 첫 열매를 누리는 것이 가능한 이유는 그리스도 때문입니다. 그리스도께서 우리와 연합하여 계시기 때문입니다(엡 2:5-6). 흔히 이것을 '그리스도와의 영적 연합'이라 합니다.

2. 그리고 그 보증으로 그들은 하나님의 사랑에 대한 의식,

소망이 우리를 부끄럽게 하지 아니함은 우리에게 주신 성령으로 말미암아 하나님의 사랑
이 우리 마음에 부은 바 됨이니(롬 5:5)

그리스도와 연합된 신자들은 하나님의 사랑을 느낄 수 있습니다(롬 5:5). 이것이 얼마
나 복된 일인지는 세상의 상태를 보면 알 수 있습니다. 화려해 보이는 세상의 이면에
는 염려가 가득합니다. 혼자 힘으로 세상을 살아 내야 한다는 걱정과 심판에 대한 두
려움이 대표적입니다. 우리는 이런 문제들 때문에 두려워하지 않습니다. 하나님께
서 우리를 사랑하신다는 사실을 알기 때문입니다(롬 5:5). 우리를 사랑하시는 하나님
께서 우리를 돌보실 것과 구원하실 것을 알기 때문입니다.

3. 양심의 평화, 성령 안에서의 기쁨, 영광의 소망을 누립니다.

그러므로 우리가 믿음으로 의롭다 하심을 받았으니 우리 주 예수 그리스도로 말미암아
하나님과 화평을 누리자 또한 그로 말미암아 우리가 믿음으로 서 있는 이 은혜에 들어감
을 얻었으며 하나님의 영광을 바라고 즐거워하느니라(롬 5:1-2)
하나님의 나라는 먹는 것과 마시는 것이 아니요 오직 성령 안에 있는 의와 평강과 희락이
라(롬 14:17)

세상에는 참된 평화와 기쁨이 없습니다. 하나님과 단절되어 있기 때문입니다. 하나
님과 세상 사이에는 죄라는 장벽이 있습니다. 하지만 우리에게는 참된 평화와 기쁨
이 있습니다. 그리스도께서 죄의 장벽을 제거하셨기 때문입니다. 그리스도로 인하
여 하나님과의 관계가 회복되었기 때문입니다(롬 5:1-2). 이 회복된 관계로부터 의와
평강과 희락이 흘러나옵니다(롬 14:17). 지금 우리가 누리는 "양심의 평화, 성령 안에서
의 기쁨, 영광의 소망"은 장차 우리가 완전한 영광의 상태에 들어갈 것에 대한 확실한
보증입니다.

4. 반면에 악인들은 하나님께서 갚으실 진노에 대한 의식, 양심의 공포, 심판에 대한 두려움 가운데 사는데, 이는 악인들이 죽음 후에 당할 고통의 시작일 뿐입니다.

> 가인이 여호와께 아뢰되 내 죄벌이 지기가 너무 무거우니이다(창 4:13)
> 악을 행하는 각 사람의 영에는 <u>환난과 곤고가 있으리니</u>(롬 2:9)

신자들이 이 땅에서 영광을 누리는 것처럼, 악인들은 이 땅에서 심판을 당합니다. 가인이 동생 아벨을 죽인 후에 "내 죄벌이 지기가 너무 무거우니이다"라고 탄식했던 것처럼(창 4:13), 악인들은 지금 이미 심판을 당하고 있습니다. 악인들이 지금 당하고 있는 양심의 공포와 심판에 대한 두려움은 그들이 당할 영원한 심판에 대한 확실한 보증입니다(롬 2:9).

제84문 모든 사람은 죽습니까?

답: 죽음은 죄의 삯으로 오는 것입니다. 모든 사람이 죄를 지었기 때문에, 한 번 죽는 것은 모든 사람에게 정해진 것입니다.

1. 죽음은 죄의 삯으로 오는 것입니다.

> 죄의 삯은 사망이요(롬 6:23)

죽음은 정상적인 현상이 아닙니다. 인간은 죽기 위해 창조되지 않았습니다. 살기 위해 창조되었습니다. 그럼에도 죽음은 존재합니다. 죄 때문입니다(롬 6:23). 죽음은 죄에 대한 하나님의 형벌입니다.

2. 모든 사람이 죄를 지었기 때문에,

> 그러므로 한 사람으로 말미암아 죄가 세상에 들어오고 죄로 말미암아 사망이 들어왔나니 이와 같이 <u>모든 사람이 죄를 지었으므로</u> 사망이 모든 사람에게 이르렀느니라(롬 5:12)

죽음은 우주적입니다. 아무도 죽음의 권세를 피할 수 없습니다. 모든 인류는 대표성의 원리에 의해 아담이 지은 죄에 연루되어 있습니다. 아담이 모든 인류의 머리이자 대표였으므로, 그가 지은 죄의 책임이 모든 인류에게 전가되어 있습니다. 모든 인류는 태어나기 전부터 원죄의 영향 아래 있었으며, 이것이 모든 인류가 죽음의 권세 아래 놓인 이유입니다.

3. 한 번 죽는 것은 모든 사람에게 정해진 것입니다.

> <u>한번 죽는 것</u>은 사람에게 정해진 것이요 그 후에는 심판이 있으리니(히 9:27)

많은 종교가 환생을 말합니다. 삶과 죽음이 반복된다고 말합니다. 하지만 성경은 단 한 번의 죽음만을 말합니다(히 9:27).

제85문 죽음이 죄의 삯이라면, 그리스도 안에서 자신들의 모든 죄를 용서받은 의인들은 왜 죽음에서 구출받지 못합니까?

답: 의인들은 마지막 날에 죽음 자체에서 구출될 것이며, 죽을 때에도 사망의 쏘는 것과 저주에서 구출됩니다. 그러므로 그들이 죽더라도 그 죽음은 하나님의 사랑에서 비롯된 것입니다. 하나님은 죽음을 통하여 의인들을 죄와 비참에서 완전히 해방시켜 주시며, 그들이 그 후에 들어가는 영광 중에서 그리스도와 더불어 한층 더 깊은 교제를 갖게 해 주십니다.

1. 의인들은 마지막 날에 죽음 자체에서 구출될 것이며, 죽을 때에도 사망의 쏘는 것과 저주에서 구출됩니다.

> 맨 나중에 멸망 받을 원수는 사망이니라(고전 15:26)
> 사망아 너의 승리가 어디 있느냐 사망아 네가 쏘는 것이 어디 있느냐(고전 15:55)

에녹과 엘리야는 죽음을 보지 않고 천국으로 갔습니다. 그것은 특별한 경우입니다. 대부분의 신자들은 죽음 없이 구원받지 않고, 죽음을 통해서 구원받습니다. 하지만 마지막 날에는 죽음 자체도 사라질 것입니다(고전 15:26).

또한 신자들은 '사망의 쏘는 것'에서 구원받습니다(고전 15:55). 사망의 쏘는 것은 '형벌로서의 사망'입니다.[106] 비록 신자들이 죽음을 맞이할지라도, 아담으로부터 내려온 원죄의 결과가 아닙니다.

---

[106] J. G. 보스, G. I. 윌리암슨, 『웨스트민스터 대요리문답 강해』, 류근상 · 신호섭 옮김 (서울: 크리스챤출판사, 2007), 285.

2. 그러므로 그들이 죽더라도 그 죽음은 하나님의 사랑에서 비롯된 것입니다.

> 그들은 평안에 들어갔나니 바른 길로 가는 자들은 그들의 침상에서 편히 쉬리라(사 57:2)
> 그러므로 보라 내가 너로 너의 조상들에게 돌아가서 평안히 묘실로 들어가게 하리니(왕하 22:20)

성경은 신자의 죽음을 아름답게 묘사합니다(사 57:2; 왕하 22:20). 죽음을 통해서 하나님 곁으로 가기 때문입니다. 신자들이 여전히 죽더라도 형벌의 결과가 아니라 하나님의 사랑 때문입니다.

3. 하나님은 죽음을 통하여 의인들을 죄와 비참에서 완전히 해방시켜 주시며,

> 아브라함이 이르되 얘 너는 살았을 때에 좋은 것을 받았고 나사로는 고난을 받았으니 이것을 기억하라 이제 그는 여기서 위로를 받고 너는 괴로움을 받느니라(눅 16:25)
> 또 내가 들으니 하늘에서 음성이 나서 이르되 기록하라 지금 이후로 주 안에서 죽는 자들은 복이 있도다 하시매 성령이 이르시되 그러하다 그들이 수고를 그치고 쉬리니 이는 그들의 행한 일이 따름이라 하시더라(계 14:13)

구원받은 신자들도 이 땅에서는 완전할 수 없습니다. 신자들의 본성에 죄가 남아 있고, 신자들을 둘러싼 환경이 죄로 가득하기 때문입니다. 그래서 신자의 삶은 고난과 고통의 연속입니다. 따라서 신자들에게 죽음이란, 죄와 비참에서 해방되는 유일한 통로입니다(눅 16:25; 계 14:13).

4. 그들이 그 후에 들어가는 영광 중에 그리스도와 더불어 한층 더 깊은 교제를 갖게 해 주십니다.

> 예수께서 이르시되 내가 진실로 네게 이르노니 오늘 네가 나와 함께 낙원에 있으리라 하시니라(눅 23:43)
> 내가 그 둘 사이에 끼었으니 차라리 세상을 떠나서 그리스도와 함께 있는 것이 훨씬 더 좋은 일이라 그렇게 하고 싶으나(빌 1:23)

죽음 이후의 상태가 더 영광스러운 이유는 그리스도와 더 깊은 교제를 가질 수 있기 때문입니다. 이 땅에서 누리는 그리스도와의 교제는 영적인 교제로 제한됩니다. 하지만 죽음 이후에는 그리스도를 실제로 보면서 가시적인 교제를 나누게 될 것입니다 (눅 23:43). 죄와 사망의 권세에서 벗어남으로써 그리스도와 한층 더 깊은 교제를 나누게 될 것입니다. 바울이 죽는 것이 훨씬 더 낫다고 말했던 이유가 바로 여기에 있습니다(빌 1:23).

제86문 # 무형 교회의 지체들이 죽음 직후에 영광 중에서 그리스도와 나누는 교제는 무엇입니까?

답: 무형 교회의 지체들이 죽음 직후에 영광 중에서 그리스도와 나누는 교제는 다음과 같습니다. 그들의 영혼은 그때에 완전히 거룩하게 되어, 가장 높은 하늘로 받아들여집니다. 거기서 그들은 빛과 영광 중에 하나님의 얼굴을 보며, 자신들의 몸이 완전히 구속되기를 기다립니다. 그들의 몸은 죽음 가운데서도 그리스도와 계속해서 연합되어 있고, 마지막 날에 그들의 몸이 자신들의 영혼과 다시 연합할 때까지 무덤 안에서 마치 잠자듯 쉽니다. 그러나 악인들의 영혼은 죽을 때에 지옥에 던져지고, 거기서 고통과 깊은 흑암에 머물러 있게 됩니다. 그리고 그들의 몸은 부활과 심판의 날까지 감옥에 갇힌 것처럼 무덤에 갇혀 있게 됩니다.

1. 무형 교회의 지체들이 죽음 직후에 영광 중에서 그리스도와 나누는 교제는 다음과 같습니다. 그들의 영혼은 그때에 완전히 거룩하게 되어,

> 하늘에 기록된 장자들의 모임과 교회와 만민의 심판자이신 하나님과 및 온전하게 된 의인의 영들과(히 12:23)

히브리서 12장 23절은 주 안에서 죽은 자들을 "온전하게 된 의인"이라고 표현합니다. 이 말씀처럼 신자들의 영혼은 죽는 즉시 완전히 거룩하게 됩니다. 여기서 "장자들의 모임"이란 하늘의 예배를 뜻합니다.[107] 그러므로 사망한 신자들의 영혼이 아무 의식

---

107 리고니어 미니스트리 출판부 편, 『개혁주의 스터디 바이블』, 김진운 외 옮김 (서울: 부흥과 개혁사, 2017), 2272.

이 없는 수면 상태에 있다는 '영혼 수면설'은 성경적인 주장이 아닙니다. 완전히 거룩하게 된 성도들의 영혼은 깨어 있는 의식과 이성 가운데서 하나님께 영광을 돌리고 있습니다.

2. 가장 높은 하늘로 받아들여집니다.

> 만일 땅에 있는 우리의 장막 집이 무너지면 하나님께서 지으신 집 곧 손으로 지은 것이 아니요 하늘에 있는 영원한 집이 우리에게 있는 줄 아느니라(고후 5:1)
> 내가 그 둘 사이에 끼었으니 차라리 세상을 떠나서 그리스도와 함께 있는 것이 훨씬 더 좋은 일이라 그렇게 하고 싶으나(빌 1:23)

신자의 영혼은 죽음과 함께 "하늘에 있는 영원한 집"으로 이동합니다(고후 5:1). 바울은 죽어서 세상을 떠나는 것이 훨씬 더 좋다고 말했습니다(빌 1:23). "가장 높은 하늘"에 그리스도께서 계시기 때문입니다.

3. 거기서 그들은 빛과 영광 중에 하나님의 얼굴을 보며,

> 사랑하는 자들아 우리가 지금은 하나님의 자녀라 장래에 어떻게 될지는 아직 나타나지 아니하였으나 그가 나타나시면 우리가 그와 같을 줄을 아는 것은 그의 참모습 그대로 볼 것이기 때문이니(요일 3:2)
> 우리가 지금은 거울로 보는 것 같이 희미하나 그때에는 얼굴과 얼굴을 대하여 볼 것이요 지금은 내가 부분적으로 아나 그때에는 주께서 나를 아신 것 같이 내가 온전히 알리라(고전 13:12)

하늘에 있는 신자들은 하나님의 얼굴을 직접 봅니다(요일 3:2; 고전 13:12). 몸이 없으신 하나님을 본다는 것이 어떤 의미인지 알 수는 없습니다. 아마 이것은 지상에서 누릴 수 없었던 친밀한 교제를 의미하거나, 죄가 없는 상태에서 하나님을 충분히 알고 이해하는 것을 의미할 것입니다.

4. 자신들의 몸이 완전히 구속되기를 기다립니다.

> 그뿐 아니라 또한 우리 곧 성령의 처음 익은 열매를 받은 우리까지도 속으로 탄식하여 양자 될 것 곧 우리 몸의 속량을 기다리느니라(롬 8:23)

신자들의 영혼은 죽음과 함께 완전히 거룩하게 됩니다(히 12:13). 그렇다면 신자들의 몸은 언제 완전히 거룩하게 될까요? 마지막 부활의 날입니다. 하늘에 있는 신자들이 기다리고 있는 바로 그날입니다(롬 8:23).

5. 그들의 몸은 죽음 가운데서도 그리스도와 계속해서 연합되어 있고,

> 우리가 예수께서 죽으셨다가 다시 살아나심을 믿을진대 이와 같이 예수 안에서 자는 자들도 하나님이 그와 함께 데리고 오시리라(살전 4:14)

데살로니가전서 4장 14절은 죽어 장사 된 신자들을 "예수 안에서 자는 자들"이라고 말합니다. "예수 안에서"라는 표현처럼 죽은 신자들의 몸은 계속해서 그리스도와 연합되어 있습니다. 이것은 신자들이 죽은 이후에도, 그리스도께서 신자들의 몸을 대단히 소중하게 여기신다는 뜻입니다.[108] 그것은 그리스도께서 신자들의 몸을 다시 살리시는 것으로 입증될 것입니다.

6. 마지막 날에 그들의 몸이 자신들의 영혼과 다시 연합할 때까지 무덤 안에서 마치 잠자듯 쉽니다.

> 그들은 평안에 들어갔나니 바른 길로 가는 자들은 그들의 침상에서 편히 쉬리라(사 57:2)

신자들의 몸은 비록 죽어 장사될지라도 여전히 그리스도와 연합되어 있으며, 그리스도의 보살핌을 받습니다. 그래서 죽은 이후에도 마치 "침상에서 편히" 자는 것과 같

---

108 J. G. 보스, G. I. 윌리암슨, 『웨스트민스터 대요리문답 강해』, 류근상 · 신호섭 옮김 (서울: 크리스챤출판사, 2007), 288.

습니다(사 57:2). 신자들에게 죽음은 고통이 아니라 "평안에 들어"가는 통로입니다(사 57:2).

7. 그러나 악인들의 영혼은 죽을 때에 지옥에 던져지고, 거기서 고통과 깊은 흑암에 머물러 있게 됩니다.

> 그가 음부에서 고통중에 눈을 들어 멀리 아브라함과 그의 품에 있는 나사로를 보고 불러 이르되 아버지 아브라함이여 나를 긍휼히 여기사 나사로를 보내어 그 손가락 끝에 물을 찍어 내 혀를 서늘하게 하소서 내가 이 불꽃 가운데서 괴로워하나이다(눅 16:23-24)

악인들의 영혼은 죽음 직후에 지옥에 던져집니다(눅 16:23-24). 성경은 지옥을 바깥 어두운 곳, 불 못, 슬피 울며 이를 가는 곳, 감옥, 구더기도 죽지 않는 곳 등으로 묘사합니다. 어떤 사람들은 이런 표현이 지옥에 대한 상징일 뿐이므로, 지옥이 이처럼 끔찍한 곳이 아닐 것이라고 주장합니다. 이런 표현들이 지옥에 대한 상징이라 하더라도, 상징이 어떤 실재를 가리켜 보인다는 점에서 지옥이 고통스런 형벌의 장소라는 점은 분명한 사실입니다.[109]

지옥에 대한 가장 잘못된 견해는 그곳을 하나님과 분리되는 곳으로 여기는 것입니다. 그렇다면 지옥은 악인들이 가장 선호하는 장소일 것입니다. 하나님과 분리되는 것이야말로 악인들이 가장 원하는 것이기 때문입니다. 사실 지옥의 공포는 하나님과의 분리가 아니라 하나님의 임재 때문입니다.[110] 하나님은 거룩한 진노로 그들에게 임재하셔서, 그들을 벌하실 것입니다. 죄인들은 하나님과의 분리가 아니라, 소멸하는 불이신 하나님을 만나게 될 것입니다.

---

[109] 리고니어 미니스트리 출판부 편, 『개혁주의 스터디 바이블』, 김진운 외 옮김 (서울: 부흥과 개혁사, 2017), 1700.

[110] 위의 책, 1700.

8. 그리고 그들의 몸은 부활과 심판의 날까지 감옥에 갇힌 것처럼 무덤에 갇혀 있게 됩니다.

> 봉사와 및 사도의 직무를 대신할 자인지를 보이시옵소서 유다는 이 직무를 버리고 <u>제 곳</u>
> <u>으로 갔나이다</u> 하고(행 1:25)

사도들은 유다가 땅에 묻힌 것을 두고 "제 곳"으로 갔다고 말했습니다(행 1:25). "제 곳"은 무덤을 뜻합니다. 유다와 마찬가지로 모든 죄인은 무덤이라는 감옥에 갇혀 심판의 날을 기다립니다.

우리가 부활에 관하여 믿어야 할 것은 무엇입니까?

답: 우리는 마지막 날에 이미 죽은 의인과 악인 모두의 보편적인 부활이 있음을 믿어야 합니다. 그때 살아 있는 사람들은 순식간에 변화되고, 무덤에 묻혀 있는 죽은 사람들의 바로 그 몸이 그들의 영혼과 다시 영원히 연합되어 그리스도의 능력으로 일으킴을 받게 될 것을 믿어야 합니다. 의인의 몸은 그리스도의 영에 의해, 그리고 그들의 머리이신 그리스도의 부활에 힘입어, 능력 중에 신령하고 썩지 않는 몸으로 일어나서 그리스도의 영광스러운 몸과 같이 될 것입니다. 그러나 악인의 몸은 진노하는 심판관이신 그리스도에 의해 수치 가운데 일어날 것입니다.

1. 우리는 마지막 날에 이미 죽은 의인과 악인 모두가 부활할 것을 믿어야 합니다.

> 그들이 기다리는 바 하나님께 향한 소망을 나도 가졌으니 곧 의인과 악인의 부활이 있으리라 함이니이다(행 24:15)

언젠가 그리스도께서 다시 오실 것입니다. 성경은 그때를 '마지막 날'이라고 말합니다. 마지막 날에는 의인뿐만 아니라 악인도 부활할 것입니다(행 24:15). 그날에 의인들은 하나님의 재판정에서 공적으로 무죄 선언을 받을 것이며, 악인들은 정죄를 받을 것입니다.

2. 그때 살아 있는 사람들은 순식간에 변화되고, 무덤에 묻혀 있는 죽은 사람들의 바로 그 몸이 그들의 영혼과 다시 영원히 연합되어 그리스도의 능력으로 일으킴을 받게 될 것을 믿어야 합니다.

> 보라 내가 너희에게 비밀을 말하노니 우리가 다 잠 잘 것이 아니요 마지막 나팔에 순식간에 홀연히 다 변화되리니 나팔 소리가 나매 죽은 자들이 썩지 아니할 것으로 다시 살아나고 우리도 변화되리라 이 썩을 것이 반드시 썩지 아니할 것을 입겠고 이 죽을 것이 죽지 아니함을 입으리로다(고전 15:51-53)
> 우리가 주의 말씀으로 너희에게 이것을 말하노니 주께서 강림하실 때까지 우리 살아 남아 있는 자도 자는 자보다 결코 앞서지 못하리라 주께서 호령과 천사장의 소리와 하나님의 나팔 소리로 친히 하늘로부터 강림하시리니 그리스도 안에서 죽은 자들이 먼저 일어나고 그 후에 우리 살아 남은 자들도 그들과 함께 구름 속으로 끌어 올려 공중에서 주를 영접하게 하시리니 그리하여 우리가 항상 주와 함께 있으리라(살전 4:15-17)

의인의 부활은 두 가지 형태로 일어날 것입니다. 살아 있던 사람들은 순식간에 변화될 것이고(고전 15:51), 이미 죽었던 자들은 변화된 몸으로 다시 살아날 것입니다(고전 15:53). 산 자와 죽은 자 가운데, 죽은 자의 부활이 먼저 일어날 것입니다(살전 4:16).

3. 의인의 몸은 그리스도의 영에 의해, 그리고 그들의 머리이신 그리스도의 부활에 힘입어, 능력 중에 신령하고 썩지 않는 몸으로 일어나서 그리스도의 영광스러운 몸과 같이 될 것입니다.

> 아담 안에서 모든 사람이 죽은 것 같이 그리스도 안에서 모든 사람이 삶을 얻으리라(고전 15:22)
> 육의 몸으로 심고 신령한 몸으로 다시 살아나나니 육의 몸이 있은즉 또 영의 몸도 있느니라(고전 15:42-44)
> 그는 만물을 자기에게 복종하게 하실 수 있는 자의 역사로 우리의 낮은 몸을 자기 영광의 몸의 형체와 같이 변하게 하시리라(빌 3:21)

모든 사람은 두 종류의 연대성을 가지고 있습니다. 하나는 아담과의 연대이고, 또 하나는 그리스도와의 연대입니다. 아담과 연대한 결과는 사망이고, 그리스도와 연대한 결과는 부활입니다(고전 15:21-22). 따라서 우리의 부활은 전적으로 그리스도와의 연대, 즉 그리스도가 우리의 머리라는 사실에 근거하고 있습니다.

성경은 부활의 몸을 "신령한 몸"이자 "영광의 몸"이라고 말합니다(고전 15:44; 빌 3:21). 신령한 몸은 죄를 지을 수 없다는 뜻이고, 영광의 몸은 사망의 권세를 이겼다는 뜻입니다. 우리는 죄를 지을 수 없는 거룩한 몸이자 죽을 수 없는 불멸의 몸으로 부활하게 될 것입니다.

4. 그러나 악인의 몸은 진노하는 심판관이신 그리스도에 의해 수치 가운데 일어날 것입니다.

> 이를 놀랍게 여기지 말라 무덤 속에 있는 자가 다 그의 음성을 들을 때가 오나니 선한 일을 행한 자는 생명의 부활로, 악한 일을 행한 자는 심판의 부활로 나오리라(요 5:28-29)

의인들만 부활하지 않습니다. 악인들도 부활하게 될 것입니다. 단, 의인들은 영원한 생명을 위해 부활하는 반면, 악인들은 영원한 사망 선고를 받기 위해 부활할 것입니다.

제88문 부활 직후에 무슨 일이 일어납니까?

답: 부활 직후에는 천사들과 사람들 모두에게 최후의 심판이 있을 것입니다. 그날 과 그때는 아무도 모르기 때문에, 우리는 다 깨어 기도하면서 주님의 오심을 항상 준비해야 합니다.

1. 부활 직후에는 천사들과 사람들 모두에게 최후의 심판이 있을 것입니다.

> 선한 일을 행한 자는 생명의 부활로, 악한 일을 행한 자는 <u>심판의 부활로</u> 나오리라 (요 5:29)
> 하나님이 <u>범죄한 천사들을 용서하지 아니하시고 지옥에 던져</u> 어두운 구덩이에 두어 심판 때까지 지키게 하셨으며(벤후 2:4)

최후의 심판은 부활 직후에 있을 것이 확실합니다. 성경이 부활과 심판을 하나로 설명하기 때문입니다(요 5:29). 하나님의 심판에는 타락한 천사들도 포함됩니다. 베드로는 하나님께서 타락한 천사들도 지옥에 던지셨다고 기록했습니다(벤후 2:4). "지옥에 던져"라고 번역된 헬라어는 '타르타로오'인데, "타르타로스에 포로로 잡아두다"라는 뜻입니다. 고대 그리스 신화에서 타르타로스는 죽은 영들이 형벌을 받는 장소였습니다. 베드로는 타락한 천사들도 심판을 받는다는 사실을 설명하기 위해 고대에 널리 통용되던 이미지를 차용한 것 같습니다.[111]

---

111 리고니어 미니스트리 출판부 편, 『개혁주의 스터디 바이블』, 김진운 외 옮김 (서울: 부흥과 개혁사, 2017), 2316.

2. 그날과 그때는 아무도 모르기 때문에, 우리는 다 깨어 기도하면서 주님의 오심을 항상 준비해야 합니다.

> 그러나 그날과 그때는 <u>아무도 모르나니</u> 하늘의 천사들도, 아들도 모르고 오직 아버지만 아시느니라(마 24:36)
> 그러므로 <u>깨어 있으라</u> 어느 날에 너희 주가 임할는지 너희가 알지 못함이니라(마 24:42)
> 이러므로 너희도 <u>준비하고 있으라</u> 생각하지 않은 때에 인자가 오리라(마 24:44)

재림과 심판의 날은 아무도 알지 못합니다(마 24:36). 하나님께서 알려 주신 적이 없기 때문입니다. 그러므로 다니엘서나 요한계시록 같은 예언서를 토대로 그날을 계산하는 것은 불가능한 시도입니다.

"그날과 그때"를 알지 못할지라도 깨어 준비하는 자세는 중요합니다. 그렇다고 일상의 삶을 내팽개치고 재림의 날만 기다리라는 것은 아닙니다. 그것은 가장 잘못된 태도입니다. 성경이 우리에게 "깨어 있으라"라고 말하는 것은 일상의 삶을 그리스도인답게 성실하게 살라는 것입니다. 그리스도의 심판이 없을 것처럼 세상에 물들어 살 것이 아니라, 그리스도의 재림과 심판을 확실히 믿는 사람답게 죄와 싸우며 살는 것입니다.

제89문 심판 날에 악인들에게 무슨 일이 일어 납니까?

답: 심판 날에 악인들은 그리스도의 왼편에 세워질 것이고, 확실한 증거와 그들 자신의 양심이 보여 주는 충분한 확증에 근거하여 무시무시하면서도 공평한 정죄의 선고를 받게 될 것입니다. 그리고 곧바로 그들은 하나님의 은혜로운 얼굴과 그리스도, 그분의 성도들, 그리고 그분의 거룩한 천사들과의 영광스러운 교제로부터 쫓겨나 지옥으로 던져질 것이며, 거기서 그들의 몸과 영혼이 모두, 마귀와 그 사자들과 함께, 말로 다할 수 없는 고통의 형벌을 영원히 받을 것입니다.

1. 심판 날에 악인들은 그리스도의 왼편에 세워질 것이고,

양은 그 오른편에 <u>염소는 왼편에 두리라</u>(마 25:33)

심판 날에는 목자가 양과 염소를 나누듯이, 그리스도께서 의인과 악인을 나누실 것입니다. 마태복음 25장 33절에서 양은 그리스도를 영접한 의인들을 의미하고, 염소는 그리스도를 배척한 악인들을 의미합니다.

2. 확실한 증거와 그들 자신의 양심이 보여 주는 충분한 확증에 근거하여

이런 이들은 <u>그 양심이 증거가 되어</u> 그 생각들이 서로 혹은 고발하며 혹은 변명하여 그 마음에 새긴 율법의 행위를 나타내느니라 곧 나의 복음에 이른 바와 같이 하나님이 예수 그리스도로 말미암아 사람들의 은밀한 것을 심판하시는 그날이라(롬 2:15-16)

한 번도 복음을 듣지 못한 사람들은 어떤 기준으로 심판받을까요? 양심입니다(롬 2:15). 하나님은 사람들이 옳고 그름을 분별할 수 있도록 양심을 주셨습니다. 모든 사람에게는 양심의 소리를 따라 살아야 할 의무가 있습니다. 따라서 복음을 듣지 못한 사람들은 양심에 근거하여 심판받을 것입니다.

3. 무시무시하면서도 공평한 정죄의 선고를 받게 될 것입니다.

> 또 왼편에 있는 자들에게 이르시되 저주를 받은 자들아 나를 떠나 마귀와 그 사자들을 위하여 예비된 영원한 불에 들어가라 내가 주릴 때에 너희가 먹을 것을 주지 아니하였고 목마를 때에 마시게 하지 아니하였고 나그네 되었을 때에 영접하지 아니하였고 헐벗었을 때에 옷 입히지 아니하였고 병들었을 때와 옥에 갇혔을 때에 돌보지 아니하였느니라 하시니(마 25:41-43)

악인들이 정죄 받는 이유는 그리스도를 믿지 않았기 때문만은 아닙니다. 성경은 예수님께서 악인들의 죄를 구체적으로 언급하면서 심판하실 것이라고 말합니다(마 25:41-43). 악인들은 불신뿐만 아니라 그들이 지은 다른 모든 죄 때문에 정죄를 받을 것입니다. 따라서 하나님의 심판은 공평합니다.

4. 그리고 곧바로 그들은 하나님의 은혜로운 얼굴과 그리스도, 그분의 성도들, 그리고 그분의 거룩한 천사들과의 영광스러운 교제로부터 쫓겨나 지옥으로 던져질 것이며,

> 그뿐 아니라 너희와 우리 사이에 큰 구렁텅이가 놓여 있어 여기서 너희에게 건너가고자 하되 갈 수 없고 거기서 우리에게 건너올 수도 없게 하였느니라(눅 16:26)

천국과 지옥 사이에는 건널 수 없는 간격이 있습니다(눅 16:26). 따라서 지옥으로 떨어진 악인들은 의인들과 접촉할 수 없고, 구원과 회개의 기회도 없습니다.

5. 거기서 그들의 몸과 영혼이 모두, 마귀와 그 사자들과 함께, 말로 다할 수 없는 고통의 형벌을 영원히 받을 것입니다.

> 만일 네 손이 너를 범죄하게 하거든 찍어버리라 장애인으로 영생에 들어가는 것이 두 손
> 을 가지고 지옥 곧 꺼지지 않는 불에 들어가는 것보다 나으니라(막 9:43)
> 그들은 영벌에, 의인들은 영생에 들어가리라 하시니라(마 25:46)
> 하나님을 모르는 자들과 우리 주 예수의 복음에 복종하지 않는 자들에게 형벌을 내리시
> 리니 이런 자들은 주의 얼굴과 그의 힘의 영광을 떠나 영원한 멸망의 형벌을 받으리로다
> (살후 1:8-9)

성경은 지옥 형벌에 대해 크게 두 가지를 말합니다.

첫째, 몸과 영혼 모두에 가해지는 형벌입니다. 근거는 마가복음 9장 43절입니다. 여기서 예수님은 악인들의 몸이 형벌을 받을 것이라고 하셨습니다.

둘째, 영원한 형벌입니다. 이는 성경 전체에서 강조되는 사실로서, 재고의 여지가 없습니다. 어떤 사람들은 '영원'이라는 단어가 단지 오랜 시간을 의미한다고 생각합니다. 그래서 악인들이 일정 기간 형벌을 받은 다음에 소멸된다고 주장합니다. 흔히 이것을 '영혼 멸절설'이라고 합니다. 하지만 성경이 영벌과 영생을 대비하고 있으므로(마 25:45), '영혼 멸절설'은 성경적이지 않습니다. 영벌이 오랜 기간을 의미한다면, 영생 또한 영원한 기간을 의미할 수 없기 때문입니다.

제90문 심판 날에 의인들에게 무슨 일이 일어 납니까?

답: 심판 날에 의인들은 구름 속의 그리스도에게로 끌어올려져 그리스도의 오른편에 세워질 것입니다. 거기서 의인들은 공개적으로 인정받고 무죄 선언을 받으며, 버림받은 천사들과 사람들의 심판에 그리스도와 함께 참여하고, 천국으로 들어갈 것입니다. 거기서 모든 죄와 비참으로부터 완전히 그리고 영원히 해방될 것이고, 상상도 할 수 없는 기쁨으로 충만하게 될 것이며, 몸과 영혼이 완전히 거룩하고 행복하게 될 것입니다. 그리고 헤아릴 수 없이 많은 성도와 천사의 무리 가운데서, 특히 성부 하나님과 우리 주 예수 그리스도와 성령님을 영원토록 직접 대하면서 기쁨을 나눌 것입니다. 이것이 무형 교회의 지체들이 부활과 심판의 날에 영광 중에서 그리스도와 누릴 완전하고 충만한 교제입니다.

1. 심판 날에 의인들은 구름 속의 그리스도에게로 끌어올려져 그리스도의 오른편에 세워질 것입니다.

> 그 후에 우리 살아 남은 자들도 그들과 함께 구름 속으로 끌어올려 공중에서 주를 영접하게 하시리니 그리하여 우리가 항상 주와 함께 있으리라(살전 4:17)

데살로니가전서 4장 17절은 세대주의자들의 휴거론을 뒷받침하는 근거로 자주 인용되는 구절입니다. 그들은 이 구절과 요한계시록 20장 4절을 근거로, 그리스도가 재림하신 이후에 신자들이 공중에서 천 년 동안 왕 노릇할 것이라고 주장합니다. 이것이 '세대주의적 전천년설'입니다. 하지만 데살로니가전서 4장 17절은 그런 내용과 전혀 상관없습니다. 바울은 이 말씀을, 사랑하는 형제를 하늘로 떠나보낸 자들을 위로하기 위해서 기록했습니다. 이 말씀의 기본 취지는 생존한 자와 이미 죽은 자가 마지

막 날에 그리스도 앞에서 다시 만난다는 데 있습니다.[112]

2. 거기서 의인들은 공개적으로 인정받고 무죄 선언을 받으며,

> 양은 그 오른편에 염소는 왼편에 두리라(마 25:33)

예수님은 마지막 날에 양과 염소를 나눈다고 하셨습니다(마 25:33). 양은 구원받은 신자들을, 염소는 유기된 불신자들을 의미합니다. 양과 염소가 좌우로 구분된다는 것은 마지막 날에 신자와 불신자를 나누는 사법적인 심판이 있을 것과 그 분리가 영원할 것임을 의미합니다.[113] 그날에 불신자들은 영원한 심판을 선고받을 것이고, 신자들은 영원한 무죄를 선고받을 것입니다.

3. 버림받은 천사들과 사람들의 심판에 그리스도와 함께 참여하고,

> 성도가 세상을 판단할 것을 너희가 알지 못하느냐 세상도 너희에게 판단을 받겠거든 지극히 작은 일 판단하기를 감당하지 못하겠느냐 우리가 천사를 판단할 것을 너희가 알지 못하느냐 그러하거든 하물며 세상 일이랴(고전 6:2-3)

고린도 교회는 교회 안의 논쟁을 중재하는 역할을 불신자들에게 맡겼습니다. 바울은 그것을 부끄러운 일이라고 했습니다(고전 6:5). 교회는 장차 타락한 천사들과 사람들을 심판할 것이기 때문입니다(고전 6:2-3). 물론 이것은 성도들이 직접 심판한다는 의미는 아닙니다. 심판은 그리스도의 고유한 권한이기 때문입니다(요 5:22). 바울의 의도는 그리스도께서 세상을 심판하실 때, 성도들이 그 곁에서 그리스도를 지지하고 동의한다는 의미입니다.[114]

---

112 리고니어 미니스트리 출판부 편, 『개혁주의 스터디 바이블』, 김진운 외 옮김 (서울: 부흥과 개혁사, 2017), 2177.

113 J. G. 보스, G. I. 윌리암슨, 『웨스트민스터 대요리문답 강해』, 류근상 · 신호섭 옮김 (서울: 크리스챤출판사, 2007), 303.

114 위의 책, 304.

4. 천국으로 들어갈 것입니다.

그때에 임금이 그 오른편에 있는 자들에게 이르시되 내 아버지께 복 받을 자들이여 나아와 창세로부터 <u>너희를 위하여 예비된 나라를 상속받으라</u> / 그들은 영벌에, 의인들은 영생에 들어가리라 하시니라(마 25:34, 46)

하나님의 백성들은 천국을 상속받을 것입니다(마 25:34). '상속'이라고 번역된 헬라어 '클레로노메오'는 하나님께서 거저 주시는 선물을 의미합니다(마 5:5; 갈 5:21). 우리는 마지막 날에 하나님의 자비와 긍휼 때문에, 그리고 거기서 비롯된 그리스도의 대속 때문에 천국을 선물로 받을 것입니다.

5. 거기서 모든 죄와 비참으로부터 완전히 그리고 영원히 해방될 것이고,

자기 앞에 영광스러운 교회로 세우사 <u>티나 주름 잡힌 것이나 이런 것들이 없이 거룩하고 흠이 없게</u> 하려 하심이라(엡 5:27)
이는 보좌 가운데 계신 어린 양이 그들의 목자가 되사 생명수 샘으로 인도하시고 하나님께서 <u>그들의 눈에서 모든 눈물을 씻어 주실 것임이라</u>(계 7:17)
또 내가 들으니 하늘에서 음성이 나서 이르되 기록하라 지금 이후로 주 안에서 죽는 자들은 복이 있도다 하시매 성령이 이르시되 그러하다 <u>그들이 수고를 그치고 쉬리니</u> 이는 그들의 행한 일이 따름이라 하시더라(계 14:13)

바울은 빌립보 교회 성도들에게 "주 안에서 항상 기뻐하라"라고 권면했습니다(빌 4:4). 이것은 그리스도께서 우리를 위해 죽으셨고, 그로 인해 우리의 구원이 확정되었기 때문에 가능한 권면입니다. 그래서 신자들은 기뻐하기 위해 노력해야 합니다. 하지만 구원받은 신자들도 이 땅에서는 완전한 기쁨을 누릴 수 없습니다. 크게 두 가지 이유 때문입니다. 첫째, 신자들의 마음에는 여전히 부패한 성품이 남아있기 때문입니다. 둘째, 신자들을 힘들게 하는 타락한 환경 때문입니다. 하지만 천국에서는 이 두 가지 문제를 찾아볼 수 없을 것입니다. 마지막 날에 성도들은 완전히 거룩하게 변화될 것이고(엡 5:27), 타락한 세상은 순결하게 변할 것입니다(계 7:17; 14:13).

6. 상상도 할 수 없는 기쁨으로 충만하게 될 것이며, 몸과 영혼이 완전히 거룩하고 행복하게 될 것입니다.

> 기록된 바 하나님이 자기를 사랑하는 자들을 위하여 예비하신 모든 것은 <u>눈으로 보지 못하고 귀로 듣지 못하고 사람의 마음으로 생각하지도 못하였다</u> 함과 같으니라(고전 2:9)

성경은 사람의 첫째되고 가장 고귀한 목적이 하나님을 영화롭게 하고, 그분을 영원토록 온전히 즐거워하는 것이라고 말합니다. 하지만 어떤 사람도 이 땅에서는 그 목적을 온전히 이룰 수 없습니다. 마음과 환경의 부패 때문입니다. 그러나 부활과 심판의 날에는 사람의 첫째되는 목적을 가로막는 모든 장애물이 사라질 것입니다. 그리하여 우리는 한 치의 부족함도 없이 하나님의 영광을 위해 살게 될 것이고, 영원토록 온전히 하나님 때문에 즐거워하게 될 것입니다(고전 2:9).

7. 그리고 헤아릴 수 없이 많은 성도와 천사의 무리 가운데서,

> 그러나 너희가 이른 곳은 시온 산과 살아 계신 하나님의 도성인 하늘의 예루살렘과 <u>천만 천사와 하늘에 기록된 장자들의 모임과 교회와 만민의 심판자이신 하나님과 및 온전하게 된 의인의 영들과</u>(히 12:22-23)

하나님께서 구원으로 예정하신 성도들은 단 한 사람도 빠짐없이 천국에 들어갈 것입니다. 따라서 우리는 천국에서 셀 수 없이 많은 성도를 볼 것입니다(히 12:22-23).

8. 특히 성부 하나님과 우리 주 예수 그리스도와 성령님을 영원토록 직접 대하면서 기쁨을 나눌 것입니다. 이것이 무형 교회의 지체들이 부활과 심판의 날에 영광 중에서 그리스도와 누릴 완전하고 충만한 교제입니다.

> 사랑하는 자들아 우리가 지금은 하나님의 자녀라 장래에 어떻게 될지는 아직 나타나지 아니하였으나 그가 나타나시면 우리가 그와 같을 줄을 아는 것은 <u>그의 참모습 그대로 볼 것이기 때문이니</u>(요일 3:2)

지금도 성도들은 하나님과 인격적인 교제를 나눌 수 있습니다. 하지만 천국에서는 아무런 장애물 없이, 그리고 직접적으로 하나님과 교제하게 될 것입니다(요일 3:2). 바로 이것이 우리가 천국에서 누리게 될 기쁨의 핵심입니다.

PART 2

삶에 관한 거의 모든 것

COMMENTARY ON
WESTMINSTER
LARGER CATECHISM

하나님께서 사람에게 요구하시는 의무는 무엇입니까?

답: 하나님께서 사람에게 요구하시는 의무는 하나님께서 계시하신 뜻에 순종하는 것입니다.

1. 하나님께서 사람에게 요구하시는 의무는 하나님께서 계시하신 뜻에 순종하는 것입니다.

> 너희는 이 세대를 본받지 말고 오직 마음을 새롭게 함으로 변화를 받아 하나님의 선하시고 기뻐하시고 온전하신 뜻이 무엇인지 분별하도록 하라(롬 12:1-2)
> 사무엘이 이르되 여호와께서 번제와 다른 제사를 그의 목소리를 청종하는 것을 좋아하심 같이 좋아하시겠나이까 순종이 제사보다 낫고 듣는 것이 숫양의 기름보다 나으니(삼상 15:22)

바울은 하나님을 거스르는 세상에서 하나님의 뜻을 분별하며 살라고 말했습니다(롬 12:1-2). 사무엘은 무엇보다도 중요한 것이 순종이라고 말했습니다(삼상 15:22). 따라서 우리는 하나님께서 계시하신 뜻을 분별하고, 그 뜻에 순종하며 살아야 합니다.

제92문 하나님께서 사람에게 순종의 법칙으로 처음 계시하신 것은 무엇입니까?

답: 무죄의 상태에 있는 아담과 아담 안에 있는 모든 인류에게 계시하신 순종의 법칙은, 선악을 알게 하는 나무의 실과를 먹지 말라는 특별한 명령과 도덕법이었습니다.

1. 무죄의 상태에 있는 아담과 아담 안에 있는 모든 인류에게 계시하신 순종의 법칙은, 선악을 알게 하는 나무의 실과를 먹지 말라는 특별한 명령과 도덕법이었습니다.

> 하나님이 자기 형상 곧 하나님의 형상대로 사람을 창조하시되 남자와 여자를 창조하시고 (창 1:27)
> 만물보다 거짓되고 심히 부패한 것은 마음이라 누가 능히 이를 알리요마는(렘 17:9)

하나님은 무죄 상태에 있던 인류에게 두 가지를 명령하셨습니다. 선악과를 먹지 말라는 것과 도덕법을 지키라는 것입니다. 도덕법이란, 도덕적인 통치자이신 하나님의 뜻을 담은 도덕적 행위의 기준과 규칙을 말합니다.[1] 그런데 선악과를 먹지 말라는 명령과 달리, 도덕법을 지키라는 명령은 구체적으로 지시하지 않으셨습니다. 그 이유는 사람이 하나님의 형상으로 창조되었기 때문입니다(창 1:26-27).[2] 무죄한 상태의 인류는 하나님의 뜻을 온전히 알고 있었습니다. 자신이 처한 상황에서 어떻게 하는 것이 하나님께 순종하는 것인지 알고 있었습니다. 또한 하나님의 뜻에 순종할 수 있는 힘과 능력도 가지고 있었습니다. 그래서 하나님은 특별 계시 형태로 도덕법을 주

1 　로버트 쇼, 『웨스트민스터 신앙고백 해설』, 조계광 옮김 (서울: 생명의 말씀사, 2017), 340.
2 　로버트 쇼, 앞의 책, 340.

실 필요가 없었습니다.[3] 그렇다면 지금은 왜 사람들의 마음에서 하나님의 도덕법을 찾아볼 수 없을까요? 죄로 인해 사람들의 마음이 심각하게 왜곡되고 부패했기 때문입니다(렘 17:9).[4] 도덕법에 대한 자세한 설명은 제93문답 해설에서 이어서 하도록 하겠습니다.

---

3   J. G. 보스, G. I. 윌리암슨, 『웨스트민스터 대요리문답 강해』, 류근상 옮김 (서울: 크리스챤출판사, 2007), 314.
4   로버트 쇼, 앞의 책, 342.

제93문 **제93문** **도덕법이란 무엇입니까?**

답: 도덕법은 인류에게 선언하신 하나님의 뜻입니다. 도덕법은 모든 사람이 인격적으로, 완전히, 그리고 영구히 그 뜻을 따르고 순종하도록 지시하고 요구하되, 사람의 형태와 성향, 곧 몸과 영혼으로 하나님과 사람에게 마땅히 행해야할 거룩하고 의로운 모든 의무를 이행하도록 요구합니다. 하나님은 이 도덕법을 온전히 지키는 자에게는 생명을 주시겠다고 약속하시며, 이를 어기는 자에게는 죽음을 주시겠다고 경고하십니다.

1. 도덕법은 인류에게 선언하신 하나님의 뜻입니다.

모세가 온 이스라엘을 불러 그들에게 이르되 이스라엘아 오늘 내가 너희의 귀에 말하는 규례와 법도를 듣고 그것을 배우며 지켜 행하라 <u>우리 하나님 여호와께서 호렙 산에서 우리와 언약을 세우셨나니</u> 이 언약은 여호와께서 우리 조상들과 세우신 것이 아니요 오늘 여기 살아 있는 우리 곧 우리와 세우신 것이라(신 5:1-3)

하나님께서는 도덕법을 특별 계시 형태로 주실 필요가 없었습니다. 이미 사람들의 마음속에 도덕법이 새겨져 있었기 때문입니다. 하지만 인류가 타락한 이후로는 도덕법 역시 특별 계시 형태로 주어져야 했습니다. 그래서 하나님은 모세를 통해 도덕법을 전해 주셨습니다(신 5:2). 따라서 도덕법은 모세가 만들어 낸 것이 아닙니다. 모세는 하나님의 뜻을 전달하는 도구에 불과했습니다. 도덕법은 사람이 만들거나 발견한 것이 아니라 하나님께서 나타내신 하나님의 뜻입니다.

2. 도덕법은 모든 사람이 인격적으로,

> 너는 <u>마음을 다하고 뜻을 다하고 힘을 다하여</u> 네 하나님 여호와를 사랑하라(신 6:5)

모든 인류는 하나님의 피조물입니다. 따라서 우리는 하나님의 도덕법에 순종해야 합니다. 그런데 하나님께서 원하시는 순종은 평범한 순종이 아닙니다. 하나님은 우리가 "마음을 다하고 뜻을 다하고 힘을 다하여" 순종하기를 원하십니다(신 6:5). 따라서 우리는 겉으로만 피상적으로 순종하지 않고 마음을 다해 인격적으로 순종해야 합니다. 순종하는 모양뿐만 아니라 존경심을 가지고 자발적으로 순종해야 합니다.

3. 완전히, 그리고 영구히 그 뜻을 따르고 순종하도록 지시하고 요구하되,

> 무릇 율법 행위에 속한 자들은 저주 아래에 있나니 기록된 바 누구든지 율법 책에 기록된 대로 <u>모든 일을 항상</u> 행하지 아니하는 자는 저주 아래에 있는 자라 하였음이라(갈 3:10)

도덕법의 일부만을 일시적으로 지키는 것은 하나님의 뜻이 아닙니다. 바울은 도덕법 전체를 항상 지켜야만 율법의 저주에서 벗어날 수 있다고 말했습니다(갈 3:10). 하지만 아무도 하나님의 도덕법을 완전하고 영구하게 지킬 수 없습니다. 죄로 인해 타락했기 때문입니다. 이 부분은 제94문답 해설에서 자세히 살펴보겠습니다.

그렇다면, 지킬 수 없는 것을 요구하신 하나님은 부당한 분이 아닐까요? 그렇지 않습니다. 만약 아담과 하와가 죄를 짓고 타락하지 않았다면, 인류는 충분히 하나님의 도덕법을 지킬 수 있었습니다. 문제의 책임은 높은 기준을 제시하신 하나님이 아니라, 스스로 죄를 짓고 타락한 사람에게 있습니다.

4. 사람의 형태와 성향, 곧 몸과 영혼으로

> 평강의 하나님이 친히 너희를 온전히 거룩하게 하시고 또 <u>너희의 온 영과 혼과 몸이</u> 우리 주 예수 그리스도께서 강림하실 때에 흠 없게 보전되기를 원하노라(살전 5:23)

영혼과 몸의 분리를 주장했던 영지주의는 초대 교회의 가장 강력한 대적이었습니다. 그들은 이분법적인 세계관에 기초해서, 몸이 영혼에 영향을 미치지 않는다고 주장했습니다. 초대 교회 신자 중 상당수가 이들의 주장에 미혹되어, 교회를 세속화의 길로 이끌었습니다. 바울은 영혼과 몸을 분리하는 것을 정죄했습니다. 하나님의 뜻은 영혼만 거룩하게 되는 것이 아닙니다. 영혼과 몸 모두가 거룩하게 되는 것이 하나님의 뜻입니다(살전 5:23). 따라서 우리는 마음뿐만 아니라 몸으로도 순종해야 합니다. 입으로만 순종하는 것이 아니라 손과 발로도 순종해야 합니다.

5. 하나님과 사람에게 마땅히 행해야 할 거룩하고 의로운 모든 의무를 이행하도록 요구합니다.

> 너희가 여기 내 형제 중에 지극히 작은 자 하나에게 한 것이 곧 내게 한 것이니라(마 25:40)
> 이것으로 말미암아 나도 하나님과 사람에 대하여 항상 양심에 거리낌이 없기를 힘쓰나이다(행 24:16)

'하나님 사랑'과 '사람 사랑'을 구분하지 말아야 합니다. 예수님은 "지극히 작은 자 하나에게 한 것이 곧 내게 한 것"이라고 말씀하셨습니다(마 25:40). 그래서 도덕법은 하나님을 향한 의무뿐만 아니라 사람을 향한 의무도 포함하고 있습니다(행 24:16).

하지만 하나님을 사랑하는 것과 사람을 사랑하는 것이 똑같은 무게를 지니지는 않습니다. 하나님을 사랑하는 것은 피조물의 당연한 의무이지만, 사람을 사랑하는 것은 그것이 하나님의 명령이기 때문입니다. 따라서 하나님께는 항상 순종해야 하지만, 사람에게는 하나님의 뜻 안에서만 순종해야 합니다(엡 6:1).

6. 하나님은 이 도덕법을 온전히 지키는 자에게는 생명을 주시겠다고 약속하시며, 이를 어기는 자에게는 죽음을 주시겠다고 경고하십니다.

> 모세가 기록하되 율법으로 말미암는 의를 행하는 사람은 그 의로 살리라 하였거니와(롬 10:5)
> 죄의 삯은 사망이요 하나님의 은사는 그리스도 예수 우리 주 안에 있는 영생이니라(롬 6:23)

도덕법을 지키는 자에게는 생명이 약속되어 있지만(롬 10:5), 위반하는 자에게는 죽음이 약속되어 있습니다(롬 6:23). 불순종하는 자가 받을 죽음의 형벌에는 세 가지 의미가 있습니다. 첫째, 하나님과 멀어집니다(롬 1:18). 둘째, 육체의 죽음을 맞이합니다(창 3:19). 셋째, 둘째 사망으로 불리는 영원한 죽음을 맞이합니다(계 2:11).

제94문 **타락한 후에도 도덕법은 사람에게 유용합니까?**

답: 타락한 후에는 아무도 도덕법으로 의와 생명에 이를 수 없습니다. 그러나 도덕법은 중생한 사람이든 중생하지 못한 사람이든 모든 사람에게 매우 유용합니다.

1. 타락한 후에는 아무도 도덕법으로 의와 생명에 이를 수 없습니다.

> 율법이 육신으로 말미암아 <u>연약하여 할 수 없는 그것을</u> 하나님은 하시나니 곧 죄로 말미암아 자기 아들을 죄 있는 육신의 모양으로 보내어 육신에 죄를 정하사(롬 8:3)
>
> 사람이 의롭게 되는 것은 율법의 행위로 말미암음이 아니요 오직 예수 그리스도를 믿음으로 말미암는 줄 알므로 우리도 그리스도 예수를 믿나니 이는 우리가 율법의 행위로써가 아니고 그리스도를 믿음으로써 의롭다 함을 얻으려 함이라 <u>율법의 행위로써는 의롭다 함을 얻을 육체가 없느니라</u>(갈 2:16)

인간이 스스로의 능력으로 자신을 구원할 수 있다는 주장은 해묵은 오류 가운데 하나입니다. 성경은 '자력 구원' 또는 '행위 구원'의 가능성을 전면 차단합니다. 성경은 "율법이 육신으로 말미암아 연약하여 할 수" 없다고 말하고(롬 8:3), "율법의 행위로써는 의롭다 함을 얻을 육체가" 없다고 말합니다(갈 2:16). 이것은 율법(도덕법) 자체에 문제가 있기 때문이 아닙니다. 율법(도덕법)은 좋은 것이고 선한 것입니다(롬 7:12). 문제는 사람에게 있습니다. 사람이 죄를 짓고 타락하였기 때문입니다. 타락한 인류는 선을 행할 능력을 상실했습니다. 이제 아무도 도덕법으로는 의와 생명에 이를 수 없습니다.

2. 그러나 도덕법은 중생한 사람이든 중생하지 못한 사람이든 모든 사람에게 매우 유용합니다.

그러나 율법은 사람이 <u>그것을 적법하게만 쓰면 선한 것임을</u> 우리는 아노라(딤전 1:8)

율법은 선한 것입니다(딤전 1:8). 율법은 그 자체로 매우 유용합니다. 대요리문답은 율법의 순기능을 모든 사람(제95문답), 중생하지 못한 사람(제96문답), 중생한 사람(제97문답)의 세 부분으로 나누어 설명합니다.

제95문 도덕법은 모든 사람에게 어떻게 유용합니까?

답: 도덕법은 모든 사람에게 다음과 같이 유용합니다. 도덕법은 하나님의 거룩한 본성과 뜻, 그리고 이를 따라 행해야 하는 사람들의 의무를 알려 주며, 사람들이 그것을 지킬 능력이 없음과 자신들의 본성, 마음, 생활이 죄로 오염되어 있음을 깨닫게 해 줍니다. 또한 자신들의 죄와 비참을 알아 겸손하게 하고, 이로써 그리스도와 그분의 완전한 순종이 자신들에게 필요하다는 것을 더욱더 명백히 볼 수 있도록 도와줍니다.

1. 도덕법은 모든 사람에게 다음과 같이 유용합니다. 도덕법은 하나님의 거룩한 본성과 뜻,

> 이로 보건대 율법은 거룩하고 계명도 거룩하고 의로우며 선하도다(롬 7:12)
> 나는 여호와 너희의 하나님이라 내가 거룩하니 너희도 몸을 구별하여 거룩하게 하고 땅에 기는 길짐승으로 말미암아 스스로 더럽히지 말라 나는 너희의 하나님이 되려고 너희를 애굽 땅에서 인도하여 낸 여호와라 내가 거룩하니 너희도 거룩할지어다(레 11:44-45)

성경은 율법(도덕법)이 거룩하다고 말합니다(롬 7:12). 거룩하신 하나님의 본성과 뜻이 율법(도덕법)에 담겨 있기 때문입니다(레 11:44-45). 그래서 사람이 만든 제도나 법이 아니라, 율법만이 거룩함과 의로움의 기준입니다.

2. 그리고 이를 따라 행해야 하는 사람들의 의무를 알려 주며,

> 사람아 주께서 선한 것이 무엇임을 네게 보이셨나니 여호와께서 네게 구하시는 것은 오직 정의를 행하며 인자를 사랑하며 겸손하게 네 하나님과 함께 행하는 것이 아니냐(미 6:8)

하나님은 사람의 의무를 도덕법을 통해서 알려 주셨습니다. 미가 선지자는 도덕법의 핵심이 정의(정의를 행하며), 자비(인자를 사랑하며), 신실함(겸손하게 네 하나님과 함께 행하는 것)이라고 말합니다.

3. 사람들이 그것을 지킬 능력이 없음과 자신들의 본성, 마음, 생활이 죄로 오염되어 있음을 깨닫게 해 줍니다.

> 그러므로 율법의 행위로 그의 앞에 의롭다 하심을 얻을 육체가 없나니 율법으로는 죄를 깨달음이니라(롬 3:20)

우리는 율법이 선한 것임을 압니다. 율법대로 살아야 하는 것도 압니다. 그런데 율법을 지키려고 하는 순간, 거기에 저항하는 본성을 발견하게 됩니다. 우리는 율법을 통해 우리가 죄인이라는 것과 죄를 좋아하는 본성이 우리 안에 있음을 깨닫게 됩니다(롬 3:20).

4. 또한 자신들의 죄와 비참을 알아 겸손하게 하고,

> 그러면 어떠하냐 우리는 나으냐 결코 아니라 유대인이나 헬라인이나 다 죄 아래에 있다고 우리가 이미 선언하였느니라(롬 3:9)

유대인들은 선택받은 민족입니다. 아브라함의 후손일 뿐만 아니라 그리스도께서 그들을 통해 오셨습니다. 유대계 그리스도인들은 이런 자부심을 가지고 헬라계 그리스도인들을 폄하했습니다. 하지만 바울은 헬라인 뿐만 아니라 유대인도 죄인이라고 말합니다(롬 3:9). 율법 앞에서는 모든 사람이 죄인이기 때문입니다. 이처럼 율법은 죄를 깨우쳐 겸손하게 합니다. 그래서 율법대로 살고자 하는 사람일수록 다른 사람을 긍휼의 시선으로 바라봅니다. 반대로 율법과 상관없이 사는 사람일수록 다른 사람을 쉽게 정죄하고 판단합니다.

5. 이로써 그리스도와

> 그러면 율법이 하나님의 약속들과 반대되는 것이냐 결코 그럴 수 없느니라 만일 능히 살게 하는 율법을 주셨더라면 의가 반드시 율법으로 말미암았으리라 그러나 성경이 모든 것을 죄 아래에 가두었으니 이는 예수 그리스도를 믿음으로 말미암는 약속을 믿는 자들에게 주려 함이라(갈 3:21-22)

율법은 하나님의 거룩한 본성과 뜻, 그리고 우리가 어떻게 살아야 하는지를 알려 줍니다. 하지만 율법은 그 자체로 구원의 수단이 될 수 없습니다. 율법의 기능은 우리를 죄에서 구원하는 것이 아니라 우리가 죄인임을 깨우쳐 주는 것이기 때문입니다. 율법을 통해 자신의 죄와 비참을 깨달은 사람은, 구원받기 위해 그리스도를 바라보게 됩니다(갈 3:21-22).

6. 그분의 완전한 순종이 자신들에게 필요하다는 것을 더욱더 명백히 볼 수 있도록 도와줍니다.

> 그리스도는 모든 믿는 자에게 의를 이루기 위하여 율법의 마침이 되시니라(롬 10:4)

그리스도께서 "율법의 마침"이 되신다는 것은(롬 10:4) 율법의 최종 목적이 그리스도에게 있다는 뜻입니다.[5] 하나님께서 우리에게 율법을 주신 목적은 율법을 통해 자신의 비참함을 깨닫고, 더욱 간절하게 그리스도를 바라보는 것입니다. 그리스도의 완전한 순종을 전가받는 것만이 유일한 구원의 길임을 깨닫도록 하는 것입니다.

---

[5]   리고니어 미니스트리 출판부, 『개혁주의 스터디 바이블』, 김진운 외 옮김 (서울: 부흥과 개혁사, 2017), 2002.

제96문 도덕법은 중생하지 못한 사람들에게 특별히 어떤 점에서 유용합니까?

답: 도덕법은 중생하지 못한 사람들의 양심을 일깨워 장차 임할 진노를 피하게 하고, 그들을 그리스도께로 인도하는 데 유용합니다. 또한 그들이 계속해서 죄의 상태와 죄의 길에 머물러 있을 경우에는 그들로 핑계할 수 없게 하며, 죄의 저주 아래 있게 합니다.

1. 도덕법은 중생하지 못한 사람들의 양심을 일깨워 장차 임할 진노를 피하게 하고,

> 알 것은 이것이니 율법은 <u>옳은 사람을 위하여 세운 것이 아니요</u> 오직 불법한 자와 복종하지 아니하는 자와 경건하지 아니한 자와 죄인과 거룩하지 아니한 자와 망령된 자와 아버지를 죽이는 자와 어머니를 죽이는 자와 살인하는 자며 음행하는 자와 남색하는 자와 인신 매매를 하는 자와 거짓말하는 자와 거짓맹세하는 자와 기타 바른 교훈을 거스르는 자를 위함이니(딤전 1:9-10)

율법은 옳은 사람을 위한 것이 아닙니다(딤전 1:9). 역설적이게도 율법은 타락한 본성을 가진 자들, 즉 중생하지 못한 자들에게 꼭 필요합니다. 그 이유는 다음과 같습니다. 첫째, 율법을 통해서 자신의 악한 본성을 깨닫기 때문입니다. 예를 들어, 제한 속도가 없다면 사람들은 자신이 과속하고 있는지 알 수 없습니다. 과속했음을 아는 것은 제한 속도라는 기준이 있기 때문입니다. 율법도 마찬가지입니다. 죄를 지었음을 알 수 있는 것은 율법이라는 기준이 있기 때문입니다.

2. 그들을 그리스도께로 인도하는 데 유용합니다.

> 이같이 율법이 우리를 그리스도께로 인도하는 초등교사가 되어 우리로 하여금 믿음으로
> 말미암아 의롭다 함을 얻게 하려 함이라(갈 3:24)

율법이 중생하지 못한 자들에게 유익한 두 번째 이유는, 율법을 통해 그리스도께로 나아가기 때문입니다. 중생하지 못한 자들은 율법(도덕법)을 통해 자신들이 하나님의 뜻을 범하고 있다는 것과 그로 인해 하나님의 진노와 저주 아래 있음을 깨닫게 됩니다. 여기서 촉발된 경건한 두려움은 중생하지 못한 자들을 그리스도께로 인도합니다 (갈 3:24). 그리스도를 통해서만 죄를 해결하고 구원에 이를 수 있기 때문입니다.

3. 또한 그들이 계속해서 죄의 상태와 죄의 길에 머물러 있을 경우에는 그들로 핑계할 수 없게 하며, 죄의 저주 아래 있게 합니다.

> 창세로부터 그의 보이지 아니하는 것들 곧 그의 영원하신 능력과 신성이 그가 만드신 만물에 분명히 보여 알려졌나니 그러므로 그들이 핑계하지 못할지니라(롬 1:20)
> 무릇 율법 행위에 속한 자들은 저주 아래에 있나니 기록된 바 누구든지 율법 책에 기록된 대로 모든 일을 항상 행하지 아니하는 자는 저주 아래에 있는 자라 하였음이라(갈 3:10)

중생하지 못한 자들 가운데 일부는 율법을 통해 자신의 죄를 깨닫고 그리스도를 영접하지만, 상당수는 여전히 죄 가운데 머물러 있습니다. 중생하지 못한 자들이 그리스도께로 인도되기 위해서는 율법뿐만 아니라, 성령의 초자연적인 역사가 동반되어야 하기 때문입니다(고전 12:3).

여전히 죄 가운데 머물러 있는 자들에게 율법은 두 가지 역할을 합니다. 첫째, 그들이 핑계하지 못하게 합니다(롬 1:20). 둘째, 그들이 저주 아래 있게 합니다(갈 3:10). 하나님은 율법을 통해 선과 악의 기준을 명확하게 알려 주셨습니다. 심지어 중생하지 못한 자들도 양심을 통해서 하나님의 도덕법을 희미하게나마 깨닫게 하셨습니다(롬 2:15). 그러므로 중생하지 못한 자들은 하나님의 심판대에서 자신의 무죄를 주장할 수 없으며, 하나님의 저주에서 벗어날 수도 없습니다.

제97문 **도덕법은 중생한 사람들에게 특별히 어떤 점에서 유용합니까?**

답: 중생하여 그리스도를 믿는 사람들은 행위 언약인 도덕법에서 해방되었으므로 그것으로 의롭다 함을 받거나 심판을 받지는 않습니다. 그러나 모든 사람에게 공통되는 일반적인 용도 외에 중생한 사람들에게 도덕법은 그것을 성취하시고, 그들을 대신하여, 또 그들의 유익을 위해서 그 법의 저주를 당하신 그리스도와 그들이 얼마나 깊이 연결되어 있는지를 보여 주는 데 특별히 유용합니다. 그리하여 도덕법은 그들로 더 많이 감사하게 하고, 바로 그 감사를 표현하기 위해 그들의 순종의 규칙으로 주신 도덕법을 더욱 열심히 따르게 합니다.

1. 중생하여 그리스도를 믿는 사람들은 행위 언약인 도덕법에서 해방되었으므로

죄가 너희를 주장하지 못하리니 이는 너희가 법 아래에 있지 아니하고 은혜 아래에 있음이라(롬 6:14)

하나님은 인류의 대표인 아담과 행위 언약을 맺으셨습니다. 인류는 행위 언약에 순종함으로써 영생을 얻을 수 있었습니다. 하지만 아담이 타락한 이후로는 아무도 행위 언약으로 영생을 얻을 수 없습니다. 아담의 타락한 본성이 전 인류에게 유전되었기 때문입니다. 그 결과 모든 인간은 하나님의 진노와 사망 아래 놓이게 되었습니다. 바울은 이 상태를 죄가 주장하는 상태라고 했습니다(롬 6:14). 타락한 인류는 죄의 노예라는 뜻입니다.

하지만 중생한 자들은 죄의 노예가 아닙니다(롬 6:14). 중생한 자들은 죄의 지배를 받지 않습니다. 중생한 자들은 아담이 아니라 그리스도에게 속했기 때문입니다. 그리스도는 우리가 받아야 할 '율법의 저주'는 십자가에서 대신 받으셨고, 철저한 순종으로 이루신 '율법의 의'는 우리에게 전가해 주셨습니다. 따라서 중생한 자들의 운명을 좌우하는 것은 율법이 아니라 은혜입니다(롬6:14). 중생한 자들은 행위 언약이 아니라 은혜 언약에 속했습니다.

2. 그것으로 의롭다 함을 받거나 심판을 받지는 않습니다.

> 그러므로 율법의 행위로 그의 앞에 <u>의롭다 하심을 얻을 육체가 없나니</u> 율법으로는 죄를 깨달음이니라(롬 3:20)
> 그러므로 이제 그리스도 예수 안에 있는 자에게는 <u>결코 정죄함이 없나니</u>(롬 8:1)

이제 아무도 율법으로는 의롭다 함을 받을 수 없습니다(롬 3:20). 죄에 물든 육체로는 율법을 다 지킬 수 없기 때문입니다. 오히려 날마다 율법을 범할 뿐입니다. 하지만 중생하여 그리스도에게 속한 신자는 율법으로 정죄를 받지 않습니다(롬 8:1). 우리가 받아야 할 율법의 저주를 그리스도께서 대신 받으셨기 때문입니다.

3. 그러나 모든 사람에게 공통되는 일반적인 용도 외에 중생한 사람들에게 도덕법은 그것을 성취하시고, 그들을 대신하여, 또 그들의 유익을 위해서 그 법의 저주를 당하신 그리스도와 그들이 얼마나 깊이 연결되어 있는지를 보여 주는 데 특별히 유용합니다.

> <u>오호라 나는 곤고한 사람이로다 이 사망의 몸에서 누가 나를 건져내랴 우리 주 예수 그리스도로 말미암아 하나님께 감사하리로다</u> 그런즉 내 자신이 마음으로는 하나님의 법을 육신으로는 죄의 법을 섬기노라(롬 7:24-25)

바울이 "오호라 나는 곤고한 사람이로다"하고 탄식했던 것은 타락한 몸으로는 율법을 다 지킬 수 없기 때문이었습니다(롬 7:24). 하지만 그는 곧바로 하나님께 감사했습니다(롬 7:25). 그리스도로 인하여 율법의 권세에서 해방되었기 때문입니다. 이처럼 도덕법의 의미를 제대로 이해할 때, 우리가 그리스도와 연합된 것이 얼마나 중요한지, 그리고 우리가 그리스도에게 얼마나 큰 빚을 지고 있는지를 알 수 있습니다.

4. 그래서 도덕법은 그들로 더 많이 감사하게 하고,

> 우리로 하여금 빛 가운데서 성도의 기업의 부분을 얻기에 합당하게 하신 아버지께 <u>감사하게 하시기를 원하노라</u> 그가 우리를 흑암의 권세에서 건져내사 그의 사랑의 아들의 나라로 옮기셨으니 <u>그 아들 안에서 우리가 속량 곧 죄 사함을 얻었도다</u>(골 1:12-14)

율법으로 구원을 얻을 수 있다고 믿는 자들은, 율법을 지키려고 노력하면 할수록 오히려 하나님을 원망하게 될 가능성이 큽니다. 아무리 대단한 사람도 모든 율법을 하나도 빠짐없이 지키기란 불가능하기 때문입니다. 그들은 율법을 어길 때마다 율법을 주신 하나님을 증오하게 될 것입니다.

타락하기 이전의 아담은 가장 이상적인 사람이었습니다. 아담은 역사상 가장 거룩한 사람이었습니다. 가장 탁월한 사람도 율법을 통해 완전한 경지에 이르지 못했다면, 타락한 본성을 물려받은 우리가 율법으로 구원에 이르려고 하는 것은 어리석은 일입니다.

반대로 그리스도 때문에 의롭게 되었음을 믿는 자들은, 율법 안에서 실패하면 할수록 오히려 하나님께 감사하게 됩니다(골 1:12). 율법으로 구원받을 수 없음을 알게 될수록 그리스도의 공로를 더욱더 절감하기 때문입니다(골 1:14).

5. 바로 그 감사를 표현하기 위해 그들의 순종의 순종의 규칙으로 주신 도덕법을 더욱 열심히 따르게 합니다.

> 너희는 이 세대를 본받지 말고 오직 마음을 새롭게 함으로 변화를 받아 하나님의 선하시고 기뻐하시고 온전하신 뜻이 무엇인지 <u>분별하도록 하라</u>(롬 12:2)
> 그가 우리를 대신하여 자신을 주심은 모든 불법에서 우리를 속량하시고 우리를 깨끗하게 하사 <u>선한 일을 열심히 하는</u> 자기 백성이 되게 하려 하심이라(딛 2:14)

우리가 은혜 언약에 속해 있을지라도, 율법을 어기는 것을 혐오해야 합니다. 세상을 본받지 않고 율법의 요구를 따라서 살아야 합니다(롬 12:2). 율법에는 하나님의 선하시고 기뻐하시고 온전하신 뜻이 담겨 있기 때문입니다. 따라서 율법을 어기는 것은 하나님을 대적하는 것과 같습니다. 이제 우리는 영원한 형벌을 면하기 위해서가 아니라, 하나님께 감사를 표하기 위해 율법에 순종해야 합니다. 우리를 자신의 백성으로 삼아주신 은혜에 보답하기 위해 율법에 순종해야 합니다(딛 2:14).

제98문 도덕법은 어디에 요약되어 있습니까?

답: 도덕법은 십계명에 요약되어 있습니다. 십계명은 하나님께서 시내산 위에서 음성으로 말씀하시고 친히 두 돌판에 써 주신 것으로, 출애굽기 20장에 기록되어 있습니다. 첫 네 계명은 하나님께 대한 우리의 의무를, 나머지 여섯 계명은 사람에 대한 우리의 의무를 담고 있습니다.

1. 도덕법은 십계명에 요약되어 있습니다. 십계명은 하나님께서 시내산 위에서 음성으로 말씀하시고 친히 두 돌판에 써 주신 것으로, 출애굽기 20장에 기록되어 있습니다.

> 여호와께서 모세에게 이르시되 너는 돌판 둘을 처음 것과 같이 다듬어 만들라 네가 깨뜨린 처음 판에 있던 말을 <u>내가 그 판에 쓰리니</u>(출 34:1)

십계명은 특별합니다. 다른 모든 말씀은 하나님께서 사람의 손을 통해서 주신 말씀이지만, 십계명은 하나님께서 직접 써 주신 말씀입니다. 하나님께서 친히 써 주신 말씀은 십계명이 유일합니다.

2. 첫 네 계명은 하나님께 대한 우리의 의무를, 나머지 여섯 계명은 사람에 대한 우리의 의무를 담고 있습니다.

> 예수께서 이르시되 네 마음을 다하고 목숨을 다하고 뜻을 다하여 <u>주 너의 하나님을 사랑하라</u> 하셨으니 이것이 크고 첫째 되는 계명이요 둘째도 그와 같으니 <u>네 이웃을 네 자신 같이 사랑하라</u> 하셨으니 이 두 계명이 온 율법과 선지자의 강령이니라(마 22:37-40)

예수님은 모든 도덕법을 하나님 사랑과 이웃 사랑으로 요약하셨습니다(마 22:37-40). 마찬가지로 십계명도 첫 네 계명은 하나님께 대한 신자의 의무를, 나머지 여섯 계명은 이웃에 대한 신자의 의무를 설명합니다. 하지만, 첫 네 계명과 나머지 여섯 계명을 완전히 분리해서는 안 됩니다. 신자가 이웃을 사랑하는 것도 하나님을 사랑하는 의무에 포함되기 때문입니다.

제99문 십계명을 바르게 이해하기 위해서는 어떤 규칙들을 유념해야 합니까?

답: 십계명을 바르게 이해하기 위해서는 다음 규칙들을 유념해야 합니다.

1. 율법은 완전한 것으로서, 누구에게나 전인적으로 율법이 말하는 의에 이르고, 영원토록 전적으로 순종할 것을 요청합니다. 따라서 율법은 모든 의무에 대한 철저한 이행을 요구하며, 모든 죄의 지극히 작은 것도 금지합니다.

2. 율법은 신령하며, 말과 행동과 몸짓뿐만 아니라 이해력과 의지와 감정, 그리고 영혼의 다른 모든 능력에까지 영향을 미칩니다.

3. 여러 가지 면에서 동일한 것이 여러 계명에서 요구되거나 금지됩니다.

4. 어떤 의무를 명하는 곳에서는 그와 반대되는 죄를 금하며, 어떤 죄를 금하는 곳에서는 그와 반대되는 의무를 명합니다. 이와 같이 어떤 약속이 덧붙여진 곳에는 그와 반대되는 경고가 포함되어 있고, 어떤 경고가 덧붙여진 곳에는 그와 반대되는 약속이 포함되어 있습니다.

5. 하나님께서 금하신 것은 언제라도 해서는 안 되며, 하나님께서 명하신 것은 항상 우리의 의무입니다. 그러나 모든 특정한 의무를 언제나 행해야 하는 것은 아닙니다.

6. 한 가지 죄나 의무 아래 같은 종류의 죄를 모두 금하거나 같은 종류의 의무를 모두 명합니다. 거기에는 그 모든 원인, 수단, 기회, 모양, 그리고 그것에 대한 자극까지도 모두 포함되어 있습니다.

7. 우리의 지위를 따라 우리에게 금하거나 명령된 것이라면, 다른 사람들도 그 지위와 의무에 따라 이를 피하거나 행할 수 있도록, 우리의 지위를 따라 노력할 의무가 있습니다.

8. 다른 사람들에게 명해진 것에는 우리의 지위와 소명에 따라 그들을 도와야 할 의무가 있고, 다른 사람들에게 금한 것에는 그들과 함께 참여하지 않도록 조심할 의무가 있습니다.

1. 율법은 완전한 것으로서, 누구에게나 전인적으로 율법이 말하는 의에 이르고, 영원토록 전적으로 순종할 것을 요청합니다. 따라서 율법은 모든 의무에 대한 철저한 이행을 요구하며, 모든 죄의 지극히 작은 것도 금지합니다.

> 여호와의 율법은 완전하여 영혼을 소성시키며 여호와의 증거는 확실하여 우둔한 자를 지혜롭게 하며(시 19:7)
> 누구든지 온 율법을 지키다가 그 하나를 범하면 모두 범한 자가 되나니(약 2:10)
> 그러므로 하늘에 계신 너희 아버지의 온전하심과 같이 너희도 온전하라(마 5:48)

율법은 완전합니다(시 19:7). 그래서 일부가 아니라 전체를 지켜야 합니다(약 2:10). 적당히 지키는 것이 아니라 온전히 지켜야 합니다(마 5:48). 세상의 법은 오류와 모순이 있어서 예외와 한계를 인정할 수밖에 없지만, 하나님의 율법은 완전하기에 약간의 불순종도 용납할 수 없습니다.

그렇다면 누가 하나님의 기준을 통과할 수 있을까요? 아무도 없습니다. 하지만 율법을 지키지 못하는 책임은 하나님이 아니라 인간에게 있으므로, 아무도 핑계할 수 없습니다. 타락하기 이전의 인간은 충분히 율법을 지킬 수 있었기 때문입니다.

2. 율법은 신령하며, 말과 행동과 몸짓뿐만 아니라 이해력과 의지와 감정, 그리고 영혼의 다른 모든 능력에까지 영향을 미칩니다.

> 우리가 율법은 신령한 줄 알거니와 나는 육신에 속하여 죄 아래에 팔렸도다(롬 7:14)
> 너는 마음을 다하고 뜻을 다하고 힘을 다하여 네 하나님 여호와를 사랑하라(신 6:5)
> 화 있을진저 외식하는 서기관들과 바리새인들이여 잔과 대접의 겉은 깨끗이 하되 그 안에는 탐욕과 방탕으로 가득하게 하는도다(마 23:25)

율법은 신령합니다(롬 7:14). 이는 율법이 우리의 영혼과도 관련되어 있다는 뜻입니다.[6] 그러므로 우리는 행동뿐만 아니라 마음으로도 율법에 순종해야 합니다(신 6:5). 예수님께서 바리새인들을 책망하신 이유가 여기에 있습니다. 그들은 외적으로는 율법에 순종하는 것처럼 보였지만, 마음으로는 율법을 범하고 있었습니다(마 23:25).

---

6 J. G. 보스, G. I. 윌리암슨, 『웨스트민스터 대요리문답 강해』, 류근상 옮김 (서울: 크리스챤출판사, 2007), 339.

그러므로 말과 행위와 태도 같은 외적인 측면에서 바를지라도 이해와 의지와 감정 같은 내적인 측면에서 부족함이 있다면, 그것 역시 율법을 어기는 것입니다. 예를 들어, 거짓 복음을 믿고 따르는 것은 이해적인 부분에서 율법을 어기는 것입니다. 그릇된 것을 선택하는 일은 의지적인 부분에서 율법을 어기는 것입니다. 누군가를 미워하는 것은 감정적인 부분에서 율법을 어기는 것입니다.

3. 여러 가지 면에서 동일한 것이 여러 계명에서 요구되거나 금지됩니다.

> 그러므로 땅에 있는 지체를 죽이라 곧 음란과 부정과 사욕과 악한 정욕과 탐심이니 탐심은 우상 숭배니라(골 3:5)
> 돈을 사랑함이 일만 악의 뿌리가 되나니 이것을 탐내는 자들은 미혹을 받아 믿음에서 떠나 많은 근심으로써 자기를 찔렀도다(딤전 6:10)

성경은 탐심이 우상숭배라고 말합니다(골 3:5). 따라서 탐심은 제10계명과 제1계명을 동시에 어기는 일입니다. 성경은 돈을 사랑함이 일만 악의 뿌리가 된다고 말합니다(딤전 6:10). 따라서 돈을 사랑하는 것은 여러 가지 계명을 동시에 어기는 일입니다.

이처럼 여러 계명은 함께 요구되거나 혹은 함께 금지됩니다. 이것은 삶의 복잡성 때문입니다. 한 사람의 삶은 여러 사람의 삶과 연결되어 있습니다. 하나의 행동에는 여러 가지 의도가 포함되어 있습니다. 그래서 동일한 것이 몇 개의 계명에 동시에 요구되거나 혹은 함께 금지됩니다.

4. 어떤 의무를 명하는 곳에서는 그와 반대되는 죄를 금하며, 어떤 죄를 금하는 곳에서는 그와 반대되는 의무를 명합니다. 이와 같이 어떤 약속이 덧붙여진 곳에는 그와 반대되는 경고가 포함되어 있고, 어떤 경고가 덧붙여진 곳에는 그와 반대되는 약속이 포함되어 있습니다.

> 만일 안식일에 네 발을 금하여 내 성일에 오락을 행하지 아니하고 안식일을 일컬어 즐거운 날이라, 여호와의 성일을 존귀한 날이라 하여 이를 존귀하게 여기고 네 길로 행하지 아니하며 네 오락을 구하지 아니하며 사사로운 말을 하지 아니하면(사 58:13)
> 도둑질하는 자는 다시 도둑질하지 말고 돌이켜 가난한 자에게 구제할 수 있도록 자기 손으로 수고하여 선한 일을 하라(엡 4:28)

이사야 선지자는 안식일의 의무를 명하면서 오락을 행하지 말라고 합니다(사 58:13). 바울은 도둑질을 금하면서 가난한 자에게 구제하라고 합니다(엡 4:28). 이처럼 각각의 계명 안에는 의무와 금지가 동시에 포함되어 있습니다. 십계명을 온전히 지키기 위해서는, 한 계명 안에 포함된 의무의 명령과 금지의 명령을 동시에 순종해야 합니다.

5. 하나님께서 금하신 것은 언제라도 해서는 안 되며, 하나님께서 명하신 것은 항상 우리의 의무입니다. 그러나 모든 특정한 의무를 언제나 행해야 하는 것은 아닙니다.

> 너희가 하나님을 위하여 불의를 말하려느냐 그를 위하여 속임을 말하려느냐 너희가 하나님의 낯을 따르려느냐 <u>그를 위하여 변론하려느냐</u>(욥13:7-8)
> 또는 그러면 <u>선을 이루기 위하여 악을 행하자 하지 않겠느냐</u> 어떤 이들이 이렇게 비방하여 우리가 이런 말을 한다고 하니 <u>그들은 정죄 받는 것이 마땅하니라</u>(롬3:8)
> <u>나는 자비를 원하고 제사를 원하지 아니하노라</u> 하신 뜻을 너희가 알았더라면 무죄한 자를 정죄하지 아니하였으리라(마12:7)

목적은 수단을 정당화할 수 없습니다. 목적이 바르더라도 수단이 악하다면 그릇된 일입니다. 예를 들어 욥의 세 친구는 하나님의 명예를 지킨다는 명목 아래, 아무 증거 없이 욥을 비방하다가 하나님께 옳지 못하다는 평가를 받았습니다(욥42:7). 바울도 선을 이루기 위하여 악을 행하자고 하는 자들은 정죄를 받아야 한다고 했습니다(롬3:8). 하나님께서 금하신 것은 이유 여하를 막론하고 하지 않는 것이 순종의 원칙입니다.

한 가지 예외가 있습니다. 하나의 상황에 두 가지 이상의 의무가 요청될 때입니다. 예수님은 바리새인들에게 제사보다 자비가 더 중요하다고 말씀하셨습니다(마12:7). 두 가지 이상의 의무가 충돌할 때는 더 근본적인 의무에 순종해야 합니다.

6. 한 가지 죄나 의무 아래 같은 종류의 죄를 모두 금하거나 같은 종류의 의
무를 모두 명합니다. 거기에는 그 모든 원인, 수단, 기회, 모양, 그리고 그
것에 대한 자극까지도 모두 포함되어 있습니다.

같은 종류의 죄를 함께 금지함	옛 사람에게 말한 바 살인하지 말라 누구든지 살인하면 심판을 받게 되리라 하였다는 것을 너희가 들었으나 나는 너희에게 이르노니 형제에게 노하는 자마다 심판을 받게 되고 형제를 대하여 라가라 하는 자는 공회에 잡혀가게 되고 미련한 놈이라 하는 자는 지옥 불에 들어가게 되리라(마 5:21-22) 또 간음하지 말라 하였다는 것을 너희가 들었으나 나는 너희에게 이르노니 음욕을 품고 여자를 보는 자마다 마음에 이미 간음하였느니라(마 5:27-28)
같은 종류의 의무를 함께 명함	하나님이 이르셨으되 네 부모를 공경하라 하시고 또 아버지나 어머니를 비방하는 자는 반드시 죽임을 당하리라 하셨거늘 너희는 이르되 누구든지 아버지에게나 어머니에게 말하기를 내가 드려 유익하게 할 것이 하나님께 드림이 되었다고 하기만 하면 그 부모를 공경할 것이 없다 하여 너희의 전통으로 하나님의 말씀을 폐하는도다(마 15:4-6) 남편들아 아내 사랑하기를 그리스도께서 교회를 사랑하시고 그 교회를 위하여 자신을 주심 같이 하라(엡 5:25)

십계명은 모든 도덕법을 열 가지로 압축한 것입니다. 그래서 각각의 계명에는 같은
종류의 죄들이 포함되어 있습니다. 예를 들어, 살인하지 말라는 제8계명에는 형제에
게 노하거나 욕하지 말라는 계명이 포함되어 있고(마 5:21-22), 간음하지 말라는 제7계
명에는 음욕을 품고 여자를 보지 말라는 계명이 포함되어 있습니다(마 5:27-28).

그리고 각각의 계명에는 같은 종류의 의무가 포함되어 있습니다. 예를 들어, 제5
계명에는 부모를 경제적으로 부양하는 의무가 포함되어 있으며(마 15:4-6), 제7계명에
는 배우자를 사랑하라는 의무가 포함되어 있습니다(엡 5:25).

7. 우리의 지위를 따라 우리에게 금하거나 명령된 것이라면, 다른 사람들도 그 지위와 의무에 따라 이를 피하거나 행할 수 있도록, 우리의 지위를 따라 노력할 의무가 있습니다.

> 일곱째 날은 네 하나님 여호와의 안식일인즉 너나 네 아들이나 네 딸이나 네 남종이나 네 여종이나 네 가축이나 네 문안에 머무는 객이라도 아무 일도 하지 말라(출 20:10)

하나님은 본인뿐만 아니라 모든 가족과 여종, 심지어 가축과 손님까지도 안식에 동참하도록 해야 한다고 말씀하셨습니다(출 20:10). 우리에게 금지된 것이라면, 다른 사람도 그것을 피할 수 있도록 도와주어야 한다는 뜻입니다. 예를 들어, 상업에 종사하는 신자가 있다면, 본인만 주일에 쉴 것이 아니라, 직원도 함께 쉬게 해야 합니다. 신자가 읽기에 부적절한 서적이 있다면, 그것을 다른 사람에게 주거나 판매해서도 안 됩니다.

8. 다른 사람들에게 명해진 것에는 우리의 지위와 소명에 따라 그들을 도와야 할 의무가 있고, 다른 사람들에게 금한 것에는 그들과 함께 참여하지 않도록 조심할 의무가 있습니다.

> 믿음이 강한 우리는 마땅히 믿음이 약한 자의 약점을 담당하고 자기를 기쁘게 하지 아니할 것이라 우리 각 사람이 이웃을 기쁘게 하되 선을 이루고 덕을 세우도록 할지니라(롬 15:1-2)

신자의 삶은 혼자서 앞서가는 것이 아닙니다. 하나님께서 원하시는 삶은 강한 자가 약한 자의 손을 잡고 함께 가는 것입니다(롬 15:1). 빨리 가는 것을 자랑하는 것이 아니라, 느리게 가더라도 함께 가는 것입니다. 그래서 우리는 선을 행하는 일과 악을 금하는 일에 함께 힘을 모아야 합니다. 다른 신자들이 더욱 선을 행할 수 있도록 도와야 하고 다른 신자들이 죄에 미혹되지 않도록 자신부터 죄를 멀리해야 합니다(롬 15:2).

제100문 십계명에서 우리가 특별히 고려해야 할 것들은 무엇입니까?

답: 우리는 십계명에서 서문, 계명들 자체의 내용, 그리고 계명들을 더욱더 잘 지키게 하기 위하여 그중 어떤 것들에 첨부된 몇 가지 이유들을 고려해야 합니다.

제101문 십계명의 서문은 무엇입니까?

답: 십계명의 서문은 "나는 너를 애굽 땅, 종 되었던 집에서 인도하여 낸 네 하나님 여호와니라."입니다. 여기서 하나님은 여호와, 즉 영원하고 불변하시며 전능하신 하나님으로 자신의 주권을 나타내십니다. 하나님은 스스로 계신 분이시고, 자신의 모든 말씀과 일하심을 통해 자신의 존재를 나타내십니다. 또한 그분은 옛 이스라엘과 언약을 맺으신 것과 같이 자기 모든 백성과 언약을 맺으시는 분이시고, 이스라엘을 애굽의 종살이에서 건져 내신 것과 같이 우리를 영적 속박에서 건져 주시는 분이십니다. 그러므로 우리는 오직 그분만을 우리의 하나님으로 삼고 그분의 모든 계명을 지켜야 합니다.

1. 십계명의 서문은 "나는 너를 애굽 땅, 종 되었던 집에서 인도하여 낸 네 하나님 여호와니라."입니다.

> 나는 너를 애굽 땅, 종 되었던 집에서 인도하여 낸 네 하나님 여호와니라(출 20:2)

십계명의 서문은 매우 중요합니다. 서문을 통해 왜 우리가 십계명에 순종해야 하는지를 알 수 있기 때문입니다. 그런 점에서 서문을 생략하고서 십계명을 가르치는 일은 상당히 안타까운 현상입니다.

2. 여기서 하나님은 여호와, 즉 영원하고 불변하시며 전능하신 하나님으로 자신의 주권을 나타내십니다.

> 이스라엘의 왕인 여호와, 이스라엘의 구원자인 만군의 여호와가 이같이 말하노라 나는 처음이요 나는 마지막이라 나 외에 다른 신이 없느니라(출 44:6)

하나님은 십계명의 서문에서 자신을 "여호와"로 소개하셨습니다. 여호와라는 이름에는 하나님이 처음이요 마지막이며, 하나님 외에 다른 신이 없다는 의미가 담겨 있습니다(출 44:6). 따라서 하나님은 절대적인 주권을 가지신 분입니다. 아무도 하나님께 영향을 끼치거나, 이의를 제기할 수 없습니다.

3. 하나님은 스스로 계신 분이시고,

> 하나님이 모세에게 이르시되 나는 스스로 있는 자이니라 또 이르시되 너는 이스라엘 자손에게 이같이 이르기를 스스로 있는 자가 나를 너희에게 보내셨다 하라(출 3:14)

여호와라는 이름은 하나님께서 "스스로 있는 자"임을 나타냅니다. 모든 생명체는 에너지를 공급받아야만 생존할 수 있습니다. 생명의 근원을 스스로 가지고 있지 않기 때문입니다. 그래서 사람은 평생 음식을 먹어야 하고, 식물은 계속해서 빛을 공급받아야 합니다. 하지만 하나님은 무언가를 공급받을 필요가 없습니다. 하나님 자신이 생명의 근원이시기 때문입니다. 하나님은 생명을 공급받는 분이 아니라 생명을 주시는 분입니다. 그러므로 우리는 하나님만 의지해야 합니다. 하나님께 순종해야 합니다. 하나님의 계명을 지켜야 합니다.

4. 자신의 모든 말씀과 일하심을 통해 자신의 존재를 나타내십니다.

> 하나님이 모세에게 말씀하여 이르시되 나는 여호와이니라(출 6:2)
> 우리가 그를 힘입어 살며 기동하며 존재하느니라 너희 시인 중 어떤 사람들의 말과 같이 우리가 그의 소생이라 하니(행 17:28)

하나님께서 자신을 나타내시는 방법은 크게 두 가지입니다. 첫째, '말씀'입니다. 하나님은 말씀으로 자신을 나타내십니다(출 6:2). 대표적인 것이 "나는 여호와이니라"는 말씀입니다. 둘째, '일하심'입니다. 우주가 조화롭게 유지되는 것과 만물이 생존하는 것은 하나님께서 일하시기 때문입니다(행 17:28). 일하시는 하나님을 전제하지 않고는 우주의 시작과 유지를 설명할 수 없습니다.

5. 또한 그분은 옛 이스라엘과 언약을 맺으신 것과 같이 자기 모든 백성과 언약을 맺으시는 분이시고,

내가 내 언약을 나와 너 및 네 대대 후손 사이에 세워서 영원한 언약을 삼고 너와 네 후손의 하나님이 되리라(창 17:7)
이 약속들은 아브라함과 그 자손에게 말씀하신 것인데 여럿을 가리켜 그 자손들이라 하지 아니하시고 오직 한 사람을 가리켜 네 자손이라 하셨으니 곧 그리스도라(갈 3:16)

하나님은 아브라함, 그리고 아브라함의 자손들과 언약을 맺으셨습니다(창 17:7). 유대인들은 혈통적인 후손만 아브라함의 자손이므로, 유대인만 하나님과 언약 관계를 맺고 있다고 주장했습니다. 하지만 예수님을 믿는 믿음을 소유하고 있다면 혈통과 관계없이 아브라함의 자손입니다. 사실 아브라함의 진정한 후손은 그리스도 밖에 없습니다(갈 3:16). 우리는 믿음을 통해 그리스도와 연합하고, 그리스도 안에서 아브라함의 후손이 됩니다.

6. 이스라엘을 애굽의 종살이에서 건져 내신 것과 같이 우리를 영적 속박에서 건져 주시는 분이십니다.

우리가 원수의 손에서 건지심을 받고 종신토록 주의 앞에서 성결과 의로 두려움이 없이 섬기게 하리라 하셨도다(눅 1:74-75)

십계명은 구원의 수단이 아닙니다. 십계명은 감사의 도구입니다. 이 사실이 십계명의 서문에 잘 나타나 있습니다. 하나님은 이스라엘을 애굽의 종살이에서 건져내신 후에 십계명을 주셨습니다. 이스라엘은 십계명을 잘 지켜서 구원받은 것이 아니라, 구원받았기 때문에 십계명을 지켜야 했습니다.

우리도 마찬가지입니다. 이스라엘이 애굽의 종살이에서 건짐을 받았듯이 우리는 죄와 사망에서 건짐을 받았습니다(눅 1:74-75). 그러므로 우리는 감사를 표하기 위하여 하나님의 계명에 순종해야 합니다. 계명에 순종하는 삶을 통해 하나님의 은혜에 보답해야 합니다.

7. 그러므로 우리는 오직 그분만을 우리의 하나님으로 삼고 그분의 모든 계명을 지켜야 합니다.

> 오직 너희를 부르신 거룩한 이처럼 너희도 모든 행실에 거룩한 자가 되라(벧전 1:15)

하나님께서 이스라엘을 세상에서 불러내셨습니다. 하나님께서 이스라엘을 자기 백성으로 삼으셨습니다. 그래서 이스라엘은 세상과 구별된 존재가 되어야 했습니다. 십계명에 순종하는 삶을 통해 세상과 다르게 사는 사람이 되어야 했습니다.

우리도 마찬가지입니다. 하나님께서 우리를 세상에서 불러내셨습니다. 하나님께서 우리를 자신의 백성으로 삼아주셨습니다. 그러므로 우리도 세상과 구별된 삶을 살아야 합니다(벧전 1:15). 세상의 기준이 아니라 십계명의 원리를 따라서 살아야 합니다.

하나님께 대한 우리의 의무를 포함하고 있는 네 계명의 요약은 무엇입니까?

답: 하나님께 대한 우리의 의무를 포함하고 있는 네 계명의 요약은, 우리의 마음을 다하고 목숨을 다하고 힘을 다하고 뜻을 다하여, 주 우리 하나님을 사랑하는 것입니다.

1. 하나님께 대한 우리의 의무를 포함하고 있는 네 계명의 요약은, 우리의 마음을 다하고 목숨을 다하고 힘을 다하고 뜻을 다하여, 주 우리 하나님을 사랑하는 것입니다.

> 너는 마음을 다하고 뜻을 다하고 힘을 다하여 네 하나님 여호와를 사랑하라(신 6:5)
> 예수께서 이르시되 율법에 무엇이라 기록되었으며 네가 어떻게 읽느냐 대답하여 이르되
> 네 마음을 다하며 목숨을 다하며 힘을 다하며 뜻을 다하여 주 너의 하나님을 사랑하고
> 또한 네 이웃을 네 자신 같이 사랑하라 하였나이다 예수께서 이르시되 네 대답이 옳도다
> 이를 행하라 그러면 살리라 하시니(눅 10:26-28)

모든 도덕법은 하나님 사랑과 이웃 사랑으로 요약할 수 있습니다. 십계명도 마찬가지입니다. 첫 네 계명은 하나님에 대한 의무를, 다음 여섯 계명은 이웃에 대한 의무를 설명합니다. 그런데 성경은 하나님을 사랑하되, 마음과 목숨과 힘과 뜻을 다해 사랑하라고 말합니다(신 6:5; 눅 10:27). 이것은 우리 삶의 모든 순간, 우리가 가진 모든 것, 우리가 할 수 있는 최선을 다해서 하나님을 영화롭게 하고 하나님께 순종할 것을 요구하는 것입니다.

예를 들어, 주일 하루만 하나님을 위해 살고 나머지 육 일은 자기를 위해 사는 것은 하나님을 올바르게 사랑하는 것이 아닙니다. 교회에서만 신실하고, 가정과 직장에서는 세속적으로 사는 것도 마찬가지입니다. 우리가 진정으로 하나님을 사랑한다면, 하나님과 따로 떼어서 설명할 수 있는 것이 우리 삶에 단 하나도 없어야 합니다.

제103문 제1계명은 무엇입니까?

답: 제1계명은 "너는 나 외에는 다른 신들을 네게 두지 말라"입니다.

1. 제1계명은 "너는 나 외에는 다른 신들을 네게 두지 말라"입니다.

> 너는 나 외에는 다른 신들을 네게 두지 말라(출 20:3)

이 계명이 가장 첫 번째 계명인 이유는 다른 계명들의 기초가 되기 때문입니다. 하나님만을 유일하고 참된 하나님으로 믿는 사람, 즉 첫 번째 계명에 순종하고자 하는 사람만이 나머지 아홉 가지 계명에도 순종할 수 있습니다. 그러므로 첫 번째 계명은 가장 본질적인 의무입니다.

제104문 제1계명에서 요구하는 의무는 무엇입니까?

답: 제1계명에서 요구하는 의무는 다음과 같습니다. 그것은 하나님을 유일하신 참 하나님과 우리 하나님으로 알고 인정하는 것이며, 하나님만을 생각하고, 묵상하고, 기억하고, 지극히 높이고, 존경하고, 경배하고, 택하고, 사랑하고, 갈망하고, 경외함으로써 그분을 합당하게 예배하고 영화롭게 하는 것입니다. 또한 하나님을 믿고, 신뢰하고, 바라고, 기뻐하고, 즐거워하고, 하나님을 위해 열심을 품고, 하나님을 부르고, 하나님께 모든 찬송과 감사를 드리고, 하나님께 전인격적으로 온전히 순종하고 복종하며, 하나님을 기쁘시게 하려고 범사에 조심하여 행하고, 무슨 일에서든지 하나님을 노엽게 했을 때는 크게 슬퍼하면서, 겸손히 하나님과 동행하는 것입니다.

1. 제1계명에서 요구하는 의무는 다음과 같습니다. 그것은 하나님을 유일하신 참 하나님과 우리 하나님으로 알고 인정하는 것이며,

나의 전에 지음을 받은 신이 없었느니라 나의 후에도 없으리라(사 43:10)
네가 오늘 여호와를 네 하나님으로 인정하고(신 26:17)
우리가 주를 앙망하옵는 것은 주께서 이 모든 것을 만드셨음이니이다 하니라(렘 14:22)
여호와는 나의 힘이요 노래시며 나의 구원이시로다(출 15:2)

하나님만이 참된 신이십니다. 하나님 이전에 다른 신이 없었고, 이후에도 그러합니다(사 43:10). 홀로 참되신 하나님은 곧 우리의 하나님이십니다(신 26:17). 하나님께서 우리를 만드셨고(렘 14:22), 구원하셨기 때문입니다(출 15:2). 그러므로 "우리의 하나님"께 영광과 경배를 돌리는 것은, 모든 신자의 합당한 의무입니다.

2. 하나님만을 생각하고, 묵상하고, 기억하고,

하나님만을 생각해야 함	그들은 여호와께서 행하신 일과 손으로 지으신 것을 생각하지 아니하므로 여호와께서 그들을 파괴하고 건설하지 아니하시리로다(시 28:5)
하나님만을 묵상해야 함	오직 여호와의 율법을 즐거워하여 그의 율법을 주야로 묵상하는도다(시 1:2)
하나님만을 기억해야 함	너는 청년의 때에 너의 창조주를 기억하라(전 12:1)

하나님을 유일하고 참된 신으로, 그리고 우리의 신으로 인정한다면, 반드시 그분에게 의존하는 삶을 살아야 합니다. 하나님을 믿는다고 하면서 실제로는 사람이나 돈을 더 의지한다면, 하나님을 제대로 믿는 것이라 할 수 없습니다. 하나님께 의존하는 삶을 살기 위해서는, 먼저 우리의 마음이 하나님으로 가득 채워져야 합니다. 그러기 위해서는 첫째, 하나님을 항상 생각해야 합니다(시 28:5). 둘째, 하나님의 말씀을 항상 묵상해야 합니다(시 1:2). 셋째, 하나님이 우리의 창조주이신 것을 항상 기억해야 합니다(전 12:1-2).

3. 지극히 높이고, 존경하고, 찬양하고,

하나님을 지극히 높여야 함	하나님이여 주의 의가 또한 지극히 높으시니이다 하나님이여 주께서 큰 일을 행하셨사오니 누가 주와 같으리까(시 71:19)
하나님을 지극히 존경해야 함	내 이름을 멸시하는 제사장들아 나 만군의 여호와가 너희에게 이르기를 아들은 그 아버지를, 종은 그 주인을 공경하나니 내가 아버지일진대 나를 공경함이 어디 있느냐 내가 주인일진대 나를 두려워함이 어디 있느냐 하나 너희는 이르기를 우리가 어떻게 주의 이름을 멸시하였나이까 하는도다(말 1:6)
하나님을 지극히 경배해야 함	내가 나를 두고 맹세하기를 내 입에서 공의로운 말이 나갔은즉 돌아오지 아니하나니 내게 모든 무릎이 꿇겠고 모든 혀가 맹세하리라 하였노라(사 45:23)

제1계명에 순종하기 위해서는, 하나님께서 가장 높은 분이며 아무도 하나님과 같을 수 없다는 믿음을 가져야 합니다(시 71:19). 일제 강점기의 신자들이 신사 참배를 거부하여 순교자가 되었던 것은 칼의 권세를 가진 사람보다 하나님을 더 높은 분으로 인정했기 때문입니다. 우리에게도 이런 믿음이 있어야 합니다.

하나님이 누구와도 비교할 수 없는 분이라면, 그분을 가장 존경하는 것은 우리의 마땅한 본분입니다. 하나님은 말라기 선지자를 통해 아버지와 주인만큼도 하나님을 공경하지 않는 자들을 책망하셨습니다(말 1:6). 우리가 온 마음을 다해 존경해야 할 대상은 정치인이나 연예인이 아니라 하나님입니다.

그러므로 우리는 하나님 앞에 무릎을 꿇어야 합니다(사 45:23). 그분 앞에서 우리 자신을 낮추고, 하나님을 영광스럽게 해야 합니다. 기쁜 일이 있을 때는 가장 먼저 하나님께 영광을 돌리고, 슬픈 일이 있을 때는 하나님의 주권을 인정해야 합니다. 감당하기 힘든 어려움이 있을 때는 하나님께 기도해야 합니다.

4. 택하고, 사랑하고, 갈망하고, 경외함으로써 그분을 합당하게 예배하고 영화롭게 하는 것입니다.

하나님을 택해야 함	만일 여호와를 섬기는 것이 너희에게 좋지 않게 보이거든 너희 조상들이 강 저쪽에서 섬기던 신들이든지 또는 너희가 거주하는 땅에 있는 아모리 족속의 신들이든지 너희가 섬길 자를 오늘 택하라 오직 나와 내 집은 여호와를 섬기겠노라 하니(수 24:15)
하나님을 사랑해야 함	너는 마음을 다하고 뜻을 다하고 힘을 다하여 네 하나님 여호와를 사랑하라(신 6:5)
하나님을 갈망해야 함	하늘에서는 주 외에 누가 내게 있으리요 땅에서는 주 밖에 내가 사모할 이 없나이다(시 73:25)
하나님을 경외해야 함	만군의 여호와 그를 너희가 거룩하다 하고 그를 너희가 두려워하며 무서워할 자로 삼으라(사 8:13)

여호수아 당시의 가나안은 수많은 우상이 혼재하는 곳이었습니다. 그런 환경에서도 여호수아는 오직 하나님만을 자신의 하나님으로 선택함으로써 제1계명에 순종했습

니다(수 24:15).

그런데 단지 하나님을 자신의 신으로 선택하는 것만으로는 부족합니다. 하나님과 우리 사이에는 엄청난 차이가 있기 때문입니다. 하나님은 창조주이신 반면, 우리는 그분의 피조물입니다. 하나님은 구원자이신 반면, 우리는 구원이 필요한 죄인입니다. 하나님과 우리 사이에는 무한한 간격이 있습니다. 그런 점에서 하나님을 향한 신앙은 특별하고 고유해야 합니다.

그래서 모세는 마음을 다하고 뜻을 다하고 힘을 다하여 네 하나님 여호와를 사랑하라고 했으며(신 6:5), 시편 기자는 주 밖에 내가 사모할 이가 없다고 노래했고(시 73:25), 이사야 선지자는 여호와를 섬기되 경외함으로 섬기라고 했습니다(사 8:13). 우리는 결코 평범한 것, 보통의 것을 하나님께 드려서는 안 됩니다.

5. 또한 하나님을 믿고, 신뢰하고, 바라고, 기뻐하고, 즐거워하고,

하나님을 믿어야 함	이스라엘이 여호와께서 애굽 사람들에게 행하신 그 큰 능력을 보았으므로 백성이 여호와를 경외하며 여호와와 그의 종 모세를 믿었더라(출 14:31)
하나님을 신뢰해야 함	너희는 여호와를 영원히 신뢰하라 주 여호와는 영원한 반석이심이로다 (사 26:4)
하나님을 바라야 함	이스라엘아 여호와를 바랄지어다 여호와께서는 인자하심과 풍성한 속량이 있음이라(시 130:7)
하나님을 기뻐해야 함	또 여호와를 기뻐하라 그가 네 마음의 소원을 네게 이루어 주시리로다(시 37:4)
하나님을 즐거워해야 함	너희 의인들아 여호와를 기뻐하며 즐거워할지어다 마음이 정직한 너희들아 다 즐거이 외칠지어다(시 32:11)

왜 하나님을 믿고, 신뢰하고, 바라고, 기뻐하고, 즐거워하는 것이 제1계명의 의무 사항일까요? 입으로는 하나님을 창조주요 구원자로 믿는다고 하면서, 실제로는 다른 것을 믿고, 신뢰하고, 바라고, 기뻐하고, 즐거워하는 경우가 많기 때문입니다.

예를 들어 우리는 하나님께 창조의 능력이 있다고 말하면서, 실제로는 하나님도 해결하지 못할 문제가 있을지 몰라 염려합니다. 하나님이 가장 좋은 분이라고 말하면서, 실제로는 세상에서 좋은 것을 찾습니다.

우리가 "너는 나 외에는 다른 신들을 네게 두지 말라"는 말씀에 온전히 순종하기 위해서는, 어떤 상황에서도 하나님을 믿고 신뢰해야 합니다. 하나님께 소망을 두어야 하고, 하나님을 기뻐하고 즐거워해야 합니다.

6. 하나님을 위해 열심을 품고, 하나님을 부르고, 하나님께 모든 찬송과 감사를 드리고, 하나님께 전인격적으로 온전히 순종하고 복종하며, 하나님을 기쁘시게 하려고 범사에 조심하여 행하고, 무슨 일에서든지 하나님을 노엽게 했을 때는 크게 슬퍼하면서, 겸손히 하나님과 동행하는 것입니다.

하나님께 열심을 내어야 함	부지런하여 게으르지 말고 <u>열심을 품고 주를 섬기라</u>(롬 12:11)
하나님을 열심히 불러야 함	환난 날에 나를 부르라 내가 너를 건지리니 네가 나를 영화롭게 하리로다(시 50:15)
하나님께 열심히 찬송과 감사를 드려야 함	아무 것도 염려하지 말고 다만 모든 일에 기도와 간구로, 너희 구할 것을 <u>감사함으로 하나님께 아뢰라</u>(빌 4:6)
하나님께 열심히 순종하고 복종해야 함	그런즉 너희는 <u>하나님께 복종할지어다</u> 마귀를 대적하라 그리하면 너희를 피하리라(약 4:7)
열심히 하나님을 기쁘시게 해야 함	무엇이든지 구하는 바를 그에게서 받나니 이는 우리가 그의 계명을 지키고 그 앞에서 기뻐하시는 것을 행함이라(요일 3:22)
하나님을 노엽게 했을 때는 크게 슬퍼해야 함	그들이 주의 법을 지키지 아니하므로 내 눈물이 시냇물 같이 흐르나이다(시 119:136)
겸손히 하나님과 동행해야 함	사람아 주께서 선한 것이 무엇임을 네게 보이셨나니 여호와께서 네게 구하시는 것은 오직 정의를 행하며 인자를 사랑하며 <u>겸손하게 네 하나님과 함께 행하는 것이 아니냐</u>(미 6:8)

평범한 헌신을 하나님께 드려서는 안 됩니다. 사람에게나 마땅한 헌신을 하나님께 드려서도 안 됩니다. 그것은 하나님을 하나님답게 믿는 것이 아니라는 점에서 제1계명을 어기는 일입니다. "너는 나 외에는 다른 신들을 네게 두지 말라"는 말씀은 최고

의 헌신을 하나님께 드리라는 뜻입니다. 하나님과 우리의 관계가 여러 가지 중요한 관계 가운데 하나가 되어서는 안 됩니다. 하나님은 단순히 중요한 분 가운데 한 분이 아니라, 유일하신 하나님이시기 때문입니다. 우리의 모든 관계는 하나님을 중심으로 이루어져야 하며, 만약 하나님과의 관계에 문제가 될 수 있다면 다른 모든 관계는 끊어 버려야 마땅합니다.

그러므로 우리는 하나님을 섬기되 열심을 품고 섬겨야 합니다(롬12:11). 하나님께 기도하되 감사함으로 기도해야 합니다(빌 4:6). 하나님께 복종하며(약 4:7), 하나님이 기뻐하는 것을 행하며(요일 3:22), 하나님을 노엽게 하였을 때는 몹시 슬퍼해야 합니다(시 119:136). 하나님과 동행하는 것이 우리 삶의 유일한 목표가 되어야 합니다(미 6:8).

제1계명에서 금지하는 죄는 무엇입니까?

답: 제1계명에서 금지하는 죄는 다음과 같습니다. 하나님을 부인하거나 섬기지 않는 무신론, 참 하나님 대신에 혹은 그분과 함께 혹은 하나 이상의 여러 신들을 두거나 예배하는 우상 숭배, 하나님을 하나님으로 또한 우리의 하나님으로 모시지 않고 고백하지 않는 것, 이 계명이 요구하는 바 하나님께 마땅히 드릴 것을 무엇이든지 제하거나 게을리하는 것, 하나님에 대한 무지, 하나님을 잊음, 하나님에 대한 오해, 거짓된 견해, 하나님에 대한 무가치하고 악한 생각들, 하나님의 비밀들을 불손한 호기심으로 캐내려는 것, 모든 신성 모독, 하나님을 미워하는 것, 자기 사랑, 자기의 유익을 구하는 것, 우리 마음과 의지, 혹은 정서를 지나치고 무절제하게 다른 것들에 두고, 전적으로든 부분적으로든 하나님으로부터 멀어지는 것, 헛된 맹신, 불신앙, 이단, 그릇된 믿음, 신뢰하지 않는 것, 절망, 완강함, 심판에 대한 무감각, 완악한 마음, 교만, 뻔뻔스러움, 세속적인 안일함, 하나님을 시험하는 것, 불법적인 수단을 사용하는 것, 인간적인 수단을 의지하는 것, 세속적인 기쁨과 즐거움, 부패하고 맹목적이며 무분별한 열심, 미지근함, 하나님의 일들에 대한 무감각, 하나님에게서 멀어짐과 배교, 성자들이나 천사들, 혹은 다른 피조물들에게 기도하거나 종교적 경배를 드리는 것, 마귀와 계약을 맺고 의논하는 것, 그의 제안에 귀를 기울이는 것, 사람들을 우리의 믿음과 양심의 주로 삼는 것, 하나님과 그분의 명령을 가볍게 여기고 멸시하는 것, 성령님을 거역하고 근심하게 만드는 것, 하나님의 섭리에 불만을 품고 참지 못하는 것, 우리에게 임하는 재난들에 대하여 어리석게 하나님을 비난하는 것, 그리고 우리의 선함과 우리가 소유하고 있거나 혹은 할 수 있는 선행에 대한 찬사를 단지 운으로 여기거나, 우상이나, 우리 자신이나, 혹은 다른 어떤 피조물에게 돌리는 것입니다.

1. 제1계명에서 금지하는 죄는 다음과 같습니다. 하나님을 부인하거나 섬기지 않는 무신론,

> 어리석은 자는 그의 마음에 이르기를 <u>하나님이 없다 하는도다</u> 그들은 부패하고 그 행실이 가증하니 선을 행하는 자가 없도다(시 14:1)

무신론자들은 하나님의 존재를 부정함으로써 제1계명을 위반합니다(시 14:1). 무신론자는 크게 세 가지 부류로 나눌 수 있습니다.[7] 첫째, 신의 존재를 부인하는 '이론적 무신론자'. 둘째, 신의 존재는 인정하면서도 성경의 하나님은 인정하지 않는 '실질적 무신론자'. 셋째, 하나님의 존재를 이론적으로는 인정하지만, 실제 삶은 무신론자처럼 사는 '실천적 무신론자'입니다. 교회 안에 이론적 무신론자는 없겠지만, 실천적 무신론자는 있을 수 있습니다.

2. 참 하나님 대신에 혹은 그분과 함께 혹은 하나 이상의 여러 신들을 두거나 예배하는 우상 숭배,

> 그들이 나무를 향하여 너는 나의 아버지라 하며 돌을 향하여 너는 나를 낳았다 하고 그들의 등을 내게로 돌리고 그들의 얼굴은 내게로 향하지 아니하다가 그들이 환난을 당할 때에는 이르기를 일어나 우리를 구원하소서 하리라 너를 위하여 네가 만든 네 신들이 어디 있느냐 그들이 네가 환난을 당할 때에 구원할 수 있으면 일어날 것이니라 유다여 너의 신들이 너의 성읍 수와 같도다(렘 2:27-28)

우상 숭배자들은 다른 신을 인정함으로써 제1계명을 위반합니다(렘 2:27-28). 예를 들어 무당을 찾는 것, 조상에게 제사하는 것, 타로와 점성술을 믿는 것 등이 명백한 우상 숭배입니다.

---

7 J. G. 보스, G. I. 윌리암슨, 『웨스트민스터 대요리문답 강해』, 류근상 옮김 (서울: 크리스챤출판사, 2007), 361.

3. 하나님을 하나님으로 또한 우리의 하나님으로 모시지 않고 고백하지 않는 것,

> 내 백성이 내 소리를 듣지 아니하며 <u>이스라엘이 나를 원하지 아니하였도다</u>(시 81:11)

이스라엘은 하나님께 큰 은혜를 받았음에도 불구하고, 하나님만을 자신들의 신으로 섬기지 않음으로써 제1계명을 위반했습니다(시 81:11).

4. 이 계명이 요구하는바 하나님께 마땅히 드릴 것을 무엇이든지 제하거나 게을리하는 것,

> <u>그러나 야곱아 너는 나를 부르지 아니하였고 이스라엘아 너는 나를 괴롭게 여겼으며 네 번째의 양을 내게로 가져오지 아니하였고 네 제물로 나를 공경하지 아니하였느니라 나는</u> 제물로 말미암아 너를 수고롭게 하지 아니하였고 유향으로 말미암아 너를 괴롭게 하지 아니하였거늘 너는 나를 위하여 돈으로 향품을 사지 아니하며 희생의 기름으로 나를 흡족하게 하지 아니하고 네 죄짐으로 나를 수고롭게 하며 네 죄악으로 나를 괴롭게 하였느니라(사 43:22-24)

이스라엘은 하나님께서 요구하시는 기도와 제사와 경배를 거부함으로써 제1계명을 위반했습니다(사 43:22-24). 우리 역시 하나님께 마땅히 드려야 할 헌신과 예배를 게을리하고 있다면, 제1계명을 위반하는 것입니다.

5. 하나님에 대한 무지, 하나님을 잊음, 하나님에 대한 오해, 거짓된 견해, 하나님에 대한 무가치하고 악한 생각들,

무지	내 백성은 <u>나를 알지 못하는 어리석은 자요</u> 지각이 없는 미련한 자식이라 악을 행하기에는 지각이 있으나 선을 행하기에는 무지하도다(렘 4:22)
잊음	<u>하나님을 잊어버린 너희여</u> 이제 이를 생각하라 그렇지 아니하면 내가 너희를 찢으리니 건질 자 없으리라(시 50:22)

오해	이와 같이 하나님의 소생이 되었은즉 하나님을 금이나 은이나 돌에다 사람의 기술과 고안으로 새긴 것들과 같이 여길 것이 아니니라(행 17:29)
거짓된 견해	야곱아 어찌하여 네가 말하며 이스라엘아 네가 이르기를 내 길은 여호와께 숨겨졌으며 내 송사는 내 하나님에게서 벗어난다 하느냐(사 40:27)
무가치하고 악한 생각들	네가 이 일을 행하여도 내가 잠잠하였더니 네가 나를 너와 같은 줄로 생각하였도다 그러나 내가 너를 책망하여 네 죄를 네 눈 앞에 낱낱이 드러내리라 하시는도다(시 50:21)

하나님에 대한 무지, 잊음, 오해, 거짓된 견해, 하나님에 대한 무가치하고 악한 생각들 역시 제1계명 위반입니다. 하나님에 대한 참된 지식을 소유하고 있지 않다면, 하나님을 올바르게 믿는 것이 아니기 때문입니다.

아담이 타락한 이후로 인간에게는 하나님에게서 멀어지고 하나님을 잊어버리려고 하는 악한 본성이 생겨났습니다. 우리가 하나님을 알기 위해 노력하지 않는다면, 우리의 마음은 저절로 온갖 무지와 망상과 오해와 그릇된 견해로 가득 차게 될 것입니다.

6. 하나님의 비밀들을 불손한 호기심으로 캐내려는 것,

> 감추어진 일은 우리 하나님 여호와께 속하였거니와 나타난 일은 영원히 우리와 우리 자손에게 속하였나니 이는 우리에게 이 율법의 모든 말씀을 행하게 하심이니라(신 29:29)
> 이르시되 때와 시기는 아버지께서 자기의 권한에 두셨으니 너희가 알 바 아니요(행 1:7)

하나님의 뜻을 알기 위해 분투하는 것은 장려할 일입니다. 하지만 하나님께서 금하신 것까지 알려고 해서는 안 됩니다(신 29:29). 그것은 하나님을 올바르게 믿는 것이 아니기에 제1계명 위반입니다. 예를 들어 예수님이 재림하실 날은 신비에 속한 일입니다(행 1:7). 그날을 억지로 계산하려 하는 것은 제1계명을 어기는 일입니다.

7. 모든 신성 모독, 하나님을 미워하는 것, 자기 사랑, 자기의 유익을 구하는 것,

신성 모독	여호와의 이름을 모독하면 그를 반드시 죽일지니 온 회중이 돌로 그를 칠 것이니라 거류민이든지 본토인이든지 여호와의 이름을 모독하면 그를 죽일지니라(레 24:16)
하나님을 미워함	나 네 하나님 여호와는 질투하는 하나님인즉 나를 미워하는 자의 죄를 갚되 아버지로부터 아들에게로 삼사 대까지 이르게 하거니와 나를 사랑하고 내 계명을 지키는 자에게는 천 대까지 은혜를 베푸느니라(출 20:5-6)
자기 사랑	사람들이 자기를 사랑하며 돈을 사랑하며 자랑하며 교만하며 비방하며 부모를 거역하며 감사하지 아니하며 거룩하지 아니하며(딤후 3:2)
자기 유익	그들이 다 자기 일을 구하고 그리스도 예수의 일을 구하지 아니하되(빌 2:21)

"나 외에는 다른 신들을 네게 두지 말라"는 것은 하나님만을 경배와 찬양의 대상으로 삼으라는 것입니다. 그런 점에서 하나님을 하찮게 취급하는 신성 모독, 하나님을 미워하는 것, 하나님보다 자기를 더 사랑하는 것, 하나님이 아니라 자기 유익만 구하는 것은 제1계명을 어기는 일입니다.

8. 우리 마음과 의지, 혹은 정서를 지나치고 무절제하게 다른 것들에 두고, 전적으로든 부분적으로든 하나님으로부터 멀어지는 것,

이 세상이나 세상에 있는 것들을 사랑하지 말라 누구든지 세상을 사랑하면 아버지의 사랑이 그 안에 있지 아니하니 이는 세상에 있는 모든 것이 육신의 정욕과 안목의 정욕과 이생의 자랑이니 다 아버지께로부터 온 것이 아니요 세상으로부터 온 것이라(요일 2:15-16) 너희는 어찌하여 내가 내 처소에서 명령한 내 제물과 예물을 밟으며 네 아들들을 나보다 더 중히 여겨 내 백성 이스라엘이 드리는 가장 좋은 것으로 너희들을 살지게 하느냐(삼상 2:29)

세속주의는 하나님보다 땅의 것을 더 사랑한다는 점에서 제1계명 위반입니다(요일 2:15-16). 대표적인 사례가 엘리 제사장입니다. 그는 하나님보다 아들을 더 소중하게 여겨 하나님께 심판을 받았습니다(삼상 2:29). 지금 우리의 마음을 사로잡고 있는 것은 무엇입니까? 하나님보다 더 매력적인 것, 하나님보다 더 우리를 행복하게 하는 것이 있다면 그것 역시 제1계명 위반입니다. 여기에는 신앙생활에 지장을 주는 취미 활동, 게임이나 도박 중독, 쇼핑 중독 같은 것들이 있습니다.

9. 헛된 맹신,

사랑하는 자들아 영을 다 믿지 말고 오직 영들이 하나님께 속하였나 분별하라 많은 거짓 선지자가 세상에 나왔음이라(요일 4:1)

다른 신을 두지 않기 위해서는 거짓 영을 분별해야 합니다(요일 4:1). 그런 점에서 믿을 가치가 없는 것을 무분별하게 받아들이는 '헛된 맹신'은 제1계명 위반입니다. 헛된 맹신에 빠지지 않기 위해서는 사람들의 말을 성경에 비추어 검증해 보아야 합니다. 무분별하게 받아들이는 것은 위험합니다.

10. 불신앙

형제들아 너희는 삼가 혹 너희 중에 누가 믿지 아니하는 악한 마음을 품고 살아 계신 하나님에게서 떨어질까 조심할 것이요(히 3:12)

하나님을 믿지 않는 '불신앙'은 대표적인 제1계명 위반입니다(히 3:12). 누구에게나 약간의 불신앙은 있기 마련입니다. 하지만 지속적이고 의지적으로 하나님을 믿지 않는 자에게는 구원의 가능성이 없습니다.

11. 이단

우상 숭배와 주술과 원수 맺는 것과 분쟁과 시기와 분냄과 당 짓는 것과 분열함과 이단과 (갈 5:20)

잘못된 교리를 주장하는 자들을 이단이라고 합니다. 이단적 가르침을 믿는 것은, 다른 하나님을 믿는 것이나 마찬가지라는 점에서 제1계명 위반입니다. 이단의 가르침은 하나님의 말씀이 아니기에 반드시 교회 안에 분쟁과 분열을 일으킵니다.

12. 그릇된 믿음,

나도 나사렛 예수의 이름을 대적하여 많은 일을 행하여야 될 줄 스스로 생각하고(행 26:9)

그릇된 믿음이란, 잘못된 것을 확고한 신념을 가지고 믿는 것입니다. 회심하기 이전의 바울이 대표적인 사례입니다. 그는 그리스도와 교회를 핍박하는 것이 참된 신앙이라는 그릇된 믿음을 가지고 있었습니다(행 26:9). 그릇된 믿음은 하나님을 올바르게 믿는 것이 아니라는 점에서 제1계명을 어기는 일입니다.

13. 신뢰하지 않는 것, 절망,

신뢰하지 않는 것	어찌하여 여호와가 우리를 그 땅으로 인도하여 칼에 쓰러지게 하려 하는가 우리 처자가 사로잡히리니 애굽으로 돌아가는 것이 낫지 아니하랴(민 14:3)
절망	그가 이르되 당신의 하나님 여호와께서 살아 계심을 두고 맹세하노니 나는 떡이 없고 다만 통에 가루 한 움큼과 병에 기름 조금 뿐이라 내가 나뭇가지 둘을 주워다가 나와 내 아들을 위하여 음식을 만들어 먹고 그 후에는 죽으리라(왕상 17:12)

제1계명의 핵심은 하나님만 경배하는 것입니다. 하나님을 경배하기 위해서는 하나님을 전적으로 신뢰하고 믿어야 합니다. 따라서 하나님을 신뢰하지 않거나, 하나님도 어찌할 수 없다고 생각하며 포기하고 절망하는 것은 제1계명 위반입니다.

14. 완강함,

여호와여 주의 눈이 진리를 찾지 아니하시나이까 주께서 그들을 치셨을지라도 그들이 아픈 줄을 알지 못하며 그들을 멸하셨을지라도 그들이 징계를 받지 아니하고 그들의 얼굴을 바위보다 굳게 하여 돌아오기를 싫어하므로(렘 5:3)

하나님은 이스라엘을 치시고 멸하셨습니다. 징계를 통해 그들이 회개하기를 원하셨기 때문입니다. 하지만 그들은 얼굴을 바위보다 굳게 하고서는 하나님께로 돌아오지 않았습니다(렘 5:3). 이런 태도를 완강함이라고 합니다. 완강한 자들은 행복한 순간에는 하나님께 감사하지 않으며, 괴로운 시간에는 하나님을 원망함으로써 제1계명을 어깁니다.

15. 심판에 대한 무감각,

> 그러므로 여호와께서 맹렬한 진노와 전쟁의 위력을 이스라엘에게 쏟아 부으시매 그 사방에서 불타오르나 깨닫지 못하며 몸이 타나 마음에 두지 아니하는도다(사 42:25)

하나님을 인정하는 자들은 모든 사건 속에 하나님의 뜻이 있음을 믿습니다. 심지어 심판조차 하나님의 섭리임을 믿고 자신을 돌아보는 기회로 삼습니다. 하지만 하나님을 인정하지 않는 자들은 모든 일을 '운명'과 '우연'으로 치부하기 때문에, 심판을 통해 말씀하시는 하나님의 음성을 들을 수 없습니다.

16. 완악한 마음,

> 그러나 바로의 마음이 완악하여 그들의 말을 듣지 아니하니 여호와의 말씀과 같더라(출 7:13)

완악한 마음은 영적 민감성을 완전히 상실한, 딱딱한 마음입니다. 대표적인 사례가 모세 시대의 '바로'입니다. 그는 계속되는 하나님의 경고에도 불구하고 하나님께 순종하지 않았습니다. 신실했던 성도도 일시적으로 완악한 마음을 가질 수 있습니다. 다윗이 대표적입니다. 그는 우리야를 살해한 후 나단 선지자를 만나기까지 한참 동안 자신의 죄를 깨닫지 못했습니다.

17. 교만,

> 너희는 들을지어다, 귀를 기울일지어다, 교만하지 말지어다, 여호와께서 말씀하셨음이라 (렘 13:15)

교만은 자신을 그릇되게 높이는 것입니다. 교만은 하나님께만 드려야 할 영광을 자신에게 돌린다는 점에서 제1계명 위반입니다. 모든 것이 하나님에게서 왔으므로, 오직 하나님만 자랑하는 것이 피조물의 위치입니다.

18, 뻔뻔스러움

> 또 주의 종에게 <u>고의로 죄를 짓지 말게 하사</u> 그 죄가 나를 주장하지 못하게 하소서 그리하면 내가 정직하여 큰 죄과에서 벗어나겠나이다(시 19:13)

뻔뻔스러움은 고의적인 불법으로 가시화됩니다(시 19:13). 사실 우리가 짓는 대부분의 죄는 알면서 짓는 죄입니다. 우리는 그것이 죄라는 것을 알고, 또 하나님께서 양심을 통해 우리의 범죄에 제동을 거심에도 고의적으로 죄를 짓습니다. 우리가 뻔뻔스럽게 죄를 짓는 순간, 우리는 하나님의 존재를 애써 부인함으로써 제1계명을 위반합니다.

19. 세속적인 안일함,

> 그 때에 내가 예루살렘에서 찌꺼기 같이 가라앉아서 마음속에 스스로 이르기를 <u>여호와께서는 복도 내리지 아니하시며 화도 내리지 아니하시리라</u> 하는 자를 등불로 두루 찾아 벌하리니(습 1:12)

'세속적인 안일함'이란, 하나님 없이도 평안할 것이라고 믿는 마음입니다. 이것은 필연적으로 하나님께 무관심한 태도로 이어집니다. 이런 태도는 온 마음과 힘을 다해 하나님을 섬겨야 할 피조물의 자세에 어긋난다는 점에서 제1계명 위반입니다.

20. 하나님을 시험하는 것,

> 예수께서 이르시되 또 기록되었으되 주 너의 <u>하나님을 시험하지 말라</u> 하였느니라 하시니(마 4:7)

마귀는 예수님께 성전 꼭대기에서 뛰어내려 보라고 속삭였지만, 예수님은 마귀의 말에 귀를 기울이지 않으셨습니다. 그것은 하나님을 시험하는 행위이기 때문입니다. 마찬가지 원리로, 우리가 질병과 사고를 미리 예방하려고 노력하지 않으면서도, 하나님께서 우리의 몸과 건강을 지켜 주실 것이라고 믿는 것은 하나님을 시험하는 것입니다.[8] 그것은 하나님을 하나님답게 섬기는 것이 아니라는 점에서 제1계명 위반입니다.

21. 불법적인 수단을 사용하는 것,

또는 그러면 선을 이루기 위하여 악을 행하자 하지 않겠느냐 어떤 이들이 이렇게 비방하여 우리가 이런 말을 한다고 하니 그들은 정죄 받는 것이 마땅하니라(롬 3:8)

'불법적인 수단을 사용하는 것'은, 선한 목적을 위해 악한 방법을 사용하는 것입니다. 성경은 이것을 두고 정죄 받아 마땅한 태도라고 말합니다(롬 3:8). 이것은 하나님을 합당하게 예배하고 영화롭게 하는 것이 아니라는 점에서 제1계명 위반입니다.

22. 인간적인 수단을 의지하는 것,

여호와께서 이와 같이 말씀하시니라 무릇 사람을 믿으며 육신으로 그의 힘을 삼고 마음이 여호와에게서 떠난 그 사람은 저주를 받을 것이라(렘 17:5)

하나님만 신뢰하는 것은 제1계명이 요구하는 의무이므로, 인간적인 수단, 또는 사람을 의지하는 태도는 제1계명 위반입니다. 물론 이것은 인간이 만든 제도나 기관을 절대로 의지하지 말라는 것이 아닙니다. 예를 들어, 심각한 재난이 닥쳤을 때는 구호 기관의 도움을 받아야 하고, 건강을 상실했을 때는 의사의 진찰을 받아야 합니다. 하지만 그런 때에도 우리는 그 이면에 계신 하나님만 전적으로 의지해야 합니다.

23. 세속적인 기쁨과 즐거움,

배신하며 조급하며 자만하며 쾌락을 사랑하기를 하나님 사랑하는 것보다 더하며(딤후 3:4)

---

8 J. G. 보스, G. I. 윌리암슨, 『웨스트민스터 대요리문답 강해』, 류근상 옮김 (서울: 크리스챤출판사, 2007), 373.

기쁨과 즐거움을 추구하는 것은 그 자체로 악한 일이 아닙니다. 하지만 그것을 위해 그릇된 방법을 사용한다거나, 그 자체가 목적이 되는 것은 올바르지 않습니다. 성경은 하나님보다 쾌락을 더 사랑하는 것을 정죄합니다(딤후 3:4). 제1계명은 하나님께 최고의 영광을 드리라는 명령입니다. 쾌락을 하나님보다 더 사랑하는 것은 제1계명 위반입니다.

24. 부패하고 맹목적이며 무분별한 열심,

부패한 열심	그들이 너희에게 대하여 열심 내는 것은 좋은 뜻이 아니요 오직 너희를 이간시켜 너희로 그들에게 대하여 열심을 내게 하려 함이라(갈 4:17)
맹목적인 열심	사람들이 너희를 출교할 뿐 아니라 때가 이르면 무릇 너희를 죽이는 자가 생각하기를 이것이 하나님을 섬기는 일이라 하리라(요 16:2)
무분별한 열심	내가 증언하노니 그들이 하나님께 열심이 있으나 올바른 지식을 따른 것이 아니니라(롬 10:2)

하나님께 열심을 내는 것은 제1계명이 요구하는 의무입니다. 하지만 잘못된 열심도 있습니다. 첫째, 부패한 열심입니다. 예를 들어, 갈라디아 교회에 침투한 거짓 교사들은 열심히 교회를 섬겼습니다. 하지만 그들의 열심은 올바른 열심이 아니었습니다. 교회를 이간시키려는 부패한 마음을 가지고 있었기 때문입니다(갈 4:17).

둘째, 맹목적인 열심입니다. 예를 들어 예수님은 장차 어떤 자들이 하나님을 섬긴다고 하면서, 제자들을 박해할 것이라고 하셨습니다(요 16:2). 그처럼 원칙 없는 열심은 올바른 열심이 아닙니다.

셋째, 무분별한 열심입니다. 바울은 올바른 지식 없이 하나님께 열심을 내는 것은 참된 신앙이 아니라고 하였습니다(롬 10:2). 옳고 그른 것을 분별하지 않고 단지 열심만 내는 것은 하나님께서 원하시는 열심히 아닙니다.

25. 미지근함,

영적인 '미지근함'은 하나님의 영광과 우리의 구원에 대해 무관심한 상태를 의미합니다.[9] 이런 사람은 교회에는 정기적으로 출석하지만, 묵상과 기도와 전도 같은 경건생활은 거의 하지 않고, 선행에도 열심을 내지 않습니다. 이것은 하나님을 합당하게 경배하는 것이 아니므로 제1계명을 어기는 일입니다.

26. 하나님의 일들에 대한 무감각,

사데 교회의 신자들은 영적으로 죽은 자였습니다(계 3:1). 행위가 올바르지 않고(계 3:2), 회개하지 않았기 때문입니다(계 3:3). 이런 자들이 바로 '하나님의 일들에 무감각한 자들'입니다. 이들은 하나님의 영광과 우리의 구원에 대한 무관심이 절정에 이른 자들입니다. 이것 역시 하나님을 합당하게 경배하는 것이 아니므로 제1계명을 어기는 일입니다.

27. 하나님에게서 멀어짐과 배교,

'하나님에게서 멀어짐과 배교'는 교회의 예배와 모임에 출석하는 형식조차 취하지 않는 것을 의미합니다.[10] 물론 성령님께서 내주하시는 성도는 결코 하나님에게서 완

---

9 J. G. 보스, G. I. 윌리암슨, 『웨스트민스터 대요리문답 강해』, 류근상 옮김 (서울: 크리스챤출판사, 2007), 374.
10 J. G. 보스, G. I. 윌리암슨, 『웨스트민스터 대요리문답 강해』, 류근상 옮김 (서울: 크리스챤출판사, 2007),

전히 떨어져 나가지 않습니다. 하지만 이스라엘이 여호와를 버리고 다시 돌아오기를 반복했던 것처럼, 택함을 받은 하나님의 백성도 일시적으로 하나님에게서 멀어질 수 있습니다.

28. 성자들이나 천사들, 혹은 다른 피조물들에게 기도하거나 종교적 경배를 드리는 것,

> 마침 베드로가 들어올 때에 고넬료가 맞아 발 앞에 엎드리어 절하니 베드로가 일으켜 이르되 일어서라 나도 사람이라 하고(행 10:25-26)
> 내가 그 발 앞에 엎드려 경배하려 하니 그가 나에게 말하기를 나는 너와 및 예수의 증언을 받은 네 형제들과 같이 된 종이니 삼가 그리지 말고 오직 하나님께 경배하라 예수의 증언은 예언의 영이라 하더라(계 19:10)

베드로는 자신이 경배의 대상이 되는 것을 완강히 거부했습니다(행 10:25-26). 이는 천사들도 마찬가지입니다(계 19:10). 하나님만이 경배의 대상이시기 때문입니다. 그러므로 하나님께 돌려야 마땅한 경배를 사람이나 혹은 천사들에게 돌리는 것은 하나님의 이름을 욕되게 하는 것이므로 제1계명을 어기는 일입니다.

29. 마귀와 계약을 맺고 의논하는 것, 그의 제안에 귀를 기울이는 것,

> 접신한 자와 박수무당을 음란하게 따르는 자에게는 내가 진노하여 그를 그의 백성 중에서 끊으리니(레 20:6)
> 사울이 죽은 것은 여호와께 범죄하였기 때문이라 그가 여호와의 말씀을 지키지 아니하고 또 신접한 자에게 가르치기를 청하고 여호와께 묻지 아니하였으므로 여호와께서 그를 죽이시고 그 나라를 이새의 아들 다윗에게 넘겨 주셨더라(대상 10:13-14)

기독교인 중에도 용한 무당을 찾는 사람들이 있다고 합니다. 율법은 이런 일을 금지합니다(레 20:6). 하나님께서 사울을 벌하신 이유 중 하나는 무당을 찾았기 때문입니다(대상 10:13-14). 신접한 자를 찾는 것은 마귀를 찾는 것이며, 마귀의 제안에 귀를 기울이는 것은 제1계명을 어기는 일입니다.

376.

30. 사람들을 우리의 믿음과 양심의 주로 삼는 것,

> 땅에 있는 자를 아버지라 하지 말라 너희의 아버지는 한 분이시니 곧 하늘에 계신 이시니라(마 23:9)
> 우리가 너희 믿음을 주관하려는 것이 아니요 오직 너희 기쁨을 돕는 자가 되려 함이니 이는 너희가 믿음에 섰음이라(고후 1:24)

예수님은 "땅에 있는 자를 아버지라 하지 말라"고 하셨습니다(마 23:9). 이것은 모든 체제와 권위를 부정하라는 말이 아닙니다. 하나님께 속한 고유한 권위와 영광을 사람에게 돌리지 말라는 것입니다.[11] 사람을 신앙의 최종 권위자로 삼지 말라는 것입니다. 아무리 권위 있는 사람이라도, 또는 권위 있는 단체의 대표라도 절대적인 순종을 요구할 수 없습니다. 절대적인 순종은 하나님께만 합당합니다. 그래서 바울은 다른 사람의 믿음을 주관하려 하지 않았습니다(고후 1:24). 만약 사람의 권위를 하나님처럼 여긴다면, 그것 역시 제1계명을 어기는 일입니다.

31. 하나님과 그분의 명령을 가볍게 여기고 멸시하는 것, 성령님을 거역하고 근심하게 만드는 것,

하나님의 말씀을 가볍게 여기는 것	그러한데 어찌하여 네가 여호와의 말씀을 업신여기고 나 보기에 악을 행하였느냐 네가 칼로 헷 사람 우리아를 치되 암몬 자손의 칼로 죽이고 그의 아내를 빼앗아 네 아내로 삼았도다(삼하 12:9)
하나님의 말씀을 멸시하는 것	말씀을 멸시하는 자는 자기에게 패망을 이루고 계명을 두려워하는 자는 상을 받느니라(잠 13:13)
성령님을 거역하는 것	목이 곧고 마음과 귀에 할례를 받지 못한 사람들아 너희도 너희 조상과 같이 항상 성령을 거스르는도다(행 7:51)
성령님을 근심하게 하는 것	하나님의 성령을 근심하게 하지 말라 그 안에서 너희가 구원의 날까지 인치심을 받았느니라(엡 4:30)

---

11 리고니어 미니스트리 출판부, 『개혁주의 스터디 바이블』, 김진운 외 옮김 (서울: 부흥과 개혁사, 2017), 1651.

전심으로 하나님께 순종하는 것은 제1계명이 요구하는 의무입니다. 그러므로 하나님의 말씀을 가볍게 여기고(삼하 12:9) 멸시하며(잠 13:13), 그리하여 우리 안에 계신 성령님을 거역하고(행 7:51) 근심하게 하는 것은 제1계명을 어기는 일입니다(엡 4:30).

32. 하나님의 섭리에 불만을 품고 참지 못하는 것, 우리에게 임하는 재난들에 대하여 어리석게 하나님을 비난하는 것,

> 이 모든 일에 욥이 범죄하지 아니하고 <u>하나님을 향하여 원망하지 아니하니라</u>(욥 1:22)

하나님을 믿고 신뢰하고 바라는 것은 제1계명이 요구하는 의무입니다. 그러므로 불만을 품고 참지 못하거나, 우리에게 임하는 재난들에 대해 하나님을 비난하는 것은 제1계명을 어기는 일입니다. 성경은 욥이 극심한 고난 속에서도 하나님을 원망하지 않음으로 범죄하지 않았다고 말합니다(욥 1:22).

33. 그리고 우리의 선함과 우리가 소유하고 있거나 혹은 할 수 있는 선행에 대한 찬사를 단지 운으로 여기거나, 우상이나, 우리 자신이나, 혹은 다른 어떤 피조물에게 돌리는 것입니다.

선행에 대한 찬사를	운으로 여기는 것	제비는 사람이 뽑으나 <u>모든 일을 작정하기는 여호와께</u> 있느니라(잠 16:33)
	우상에게 돌리는 것	왕이 또 보지도 듣지도 알지도 못하는 금, 은, 구리, 쇠와 나무, 돌로 만든 신상들을 찬양하고 도리어 왕의 호흡을 주장하시고 왕의 모든 길을 작정하시는 <u>하나님께는 영광을 돌리지 아니한지라</u>(단 5:23)
	우리 자신에게 돌리는 것	그러나 네가 마음에 이르기를 <u>내 능력과 내 손의 힘으로 내가 이 재물을 얻었다</u> 말할 것이라 네 하나님 여호와를 기억하라 그가 네게 재물 얻을 능력을 주셨음이라(신 8:17-18) 나 왕이 말하여 이르되 이 큰 바벨론은 내가 능력과 권세로 건설하여 나의 도성으로 삼고 이것으로 <u>내 위엄의 영광을 나타낸 것이 아니냐</u> 하였더니(단 4:30)

하나님만을 지극히 높이는 것은 제1계명이 요구하는 의무입니다. 그러므로 우리의 성공과 번영을 우연이나(잠 16:33), 우상이나(단 5:23), 우리 자신이나(신 8:17-18; 단 4:30-31), 혹은 다른 피조물에게 돌리는 것은 제1계명을 어기는 일입니다. 이 세상에 우연히 일어나는 일은 없으며 우리를 도울 우상도 없습니다. 세상 모든 일은 하나님께서 섭리하신 결과입니다. 우리는 하나님께만 영광을 돌려, 하나님만이 창조주이시며 만물의 주인이심을 나타내야 합니다.

제106문 **제1계명에 있는 "나 외에는"이라는 말씀은 우리에게 특별히 무엇을 가르칩니까?**

답: 제1계명에 있는 "나 외에는" 또는 "내 앞에"라는 말은, 만물을 감찰하시는 하나님께서 우리가 어떤 다른 신을 두는 죄를 특별히 주목하시고 매우 노여워하신다는 것을 가르칩니다. 그래서 "나 외에는"이라는 말은 그러한 죄를 범하지 못하도록 우리를 만류하고, 다른 신을 두는 것을 가장 뻔뻔스러운 도발 행위가 되게 하고, 또한 우리가 하나님을 섬김에 있어 무엇을 행하든지 그분의 목전에서 하도록 설득하는 논증이 됩니다.

1. 제1계명에 있는 "나 외에는" 또는 "내 앞에"라는 말은, 만물을 감찰하시는 하나님께서 우리가 어떤 다른 신을 두는 죄를 특별히 주목하시고 매우 노여워하신다는 것을 가르칩니다.

> 너는 <u>나 외에는</u> 다른 신들을 네게 두지 말라(출 20:3)

"나 외에는"을 문자적으로 번역하면 "나의 얼굴 앞에서"입니다. 하나님은 영이시기 때문에 얼굴도 없습니다. 이 말은 우리가 '하나님 존전' 또는 '하나님의 시야'에 있다는 것을 비유적으로 표현한 것입니다.[12] 하나님은 우리의 모든 생각과 말과 행동을 보십니다. 우리의 전 생애가 하나님 앞에 있습니다(히 4:13). 우리는 하나님 앞에서 죄를 숨길 수 없습니다. 그러므로 죄를 멀리해야 합니다. 특히 다른 신을 섬기는 죄를 짓지 않도록 조심해야 합니다.

---

12 J. G. 보스, G. I. 윌리암슨, 『웨스트민스터 대요리문답 강해』, 류근상 옮김 (서울: 크리스챤출판사, 2007), 382.

2. 그래서 "나 외에는"이라는 말은 그러한 죄를 범하지 못하도록 우리를 만류하고, 다른 신을 두는 것을 가장 뻔뻔스러운 도발 행위가 되게 하며,

> 그가 내게 이르시되 인자야 이제 너는 눈을 들어 북쪽을 바라보라 하시기로 내가 눈을 들어 북쪽을 바라보니 제단문 어귀 북쪽에 <u>그 질투의 우상이 있더라</u> 그가 또 내게 이르시되 인자야 이스라엘 족속이 행하는 일을 보느냐 그들이 여기에서 <u>크게 가증한 일</u>을 행하여 나로 내 성소를 멀리 떠나게 하느니라 너는 다시 다른 큰 가증한 일을 보리라 하시더라 (겔 8:5-6)

에스겔서에 등장하는 질투의 우상은 므낫세가 성전에 세워 놓은 아세라 우상입니다 (왕하 21:7). 하나님께서 아세라 우상을 "질투의 우상"이라고 부르시는 이유는, 이 우상이 하나님의 거룩한 질투를 불러일으키기 때문입니다(겔 8:3). 하나님께서 이 행위를 "크게 가증한 일"이라고 하시는 데서 알 수 있듯이, 다른 신을 섬기는 죄는 가장 사악한 범죄입니다.

3. 또한 우리가 하나님을 섬김에 있어 무엇을 행하든지 그분의 목전에서 하도록 설득하는 논증이 됩니다.

> 내 아들 솔로몬아 너는 네 아버지의 하나님을 알고 온전한 마음과 기쁜 뜻으로 섬길지어다 <u>여호와께서는 모든 마음을 감찰하사 모든 의도를 아시나니</u> 네가 만일 그를 찾으면 만날 것이요 만일 네가 그를 버리면 그가 너를 영원히 버리시리라(대상 28:9)

하나님은 "모든 마음을 감찰"하십니다(대상 28:9). 우리의 "모든 의도"를 아십니다. 우리가 무엇을 하든지, 우리의 행위는 하나님 앞에 있습니다. 그러므로 우리는 하나님의 존재를 깊이 숙고하며 살아야 합니다. 하나님이 바로 앞에서 나의 행위를 보신다는 마음으로 하나님을 섬겨야 합니다. 만약 우리의 생각과 말과 행동이 하나님의 뜻에 어긋난다면, 하나님은 아무리 작은 죄라도 보시고 아신다는 사실을 기억해야 합니다.

답: 제2계명은 "너를 위하여 새긴 우상을 만들지 말고, 또 위로 하늘에 있는 것이
나 아래로 땅에 있는 것이나 땅 아래 물속에 있는 것의 어떤 형상도 만들지 말
며, 그것들에게 절하지 말며, 그것들을 섬기지 말라 나 네 하나님 여호와는 질
투하는 하나님인즉 나를 미워하는 자의 죄를 갚되 아버지로부터 아들에게로
삼사 대까지 이르게 하거니와 나를 사랑하고 내 계명을 지키는 자에게는 천 대
까지 은혜를 베푸느니라."입니다.

1. 제2계명은 "너를 위하여 새긴 우상을 만들지 말고, 또 위로 하늘에 있는 것
   이나 아래로 땅에 있는 것이나 땅 아래 물속에 있는 것의 어떤 형상도 만
   들지 말며, 그것들에게 절하지 말며, 그것들을 섬기지 말라 나 네 하나님
   여호와는 질투하는 하나님인즉 나를 미워하는 자의 죄를 갚되 아버지로
   부터 아들에게로 삼사 대까지 이르게 하거니와 나를 사랑하고 내 계명을
   지키는 자에게는 천 대까지 은혜를 베푸느니라."입니다.

> 너를 위하여 새긴 우상을 만들지 말고 또 위로 하늘에 있는 것이나 아래로 땅에 있는 것이
> 나 땅 아래 물 속에 있는 것의 어떤 형상도 만들지 말며 그것들에게 절하지 말며 그것들을
> 섬기지 말라 나 네 하나님 여호와는 질투하는 하나님인즉 나를 미워하는 자의 죄를 갚되
> 아버지로부터 아들에게로 삼사 대까지 이르게 하거니와 나를 사랑하고 내 계명을 지키는
> 자에게는 천 대까지 은혜를 베푸느니라(출 20:4-6)

고대 근동 지방 사람들은 자신들이 믿는 신을 형상으로 만들어서 예배했습니다. 예
를 들어, 암몬 족속의 민족 신 '몰렉'은 사람의 몸에 소의 머리를 가진 형상이었습니
다. 블레셋 족속의 민족 신 '다곤'은 사람의 머리에 물고기의 몸을 가진 형상이었습니
다. 그러므로 하나님을 형상으로 만들지 말라는 것은, 이방인들이 우상을 예배하는

것처럼 하나님을 예배하지 말라는 뜻입니다.

제2계명을 어긴 대표적인 사례가 아론의 황금 송아지 사건입니다(출 32장). 아론은 이방인들이 우상을 숭배하는 것처럼, 하나님을 소의 형상으로 만들어서 예배했습니다. 하지만 하나님께서 원하시는 예배는 정해진 절차를 따라 성막에서 드리는 예배였습니다. 하나님은 올바르게 예배하지 않은 이스라엘을 엄히 징계하셨습니다.

하나님은 자신이 섬김을 받기만 한다면 우리가 어떤 식으로 섬기든지 관심을 두지 않는 분이 아닙니다.[13] 우리가 보기에는 좋은 것이 하나님께는 나쁠 수 있습니다. 그래서 하나님은 예배의 대상(제1계명)뿐만 아니라, 예배의 방법(제2계명)도 알려주셨습니다.

---

13 빌헬무스 아 브라켈, 『그리스도인의 합당한 예배3』, (서울: 지평서원, 2019), 165.

제2계명에서 요구하는 의무는 무엇 입니까?

답: 제2계명에서 요구하는 의무는 하나님께서 하나님의 말씀으로 제정하신 대로 모든 종교적 예배와 규례들을 받아들이고, 준수하며, 순수하고 온전하게 지키는 것입니다. 이런 예배와 규례들의 구체적인 예들은 그리스도의 이름으로 드리는 기도와 감사, 말씀을 읽고 설교하고 듣는 것, 성례들을 시행하고 받는 것, 교회 치리와 권징, 교회를 섬기는 직분을 세우고 유지하는 것, 종교적 금식, 그리고 하나님의 이름으로 맹세하는 것과 하나님께 서원하는 것입니다. 또한 모든 거짓된 예배를 부인하고 미워하고 반대하는 것, 각자의 지위와 소명을 따라 거짓된 예배와 모든 우상 숭배의 기념물들을 제거하는 것입니다.

1. 제2계명에서 요구하는 의무는 하나님께서 하나님의 말씀으로 제정하신 대로 모든 종교적 예배와 규례들을 받아들이고, 준수하며, 순수하고 온전하게 지키는 것입니다.

> 그들에게 이르되 내가 오늘 너희에게 증언한 모든 말을 너희의 마음에 두고 너희의 자녀에게 명령하여 이 율법의 모든 말씀을 지켜 행하게 하라 이는 너희에게 헛된 일이 아니라 너희의 생명이니 이 일로 말미암아 너희가 요단을 건너가 차지할 그 땅에서 너희의 날이 장구하리라(신 32:46-47)

모세는 신명기에서 오직 하나님의 말씀대로만 살아가라고 말합니다(신 32:46-47). 삶의 기준이 하나님의 말씀이라면, 예배의 기준 역시 하나님의 말씀이어야 합니다. 살아가는 방식은 말씀에서 찾으면서, 예배하는 방식은 세상에서 찾는 것은 말이 되지 않습니다.

2. 이런 예배와 규례들의 구체적인 예들은 그리스도의 이름으로 드리는 기도와 감사, 말씀을 읽고 설교하고 듣는 것, 성례들을 시행하고 받는 것, 교회 치리와 권징, 교회를 섬기는 직분을 세우고 유지하는 것, 종교적 금식, 그리고 하나님의 이름으로 맹세하는 것과 하나님께 서원하는 것입니다.

기도	아무 것도 염려하지 말고 다만 모든 일에 <u>기도와 간구로</u>, 너희 구할 것을 감사함으로 하나님께 아뢰라(빌 4:6)
감사	범사에 우리 주 예수 그리스도의 이름으로 항상 아버지 하나님께 <u>감사하며</u>(엡 5:20)
성경을 읽고 설교하는 것	<u>너는 말씀을 전파하라</u> 때를 얻든지 못 얻든지 항상 힘쓰라 범사에 오래 참음과 가르침으로 경책하며 경계하며 권하라(딤후 4:2)
치리와 권징	네 형제가 죄를 범하거든 가서 너와 그 사람과만 상대하여 <u>권고하라</u> 만일 들으면 네가 네 형제를 얻은 것이요 만일 듣지 않거든 한두 사람을 데리고 가서 두세 증인의 입으로 말마다 확증하게 하라 만일 그들의 말도 듣지 않거든 교회에 말하고 교회의 말도 듣지 않거든 이방인과 세리와 같이 여기라(마 18:15-17)
직분을 세우고 유지하는 것	<u>잘 다스리는 장로들은 배나 존경할 자로 알되 말씀과 가르침에 수고하는</u> 이들에게는 더욱 그리할 것이니라 성경에 일렀으되 곡식을 밟아 떠는 소의 입에 망을 씌우지 말라 하였고 또 일꾼이 그 삯을 받는 것은 마땅하다 하였느니라(딤전 5:17-18)
종교적 금식	여호와의 말씀에 너희는 이제라도 <u>금식하고</u> 울며 애통하고 마음을 다하여 내게로 돌아오라 하셨나니(욜 2:12)
맹세	네 하나님 여호와를 경외하며 그를 섬기며 그의 이름으로 <u>맹세할 것이니라</u>(신 6:13)
서원	여호와께서 자기를 애굽에 알게 하시리니 그 날에 애굽이 여호와를 알고 제물과 예물을 그에게 드리고 경배할 것이요 <u>여호와께 서원하고</u> 그대로 행하리라(신 19:21)

성경이 예배의 요소로 말하는 것들은 다음과 같습니다. 기도, 감사, 성경을 읽고 설교하는 것, 치리와 권징, 직분을 세우고 유지하는 것, 종교적 금식, 그리고 하나님께 맹

세하는 것과 서원하는 것입니다. 우리는 참된 예배를 드리기 위해 이처럼 성경에서 제정하고 있는 의식들을 지켜야 합니다. 인간의 흥미나 편의를 위한 순서를 예배에 도입하는 것은 제2계명을 어기는 행위로써, 하나님을 진노하게 만드는 일입니다(출 20:5).

예배의 요소는 통상적인 것과 특별한 것으로 구분할 수 있습니다.[14] 예를 들어, 기도와 설교는 일반적으로 행해지는 통상적인 의식입니다. 반면 금식과 맹세와 서약은 특별한 요청에 따라 행해지는 비정기적인 의식입니다.

3. 또 다른 의무는 모든 거짓된 예배를 부인하고 미워하고 반대하는 것,

> 바울이 아덴에서 그들을 기다리다가 그 성에 우상이 가득한 것을 보고 마음에 격분하여 회당에서는 유대인과 경건한 사람들과 또 장터에서는 날마다 만나는 사람들과 변론하니 (행 17:16-17)
> 다른 신에게 예물을 드리는 자는 괴로움이 더할 것이라 나는 그들이 드리는 피의 전제를 드리지 아니하며 내 입술로 그 이름도 부르지 아니하리로다(시 16:4)

바울은 이방인들의 우상숭배를 보고 격분했습니다(행 17:16). 시편 기자는 우상숭배자의 편에 서지 않겠다고 굳게 결심했습니다(시 16:4). 이처럼 그리스도인은 참된 예배를 사모하는 동시에 거짓된 예배를 부인하고 미워하고 반대해야 합니다.

4. 각자의 지위와 소명을 따라 거짓된 예배와 모든 우상 숭배의 기념물들을 제거하는 것입니다.

> 오직 너희가 그들에게 행할 것은 이러하니 그들의 제단을 헐며 주상을 깨뜨리며 아세라 목상을 찍으며 조각한 우상들을 불사를 것이니라(신 7:5)

이스라엘은 국가 자체가 하나의 교회였으므로, 이스라엘 안에 있는 우상은 반드시 제거해야 했습니다(신 7:5). 하지만 지금 우리는 다문화 사회를 살고 있으므로 함부로 타 종교의 우상을 파괴해서는 안 됩니다. 그래서 대요리문답은 "각자의 지위와 소명

---

14 J. G. 보스, G. I. 윌리암슨, 『웨스트민스터 대요리문답 강해』, 류근상 옮김 (서울: 크리스챤출판사, 2007), 387.

을 따라" 행하라고 말합니다. 즉, 자신의 위치와 사명 안에서 행동하라는 뜻입니다.[15]

예를 들어, 한 가정의 가장이라는 위치에 있는 사람은 자신의 가정에서 우상을 제거해야 합니다. 가족 구성원들이 하나님만 예배하도록 노력해야 합니다. 한 국가의 시민이라는 위치에 있는 사람은 법을 준수하는 범위 안에서 우상을 제거해야 합니다. 절에 무단으로 침입해서 불상의 목을 자르거나, 빨간 페인트를 부어서는 안 됩니다.

---

15 J. G. 보스, G. I. 윌리암슨, 『웨스트민스터 대요리문답 강해』, 류근상 옮김 (서울: 크리스챤출판사, 2007), 389.

제109문 **제2계명에서 금지하는 죄는 무엇입니까?**

답: 제2계명에서 금지하는 죄는 다음과 같습니다. 하나님께서 친히 제정하지 않으신 어떤 종교적 예배를 고안하고, 논의하고, 명하고, 사용하고, 어떤 모양으로든지 그것을 인정하는 것, 거짓 종교를 용납하는 것, 우리 마음 내적으로나 외적으로 삼위 하나님 모두 혹은 삼위 중의 한 분 혹은 그 어떤 피조물이라도 그것의 형상이나 모양을 따라 만드는 것, 그 형상 자체를 예배하거나 형상 안에서 혹은 형상을 통해 하나님을 예배하는 것, 거짓 신들의 형상을 만들고 그들을 숭배하거나 그들에게 속한 것을 섬기는 것, 고대의 제도나 풍습이나 경건이나 좋은 의도라는 미명 하에 어떤 다른 구실로라도 우리 자신들이 만들어 취한 것이든지 아니면 다른 사람들의 전통으로부터 받은 것이든지 간에 하나님의 예배에 무엇인가를 추가하고 제하여 그 예배를 오염시키는 모든 미신적 고안들, 성직 매매, 신성 모독, 그리고 하나님께서 정하신 예배와 규례들에 대한 모든 태만, 경멸, 방해, 반대 등입니다.

1. 제2계명에서 금지하는 죄는 다음과 같습니다. 하나님께서 친히 제정하지 않으신 어떤 종교적 예배를 고안하고,

> 이 술은 너희가 보고 여호와의 모든 계명을 기억하여 준행하고 너희를 방종하게 하는 자신의 마음과 눈의 욕심을 따라 음행하지 않게 하기 위함이라(민 15:39)

제2계명이 요구하는 의무는 하나님께서 자기 말씀으로 제정하신 대로 하나님을 예배하는 것입니다. 만약 "자신의 마음과 눈의 욕심을 따라", 다시 말해서 자기 마음대로 종교적 예배를 고안해 낸다면 이는 제2계명을 어기는 일입니다(민 15:39).

2. 논의하고,

> 네 어머니의 아들 곧 네 형제나 네 자녀나 네 품의 아내나 너와 생명을 함께 하는 친구가 가만히 너를 꾀어 이르기를 너와 네 조상들이 알지 못하던 다른 신들 곧 네 사방을 둘러싸고 있는 민족 혹 네게서 가깝든지 네게서 멀든지 땅 이 끝에서 저 끝까지에 있는 민족의 신들을 우리가 가서 섬기자 할지라도 <u>너는 그를 따르지 말며 듣지 말며 긍휼히 여기지 말며 애석히 여기지 말며 덮어 숨기지 말고</u>(신 13:6-8)

거짓 예배를 부추기는 것은 제2계명을 어기는 일이므로, 이런 요구를 받을 때는 강경하게 거절하고, 반대해야 합니다(신 13:6-8).

3. 명하고,

> 너희가 <u>오므리의 율례와 아합 집의 모든 예법</u>을 지키고 그들의 전통을 따르니 내가 너희를 황폐하게 하며 그의 주민을 사람의 조소 거리로 만들리라 너희가 내 백성의 수욕을 담당하리라(미 6:16)

오므리는 북이스라엘의 제6대 왕이며, 아합은 그의 아들입니다. 오므리는 "여호와 보시기에 악을 행하되 그 전의 모든 사람보다 더욱 악하게" 행하였다는 평가를 받을 정도로 악한 왕이었습니다(왕상 16:25). 오므리와 아합의 가장 큰 과오는 우상숭배를 본격적으로 도입했다는 점입니다. 특히 아합은 열렬한 바알 숭배자였습니다(왕상 16:31).

하나님은 오므리의 율례와 아합의 예법을 따르는 자들을 벌하겠다고 하십니다(미 6:16). 거짓 예배를 명하는 것은 제2계명을 어기는 일이므로, 이런 명령을 받을 때는 강경하게 거절하고 반대해야 합니다.

4. 사용하고,

> 이는 그들이 나를 버리고 시돈 사람의 여신 아스다롯과 모압의 신 그모스와 암몬 자손의 신 밀곰을 경배하며 그의 아버지 다윗이 행함 같지 아니하여 내 길로 행하지 아니하며 나 보기에 정직한 일과 내 법도와 내 율례를 행하지 아니함이니라(왕상 11:33)

하나님께서 이스라엘을 심판하셔서 남북으로 분단되게 하신 것은(왕상 11:31-32) 그들이 이방 종교의 예법을 따랐기 때문입니다(왕상 11:33). 하나님께서 말씀으로 제정하지 않은 예배를 실행하는 것은 제2계명을 어기는 일입니다.

5. 어떤 모양으로든지 그것을 인정하는 것, 거짓 종교를 용납하는 것,

> 네게도 니골라 당의 교훈을 지키는 자들이 있도다 그러므로 회개하라 그리하지 아니하면 내가 네게 속히 가서 내 입의 검으로 그들과 싸우리라(계 2:15-16)
> 너는 스스로 삼가 네 앞에서 멸망한 그들의 자취를 밟아 올무에 걸리지 말라 또 그들의 신을 탐구하여 이르기를 이 민족들은 그 신들을 어떻게 섬겼는고 나도 그와 같이 하겠다 하지 말라(신 12:30)

니골라 당이란 초대교회의 이단을 말합니다. 주님은 니골라 당의 교훈을 지키는 자들을 벌하겠다고 하셨습니다(계 2:15-16). 거짓 종교를 인정하고(신 12:30) 용납하는 것은 제2계명을 어기는 일입니다.

6. 우리 마음 내적으로나 외적으로 삼위 하나님 모두 혹은 삼위 중의 한 분 혹은 그 어떤 피조물이라도 그것의 형상이나 모양을 따라 만드는 것,

> 여호와께서 호렙 산 불길 중에서 너희에게 말씀하시던 날에 너희가 어떤 형상도 보지 못하였은즉 너희는 깊이 삼가라(신 4:15)

하나님은 형상이 없으시므로(신 4:15) 하나님을 눈에 보이는 형상으로 표현하는 것은 필연적으로 하나님에 대한 잘못된 생각을 가지게 합니다. 내적으로나 혹은 외적으로 하나님을 형상화하는 것은 제2계명을 어기는 일입니다.

7. 그 형상 자체를 예배하거나 형상 안에서 혹은 형상을 통해 하나님을 예배하는 것, 거짓 신들의 형상을 만들고 그들을 숭배하거나 그들에게 속한 것을 섬기는 것,

> 아론이 그들의 손에서 금 고리를 받아 부어서 조각칼로 새겨 송아지 형상을 만드니 그들이 말하되 이스라엘아 이는 너희를 애굽 땅에서 인도하여 낸 너희의 신이로다 하는지라 아론이 보고 그 앞에 제단을 쌓고 이에 아론이 공포하여 이르되 <u>내일은 여호와의 절일이니라</u> 하니(출 32:4-5)

아론은 송아지 형상을 만든 후, "내일은 여호와의 절일"이라고 공포했습니다(출 32:4-5). 아론의 죄는 다른 신을 섬긴 것이 아니라 여호와를 형상으로 만들어서 섬긴 것입니다. 하나님을 형상으로 만들어서 예배하는 것은 제2계명을 어기는 일입니다.

8. 고대의 제도나 풍습이나 경건이나 좋은 의도라는 미명 하에 어떤 다른 구실로라도 우리 자신들이 만들어 취한 것이든지 아니면 다른 사람들의 전통으로부터 받은 것이든지 간에 하나님의 예배에 무엇인가를 추가하고 제하여 그 예배를 오염시키는 모든 미신적 고안들,

> <u>사람의 명령과 가르침을 따르느냐</u> 이런 것들은 자의적 숭배와 겸손과 몸을 괴롭게 하는 데는 지혜 있는 모양이나 오직 육체 따르는 것을 금하는 데는 조금도 유익이 없느니라(골 2:22-23)

성경적인 근거 없이 하나님의 예배에서 무언가를 더하거나 빼는 것은 제2계명을 어기는 일입니다. 로마 교회의 칠성례가 대표적입니다. 성례란, 그리스도께서 그분의 교회에 제정하신 거룩한 규례로서, 세례와 성찬 단 두 가지 밖에 없습니다. 하지만 로마 교회는 거기에 다섯 가지를 더하여서 일곱 가지의 성례를 시행하고 있습니다. 이는 "사람의 명령과 가르침을" 따르는 것으로서, 참된 경건에 조금도 유익이 없습니다(골 2:22-23).

'미신적 고안'이란, 주문이나 부적 그리고 행운(幸運)을 상징하는 물건을 말합니다.[16] 예를 들어, 십자가 형상 자체에 신비한 힘이 있다고 생각하고 십자가 장신구를

---

16 J. G. 보스, G. I. 윌리암슨, 「웨스트민스터 대요리문답 강해」, 류근상 옮김 (서울: 크리스챤출판사, 2007),

달고 다니는 것은 제2계명을 어기는 일입니다.

아무리 오래된 제도나 풍습이라 할지라도, 심지어 그것이 좋은 의도로 고안된 것이라 할지라도, 하나님의 말씀에서 정당성을 찾을 수 없다면, 교회는 그러한 것들을 예배에 도입해서는 안 됩니다.

9. 성직 매매,

> 시몬이 사도들의 안수로 성령 받는 것을 보고 돈을 드려 이르되 이 권능을 내게도 주어 누구든지 내가 안수하는 사람은 성령을 받게 하여 주소서 하니(행 8:18-19)

성직 매매란 돈으로 교회의 직분을 사고파는 것을 말합니다. 성직 매매를 영어로는 '시모니'라고 하는데, 이는 마술사 시몬이 바울에게 돈을 주고 그의 능력을 사고자 했던 데서 왔습니다(행 8:18-19). 성직 매매가 제2계명 위반인 이유는 이것이 하나님의 교회와 예배를 타락시키는 일이기 때문입니다.

10. 신성 모독,

> 사람이 어찌 하나님의 것을 도둑질하겠느냐 그러나 너희는 나의 것을 도둑질하고도 말하기를 우리가 어떻게 주의 것을 도둑질하였나이까 하는도다 이는 곧 십일조와 봉헌물이라 (말 3:8)
> 간음하지 말라 말하는 네가 간음하느냐 우상을 가증히 여기는 네가 신전 물건을 도둑질하느냐(롬 2:22)

신성 모독은 하나님을 욕되게 하는 행동을 뜻합니다. 하나님께 드려야 할 헌금을 사사로이 사용하는 것이 대표적입니다(말 3:8; 롬 2:22). 헌금은 공적인 예배의 한 부분이므로 헌금을 정직하게 하지 않는 것은 제2계명을 어기는 일입니다.

399.

11. 그리고 하나님께서 정하신 예배와 규례들에 대한 모든 태만, 경멸, 방해, 반대 등입니다.

태만 (게으름)	모세가 길을 가다가 숙소에 있을 때에 여호와께서 그를 만나사 <u>그를 죽이려 하신지라</u>(출 4:24)
경멸	너희가 더러운 떡을 나의 제단에 드리고도 말하기를 우리가 어떻게 주를 더럽게 하였나이까 하는도다 이는 너희가 <u>여호와의 식탁은 경멸히 여길 것이라</u> 말하기 때문이라(말 1:7)
방해	화 있을진저 외식하는 서기관들과 바리새인들이여 너희는 천국 문을 사람들 앞에서 닫고 너희도 들어가지 않고 들어가려 하는 <u>자도 들어가지 못하게 하는도다</u>(마 23:13)
반대	그 다음 안식일에는 온 시민이 거의 다 하나님의 말씀을 듣고자 하여 모이니 유대인들이 그 무리를 보고 시기가 가득하여 <u>바울이 말한 것을 반박하고 비방하거늘</u>(행 13:44-45)

모세는 할례의 법을 태만히 행해서 죽을 뻔했습니다(출 4:24). 이처럼 예배에 게으른 것은 하나님의 진노를 촉발하는 일입니다. 이 외에도 참된 예배를 경멸하고, 방해하고, 반대하는 것은 모두 제2계명을 어기는 일입니다. 사회주의 국가에서 기독교 집회를 금지하는 것이 대표적인 사례입니다.

제2계명을 더 잘 지키게 하려고 그 것에 더해진 내용은 무엇입니까?

답: 제2계명을 더 잘 지키게 하려고 더해진 내용은, "나 네 하나님 여호와는 질투하는 하나님인즉 나를 미워하는 자의 죄를 갚되 아버지로부터 아들에게로 삼사 대까지 이르게 하거니와 나를 사랑하고 내 계명을 지키는 자에게는 천대까지 은혜를 베푸느니라."입니다. 이 말씀은 우리에 대한 하나님의 주권, 그 주권에 대한 우리의 합당한 태도, 하나님께 드려지는 예배에 대한 하나님의 뜨거운 열심, 그리고 영적 간음인 모든 거짓된 예배에 대한 하나님의 복수하시는 분노를 보여 줍니다. 즉 하나님은 이 계명을 범한 자들을 자신을 미워하는 자들로 간주하셔서 여러 대에 이르기까지 그들을 벌하실 것이라고 위협하시면서도, 그것을 준수하는 자들은 자신을 사랑하고 자신의 계명들을 지키는 자들로 여기셔서 많은 세대에 걸쳐 그들에게 자비를 베푸실 것이라고 약속하십니다.

1. 제2계명을 더 잘 지키게 하려고 더해진 내용은, "나 네 하나님 여호와는 질투하는 하나님인즉 나를 미워하는 자의 죄를 갚되 아버지로부터 아들에게로 삼사 대까지 이르게 하거니와 나를 사랑하고 내 계명을 지키는 자에게는 천대까지 은혜를 베푸느니라."입니다.

그것들에게 절하지 말며 그것들을 섬기지 말라 나 네 하나님 여호와는 질투하는 하나님인즉 나를 미워하는 자의 죄를 갚되 아버지로부터 아들에게로 삼사 대까지 이르게 하거니와 나를 사랑하고 내 계명을 지키는 자에게는 천 대까지 은혜를 베푸느니라(출 20:5-6)

하나님의 질투는 사람의 질투와 다릅니다. 사람의 질투는 다른 사람이 잘되는 것을 미워하고 깎아내리는 질투이지만, 하나님의 질투는 하나님을 잘못 섬기는 것에 대한 질투입니다. 그러므로 하나님의 질투는 사랑의 또 다른 모습입니다. 제2계명에 첨가

된 내용을 통해 바른 예배를 향한 하나님의 열심을 알 수 있습니다. 하나님은 바른 예배를 원하시기 때문에 거짓 예배를 참지 못하십니다(출 20:5-6). 그러므로 하나님을 예배하는 일은 매우 신중하게 행해져야 합니다.

2. 이 말씀은 우리에 대한 하나님의 주권, 그 주권에 대한 우리의 합당한 태도,

> 그리하면 왕이 네 아름다움을 사모하실지라 <u>그는 네 주인이시니 너는 그를 경배할지어다</u>
> (시 45:11)

하나님을 예배할 때는 우리의 위치를 진지하게 생각해야 합니다. 하나님은 아무렇게나 대할 수 있는 하찮은 존재가 아닙니다. 하나님은 우리의 주인이며(시 45:11), 우리는 그분의 소유입니다. 우리는 반드시 하나님께서 원하시는 대로, 하나님께서 정하신 대로만 예배해야 합니다.

3. 하나님께 드려지는 예배에 대한 하나님의 뜨거운 열심,

> 너희는 도리어 그들의 제단들을 헐고 그들의 주상을 깨뜨리고 그들의 아세라 상을 찍을지어다 너는 다른 신에게 절하지 말라 여호와는 질투라 이름하는 <u>질투의 하나님임이니라</u>
> (출 34:13-14)

하나님은 자신을 질투의 하나님이라고 말씀하십니다(출 34:14). "질투의 하나님"이라는 말 속에는 하나님께서 참되고 바른 예배를 원하신다는 의미가 내포되어 있습니다. 예배에 있어서 정성이 중요할 뿐, 내용과 형식은 중요하지 않다고 주장하는 사람들은 바로 이 사실을 모르는 자들입니다. 하나님은 질투하는 하나님으로서, 예배의 내용과 형식에 무관심한 분이 절대로 아닙니다.

4. 그리고 영적 간음인 모든 거짓된 예배에 대한 하나님의 복수하시는 분노를 보여 줍니다.

> 자식들은 나무를 줍고 아버지들은 불을 피우며 부녀들은 가루를 반죽하여 하늘의 여왕을 위하여 과자를 만들며 그들이 또 다른 신들에게 전제를 부음으로 나의 노를 일으키느니라(렘 7:18)
> 그들이 다른 신으로 그의 질투를 일으키며 가증한 것으로 그의 진노를 격발하였도다(신 32:16)

하나님은 거짓 예배에 진노하시며(렘 7:18), 특별히 우상 숭배를 크게 미워하십니다(신 32:16). 하나님은 자기 백성이 영적으로 간음하는 것을 그냥 지켜보지 않으시고 보복하십니다. "짐승과 그의 우상에게 경배하고 그의 이름 표를 받는 자는 누구든지 밤낮 쉼을 얻지 못하리라"(계 14:11)

5. 즉 하나님은 이 계명을 범한 자들을 자신을 미워하는 자들로 간주하셔서 여러 대에 이르기까지 그들을 벌하실 것이라고 위협하시면서도,

> 그것들에게 절하지 말며 그것들을 섬기지 말라 나 네 하나님 여호와는 질투하는 하나님인즉 나를 미워하는 자의 죄를 갚되 아버지로부터 아들에게로 삼사 대까지 이르게 하거니와 나를 사랑하고 내 계명을 지키는 자에게는 천 대까지 은혜를 베푸느니라(출 20:5-6)

하나님은 제2계명을 범한 자들의 죄가 후손에게도 영향을 미칠 것이라고 하십니다(출 20:5-6). 조상의 죄로 인해 후손들이 심판을 받는 것은 하나님의 공의에 어긋나는 일입니다. 그러므로 이것은 자녀들이 부모의 죄를 답습하는 경우에 한정될 것입니다.[17]

---

17 크로스웨이 ESV 스터디 바이블 편찬팀, 『ESV 스터디 바이블』, 신지철 외 옮김 (서울: 부흥과 개혁사, 2014), 212.

6. 그것을 준수하는 자들은 자신을 사랑하고 자신의 계명들을 지키는 자들로 여기셔서 많은 세대에 걸쳐 그들에게 자비를 베푸실 것이라고 약속하십니다.

> 그것들에게 절하지 말며 그것들을 섬기지 말라 나 네 하나님 여호와는 질투하는 하나님 인즉 나를 미워하는 자의 죄를 갚되 아버지로부터 아들에게로 삼사 대까지 이르게 하거니와 나를 사랑하고 내 계명을 지키는 자에게는 천 대까지 은혜를 베푸느니라(출 20:5-6)

불순종의 대가는 삼사 대에 미치지만, 순종의 대가는 천 대까지 미칩니다. 여기서 '천 대'는 문자적인 '1,000대'가 아니라 수많은 세대를 의미합니다. 따라서 우리를 향한 하나님의 뜻은 저주가 아니라 은혜입니다. 순종하는 자에게 천 대까지 복을 주시겠다고 하시는 말씀을 통해, 하나님의 뜻대로 예배하는 자들을 하나님께서 얼마나 귀하게 여기시는지 알 수 있습니다.

제111문 제3계명은 무엇입니까?

답: 제3계명은 "너는 네 하나님 여호와의 이름을 망령되게 부르지 말라 여호와는 그의 이름을 망령되게 부르는 자를 죄 없다 하지 아니하리라."입니다.

1. 제3계명은 "너는 네 하나님 여호와의 이름을 망령되게 부르지 말라 여호와는 그의 이름을 망령되게 부르는 자를 죄 없다 하지 아니하리라." 입니다.

> 너는 네 하나님 여호와의 이름을 망령되게 부르지 말라 여호와는 그의 이름을 망령되게 부르는 자를 죄 없다 하지 아니하리라(출 20:7)

우리 말 성경에서 '망령되게'로 번역된 히브리어 '샤우'는 '비어 있는'을 뜻합니다. 즉, 제3계명은 하나님의 이름을 '경외심이 비어 있는 상태'로 부르는 것을 금하는 것입니다. 이것은 하나님의 이름을 대하는 태도가 어떠해야 하는지, 하나님을 어떤 태도로 예배해야 하는지를 보여 줍니다.

제3계명에서 요구하시는 의무는 무엇입니까?

답: 제3계명에서 요구하시는 것은 하나님의 이름, 칭호, 속성, 규례, 말씀, 성례, 기도, 맹세, 서약, 제비뽑기, 그분의 사역, 그리고 그 외에 하나님께서 자신을 알리시고자 하는 것은 무엇이든지, 생각과 묵상과 말과 글에서 거룩한 고백과 책임 있는 대화로, 하나님의 영광과 우리 자신과 다른 사람들의 유익을 위하여 거룩하고 경건하게 사용하는 것입니다.

1. 제3계명에서 요구하시는 것은 하나님의 이름, 칭호, 속성,

> 그러므로 너희는 이렇게 기도하라 하늘에 계신 우리 아버지여 <u>이름이 거룩히 여김을 받으시오며</u>(마 6:9)
> 여호와께 <u>그의 이름에 합당한 영광을 돌리며</u> 거룩한 옷을 입고 여호와께 예배할지어다 (시 29:2)

하나님의 이름은 단순히 이름 그 자체만을 의미하지 않습니다. 하나님의 이름은 하나님께서 자신을 계시하시는 수단입니다. 예를 들어 모세가 이름을 물었을 때, 하나님은 "나는 스스로 있는 자이니라"고 대답하셨습니다(출 3:13-14). 이름을 통해 자신이 어떤 존재인지를 계시하셨습니다. 다른 이름들도 마찬가지입니다. '엘로힘'이라는 이름은 하나님의 위엄을, '엘 샤다이'라는 이름은 하나님의 전능하심을 계시합니다. 그러므로 제3계명의 '이름'에는 하나님께서 자신을 알리시는 모든 방편이 포함됩니다. 우리는 하나님께서 자신을 알리시는 수단이라면 어떤 것이든지, 매우 거룩하고 경건하게 사용해야 합니다(마 6:9; 시 29:2).

2. 규례, 말씀, 성례, 기도, 맹세, 서약, 제비뽑기, 그분의 사역, 그리고 그 외에 하나님께서 자신을 알리시고자 하는 것은 무엇이든지,

규례를 대하는 자세	너는 하나님의 집에 들어갈 때에 <u>네 발을 삼갈지어다</u> 가까이 하여 말씀을 듣는 것이 우매한 자들이 제물 드리는 것보다 나으니 그들은 악을 행하면서도 깨닫지 못함이니라(전 5:1)
말씀을 대하는 자세	내가 주의 성전을 향하여 예배하며 주의 인자하심과 성실하심으로 말미암아 주의 이름에 감사하오리니 이는 <u>주께서 주의 말씀을 주의 모든 이름보다 높게 하셨음이라</u>(시 138:2)
성례에 참여하는 자세	사람이 <u>자기를 살피고 그 후에야</u> 이 떡을 먹고 이 잔을 마실지니 주의 몸을 분별하지 못하고 먹고 마시는 자는 자기의 죄를 먹고 마시는 것이니라(고전 11:28-29)
기도하는 자세	그러므로 각처에서 남자들이 <u>분노와 다툼이 없이 거룩한 손을 들어</u> 기도하기를 원하노라(딤전 2:8)
맹세하는 자세	<u>진실과 정의와 공의로 여호와의 삶을 두고 맹세하면</u> 나라들이 나로 말미암아 스스로 복을 빌며 나로 말미암아 자랑하리라(렘 4:2)
서약하는 자세	너희는 여호와 너희 하나님께 <u>서원하고 갚으라</u> 사방에 있는 모든 사람도 마땅히 경외할 이에게 예물을 드릴지로다(시 76:11)
제비를 뽑을 때의 자세	그들이 <u>기도하여</u> 이르되 뭇 사람의 마음을 아시는 주여 이 두 사람 중에 누가 주님께 택하신 바 되어 봉사와 및 사도의 직무를 대신할 자인지를 보이시옵소서 유다는 이 직무를 버리고 제 곳으로 갔나이다 하고 <u>제비 뽑아</u> 맛디아를 얻으니 그가 열한 사도의 수에 들어가니라(행 1:24-26)
하나님의 일하심을 대하는 자세	그대는 하나님께서 하신 일을 기억하고 높이라 잊지 말지니라 인생이 그의 일을 찬송하였느니라(욥 36:24)

하나님께서 자신을 알리시는 수단에는 이름, 칭호, 속성 외에도, 규례, 말씀, 성례, 기도, 맹세, 서약, 제비, 하나님의 사역 등이 있습니다. 우리는 이 모든 것을 경외심을 가지고 사용해야 합니다.

3. 생각과 묵상과 말과 글에서

생각 속에서	너희는 여호와께서 너희를 위하여 행하신 그 큰 일을 생각하여 오직 그를 경외하며 너희의 마음을 다하여 진실히 섬기라(삼상 12:24)
묵상 속에서	주의 손가락으로 만드신 주의 하늘과 주께서 베풀어 두신 달과 별들을 내가 보오니 사람이 무엇이기에 주께서 그를 생각하시며 인자가 무엇이기에 주께서 그를 돌보시나이까... 여호와 우리 주여 주의 이름이 온 땅에 어찌 그리 아름다운지요(시 8:3-4, 9)
말 속에서	또 무엇을 하든지 말에나 일에나 다 주 예수의 이름으로 하고 그를 힘입어 하나님 아버지께 감사하라(골 3:17)
글 속에서	이 일이 장래 세대를 위하여 기록되리니 창조함을 받을 백성이 여호와를 찬양하리로다(시 102:18)

하나님의 이름과 하나님께서 자신을 알리시는 수단들은 우리의 생각과 묵상과 말과 글 속에서도 경외심을 가지고 사용되어야 합니다.

4. 거룩한 고백과

> 너희 마음에 그리스도를 주로 삼아 거룩하게 하고 너희 속에 있는 소망에 관한 이유를 묻는 자에게는 대답할 것을 항상 준비하되 온유와 두려움으로 하고(벧전 3:15)

제3계명에 온전히 순종하기 위해서는, 하나님의 이름과 하나님께서 자신을 알리시는 수단들을 경외심을 가지고 대할 뿐만 아니라, 우리의 일상생활 속에서 그것들을 적극적으로 고백하고 나타내야 합니다(벧전 3:15).

5. 책임 있는 대화로,

> 오직 너희는 <u>그리스도의 복음에 합당하게 생활하라</u> 이는 내가 너희에게 가 보나 떠나 있
> 으나 너희가 한마음으로 서서 한 뜻으로 복음의 신앙을 위하여 협력하는 것과(빌 1:27)

만약 우리의 삶이 불신자들과 다를 바가 없다면, 우리가 전하는 하나님의 이름은 오히려 경멸을 받을 것입니다. 하나님의 이름을 "책임 있는 대화로" 나타내라는 것은, 복음에 합당한 삶을 살면서 하나님의 이름을 나타내라는 것입니다.[18]

6. 하나님의 영광과 우리 자신과 다른 사람들의 유익을 위하여 거룩하고 경건하게 사용되어야 한다는 것입니다.

하나님의 영광을 위해	그런즉 너희가 먹든지 마시든지 무엇을 하든지 다 <u>하나님의 영광을 위하여 하라</u>(고전 10:31)
우리 자신을 위해	내가 그들에게 한 마음과 한 길을 주어 <u>자기들과 자기 후손의 복을 위하여</u> 항상 나를 경외하게 하고(렘 32:39)
다른 사람들의 유익을 위해	너희가 이방인 중에서 행실을 선하게 가져 너희를 악행한다고 비방하는 자들로 하여금 <u>너희 선한 일을 보고 오시는 날에 하나님께 영광을 돌리게 하려 함이라</u>(벧전 2:12)

무엇을 위해 하나님의 이름을 거룩하고 경건하게 사용해야 할까요? 가장 근본적인 목적은 하나님의 영광이고, 부수적인 목적은 우리 자신과 다른 사람들의 유익입니다. 우리가 생각과 말과 행동 속에서 하나님의 이름을 거룩하게 사용할 때, 하나님께서 영광을 받으실 것입니다. 그때 하나님께서 우리와 우리 후손에게 복을 주실 것이며, 그것을 보고 우리의 이웃들이 하나님께 영광을 돌리게 될 것입니다.

---

18 J. G. 보스, G. I. 윌리암슨, 『웨스트민스터 대요리문답 강해』, 류근상 옮김 (서울: 크리스챤출판사, 2007), 409.

제113문 **제3계명에서 금지하는 죄는 무엇입니까?**

답: 제3계명에서 금지하는 죄는 다음과 같습니다. 하나님의 이름을 명한 대로 사용하지 않는 것, 그 이름을 무지하게, 헛되이, 불경건하게, 속되게, 미신적으로, 혹은 악하게 언급함으로 하나님의 이름을 남용하는 것, 하나님의 칭호, 속성, 규례, 사역을 모독과 위증에 사용하는 것, 그리고 모든 죄악 된 저주, 맹세, 서원, 제비뽑기에 사용하는 것, 합법적인 맹세와 서원을 위반하고, 불법적인 맹세와 서원들을 지키는 것, 하나님의 작정과 섭리에 대해서 불평하고 항변하며, 이를 호기심으로 파고들거나 잘못 적용하는 것, 하나님의 말씀이나 그것의 어느 부분을 잘못 해석하고 잘못 적용하고, 혹은 어떤 방식으로 왜곡하여 모독적인 농담이나 별나고 무익한 질문들이나 헛된 말다툼이나 거짓 교리를 지지하는 일에 악용하는 것, 하나님의 이름을 피조물이나 하나님의 이름 아래 내포되어 있는 무엇에 마술, 혹은 죄악 된 정욕과 행동에 남용하는 것, 하나님의 진리와 은혜 및 방법들을 훼방하고 경멸하고 욕하거나 교활하게 반대하는 것, 외식과 악한 목적으로 믿음을 고백하는 것, 하나님의 이름을 부끄러워하거나, 적합하지 않고, 지혜롭지 못하고, 열매가 없고, 무례한 행동을 하여, 그 이름에 수치를 돌리거나 그 이름을 배반하는 것입니다.

1. 제3계명에서 금지하는 죄는 다음과 같습니다. 하나님의 이름을 명한 대로 사용하지 않는 것,

> 만군의 여호와가 이르노라 너희가 만일 듣지 아니하며 마음에 두지 아니하여 내 이름을 영화롭게 하지 아니하면 내가 너희에게 저주를 내려 너희의 복을 저주하리라 내가 이미 저주하였나니 이는 너희가 그것을 마음에 두지 아니하였음이라(말 2:2)

하나님의 이름을 올바르게 사용하지 않는 자들에게는 저주가 약속되어 있습니다(말

2:2). 하나님의 이름을 올바르게 사용하지 않는 것은 제3계명을 어기는 일이기 때문입니다.

2. 그 이름을 무지하게,

> 내가 두루 다니며 너희가 위하는 것들을 보다가 <u>알지 못하는 신에게</u>라고 새긴 단도 보았으니 그런즉 너희가 알지 못하고 위하는 그것을 내가 너희에게 알게 하리라(행 17:23)

아테네 사람들은 어떤 신도 경배의 대상에서 제외되지 않도록 하려고 '알지 못하는 신'을 위한 제단을 만들었습니다. 이 제단은 모든 신을 위한 것이므로 하나님도 포함되었을 것입니다. 하지만 '알지 못하는 신'이라는 식으로 무지하게 하나님의 이름을 사용하는 것은 제3계명을 어기는 일입니다.

3. 헛되이, 불경건하게, 속되게, 미신적으로, 혹은 악하게 언급함으로 하나님의 이름을 남용하는 것,

헛되게 사용하는 것	<u>혹 내가 배불러서 하나님을 모른다 여호와가 누구냐 할까 하오며</u> 혹 내가 가난하여 도둑질하고 내 하나님의 이름을 욕되게 할까 두려워함이니이다(잠 30:9)
불경건하고 속되게 사용하는 것	<u>이는 너희가 말하기를 하나님을 섬기는 것이 헛되니</u> 만군의 여호와 앞에서 그 명령을 지키며 슬프게 행하는 것이 무엇이 유익하리요(말 3:14)
미신적으로 사용하는 것	백성이 진영으로 돌아오매 이스라엘 장로들이 이르되 여호와께서 어찌하여 우리에게 오늘 블레셋 사람들 앞에 패하게 하셨는고 <u>여호와의 언약궤를 실로에서 우리에게로 가져다가 우리 중에 있게 하여 그것으로 우리를 우리 원수들의 손에서 구원하게 하자</u> 하니(삼상 4:3)
악하게 언급하는 것	그러나 너희는 말하기를 <u>여호와의 식탁은 더러워졌고 그 위에 있는 과일 곧 먹을 것은 경멸히 여길 것이라</u> 하여 내 이름을 더럽히는도다 (말 1:12)

제3계명은 하나님의 이름을 거룩하고 경건한 목적으로만 사용할 것을 요구합니다. 그런 점에서 하나님의 이름을 헛되게 사용하거나, 불경건하고 속되게 사용하거나, 미신적으로 사용하거나, 악하게 언급하는 것은 제3계명을 어기는 일입니다.

예를 들어, 불필요하게 자주 "주여" 또는 "하나님 아버지"를 반복해서 말하는 것은 하나님의 이름을 헛되게 사용하는 것입니다. 다른 사람을 속이기 위해 "하나님의 이름으로 맹세한다!"고 말하는 것은 하나님의 이름을 불경건하고 속되게 사용하는 것입니다. 하나님의 이름을 반복해서 외치면 마법 같은 효력이 있을 것처럼 생각하는 것은 하나님의 이름을 부적처럼 사용하는 것입니다. 재앙을 만났을 때 하나님을 저주하는 것은 하나님의 이름을 악하게 언급하는 것입니다.

4. 하나님의 칭호, 속성, 규례, 사역을 모독과 위증에 사용하는 것,

모독에 사용하는 것	바로가 이르되 여호와가 누구이기에 내가 그의 목소리를 듣고 이스라엘을 보내겠느냐 나는 여호와를 알지 못하니 이스라엘을 보내지 아니하리라(출 5:2)
위증에 사용하는 것	만군의 여호와께서 이르시되 내가 이것을 보냈나니 도둑의 집에도 들어가며 내 이름을 가리켜 망령되이 맹세하는 자의 집에도 들어가서 그의 집에 머무르며 그 집을 나무와 돌과 아울러 사르리라 하셨느니라 하니라 (슥 5:4)

모독이란 하나님께 직접 사악한 언어를 내뱉는 것이며, 위증이란 하나님의 이름으로 진실을 말하는 척하면서 실제로는 거짓을 말하는 것을 뜻합니다. 예를 들어, 하나님께서 살아계신다면 전쟁과 재난 같은 끔찍한 일이 일어나지 않았을 것이라고 주장하는 것은, 하나님의 선하심과 능력을 의심하는 말로서 모독에 해당합니다. 위증 역시 제3계명을 위반하는 일입니다. 위증은 하나님을 거짓의 도구로 삼는 것이므로 심각한 범죄입니다.

5. 그리고 모든 죄악 된 저주, 맹세, 서원, 제비뽑기에 사용하는 것

악한 저주	내가 미련한 자가 뿌리 내리는 것을 보고 <u>그의 집을 당장에 저주하였노라</u> (욥 5:3)
악한 맹세	날이 새매 유대인들이 당을 지어 맹세하되 <u>바울을 죽이기 전에는 먹지도 아니하고 마시지도 아니하겠다</u> 하고(행 23:12)
악한 서원	그가 여호와께 서원하여 이르되 주께서 과연 암몬 자손을 내 손에 넘겨 주시면 내가 암몬 자손에게서 평안히 돌아올 때에 누구든지 내 집 문에서 나와서 나를 영접하는 그는 여호와께 돌릴 것이니 <u>내가 그를 번제물로 드리겠나이다</u> 하니라(삿 11:30-31)
악한 제비	곧 아각 사람 함므다다의 아들 모든 유다인의 대적 하만이 유다인을 진멸하기를 꾀하고 <u>부르 곧 제비를 뽑아</u> 그들을 죽이고 멸하려 하였으나(에 9:24)

하나님의 이름으로 의로운 자를 저주하거나, 악한 맹세와 악한 서원을 하거나, 악한 목적으로 제비를 뽑는 것은 하나님의 이름을 부당하게 사용하는 것이므로 제3계명을 어기는 일입니다.

6. 합법적인 맹세와 서원을 위반하고,

그러므로 주 여호와의 말씀이니라 내가 나의 삶을 두고 맹세하노니 <u>그가 내 맹세를 업신여기고 내 언약을 배반하였은즉</u> 내가 그 죄를 그 머리에 돌리되(겔 17:19)

하나님의 이름으로 맹세하고 서원한 것은 어떤 손해가 있더라도 반드시 지켜야 합니다. 그렇게 하지 않는 것은 제3계명을 어기는 일입니다.

7. 불법적인 맹세와 서원들을 지키는 것,

> 왕이 심히 근심하나 자기가 맹세한 것과 그 앉은 자들로 인하여 그를 <u>거절할 수 없는지라</u>
> (막 6:26)

올바른 맹세와 서원은 반드시 지켜야 하지만, 불법적인 맹세와 서원은 오히려 지키는 것이 제3계명을 어기는 일입니다. 예를 들어, 헤롯이 요한을 죽인 것은 불법적인 서원을 지킨 것이므로 제3계명을 지킨 것이 아니라 어긴 것입니다.

8. 하나님의 작정과 섭리에 대해서 불평하고 항변하며,

불평	<u>나는 거의 넘어질 뻔하였고 나의 걸음이 미끄러질 뻔하였으니</u> 이는 내가 악인의 형통함을 보고 오만한 자를 질투하였음이로다(시 73:2-3)
항변	혹 네가 내게 말하기를 그러면 하나님이 어찌하여 허물하시느냐 누가 그 뜻을 대적하느냐 하리니 이 사람아 <u>네가 누구이기에 감히 하나님께 반문하느냐</u> 지음을 받은 물건이 지은 자에게 어찌 나를 이같이 만들었느냐 말하겠느냐(롬 9:19-20)

불평이란 어떤 일이 마음에 들지 않아 못마땅한 생각을 말하는 것이며, 항변이란 어떤 일이 부당하다고 여겨 따지거나 반대하는 것을 뜻합니다. 하나님 앞에서 이런 행동을 하는 것은 자신이 하나님보다 더 지혜롭다고 주장하는 것이나 마찬가지입니다. 따라서 "어떻게 하나님께서 저에게 이렇게 하실 수 있습니까!"라고 불평하거나, "하나님 이것은 절대로 일어나서는 안 되는 일입니다!"라고 항변하는 것은 제3계명을 어기는 일입니다.

9. 이를 호기심으로 파고들거나 잘못 적용하는 것,

호기심	헤롯이 예수를 보고 매우 기뻐하니 이는 그의 소문을 들었으므로 보고자 한 지 오래였고 또한 무엇이나 이적 행하심을 볼까 바랐던 연고러라(눅 23:8)
잘못 적용하는 것	그런즉 우리가 무슨 말을 하리요 은혜를 더하게 하려고 죄에 거하겠느냐 그럴 수 없느니라 죄에 대하여 죽은 우리가 어찌 그 가운데 더 살리요(롬 6:1-2)

제3계명은 하나님께서 자기를 알리시는 모든 방편들을 거룩하고 경건하게 사용할 것을 요구합니다. 그런 점에서 헤롯이 예수님을 호기심으로 만나고자 했던 것이나, "은혜를 더하게 하려고 죄에" 거할 수 있지 않느냐고 잘못 적용하는 것은 제3계명을 어기는 일입니다.

10. 하나님의 말씀이나 그것의 어느 부분을 잘못 해석하고 잘못 적용하고,

잘못된 해석	먼저 알 것은 성경의 모든 예언은 사사로이 풀 것이 아니니(벧후 1:20)
잘못된 적용	내가 슬프게 하지 아니한 의인의 마음을 너희가 거짓말로 근심하게 하며 너희가 또 악인의 손을 굳게 하여 그 악한 길에서 돌이켜 떠나 삶을 얻지 못하게 하였은(겔 13:22)

베드로는 하나님의 말씀을 사사로이 풀지 말라고 말합니다. '사사로이'로 번역된 헬라어 '이디오스'는 '자기 자신에 속한 것'을 의미합니다. 하나님의 말씀을 자기 마음대로 해석하지 말라는 뜻입니다. 이것은 하나님의 말씀을 거룩하고 경건하게 사용하는 것이 아니므로 제3계명을 어기는 일입니다.

하나님의 말씀을 잘못 적용하는 것도 마찬가지입니다. 하나님은 말씀을 잘못 적용하여 의인을 근심하게 하거나, 악인을 담대하게 하는 것을 금하셨습니다. 예를 들어, 성경을 문학적인 책으로 연구하거나 건강 지침서로 사용하는 것은 하나님의 말

쓸을 잘못 적용하는 것으로서, 제3계명을 어기는 일입니다.[19]

11. 혹은 어떤 방식으로 왜곡하여 모독적인 농담이나

> 그 날에 주 만군의 여호와께서 명령하사 통곡하며 애곡하며 머리 털을 뜯으며 굵은 베를 따라 하셨거늘 너희가 기뻐하며 즐거워하여 소를 죽이고 양을 잡아 고기를 먹고 포도주를 마시면서 내일 죽으리니 먹고 마시자 하는도다(사 22:12-13)

하나님께서 심판을 말씀하시자, 어떤 사람들은 "내일 죽으리니 먹고 마시자"라는 식으로 하나님의 말씀을 왜곡하며 농담의 도구로 삼았습니다. 이처럼 하나님께서 주신 말씀을 원래 의도와 어긋나게 사용하는 것, 특히 농담의 도구로 사용하는 것은 제3계명을 어기는 일입니다.

12. 별나고 무익한 질문들이나 헛된 말다툼이나 거짓 교리를 지지하는 일에 악용하는 것,

별나고 무익한 질문들	신화와 끝없는 족보에 몰두하지 말게 하려 함이라 이런 것은 믿음 안에 있는 하나님의 경륜을 이룸보다 도리어 변론을 내는 것이라(딤전 1:4)
헛된 말다툼	그는 교만하여 아무 것도 알지 못하고 변론과 언쟁을 좋아하는 자니 이로써 투기와 분쟁과 비방과 악한 생각이 나며(딤전 6:4)
거짓 교리를 지지하는 일	이단에 속한 사람을 한두 번 훈계한 후에 멀리하라(딛 3:10)

하나님에 대한 별나고 무익한 질문들, 진리에 대한 헛된 말다툼, 거짓 교리를 지지하는 일. 이것들은 모두 교회를 분열시키는 결과를 가져옵니다. 따라서 하나님의 말씀을 거룩하고 경건하게 사용하는 것이라 할 수 없습니다.

---

19 J. G. 보스, G. I. 윌리암슨, 『웨스트민스터 대요리문답 강해』, 류근상 옮김 (서울: 크리스챤출판사, 2007), 419.

13. 하나님의 이름을 피조물이나 하나님의 이름 아래 내포되어 있는 무엇에 마술,

> 이에 돌아다니며 <u>마술하는</u> 어떤 유대인들이 시험삼아 악귀 들린 자들에게 주 예수의 <u>이름을 불러 말하되 내가 바울이 전파하는 예수를 의지하여 너희에게 명하노라</u> 하더라 유대의 한 제사장 스게와의 일곱 아들도 이 일을 행하더니 악귀가 대답하여 이르되 내가 예수도 알고 바울도 알거니와 너희는 누구냐 하며 악귀 들린 사람이 그들에게 뛰어올라 눌러 이기니 그들이 상하여 벗은 몸으로 그 집에서 도망하는지라(행 19:13-16)

바울이 예수님의 이름으로 귀신을 쫓아내고 병을 고치자 몇몇 유대인들이 바울을 모방하기 시작했습니다. 대표적인 인물이 스게와의 일곱 아들입니다(행 19:13-16). 하지만 이들이 선포한 그리스도의 이름을 통해서는 어떤 일도 일어나지 않았습니다. 악귀가 떠나가기는커녕 반대로 악귀에 사로잡히는 일이 일어났습니다. 이는 그들이 하나님의 이름을 마술의 도구처럼 사용했기 때문입니다. 이것은 제3계명을 어기는 일입니다.

14. 혹은 죄악 된 정욕과 행동에 남용하는 것,

> 이는 가만히 들어온 사람 몇이 있음이라 그들은 옛적부터 이 판결을 받기로 미리 기록된 자니 경건하지 아니하여 우리 <u>하나님의 은혜를 도리어 방탕한 것으로</u> 바꾸고 홀로 하나이신 주재 곧 우리 주 예수 그리스도를 부인하는 자니라(유 1:4)

초대 교회를 어지럽힌 무리 중 하나는 '율법폐기론자'들입니다. 그들은 구원받은 사람은 십계명을 비롯한 도덕법에 얽매이지 않는다고 주장했습니다. 유다서 1장 4절에서 지적하는 "하나님의 은혜를 도리어 방탕한 것으로" 바꾼 자들이 바로 그들입니다. 이것은 하나님의 말씀을 죄를 짓는데 사용하는 것이므로 제3계명을 어기는 일입니다.

15. 하나님의 진리와 은혜 및 방법들을 훼방하고 경멸하고 욕하거나 교활하게 반대하는 것,

훼방하는 것	유대인들이 그 무리를 보고 시기가 가득하여 바울이 말한 것을 <u>반박하고 비방하거늘</u>(행 13:45)
경멸하는 것	먼저 이것을 알지니 말세에 조롱하는 자들이 와서 자기의 정욕을 따라 행하며 <u>조롱하여 이르되</u> 주께서 강림하신다는 약속이 어디 있느냐 조상들이 잔 후로부터 만물이 처음 창조될 때와 같이 그냥 있다 하니(벧후 3:3-4)
욕하는 것	이러므로 너희가 그들과 함께 그런 극한 방탕에 달음질하지 아니하는 것을 그들이 이상히 여겨 <u>비방하나</u>(벧전 4:4)
반대하는 것	<u>그들을 불러 경고하여 도무지 예수의 이름으로 말하지도 말고 가르치지도 말라 하니</u>(행 4:18)

"하나님의 진리와 은혜 및 방법들을 훼방하고 경멸하고 욕하거나 교활하게 반대하는 것"은 단순히 복음을 거절하는 차원을 넘어서서 적극적으로 반대하고 공격하는 것을 의미합니다. 과거에 유대인들이 기독교를 비방하고 핍박하였던 것이 대표적인 사례입니다. 오늘날에는 교회를 대상으로 한 악의적인 비방과 테러, 또는 창조론을 부정하는 이론을 만들어서 책이나 영상으로 홍보하는 것 등이 여기에 해당합니다.

16. 외식과 악한 목적으로 믿음을 고백하는 것,

> <u>사람에게 보이려고 그들 앞에서 너희 의를 행하지 않도록 주의하라</u> 그리하지 아니하면 하늘에 계신 너희 아버지께 상을 받지 못하느니라(마 6:1)

예수님은 위선적인 그리스도인은 결코 하나님께 상을 받을 수 없다고 말씀하셨습니다(마 6:1). "외식과 악한 목적으로 믿음을 고백하는 것"이 바로 여기에 해당합니다. 하나님의 영광이나 교회의 유익과는 상관없이 자신의 이익과 명성을 위해 위선적으로 거룩한 말과 행동을 하는 것은, 하나님의 말씀을 악용하는 것이므로 제3계명을 어기는 일입니다.

17. 하나님의 이름을 부끄러워하거나,

> 누구든지 이 음란하고 죄 많은 세대에서 <u>나와 내 말을 부끄러워하면</u> 인자도 아버지의 영광으로 거룩한 천사들과 함께 올 때에 그 사람을 부끄러워하리라(막 8:38)

불이익이 두려워서 자신의 신앙을 부인해서는 안 됩니다(막 8:38). 제3계명은 하나님의 이름에 합당하게 살 것을 요구하기에, 하나님의 이름을 부끄러워하는 것은 제3계명을 어기는 일입니다.

18. 적합하지 않고, 지혜롭지 못하고, 열매가 없고, 무례한 행동을 하여, 그 이름에 수치를 돌리거나 이름에 배반하는 것입니다.

그 이름에 수치를 돌리거나 그 이름을 배반하는 것	적합하지 않은 행동으로	타락한 자들은 다시 새롭게 하여 회개하게 할 수 없나니 이는 <u>그들이 하나님의 아들을 다시 십자가에 못 박아 드러내 놓고 욕되게 함이라</u>(히 6:6)
	지혜롭지 않은 행동으로	그런즉 너희가 어떻게 행할지를 자세히 주의하여 <u>지혜 없는 자 같이 하지 말고 오직 지혜 있는 자 같이 하여</u>(엡 5:15)
	열매가 없는 행동으로	그러므로 너희가 더욱 힘써 너희 믿음에 덕을, 덕에 지식을, 지식에 절제를, 절제에 인내를, 인내에 경건을, 경건에 형제 우애를, 형제 우애에 사랑을 더하라 이런 것이 너희에게 있어 흡족한즉 너희로 우리 주 예수 그리스도를 알기에 게으르지 않고 <u>열매 없는 자가 되지 않게 하려니와</u>(벧후 1:5-8)
	무례한 행동으로	율법을 자랑하는 <u>네가 율법을 범함으로 하나님을 욕되게 하느냐</u> 기록된 바와 같이 하나님의 이름이 너희 때문에 이방인 중에서 모독을 받는도다(롬 2:23-24)

제3계명은 하나님의 이름에 합당한 삶을 살 것을 요구합니다. 그런 점에서 그리스도인으로서 적합하지 않고, 지혜롭지 않고, 열매가 없고, 무례한 행동을 하는 것은 제3계명을 어기는 일입니다.

제114문 제3계명에 더해진 내용은 무엇입니까?

답: 제3계명에 더해진 내용은 "네 하나님 여호와"와 "여호와는 그의 이름을 망령되게 부르는 자를 죄 없다 하지 아니하리라"는 말씀입니다. 이 내용이 더해진 이유는, 그분이 우리의 주님이시요 우리의 하나님이시므로, 우리가 그분의 이름을 모독하거나 어떤 방식으로든지 남용해서는 안 되기 때문입니다. 특히나 이 계명을 범한 자들이 사람들의 권징과 벌은 피할 수 있을지라도, 하나님은 그들을 사면하거나 용서하지 않으실 것이고, 그들이 자기의 의로운 심판을 결단코 피하지 못하게 하실 것이기 때문입니다.

1. 제3계명에 더해진 내용은 "네 하나님 여호와"와 "여호와는 그의 이름을 망령되게 부르는 자를 죄 없다 하지 아니하리라"는 말씀입니다.

> 너는 네 하나님 여호와의 이름을 망령되게 부르지 말라 여호와는 그의 이름을 망령되게 부르는 자를 죄 없다 하지 아니하리라(출 20:7)

제3계명에는 "네 하나님 여호와"와 "여호와는 그의 이름을 망령되게 부르는 자를 죄 없다 하지 아니하리라"는 말씀이 첨가되어 있습니다(출 20:7). 특별히 "네 하나님 여호와"라는 표현에는 하나님과 그분의 백성 사이의 언약 관계가 암시되어 있습니다.[20] 이것은 하나님께 은혜를 입은 자들이, 하나님의 이름을 망령되게 사용하는 것은 더 큰 죄가 된다는 것을 나타냅니다.

---

20 J. G. 보스, G. I. 윌리암슨, 『웨스트민스터 대요리문답 강해』, 류근상 옮김 (서울: 크리스챤출판사, 2007), 427.

---

394 | 웨스트민스터 대요리문답 해설(개정판)

2. 이 내용이 더해진 이유는, 그분이 우리의 주님이시요 우리의 하나님이시므로, 우리가 그분의 이름을 모독하거나 어떤 방식으로든지 남용해서는 안 되기 때문입니다.

> 너희는 내 이름으로 거짓 맹세함으로 네 하나님의 이름을 욕되게 하지 말라 나는 여호와이니라(레 19:12)

하나님은 자신의 이름이 "여호와"이기 때문에, 자신의 이름을 욕되게 해서는 안 된다고 말씀하십니다. 여호와는 "스스로 있는 자"라는 의미입니다. 따라서 이 이름은 하나님의 위엄과 권위를 나타냅니다. 그러므로 하나님의 이름은 반드시 경외심을 가지고 사용해야 합니다.

3. 특히나 이 계명을 범한 자들이 사람들의 권징과 벌은 피할 수 있을지라도,

> 엘리의 아들들은 행실이 나빠 여호와를 알지 못하더라...이 소년들의 죄가 여호와 앞에 심히 큼은 그들이 여호와의 제사를 멸시함이었더라(삼상 2:12, 17)

엘리의 두 아들 홉니와 비느하스는 제사장이면서도, 여호와를 경외하지 않았습니다. 하지만 그들의 정체가 잘 드러나지 않았으므로, 그들은 여전히 제사장의 직무를 수행할 수 있었습니다. 제3계명을 범하면서도 사람들의 권징과 벌은 피할 수 있었습니다. 이처럼 제3계명을 어기는 것은 주로 마음속에서 행해지는 일이기 때문에 겉으로 잘 드러나지 않을 때가 많고, 반복적으로 행하면서도 그 심각성을 깨닫지 못하는 경우가 많습니다.

4. 하나님은 그들을 사면하거나 용서하지 않으실 것이고, 그들이 자기의 의로운 심판을 결단코 피하지 못하게 하실 것이기 때문입니다.

> 네가 만일 이 책에 기록한 이 율법의 모든 말씀을 지켜 행하지 아니하고 네 하나님 여호와라 하는 영화롭고 두려운 이름을 경외하지 아니하면 여호와께서 네 재앙과 네 자손의 재앙을 극렬하게 하시리니 그 재앙이 크고 오래고 그 질병이 중하고 오랠 것이라(신 28:58-59)
> 내가 그의 집을 영원토록 심판하겠다고 그에게 말한 것은 그가 아는 죄악 때문이니 이는 그가 자기의 아들들이 저주를 자청하되 금하지 아니하였음이니라(삼상 3:13)

하나님은 여호와의 이름을 경외하지 않는 자들을 벌하겠다고 말씀하셨습니다(신 28:58-59). 그 말씀대로 여호와의 이름을 경외하지 않은 엘리의 두 아들은 결국 하나님의 저주를 받아 전장에서 죽게 됩니다(삼상 3:13). 이처럼 제3계명을 범하는 것은 심각한 범죄입니다. 혹시 하나님의 이름을 무의식적으로 사용하는 경우는 없는지, 하나님께 드리는 예배에 습관적으로 참여하고 있지는 않은지를 스스로 돌아보아야 합니다.

답: 제4계명은 "안식일을 기억하여 거룩하게 지키라 엿새 동안은 힘써 네 모든 일을 행할 것이나 일곱째 날은 네 하나님 여호와의 안식일인즉 너나 네 아들이나 네 딸이나 네 남종이나 네 여종이나 네 가축이나 네 문안에 머무는 객이라도 아무 일도 하지 말라 이는 엿새 동안에 나 여호와가 하늘과 땅과 바다와 그 가운데 모든 것을 만들고 일곱째 날에 쉬었음이라 그러므로 나 여호와가 안식일을 복되게 하여 그 날을 거룩하게 하였느니라."입니다.

1. 제4계명은 "안식일을 기억하여 거룩하게 지키라 엿새 동안은 힘써 네 모든 일을 행할 것이나 일곱째 날은 네 하나님 여호와의 안식일인즉 너나 네 아들이나 네 딸이나 네 남종이나 네 여종이나 네 가축이나 네 문안에 머무는 객이라도 아무 일도 하지 말라 이는 엿새 동안에 나 여호와가 하늘과 땅과 바다와 그 가운데 모든 것을 만들고 일곱째 날에 쉬었음이라 그러므로 나 여호와가 안식일을 복되게 하여 그 날을 거룩하게 하였느니라."입니다.

> 안식일을 기억하여 거룩하게 지키라 엿새 동안은 힘써 네 모든 일을 행할 것이나 일곱째 날은 네 하나님 여호와의 안식일인즉 너나 네 아들이나 네 딸이나 네 남종이나 네 여종이나 네 가축이나 네 문안에 머무는 객이라도 아무 일도 하지 말라 이는 엿새 동안에 나 여호와가 하늘과 땅과 바다와 그 가운데 모든 것을 만들고 일곱째 날에 쉬었음이라 그러므로 나 여호와가 안식일을 복되게 하여 그 날을 거룩하게 하였느니라(출 20:8-11)

제4계명은 안식일을 기억하여 거룩하게 지키라는 것입니다. 안식일은 하나님께서 창조 사역을 마무리하신 날입니다. 하나님은 6일 동안 세상을 창조하셨고, 7일째 되는 날에 안식하셨습니다. 그러므로 안식일은 하나님의 창조를 기념하는 날입니다. 하나님께서 우리의 창조주이심과, 우리는 그분의 피조물임을 기억하고 되새기는 날입니다.

제116문 제4계명에서 요구하시는 의무는 무엇입니까?

답: 제4계명은 하나님께서 그의 말씀으로 명하신 특정한 시간, 즉 7일 중에 온전한 하루를 하나님께 거룩하게 하거나 거룩하게 지킬 것을 모든 사람에게 요구합니다. 이 날은 창세로부터 그리스도의 부활까지는 일곱째 날이었으나, 그 후부터는 매주 첫날이 되어 세상 끝 날까지 지속됩니다. 이것이 기독교의 안식일이고, 신약에서는 주일이라고 합니다.

1. 제4계명은 하나님께서 그의 말씀으로 명하신 특정한 시간, 즉 7일 중에 온전한 하루를 하나님께 거룩하게 하거나 거룩하게 지킬 것을 모든 사람에게 요구합니다.

> 하나님이 그가 하시던 일을 일곱째 날에 마치시니 그가 하시던 모든 일을 그치고 일곱째 날에 안식하시니라 하나님이 그 일곱째 날을 복되게 하사 거룩하게 하셨으니 이는 하나님이 그 창조하시며 만드시던 모든 일을 마치시고 그 날에 안식하셨음이니라(창 2:2-3) 네 하나님 여호와가 네게 명령한 대로 안식일을 지켜 거룩하게 하라 엿새 동안은 힘써 네모든 일을 행할 것이나 일곱째 날은 네 하나님 여호와의 안식일인즉 너나 네 아들이나 네딸이나 네 남종이나 네 여종이나 네 소나 네 나귀나 네 모든 가축이나 네 문 안에 유하는 객이라도 아무 일도 하지 못하게 하고 네 남종이나 네 여종에게 너 같이 안식하게 할지니라(신 5:12-14)

하나님은 안식일을 지키라고 명령하셨습니다. 하루 중 일부가 아니라, 하루 전체를 거룩하게 지키라고 하셨습니다(창 2:2-3; 신 5:12-14). 그러므로 주일 하루는 온전히 하나님께 드려야 합니다. 이것은 전혀 부당한 요구가 아닙니다. 하나님께서 우리를 창조하셨으므로, 사실은 일주일 중 하루가 아니라 칠 일 모두를 하나님께 드려야 마땅합니다.

2. 이 날은 창세로부터 그리스도의 부활까지는 일곱째 날이었으나, 그 후부터는 매주 첫 날이 되어 세상 끝날 까지 지속됩니다. 이것이 기독교의 안식일이고, 신약에서는 주일이라고 합니다.

> 성도를 위하는 연보에 관하여는 내가 갈라디아 교회들에게 명한 것 같이 너희도 그렇게 하라 매주 첫날에 너희 각 사람이 수입에 따라 모아 두어서 내가 갈 때에 연보를 하지 않게 하라(고전 16:1-2)
> 그 주간의 첫날에 우리가 떡을 떼려 하여 모였더니 바울이 이튿날 떠나고자 하여 그들에게 강론할새 말을 밤중까지 계속하매(행 20:7)
> 주의 날에 내가 성령에 감동되어 내 뒤에서 나는 나팔 소리 같은 큰 음성을 들으니(계 1:10)
> 그런즉 누구든지 그리스도 안에 있으면 새로운 피조물이라 이전 것은 지나갔으니 보라 새 것이 되었도다(고후 5:17)

초대 교회 성도들은 예수님의 부활을 기점으로 토요일이 아니라, 일요일(매주 첫날)을 새로운 안식일로 기념하여 지켰습니다(고전 16:1-2; 행 20:7). 그날을 '예수님의 날'이라는 뜻으로 '주일'(주의 날)이라고 불렀습니다(계 1:10). 이것은 전혀 이상한 일이 아닙니다. 예수님의 부활을 통해 우리가 새로운 피조물이 되었다는 점에서(고후 5:17), 주일은 원래 안식일의 정신을 그대로 계승하고 있습니다. 구약의 안식일이 첫 창조를 기념하는 날이라면, 신약의 안식일은 새 창조를 기념하는 날입니다.

안식일 혹은 주일이 거룩하게 되기 위해서는 어떻게 해야 합니까?

답: 안식일 혹은 주일이 거룩하게 되기 위해서는 언제나 죄악된 일들뿐 아니라 다른 날에 합당한 세상일들과 오락을 그만두고 온종일 거룩하게 휴식을 취하되, 부득이한 일과 자비를 베푸는 일에 시간 보내는 것을 제외하고는, 공적으로 또 개인적으로 하나님을 예배하는 일에 시간 보내는 것을 기쁨으로 삼아야 합니다. 이 목적을 위하여 우리는 마음을 준비해야 하고, 세상일을 미리 부지런하고 절제 있게 정리하고 또한 적절히 처리하여, 주일의 의무들을 더 자유롭고 적절하게 이행할 수 있어야 합니다.

1. 안식일 혹은 주일이 거룩하게 되기 위해서는 언제나 죄악된 일들뿐 아니라 다른 날에 합당한 세상일들과 오락을 그만두고 온종일 거룩하게 휴식을 취하되,

> 만일 안식일에 네 발을 금하여 내 성일에 오락을 행하지 아니하고 안식일을 일컬어 즐거운 날이라, 여호와의 성일을 존귀한 날이라 하여 이를 존귀하게 여기고 네 길로 행하지 아니하며 네 오락을 구하지 아니하며 사사로운 말을 하지 아니하면(사 58:13)
> 모세가 이르되 오늘은 그것을 먹으라 오늘은 여호와의 안식일인즉 오늘은 너희가 들에서 그것을 얻지 못하리라 엿새 동안은 너희가 그것을 거두되 일곱째 날은 안식일인즉 그 날에는 없으리라 하였으나 일곱째 날에 백성 중 어떤 사람들이 거두러 나갔다가 얻지 못하니라 여호와께서 모세에게 이르시되 어느 때까지 너희가 내 계명과 내 율법을 지키지 아니하려느냐(출 16:25-28)

'안식'이라고 번역된 히브리어 '샤바트'는 '그치다' 또는 '중단하다'를 의미합니다. 안식일을 거룩하게 지키기 위해서는 죄악된 일들과 오락을 중단해야 합니다(사 58:13). 더불어 다른 날에는 합당한 일도 중단해야 합니다. 이 사실을 잘 보여 주는 사건이 출

애굽기 16장에 기록되어 있습니다. 하나님은 하늘의 만나로 이스라엘 민족을 먹이셨습니다. 이스라엘 민족은 매일 들로 나가 만나를 거두었습니다. 하지만 안식일에는 만나를 주시지 않았습니다(출 16:25). 그날만큼은 자신의 백성들이 거룩하게 쉬기를 원하셨기 때문입니다.

2. 부득이한 일과

> 그 때에 예수께서 안식일에 밀밭 사이로 가실새 제자들이 시장하여 이삭을 잘라 먹으니 (마 12:1)

마태복음 12장에는 바리새인들이 예수님을 비난하는 장면이 등장합니다. 제자들이 안식일에 이삭을 잘라 먹었는데도 예수님이 제지하지 않았기 때문입니다. 바리새인들의 눈에는 이삭을 잘라 먹는 행동이 곡식을 추수하는 노동으로 보였습니다. 하지만 예수님께서 제자들의 행동을 제지하지 않은 데서 알 수 있듯이, 배가 고파서 이삭을 잘라 먹은 것은 안식일을 범한 것이 아닙니다. 이것은 부득이한 일이기 때문입니다.

예를 들어, 자동차 정비를 업으로 하는 형제가 있다고 가정해 봅시다. 이 형제가 주일 예배를 드리기 위해 교회로 향하고 있었는데, 갑자기 차에 문제가 생겼습니다. 그렇다면 이 형제는 차를 고쳐야 할까요, 고치지 말아야 할까요? 이런 상황에서 차를 고치는 것은 부득이한 일입니다. 이처럼 부득이한 일을 하는 것은 제4계명을 어기는 것이 아닙니다.

3. 자비를 베푸는 일에 시간 보내는 것을 제외하고는,

> 나는 자비를 원하고 제사를 원하지 아니하노라 하신 뜻을 너희가 알았더라면 무죄한 자를 정죄하지 아니하였으리라...한쪽 손 마른 사람이 있는지라 사람들이 예수를 고발하려 하여 물어 이르되 안식일에 병 고치는 것이 옳으니이까(마 12:7-10)

바리새인들은 예수님을 곤경에 빠트리기 위해 안식일에 병자를 고치는 것이 옳으냐고 물었습니다. 이에 예수님은 하나님께서 원하시는 것은 제사가 아니라 자비라고 하시면서 병자를 고쳐 주셨습니다(마 12:7-10). 이처럼 자비를 베푸는 일은 안식일에도 할 수 있고, 또 마땅히 해야 합니다.

4. 공적으로 또 개인적으로 하나님을 예배하는 일에 시간 보내는 것을 기쁨으로 삼아야 합니다.

> 여호와가 말하노라 매월 초하루와 매 안식일에 모든 혈육이 내 앞에 나아와 예배하리라
> (사 66:23)

오락과 노동을 그치는 것만으로 안식일을 제대로 보냈다고 할 수 없습니다. 평소에 하던 일을 그치고 중단한 이후에는 하나님을 섬기는 일에 집중해야 합니다(사 66:23). 공적으로는 교회의 모임과 예배에 참여해야 하고, 사적으로는 평소에 소홀히 했던 기도와 성경 읽기에 힘써야 합니다.

5. 이 목적을 위하여 우리는 마음을 준비해야 하고, 세상일을 미리 부지런하고 절제 있게 정리하고 또한 적절히 처리하여 주일의 의무들을 더 자유롭고 적절하게 이행할 수 있어야 합니다.

> 안식일을 기억하여 거룩하게 지키라 엿새 동안은 힘써 네 모든 일을 행할 것이나(출 20:8-9)

제4계명은 안식일 하루에만 관계된 계명이 아닙니다. 하나님은 제4계명을 말씀하시면서 6일 동안 힘써 일하는 것도 함께 명하셨습니다. 6일 동안 성실하게 일하지 않으면, 안식일에 하나님을 섬기는데 집중할 수 없기 때문입니다. 예를 들어 학생이 6일 동안 공부를 열심히 하지 않으면, 주일에 밀린 과제를 하게 됩니다. 직장인이 6일 동안 일을 열심히 하지 않으면, 주일에 밀린 업무를 하게 됩니다. 이처럼 제4계명을 온전히 지키기 위해서는 6일 동안 성실하게 살아야 합니다.

또한 주일 예배를 잘 드리기 위해서는 미리 몸과 마음을 준비해야 합니다. 기도로 우리의 마음을 준비해야 하고, 일찍 잠자리에 드는 것으로 몸을 준비해야 합니다. 그리고 부득이한 일이 생기지 않도록 필요한 것들을 미리 준비해 두어야 합니다. 예를 들어, 미리 주일 식사를 준비해 두지 않는다면 우리는 주일 아침에 부랴부랴 장을 보게 될 것이고, 그러면 예배에 온전히 집중할 수 없을 것입니다.

제118문 왜 안식일을 지켜야 하는 책임이 특별히 가정의 가장들을 비롯한 윗사람들에게 주어집니까?

답: 안식일을 지켜야 하는 책임이 특별히 가정의 가장들을 비롯한 윗사람들에게 주어진 것은 그들 자신이 안식일을 지켜야 할 뿐 아니라, 그들의 통솔 아래 있는 모든 사람들까지 안식일을 지키도록 해야 하기 때문이며, 또한 그들 자신의 일로써 아래 사람들이 안식일을 지키지 못하게끔 종종 방해할 수 있기 때문입니다.

1. 안식일을 지키라는 명령이 특별히 가정의 가장들을 비롯한 윗사람들에게 주어진 것은

> 일곱째 날은 네 하나님 여호와의 안식일인즉 너나 네 아들이나 네 딸이나 네 남종이나 네 여종이나 네 가축이나 네 문안에 머무는 객이라도 아무 일도 하지 말라(출 20:10)

제4계명은 모든 사람에게 구속력이 있습니다. 누구에게나 안식일을 지켜야 할 책임이 있습니다. 그런데 성경은 가장들과 윗사람들에게 더 큰 책임이 있다고 말합니다 (출 20:10). 하나님은 특별히 가장들과 윗사람들에게 이 계명을 명하셨습니다.

2. 그들 자신이 안식일을 지켜야 할 뿐 아니라, 그들의 통솔 아래 있는 모든 사람들까지 안식일을 지키도록 해야 하기 때문이며, 또한 그들 자신의 일로써 아래 사람들이 안식일을 지키지 못하게끔 종종 방해할 수 있기 때문입니다.

> 그 때에 내가 본즉 유다에서 어떤 사람이 안식일에 술틀을 밟고 곡식단을 나귀에 실어 운반하며 포도주와 포도와 무화과와 여러 가지 짐을 지고 안식일에 예루살렘에 들어와서 음식물을 팔기로 <u>그 날에 내가 경계하였고</u>(느 13:15)

가장들과 윗사람들에게는 자식과 종과 가축과 손님이 안식일을 잘 지킬 수 있도록 가르쳐야 할 책임이 부과되어 있습니다(출 20:10). 그러므로 지도하고 통솔해야 할 위치에 있는 사람들은 자신뿐만 아니라, 자신에게 속한 사람들도 제4계명을 잘 지킬 수 있도록 노력해야 합니다. 그래서 느헤미야는 안식일에 일한 자들을 엄히 경계했던 것입니다(느 13:15).

그러므로 가장과 윗사람들은 자신이 먼저 기쁨으로 안식일을 지키는 본을 보여야 하며, 자녀와 아랫사람들이 안식일을 지키지 않을 때는 하나님께서 주신 권위를 근거로 엄히 책망하고 바로잡아야 합니다.

예를 들어, 한 가정의 가장들은 가족 구성원들이 안식일에 상업적인 일을 하거나, 학원을 가거나, 오락을 하는 것을 금해야 합니다. 기업의 상급자들은 하급자들이 안식일에 일을 하지 않도록 배려해 주어야 합니다. 공직에 있는 자들은 안식일 정신을 해치는 법이 만들어지거나, 안식일에 중요한 시험을 치는 일이 발생하지 않도록 노력해야 합니다.

제119문 제4계명에서 금지하는 죄는 무엇입니까?

답: 제4계명에서 금지하는 죄는 요구된 의무들을 이행하지 않는 모든 것과 이 의무들에 부주의하고 태만하고 무익하게 이행하면서 그것들에 대해 싫증을 느끼는 모든 것이며, 게으름으로써, 그 자체로 죄 되는 일을 행함으로써, 그리고 세상일들이나 오락에 대한 불필요한 행동과 말과 생각들로써 안식일을 모독하는 모든 것입니다.

1. 제4계명에서 금지하는 죄는 요구된 의무들을 이행하지 않는 모든 것과

> 그 제사장들은 내 율법을 범하였으며 나의 성물을 더럽혔으며 거룩함과 속된 것을 구별하지 아니하였으며 부정함과 정한 것을 사람이 구별하게 하지 아니하였으며 <u>그의 눈을 가리어 나의 안식일을 보지 아니하였으므로 내가 그들 가운데에서 더럽힘을 받았느니라</u> (겔 22:26)

하나님은 이스라엘의 지도자들이 안식일을 제대로 지키지 않은 것으로 인해 더럽힘을 받았다고 말씀하셨습니다(겔 22:26). 제4계명이 요구하는 의무들을 성실하게 이행하지 않는 것은 제4계명을 어기는 일이며, 하나님을 매우 슬프게 하는 일입니다.

2. 이 의무들을 부주의하고 태만하고 무익하게 이행하면서 그것들에 대해 싫증을 느끼는 모든 것이며,

부주의 (무관심)	유두고라 하는 청년이 창에 걸터 앉아 있다가 깊이 졸더니 바울이 강론하기를 더 오래 하매 졸음을 이기지 못하여 삼 층에서 떨어지거늘 일으켜보니 죽었는지라(행 20:9)
태만 (주어진 일을 열심히 하지 않는 것)	백성이 모이는 것 같이 네게 나아오며 내 백성처럼 네 앞에 앉아서 네 말을 들으나 그대로 행하지 아니하니 이는 그 입으로는 사랑을 나타내어도 마음으로는 이익을 따름이라(겔 33:31)
무익하게 이행하는 것	너희가 이르기를 월삭이 언제 지나서 우리가 곡식을 팔며 안식일이 언제 지나서 우리가 밀을 내게 할꼬 에바를 작게 하고 세겔을 크게 하여 거짓 저울로 속이며(암 8:5)
싫증 (안식일 예배를 무시하는 것)	만군의 여호와가 이르노라 너희가 또 말하기를 이 일이 얼마나 번거로운고 하며 코웃음치고 훔친 물건과 저는 것, 병든 것을 가져왔느니라 너희가 이같이 봉헌물을 가져오니 내가 그것을 너희 손에서 받겠느냐 이는 여호와의 말이니라(말 1:13)

성경은 올바르지 않은 태도로 안식일을 지키는 것을 정죄합니다. 예를 들어 안식일을 중요하게 생각하지 않는 '부주의', 열매 없이 안식일을 보내는 '태만', 형식적으로 안식일을 지키는 '무익함', 안식일이 어서 빨리 지나갔으면 좋겠다고 생각하는 '싫증', 이 모든 것은 제4계명을 어기는 일입니다. 하나님께서 원하시는 것은 형식적이고 위선적인 순종이 아니라, 진심이 담긴 헌신적인 순종입니다.

3. 게으름으로써, 그 자체로 죄 되는 일을 행함으로써,

이 외에도 그들이 내게 행한 것이 있나니 당일에 내 성소를 더럽히며 내 안식일을 범하였도다 그들이 자녀를 죽여 그 우상에게 드린 그 날에 내 성소에 들어와서 더럽혔으되 그들이 내 성전 가운데에서 그렇게 행하였으며 또 사절을 먼 곳에 보내 사람을 불러오게 하고 그들이 오매 그들을 위하여 목욕하며 눈썹을 그리며 스스로 단장하고 화려한 자리에 앉아 앞에 상을 차리고 내 향과 기름을 그 위에 놓고 그 무리와 편히 지껄이고 즐겼으며 또 광야에서 잡류와 술 취한 사람을 청하여 오매 그들이 팔찌를 그 손목에 끼우고 아름다운 관을 그 머리에 씌웠도다(겔 23:38-42)

에스겔은 예루살렘에서 일어난 범죄들을 고발합니다. 그 중 상당한 비중을 차지하는 것이 안식일과 관련한 범죄입니다(겔 23:38-42). 예루살렘 거민들은 안식일에 우상을 숭배했으며, 잔치를 벌였고, 악인들과 교제했습니다. 이것은 안식일을 모독하는 것이며, 그 자체로서 죄 되는 일을 행한 것이므로 제4계명을 심각하게 위반하는 행위입니다.

안식일에 하나님을 예배하는 것보다 다른 것을 더 기뻐한다면, 예를 들어 교회의 친교 모임(운동, 회식)이나 이성 친구와의 교제를 안식일의 기쁨으로 삼는다면, 안식일의 주인이신 하나님을 모독하는 일입니다. 또 안식일에 잠깐 예배만 드리고, 쇼핑몰이나 영화관에서 시간을 보내는 것은 그 자체로 안식일에 해서는 안 될 죄 되는 일을 행하는 것입니다.

4. 그리고 세상일들이나 오락에 대한 불필요한 행동과 말과 생각들로써 안식일을 모독하는 모든 것입니다.

> 그러나 만일 너희가 나를 순종하지 아니하고 안식일을 거룩되게 아니하여 <u>안식일에 짐을 지고 예루살렘 문으로 들어오면</u> 내가 성문에 불을 놓아 예루살렘 궁전을 삼키게 하리니 그 불이 꺼지지 아니하리라 하셨다 할지니라 하시니라(렘 17:27)
> 만일 안식일에 네 발을 금하여 <u>내 성일에 오락을 행하지 아니하고</u> 안식일을 일컬어 즐거운 날이라, 여호와의 성일을 존귀한 날이라 하여 이를 존귀하게 여기고 네 길로 행하지 아니하며 네 오락을 구하지 아니하며 사사로운 말을 하지 아니하면(사 58:13)

하나님은 안식일에 장사하는 것과 오락하는 것을 금하셨습니다(렘 17:27; 사 58:13). 만약 안식일에 상업적인 행위를 하거나 오락을 한다면, 이는 명백하게 제4계명을 어기는 일입니다. 그런데 하나님의 말씀은 마음으로도 순종해야 합니다. 겉과 속이 다른 위선은 참된 순종이 아닙니다. 그러므로 몸은 교회에 있지만 마음으로는 장사와 오락을 생각하고 있다면, 그것 역시 제4계명을 어기는 일입니다.

제120문 제4계명을 더 잘 지키게 하려고 더 해진 내용은 무엇입니까?

답: 제4계명을 더 잘 지키게 하려고 더해진 내용은 다음과 같습니다. 첫째, "엿새 동안은 힘써 네 모든 일을 행할 것이나"라고 하신 말씀인데, 이 말씀이 더해진 이유는 이레 중 엿새를 우리 자신의 일들을 위하여 허락하시면서도, 하나님 자신을 위해서는 단 하루만 남겨 두신 계명의 공평성때문입니다. 둘째, "일곱째 날은 네 하나님 여호와의 안식일"이라 하신 것인데, 이것은 하나님께서 이 날에 대해서 특별한 예의를 갖출 것을 요구하시기 위함이었습니다. 셋째, "엿새 동안 하늘과 땅과 바다와 그 가운데 모든 것을 만들고 일곱째 날에 쉬"신 하나님의 모범입니다. 그리고 넷째, "그러므로 나 여호와가 안식일을 복되게 하여 그날을 거룩하게 하였느니라"고 말씀하심으로, 하나님은 이 날을 복되게 하셔서 자기를 예배하는 날로 성별하셨을 뿐만 아니라, 우리가 이 날을 거룩하게 지킬 때 그것이 우리에게 복의 방편이 되도록 정하셨습니다.

1. 제4계명을 더 잘 지키게 하려고 더해진 내용은 다음과 같습니다. 첫째, "엿새 동안은 힘써 네 모든 일을 행할 것이나"라고 하신 말씀인데, 이 말씀이 더해진 이유는 이레 중 엿새를 우리 자신의 일들을 위하여 허락하시면서도, 하나님 자신을 위해서는 단 하루만 남겨 두신 계명의 공평성때문입니다.

> 엿새 동안은 힘써 네 모든 일을 행할 것이나(출 20:9)

제4계명을 지켜야 할 첫 번째 이유는, 제4계명에 나타나 있는 하나님의 '공평성' 때문입니다. 하나님은 7일 중 6일을 우리 자신의 일을 하는데 사용할 수 있도록 허락해 주셨습니다. 만약 7일 모두를 예배하는 데 사용하라고 하셨다면, 우리는 일상생활을 정상적으로 유지할 수 없었을 것입니다.

그렇다고 해서 안식일을 제외한 나머지 6일을 우리 마음대로 사용할 수 있다고 생각해선 안 됩니다. 우리가 존재하는 목적이 하나님의 영광이기 때문입니다. 나머지 6일을 노동과 가사와 학업을 위한 날로 사용할지라도, 그 목적은 오직 하나님의 영광이어야 합니다. 다시 말해, 안식일에는 예배를 통해 직접적으로 하나님께 영광을 돌려야 하고, 나머지 6일 동안에는 노동과 가사와 학업 등을 통해 간접적으로 하나님께 영광을 돌려야 합니다.[21]

2. 둘째, "일곱째 날은 네 하나님 여호와의 안식일"이라 하신 것인데, 이것은 하나님께서 이 날에 대해서 특별한 예의를 갖출 것을 요구하시기 위함이 었습니다.

> 일곱째 날은 네 하나님 여호와의 안식일인즉 너나 네 아들이나 네 딸이나 네 남종이나 네 여종이나 네 가축이나 네 문안에 머무는 객이라도 아무 일도 하지 말라(출 20:10)

제4계명을 지켜야 할 두 번째 이유는, '하나님의 소유권' 때문입니다. 하나님은 안식일이 자신의 것이라고 하셨습니다(출 20:10). 안식일은 하나님께 속한 특별한 날입니다. 그런 점에서 안식일을 범하는 것은 하나님의 것을 도둑질하는 것입니다.

3. 셋째, "엿새 동안 하늘과 땅과 바다와 그 가운데 모든 것을 만들고 일곱째 날에 쉬"신 하나님의 모범입니다.

> 이는 엿새 동안에 나 여호와가 하늘과 땅과 바다와 그 가운데 모든 것을 만들고 일곱째 날에 쉬었음이라 그러므로 나 여호와가 안식일을 복되게 하여 그 날을 거룩하게 하였느니라(출 20:11)

제4계명을 지켜야 할 세 번째 이유는, '하나님의 모범' 때문입니다. 사람은 몸과 마음이 지쳤을 때 쉬는 시간을 가집니다. 하지만 하나님께서 쉬신 것은 전혀 다른 이유입니다. 하나님은 말씀만으로 온 세상을 지으셨습니다. 하나님께 창조는 전혀 힘든 일

---

21 J. G. 보스, G. I. 윌리엄슨, 『웨스트민스터 대요리문답 강해』, 류근상 옮김 (서울: 크리스챤출판사, 2007), 445.

이 아니었습니다. 따라서 쉬어야 할 이유도 전혀 없었습니다. 그럼에도 하나님께서 일곱째 날에 쉬신 것은 온 인류가 따라야 할 모범을 보이기 위함이었습니다.

4. 그리고 넷째, "그러므로 나 여호와가 안식일을 복되게 하여 그날을 거룩하게 하였느니라"고 말씀하심으로, 하나님은 이 날을 복되게 하셔서 자기를 예배하는 날로 성별하셨을 뿐만 아니라, 우리가 이 날을 거룩하게 지킬 때 그것이 우리에게 복의 방편이 되도록 정하셨습니다.

> 이는 엿새 동안에 나 여호와가 하늘과 땅과 바다와 그 가운데 모든 것을 만들고 일곱째 날에 쉬었음이라 그러므로 나 여호와가 안식일을 복되게 하여 그 날을 거룩하게 하였느니라(출 20:11)

제4계명을 지켜야 할 네 번째 이유는, '하나님의 축복' 때문입니다. 하나님은 "안식일을 복되게"하셨습니다(출 20:11). 여기에는 크게 두 가지 의미가 담겨 있습니다. 첫째, 안식일이 하나님을 예배하는 날로 구별되었다는 뜻입니다. 둘째, 안식일을 지키는 자에게 하나님의 복이 약속되어 있다는 뜻입니다. 바로 이 점에서 안식일은 복된 날이며, 복의 방편이 되는 날입니다.

제121문 제4계명은 왜 '기억하라'는 말로 시작합니까?

답: 제4계명이 '기억하라'는 말로 시작하는 것은 한편으로는 안식일을 기억함에서 오는 큰 혜택 때문입니다. 즉 우리가 그렇게 함으로써 그날을 잘 지키도록 준비하는 데 도움이 되고, 그날을 지킴으로써 다른 모든 계명들을 더 잘 지키게 되며, 기독교 신앙의 요약을 담고 있는 창조와 구원이라는 두 가지 큰 은혜를 계속 감사히 기억하게 되기 때문입니다. 또 다른 한편으로는 우리가 안식일을 너무 쉽게 잊어버리기 때문입니다. 즉 안식일에 대한 우리 본성의 빛은 부족한 반면에, 안식일은 다른 날에 할 수 있는 것들에 대한 우리의 본래적 자유를 제한하기 때문입니다. 또한 안식일이 오되 이레 중에 단 한 번만 오고 그 사이에 많은 세상적 일들이 일어나서, 너무나 자주 우리 마음이 그날을 준비하거나 거룩하게 하려는 생각에서 멀어지게 하기 때문이며, 사탄도 그의 수단들을 동원하여 필사적으로 안식일의 영광뿐만 아니라 심지어 그 기억조차 지워 버려 온갖 불신과 불경건에 빠뜨리려 하기 때문입니다.

1. 제4계명이 '기억하라'는 말로 시작하는 것은 한편으로는 안식일을 기억함에서 오는 큰 혜택 때문입니다.

> 안식일을 기억하여 거룩하게 지키라(출 20:8)

원문에서는 "기억하라"는 말이 가장 앞에 옵니다. 십계명 가운데, "기억하라"는 말로 시작하는 계명은 제4계명밖에 없습니다. 이것은 안식일을 기억하는 것이 안식일 계명을 지키는 데 큰 도움이 되기 때문입니다.

2. 즉 우리가 그렇게 함으로써 그날을 잘 지키도록 준비하는 데 도움이 되고,

> 모세가 그들에게 이르되 여호와께서 이같이 말씀하셨느니라 <u>내일은 휴일이니 여호와께</u>
> <u>거룩한 안식일이라</u> 너희가 구울 것은 굽고 삶을 것은 삶고 그 나머지는 다 너희를 위하여
> 아침까지 간수하라(출 16:23)

안식일을 기억해야 하는 이유는 첫째, 안식일을 잘 지키도록 준비하는 데 도움이 되기 때문입니다. 하나님은 내일이 안식일인 것을 기억하고 미리 준비할 것을 명령하셨습니다(출 16:23). 이처럼 안식일을 지키는 첫 번째 단계는 '기억'하는 것입니다. 안식일을 생각하며 그 날을 마음에 담고 있어야 안식일을 더 잘 지킬 수 있습니다. 만약 주 중에 한 번도 안식일을 생각하지 않는다면, 준비되지 않은 상태로 안식일을 맞이하게 됩니다. 그런 상태로는 결코 안식일을 거룩하게 지킬 수 없습니다.

3. 그날을 지킴으로써 다른 모든 계명들을 더 잘 지키게 되며,

> 또 <u>내가 그들을 거룩하게 하는 여호와인 줄 알게 하려고 내 안식일을 주어</u> 그들과 나 사이
> 에 표징을 삼았노라(겔 20:12)

안식일을 기억해야 하는 이유는 둘째, 안식일을 지킴으로써 다른 모든 계명들을 더 잘 지키게 되기 때문입니다. 하나님께서는 제4계명을 주신 목적이 "거룩하게 하는 여호와"를 알게 하는 데 있다고 말씀하셨습니다(겔 20:12). 안식일을 잘 지켜서 안식일마다 은혜를 받는 사람은 다른 계명들도 더 잘 지킬 수 있게 됩니다.

4. 기독교 신앙의 요약을 담고 있는 창조와 구원이라는 두 가지 큰 은혜를 계속 감사히 기억하게 되기 때문입니다.

창조를 기념하는 구약의 안식일	하나님이 그가 하시던 일을 일곱째 날에 마치시니 그가 하시던 모든 일을 그치고 일곱째 날에 안식하시니라 하나님이 그 일곱째 날을 복되게 하사 거룩하게 하셨으니 이는 하나님이 그 창조하시며 만드시던 모든 일을 마치시고 그 날에 안식하셨음이니라(창 2:2-3)
구원을 기념하는 신약의 안식일	<u>주의 날에</u> 내가 성령에 감동되어 내 뒤에서 나는 나팔 소리 같은 큰 음성을 들으니(계 1:10)

안식일을 기억해야 하는 이유는 셋째, 창조와 구원이라는 두 가지 큰 은혜들을 계속 감사히 기억하게 되기 때문입니다. 구약의 안식일은 하나님의 창조 사역을 기억하게 하며, 신약의 안식일(주일)은 하나님의 구원 사역을 기억하게 합니다. 안식일을 지키는 것을 통해 기독교 신앙의 핵심인 창조와 구원을 계속해서 기억하며, 감사할 수 있습니다.

5. 또 다른 한편으로는 우리가 안식일을 너무 쉽게 잊어버리기 때문입니다.

> 그 때에 내가 본즉 유다에서 어떤 사람이 안식일에 술틀을 밟고 곡식단을 나귀에 실어 운반하며 포도주와 포도와 무화과와 여러 가지 짐을 지고 안식일에 예루살렘에 들어와서 음식물을 팔기로 그 날에 내가 경계하였고(느 13:15)
> 그 제사장들은 내 율법을 범하였으며 나의 성물을 더럽혔으며 거룩함과 속된 것을 구별하지 아니하였으며 부정함과 정한 것을 사람이 구별하게 하지 아니하였으며 그의 눈을 가리어 <u>나의 안식일을 보지 아니하였으므로</u> 내가 그들 가운데에서 더럽힘을 받았느니라 (겔 22:26)

안식일을 기억해야 하는 이유는 넷째, 우리가 안식일을 너무 쉽게 잊어버리기 때문입니다. 이스라엘이 가장 자주 범했던 계명은 제4계명이었습니다. 우리 역시 마찬가지입니다. 그 이유는 제4계명을 '특별 계시'로만 알 수 있기 때문입니다. 예를 들어 살인과 도둑질은 불신자들도 멀리합니다. 그런 것들은 '자연 계시'로도 알 수 있기 때문입니다. 하지만 제4계명은 '특별 계시'로만 알 수 있어서 신자라 할지라도 잊어버리기 쉽습니다.

6. 즉 안식일에 대한 우리 본성의 빛은 부족한 반면에,

> 거룩한 안식일을 그들에게 알리시며 주의 종 모세를 통하여 계명과 율례와 율법을 그들에게 명령하시고(느 9:14)

안식일을 기억해야 하는 이유는 다섯째, 우리의 본성상 안식일을 기억하기 어렵기 때문입니다. 살인(제6계명), 간음(제7계명), 도둑질(제8계명), 거짓말(제9계명), 탐욕(제10계명)과 같은 것들은 본성의 빛(양심)으로도 희미하게나마 알 수 있습니다. 하지만 안식일을 어떻게 지켜야 하는지는 본성의 빛만으로는 알 수 없습니다. 하나님께서 알려 주셔야만 가능합니다(느 9:14). 그래서 제4계명은 다른 계명에 비해 더 자주, 더 쉽게 범해집니다. 바로 이것이 하나님께서 "기억하라"고 강조하신 이유입니다.

7. 안식일은 다른 날에 할 수 있는 것들에 대한 우리의 본래적 자유를 제한하기 때문입니다.

> 너는 엿새 동안 일하고 일곱째 날에는 쉴지니 밭 갈 때에나 거둘 때에도 쉴지며(출 34:21)

안식일을 기억해야 하는 이유는 여섯째, 다른 날에는 해도 되는 일들이 안식일에 금해지기 때문입니다. 대부분의 계명들은 시간의 구분이 없습니다. 월요일에 살인하는 것이 불법이라면, 안식일에 살인하는 것도 불법입니다. 그런데 제4계명은 다릅니다. 노동, 장사, 학업, 오락, 스포츠 등은 다른 날에는 합법적인 일입니다. 그런데 안식일에만 불법이 됩니다. 이처럼 제4계명은 평소에는 합법적이었던 것을 금하는 것이기 때문에 주의하여 지키기 어렵습니다. 그래서 하나님은 "기억하라"는 말씀으로 다시 한 번 강조하셨습니다.

8. 안식일이 오되 이레 중에 단 한 번만 오고 그 사이에 많은 세상적 일들이 일어나서, 너무나 자주 우리 마음이 그날을 준비하거나 거룩하게 하려는 생각에서 멀어지기 때문이며,

> 너희가 이르기를 월삭이 언제 지나서 우리가 곡식을 팔며 안식일이 언제 지나서 우리가

밀을 내게 할꼬 에바를 작게 하고 세겔을 크게 하여 거짓 저울로 속이며(암 8:5)

안식일을 기억해야 하는 이유는 일곱째, 안식일이 일주일 중 단 한 번밖에 없기 때문입니다. 만약 안식일이 이틀에 한 번씩 돌아온다면, 누구라도 안식일을 잊어버리지 않을 것입니다. 그런데 안식일은 7일에 한 번씩 돌아옵니다. 안식일과 안식일 사이에 6일이라는 간격이 있습니다. 그리고 이 6일 동안 너무나 많은 일이 일어납니다. 그 결과 우리는 세상일에 마음을 빼앗기고 안식일을 준비하고 지키는 일에 소홀해집니다. 그런 점에서 우리는 "기억하라"는 말씀을 새겨들어야 합니다.

9. 더불어 사탄이 그의 수단들을 동원하여 필사적으로 안식일의 영광뿐만 아니라 심지어 그 기억조차 지워 버려 온갖 불신과 불경건에 빠뜨리려 하기 때문입니다.

여호와께서 이와 같이 말씀하시되 너희는 스스로 삼가서 안식일에 짐을 지고 예루살렘 문으로 들어오지 말며 안식일에 너희 집에서 짐을 내지 말며 어떤 일이라도 하지 말고 내가 너희 조상들에게 명령함 같이 안식일을 거룩히 할지어다 그들은 순종하지 아니하며 귀를 기울이지 아니하며 그 목을 곧게 하여 듣지 아니하며 교훈을 받지 아니하였느니라 (렘 17:21-23)

안식일을 기억해야 하는 이유는 여덟째, 사탄의 방해 때문입니다. 제4계명이 이토록 자주, 이토록 쉽게 범해지는 것은 사탄의 역사와도 관계되어 있습니다. 만약 사탄이 하나님의 백성들을 타락시키고자 한다면, 제4계명을 공격하면 됩니다(렘 17:21-23). 하나님의 백성들은 다른 날이 아니라 안식일에, 공적 예배에 참여하며, 거룩한 성도의 교제를 나누기 때문입니다. 만약 한 성도가 안식일을 어기기 시작하면 그는 하나님의 말씀과 멀어지는 것이요, 성도의 교제로부터도 멀어지는 것입니다. 그것이 계속 반복된다면 그 성도의 영적 상태는 심각한 나락으로 떨어지게 될 것입니다. 사탄이 필사적으로 제4계명을 공격하고 있음은 보지 않아도 자명한 사실입니다. 만약 제4계명을 지킬 수 없도록 방해하는 일이나 사건이 반복해서 일어난다면, 그것을 사탄의 방해로 여기고 힘을 다해 싸워야 합니다.

제122문 사람에 대한 우리의 의무를 담고 있는 여섯 계명의 요약은 무엇입니까?

답: 사람에 대한 우리의 의무를 담고 있는 여섯 계명의 요약은, 우리 이웃을 우리 자신같이 사랑하며, 남에게 대접을 받고자 하는 대로 우리도 남을 대접하는 것입니다.

1. 사람에 대한 우리의 의무를 담고 있는 여섯 계명의 요약은, 우리 이웃을 우리 자신같이 사랑하며,

> 둘째도 그와 같으니 네 이웃을 네 자신 같이 사랑하라 하셨으니(마 22:39)

십계명은 크게 두 부분으로 이루어져 있습니다. 하나님에 대한 의무를 설명하는 부분과 사람에 대한 의무를 설명하는 부분입니다. 지금까지 하나님에 대한 의무를 살펴보았다면, 이제부터는 사람에 대한 의무를 살펴볼 순서입니다.

예수님은 사람에 대한 의무를 다음과 같이 요약하셨습니다. "네 이웃을 네 자신 같이 사랑하라" 그렇다면 누가 우리의 이웃일까요? 선한 사마리아인의 비유에 잘 나타나 있습니다(눅 10:25-37). 이 비유의 요점은 우리의 도움이 필요한 모든 사람이 우리의 이웃이라는 것입니다. 우리의 도움이 필요하다면 우리와 관계없는 사람도 이웃이라는 것입니다. 따라서 우리는 가까운 사람만 이웃으로 여겨서는 안 됩니다. 자신을 아끼고 사랑하듯 어려움에 처한 모든 사람에게 사랑과 자비를 베풀어야 합니다.

2. 남에게 대접을 받고자 하는 대로 우리도 남을 대접하는 것입니다.

> 그러므로 무엇이든지 남에게 대접을 받고자 하는 대로 너희도 남을 대접하라 이것이 율법이요 선지자니라(마 7:12)

마태복음 7장 12절 역시 사람에 대한 의무를 예수님께서 직접 요약해 주신 말씀입니다. 이 말씀은 흔히 '황금률'로 불립니다. 이웃이 우리에게 해 주기를 원하는 대로 우리도 이웃에게 행해야 한다는 것이 황금률의 요점입니다. 누구도 입으로만 사랑받기를 원하지 않습니다. 행동으로 사랑이 전달되기를 원합니다. 이처럼 이웃을 사랑한다는 것은 그들을 위해 무언가 구체적인 행동을 하는 것입니다.

제5계명은 무엇입니까?

답: 제5계명은 "네 부모를 공경하라 그리하면 네 하나님 여호와가 네게 준 땅에서 네 생명이 길리라."입니다.

---

1. 제5계명은 "네 부모를 공경하라 그리하면 네 하나님 여호와가 네게 준 땅에서 네 생명이 길리라."입니다.

> 네 부모를 공경하라 그리하면 네 하나님 여호와가 네게 준 땅에서 네 생명이 길리라(출 20:12)

제5계명은 부모를 공경하는 것입니다. 여기서 공경으로 번역된 히브리어 '카바드'는 일차적으로 '무겁다'를 뜻합니다. 여기에서 파생된 이차적인 의미가 '존경하다' 또는 '순종하다'입니다. 부모는 무거운 존재입니다. 하나님께서 부모라는 권위를 그들에게 주셨기 때문입니다. 우리가 부모를 존경하고, 그들에게 순종해야 하는 이유가 여기 있습니다. 우리는 하나님께서 그들에게 부모라는 권위를 주셨음을 믿고 인정해야 합니다. 그리고 바로 그 권위 때문에 부모를 존경하고 순종해야 합니다.

제124문 제5계명이 말하는 부모는 누구를 의미합니까?

답: 제5계명이 말하는 부모는 육신의 부모뿐 아니라 연령과 은사에 있어서 모든 윗사람들과, 특히 가정과 교회와 국가에서 하나님의 규례를 따라 우리에게 권위를 행사하는 사람들을 의미합니다.

1. 제5계명이 말하는 부모는 육신의 부모뿐 아니라

> 너를 낳은 아비에게 청종하고 네 늙은 어미를 경히 여기지 말지니라...네 부모를 즐겁게 하며 너를 낳은 어미를 기쁘게 하라(잠 23:22, 25)

제5계명에서 말하는 부모는 일차적으로 육신적 부모를 뜻합니다(잠 23:22, 25). 그렇다고 해서 제5계명이 육신의 부모에게만 순종할 것을 요구하는 것은 아닙니다. 십계명은 모든 도덕법의 요약이기 때문에 적용은 광의적으로 해야 합니다. 예수님께서 제6계명을 적용하시면서, 이웃에게 화를 내는 것도 금하신 이유가 바로 여기에 있습니다. 우리는 부모 외에도 하나님께서 권위를 주신 모든 윗사람을 공경해야 합니다.

2. 연령과

> 늙은이를 꾸짖지 말고 권하되 아버지에게 하듯 하며 젊은이에게는 형제에게 하듯 하고 늙은 여자에게는 어머니에게 하듯 하며 젊은 여자에게는 온전히 깨끗함으로 자매에게 하듯 하라(딤전 5:1-2)

성경은 부모 대하듯 연장자를 대하라고 말합니다(딤전 5:1-2). 따라서 모든 연장자는 제5계명의 대상입니다. 그리스도인은 부모를 공경하듯 연장자를 공경해야 합니다.

3. 은사에 있어서 모든 윗사람들과,

> 그런즉 나를 이리로 보낸 이는 당신들이 아니요 하나님이시라 하나님이 나를 바로에게 아버지로 삼으시고 그 온 집의 주로 삼으시며 애굽 온 땅의 통치자로 삼으셨나이다(창 45:8)

성경은 하나님께서 요셉을 바로의 아버지로 삼으셨다고 말합니다(창 45:8). 여기서 요셉이 바로의 아버지가 되었다는 것은, 나이가 아니라 은사적인 측면에서 윗사람이 되었다는 뜻입니다. 요셉에게는 하나님께서 주신 '통치의 은사'가 있었습니다. 바로가 요셉을 아버지처럼 여긴 것은 이 은사 때문이었습니다. 우리 곁에도 하나님께서 주신 탁월한 은사를 가진 자들이 있습니다. 우리는 그들에게 은사를 주신 분이 하나님이심을 인정하고, 그들이 자신의 은사를 잘 사용할 수 있도록 배려해 주어야 합니다. 나보다 탁월한 은사를 가진 자들을 배척하고 시기하는 것은 하나님의 뜻을 대적하는 행동입니다.

4. 특히 가정과 교회와 국가에서 하나님의 규례를 따라 우리에게 권위를 행사하는 사람들을 의미합니다.

가정을 만드신 하나님	그런즉 이제 둘이 아니요 한 몸이니 그러므로 하나님이 짝지어 주신 것을 사람이 나누지 못할지니라 하시니(마 19:6)
교회를 만드신 하나님	여러분은 자기를 위하여 또는 온 양 떼를 위하여 삼가라 성령이 그들 가운데 여러분을 감독자로 삼고 하나님이 자기 피로 사신 교회를 보살피게 하셨느니라(행 20:28)
국가를 만드신 하나님	내가 어느 민족이나 국가를 뽑거나 부수거나 멸하려 할 때에(렘 18:7)

성경은 이 세상에 세 가지 신적 기관이 있다고 말합니다. 가정과 국가와 교회입니다. 이 세 가지 기관은 하나님께서 친히 세우신 것으로서 신적인 권위를 가지고 있습니다. 그러므로 우리는 가정과 교회와 국가에서 우리 위에 있는 권위자들에게 순종해야 합니다.

제125문 윗사람들을 왜 부모라고 칭합니까?

답: 윗사람들을 부모라고 칭하는 것은, 그들이 아랫사람들에 대한 모든 의무를 행할 때, 어떤 종류의 관계에 있든지 부모처럼 그들에게 사랑과 부드러움을 나타내도록 가르치기 위함이며, 또한 아랫사람들이 윗사람들에 대한 의무들을 수행할 때, 자기 부모에게 하듯이 더 큰 자발성과 즐거움으로 행하도록 하기 위함입니다.

---

1. 윗사람들을 부모라고 칭하는 것은, 그들이 아랫사람들에 대한 모든 의무를 행할 때, 어떤 종류의 관계에 있든지 부모처럼 그들에게 사랑과 부드러움을 나타내도록 가르치기 위함이며,

> 또 아비들아 너희 자녀를 노엽게 하지 말고 오직 주의 교훈과 훈계로 양육하라(엡 6:4)
> 우리는 그리스도의 사도로서 마땅히 권위를 주장할 수 있으나 도리어 너희 가운데서 유순한 자가 되어 <u>유모가 자기 자녀를 기름과 같이</u> 하였으니 우리가 이같이 너희를 사모하여 하나님의 복음뿐 아니라 우리의 목숨까지도 너희에게 주기를 기뻐함은 너희가 우리의 사랑하는 자 됨이라(살전 2:7-8)

부모의 권위는 하나님에게서 왔습니다. 하나님은 가정의 질서를 위해 부모에게 신적 권위를 주셨습니다. 그렇다고 해서 부모가 자녀를 함부로 대해서는 안 됩니다. 하나님께서 권위와 의무를 동시에 주셨기 때문입니다. 부모에게 자녀를 다스릴 '권위'가 있다면, 동시에 자녀를 사랑으로 대할 '의무'도 있습니다. 성경은 부모들에게 "너희 자녀를 노엽게 하지 말고 오직 주의 교훈과 훈계로 양육하라"고 말합니다(엡 6:4). 마찬가지로 하나님께서 권위를 주신 윗사람들은 자신의 권위 아래 있는 자들을 대할 때에, 마치 부모가 자녀에게 하듯 사랑으로 대해야 합니다(살전 2:7). 바로 이것이 성경이 윗사람들을 부모라고 칭하는 이유입니다.

---

2. 또한 아랫사람들이 윗사람들에 대한 의무들을 수행할 때, 자기 부모에게 하듯이 더 큰 자발성과 즐거움으로 행하도록 하기 위함입니다.

> 내가 너희를 부끄럽게 하려고 이것을 쓰는 것이 아니라 <u>오직 너희를 내 사랑하는 자녀 같이 권하려 하는 것이라</u> 그리스도 안에서 일만 스승이 있으되 아버지는 많지 아니하니 그리스도 예수 안에서 내가 복음으로써 너희를 낳았음이라 그러므로 내가 너희에게 권하노니 너희는 나를 본받는 자가 되라(고전 4:14-16)

자녀들은 부모에게 순종해야 합니다. 부모의 권위가 하나님에게서 왔기 때문입니다. 마찬가지로 아랫사람들은 윗사람들에게 순종해야 합니다. 부모의 권위처럼, 윗사람들의 권위도 하나님에게서 왔기 때문입니다. 바울이 고린도 교회 성도들에게 자신을 영적인 아버지로 소개한 이유가 바로 여기에 있습니다(고전 4:14). 부모에게 하는 것처럼, 교회의 지도자인 자신에게 자원하는 마음과 즐거움으로 순종하기를 원했던 것입니다.

제5계명의 일반적인 의도는 무엇입니까?

답: 제5계명의 일반적인 범위는 우리가 여러 인간관계 즉 아랫사람, 윗사람, 또는 동등한 위치에 있는 사람들과의 관계에서 우리가 서로 지고 있는 의무들을 행하는 것입니다.

1. **제5계명의 일반적인 의도는 우리가 여러 인간관계 즉 아랫사람, 윗사람, 또는 동등한 위치에 있는 사람들과의 관계에서 우리가 서로 지고 있는 의무들을 행하는 것입니다.**

> 그리스도를 경외함으로 피차 복종하라(엡 5:21)
> 뭇 사람을 공경하며 형제를 사랑하며 하나님을 두려워하며 왕을 존대하라(벧전 2:17)
> 형제를 사랑하여 서로 우애하고 존경하기를 서로 먼저 하며(롬 12:10)

권위를 기준으로 하여 사람 간의 관계를 세 가지로 구분할 수 있습니다. 첫째, 동등한 관계입니다. 한 교회에 두 명의 장로가 있는 경우, 두 사람은 동등한 관계입니다. 둘째, 권위를 행사하는 관계입니다. 부모는 자녀에게, 국가는 시민에게 정당한 것을 요구할 수 있습니다. 셋째, 권위에 종속되는 관계입니다. 성도들은 목회자가 올바른 교리를 가르칠 때, 거기에 순복해야 합니다.

제5계명이 일반적으로 요구하는 것은 가정과 교회와 국가의 모든 관계가 하나님의 뜻대로 이행되는 것입니다. 성경은 하나님의 뜻이 상호 복종(엡 5:21), 상호 공경(벧전 2:17), 상호 존경이라고 말합니다(롬 12:10). 대요리문답은 다양한 관계 속에서 하나님의 뜻에 순종하는 방법을 이어지는 여섯 가지 문답으로 설명합니다.

제127문 아랫사람들은 윗사람들을 어떻게 공경해야 합니까?

답: 아랫사람들은 윗사람들을 마음과 말과 행동에 있어 모두 마땅한 존중을 나타 내야 합니다. 그들을 위한 기도와 감사로, 그들의 덕과 은혜를 본받음으로, 또 그들의 정당한 명령과 조언에 즐거이 순종하고 그들의 교정에 기꺼이 순복함 으로, 그들의 다양한 계급과 지위의 성격에 따라 그들의 인격과 권위에 충성하 며, 그것들을 변호하고 지지하며, 또한 그들의 연약함을 짊어지고 사랑으로 덮 어 줌으로 그들과 그들의 다스림을 존경해야 합니다.

1. 아랫사람들은 윗사람들을 마음과

내 이름을 멸시하는 제사장들아 나 만군의 여호와가 너희에게 이르기를 <u>아들은 그 아버 지를, 종은 그 주인을 공경하나니</u> 내가 아버지일진대 나를 공경함이 어디 있느냐 내가 주 인일진대 나를 두려워함이 어디 있느냐 하나 너희는 이르기를 우리가 어떻게 주의 이름 을 멸시하였나이까 하는도다(말 1:6)

하나님께서는 자녀가 부모를 공경하듯 하나님을 공경하고, 종이 주인을 두려워하듯 하나님을 두려워하라고 말씀하셨습니다(말 1:6). 하나님께서는 자녀가 부모를 공경하 고 종이 주인을 두려워하는 것을, 당연한 것으로 전제하셨습니다. 따라서 아랫사람 들은 윗사람들을 마음으로 존경하기 위해 노력해야 합니다.

2. 말과

> 사라가 아브라함을 주라 칭하여 순종한 것 같이 너희는 선을 행하고 아무 두려운 일에도
> 놀라지 아니하면 그의 딸이 된 것이니라(벧전 3:6)
> 그의 자식들은 일어나 감사하며 그의 남편은 칭찬하기를(잠 31:28)

성경은 사라가 아브라함을 주라고 칭한 것을 선한 행위로 칭송합니다(벧전 3:6). 잠언
은 현숙한 여인이 자녀들에게 감사의 말을 듣는 것이 마땅하다고 말합니다(잠 31:28).
이처럼 아랫사람들은 윗사람들을 존경하는 마음을 말로 표현하기 위해 노력해야 합
니다. 윗사람들이 받아 마땅한 존경을 말로 표현하지 않는 것은 아랫사람의 의무를
게을리 행하는 것입니다.

3. 행동에 있어 모두 마땅한 존중을 나타내야 합니다.

> 너는 센 머리 앞에서 일어서고 노인의 얼굴을 공경하며 네 하나님을 경외하라 나는 여호
> 와이니라(레 19:32)

성경은 연장자 앞에서 일어서라고 말합니다. 이것은 윗사람을 존경하는 마음을 행
동으로 나타내라는 뜻입니다. 마음으로만 사랑하는 것은 참된 사랑이 아닙니다.
사랑은 표현되어야 합니다. 마찬가지로 아랫사람들은 윗사람들을 존경하는 마음
을 행동으로 표현하기 위해 노력해야 합니다.

4. 그들을 위한 기도와 감사로,

> 그러므로 내가 첫째로 권하노니 모든 사람을 위하여 간구와 기도와 도고와 감사를 하되
> 임금들과 높은 지위에 있는 모든 사람을 위하여 하라 이는 우리가 모든 경건과 단정함으
> 로 고요하고 평안한 생활을 하려 함이라(딤전 2:1-2)

바울은 모든 사람을 위하여 기도하되, 특별히 높은 지위에 있는 자들을 위해 하라고
말합니다(딤전 2:1-2). 윗사람들을 위해 기도하는 것은 그들을 존경해야 할 아랫사람들
의 의무입니다.

5. 그들의 덕과 은혜를 본받음으로,

> 하나님의 말씀을 너희에게 일러 주고 너희를 인도하던 자들을 생각하며 그들의 행실의
> 결말을 주의하여 보고 <u>그들의 믿음을 본받으라</u>(히 13:7)
> 형제들아 너희는 함께 <u>나를 본받으라</u> 그리고 너희가 우리를 본받은 것처럼 그와 같이 행
> 하는 자들을 눈여겨 보라(빌 3:17)

성경은 윗사람들의 행실을 본받으라고 말합니다(히 13:7). 이것은 윗사람들을 무조건
따르라는 말이 아닙니다. 그들의 행실이 하나님의 뜻에 부합될 때 그리하라는 것입
니다. "나를 본받으라"(빌 3:17)는 바울의 권면처럼, 우리는 '세상의 영웅'이 아니라 '믿
음의 윗사람들'을 본받아야 합니다.

6. 또 그들의 정당한 명령과 조언에 즐거이 순종하고

> 자녀들아 주 안에서 너희 부모에게 순종하라 <u>이것이 옳으니라</u>(엡 6:1-2)
> 각 사람은 위에 있는 권세들에게 복종하라 권세는 하나님으로부터 나지 않음이 없나니
> 모든 권세는 다 하나님께서 정하신 바라(롬 13:1)
> 인간의 모든 제도를 주를 위하여 순종하되 혹은 위에 있는 왕이나 혹은 그가 <u>악행하는 자</u>
> 를 징벌하고 선행하는 자를 포상하기 위하여 보낸 총독에게 하라(벧전 2:13-14)
> 종들아 두려워하고 떨며 성실한 마음으로 <u>육체의 상전에게 순종하기를 그리스도께 하듯</u>
> 하라 눈가림만 하여 사람을 기쁘게 하는 자처럼 하지 말고 그리스도의 종들처럼 마음으
> 로 하나님의 뜻을 행하고 <u>기쁜 마음으로 섬기기를 주께 하듯</u> 하고 사람들에게 하듯 하지
> 말라(엡 6:5-7)

바울은 윗사람들에게 순종하는 것이 옳다고 말합니다(엡 6:1). 그 이유는 크게 두 가지
입니다. 첫째, 모든 권세는 하나님께서 정하신 것이기 때문입니다(롬 13:1). 둘째, 하나님
께서 권위 있는 자들을 통해, 특히 국가 지도자들을 통해 악을 벌하고 선을 장려하는
일을 하시기 때문입니다(벧전 2:13-14). 따라서 우리는 기쁜 마음으로 섬기기를 주께 하
듯 하고, 사람들에게 하듯 하지 말아야 합니다(엡 6:5-7).

7. 그들의 교정에 기꺼이 순복함으로,

여호와의 사자가 그에게 이르되 네 여주인에게로 돌아가서 그 수하에 복종하라(창 16:9)

하갈은 사라를 피해 광야로 피신했습니다. 하갈이 아브라함의 아이를 잉태한 후 사라를 멸시하였고, 이로 인해 사라가 하갈을 학대하였기 때문입니다. 방황하던 하갈 앞에 나타난 여호와의 사자는 "네 여주인에게로 돌아가서 그 수하에 복종하라"고 말했습니다. 하나님은 하갈이 여주인 사라의 명령과 권고에 복종하기를 원하셨습니다. 이처럼 아랫사람들을 향한 하나님의 뜻은 윗사람들의 정당한 교정에 기꺼이 순복하는 것입니다.

8. 그들의 다양한 계급과 지위의 성격에 따라 그들의 인격과 권위에 충성하며,

종들은 자기 상전들에게 범사에 순종하여 기쁘게 하고 거슬러 말하지 말며 훔치지 말고 오히려 모든 참된 신실성을 나타내게 하라 이는 범사에 우리 구주 하나님의 교훈을 빛나게 하려 함이라(딛 2:9-10)

아랫사람들은 윗사람들의 인격과 권위에 충성해야 합니다(딛 2:9-10). 이때 계급과 지위에 따라 행동을 다르게 해야 합니다. 예를 들어 국가의 윗사람에게 충성하는 것은 교회의 윗사람에게 충성하는 것과 달라야 하고, 교회의 윗사람에게 충성하는 것은 가정의 윗사람에게 충성하는 것과 달라야 합니다. 우리가 처한 상황에 맞추어 가장 적절한 방식으로 윗사람들에게 순종해야 합니다.

9. 그것들을 변호하고

> 백성들이 이르되 왕은 나가지 마소서 우리가 도망할지라도 그들은 우리에게 마음을 쓰지 아니할 터이요 우리가 절반이나 죽을지라도 우리에게 마음을 쓰지 아니할 터이라 왕은 우리 만 명보다 중하시오니 왕은 성읍에 계시다가 우리를 도우심이 좋으니이다 하니라 (삼하 18:3)

다윗은 밧세바 사건 때문에 백성들의 지지를 상당히 상실했습니다. 그 결과 다윗의 통치를 반대하는 세력이 일어났습니다. 놀랍게도 반대 세력의 지도자는 다윗의 아들 압살롬이었습니다. 하지만 여전히 다윗을 따르며, 다윗을 지지하는 세력이 있었습니다(삼하 18:3). 그들은 다윗의 권위를 보호하고 변호하기 위해 목숨을 걸고 싸웠습니다. 우리 역시 윗사람들의 인격과 권위를 옹호하고 변호해 주어야 합니다.

10. 지지하며,

> 가르침을 받는 자는 말씀을 가르치는 자와 모든 좋은 것을 함께 하라(갈 6:6)

바울은 가르침을 받는 자들이, 말씀을 가르치는 자와 모든 좋은 것을 함께 해야 한다고 말합니다(갈 6:6). 이것은 윗사람들이 하는 일이 하나님의 뜻에 어긋나지 않는다면, 적극 지지하고 협력하라는 뜻입니다. 이처럼 아랫사람들은 윗사람들의 인격과 권위를 적극 지지하는 방식으로 그들을 향한 존경심을 나타내어야 합니다.

11. 또한 그들의 연약함을 짊어지고 사랑으로 덮어 줌으로

> 사환들아 범사에 두려워함으로 주인들에게 순종하되 선하고 관용하는 자들에게만 아니라 또한 까다로운 자들에게도 그리하라(벧전 2:18)

베드로는 선하고 관용하는 자들에게만 아니라, 까다로운 자들에게도 순종하라고 말합니다(벧전2:18). 하나님은 우리가 윗사람들의 자격과 조건을 따지기보다, 그들의 연약함을 사랑으로 덮어주기를 원하십니다.

12. 그들과 그들의 다스림을 존경해야 합니다.

> 그의 남편은 그 땅의 장로들과 함께 성문에 앉으며 <u>사람들의 인정을 받으며</u>(잠 31:23)

잠언 31장 23절은 현숙한 여인의 남편에 대한 말씀입니다. 현숙한 여인을 아내로 맞이하였으므로, 이 사람도 지혜로운 사람일 것입니다. 그리고 하나님은 이 지혜로운 자가 백성들의 인정을 받는 것이 옳다고 말씀하십니다. 그러므로 아랫사람들은 윗사람들과 그들의 다스림을 늘 존경해야 합니다.

아랫사람들이 윗사람들에게 범하는 죄는 무엇입니까?

답: 아랫사람들이 윗사람들에게 범하는 죄는 윗사람들에 대한 의무를 소홀히 하는 것, 그들의 정당한 권고와 명령과 교정에도 불구하고 그들의 인격과 지위를 시기하고 경멸하며 거스르는 것, 저주하고 조롱하는 것, 그리고 그들과 그들의 다스림에 치욕과 불명예가 되는 모든 완고하고 불미스러운 태도들입니다.

1. 아랫사람들이 윗사람들에게 범하는 죄는 윗사람들에 대한 의무를 소홀히 하는 것,

> 하나님이 이르셨으되 네 부모를 공경하라 하시고 또 아버지나 어머니를 비방하는 자는 반드시 죽임을 당하리라 하셨거늘 너희는 이르되 누구든지 아버지에게나 어머니에게 말하기를 내가 드려 유익하게 할 것이 <u>하나님께 드림이 되었다고 하기만 하면 그 부모를 공경할 것이 없다 하여 너희의 전통으로 하나님의 말씀을 폐하는도다</u>(마 15:4-6)

예수님 당시 유대 사회에서는 '고르반' 즉, 하나님께 드렸다고 맹세하기만 하면 연로한 부모를 돌보는 의무에서 벗어날 수 있었습니다. 예수님은 이 전통이 하나님의 말씀을 어기는 것이라고 정죄하셨습니다(마 15:6). 윗사람들에 대해 마땅히 해야 할 의무를 소홀히 하는 것은 제5계명을 어기는 일입니다.

2. 그들의 정당한 권고와

> 사람이 사람에게 범죄하면 하나님이 심판하시려니와 만일 사람이 여호와께 범죄하면 누가 그를 위하여 간구하겠느냐 하되 그들이 자기 아버지의 말을 듣지 아니하였으니 이는 여호와께서 그들을 죽이기로 뜻하셨음이더라(삼상 2:25)

엘리 제사장은 자신의 두 아들이 회막에서 여인들과 동침했다는 말을 들었습니다. 회막은 하나님께서 임재하시는 장소이므로 명백한 신성모독입니다. 이에 엘리 제사장은 두 아들을 권면했지만, 두 아들 모두 아버지의 정당한 권고를 받아들이지 않았습니다. 결국 엘리 제사장의 두 아들은 하나님의 심판을 받았습니다. 이처럼 윗사람의 정당한 권고를 받아들이지 않는 것은 제5계명을 어기는 일입니다.

3. 명령과 교정에도 불구하고

> 그 성읍 장로들에게 말하기를 우리의 이 자식은 완악하고 패역하여 우리 말을 듣지 아니하고 방탕하며 술에 잠긴 자라 하면 그 성읍의 모든 사람들이 그를 돌로 쳐죽일지니 이같이 네가 너희 중에서 악을 제하라 그리하면 온 이스라엘이 듣고 두려워하리라(신 21:20-21)

하나님께서는 부모의 말을 듣지 않는 완악하고 패역한 자를 돌로 쳐서 죽이라고 하셨습니다(신 21:18). 이처럼 윗사람의 정당한 명령과 교정에 기꺼이 순복하지 않는 것은 제5계명을 어기는 일입니다.

4. 그들의 인격과

> 자기 아버지나 어머니를 치는 자는 반드시 죽일지니라(출 21:15)

하나님은 "자기 아버지나 어머니를 치는 자", 즉 부모의 인격에 손상을 가하는 자는 반드시 죽여야 한다고 말씀하셨습니다. 윗사람의 인격을 모독하는 것은 제5계명을 어기는 일입니다.

5. 지위를

> 어떤 불량배는 이르되 이 사람이 어떻게 우리를 구원하겠느냐 하고 멸시하며 예물을 바치지 아니하였으나 그는 잠잠하였더라(삼상 10:27)

성경은 기름부음을 받고 이스라엘의 왕으로 세워진 사울을 인정하지 않은 자들을 "불량배"라고 말합니다. 이처럼 윗사람의 지위를 인정하지 않고, 충성하지 않는 것은 제5계명을 어기는 일입니다.

6. 시기하고 경멸하며

> 그와는 내가 대면하여 명백히 말하고 은밀한 말로 하지 아니하며 그는 또 여호와의 형상을 보거늘 너희가 어찌하여 내 종 모세 비방하기를 두려워하지 아니하느냐 여호와께서 그들을 향하여 진노하시고 떠나시매(민 12:8-9)

하나님께서 아론과 미리암에게 진노하셨던 것은 그들이 모세의 지위를 시기하고 경멸하였기 때문입니다(민 12:8). 이처럼 윗사람의 지위를 시기하는 것은 제5계명을 어기는 일입니다.

7. 거스르는 것,

> 이에 압살롬이 정탐을 이스라엘 모든 지파 가운데에 두루 보내 이르기를 너희는 나팔 소리를 듣거든 곧 말하기를 압살롬이 헤브론에서 왕이 되었다 하라 하니라(삼하 15:10)

윗사람을 거스르는 것은 마땅히 존경해야 할 지위에 있는 대상을 적극적으로 거부하는 것을 의미합니다. 압살롬의 반역이 대표적입니다. 그는 왕이자 아버지였던 다윗을 거슬러 반란을 일으켰습니다. 하지만 상당한 세력에도 불구하고 그의 반란은 실패로 돌아갔습니다. 하나님께서 그를 심판하셨기 때문입니다. 이처럼 윗사람을 거스르는 것은 제5계명을 어기는 일입니다.

8. 저주하고 조롱하는 것,

> 아비를 저주하며 어미를 축복하지 아니하는 무리가 있느니라...아비를 조롱하며 어미 순종하기를 싫어하는 자의 눈은 골짜기의 까마귀에게 쪼이고 독수리 새끼에게 먹히리라(잠 30:11,17)

윗사람을 저주하는 것은 그들에게 악한 일이 일어나기를 간절히 소망하는 것입니다. 윗사람을 조롱하는 것은 그들을 존경하는 대신 경멸하고 무시하는 것입니다. 하나님은 이러한 자들에게 심판을 약속하셨습니다(잠 30:11, 17). 이처럼 윗사람을 저주하고 조롱하는 것은 제5계명을 어기는 일입니다.

9. 그리고 그들과 그들의 다스림에 치욕과 불명예가 되는 모든 완고하고 불미스러운 태도들입니다.

> 아비를 구박하고 어미를 쫓아내는 자는 부끄러움을 끼치며 능욕을 부르는 자식이니라(잠 19:26)

성경은 "아비를 구박하고 어미를 쫓아내는 자"를 정죄합니다. 이처럼 윗사람과 그들의 다스림에 치욕과 불명예가 되는 행동들은 제5계명을 어기는 일입니다.

아랫사람들에 대한 윗사람들의 의무는 무엇입니까?

답: 아랫사람들에 대한 윗사람들의 의무는 그들이 하나님께로부터 받은 권세와 그들이 서 있는 관계에 따라서 그들의 아랫사람들을 사랑하고, 그들을 위하여 기도하며 축복할 뿐만 아니라, 그들을 가르치고 권고하며 훈계하는 것입니다. 또한 잘하는 자들에게는 격려하고 칭찬하며 상을 주고, 잘못하는 자들에게는 부끄럽게 하고 책망하며 징계하면서, 그들을 보호하고, 그들을 위해 영육 간에 필요한 모든 것을 공급하는 것입니다. 그리고 신중하며 지혜롭고 거룩하며 모범적인 태도로 하나님께 영광을 돌리고 스스로를 영예롭게 함으로써, 하나님께서 그들에게 위임하신 권위를 보존하는 것입니다.

1. 아랫사람들에 대한 윗사람들의 의무는 그들이 하나님께로부터 받은 권세와 그들이 서 있는 관계에 따라서 그들의 아랫사람들을 사랑하고,

> 그러나 나는 너희가 알기를 원하노니 각 <u>남자의 머리는 그리스도요 여자의 머리는 남자</u>요 그리스도의 머리는 하나님이시라(고전 11:3)
> 아내들아 남편에게 복종하라 이는 주 안에서 마땅하니라 <u>남편들아 아내를 사랑하며 괴롭게 하지 말라</u>(골 3:18-19)

모든 관계에는 질서가 있습니다. 여자의 머리는 남자, 남자의 머리는 그리스도가 되는 것이 하나님께서 세우신 질서입니다(고전 11:3). 그래서 가정에서 아내의 윗사람은 남편입니다. 이것은 남자가 여자보다 뛰어나다는 뜻이 아닙니다. 다만 그 질서가 하나님의 뜻이라는 점이 중요합니다. 아내들이 남편에게 복종해야 하는 이유는 남편이 아내보다 탁월해서가 아닙니다. 하나님께서 그것을 원하시기 때문입니다. 그렇다고 해서 남편에게 권위만 있는 것은 아닙니다. 남편에게는 아내를 사랑하며 괴롭게 하지 말아야 할 책임이 있습니다(골 3:19). 이처럼 윗사람들에게는 아랫사람들을 사랑할 책임이 있습니다. 가정과 교회와 국가의 윗사람들은 그들의 권위에 합당한 책임과 사랑을 아랫사람들에게 보여 주어야 합니다.

2. 그들을 위하여 기도하며

> 나는 <u>너희를 위하여 기도하기를 쉬는 죄를 여호와 앞에 결단코 범하지 아니하고</u> 선하고 의로운 길을 너희에게 가르칠 것인즉(삼상 12:23)
> 그들이 차례대로 잔치를 끝내면 욥이 그들을 불러다가 성결하게 하되 아침에 일어나서 그들의 명수대로 번제를 드렸으니 <u>이는 욥이 말하기를 혹시 내 아들들이 죄를 범하여 마음으로 하나님을 욕되게 하였을까 함이라</u> 욥의 행위가 항상 이러하였더라(욥 1:5)

성경은 사무엘 선지자가 백성들을 위해 기도한 것과(삼상 12:23) 욥이 자녀들을 위해 기도한 것을 아름다운 모범으로 제시합니다(욥 1:5). 아랫사람들을 위해 기도하는 것은 윗사람들의 의무입니다. 가정과 교회와 국가의 윗사람들은 아랫사람들을 위해 기도하기를 쉬는 죄를 범하지 말아야 합니다.

3. 축복할 뿐만 아니라,

> 논란의 여지 없이 낮은 자가 <u>높은 자에게서 축복을 받느니라</u>(히 7:7)
> 서서 큰 소리로 이스라엘의 <u>온 회중을 위하여 축복하며 이르되</u> 여호와를 찬송할지로다 그가 말씀하신 대로 그의 백성 이스라엘에게 태평을 주셨으니 그 종 모세를 통하여 무릇 말씀하신 그 모든 좋은 약속이 하나도 이루어지지 아니함이 없도다(왕상 8:55-56)
> 이들은 이스라엘의 열두 지파라 이와 같이 그들의 아버지가 그들에게 말하고 <u>그들에게 축복하였으니</u> 곧 그들 각 사람의 분량대로 축복하였더라(창 49:28)

아랫사람들 축복하는 것은 윗사람들의 의무입니다(히 7:7). 백성들을 축복한 솔로몬과(왕상 8:55-56) 자녀들을 축복한 야곱이 대표적입니다(창 49:28).

4. 그들을 가르치고

> 오늘 내가 네게 명하는 이 말씀을 너는 마음에 새기고 네 자녀에게 부지런히 가르치며 집에 앉았을 때에든지 길을 갈 때에든지 누워 있을 때에든지 일어날 때에든지 이 말씀을 강론할 것이며(신 6:6-7)
> 마땅히 행할 길을 아이에게 가르치라 그리하면 늙어도 그것을 떠나지 아니하리라 (잠 22:6)
> 너는 이것들을 명하고 가르치라(딤전 4:11)

사람은 죄로 인해 지성이 어두워졌습니다. 타락하기 전에는 배우지 않아도 하나님의 뜻을 알 수 있었지만, 타락한 이후에는 배워야만 알 수 있습니다. 그래서 아랫사람들을 가르치는 것은 윗사람들의 중요한 의무입니다. 특히 자녀에게 신앙을 가르치는 것은 하나님께서 부모에게 부과하신 중요한 의무입니다(신 6:6-7; 딤전 4:11). 부모는 자녀의 신앙교육을 교회나 학교에만 맡겨 두어서는 안 됩니다. 부모만큼 자녀를 잘 알고 사랑하는 사람은 없다는 점에서, 부모는 가장 좋은 교사입니다.

5. 권고하며 훈계하는 것입니다.

> 또 아비들아 너희 자녀를 노엽게 하지 말고 오직 주의 교훈과 훈계로 양육하라(엡 6:4)

바울은 자녀들을 훈계하는 것이 부모의 의무라고 말합니다(엡 6:4). 여기서 '훈계'로 번역된 헬라어 '누데시아'는 '교정을 위한 교훈'을 뜻합니다. 자녀가 죄를 지었을 때 그것을 좌시하지 말고, 교정해 주어야 할 책임이 부모에게 있다는 것입니다. 이처럼 윗사람들에게는 아랫사람들이 올바른 삶을 살도록, 권고하고 훈계할 의무가 있습니다. 하지만 "자녀를 노엽게 하지" 말라는 말씀처럼, 반드시 인자와 사랑으로 훈계해야 합니다.

6. 또한 잘하는 자들에게는 격려하고 칭찬하며

> 다스리는 자들은 선한 일에 대하여 두려움이 되지 않고 악한 일에 대하여 되나니 네가 권세를 두려워하지 아니하려느냐 선을 행하라 그리하면 그에게 칭찬을 받으리라(롬 13:3)

로마서 13장의 주제는 '권세'입니다. 특히 국가 지도자들의 권세에 대해 말하고 있습니다. 여기서 바울은 선을 행하는 자들이 지도자들에게 칭찬을 받는 것은 마땅하다고 말합니다. 그럼으로써 아랫사람들은 더욱 힘써 옳은 일을 할 것이기 때문입니다. 그러므로 윗사람들에게는 아랫사람들을 격려하고 칭찬할 의무가 있습니다.

7. 상을 주고,

> 혹은 그가 악행하는 자를 징벌하고 선행하는 자를 포상하기 위하여 보낸 총독에게 하라 (벧전2:14)

베드로는 하나님께서 지도자를 세우신 이유가 "선행하는 자를 포상하기" 위한 것이라고 말합니다. 악을 행하는 자에게 벌을 내리고 선을 행하는 자에게 상을 내릴 때, 사람들이 더욱 힘써 선을 행할 것이기 때문입니다. 이처럼 옳은 일을 행한 자들에게 상을 주는 것은 윗사람들의 의무입니다.

8. 잘못하는 자들에게는 부끄럽게 하고 책망하며 징계하면서,

> 그는 하나님의 사역자가 되어 네게 선을 베푸는 자니라 그러나 네가 악을 행하거든 두려워하라 그가 공연히 칼을 가지지 아니하였으니 곧 하나님의 사역자가 되어 악을 행하는 자에게 진노하심을 따라 보응하는 자니라(롬 13:4)
> 채찍과 꾸지람이 지혜를 주거늘 임의로 행하게 버려 둔 자식은 어미를 욕되게 하느니라 (잠 29:15)

국가의 권세는 하나님에게서 온 것입니다. 국가가 가지고 있는 칼의 권세 역시 마찬가지입니다. 하나님은 국가가 가지고 있는 칼의 권세를 통해 악한 자들을 벌하십니다(롬 13:4). 그러므로 국가 지도자들은 악을 행하는 자들을 책망하고 징계해야 합니다.

부모도 마찬가지입니다. 하나님은 부모에게 자녀를 징계하고 책망할 수 있는 권위를 주셨습니다. 성경은 부모의 채찍과 꾸지람이 자녀를 지혜롭게 한다고 말합니다. 교회에도 책망하고 징계하는 권세가 있습니다. 이것을 '권징'이라고 합니다. 이처럼 국가와 가정과 교회의 윗사람들은 아랫사람들의 잘못된 행동을 좌시하지 말아야 합니다. 잘못하는 자들에 대해서는 부끄럽게 하고 책망하며 징계하는 것이 그들의 의무입니다.

9. 그들을 보호하고, 그들을 위해 영육 간에 필요한 모든 것을 공급하는 것입니다.

> 또 아비들아 너희 자녀를 노엽게 하지 말고 오직 주의 교훈과 훈계로 양육하라(엡 6:4)
> 누구든지 자기 친족 특히 자기 가족을 돌보지 아니하면 믿음을 배반한 자요 불신자보다
> 더 악한 자니라(딤전 5:8)

부모는 영육 간의 양식을 자녀에게 공급해 주어야 합니다. 이러한 의무는 정도의 차이는 있지만 국가와 교회에도 적용됩니다. 국가는 침략자들과 범죄자들로부터 국민을 보호할 책임이 있습니다. 교회는 거짓 교리와 이단들로부터 성도들을 보호할 책임이 있습니다. 이처럼 윗사람들은 아랫사람들을 보호하며, 그들에게 필요한 영육 간의 양식을 공급해 주어야 합니다.

10. 그리고 신중하며 지혜롭고 거룩하며 모범적인 태도로 하나님께 영광을 돌리고 스스로를 영예롭게 함으로써,

> 누구든지 네 연소함을 업신여기지 못하게 하고 오직 말과 행실과 사랑과 믿음과 정절에
> 있어서 믿는 자에게 본이 되어(딤전 4:12)
> 늙은 여자로는 이와 같이 행실이 거룩하며 모함하지 말며 많은 술의 종이 되지 아니하며
> 선한 것을 가르치는 자들이 되고(딛 2:3)

바울은 디모데에게 믿는 자의 본이 될 것을 요구했고(딤전 4:12), 디도에게는 연장자들이 본이 되는 삶을 살도록 가르칠 것을 요구했습니다(딛 2:3). 이처럼 아랫사람들의 모범이 되는 것은 윗사람들의 의무입니다. 그것은 자신을 영예롭게 할 뿐만 아니라 아

랫사람들에게 선한 영향을 미치는 일입니다. 존경받지 않는 윗사람들의 가르침과 훈계는 무시될 것이기 때문입니다. 자주 법을 어기는 국가 지도자가 국민에게 법을 지키라고 요구하는 것은 우스운 일입니다. 경건하지 않은 목사가 성도들에게 경건한 삶을 요구하는 것도 마찬가지입니다.

11. 하나님께서 그들에게 위임하신 권위를 보존하는 것입니다.

> 너는 이것을 말하고 권면하며 모든 권위로 책망하여 누구에게서든지 업신여김을 받지 말라(딛 2:15)

바울은 디도에게 업신여김 받을 행동을 하지 말라고 했습니다(딛 2:15). 디도가 교회 안에서 가지고 있는 권위는 하나님에게서 온 것이므로, 디도의 권위가 무시당하는 것은 곧 하나님의 권위가 무시당하는 것과 같았기 때문입니다. 이 원리는 가정과 국가에도 적용됩니다. 가정과 교회와 국가의 윗사람들은 모범적인 삶을 통해 하나님께서 주신 권위를 지켜야 합니다. 만약 가정과 교회와 국가의 윗사람들이 모범적인 삶을 살지 않아 권위를 상실하게 된다면, 가정과 교회와 국가를 지탱하던 질서도 사라지게 될 것입니다. 실제로 가정과 학교의 붕괴를 경고하는 사람들이 많습니다. 이것은 윗사람들의 권위가 무너진 결과입니다. 자녀들이 부모의 권위를 인정하지 않고, 학생들이 교사의 권위를 인정하지 않은 결과입니다. 그러므로 윗사람들이 존경받는 삶을 사는 것은 매우 중요한 의무입니다.

제130문 윗사람들의 죄는 무엇입니까?

답: 윗사람들의 죄는 그들에게 요구된 의무를 소홀히 하는 것 외에, 그들 자신과 그들의 영광, 안일, 이익, 또는 기쁨을 지나치게 추구하는 것입니다. 또 옳지 못한 일이나 아랫사람의 힘에 부치는 일을 하라고 명하는 것, 악한 일을 권하거나 격려하며 좋아하게 하고, 선한 일을 만류하거나 저지하거나 부끄러워하게 하는 것입니다. 그리고 그들을 부당하게 징계하고, 그들을 오류와 유혹과 위험에 부주의하게 노출시키거나 방치하며, 그들을 노하도록 격동시키는 것입니다. 또는 어떤 형태로든지 그들을 욕되게 하거나, 부당하고 경솔하며 가혹하고 부주의한 행위로 그들의 권위를 깎아내리는 일입니다.

1. 윗사람들의 죄는 그들에게 요구된 의무를 소홀히 하는 것 외에,

> 인자야 너는 이스라엘 목자들에게 예언하라 그들 곧 목자들에게 예언하여 이르기를 주 여호와께서 이같이 말씀하시되 자기만 먹는 이스라엘 목자들은 화 있을진저 목자들이 양 떼를 먹이는 것이 마땅하지 아니하냐 너희가 살진 양을 잡아 그 기름을 먹으며 그 털을 입되 양 떼는 먹이지 아니하는도다(겔 34:2-4)

하나님은 양 떼를 먹이지 않고 자기만 먹는 목자들을 벌하겠다고 하셨습니다(겔 34:2-4). 여기서 목자들은 왕들을, 양 떼는 백성들을 의미합니다.[22] 하나님께서 왕을 세우신 목적은, 하나님 대신 하나님의 백성들을 돌보는 것입니다. 하지만 이스라엘의 왕들은 양을 돌보지 않고 자기 배만 불리는 악한 목자들처럼, 자기 이익과 쾌락만을 추구했습니다. 이것은 윗사람의 의무를 소홀히 하는 것으로서, 제5계명을 어기는 일입니다.

---

22 리고니어 미니스트리 출판부, 『개혁주의 스터디 바이블』, 김진운 외 옮김 (서울: 부흥과 개혁사, 2017), 1384.

2. 그들 자신과 그들의 영광, 안일, 이익, 또는 기쁨을 지나치게 추구하는 것입니다.

자신의 영광을 지나치게 추구하는 것	너희가 <u>서로 영광을 취하고</u> 유일하신 하나님께로부터 오는 영광은 구하지 아니하니 어찌 나를 믿을 수 있느냐(요 5:44)
자신의 안일(평안)을 지나치게 추구하는 것	그들이 <u>다 자기 일을 구하고</u> 그리스도 예수의 일을 구하지 아니하되(빌 2:21)
자신의 이익을 지나치게 추구하는 것	이 개들은 탐욕이 심하여 족한 줄을 알지 못하는 자들이요 그들은 몰지각한 목자들이라 다 제 길로 돌아가며 사람마다 <u>자기 이익만 추구하며</u>(사 56:11)
자신의 기쁨(쾌락)을 지나치게 추구하는 것	그에게 아내를 많이 두어 그의 마음이 미혹되게 하지 말 것이며 <u>자기를 위하여 은금을 많이 쌓지 말 것이니라</u>(신 17:17)

윗사람들은 자신의 명예(영광)와 평안(안일), 또는 이익과 쾌락(기쁨)을 지나치게 추구하지 말아야 합니다. 그런 이기심은 필연적으로 아랫사람들을 착취하는 행동으로 이어지기 때문입니다. 하나님께서 윗사람들에게 권위를 주신 것은 그들의 이기심을 충족시키기 위해서가 아닙니다. 윗사람들은 자신에게 주어진 권위를 사용할 때 하나님의 뜻을 생각해야 합니다. 예를 들어, 다윗이 밧세바를 간음하고 우리야를 죽이는 데 자신의 권위를 사용한 것은 하나님의 뜻과 아무 상관이 없었습니다. 이처럼, 하나님의 뜻과 상관없이 권위를 사용하는 것은 제5계명을 어기는 일입니다.

3. 또 옳지 못한 일이나

선포하는 자가 크게 외쳐 이르되 백성들과 나라들과 각 언어로 말하는 자들아 왕이 너희 무리에게 명하시나니 너희는 나팔과 피리와 수금과 삼현금과 양금과 생황과 및 모든 악기 소리를 들을 때에 엎드리어 <u>느부갓네살 왕이 세운 금 신상에게 절하라 누구든지 엎드려 절하지 아니하는 자는 즉시 맹렬히 타는 풀무불에 던져 넣으리라</u> 하였더라(단 3:4-6)

느부갓네살 왕은 금 신상에게 절할 것을 명령했습니다(단 3:4-6). 다리오 왕은 자신 외에는 누구에게도 절하지 말 것을 명령했습니다(단 6:4-9). 이처럼, 아랫사람에게 옳지 못한 일을 명하는 것은 하나님께서 주신 권위를 남용하는 것으로 제5계명을 어기는 일입니다.

4. 아랫사람의 힘에 부치는 일을 하라고 명하는 것,

> 또 무거운 짐을 묶어 사람의 어깨에 지우되 자기는 이것을 한 손가락으로도 움직이려 하지 아니하며(마 23:4)

바리새인들은 율법으로 구원에 이를 수 있다고 주장하는 '율법주의자'였습니다. 그들은 스스로의 노력으로 천국에 들어갈 수 있다고 가르쳤습니다. 하지만 그 누가 율법을 다 지킬 수 있을까요? 바리새인들은 사람들의 어깨에 지기 힘든 무거운 짐을 지웠을 뿐입니다. 이처럼, 힘에 부치는 일을 아랫사람들에게 명하는 것은 하나님께서 주신 권위를 남용하는 것으로 제5계명을 어기는 일입니다.

5. 악한 일을 권하거나

> 그가 제 어머니의 시킴을 듣고 이르되 세례 요한의 머리를 소반에 얹어 여기서 내게 주소서 하니(마 14:8)

헤로디아의 딸이 춤으로 헤롯의 마음을 기쁘게 했습니다. 헤롯은 무엇이든지 달라는 대로 주겠다고 약속했습니다. 이에 헤로디아는 딸에게 세례 요한의 머리를 요구하라고 했습니다. 세례 요한이 헤로디아와 헤롯의 결혼을 반대했기 때문입니다. 결과적으로 헤로디아는 자신의 딸을 살인자로 만들었습니다. 이처럼, 악한 일을 권하는 것은 하나님께서 주신 권위를 남용하는 것으로 제5계명을 어기는 일입니다.

6. 격려하며

> 압살롬이 이미 그의 종들에게 명령하여 이르기를 너희는 이제 암논의 마음이 술로 즐거워할 때를 자세히 보다가 내가 너희에게 암논을 치라 하거든 그를 죽이라 두려워하지 말라 내가 너희에게 명령한 것이 아니냐 너희는 담대히 용기를 내라 한지라(삼하 13:28)

압살롬은 자신의 부하들에게 암논을 죽이라고 명령했습니다. 암논은 압살롬의 이복 형이자, 다윗의 아들이었습니다. 부하들은 암논을 죽이는 것을 주저하고 두려워하였을 것이 분명합니다. 그때 압살롬은 부하들에게 용기를 내라고 격려했습니다(삼하 13:28). 이처럼, 악한 일을 격려하는 것은 하나님께서 주신 권위를 남용하는 것으로 제 5계명을 어기는 일입니다.

7. 좋아하게 하고,

> 내가 그의 집을 영원토록 심판하겠다고 그에게 말한 것은 그가 아는 죄악 때문이니 이는 그가 자기의 아들들이 저주를 자청하되 금하지 아니하였음이니라(삼상 3:13)

엘리 제사장의 아들들은 성막에서 간음을 행했습니다. 하지만 엘리 제사장은 아들들의 행동을 금하지 않았습니다. 그 결과 엘리 제사장의 가문은 멸절되고 말았습니다. 이처럼 아랫사람들의 악한 일을 방치하는 것은 하나님께서 주신 권위를 올바르게 행사하지 않는 것이므로 제5계명을 어기는 일입니다.

8. 선한 일을 만류하거나 저지하며 부끄러워하게 하는 것입니다.

> 아랫사람들이 대답하되 그 사람이 말하는 것처럼 말한 사람은 이 때까지 없었나이다 하니 바리새인들이 대답하되 너희도 미혹되었느냐 당국자들이나 바리새인 중에 그를 믿는 자가 있느냐 율법을 알지 못하는 이 무리는 저주를 받은 자로다(요 7:46-49)
> 바로가 이르되 너희가 게으르다 게으르다 그러므로 너희가 이르기를 우리가 가서 여호와께 제사를 드리자 하는도다(출 5:17)

바리새인들은 백성들이 예수님을 믿지 못하도록 만류하고 저지했습니다(요 7:46-49). 바로는 하나님께 제사를 드리겠다는 백성들의 요구를 묵살했습니다(출 5:17). 이처럼 윗사람이 아랫사람에게 선한 일을 만류하고 저지하며 부끄러워하게 만드는 것은 제 5계명을 어기는 일입니다. 권위를 가진 사람들의 말과 행동은 아랫사람들에게 큰 영향을 미치기 때문입니다. 예를 들어 목사가 성도들에게 악한 일을 요구하는 것은, 훨씬 더 비참한 결과를 가져올 것이 분명합니다. 부모가 자녀들에게 미치는 영향도 마찬가지입니다. 그러므로 권위를 가진 자들은 말과 행동을 조심해야 합니다. 더 큰 권위에는 더 큰 책임이 따르는 법입니다.

9. 그리고 그들을 부당하게 징계하고,

> 사십까지는 때리려니와 그것을 넘기지는 못할지니 만일 그것을 넘겨 매를 지나치게 때리면 네가 네 형제를 경히 여기는 것이 될까 하노라(신 25:3)

율법에 따르면 죄인을 벌할 때, 사십 대 이상을 넘겨서는 안 됩니다(신 25:3). 거기에는 크게 두 가지 이유가 있습니다.[23] 첫째, 과도한 징계는 그 자체로 옳지 않기 때문입니다. 둘째, 적절한 징계는 행실의 개선을 가져오지만 과도한 징계는 반감과 분노를 가져오기 때문입니다. 그러므로 아랫사람을 부당하게 징계하는 것은 하나님께서 주신 권위를 올바르게 행사하지 않는 것으로 제5계명을 어기는 일입니다.

10. 그들을 오류와 유혹과 위험에 부주의하게 노출시키거나 방치하며,

> 아브람은 가나안 땅에 거주하였고 롯은 그 지역의 도시들에 머무르며 그 장막을 옮겨 소돔까지 이르렀더라 소돔 사람은 여호와 앞에 악하며 큰 죄인이었더라(창 13:12-13)
> 유다의 아사 왕 제삼십팔년에 오므리의 아들 아합이 이스라엘의 왕이 되니라...사마리아에 건축한 바알의 신전 안에 바알을 위하여 제단을 쌓으며 또 아세라 상을 만들었으니 그는 그 이전의 이스라엘의 모든 왕보다 심히 이스라엘 하나님 여호와를 노하시게 하였더라(왕상 16:29-33)

롯은 아브라함을 떠나 소돔으로 갔습니다(창 13:12-13). 그 결과 롯의 가족들은 소돔의 음란한 문화에 상당한 영향을 받았습니다. 롯의 딸들이 아버지 롯과 동침한 것도 소돔의 타락한 문화에 물든 결과입니다. 아합은 바알과 아세라 숭배를 도입했습니다(왕상 16:29-33). 이후로 이스라엘은 지속적으로 우상을 숭배했습니다. 그 결과 하나님의 심판을 받았습니다. 이처럼 윗사람들이 아랫사람들을 시험과 위험에 빠지게 하는 것은 하나님께서 주신 권위를 올바르게 행사하지 않는 것으로서, 제5계명을 어기는 일입니다.

---

23 J. G. 보스, G. I. 윌리암슨, 『웨스트민스터 대요리문답 강해』, 류근상 옮김 (서울: 크리스챤출판사, 2007), 467.

11. 그들을 노하도록 격동시키는 것입니다.

또 아비들아 너희 자녀를 노엽게 하지 말고 오직 주의 교훈과 훈계로 양육하라(엡 6:4)

부모는 자녀를 노엽게 하지 말아야 합니다(엡 6:4). 자녀를 노엽게 하는 것은 아버지의 권한을 넘어서는 일입니다. 많은 부모가 자신의 욕망을 자녀를 통해 대신 이루려 함으로써 이런 실수를 반복합니다. 자신이 하지 못했던 일을 자녀를 통해 이루려 할 때 정도를 넘어서기 쉽습니다. 그때마다 자녀들은 부모의 요구가 부당하다고 생각할 것입니다. 윗사람들은 자신의 권위를 지나치게 남용하여 아랫사람들을 격동시키지 않도록 주의해야 합니다.

12. 또는 어떤 형태로든지 그들을 욕되게 하거나, 부당하고 경솔하며 가혹하고 부주의한 행위로 그들의 권위를 깎아내리는 일입니다.

포도주를 마시고 취하여 그 장막 안에서 벌거벗은지라(창 9:21)
왕이 포학한 말로 백성에게 대답할새 노인의 자문을 버리고(왕상 12:13)

윗사람들의 권위는 하나님께서 주신 것이므로 권위에 합당하게 행동하지 않는 것은 제5계명을 어기는 일입니다. 대표적인 인물로 노아와 르호보암을 들 수 있습니다. 노아는 술에 취한 모습을 자녀들에게 보여줌으로써 부모의 권위를 스스로 깎아내렸습니다(창 9:21). 르호보암은 백성들을 학대함으로써 왕의 권위를 스스로 깎아 내렸습니다(왕상 12:13).

제131문 동등한 사람들 사이의 의무는 무엇입니까?

답: 동등한 사람들 사이의 의무는 서로의 존엄성과 가치를 존중하고, 서로를 먼저 존경하며, 서로의 은사와 높아짐을 자신의 것인 양 기뻐하는 것입니다.

1. 동등한 사람들 사이의 의무는 서로의 존엄성과 가치를 존중하고,

> 뭇 사람을 공경하며 형제를 사랑하며 하나님을 두려워하며 왕을 존대하라(벧전 2:17)
> 하나님이 자기 형상 곧 하나님의 형상대로 사람을 창조하시되 남자와 여자를 창조하시고
> (창 1:27)

동등한 지위에 있는 자들 사이에서 서로를 존중하는 모습을 보기란 쉽지 않습니다. 하지만 성경은 모든 사람을 공경하라고 말합니다(벧전 2:17). 그 이유는 모든 사람이 하나님의 형상으로 창조되었기 때문입니다(창 1:27). 우리는 각 사람이 가지고 있는 하나님의 형상이라는 가치에 근거하여 서로를 존엄하게 대해야 합니다.

2. 서로를 먼저 존경하며,

> 형제를 사랑하여 서로 우애하고 존경하기를 서로 먼저 하며(롬 12:10)

동등한 지위에 있는 자들 사이에는 '이기적인 경쟁심'이 자리 잡기 쉽습니다. 동등한 자들끼리 자주 서로를 과소평가하고 비난하는 이유가 여기에 있습니다. 하지만 성경은 "존경하기를 서로 먼저" 하라고 말합니다(롬 12:10). 하나님은 우리가 동등한 관계에서도 상대방을 높이기를 원하십니다.

3. 서로의 은사와 높아짐을 자신의 것인 양 기뻐하는 것입니다.

> 즐거워하는 자들과 함께 즐거워하고 우는 자들과 함께 울라 서로 마음을 같이하며 높은
> 데 마음을 두지 말고 도리어 낮은 데 처하며 스스로 지혜 있는 체 하지 말라(롬 12:15-16)

즐거워하는 자들과 함께 즐거워하기란 어려운 일입니다. 우리에게는 다른 사람의 성공을 시기하는 마음이 있기 때문입니다. 이때 필요한 것이 거시적인 관점입니다. 우리 삶에서 일어나는 모든 일을 하나님의 영광이라는 관점에서 보는 것입니다. 누구의 은사와 높아짐이든지 그것이 하나님께 영광이 된다면, 함께 기뻐할 수 있는 마음을 가져야 합니다.

제132문 동등한 사람들 사이의 죄는 무엇입니까?

답: 동등한 사람들 사이의 죄는 요구된 의무를 소홀히 하는 것 외에, 서로의 가치를 과소평가하고 서로의 은사를 시기하며, 서로의 높아짐과 번영을 배 아파하고, 다른 사람보다 높아지려고 횡포를 부리는 것입니다.

1. 동등한 사람들 사이의 죄는 요구된 의무를 소홀히 하는 것 외에,

> 피차 사랑의 빚 외에는 아무에게든지 아무 빚도 지지 말라 남을 사랑하는 자는 율법을 다 이루었느니라(롬 13:8)

"피차 사랑의 빚 외에는 아무에게든지 아무 빚도 지지 말라"는 말씀은 신자들이 가지고 있는 사랑의 의무를 강조하는 표현입니다(롬 13:8). 단지 미워하는 것만 죄라고 생각해서는 안 됩니다. 서로 사랑하기를 소홀히 하는 것도 하나님께서 슬퍼하시는 일입니다.

2. 서로의 가치를 과소평가하고

> 무정하며 원통함을 풀지 아니하며 모함하며 절제하지 못하며 사나우며 선한 것을 좋아하지 아니하며(딤후 3:3)

바울은 서로 모함하는 것을 말세의 징조로 말했습니다(딤후 3:3). 하나님의 뜻은 '상호 비방'이 아니라 '상호 존중'입니다. 따라서 '동등한 지위에 있는 자들이 서로의 가치를 과소평가하는 것은 제5계명을 어기는 일입니다.

3. 서로의 은사를 시기하며,

> 여러 조상이 <u>요셉을 시기하여</u> 애굽에 팔았더니 하나님이 그와 함께 계셔(행 7:9)

요셉의 형들은 시기심 때문에 요셉을 애굽에 팔았습니다(행 7:9). 동생을 향한 시기심이 그들의 영혼을 완전히 황폐하게 만들어 결국에는 동생을 노예로 파는 지경까지 이르렀던 것입니다. 이처럼 시기심은 파괴적인 결과를 가져옵니다. 시기심은 다른 사람에게 피해를 주는 것뿐만 아니라, 자기 자신도 피해자로 만듭니다. 그래서 잠언은 시기심이 뼈를 썩게 한다고 말합니다(잠 14:30). 시기심의 노예가 되어 인격과 성품이 피폐해지지 않도록 늘 하나님의 은혜를 구해야 합니다.

4. 서로의 높아짐과 번영을 배 아파하고,

> 모세가 구스 여자를 취하였더니 그 구스 여자를 취하였으므로 <u>미리암과 아론이 모세를 비방하니라</u> 그들이 이르되 여호와께서 모세와만 말씀하셨느냐 우리와도 말씀하지 아니하셨느냐 하매 여호와께서 이 말을 들으셨더라(민 12:1-2)

미리암과 아론은 구스 여자를 취한 일로 모세를 비방합니다. 하지만 그들이 모세를 비방한 근본적인 이유는 모세가 자신들보다 높아진 것에 대한 시기심 때문이었습니다. 그들은 동생의 위치를 시기했습니다. 이 일 때문에 미리암은 나병에 걸렸습니다. 이처럼 동료들의 진보와 번영을 배 아파 하는 것은 하나님의 뜻이 아닙니다.

5. 다른 사람보다 높아지려고 횡포를 부리는 것입니다.

> 또 그들 사이에 그 중 누가 크냐 하는 다툼이 난지라(눅 22:24)
> 내가 두어 자를 교회에 썼으나 그들 중에 으뜸되기를 좋아하는 디오드레베가 우리를 맞
> 아들이지 아니하니(요삼 1:9)

부모가 자녀에게 권위를 행사하는 것은 하나님의 뜻에 합당합니다. 그런데 동등한 자들 사이에서 권위를 행사하려고 하는 것은 하나님의 뜻이 아닙니다. 제자들 사이에 누가 크냐 하는 다툼이 난 것이나(눅 22:24), 디오드레베가 교회의 질서를 어지럽힌 사건이 바로 이런 경우입니다(요삼 1:9). 동료들보다 높아지려고 횡포를 부리는 것은 하나님의 뜻이 아닙니다.

제5계명을 더 잘 지키게 하려고 더 해진 내용은 무엇입니까?

답: 제5계명을 더 잘 지키게 하려고 더해진 내용은 "네 하나님 여호와가 네게 준 땅에서 네 생명이 길리라"입니다. 이 말씀은 이 계명을 지키는 모든 사람에게 주어지는 장수와 번영의 분명한 약속입니다. 이 약속이 하나님의 영광과 그들 자신의 선을 위해 사용되는 범위 내에서 말입니다.

1. **제5계명을 더 잘 지키게 하려고 더해진 내용은 "네 하나님 여호와가 네게 준 땅에서 네 생명이 길리라"입니다. 이 말씀은 이 계명을 지키는 모든 사 람에게 주어지는 장수와 번영의 분명한 약속입니다.**

> 네 부모를 공경하라 <u>그리하면 네 하나님 여호와가 네게 준 땅에서 네 생명이 길리라</u>(출 20:12)
> 네 아버지와 어머니를 공경하라 이것은 약속이 있는 첫 계명이니 <u>이로써 네가 잘되고 땅 에서 장수하리라</u>(엡 6:2-3)

하나님은 제5계명에 순종하는 자들에게 장수와 번영을 약속하셨습니다(출 20:12; 엡 6:2-3). 실제로 권위가 존중받는 사회일수록 장수와 번영이 존재하지만, 권위가 존중 받지 않는 나라일수록 무질서와 무법이 판을 치고, 그로 인해 장수와 번영이 희박한 경우가 많습니다. 예를 들어, 다윗 가문의 왕권을 존중했던 남유다는 300년 넘게 존 속했지만, 무려 8번이나 왕조가 바뀌었던 북이스라엘은 약 200년밖에 존속하지 못 했습니다. 왕들의 재위기간도 북이스라엘의 왕들이 더 짧았습니다.

2. 이 약속이 하나님의 영광과 그들 자신의 선을 위해 사용되는 범위 내에서 말입니다.

> 혹 내가 배불러서 하나님을 모른다 여호와가 누구냐 할까 하오며 혹 내가 가난하여 도둑질하고 내 하나님의 이름을 욕되게 할까 두려워함이니이다(잠 30:9)
> 부하려 하는 자들은 시험과 올무와 여러 가지 어리석고 해로운 욕심에 떨어지나니 곧 사람으로 파멸과 멸망에 빠지게 하는 것이라 돈을 사랑함이 일만 악의 뿌리가 되나니 이것을 탐내는 자들은 미혹을 받아 믿음에서 떠나 많은 근심으로써 자기를 찔렀도다(딤전 6:9-10)
> 고난 당하기 전에는 내가 그릇 행하였더니 이제는 주의 말씀을 지키나이다(시 119:67)

제5계명에 순종하는 자들에게는 장수와 번영의 복이 약속되어 있습니다. 하지만 역으로 생각해서는 안 됩니다. 실패하고 단명한 사람들을 제5계명을 어긴 것으로 간주해서는 안 됩니다. 때로는 성공이 저주가 되고(잠 30:9; 딤전 6:9-10), 때로는 실패가 복이 됩니다(시 119:67).

답: 제6계명은 "살인하지 말라."입니다.

1. 제6계명은 "살인하지 말라."입니다.

> 살인하지 말라(출 20:13)

제6계명은 '살생 금지'가 아니라 '살인 금지'입니다. 짐승을 죽이거나 육식을 하는 것은 제6계명과 상관없습니다. 하나님께서 사람의 생명을 특별하게 여기시는 이유는 사람이 '하나님의 형상'이기 때문입니다. "다른 사람의 피를 흘리면 그 사람의 피도 흘릴 것이니 이는 하나님이 자기 형상대로 사람을 지으셨음이니라"는 말씀처럼(창 9:6), 사람은 하나님의 형상으로 창조된 특별한 피조물입니다. 따라서 하나님께서 살인을 금하신 데에는 모든 사람을 하나님의 형상으로 알고 존엄하게 대하라는 뜻이 담겨 있습니다.

제6계명에서 요구하시는 의무는 무엇입니까?

답: 제6계명에서 요구하시는 의무는 우리 자신과 다른 사람들의 생명을 보존하기 위한 모든 세심한 연구와 정당한 노력을 기울이는 것입니다. 그것은 누구의 생명이든 부당하게 빼앗아 가려는 모든 생각과 의도를 대적하고, 그런 모든 격정을 억누르며, 그런 모든 기회와 유혹과 행위를 피하는 것입니다. 동시에 폭력에 대항하여 정당하게 방어하고, 하나님의 섭리에 대해서 인내로 견디며, 마음을 평온하게 하고, 영혼을 즐겁게 하며, 음식과 음료와 약과 수면과 노동과 오락을 건전하게 사용하는 것입니다. 또한 자비로운 생각, 사랑, 긍휼, 온유, 부드러움, 친절로써, 온순하고 부드럽게 예의 바른 말과 행동을 하고, 해를 입힌 것에 대해서 관용하며 기꺼이 화해하고, 인내하면서 용서하고, 악을 선으로 갚는 것입니다. 그리고 낙심한 자들을 위로하고 도우며, 무고한 자들을 보호하고 변호하는 것입니다.

1. 제6계명에서 요구하시는 의무는 우리 자신과 다른 사람들의 생명을 보존하기 위한 모든 세심한 연구와 정당한 노력을 기울이는 것입니다.

> 이세벨이 여호와의 선지자들을 멸할 때에 <u>오바댜가 선지자 백 명을 가지고 오십 명씩 굴에 숨기고 떡과 물을 먹였더라</u>(왕상 18:4)

제6계명에 담긴 하나님의 뜻은 모든 사람을 하나님의 형상으로 알고 존엄하게 대하는 것입니다. 따라서 단지 살인하지 않는 것으로 제6계명을 모두 지켰다고 생각해서는 안 됩니다. 목숨을 걸고 선지자들을 지킨 오바댜처럼, 다른 사람들의 생명을 보존하기 위해 적극적으로 노력해야 합니다(왕상 18:4). 자기 자신의 생명을 대하는 태도 역시 마찬가지입니다. 성경에 자살을 명시적으로 금하는 구절은 없지만, 자살 역시 살인이기 때문에 제6계명을 어기는 일입니다. 그러므로 다른 사람의 생명을 보존하기 위해 노력할 뿐만 아니라, 자신의 생명을 보존하기 위해서도 노력해야 합니다.

2. 그것은 누구의 생명이든 부당하게 **빼앗아 가려는** 모든 생각과 의도를 대적하고,

> 예레미야가 여호와께서 명령하신 말씀을 모든 백성에게 전하기를 마치매 제사장들과 선지자들과 모든 백성이 그를 붙잡고 이르되 <u>네가 반드시 죽어야 하리라</u>(렘 26:8)

실제로 살인하지 않았지만 죽이려는 생각과 의도를 가졌다면, 제6계명을 어긴 것이나 마찬가지입니다(렘 26:8). 그런 생각 속에는 사람을 하나님의 형상으로 알고 존엄하게 대하는 자세가 결여되어 있기 때문입니다.

3. 그런 모든 격정(격분)을 억누르며,

> <u>분을 내어도 죄를 짓지 말며 해가 지도록 분을 품지 말고</u> 마귀에게 틈을 주지 말라(엡 4:26-27)

분을 내어도 죄를 짓지 말라는 것은, 분노가 실제적인 범죄로 이어지지 않도록 노력하라는 뜻입니다(엡 4:26-27). 누구나 갑자기 분노할 수 있지만, 누구나 실제로 죄를 짓는 것은 아닙니다. 해가 지도록 분을 품지 말고 마귀에게 틈을 주지 말라는 것은 분노의 감정이 마귀의 도구가 되지 않도록 주의하라는 뜻입니다. 제6계명을 지키기 위해서 격분을 억누르고, 마음을 진정시키려고 노력해야 합니다.

4. 그런 모든 기회와

> 네가 새 집을 지을 때에 <u>지붕에 난간을 만들어 사람이 떨어지지 않게 하라</u> 그 피가 네 집에 돌아갈까 하노라(신 22:8)

성경은 만일의 사태를 대비해서 지붕에 난간을 만들라고 합니다(신 22:8). 이처럼 생명에 위협이 되는 모든 가능성을 차단하기 위해 노력하는 것은 제6계명이 요구하는 의무입니다. 자동차에 에어백이나 카시트를 장착하는 것, 공사장에서 안전화를 신는 것 등이 여기에 해당합니다.

5. 유혹과

> 내 아들아 그들과 함께 길에 다니지 말라 네 발을 금하여 그 길을 밟지 말라 대저 그 발은 악으로 달려가며 피를 흘리는 데 빠름이니라(잠 1:15-16)

신대륙 개발이 본격화된 이후로, 신대륙에는 많은 노동력이 필요하게 되었습니다. 이에 서구 열강들은 아프리카 흑인들을 신대륙 노동자로 투입했습니다. 그 과정에서 노예 무역에 종사한 사람들은 상당한 돈을 벌 수 있었습니다. 만약 우리에게 이런 기회가 주어진다면 어떻게 해야 할까요? 노예 무역에 참여하는 대가로 엄청난 부자가 될 수 있다면 어떻게 해야 할까요? 단호하게 거절해야 합니다(잠 1:15-16). 노예제는 인간의 존엄성을 해치는 것으로 제6계명을 어기는 일이기 때문입니다. 사람의 존엄성을 해칠 수 있는 모든 유혹을 피하는 것은 제6계명이 요구하는 의무입니다.

6. 행위(습관)를 피하는 것입니다.

> 여호와께서는 나와 왕 사이를 판단하사 여호와께서 나를 위하여 왕에게 보복하시려니와 내 손으로는 왕을 해하지 않겠나이다(삼상 24:12)

제6계명을 지키기 위해서는 생명에 위협이 되는 행동이나 습관도 피해야 합니다(삼상 24:12). 예를 들어, 습관적으로 과속을 하거나 신호를 어기는 것은 자신과 다른 사람의 생명에 위협이 될 수 있으므로, 피해야 합니다.

7. 동시에 폭력에 대항하여 정당하게 방어하고,

> 너는 <u>사망으로 끌려가는 자를 건져 주며 살륙을 당하게 된 자를 구원하지 아니하려고 하지 말라</u>(잠 24:11)
> 그는 하나님의 사역자가 되어 네게 선을 베푸는 자니라 그러나 네가 악을 행하거든 두려워하라 <u>그가 공연히 칼을 가지지 아니하였으니</u> 곧 하나님의 사역자가 되어 악을 행하는 자에게 진노하심을 따라 보응하는 자니라(롬 13:4)

성경은 사망으로 끌려가는 자를 건져 주며, 살육을 당하게 된 자를 구원하라고 말합니다(잠 24:11). 그러므로 폭력에 대항하기 위한 정당방위와 국방의 의무를 수행하는 것은 정당한 행위입니다. 오히려 자신과 이웃을 부당한 폭력으로부터 보호하기 위해 아무런 노력을 하지 않는 것이 비성경적인 행위입니다. 그래서 성경은 하나님께서 국가에 칼의 권세를 주셨다고 말합니다(롬 13:4).

8. 하나님의 섭리에 대해서 인내로 견디며,

> 그러므로 형제들아 주께서 강림하시기까지 길이 참으라 보라 농부가 땅에서 나는 귀한 열매를 바라고 길이 참아 이른 비와 늦은 비를 기다리나니 <u>너희도 길이 참고 마음을 굳건하게</u> 하라 주의 강림이 가까우니라(약 5:7-8)

살아가다 보면 견디기 힘든 일을 겪을 때가 있습니다. 그때 우리는 "하나님 왜 저에게 이런 시련을 주십니까!"라고 생각하기 쉽습니다. 하지만 그런 생각은 우리 영혼에 아무런 도움이 되지 않습니다. 오히려 우리 몸과 마음에 커다란 상처를 남길 뿐입니다. 힘들수록 하나님의 섭리를 생각해야 합니다(약 5:7-8). 견디기 힘든 순간조차 하나님의 계획과 섭리 안에 있음을 믿어야 합니다. 그리할 때 우리의 몸과 영혼이 살아날 수 있습니다.

9. 마음을 평온하게 하고, 영혼을 즐겁게 하며,

> 마음의 즐거움은 양약이라도 심령의 근심은 뼈를 마르게 하느니라(잠 17:22)
> 사람이 먹고 마시며 수고하는 것보다 그의 마음을 더 기쁘게 하는 것은 없나니 내가 이것
> 도 본즉 하나님의 손에서 나오는 것이로다(전 2:24)

왜 마음을 평온하게 하고, 영혼을 즐겁게 하는 것이 제6계명의 의무일까요? 몸과 마음이 연결되어 있기 때문입니다. 그래서 잠언 기자는 심령의 근심이 뼈를 마르게 한다고 말합니다(잠 17:22). 최선을 다해 마음을 평온하게 하고, 즐겁게 살기 위해 노력하는 것 또한 신앙생활의 일부입니다(전 2:24).

10. 음식과 음료와 약과

> 너는 꿀을 보거든 족하리만큼 먹으라 과식함으로 토할까 두려우니라(잠 25:16)
> 이제부터는 물만 마시지 말고 네 위장과 자주 나는 병을 위하여는 포도주를 조금씩 쓰라
> (딤전 5:23)

건강하기 위해서는 적당히 먹어야 합니다(잠 25:16). 음식과 음료를 절제하는 것도 제6계명의 의무입니다. 약을 복용하는 것도 마찬가지입니다. 현대 의학의 도움을 받는 것과 하나님을 의지하는 것을 이분법적으로 나누어선 안 됩니다. 인류의 복지에 도움이 되는 의학적 발전은 하나님의 일반 은총입니다. 바울은 위장병을 앓고 있던 디모데에게 적당한 양의 포도주를 먹으라고 권면했습니다(딤전 5:23). 고대인들은 포도주를 위장병 치료제로 사용했기 때문입니다.

11. 수면과 노동과 오락을 건전하게 사용하는 것입니다.

> 울 때가 있고 웃을 때가 있으며 슬퍼할 때가 있고 춤출 때가 있으며(전 3:4)

수면과 노동과 오락을 건전하게 사용하는 것은 하나님께서 주신 몸과 마음을 건강하게 유지하기 위해 꼭 필요한 일입니다. 수면이 부족하거나, 지나치게 많이 일하거나, 과도하게 오락에 심취한 상태에서는 정상적인 삶을 살 수 없습니다. 깨어 있을 때가

있으면 잠잘 때가 있어야 하고, 일할 때가 있으면 쉴 때가 있어야 하며, 오락할 때가 있으면 노동할 때가 있어야 합니다(전 3:4). 우리 삶을 질서 있고 균형 있게 만드는 것은 건강한 삶을 위해 제6계명이 요구하는 의무입니다.

12. 또한 자비로운 생각, 사랑, 긍휼, 온유, 부드러움, 친절로써,

> 요나단이 그의 아버지 사울에게 다윗을 칭찬하여 이르되 원하건대 왕은 신하 다윗에게 범죄하지 마옵소서 그는 왕께 득죄하지 아니하였고 그가 왕께 행한 일은 심히 선함이니이다 그가 자기 생명을 아끼지 아니하고 블레셋 사람을 죽였고 여호와께서는 온 이스라엘을 위하여 큰 구원을 이루셨으므로 왕이 이를 보고 기뻐하셨거늘 <u>어찌 까닭 없이 다윗을 죽여 무죄한 피를 흘려 범죄하려 하시나이까</u>(삼상 19:4-5)
> 그러므로 너희는 하나님이 택하사 거룩하고 사랑 받는 자처럼 긍휼과 자비와 겸손과 온유와 오래 참음을 옷 입고 누가 누구에게 불만이 있거든 서로 용납하여 피차 용서하되 주께서 너희를 용서하신 것 같이 너희도 그리하고(골 3:12-13)

사울의 마음은 다윗을 향한 분노와 시기심으로 가득 차 있었습니다(삼상 19:4-5). 타인을 향해 이런 마음을 품는 것은 본인에게도 해로운 일입니다. 미움과 질투는 우리 영혼을 파괴하는 독약입니다. 사울의 삶은 다윗을 질투하기 시작한 시점부터 망가졌습니다. 할 수 있는 한 자비로운 생각, 사랑, 긍휼, 온유, 부드러움, 친절을 품으려고 노력해야 합니다. 하지만 이런 마음을 갖는 것은 쉬운 일이 아닙니다. 우리에게는 본성적으로 이웃을 미워하는 마음이 있기 때문입니다. 그때마다 주님께서 우리에게 베푸신 은혜를 생각해야 합니다. 주님께서 우리를 먼저 용서하신 것을 생각해야 합니다(골 3:12-13).

13. 온순하고 부드럽게 예의 바른 말과 행동을 하고,

> 마지막으로 말하노니 너희가 다 마음을 같이하여 동정하며 형제를 사랑하며 불쌍히 여기며 겸손하며 악을 악으로, 욕을 욕으로 갚지 말고 도리어 복을 빌라 이를 위하여 너희가 부르심을 받았으니 이는 복을 이어받게 하려 하심이라 그러므로 생명을 사랑하고 좋은 날 보기를 원하는 자는 혀를 금하여 악한 말을 그치며 그 입술로 거짓을 말하지 말고(벧전 3:8-11) <u>유순한 대답은 분노를 쉽게 하여도</u> 과격한 말은 노를 격동하느니라(잠 15:1)

예수님 당시 유대인들은 실제로 이웃을 살해하지 않으면 제6계명을 다 지키는 것이라고 생각했습니다. 이에 예수님께서는 "형제에게 노하는 자마다 심판을 받게 되고 형제를 대하여 라가라 하는 자는 공회에 잡혀가게 되고 미련한 놈이라 하는 자는 지옥 불에 들어가게 되리라"고 말씀하셨습니다(마 5:22). 이웃에게 거칠고 모욕적인 말을 하는 것도 제6계명을 어기는 일이라는 뜻입니다. 이웃에게 온순하고 부드럽고 예의바른 말과 행동을 하는 것 역시 제6계명이 요구하는 의무입니다(벧전 3:8-11; 잠 15:1).

14. 해를 입힌 것에 대해서 관용하며 기꺼이 화해하고, 인내하며 용서하고,

> 예물을 제단 앞에 두고 먼저 가서 형제와 화목하고 그 후에 와서 예물을 드리라(마 5:24)
> 모든 겸손과 온유로 하고 오래 참음으로 사랑 가운데서 서로 용납하고(엡 4:2)
> 서로 친절하게 하며 불쌍히 여기며 서로 용서하기를 하나님이 그리스도 안에서 너희를 용서하심과 같이 하라(엡 4:32)

마태복음 5장 21-27절은 제6계명에 대한 예수님의 해설입니다. 주님은 형제와 화목한 관계를 유지하는 것이 제6계명에 순종하는 삶이라고 말씀하셨습니다(마 5:24). 그러므로 이웃과 화목하기 위해 최선을 다하는 것, 원한 관계에 있는 이웃을 용서하는 것(엡 4:2)과 용서를 구하는 것 또한 제6계명이 요구하는 의무입니다(엡 4:32).

15. 악을 선으로 갚는 것입니다.

> 아무에게도 악을 악으로 갚지 말고 모든 사람 앞에서 선한 일을 도모하라 할 수 있거든 너희로서는 모든 사람과 더불어 화목하라(롬 12:17-18)

성경은 가능한 모든 사람과 '화목'하게 지내라고 말합니다(롬 12:18). 앞서 설명한 것처럼 '화목'은 제6계명이 요구하는 의무입니다. 그렇다면 우리에게 악을 행한 사람과도 화목하게 지내야 할까요? 성경은 그렇다고 말합니다. "아무에게도 악을 악으로 갚지" 않는 것이 하나님의 뜻입니다. 하나님은 원수 갚는 것이 자신에게 속한 일이라고 말씀하셨습니다. 우리의 역할은 우리에게 악을 행한 자라 할지라도 선으로 갚는 것입니다. 악을 선으로 갚는 것은 제6계명이 요구하는 의무입니다.

16. 그리고 낙심한 자들을 위로하고 도우며, 무고한 자들을 보호하고 변호하는 것입니다.

> 또 형제들아 너희를 권면하노니 게으른 자들을 권계하며 마음이 약한 자들을 격려하고 힘이 없는 자들을 붙들어 주며 모든 사람에게 오래 참으라(살전 5:14)
> 그 때에 임금이 그 오른편에 있는 자들에게 이르시되 내 아버지께 복 받을 자들이여 나아와 창세로부터 너희를 위하여 예비된 나라를 상속받으라 내가 주릴 때에 너희가 먹을 것을 주었고 목마를 때에 마시게 하였고 나그네 되었을 때에 영접하였고 헐벗었을 때에 옷을 입혔고 병들었을 때에 돌보았고 옥에 갇혔을 때에 와서 보았느니라(마 25:34-36)
> 너는 말 못하는 자와 모든 고독한 자의 송사를 위하여 입을 열지니라 너는 입을 열어 공의로 재판하여 곤고한 자와 궁핍한 자를 신원할지니라(잠 31:8-9)

제6계명에 담긴 하나님의 마음은 모든 사람을 하나님의 형상으로 알고 존엄하게 대하는 것입니다. 성경은 특별히 어려움에 처한 자들을 돕는 것이 그리스도인의 의무라고 말합니다. 바울은 "마음이 약한 자들을 격려하고 힘이 없는 자들을 붙들어"주라고 말했으며(살전 5:14), 주님께서는 가장 작은 자에게 한 것이 곧 주님께 한 것이라고 말했고(마 25:34-36), 잠언 기자는 "고독한 자의 송사를 위하여 입을" 열라고 말했습니다(잠 31:8-9). 이처럼 낙심한 자들을 위로하고 도우며 무고한 자들을 보호하고 변호하는 것은 제6계명이 요구하는 의무입니다.

제136문 제6계명에서 금지하는 죄는 무엇입니까?

답: 제6계명에서 금지하는 죄는 공적인 정의의 시행이나 정당한 전쟁, 또는 정당 방위 등의 경우를 제외하고 우리 자신이나 다른 사람들의 생명을 빼앗아 가는 모든 행동입니다. 그것은 생명을 보존하는 합법적이고 필수적인 방편을 소홀히 하거나 철회하는 것이며, 악한 분노, 증오심, 시기, 복수심, 모든 과도한 격정, 마음을 산란하게 하는 모든 염려, 음식과 음료와 노동과 오락의 무절제함, 그리고 격동하게 하는 말과 억압과 다툼과 구타와 상해 및 타인의 생명을 파괴하는 모든 행위입니다.

---

1. 제6계명에서 금지하는 죄는 공적인 정의의 시행이나 정당한 전쟁, 또는 정당방위 등의 경우를 제외하고 우리 자신이나 다른 사람들의 생명을 빼앗아 가는 모든 행동입니다.

합법적인 살인

1. 정당한 공권력의 시행 (사형 제도)	고의로 살인죄를 범한 살인자는 생명의 속전을 받지 말고 반드시 죽일 것이며(민 35:31)
2. 합법적인 전쟁 (이웃의 생명과 재산을 보호하기 위한)	군인들도 물어 이르되 우리는 무엇을 하리이까 하매 이르되 사람에게서 강탈하지 말며 거짓으로 고발하지 말고 받는 급료를 족한 줄로 알라 하니라(눅 3:14) 가이사랴에 고넬료라 하는 사람이 있으니 이달리야 부대라 하는 군대의 백부장이라 그가 경건하여 온 집안과 더불어 하나님을 경외하며 백성을 많이 구제하고 하나님께 항상 기도하더니(행 10:1-2)
3. 정당방위	도둑이 뚫고 들어오는 것을 보고 그를 쳐죽이면 피 흘린 죄가 없으나(출 22:2)

제2부 _ 삶에 관한 거의 모든 것 | 463

제6계명에서 금지하지 않는 살인에는 세 가지가 있습니다. 첫째, 정당한 공권력 안에서 시행되는 사형 제도입니다. 하나님께서 국가에 칼의 권세를 주셨으므로, 정당하게 시행되는 사형은 하나님의 뜻에 부합합니다.

둘째, 합법적인 전쟁입니다. 어떤 사람들은 예수님의 산상수훈을 근거로 모든 종류의 살인이 제6계명에 위배된다고 주장하지만, 이는 성경적이지 않습니다. 제135문답 해설에서 살펴보았듯이, 이웃의 생명을 보호하기 위해 칼과 총을 잡는 것은 그리스도인의 의무입니다. 예를 들어 세례 요한은 군인들에게 군 복무를 중단하라고 말하지 않았습니다(눅 3:14). 군인의 지위를 이용하여 이웃을 강탈하는 일을 금지했습니다. 고넬료의 경우도 마찬가지입니다. 그는 로마 군대의 백부장이었지만, 성경은 그를 경건한 사람이라고 말합니다.

셋째, 정당방위입니다. 산상수훈 가운데 "누구든지 네 오른편 뺨을 치거든 왼편도 돌려"대라는 말씀을 근거로, 불법적인 폭력에 자신을 노출하는 것은 성경을 잘못 해석한 것입니다. 이 말씀은 악을 악으로 갚지 말라는 것이지, 자신을 폭력에 무방비로 노출하라는 뜻이 아닙니다. 우리의 생명은 하나님께서 주신 소중한 것이므로 최선을 다해 우리의 인격과 생명을 지켜야 합니다.

2. 그것은 생명을 보존하는 합법적이고 필수적인 방편을 소홀히 하거나 철회하는 것이며,

> 내가 주릴 때에 너희가 먹을 것을 주지 아니하였고 목마를 때에 마시게 하지 아니하였고 나그네 되었을 때에 영접하지 아니하였고 헐벗었을 때에 옷 입히지 아니하였고 병들었을 때와 옥에 갇혔을 때에 돌보지 아니하였느니라 하시니(마 25:42-43)
> 만일 형제나 자매가 헐벗고 일용할 양식이 없는데 너희 중에 누구든지 그에게 이르되 평안히 가라, 덥게 하라, 배부르게 하라 하며 그 몸에 쓸 것을 주지 아니하면 무슨 유익이 있으리요(약 2:15-16)

제6계명은 이웃의 생명을 보존하기 위해 세심한 연구와 정당한 노력을 기울일 것을 요구합니다(제135문답). 따라서 주리고 목마른 형제들에게 먹을 것과 마실 것을 주지 않는 것, 헐벗고 일용할 양식이 없는 자들을 돌보지 않는 것은 제6계명을 어기는 일입니다.

3. 악한 분노, 증오심, 시기, 복수심, 모든 과도한 격정, 마음을 산란하게 하는 모든 염려, 음식과 음료와 노동과 오락을 무절제하게 하는 것,

악한 분노	나는 너희에게 이르노니 형제에게 노하는 자마다 심판을 받게 되고 형제를 대하여 라가라 하는 자는 공회에 잡혀가게 되고 미련한 놈이라 하는 자는 지옥 불에 들어가게 되리라(마 5:22)
증오심	그 형제를 미워하는 자마다 살인하는 자니 살인하는 자마다 영생이 그 속에 거하지 아니하는 것을 너희가 아는 바라(요일 3:15)
시기	평온한 마음은 육신의 생명이나 시기는 뼈를 썩게 하느니라(잠 14:30)
복수심	내 사랑하는 자들아 너희가 친히 원수를 갚지 말고 하나님의 진노하심에 맡기라 기록되었으되 원수 갚는 것이 내게 있으니 내가 갚으리라고 주께서 말씀하시니라(롬 12:19)
과도한 격정	너희는 모든 악독과 노함과 분냄과 떠드는 것과 비방하는 것을 모든 악의와 함께 버리고(엡 4:31) 너희 중에 싸움이 어디로부터 다툼이 어디로부터 나느냐 너희 지체 중에서 싸우는 정욕으로부터 나는 것이 아니냐(약 4:1)
염려	그러므로 염려하여 이르기를 무엇을 먹을까 무엇을 마실까 무엇을 입을까 하지 말라 이는 다 이방인들이 구하는 것이라 너희 하늘 아버지께서 이 모든 것이 너희에게 있어야 할 줄을 아시느니라(마 6:31-32)
무절제한 음식	너는 꿀을 보거든 족하리만큼 먹으라 과식함으로 토할까 두려우니라(잠 25:16)
무절제한 음료	낮에와 같이 단정히 행하고 방탕하거나 술 취하지 말며 음란하거나 호색하지 말며 다투거나 시기하지 말고(롬 13:13)
무절제한 노동	어떤 사람은 아들도 없고 형제도 없이 홀로 있으나 그의 모든 수고에는 끝이 없도다 또 비록 그의 눈은 부요를 족하게 여기지 아니하면서 이르기를 내가 누구를 위하여는 이같이 수고하고 나를 위하여는 행복을 누리지 못하게 하는가 하여도 이것도 헛되어 불행한 노고로다(전 4:8)
무절제한 오락	아침에 일찍이 일어나 독주를 마시며 밤이 깊도록 포도주에 취하는 자들은 화 있을진저(사 5:11)

제6계명이 요구하는 의무는 자신의 생명을 보존하기 위해서, 모든 세심한 연구와 정당한 노력을 기울이는 것입니다. 그러므로 몸과 마음을 상하게 할 수 있는 악한 분노, 증오심, 시기, 복수심, 모든 과도한 격정, 마음을 산란하게 하는 모든 염려, 음식과 음료와 노동과 오락의 무절제함은 모두 제6계명을 어기는 일입니다.

4. 그리고 격동하게 하는 말과 억압과 다툼과 구타와 상해 및 타인의 생명을 파괴하는 모든 행위입니다.

격동하게 하는 말	유순한 대답은 분노를 쉬게 하여도 과격한 말은 노를 격동하느니라(잠 15:1) 칼로 찌름 같이 함부로 말하는 자가 있거니와 지혜로운 자의 혀는 양약과 같으니라(잠 12:18)
억압	그의 아버지는 심히 포학하여 그 동족을 강탈하고 백성들 중에서 선을 행하지 아니하였으므로 그는 그의 죄악으로 죽으리라(겔 18:18)
다툼	만일 서로 물고 먹으면 피차 멸망할까 조심하라(갈 5:15)
구타, 상해	만일 철 연장으로 사람을 쳐죽이면 그는 살인자니 그 살인자를 반드시 죽일 것이요 만일 사람을 죽일 만한 돌을 손에 들고 사람을 쳐죽이면 이는 살인한 자니 그 살인자는 반드시 죽일 것이요 만일 사람을 죽일 만한 나무 연장을 손에 들고 사람을 쳐죽이면 그는 살인한 자니 그 살인자는 반드시 죽일 것이니라(민 35:16-18)
타인의 생명을 파괴하는 모든 행위	사람이 매로 그 남종이나 여종을 쳐서 당장에 죽으면 반드시 형벌을 받으려니와(출 21:18)

제6계명이 요구하는 의무는 누구의 생명이든 부당하게 빼앗아 가려는 모든 생각과 의도를 대적하고, 그런 모든 격정을 억누르고, 그런 모든 기회와 유혹과 행위를 피하는 것입니다(제135문답). 그러므로 격동하게 하는 말, 억압, 다툼, 구타, 상해와 타인의 생명을 파괴하는 모든 행위는 제6계명을 어기는 일입니다.

제137문 제7계명은 무엇입니까?

답: 제7계명은 "간음하지 말라."입니다.

1. 제7계명은 "간음하지 말라."입니다.

간음하지 말라(출 20:14)
여호와 하나님이 이르시되 사람이 혼자 사는 것이 좋지 아니하니 내가 그를 위하여 <u>돕는</u> 배필을 지으리라 하시니라(창2:18)
그에게는 영이 충만하였으나 오직 하나를 만들지 아니하셨느냐 어찌하여 하나만 만드셨느냐 <u>이는 경건한 자손을 얻고자 하심이라</u> 그러므로 네 심령을 삼가 지켜 어려서 맞이한 아내에게 거짓을 행하지 말지니라(말 2:15)
<u>음행을 피하기 위하여</u> 남자마다 자기 아내를 두고 여자마다 자기 남편을 두라(고전 7:2)

제7계명은 간음을 금합니다. 간음이란, 결혼 제도 밖에서 일어나는 성관계를 의미합니다. 예를 들어, 결혼하지 않은 미혼 남녀의 성관계, 또는 부부가 아닌 두 사람의 성관계가 간음입니다. 그러므로 간음의 의미를 제대로 알기 위해서는 먼저 결혼 제도를 이해해야 합니다. 성경은 결혼 제도의 시작에 대해 이렇게 말합니다. "여호와 하나님이 이르시되 사람이 혼자 사는 것이 좋지 아니하니 내가 그를 위하여 돕는 배필을 지으리라(창 2:18)" 이처럼 결혼 제도는 사회적 관습이나 문화의 산물이 아닙니다. 결혼은 하나님께서 직접 제정하신 신성한 제도입니다. 바로 이것이 하나님께서 간음을 금하신 근본 이유입니다. 제7계명은 결혼 제도의 신성함을 지키기 위한 도구입니다.

그렇다면 하나님께서 결혼 제도를 만드신 이유는 무엇일까요? 첫째, 서로 돕기 위해서입니다(창 2:18). 하나님은 부부가 하나님의 영광을 위해 서로 협력하는 관계가 되기를 원하셨습니다. 둘째, 거룩한 씨를 생산하여 교회를 성장시키기 위해서입니다

(말 2:15). 하나님은 결혼 제도를 통해 하나님의 백성이 증가하기를 원하셨습니다. 셋째, 성적 부정함을 방지하기 위해서입니다(고전 7:2). 하나님은 결혼 제도 안에서만 성관계가 이루어짐으로써, 성이 거룩하게 다루어지기를 원하셨습니다. 이처럼 결혼은 신성한 제도입니다. 하나님께서 직접 제정하셨기 때문에, 더 나아가 하나님의 뜻을 이루는 도구이기 때문에 그러합니다.

제7계명에서 요구하는 의무는 무엇입니까?

답: 제7계명에서 요구하는 의무는 몸, 생각, 감정, 말, 행동에 있어서의 순결함이며, 우리 자신과 다른 사람들의 순결을 보존하는 것입니다. 보는 것을 비롯하여 모든 감각들을 조심하고 절제하며, 순결한 교제를 유지하고, 복장을 단정하게 하는 것입니다. 금욕의 은사가 없는 이들은 결혼하고, 부부는 사랑으로 동거하며, 우리의 소명을 부지런히 수행하고, 부정의 모든 경우를 피하며 그 유혹들을 저항하는 것입니다.

1. 제7계명에서 요구하는 의무는 몸, 생각, 감정, 말, 행동에 있어서의 순결함이며,

순결한 생각과 감정	각각 <u>거룩함과 존귀함으로</u> 자기의 아내 대할 줄을 알고(살전 4:4)
순결한 말	<u>너희 말을 항상 은혜 가운데서 소금으로 맛을 냄과 같이 하라</u> 그리하면 각 사람에게 마땅히 대답할 것을 알리라(골 4:6)
순결한 행동	너희의 두려워하며 <u>정결한 행실을 봄이라</u>(벧전 3:2)

결혼 제도를 통해 한 몸이 된 부부는 특별한 관계입니다. 하나님께서 거룩한 부부를 통해 하나님의 뜻을 이루시기 때문입니다. 하나님께서 아담에게 돕는 배필을 주신 데서 알 수 있듯이, 하나님은 결혼한 부부를 통해 하나님의 일을 진행하기 원하십니다. 그러기 위해서 부부는 특별한 친밀감을 가져야 합니다. 몸과 마음이 하나가 되어야 합니다. 그것을 위한 도구가 성(性)입니다. 그래서 성(性)은 성스러운 것입니다. 그

래서 성(性)은 순결하게 다루어야 합니다. 이처럼 몸과 마음, 생각과 말과 행동을 순결하게 하는 것은 제7계명이 요구하는 의무입니다.

2. 우리 자신과 다른 사람들의 순결을 보존하는 것입니다.

> 음행을 피하기 위하여 남자마다 자기 아내를 두고 여자마다 자기 남편을 두라(고전 7:2)

공기는 소중한 것이지만, 그것을 피부로 느끼기란 쉽지 않습니다. 어디에나 있기 때문입니다. 마찬가지로 아무하고나 성관계를 할 수 있다면, 그것을 소중하게 여기거나 성스럽게 여길 수 있을까요? 그렇지 않습니다. 그래서 하나님은 결혼 제도 안에서만, 오직 부부 사이에서만 성관계를 가질 수 있도록 하셨습니다. 성관계를 결혼 제도 안에 가두어 두심으로써, 성이 거룩하고 순결하게 다루어지도록 하셨습니다. 그러므로 결혼 제도 밖에서 부부가 아닌 사람과 성관계를 가져서는 안 됩니다.

3. 보는 것을 비롯하여 모든 감각들을 조심하고

> 여호와께서 사탄에게 이르시되 네가 내 종 욥을 주의하여 보았느냐 그와 같이 온전하고 정직하여 하나님을 경외하며 악에서 떠난 자는 세상에 없느니라(욥 1:8)
> 내가 내 눈과 약속하였나니 어찌 처녀에게 주목하랴(욥 31:1)

욥은 하나님께 세상에서 가장 경건한 사람이라는 칭찬을 들었습니다(욥 1:8). 욥은 특히 성적인 면에서 경건했습니다. 욥은 순결한 삶을 살기 위해 처녀를 주목하여 보지도 않았습니다(욥 31:1). 이성을 주목하여 보는 것이 성적 충동을 일으킬 수 있기 때문입니다.

눈으로 보는 것이 우리의 생각을 지배하고, 우리의 생각은 행동을 지배합니다. 음란한 것을 즐겨보는 사람은 음란한 행동을 하게 될 가능성이 큽니다. 그러므로 성적 충동을 일으킬 수 있는 행동을 자제하는 것, 특히 음란한 것을 눈으로 보지 않는 것은 제7명이 요구하는 의무입니다.

4. 절제하며,

> 바울이 의와 <u>절제와</u> 장차 오는 심판을 강론하니 벨릭스가 두려워하여 대답하되 지금은 가라 내가 틈이 있으면 너를 부르리라 하고(행 24:25)

바울이 벨릭스에게 강조하여 가르친 것 중 하나가 절제입니다. 절제는 그리스도인의 필수 덕목입니다. 그 중에서도 성욕을 절제하는 것은 중요합니다. 성욕은 인간의 가장 강력한 욕구 중 하나인데, 인간이 전적으로 타락할 때 성욕도 함께 타락했기 때문입니다. 의지적으로 성욕을 절제하지 않으면, 자신도 모르는 사이에 성욕의 노예가 되어 성적인 죄를 저지르기 쉽습니다.

5. 순결한 교제를 유지하고,

> 지혜가 또 너를 음녀에게서, 말로 호리는 이방 계집에게서 <u>구원하리니</u> 그는 젊은 시절의 짝을 버리며 그의 하나님의 언약을 잊어버린 자라 그의 집은 사망으로, 그의 길은 스올로 기울어졌나니 누구든지 그에게로 가는 자는 돌아오지 못하며 또 생명 길을 얻지 못하느니라 지혜가 너를 선한 자의 길로 행하게 하며 또 의인의 길을 지키게 하리니(잠 2:16-20)

잠언은 음란한 유혹을 이기는 것이 지혜라고 말합니다. 성적인 순결함을 지키기 위해서는 우리를 음란한 길로 이끄는 자들을 멀리해야 합니다. 음란한 친구들을 멀리하고, 순결한 친구들을 가까이 하는 것은 제7계명이 요구하는 의무입니다.

6. 복장을 단정하게 하는 것입니다.

> 또 이와 같이 여자들도 <u>단정하게 옷을 입으며</u> 소박함과 정절로써 자기를 단장하고 땋은 머리와 금이나 진주나 값진 옷으로 하지 말고(딤전 2:9)

성경은 복장을 단정하게 하라고 말합니다(딤전 2:9). 물론 단정한 복장에 대한 정확한 기준은 없습니다. 각 개인이 양심을 따라서 결정할 문제입니다. 하지만 성적인 충동을 일으킬 수 있을 만큼 노출이 심한 옷은 피해야 합니다. 모든 그리스도인에게는 자신뿐만 아니라 다른 사람의 순결을 보존해야 할 의무가 있기 때문입니다.

7. 금욕의 은사가 없는 이들은 결혼하고,

> 음행을 피하기 위하여 남자마다 자기 아내를 두고 여자마다 자기 남편을 두라(고전 7:2) 만일 절제할 수 없거든 결혼하라 정욕이 불 같이 타는 것보다 결혼하는 것이 나으니라(고전 7:9)

바울이 고린도전서를 기록할 당시에는 결혼하지 않거나 성관계를 가지지 않는 것이 더 거룩한 것처럼 주장하는 사람들이 있었습니다.[24] 물론 바울 역시 독신 생활의 특별한 의미를 강조한 적이 있었습니다. 하지만 그것은 특별한 경우입니다. 바울은 일관되게 결혼에 대해 긍정적으로 이야기 했습니다(엡 5:22-33; 딤전 3:2). 부부간의 성관계도 결혼 생활의 필수적인 요소로 말했습니다(고전 7:2). 독신을 더 거룩하게 여기는 것은 전혀 성경적이지 않습니다. 금욕의 은사는 보편적인 은사가 아닙니다. 바울처럼 특별한 사람에게 주어진 것입니다. 금욕의 은사가 없는 이들은 결혼하는 것이 제7계명이 요구하는 의무에 순종하는 길입니다(고전 7:9).

8. 부부는 사랑으로 동거하며,

> 그는 사랑스러운 암사슴 같고 아름다운 암노루 같으니 너는 그의 품을 항상 족하게 여기며 그의 사랑을 항상 연모하라 내 아들아 어찌하여 음녀를 연모하겠으며 어찌하여 이방 계집의 가슴을 안겠느냐(잠 5:19-20)
> 남편들아 이와 같이 지식을 따라 너희 아내와 동거하고 그를 더 연약한 그릇이요 또 생명의 은혜를 함께 이어받을 자로 알아 귀히 여기라 이는 너희 기도가 막히지 아니하게 하려 함이라(벧전 3:7)

우리는 배우자 외의 다른 이성을 성관계의 대상으로 생각하지 말아야 합니다. 배우자의 "품을 항상 족하게 여기고 그의 사랑을 항상 연모"해야 합니다(잠 5:19-20). 그리고 배우자와 갈라서지 않고 "동거"하는 것은 제7계명이 요구하는 의무입니다(벧전 3:7).

---

24 리고니어 미니스트리 출판부, 『개혁주의 스터디 바이블』, 김진운 외 옮김 (서울: 부흥과 개혁사, 2017), 2034.

9. 우리의 소명을 부지런히 수행하고,

> 자기의 집안 일을 보살피고 게으리 얻은 양식을 먹지 아니하나니(잠 31:27)

결혼한 부부가 서로의 의무를 성실히 수행하는 것도 제7계명이 요구하는 의무입니다(잠 31:27). 남편을 위한 아내의 의무와 아내를 위한 남편의 의무가 성실하게 수행되지 않으면, 결혼 제도에 금이 갈 수 있기 때문입니다. 예를 들어, 아내가 남편과의 성관계를 거부하는 것은 남편이 성적인 죄를 짓는 단초가 될 수 있습니다. 남편이 가정을 돌보지 않고 오랫동안 집을 비우는 것도 마찬가지입니다.

10. 부정의 모든 경우를 피하며 그 유혹들을 저항하는 것입니다.

> 네 길을 그에게서 멀리 하라 그의 집 문에도 가까이 가지 말라(잠 5:8)

"네 길을 그에게서 멀리 하라 그의 집 문에도 가까이 가지 말라"는 말씀은 성적인 죄를 지을 가능성을 사전에 차단하라는 뜻입니다. 그러므로 노출 장면이 많은 영화나 드라마는 멀리해야 하며, 성적 충동을 야기하는 장소는 피해야 합니다.

제139문 **제7계명에서 금지하는 죄는 무엇입니까?**

답: 제7계명에서 금지하는 죄는 요구된 의무를 소홀히 하는 것 외에, 간통, 음행, 강간, 근친상간, 남색과 모든 비정상적인 색욕들입니다. 모든 부정한 상상, 생각, 의도와 감정, 모든 부패하고 추잡한 대화, 또는 거기에 귀 기울이는 것이며, 음탕한 눈길, 뻔뻔스럽고 경박한 행동, 단정하지 못한 복장입니다. 합법적 결혼을 금하고, 불법적 결혼을 시행하는 것이며, 매춘가를 허락하고, 용인하고, 보존하고, 방문하는 것이며, 독신에 얽매이게 하는 서약과 결혼을 지나치게 미루는 것이며, 동시에 두 사람 이상의 아내나 남편을 두는 것입니다. 부당한 이혼이나 버림, 게으름, 탐식, 술 취함, 부정한 교제, 음탕한 노래와 서적과 그림과 춤과 연극, 그리고 기타 우리 자신이나 다른 사람들 안에 부정을 자극하거나 행하는 모든 것들입니다.

1. 제7계명에서 금지하는 죄는 요구된 의무를 소홀히 하는 것 외에,

대저 음녀의 입술은 꿀을 떨어뜨리며 그의 입은 기름보다 미끄러우나 나중은 쑥 같이 쓰고 두 날 가진 칼 같이 날카로우며 그의 발은 사지로 내려가며 그의 걸음은 스올로 나아가나니 그는 생명의 평탄한 길을 찾지 못하며 자기 길이 든든하지 못하여도 그것을 깨닫지 못하느니라 그런즉 아들들아 나에게 들으며 내 입의 말을 버리지 말고 네 길을 그에게서 멀리 하라 그의 집 문에도 가까이 가지 말라(잠 5:3-8)

잠언 5장의 주제는 '음녀의 유혹'입니다. 잠언의 저자는 음란한 유혹을 멀리하고, "그 집 문에도 가까이 가지 말라"고 말합니다. 음녀 가까이도 가지 말라는 것은, 제7계명을 지키기 위해 최선을 다하라는 비유입니다. 따라서 제7계명이 요구하는 의무들을 소홀히 하는 것은 제7계명을 어기는 일입니다.

2. 간통, 음행,

> 모든 사람은 결혼을 귀히 여기고 침소를 더럽히지 않게 하라 <u>음행하는 자들과 간음하는</u>
> <u>자들을 하나님이 심판하시리라</u>(히 13:4)
> 육체의 일은 분명하니 곧 <u>음행과 더러운 것과</u> 호색과(갈 5:19)

현대에 접어들면서 가장 무감각해지고 있는 죄악 중 하나가 간통과 음행입니다. 점점 더 많은 나라에서 간통과 음행을 합법적인 행위로 인정하고 있습니다. 하지만 우리는 간통하는 자들과 음행하는 자들에게 임할 하나님의 저주를 심각하게 생각해야 합니다. 하나님은 "음행하는 자들과 간음하는 자들을" 심판하겠다고 말씀하셨습니다(히 13:4; 갈 5:19). 음행과 간음은 하나님께서 제정하신 혼인의 신성함을 더럽히는 행위이기 때문입니다. 간통과 음행은 명백하게 제7계명을 어기는 일이며 저주받을 죄악입니다.

3. 강간, 근친상간,

> 암논이 그 말을 듣지 아니하고 다말보다 힘이 세므로 <u>억지로 그와 동침하니라</u>(삼하 13:14)
> 너희 중에 심지어 음행이 있다 함을 들으니 그런 음행은 이방인 중에서도 없는 것이라 <u>노</u>
> <u>가 그 아버지의 아내를 취하였다</u> 하는도다(고전 5:1)

성욕은 인간이 가지고 있는 가장 강력한 욕망 중 하나입니다. 그토록 신실했던 다윗을 넘어뜨린 것도 성욕이었습니다. 성욕 때문에 제7계명을 어기는 대표적인 경우가 강간과 근친상간입니다. 암논은 성욕을 이기지 못하고 이복동생 다말을 강간했습니다(삼하 13:14). 고린도교회에서 일어난 근친상간 역시 성욕을 이기지 못한 결과입니다(고전 5:1).

4. 남색과 모든 비정상적인 색욕들입니다.

> 그와 같이 남자들도 순리대로 여자 쓰기를 버리고 서로 향하여 음욕이 불 일듯 하매 남자
> 가 남자와 더불어 부끄러운 일을 행하여 그들의 그릇됨에 상당한 보응을 그들 자신이 받
> 았느니라(롬 1:27)
> 남자가 짐승과 교합하면 반드시 죽이고 너희는 그 짐승도 죽일 것이며 여자가 짐승에게
> 가까이 하여 교합하면 너는 여자와 짐승을 죽이되 그들을 반드시 죽일지니 그들의 피가
> 자기들에게로 돌아가리라(레 20:15-16)

동성애를 정상적인 성행위로 인정하는 사람들이 점점 늘어나는 추세입니다. 하지만
성경은 동성애를 죄라고 선언합니다(롬 1:27). 동성애는 하나님의 뜻보다 정욕을 앞세
운 결과라는 점에서 음행이나 강간에 버금가는 죄악입니다.

그러나 동성애자들을 "지옥의 불쏘시개"라는 식으로 혐오하는 것은 올바르지 않
습니다. 그들 역시 잃어버린 하나님의 백성이며, 하나님의 복음이 필요한 자들이기
때문입니다. 동성애자들을 혐오의 대상으로 여기는 순간, 우리는 그들에게 복음을
전할 기회를 잃어버리게 됩니다. 그러므로 다음의 사실들을 명심해야 합니다. 첫째,
동성애 성향과 동성애 행위는 다릅니다. 동성애 행위는 엄격히 금지하되, 나면서부
터 동성애 성향을 가진 자들은 긍휼히 여겨야 합니다. 둘째, 동성애 성향을 가진 자들
도 사회적 존재입니다. 그들에게도 친구가 필요합니다. 만약 교회가 동성애 성향을
가진 자들을 혐오하고 멀리한다면, 그들은 다시 예전의 관계(동성애)로 돌아갈 수밖
에 없을 것입니다.

5. 모든 부정한 상상, 생각, 의도와 감정,

> 나는 너희에게 이르노니 음욕을 품고 여자를 보는 자마다 마음에 이미 간음하였느니라
> (마 5:28)
> 마음에서 나오는 것은 악한 생각과 살인과 간음과 음란과 도둑질과 거짓 증언과 비방이
> 니(마 15:19)

예수님은 마음으로 간음하는 것도 제7계명을 어긴 것이라고 하셨습니다(마 5:28). 사
실 모든 범죄의 시작은 눈이나 손이 아니라, 마음과 생각입니다(마 15:19). 따라서 우리
는 몸으로 하는 간음뿐만 아니라, 마음과 생각으로 하는 간음도 피해야 합니다.

6. 모든 부패하고 추잡한 대화, 또는 거기에 귀 기울이는 것이며,

> 음행과 온갖 더러운 것과 탐욕은 너희 중에서 그 이름조차도 부르지 말라 이는 성도에게 마땅한 바니라 누추함과 어리석은 말이나 희롱의 말이 마땅치 아니하니 오히려 감사하는 말을 하라(엡 5:3-4)

성(性)은 하나님께서 부부에게 주신 거룩한 선물입니다. 그러므로 성(性)을 하찮게 여기는 모든 행위는 하나님의 뜻을 어기는 범죄입니다. 성경이 음란한 말을 입에 담지도 말라고 강하게 경고하는 이유가 바로 여기에 있습니다(엡 5:3-4). 음란한 대화에 참여하거나, 거기에 귀를 기울이는 것은 제7계명을 어기는 일입니다.

7. 음탕한 눈길(표정), 뻔뻔스럽고 경박한 행동, 단정하지 못한 복장입니다.

음란한 표정	음심이 가득한 눈을 가지고 범죄하기를 그치지 아니하고 굳세지 못한 영혼들을 유혹하며 탐욕에 연단된 마음을 가진 자들이니 저주의 자식이라(벧후 2:14)
음란한 행동	그 여인이 그를 붙잡고 그에게 입맞추며 부끄러움을 모르는 얼굴로 그에게 말하되(잠 7:13)
음란한 복장	그 때에 기생의 옷을 입은 간교한 여인이 그를 맞으니(잠 7:10)

우리 자신뿐만 아니라 다른 사람의 순결을 보존하기 위해 노력하는 것은 제7계명이 요구하는 의무입니다. 그런 점에서 다른 사람의 성적 충동을 일으킬 수 있는 표정, 행동, 복장을 피해야 합니다.

8. 합법적 결혼을 금하고,

> 혼인을 금하고 어떤 음식물은 먹지 말라고 할 터이나 음식물은 하나님이 지으신 바니 믿는 자들과 진리를 아는 자들이 감사함으로 받을 것이니라(딤전 4:3)
> 집과 재물은 조상에게서 상속하거니와 슬기로운 아내는 여호와께로서 말미암느니라(잠 19:14)
> 사람마다 먹고 마시는 것과 수고함으로 낙을 누리는 그것이 하나님의 선물인 줄도 또한 알았도다(전 3:13)

바울은 거짓 교사들이 금욕적인 삶을 장려할 것이라고 경고했습니다(딤전 4:3). 대표적인 것이 혼인과 음식을 피하도록 하는 것입니다. 하지만 혼인과 음식은 하나님께서 주신 선물입니다(잠 19:14; 전 3:13). 하나님께서 주신 선물을 거부하는 것은 올바르지 않습니다. 합법적인 결혼을 금하는 것은 제7계명을 어기는 일입니다.

9. 불법적 결혼을 시행하는 것이며,

> 유다는 거짓을 행하였고 이스라엘과 예루살렘 중에서는 가증한 일을 행하였으며 유다는 여호와께서 사랑하시는 그 성결을 욕되게 하여 이방 신의 딸과 결혼하였으니 이 일을 행하는 사람에게 속한 자는 깨는 자나 응답하는 자는 물론이요 만군의 여호와께 제사를 드리는 자도 여호와께서 야곱의 장막 가운데에서 끊어 버리시리라(말 2:11-12)

말라기 선지자는 유대인들이 "이방 신의 딸과 결혼"한 일을 두고, 하나님께서 사랑하시는 성결을 욕되게 한 것이라고 말했습니다(말 2:11-12). 여기서 "이방 신의 딸과 결혼"했다는 것은 우상 숭배자와 결혼한 것을 말합니다. 불신자와 혼인하는 것은 신약에서도 엄격하게 금지된 일입니다(고전 7:39; 고후 6:14). 어떤 형태로든 성경이 금하는 형태의 혼인은 제7계명을 어기는 일입니다.

10. 매춘가를 허락하고, 용인하고, 보존하고, 방문하는 것이며,

> 이스라엘 여자 중에 창기가 있지 못할 것이요 이스라엘 남자 중에 남창이 있지 못할지니 창기가 번 돈과 개 같은 자의 소득은 어떤 서원하는 일로든지 네 하나님 여호와의 전에 가져오지 말라 이 둘은 다 네 하나님 여호와께 가증한 것임이니라(신 23:17-18)

매춘이 허락되는 사회에서 성(性)이 거룩하게 여겨질 수는 없을 것입니다. 성(性)을 돈벌이 수단으로 전락시키는 매춘은 하나님의 뜻에 명백히 어긋나는 일입니다. 그래서 성경은 창기가 번 돈은 여호와께 가증한 것이라고 말합니다(신 23:17-18). 매춘가를 허락하고, 용인하고, 보존하고, 방문하는 것은 제7계명을 어기는 일입니다.

11. 독신에 얽매이게 하는 서약과

> 제자들이 이르되 만일 사람이 아내에게 이같이 할진대 장가 들지 않는 것이 좋겠나이다 예수께서 이르시되 사람마다 이 말을 받지 못하고 오직 타고난 자라야 할지니라(마 19:10-11)

예수님은 "타고난 자라야" 독신으로 살 수 있다고 말씀하셨습니다. 독신의 은사가 없는 사람에게 독신으로 사는 것을 강요하는 것은 하나님의 뜻이 아닙니다. 물론 바울처럼 특별한 경우가 있지만 일반적으로는 혼인을 하고 가정을 이루는 것이 하나님의 뜻입니다.

12. 결혼을 지나치게 미루는 것이며,

> 나는 모든 사람이 나와 같기를 원하노라 그러나 각각 하나님께 받은 자기의 은사가 있으니 이 사람은 이러하고 저 사람은 저러하니라 내가 결혼하지 아니한 자들과 과부들에게 이르노니 나와 같이 그냥 지내는 것이 좋으니라 만일 절제할 수 없거든 결혼하라 정욕이 불 같이 타는 것보다 결혼하는 것이 나으니라(고전 7:7-9)

하나님께서 결혼 제도를 만드신 이유 중 하나는, 부정을 방지하기 위해서입니다. 그래서 바울은 "만일 절제할 수 없거든 결혼하라 정욕이 불 같이 타는 것보다 결혼하는 것이" 낫다고 가르쳤습니다. 결혼을 지나치게 미루는 것은 제7계명을 어기는 일입니다.

13. 동시에 두 사람 이상의 아내나 남편을 두는 것입니다.

> 말씀하시기를 그러므로 사람이 그 부모를 떠나서 아내에게 합하여 <u>그 둘이 한 몸이 될지</u>
> <u>니라</u> 하신 것을 읽지 못하였느냐(마 19:5)

결혼은 하나님께서 만드신 거룩한 제도이므로 반드시 하나님의 뜻을 따라서 해야 합
니다. 성경은 한 남자와 한 여자가 혼인하는 것이 하나님의 뜻이라고 명백하게 말하
고 있습니다. 그러므로 두 사람 이상의 아내나 남편을 동시에 두는 것은 제7계명을
어기는 일입니다.

14. 부당한 이혼이나 버림,

> 이스라엘의 하나님 여호와가 이르노니 <u>나는 이혼하는 것과 옷으로 학대를 가리는 자를</u>
> <u>미워하노라</u> 만군의 여호와의 말이니라 그러므로 너희 심령을 삼가 지켜 거짓을 행하지
> 말지니라(말 2:16)
> 말씀하시기를 그러므로 사람이 그 부모를 떠나서 아내에게 합하여 <u>그 둘이 한 몸이 될지</u>
> <u>니라</u> 하신 것을 읽지 못하였느냐(마 19:6)
> 나는 너희에게 이르노니 <u>누구든지 음행한 이유 없이 아내를 버리면 이는 그로 간음하게</u>
> <u>함이요 또 누구든지 버림받은 여자에게 장가드는 자도 간음함이니라</u>(마 5:32)

하나님은 학대를 미워하는 것만큼 이혼을 미워하십니다(말 2:16). 하나님께서 결혼을
통해 두 사람을 한 몸으로 만들었기 때문입니다(마 19:6). 이혼은 하나님께서 한 몸 되
게 하신 것을 인위적으로 나누는 행위입니다. 그래서 예수님은 음행한 이유 없이 이
혼하는 것은 제7계명을 어기는 일이라고 말씀하셨습니다(마 5:32).

15. 게으름, 탐식, 술 취함,

> <u>술을 즐겨 하는 자들과 고기를 탐하는 자들과도 더불어 사귀지 말라</u> 술 취하고 음식을 탐
> 하는 자는 가난하여질 것이요 잠 자기를 즐겨 하는 자는 해어진 옷을 입을 것임이니라(잠
> 23:20-21)

결혼한 부부가 서로의 책임을 다하는 것은 제7계명이 요구하는 의무입니다. 하나님

께서 결혼을 제정하신 것은 서로를 돕기 위함이지, 일방의 희생을 강요하기 위함이 아닙니다. 따라서 가정의 평화를 무너뜨리고 배우자의 고통을 증가시키는 게으름, 탐식, 술취함은 제7계명을 어기는 일입니다.

16. 부정한 교제, 음탕한 노래와 서적과 그림과 춤과 연극, 그리고 기타 우리 자신이나 다른 사람들 안에 부정을 자극하거나 행하는 모든 것들입니다.

부정한 교제	여인이 날마다 요셉에게 청하였으나 요셉이 듣지 아니하여 동침하지 아니할 뿐더러 함께 있지도 아니하니라(창 39:10) 네 길을 그에게서 멀리 하라 그의 집 문에도 가까이 가지 말라(잠 5:8)
부정한 문화 (노래, 서적, 그림, 춤, 연극)	누추함과 어리석은 말이나 희롱의 말이 마땅치 아니하니 오히려 감사하는 말을 하라(엡 5:4) 너희가 음란과 정욕과 술취함과 방탕과 향락과 무법한 우상 숭배를 하여 이방인의 뜻을 따라 행한 것은 지나간 때로 족하도다(벧전 4:3)

부도덕한 유혹은 소극적으로 반대하는 정도가 아니라 적극적으로 멀리해야 합니다. 성적인 자극을 이기지 못하고 죄를 짓는 사람들이 많기 때문입니다. 다윗이 대표적입니다. 밧세바가 목욕하는 모습을 본 다윗은, 순간적인 성욕을 억제하지 못하고 범죄했습니다.

반대로 요셉은 모범적인 사례입니다. 보디발의 아내가 여러 차례 그를 유혹했지만, 요셉은 부정한 교제에 응하지 않을 뿐 아니라, 함께 있는 것조차 피했습니다(창 39:10). 이처럼 부정한 교제가 발생할 가능성은 적극적으로 차단해야 합니다(잠 5:8).

부정한 문화 역시 우리에게 나쁜 영향을 미칩니다(엡 5:4; 벧전 4:3). 대표적인 것이 음란한 노래, 음란한 서적, 음란한 그림, 음란한 춤, 음란한 연극(영화)입니다. 물론 모든 문화가 악한 것은 아니며, 문화의 순기능도 상당합니다. 하지만 진실한 그리스도인이라면 대중문화의 음란성이 심각한 상태라는 것을 부정하지 않을 것입니다.

제140문 제8계명은 무엇입니까?

답: 제8계명은 "도둑질하지 말라."입니다.

1. 제8계명은 "도둑질하지 말라."입니다.

> 도둑질하지 말라(출 20:15)

제8계명은 '청지기 정신'에 근거하고 있습니다. 청지기 정신이란, 각 사람이 가진 것들의 원래 주인이 하나님이라는 믿음입니다. 다른 사람의 것을 훔치지 말아야 할 이유가 바로 여기에 있습니다. 각 사람이 가진 것들은 모두 하나님께서 주신 것입니다. 다른 사람의 것을 훔치는 것은 하나님의 것을 훔치는 것이나 마찬가지입니다. 그러므로 사유 재산 제도를 부정하는 것은 비성경적인 주장입니다. 도둑질하지 말라는 말씀 안에, 하나님께서 각 사람의 사유 재산을 인정한다는 내용이 포함되어 있기 때문입니다. 하지만 사유 재산 제도보다 앞서는 것은 청지기 정신입니다. 각 개인의 사유 재산이지만, 진짜 주인은 하나님입니다. 그러므로 재정 사용의 첫 번째 원칙은 하나님의 영광입니다. 만약 다른 사람의 재산을 도둑질하지 않더라도, 하나님의 영광을 위해 자기 재산을 사용하지 않는다면, 그것 역시 제8계명의 정신에 어긋나는 일입니다.

제8계명에서 요구하는 의무는 무엇입니까?

답: 제8계명에서 요구하는 의무는 사람과 사람 사이의 계약과 상거래에 있어서 진실과 신실함과 공정함입니다. 즉, 모든 이에게 각자의 몫을 주고, 불법으로 가로챈 타인의 재물을 원 소유자에게 배상하는 것이며, 우리의 능력과 다른 사람들의 필요에 따라 아낌없이 내어 주고, 빌려주는 것입니다. 또 이 세상 재물에 대한 우리의 가치 판단, 소원, 애착을 절제하고, 우리 본성의 유지에 필요하고 편리하며 우리의 상태에 적합한 것들을 획득, 보존, 사용, 처리하는 것에 대해 신중하게 생각하고 연구하는 것이며, 합법적인 직업을 갖고, 그것에 근면하며, 검소하게 살고, 불필요한 법정 소송과 보증, 그 외에 채무 같은 것을 피하는 것입니다. 그리고 우리 자신뿐 아니라 다른 사람들의 부와 재산을 획득하고 보존하며 증진하기 위해, 모든 정당하고 합법적인 수단들을 동원하여 애쓰는 것입니다.

1. 제8계명에서 요구하는 의무는 사람과 사람 사이의 계약과 상거래에 있어서 진실과 신실함과 공정함입니다.

> 정직하게 행하며 공의를 실천하며 그의 마음에 진실을 말하며 그의 눈은 망령된 자를 멸시하며 여호와를 두려워하는 자들을 존대하며 그의 마음에 서원한 것은 해로울지라도 변하지 아니하며(시15:2,4)

다른 사람의 것을 도둑질하지 말아야 할 이유는, 그것을 그 사람에게 주신 분이 하나님이시기 때문입니다. 따라서 모든 도둑질은 하나님에 대한 도둑질입니다. 그런데, 드러나게 훔치지 않았다고 해서 제8계명을 다 지켰다고 생각해서는 안 됩니다. 은밀한 도둑질 역시 제8계명을 어기는 일이기 때문입니다.

예를 들어, 교묘하게 상대방을 속여서 나에게 이로운 계약을 성사시켰다고 가정해 봅시다. 겉으로 보기에는 도둑질과 상관없어 보입니다. 하지만 상대방의 재산에 손해를 끼쳤다는 점에서 노골적인 도둑질과 아무런 차이가 없습니다. 그러므로 다른 사람과 계약을 하거나 거래할 때, 진실과 신실함과 공정함(시 15:2, 4)으로 하는 것은 제8계명이 요구하는 의무입니다.

2. 즉, 모든 이에게 각자의 몫을 주고,

> 모든 자에게 줄 것을 주되 조세를 받을 자에게 조세를 바치고 관세를 받을 자에게 관세를 바치고 두려워할 자를 두려워하며 존경할 자를 존경하라(롬 13:7)

모든 이에게 각자의 몫을 주어야 합니다(롬 13:7). 특히 국가가 요구하는 세금을 성실하게 납부해야 합니다(롬 13:7). 국가의 권위가 하나님에게서 왔기 때문입니다(롬 13:1). 하나님께서 국가를 통해 선을 장려하고, 죄를 억제하는 일을 하시기 때문입니다(롬 13:4). 따라서 신자가 성실하게 세금을 내는 것은 제8계명이 요구하는 의무입니다.

3. 불법으로 가로챈 타인의 재물을 원 소유자에게 배상하는 것이며,

> 남의 잃은 물건을 줍고도 사실을 부인하여 거짓 맹세하는 등 사람이 이 모든 일 중의 하나라도 행하여 범죄하면 이는 죄를 범하였고 죄가 있는 자니 그 훔친 것이나 착취한 것이나 맡은 것이나 잃은 물건을 주운 것이나 그 거짓 맹세한 모든 물건을 돌려보내되 곧 그 본래 물건에 오분의 일을 더하여 돌려보낼 것이니 그 죄가 드러나는 날에 그 임자에게 줄 것이요(레 6:3-5)

만약 길을 걷다가 지갑을 주웠다고 가정해 봅시다. 그 지갑을 돌려주지 않는 것도 제8계명을 어기는 일일까요? 그렇습니다. 다른 사람의 것을 의도적으로 훔치지 않았다 할지라도, 다른 사람의 재산에 손해를 끼쳤다는 점에서는 동일한 행위이기 때문입니다. 그래서 하나님은 "남의 잃은 물건을 줍고도 사실을 부인"하는 자에게 "죄를 범하였고 죄가 있는 자"라고 말씀하셨습니다. 어떤 식으로든 정당하지 않게 획득한 것은 원래 소유자에게 돌려주어야 합니다.

4. 우리의 능력과 다른 사람들의 필요에 따라 아낌없이 내어 주고, 빌려주는 것입니다.

> 네게 구하는 자에게 주며 네 것을 가져가는 자에게 다시 달라 하지 말며(눅 6:30)
> 주라 그리하면 너희에게 줄 것이니 곧 후히 되어 누르고 흔들어 넘치도록 하여 너희에게 안겨 주리라 너희가 헤아리는 그 헤아림으로 너희도 헤아림을 도로 받을 것이니(눅 6:38)
> 누가 이 세상의 재물을 가지고 형제의 궁핍함을 보고도 도와 줄 마음을 닫으면 하나님의 사랑이 어찌 그 속에 거하겠느냐(요일 3:17)
> 도둑질하는 자는 다시 도둑질하지 말고 돌이켜 가난한 자에게 구제할 수 있도록 자기 손으로 수고하여 선한 일을 하라(엡 4:28)

만약 누군가가 우리에게 물질적인 도움을 구한다면 어떻게 해야 할까요? 냉정하게 거절하는 것도 하나님의 계명을 어기는 일일까요? 그렇습니다. 주님께서 "네게 도움을 구하는 자가 있다면, 꼭 도와주어야 한다!"고 말씀하셨기 때문입니다(눅 6:30). 심지어 사도 요한은 형제를 돕지 않는 자는 하나님의 사랑이 없는 자라고까지 말했습니다(요일 3:17).

이것은 청지기 정신 때문입니다. 청지기 정신은 사유 재산 제도와 함께 제8계명을 지탱하는 기둥입니다. 청지기 정신이란, 우리의 재산과 소유가 하나님에게서 왔음을 믿고, 하나님의 뜻대로 사용하는 자세입니다. 그래서 에베소서 4장 28절은 신자가 일을 하는 목적이 가난한 자에게 구제하는 것이라고까지 말합니다. 우리의 능력과 다른 사람의 필요에 따라 아낌없이 내어 주며, 빌려주는 것은 제8계명이 요구하는 의무입니다.

5. 또 이 세상 재물에 대한 우리의 가치 판단, 소원, 애착을 절제하고,

> 그러나 자족하는 마음이 있으면 경건은 큰 이익이 되느니라 우리가 세상에 아무 것도 가지고 온 것이 없으매 또한 아무 것도 가지고 가지 못하리니 우리가 먹을 것과 입을 것이 있은즉 족한 줄로 알 것이니라 부하려 하는 자들은 시험과 올무와 여러 가지 어리석고 해로운 욕심에 떨어지나니 곧 사람으로 파멸과 멸망에 빠지게 하는 것이라(딤전 6:6-9)

예수님은 모든 범죄의 근원이 마음이라고 하셨습니다(마 15:18). 제8계명도 마찬가지입니다. 왜 다른 사람의 것을 도둑질하려 할까요? 자족하는 마음이 없기 때문입니다(딤전 6:6). 지금 가진 것에 만족하는 마음이 없기 때문에, 불법적으로 다른 사람의 재산을 빼앗으려고 하는 것입니다. 그러므로 이 세상 재물에 대한 우리의 가치 판단, 소원, 애착을 절제하는 것은 제8계명이 요구하는 의무입니다.

6. 우리 본성의 유지에 필요하고 편리하며 우리의 상태에 적합한 것들을 획득, 보존, 사용, 처리하는 것에 대해 신중하게 생각하고 연구하는 것이며,

> 네가 이 세대에서 부한 자들을 명하여 마음을 높이지 말고 정함이 없는 재물에 소망을 두지 말고 오직 우리에게 모든 것을 후히 주사 누리게 하시는 하나님께 두며 선을 행하고 선한 사업을 많이 하고 나누어 주기를 좋아하며 너그러운 자가 되게 하라(딤전 6:17-18)

"내 것이니 내 마음대로 써도 된다"는 식으로 생각하며 살아서는 안 됩니다. 우리가 가진 모든 것은 하나님께서 우리에게 잠시 빌려주신 것이기 때문입니다. 그래서 정직하게 돈을 버는 것이 중요한 만큼, 돈을 잘 사용하는 것도 중요합니다. 성경은 "선한 사업을 많이 하고 나누어 주기를 좋아하며 너그러운 자" 되라고 말합니다(딤전 6:17-18). 그렇게 돈을 사용하기 위해서는 신중한 생각과 연구가 필요합니다.

나에게 꼭 필요한 재정이 어느 정도인지를 알아야, 다른 사람을 얼마나 도와줄 수 있을지도 가늠할 수 있기 때문입니다. 그러므로 우리 본성의 유지에 필요하고 편리하며, 우리의 상태에 적합한 것들을 획득하고 보존하며 사용하고 처리하는 것에 대해 신중하게 생각하고 연구하는 것은 제8계명이 요구하는 의무입니다.

7. 합법적인 직업을 갖고,

> 여호와 하나님이 그 사람을 이끌어 에덴 동산에 두어 그것을 경작하며 지키게 하시고(창 2:15)

타락하기 전의 아담은, 에덴동산에서 아무 노동도 하지 않았을 것이라고 생각하는 사람들이 있습니다. 사실이 아닙니다. 아담은 에덴을 경작해야 했습니다(창 2:15). 땅을 갈고, 씨를 뿌리고, 물을 주어야 했습니다. 이처럼 직업을 갖고 주어진 일을 하는 것은 태초부터 이어져 온 하나님의 뜻입니다.

합법적인 직업을 갖는 것은 제8계명과도 깊은 관련이 있습니다. 만약 일을 하지 않으면 돈이 부족하게 될 것이고, 돈이 부족하면 도둑질하려는 마음을 가질 수 있기 때문입니다. 그러므로 합법적인 직업을 가지고 성실하게 일하는 것은 제8계명이 요구하는 의무입니다.

8. 그것에 근면하며,

> 손을 게으르게 놀리는 자는 가난하게 되고 손이 부지런한 자는 부하게 되느니라(잠 10:4)

게으르면 가난하게 되고, 부지런하면 부하게 되는 것은 하나님께서 정하신 일반적인 원리입니다(잠 10:4). 자기 일에 성실하지 않아서 물질적인 어려움에 처하게 되면, 도둑질하려는 마음을 가지기 쉽습니다. 그러므로 정당한 직업을 근면하게 수행하는 것은 제8계명이 요구하는 의무입니다.

9. 검소하게 살고,

> 그들이 배부른 후에 예수께서 제자들에게 이르시되 남은 조각을 거두고 버리는 것이 없게 하라 하시므로(요 6:12)
> 지혜 있는 자의 집에는 귀한 보배와 기름이 있으나 미련한 자는 이것을 다 삼켜 버리느니라(잠 21:20)

잠언 21장 20절은 재산을 낭비하는 자를 미련한 자라고 말합니다. 잠언에서 미련하다는 표현은 지적인 상태가 아니라 도덕적인 상태를 말합니다. 다시 말해, 악한 자라는 뜻입니다. 성경이 낭비하는 자를 악하다고 말하는 이유는 청지기 정신에 근거합니다. 하나님께서 주신 것을 올바르게 사용하지 않고 허무하게 낭비해 버렸으니 악하다고 하는 것입니다.

이 점에 있어서 가장 모범이 되는 분은 예수님입니다. 예수님은 검소하게 사셨습니다. 마음만 먹으면 얼마든지 돌로 빵을 만드실 수 있었지만, 먹고 남은 빵 조각 하나도 버리지 않으셨습니다(요 6:12). 이처럼 검소하게 사는 것은 제8계명이 요구하는 의무입니다.

10. 불필요한 법정 소송과 보증, 그 외에 채무 같은 것을 피하는 것입니다.

> 내 아들아 네가 만일 이웃을 위하여 담보하며 <u>타인을 위하여 보증하였으면</u> 네 입의 말로
> 네가 얽혔으며 네 입의 말로 인하여 잡히게 되었느니라(잠 6:1-2)
> <u>타인을 위하여 보증이 되는 자는 손해를 당하여도</u> 보증이 되기를 싫어하는 자는 평안하
> 니라(잠 11:15)

만약 어려움에 처한 이웃이 보증을 부탁한다면 어떻게 해야 할까요? 이것은 중립적인 문제입니다. 일차적으로 성경은 보증을 금합니다(잠 6:1-2; 잠 11:15). 보증으로 인하여 손해를 볼 가능성이 적지 않고, 그로 인해 가족 구성원들에게 심각한 경제적 어려움을 끼칠 수 있기 때문입니다. 그렇다고 해서 보증을 부탁하는 어려운 이웃을 무조건 외면하는 것은 사랑의 정신에 어긋납니다. 그러므로 신자는 어려운 이웃을 돕기 위해 보증을 서되, 자신이 감당할 수 있는 범위 안에서만 보증을 서야 합니다. 가계 경제에 심각한 타격을 줄 수 있는 보증, 그리고 그와 비슷한 경제 행위를 피하는 것은 제8계명이 요구하는 의무입니다.

11. 그리고 우리 자신뿐 아니라 다른 사람들의 부와 재산을 획득하고 보존하며 증진하기 위해, 모든 정당하고 합법적인 수단들을 동원하여 애쓰는 것입니다.

> 네 형제가 가난하게 되어 빈 손으로 네 곁에 있거든 <u>너는 그를 도와</u> 거류민이나 동거인처
> 럼 너와 함께 생활하게 하되(레 25:35)
> 네가 만일 네 원수의 길 잃은 소나 나귀를 보거든 반드시 그 사람에게로 돌릴지며 네가 만
> 일 너를 미워하는 자의 나귀가 짐을 싣고 엎드러짐을 보거든 그것을 버려두지 말고 <u>그것</u>
> <u>을 도와</u> 그 짐을 부릴지니라(출 23:4-5)각각 자기 일을 돌볼뿐더러 또한 각각 <u>다른 사람들</u>
> <u>의 일을 돌보아</u> 나의 기쁨을 충만하게 하라(빌 2:4)

다른 사람의 재산을 도둑질하지 않는 것이 제8계명에 수동적으로 순종하는 것이라고 한다면, 다른 사람의 재산을 보존하고 증진시키는 것은 제8계명에 능동적으로 순종하는 것이라 할 수 있습니다. 그래서 성경은 가난하게 된 형제를 가족처럼 대하라고 말하고(레 25:35), 원수의 재산이라도 보존하기 위해 노력하라고 말하며(출 23:4-5), "각각 다른 사람들의 일을 돌보"라고 말하는 것입니다. 이처럼 우리 자신뿐 아니라

다른 사람들의 부와 재산을 획득하고 보존하며 증진시키기 위해, 모든 정당하고 합법적인 수단들을 동원하여 노력하는 것은 제8계명이 요구하는 의무입니다.

제142문 제8계명에서 금지하는 죄는 무엇입니까?

답: 제8계명에서 금지하는 죄는 요구된 의무를 소홀히 하는 것 외에, 도둑질, 강도, 납치, 장물 취득, 사기 거래, 저울과 치수를 속이는 것, 경계표를 옮기는 것, 사람들 사이에 맺어진 계약이나 신탁에 있어서의 부정과 불성실함입니다. 또 억압, 강탈, 고리대금, 뇌물, 쓸데없는 소송, 부당하게 공유지를 사유화하는 것과 사람들을 추방하는 것이며, 물건 값을 올리기 위한 사재기, 불법적인 직업을 갖는 것, 우리 이웃에게 속한 것을 빼앗거나 억류하거나, 우리 자신을 부유하게 하는 다른 모든 부당하고 악한 행위들입니다. 탐욕, 세상 재물을 지나치게 소중히 여기며 애착을 갖는 것, 세상 재물을 얻고 유지하고 사용하는 일에서 많이 의심하면서 산란한 마음으로 걱정하고 살피는 것, 그리고 다른 사람들의 번영을 시기하는 것이며, 게으름, 방탕, 낭비성 게임, 그밖의 다른 모든 방법으로 우리 재산에 손해를 끼치고, 하나님께서 우리에게 주신 그 재산을 적절히 사용하여 얻는 위로를 빼앗는 것 또한 마찬가지입니다.

1. 제8계명에서 금지하는 죄는 요구된 의무를 소홀히 하는 것 외에,

> 만일 형제나 자매가 헐벗고 일용할 양식이 없는데 너희 중에 누구든지 그에게 이르되 평안히 가라, 덥게 하라, 배부르게 하라 하며 그 몸에 쓸 것을 주지 아니하면 무슨 유익이 있으리요(약 2:15-16)
>
> 누가 이 세상의 재물을 가지고 형제의 궁핍함을 보고도 도와 줄 마음을 닫으면 하나님의 사랑이 어찌 그 속에 거하겠느냐(요일 3:17)

성경은 도둑질하지 않는 것으로 충분하다고 말하지 않습니다. 야고보서 2장 15-16절은 말만 하고 실제로 돕지 않는 것도 계명을 어기는 것이라고 말하며, 요한일서 3장 17절은 재물을 가지고 어려운 형제를 돕지 않는 자는 하나님의 사랑이 없는 자라고 말합니다. 이처럼 제8계명이 요구하는 의무들을 소홀히 하는 것도 제8계명을 어기는 일입니다.

2. 도둑질,

> 도둑질하는 자는 다시 도둑질하지 말고 돌이켜 가난한 자에게 구제할 수 있도록 자기 손으로 수고하여 선한 일을 하라(엡 4:28)

제8계명은 다른 사람의 부와 재산을 획득하고 보존하고 증진하도록 도울 것을 요구합니다. 그래서 다른 사람의 재산에 피해를 주는 행위도 제8계명을 어기는 일입니다. 지금부터 소개되는 사례들은 모두 여기에 해당됩니다.

도둑질은 가장 직접적으로 다른 사람의 재산에 피해를 주는 행위입니다. 현대 사회에서 가장 빈번하게 발생하는 도둑질은 지적 재산권을 훔치는 일일 것입니다. 예를 들어, 영화나 음악 파일을 불법적으로 다운받거나, 출간된 책을 PDF파일로 변환해서 공유하는 것은 다른 사람의 지적 재산권을 도둑질하는 행위입니다.

3. 강도,

> 포악을 의지하지 말며 탈취한 것으로 허망하여지지 말며 재물이 늘어도 거기에 마음을 두지 말지어다(시 62:10)

다른 사람의 재산을 강압적으로 빼앗는 범죄자를 강도라고 합니다. 노골적인 강도질은 보기가 쉽지 않지만, 은밀한 강도질은 어디서나 행해지고 있습니다. 예를 들어, 대학교수가 자신의 지위를 이용하여 대학원생들의 연구 업적을 가로채는 것은 강도질입니다. 직장 상사가 부하 직원들의 실적을 가로채는 것도 강도질입니다.

4. 납치,

역사상 가장 대표적인 인신매매 행위는 아프리카와 아메리카 대륙 사이에서 행해진 '노예 무역'입니다. 아메리카 대륙을 발견한 유럽인들은 그곳에 담배와 사탕수수 농장을 만들었습니다. 그리고 아프리카 대륙에서 납치한 흑인들이 그곳에서 강제로 노동을 하도록 했습니다. 지금도 제3세계에서는 어린이와 여성을 납치하고 매매하는 일이 빈번하게 발생한다고 합니다. 사람의 생명을 이익의 수단으로 삼는 인신매매는 절대 있어서는 안 될 가공할 범죄입니다.

5. 장물 취득,

성경은 도둑과 짝하는 자도 저주의 대상이라고 말합니다. 따라서 도둑질한 물건을 구입하는 것도 제8계명을 어기는 일입니다. 아무리 가격이 싸더라도 장물은 구입하지 말아야 합니다.

6. 사기 거래,

성경은 형제를 해하거나 속이는 경우를 금지합니다. 흔히 중고 거래를 할 때, 자신의 이익을 위해 제품의 사양을 속이는 경우가 있습니다. 하자를 숨기는 것도 마찬가지입니다. 이런 사기 거래는 제8계명을 어기는 일입니다.

7. 저울과 치수를 속이는 것,

> 속이는 저울은 여호와께서 미워하시나 공평한 추는 그가 기뻐하시느니라(잠 11:1)

만약 소고기의 가격이 1키로(kg)에 만원이라고 가정해 봅시다. 저울의 눈금을 조작해서 500그램(g)이 1키로(kg)로 표시되게 만든다면, 훨씬 많은 수입을 올릴 수 있을 것입니다. 실제로 이런 일은 지금도 빈번하게 행해지고 있습니다. 더 많은 이익을 위해 저울과 치수를 속이는 것은 제8계명을 어기는 일입니다.

8. 경계표를 옮기는 것,

> 네 하나님 여호와께서 네게 주어 차지하게 하시는 땅 곧 네 소유가 된 기업의 땅에서 조상이 정한 네 이웃의 경계표를 옮기지 말지니라(신 19:14)

여호수아는 하나님의 뜻을 따라 각 지파와 가족별로 땅을 분배해 주었습니다. 그리고 땅을 구분하기 위해 지계표를 설치해 두었습니다. 그러므로 지계표를 옮긴다는 것은 이웃의 부동산을 은밀히 도둑질하는 것을 말합니다. 예를 들어, 다른 사람의 부동산을 사용하면서 합당한 비용을 지불하지 않는 경우가 여기에 해당합니다.

9. 사람들 사이에 맺어진 계약이나 신탁에 있어서의 부정과 불성실함입니다.

> 너희가 이르기를 월삭이 언제 지나서 우리가 곡식을 팔며 안식일이 언제 지나서 우리가 밀을 내게 할꼬 에바를 작게 하고 세겔을 크게 하여 거짓 저울로 속이며(암 8:5)

다른 사람의 무지를 이용하여 자신의 이익을 높이고 상대방의 이익을 낮추는 계약을 맺는 것은 불법적인 일입니다. 성경은 이런 불법적인 계약을 엄격히 금지하고 있습니다.

10. 또 억압,

> 이 땅 백성은 포악하고 강탈을 일삼고 가난하고 궁핍한 자를 압제하고 나그네를 부당하게 학대하였으므로(겔 22:29)

힘을 가진 자들이 약한 자들을 강제로 억누르는 것을 억압이라고 합니다. 고대 사회에서 왕들은 세금을 거두는 과정에서 백성들을 자주 억압하곤 했습니다. 현대에 들어와서는 부동산을 소유한 자들이 자주 억압을 행하곤 합니다. 건물주가 지나치게 많은 임대료를 요구하는 것은 가난한 자를 억압하는 행위가 될 수 있습니다.

11. 강탈,

> 네 가운데에 피를 흘리려고 뇌물을 받는 자도 있었으며 네가 변돈과 이자를 받았으며 이익을 탐하여 이웃을 속여 빼앗았으며 나를 잊어버렸도다 주 여호와의 말씀이니라(겔 22:12)

이익을 얻기 위해 이웃을 속여 빼앗는 것을 강탈이라고 합니다. 강탈은 이웃의 재산에 손해를 끼치는 행위이므로, 제8계명을 어기는 일입니다.

12. 고리대금,

> 이자를 받으려고 돈을 꾸어 주지 아니하며 뇌물을 받고 무죄한 자를 해하지 아니하는 자이니 이런 일을 행하는 자는 영원히 흔들리지 아니하리이다(시 15:5)

성경은 돈을 빌려주는 행위 자체를 금지하지 않습니다. 대신 금융 거래가 사랑의 도구가 되어야 한다고 말합니다. 만약 누군가가 급하게 돈을 빌리려고 한다면, 그는 분명 어려운 처지에 빠진 사람일 것입니다. 그런 사람을 이익의 대상으로 삼고 높은 이자로 돈을 빌려준다면 어떻게 될까요? 그 사람의 처지는 점점 더 어려워질 것입니다. 그러므로 신자는 고리대금으로 돈을 빌려주어서는 안 됩니다. 다른 사람의 어려운 처지를 이익의 도구로 삼아서는 안 됩니다.

13. 뇌물,

경건하지 못한 무리는 자식을 낳지 못할 것이며 뇌물을 받는 자의 장막은 불탈 것이라(욥 15:34)

하나님은 뇌물을 금하십니다. 뇌물은 거래의 정당성을 훼손하여 불의의 피해자를 양산하기 때문입니다. 불법적인 방법으로 부자가 되기보다, 손해를 보더라도 정직하게 사는 것이 하나님의 뜻입니다.

14. 쓸데없는 소송,

네 이웃이 네 곁에서 평안히 살거든 그를 해하려고 꾀하지 말며 사람이 네게 악을 행하지 아니하였거든 까닭 없이 더불어 다투지 말며(잠 3:29-30)

법을 이용하여 다른 사람에게 피해를 주는 것을 '쓸데없는 소송'이라고 합니다. 이것은 이단들이 교회를 공격하는 방법 가운데 하나입니다. 일단 소송이 시작되면, 교회는 소송이 마무리 될 때까지 상당한 시간과 비용을 허비해야 합니다. 소송에 참여하는 사람은 상당한 물질적 손해를 입게 됩니다. 신자는 법을 무기 삼아 이웃에게 피해를 주지 말아야 합니다.

15. 부당하게 공유지를 사유화하는 것과 사람들을 추방하는 것이며,

가옥에 가옥을 이으며 전토에 전토를 더하여 빈 틈이 없도록 하고 이 땅 가운데에서 홀로 거주하려 하는 자들은 화 있을진저(사 5:8)
밭들을 탐하여 빼앗고 집들을 탐하여 차지하니 그들이 남자와 그의 집과 사람과 그의 산업을 강탈하도다(미 2:2)

성경은 가난한 자들의 집과 땅을 빼앗는 행위를 엄격히 금하고 있습니다. 신도시 건설을 위해 갈 곳 없는 약자들의 건물을 대책 없이 철거하거나, 재건축을 위해 힘없는 세입자들을 부당하게 추방하는 것은 하나님의 뜻이 아닙니다.

16. 물건 값을 올리기 위한 사재기,

> 곡식을 내놓지 아니하는 자는 백성에게 저주를 받을 것이나 파는 자는 그의 머리에 복이 임하리라(잠 11:26)

자본주의 시장의 질서는 수요와 공급이 결정합니다. 수요보다 공급이 많으면 가격이 내리고, 수요보다 공급이 적으면 가격이 오릅니다. 이 원리를 악용하는 것이 사재기입니다. 충분한 재고가 있음에도 불구하고 의도적으로 제품을 공급하지 않다가, 가격이 오르면 그때 제품을 공급하는 것입니다. 사재기를 통해 많은 돈을 벌 수 있겠지만, 다른 사람의 재산에 피해를 주는 행위이므로 제8계명을 어기는 일입니다.

17. 불법적인 직업을 갖는 것,

> 즉 데메드리오라 하는 어떤 은장색이 은으로 아데미의 신상 모형을 만들어 직공들에게 적지 않은 벌이를 하게 하더니(행 19:24)

직업을 가지고 근면하게 일하는 것은 제8계명이 요구하는 의무입니다. 그래야만 다른 사람의 재산을 도둑질하지 않고도 일상생활을 유지할 수 있기 때문입니다. 그렇다면 어떤 직업에 종사하든 그저 돈만 벌면 될까요? 그렇지 않습니다.

예를 들어, 하나님은 "창기가 번 돈과 개 같은 자의 소득은 어떤 서원하는 일로든지 네 하나님 여호와의 전에 가져오지 말라 이 둘은 다 네 하나님 여호와께 가증한 것임이니라(레 23:18)"라고 말씀하셨습니다. 하나님은 우리가 합법적인 직업을 통해 깨끗한 돈을 벌기를 원하십니다. 그러므로 불법적인 직업에 종사하는 것도 제8계명을 어기는 일입니다(행 19:24).

18. 우리 이웃에게 속한 것을 빼앗거나 억류하거나, 우리 자신을 부유하게 하는 다른 모든 부당하고 악한 행위들입니다.

> 보라 너희 밭에서 추수한 품꾼에게 주지 아니한 삯이 소리 지르며 그 추수한 자의 우는 소리가 만군의 주의 귀에 들렸느니라(약 5:4)

직원을 고용하는 사장이 돈을 많이 버는 방법은 간단합니다. 직원들에게 돌아가야 할 이익을 최대한 줄이고, 자신에게 돌아갈 이익을 최대한 늘리는 것입니다. 하지만 이것 역시 하나님께서 금하신 일입니다. 하나님은 "추수한 품꾼에게 주지 아니한 삯이 소리" 지르는 것을 들으시는 분입니다(약 5:4). 사업을 하는 신자는 자신이 고용한 직원들을 이익의 도구로 여기지 말아야 합니다. 그들을 인격적으로 대하고 합당한 대가를 지불해 주어야 합니다. 아랫사람들을 부당하게 대우하여 자신을 부유하게 하는 것은 제8계명을 어기는 일입니다.

19. 탐욕(탐심),

> 그들에게 이르시되 삼가 모든 탐심을 물리치라 사람의 생명이 그 소유의 넉넉한 데 있지 아니하니라 하시고(눅 12:15)

탐심이란, 현재 가진 것에 만족하지 않고 더 많은 것을 가지려는 마음입니다. 탐심을 물리쳐야 하는 이유는(눅 12:15) 바로 여기서부터 도둑질이 시작되기 때문입니다. 많은 경우 도둑질은 지금 가진 것에 만족하지 않는 마음에서 시작됩니다.

20. 세상 재물을 지나치게 소중히 여기며 애착을 갖는 것,

> 마음이 부패하여지고 진리를 잃어 버려 경건을 이익의 방도로 생각하는 자들의 다툼이 일어나느니라(딤전 6:5)
> 위의 것을 생각하고 땅의 것을 생각하지 말라(골 3:2)

돈은 엄청난 힘을 가지고 있습니다. 예수님은 사람들이 하나님처럼 생각하는 것이 돈이라고 말씀하셨습니다(마 6:24). 심지어 돈은 신앙조차 이익의 도구로 생각하게 만듭니다(딤전 6:5). 하나님을 섬기는 것이 그 자체로 목적이 되는 것이 아니라, "하나님을 잘 섬기면 부자가 될 수 있겠지"라는 마음을 먹게 만든다는 것입니다.

그래서 성경은 "땅의 것을 생각하지 말라"고 말합니다(골 3:2). 부자가 되는 것이 우리의 목적이 될 수 없다는 뜻입니다. 돈은 하나님과 이웃을 섬기는 도구일 뿐이지, 그 자체로 목적이 될 수 없습니다. 세상 재물을 과도하게 소중히 여기며 애착하는 것은 청지기 정신에 위배된다는 점에서 제8계명을 어기는 일입니다.

21. 세상 재물을 얻고 유지하고 사용하는 일에서 많이 의심하면서 산란한 마음으로 걱정하고 살피는 것,

> 그러므로 염려하여 이르기를 무엇을 먹을까 무엇을 마실까 무엇을 입을까 하지 말라 이는 다 이방인들이 구하는 것이라 너희 하늘 아버지께서 이 모든 것이 너희에게 있어야 할 줄을 아시느니라(마 6:31-32)

제8계명의 근본이 되는 청지기 정신은 만물의 주인이신 하나님께서 각자에게 꼭 필요한 만큼의 소유를 맡기셨다는 믿음에 근거합니다. 그러므로 재물 때문에 염려하는 것은 제8계명을 어기는 일입니다.

22. 그리고 다른 사람들의 번영을 시기하는 것이며,

> 나는 거의 넘어질 뻔하였고 나의 걸음이 미끄러질 뻔하였으니 이는 내가 악인의 형통함을 보고 오만한 자를 질투하였음이로다(시 73:2-3)

시편 기자는 시기심으로 인하여 절망적인 상황에 빠졌다고 고백합니다(시 73:2-3). 시기심은 우리의 영혼을 황폐하게 만드는 독약입니다. 청지기 정신 속에 시기심을 이기는 지혜가 담겨 있습니다. 청지기 정신에 따르면, 각자의 소유는 하나님께서 주신 것입니다. 이 사실을 믿는 사람은 다른 사람의 번영을 시기하지 않습니다. 대신 하나님의 뜻에 자신의 삶을 맡깁니다.

23. 게으름, 방탕, 낭비성 게임, 그밖의 다른 모든 방법으로 우리 재산에 손해를 끼치고, 하나님께서 우리에게 주신 그 재산을 적절히 사용하여 얻는 위로를 빼앗는 것 또한 마찬가지입니다.

게으름	우리가 들은즉 너희 가운데 게으르게 행하여 도무지 일하지 아니하고 일을 만들기만 하는 자들이 있다 하니 이런 자들에게 우리가 명하고 주 예수 그리스도 안에서 권하기를 조용히 일하여 자기 양식을 먹으라 하노라(살후 3:11-12) 자기의 일을 게을리하는 자는 패가하는 자의 형제니라(잠 18:9)
방탕	술 취하고 음식을 탐하는 자는 가난하여질 것이요 잠 자기를 즐겨 하는 자는 해어진 옷을 입을 것임이니라(잠 23:21) 자기의 토지를 경작하는 자는 먹을 것이 많으려니와 방탕을 따르는 자는 궁핍함이 많으리라(잠 28:19)
낭비	연락을 좋아하는 자는 가난하게 되고 술과 기름을 좋아하는 자는 부하게 되지 못하느니라(잠 21:17)

우리는 하나님의 청지기입니다. 우리가 가진 모든 것은 하나님께서 주신 것입니다. 그러므로 재산을 적절하게 사용하는 것도 우리의 의무입니다. 게으르고 방탕한 삶으로 재산을 낭비해서는 안 됩니다. 우리의 재산에 손해를 끼치는 모든 일은 제8계명을 어기는 일입니다.

제9계명은 무엇입니까?

답: 제9계명은 "네 이웃에 대하여 거짓 증거 하지 말라."입니다.

1. 제9계명은 "네 이웃에 대하여 거짓 증거 하지 말라."입니다.

> 네 이웃에 대하여 거짓 증거하지 말라(출 20:16)

십계명은 크게 두 부분으로 나눌 수 있습니다. 하나님 사랑과 이웃 사랑입니다. 첫 네 계명은 하나님 사랑을, 다음 여섯 계명은 이웃 사랑을 말합니다. 그리고 이웃 사랑의 방법은 다음과 같습니다. 제5계명은 권위를 존중함으로 이웃을 사랑하라고 합니다. 제6계명은 생명을 존귀하게 여김으로 이웃을 사랑하라고 합니다. 제7계명은 순결한 삶으로 이웃을 사랑하라고 합니다. 제8계명은 재산을 보존하고 증진하는 것으로 이웃을 사랑하라고 합니다. 그리고 지금부터 살펴볼 제9계명은 명예를 보존하고 증진하는 것으로 이웃을 사랑하라는 계명입니다. 거짓 증거는 이웃의 명예를 훼손하는 일이기 때문입니다.

제9계명에서 요구하는 의무는 무엇입니까?

답: 제9계명에서 요구하는 의무는 사람과 사람 사이의 진실과 우리 자신과 우리 이웃의 명예를 보존하고 증진하는 것입니다. 진리를 위해 나서서 옹호하고, 재판과 정의, 다른 어떠한 일에 있어서라도 진심으로, 성실하게, 자유롭게, 명백하게, 그리고 온전하게 오직 진실만을 말하는 것이며, 우리 이웃을 자비롭게 평가하고, 그들의 명예를 사랑하고 바라고 기뻐하며, 그들의 연약함을 슬퍼하고 덮어 주는 것이며, 그들의 재능과 장점들을 기꺼이 인정하고, 그들의 결백을 변호해 주는 것입니다. 그들에 관한 좋은 소문은 기꺼이 받아들이되, 나쁜 소문은 받아들이기를 원하지 않으며, 험담하는 자들과 아첨하는 자들과 비방하는 자들을 저지하며, 우리 자신의 좋은 평판을 사랑하고 보호하면서 필요할 때는 이를 변호하고, 정당한 약속을 지키며, 어떤 것이든지 참되고 정직하며 사랑스럽고 좋은 평판이 있는 것들은 배우고 또한 실천하는 것입니다.

1. 제9계명에서 요구하는 의무는 사람과 사람 사이의 진실과

> 너희가 행할 일은 이러하니라 너희는 이웃과 더불어 진리를 말하며 너희 성문에서 진실하고 화평한 재판을 베풀고(슥 8:16)

우리가 사실만을 말해야 하는 이유는 명백합니다(슥 8:16). 사탄은 거짓의 아비인 반면(요 8:44), 하나님은 거짓이 없으시기 때문입니다(롬 3:4; 딛 1:2). 우리는 사실만을 말하는 것을 통해, 우리가 세상에 속한 자가 아니라 하나님께 속한 자임을 드러내야 합니다.

2. 우리 자신과 우리 이웃의 명예를 보존하고 증진하는 것입니다.

> 데메드리오는 뭇 사람에게도, 진리에게서도 증거를 받았으매 우리도 증언하노니 너는 우리의 증언이 참된 줄을 아느니라(요삼 1:12)

요한삼서는 사도 요한이 가이오에게 보낸 편지입니다. 요한은 가이오에게 데메드리오라는 순회 설교자를 추천합니다. 요한은 데메드리오가 "뭇 사람에게도, 진리에게서도 증거를" 받은 사람이라고 말합니다(요삼 1:12). 데메드리오는 사람들에게 인정받는 사역자일 뿐만 아니라, 하나님의 말씀에 비추어도 흠이 없다는 뜻입니다.

요한이 데메드리오를 추천하는 편지를 보낸 이유는, 당시 데메드리오와 같은 순회 설교자들이 많은 비방을 받았기 때문입니다(요삼 1:10). 그래서 요한은 데메드리오의 명예를 보존하고 증진시키기 위해 편지를 쓴 것입니다. 이처럼 우리는 다른 사람의 명예를 보존하고 증진하는 방식으로 이웃 사랑을 실천해야 합니다.

3. 진리를 위해 나서서 옹호하고,

> 너는 말 못하는 자와 모든 고독한 자의 송사를 위하여 입을 열지니라 너는 입을 열어 공의로 재판하여 곤고한 자와 궁핍한 자를 신원할지니라(잠 31:8-9)

재판은 약자들이 억울함을 풀 수 있는 최후의 보루입니다. 우리의 증언이 어려운 이웃에게 도움이 된다면, 우리는 마땅히 증인석에 서야 합니다. 사실을 증언함으로써, 약자들의 명예를 보호해 주어야 합니다(잠 31:8-9).

4. 재판과 정의, 다른 어떠한 일에 있어서라도

> 너희는 재판할 때에 불의를 행하지 말며 가난한 자의 편을 들지 말며 세력 있는 자라고 두둔하지 말고 공의로 사람을 재판할지며(레 19:15)
> 그런즉 거짓을 버리고 각각 그 이웃과 더불어 참된 것을 말하라 이는 우리가 서로 지체가 됨이라(엡 4:25)

그리스도인은 재판이 공정하게 시행되도록 노력해야 합니다(레 19:15). 자칫하면 재판을 통해 불의의 희생자가 양산될 수 있기 때문입니다. 또한 그리스도인은 모든 장소와 상황 속에서 사실만을 말해야 합니다(엡 4:25). 생각 없이 뱉은 말들이 결과적으로 이웃의 명예에 심각한 손상을 가져올 수 있기 때문입니다.

5. 진심으로,

> 정직하게 행하며 공의를 실천하며 <u>그의 마음에 진실을 말하며</u>(시 15:2)

시편 15편의 주제는 하나님께서 기뻐하시는 삶입니다. 여기서 시인은 하나님께서 진실을 기뻐하신다고 말합니다. 따라서 그리스도인은 사실만을 말해야 합니다(시 15:2). 하지만 우리는 너무나 자주 거짓을 말합니다. 그 결과 우리 주위에는 말로 인격 살인을 당한 자들이 즐비합니다. 생명을 해치지 않는 것만큼, 명예를 해치지 않는 것도 중요합니다. 진실만을 말하는 것은 제9계명이 요구하는 의무입니다.

6. 성실하게,

> 그들에게 명령하여 이르되 너희는 <u>진실과 성심을 다하여 여호와를 경외하라</u>(대하 19:9)

역대하 19장 9절에서 진실로 번역된 히브리어 '에무나'는 '성실함'을 의미합니다. 하나님께서 원하시는 순종은 적당한 순종이 아니라 성실한 순종입니다. 이것은 제9계명에 있어서도 마찬가지입니다. 우리는 진실을 말함에 있어 성실해야 합니다.

7. 자유롭게,

> <u>요나단이 그의 아버지 사울에게 다윗을 칭찬하여 이르되</u> 원하건대 왕은 신하 다윗에게 범죄하지 마옵소서 그는 왕께 득죄하지 아니하였고 그가 왕께 행한 일은 심히 선함이니이다 그가 자기 생명을 아끼지 아니하고 블레셋 사람을 죽였고 여호와께서는 온 이스라엘을 위하여 큰 구원을 이루셨으므로 왕이 이를 보고 기뻐하셨거늘 어찌 까닭 없이 다윗을 죽여 무죄한 피를 흘려 범죄하려 하시나이까(삼상 19:4-5)

자유의 사전적 뜻은 "남에게 구속을 받거나 무엇에 얽매이지 않고 자기 뜻에 따라 행동하는 것"입니다. 그러므로 자유와 진실은 함께 가야 합니다. 남에게 구속을 받거나 무엇에 얽매인 상태에서는 진실을 말할 수 없기 때문입니다. 자유롭게 진실을 말했던 대표적인 인물로 요나단을 꼽을 수 있습니다. 그는 아버지 사울에게 진실을 말하기를 주저하지 않았습니다. 다윗을 대하는 아버지의 태도가 옳지 않다는 것을 자유롭게 말했습니다. 자유롭게 진실을 말하는 것은 제9계명이 요구하는 의무입니다.

8. 명백하게, 그리고 온전하게

> 그러므로 여호수아가 아간에게 이르되 내 아들아 청하노니 이스라엘의 하나님 여호와께 영광을 돌려 그 앞에 자복하고 네가 행한 일을 내게 알게 하라 그 일을 내게 숨기지 말라 하니(수 7:19)

명백하고 온전하게 말하는 것은 '의심의 여지없이 뚜렷하게 말하는 것'을 의미합니다. 희미하게 말하거나 일부분만 말하는 것은 진실이 아닙니다. 특히 법원처럼 정의를 이루는 곳에서 명백하고 온전하게 말하는 것은 제9계명이 요구하는 의무입니다.

9. 오직 진실만을 말하는 것이며,

> 신실한 증인은 거짓말을 아니하여도 거짓 증인은 거짓말을 뱉느니라(잠 14:5)

진실만을 말하는 것은 특히 증인에게 요청되는 의무입니다. 고대 사회의 재판은 지금처럼 과학적이고 체계적이지 못했습니다. 확실한 증거보다는 증인의 증언을 따라 판결하는 경우가 많았습니다. 증인이 진실을 말하느냐, 거짓을 말하느냐 하는 것은 재판의 승패를 판가름하는 결정적인 요소였습니다. 그래서 악인들은 증인을 매수하여 그릇된 판결을 이끌어 내곤 했습니다. 대표적인 경우가 유대 지도자들이 예수님을 처형하기 위해 거짓 증인을 내세웠던 경우입니다. 오늘날에도 증인의 역할은 중요합니다. 만약 그리스도인이 공적으로 증언해야 할 위치에 서게 된다면, 자신에게 불이익이 될지라도 진실만을 말해야 합니다.

10. 우리 이웃을 자비롭게 평가하고,

> 모든 것을 참으며 모든 것을 믿으며 모든 것을 바라며 모든 것을 견디느니라(고전 13:7)

흔히 '사랑 장'이라고 불리는 고린도전서 13장에서 바울은 사랑을 의인화하여 설명합니다. 여기서 바울은 모든 것을 참는 것이 사랑이라고 말합니다(고전 13:7). 만약 우리가 이웃의 연약함을 참지 않고, 계속해서 지적하고 말한다면, 결국 이웃의 명예가 훼손될 수 있기 때문입니다. 우리는 이웃을 자비롭게 평가함으로써 이웃의 명예를 지켜 주어야 합니다.

11. 그들의 명예를 사랑하고 바라고 기뻐하며,

> 먼저 내가 예수 그리스도로 말미암아 너희 모든 사람에 관하여 내 하나님께 감사함은 너희 믿음이 온 세상에 전파됨이로다(롬 1:8)
> 형제들이 와서 네게 있는 진리를 증언하되 네가 진리 안에서 행한다 하니 내가 심히 기뻐하노라 내가 내 자녀들이 진리 안에서 행한다 함을 듣는 것보다 더 기쁜 일이 없도다(요삼 1:3-4)

바울은 로마 교회의 믿음이 온 세상에 전파됨을 기뻐했습니다(롬 1:8). 사도 요한도 마찬가지였습니다. 그 역시 그리스도인들이 진리 안에서 행한다는 소문을 듣고 매우 기뻐했습니다(요삼 1:3-4). 이처럼 이웃의 명예를 보존하고 증진하는 사람이 되기 위해서는, 먼저 우리 안에 이웃의 명예를 사랑하고 바라며 기뻐하는 마음이 있어야 합니다. 만약 우리가 이웃의 명예를 시기한다면, 결코 제9계명을 온전히 지킬 수 없습니다.

12. 그들의 연약함을 슬퍼하고 덮어 주는 것이며,

또 내가 다시 갈 때에 내 하나님이 나를 너희 앞에서 낮추실까 두려워하고 또 내가 전에
죄를 지은 여러 사람의 그 행한 바 더러움과 음란함과 호색함을 회개하지 아니함 때문에
슬퍼할까 두려워하노라(고후 12:21)
허물을 덮어 주는 자는 사랑을 구하는 자요 그것을 거듭 말하는 자는 친한 벗을 이간하는
자니라(잠 17:9)

우리의 이기적인 본성은 나보다 다른 사람이 잘되는 것을 좋아하지 않습니다. 나보
다 다른 사람이 더 좋은 명예를 얻는 것도 기뻐하지 않습니다. 제9계명을 지키기 위
해서는 이런 이기적인 본성을 다스려야 합니다.

만약 이웃의 흠을 발견했다면 어떻게 해야 할까요? 그 사람의 명예를 훼손하고, 나
의 명예를 높이는 기회로 삼아야 할까요? 그것은 제9계명을 어기는 일입니다. 바울
과 고린도 교회의 관계는 좋은 모범이 됩니다. 바울은 고린도 교회의 연약함을 진심
으로 슬퍼했습니다(고후 12:21). 그는 고린도 교회를 위해 눈물 흘렸고, 슬퍼했습니다.
고린도 교회가 참으로 건강한 교회가 되어, 고린도 교인들의 명예가 보존되고 증진
되기를 원했기 때문입니다. 이웃의 연약함을 슬퍼하고 덮어주는 것은 제9계명이 요
구하는 의무입니다(잠 17:9).

13. 그들의 재능(은사)과 장점(은혜)들을 기꺼이 인정하고,

그리스도 예수 안에서 너희에게 주신 하나님의 은혜로 말미암아 내가 너희를 위하여 항
상 하나님께 감사하노니 이는 너희가 그 안에서 모든 일 곧 모든 언변과 모든 지식에 풍족
하므로 그리스도의 증거가 너희 중에 견고하게 되어 너희가 모든 은사에 부족함이 없이
우리 주 예수 그리스도의 나타나심을 기다림이라(고전 1:4-7)

고린도 교회는 단점이 많은 교회였습니다. 하지만 바울은 그들의 재능과 장점들을
기꺼이 인정함으로써 고린도 교회의 명예를 보존하고 증진해 주었습니다(고전 1:4-7).
다른 사람의 재능과 장점들을 인정하고 높이는 것은 쉬운 일이 아닙니다. 다른 사람
의 명예는 낮추고, 나의 명예는 높이려는 교만한 마음이 누구에게나 있기 때문입니
다. 오직 하나님의 은혜만이 이것을 가능하게 합니다. 다른 계명들도 마찬가지이지
만, 하나님의 은혜 없이는 제9계명에 기쁘게 순종할 수 없습니다.

14. 그들의 결백을 변호해 주는 것입니다.

> 아히멜렉이 왕에게 대답하여 이르되 <u>왕의 모든 신하 중에 다윗 같이 충실한 자가 누구인지요</u> 그는 왕의 사위도 되고 왕의 호위대장도 되고 왕실에서 존귀한 자가 아니니이까(삼상 22:14)

사람들은 일반적으로 그 자리에 없는 사람에 관해 말하기를 좋아합니다. 그 자리에 없는 사람의 부정적인 면을 말하기 좋아합니다. 그러다 보면, 확실하지 않은 사실들이 크게 부풀려지기 마련입니다. 우리는 그런 자리에서 침묵해서는 안 됩니다. 누군가의 명예가 부당하게 침해당하고 있다면, 그들의 결백함을 변호해 주어야 합니다. 아히멜렉이 좋은 사례입니다. 그는 목숨을 걸고 다윗의 결백함을 변호해 주었습니다(삼상 22:14). 이웃의 결백함을 변호하는 것은 제9계명이 요구하는 의무입니다.

15. 그들에 관한 좋은 소문을 기꺼이 받아들이되, 나쁜 소문은 받아들이기를 원하지 않으며,

> 불의를 기뻐하지 아니하며 진리와 함께 기뻐하고 모든 것을 참으며 <u>모든 것을 믿으며</u> 모든 것을 바라며 모든 것을 견디느니라(고전 13:6-7)
> 그의 <u>혀로 남을 허물하지 아니하고</u> 그의 이웃에게 악을 행하지 아니하며 그의 이웃을 비방하지 아니하며(시 15:3)

타락한 인간의 본성은 다른 사람이 잘 되는 것을 원하지 않습니다. 그래서 좋은 소식이 들릴 때는 일단 의심하고, 나쁜 소식이 들릴 때는 기꺼이 받아들입니다. 하지만 성경은 좋은 소식은 믿어주고(고전 13:6-7), 나쁜 소식은 받아들이지 말라고 말합니다(시 15:3). 따라서 우리는 좋은 소식이 들릴 때는 함께 기뻐하고, 나쁜 소식이 들릴 때는 신중하게 받아들이는 사람이 되어야 합니다.

16. 험담하는 자들과 아첨하는 자들과 비방하는 자들을 저지하며,

험담하는 자들을 저지해야 함	북풍이 비를 일으킴 같이 참소하는 혀는 사람의 얼굴에 분을 일으키느니라(잠 25:23)
아첨하는 자들을 저지해야 함	이같은 자들은 우리 주 그리스도를 섬기지 아니하고 다만 자기들의 배만 섬기나니 교활한 말과 아첨하는 말로 순진한 자들의 마음을 미혹하느니라(롬 16:18)
비방하는 자들을 저지해야 함	자기의 이웃을 은근히 헐뜯는 자를 내가 멸할 것이요 눈이 높고 마음이 교만한 자를 내가 용납하지 아니하리로다(시 101:5)

만약 험담하는 말과 아첨하는 말과 비방하는 말을 그냥 내버려 둔다면, 이웃의 명예는 심각하게 훼손될 것입니다. 그러므로 험담하는 자들과 아첨하는 자들과 비방하는 자들을 저지시켜야 합니다. 누군가가 우리 앞에서 다른 사람을 비방할 때, 지혜롭게 그 말을 중단시키거나(또는 대화의 주제를 바꾸거나), 조심스럽게 그 자리를 피해야 합니다.

17. 우리 자신의 좋은 평판을 사랑하고 보호하면서 필요할 때는 이를 변호하고,

많은 재물보다 명예를 택할 것이요 은이나 금보다 은총을 더욱 택할 것이니라(잠 22:1)

하나님은 우리가 재물보다 명예를 택하기를 원하십니다(잠 22:1). 성공이나 물질 때문에 명예를 희생하는 것은 하나님의 뜻이 아닙니다. 우리 자신의 좋은 평판을 사랑하고 보호하며 필요할 때는 이를 변호하는 것은 제9계명이 요구하는 의무입니다.

18. 정당한 약속을 지키며,

> 그의 눈은 망령된 자를 멸시하며 여호와를 두려워하는 자들을 존대하며 그의 마음에 서원한 것은 해로울지라도 변하지 아니하며(시 15:4)

정당한 사유 없이 약속을 어기는 사람이 존경받을 수 있을까요? 아무도 그런 사람을 진심으로 존경하지 않을 것입니다. 그러므로 약속을 지킴으로서 자신의 명예를 지키는 것은 제9계명이 요구하는 의무입니다(시 15:4).

19. 어떤 것이든지 참되고 정직하며 사랑스럽고 좋은 평판이 있는 것들은 배우고 또한 실천하는 것입니다.

> 끝으로 형제들아 무엇에든지 참되며 무엇에든지 경건하며 무엇에든지 옳으며 무엇에든지 정결하며 무엇에든지 사랑 받을 만하며 무엇에든지 칭찬 받을 만하며 무슨 덕이 있든지 무슨 기림이 있든지 이것들을 생각하라(빌 4:8)

존경받는 사람이 되려면 존경받을 행동을 해야 합니다. 명예도 마찬가지입니다. 명예로운 행동을 할 때, 명예로운 사람이 될 수 있습니다. 그래서 바울은 "무엇에든지 참되며 무엇에든지 경건하며 무엇에든지 옳으며 무엇에든지 정결하며 무엇에든지 사랑받을 만하며 무엇에든지 칭찬받을" 만한 사람이 되라고 권면합니다(빌 4:8). 그런 삶을 통해 존경받고 명예로운 사람이 될 수 있기 때문입니다.

제9계명에서 금지하는 죄는 무엇입니까?

답: 제9계명에서 금지하는 죄는 특별히 공적 재판에서 진실을 왜곡하고 우리 자신과 이웃의 명예를 해치는 모든 일입니다. 거짓 증거를 제공하며, 거짓 증인을 매수하고, 진실을 알면서도 악인을 변호하며, 진실을 대적하고 억압하는 것이며, 불의한 판결을 내리고, 악을 선하다 하며 선을 악하다 하고, 악인에게 보상하기를 의인에게 하듯 하며, 의인에게 보상하기를 악인에게 하듯 하는 것입니다. 위조하는 것, 진실을 은폐하는 것, 공의로운 소송에서 부당하게 침묵하는 것, 불법에 대해 우리가 책망하고 다른 이들에게 항의해야 할 때 잠자코 있는 것이며, 때에 맞지 않게 진실을 말하거나, 그릇된 목적으로 악의적으로 말하거나, 진리를 왜곡하여 그릇된 의미로 만들거나, 의심스럽고 애매한 표현으로 진실과 공의를 손상시키는 것입니다. 비진리를 말하며, 거짓말하고, 비방하며 험담하고 훼방하며, 나쁜 소문을 퍼뜨리고 수군거리며 비웃고 욕하며, 경솔하고 가혹하게 편파적으로 비난하는 것입니다. 의도와 말과 행동을 오해하는 것, 아첨과 헛된 자랑을 하는 것, 우리 자신이나 남들을 지나치게 높게 혹은 낮게 생각하고 말하는 것이며, 하나님께서 주신 재능들과 장점들을 부인하고, 작은 과실들을 더욱 악화시키고, 자유롭게 고백하도록 요청받았을 때 죄를 숨기고 변명하고 경감시키는 것입니다. 약점을 쓸데없이 찾아내며, 헛소문을 퍼뜨리고, 악한 소문을 받아들이고 지지하며, 공정한 변호에는 귀를 막는 것이며, 악하게 의심을 품는 것, 마땅히 받을 만한 자격이 있는 자에게 돌아가는 명예에 대해 시기하고 배 아파하는 것, 그것을 손상시키려고 애쓰거나 갈망하는 것이며, 그들의 불명예와 오명을 기뻐하는 것입니다. 조소하듯이 멸시하고, 맹신적으로 존경하며, 정당한 약속을 위반하는 것이며, 명예를 얻는 일에는 소홀히 하고, 불명예를 초래하는 일은 행하고 스스로 피하지 않을뿐더러, 다른 사람들이 그런 일을 못하도록 능히 할 수 있음에도 불구하고 막지 않는 것입니다.

1. 제9계명에서 금지하는 죄는 특별히 공적 재판에서 진실을 왜곡하고 우리
   자신과 이웃의 명예를 해치는 모든 일입니다.

> 너희는 재판할 때에 불의를 행하지 말며 가난한 자의 편을 들지 말며 세력 있는 자라고 두
> 둔하지 말고 공의로 사람을 재판할지며(레 19:15)

제9계명은 명예를 보존하고 증진하는 방식으로 이웃 사랑을 실천할 것을 요구합니
다. 때문에 거짓말로 이웃의 명예를 실추시키는 행위는 제9계명을 어기는 일입니다.
특히 공적 재판에서 거짓을 말하는 것은 심각한 범죄입니다. 공적 재판에서의 거짓
말은 일상에서의 거짓말보다 훨씬 큰 피해를 불러 오기 때문입니다.

2. 거짓 증거를 제공하며, 거짓 증인을 매수하고, 진실을 알면서도 악인을 변
   호하며, 진실을 대적하고 억압하는 것이며, 불의한 판결을 내리고, 악을
   선하다 하며 선을 악하다 하고, 악인에게 보상하기를 의인에게 하듯 하
   며, 의인에게 보상하기를 악인에게 하듯 하는 것입니다.

거짓 증거를 제공하는 일	거짓 증인은 벌을 면하지 못할 것이요 거짓말을 하는 자도 피하지 못하리라(잠 19:5)
거짓 증인을 매수하는 일	거짓 증인들을 세우니 이르되 이 사람이 이 거룩한 곳과 율법을 거슬러 말하기를 마지 아니하는도다(행 6:13)
악인을 변호하는 일	바울을 부르매 더둘로가 고발하여 이르되...우리가 보니 이 사람은 전염병 같은 자라 천하에 흩어진 유대인을 다 소요하게 하는 자요 나사렛 이단의 우두머리라(행 24:2, 5)
불의한 판결을 내리는 일	악인을 의롭다 하고 의인을 악하다 하는 이 두 사람은 다 여호와께 미움을 받느니라(잠 17:15)
악을 선하다 하고, 선을 악하다 하는 일	그들은 뇌물로 말미암아 악인을 의롭다 하고 의인에게서 그 공의를 빼앗는도다(사 5:23)

공적 재판에서 거짓말을 하는 것은 일상생활에서 거짓말을 하는 것보다 더 해로운 범죄입니다. 피해의 성격과 범위가 훨씬 심각하기 때문입니다. 재판의 공정성을 가로막는 거짓말에는 다음과 같은 것들이 있습니다. 거짓 증거를 제공하는 일, 위증을 사주하는 일, 악인을 변호하는 일, 의인을 죄인으로 또는 죄인을 의인으로 판결하는 일 등입니다. 이것들은 모두 제9계명을 어기는 일입니다.

3. 위조하는 것,

교만한 자들이 거짓을 지어 나를 치려 하였사오나 나는 전심으로 주의 법도들을 지키리이다(시 119:69)

위조는 거짓 증거를 만들어 내는 일입니다. 거짓 증거는 불의한 재판의 도구로서, 의로운 자의 명예를 심각하게 훼손할 수 있습니다. 위조는 제9계명을 어기는 일입니다.

4. 진실을 은폐하는 것, 공의로운 소송에서 부당하게 침묵하는 것,

만일 누구든지 저주하는 소리를 듣고서도 증인이 되어 그가 본 것이나 알고 있는 것을 알리지 아니하면 그는 자기의 죄를 져야 할 것이요 그 허물이 그에게로 돌아갈 것이며(레 5:1)

공정한 재판이 시행되기 위해서는 진실이 증언되어야 합니다. 따라서 그리스도인은 설사 자기에게 손해가 된다고 할지라도 진실만을 말해야 하며, 공의로운 소송에서 침묵해서는 안 됩니다(레 5:1). 진실을 은폐하거나, 공의로운 소송에서 부당하게 침묵하는 것은 제9계명을 어기는 일입니다.

5. 불법에 대해 우리가 책망하고 다른 이들에게 항의해야 할 때 잠자코 있는 것이며,

> 크게 외치라 목소리를 아끼지 말라 네 목소리를 나팔 같이 높여 <u>내 백성에게 그들의 허물을, 야곱의 집에 그들의 죄를 알리라</u>(사 58:1)
> 너는 네 형제를 마음으로 미워하지 말며 <u>네 이웃을 반드시 견책하라</u> 그러면 네가 그에 대하여 죄를 담당하지 아니하리라(레 19:17)

사실을 말하는 것은 그리스도인의 의무입니다. 특히 공적인 재판에서는 더욱 그러합니다. 공정한 재판을 위해 증언을 요구받았을 때, 사사로운 이유로 증언을 거부하는 것은 하나님의 뜻이 아닙니다. 하나님께서 우리에게 허물과 죄를 알리는 역할을 부여하셨기 때문입니다(사 58:1; 레 19:17). 불법에 대해 우리가 책망하고 다른 이들에게 항의해야 할 때 잠자코 있는 것은 제9계명을 어기는 일입니다.

6. 때에 맞지 않게 진실을 말하거나,

> 그 때에 에돔 사람 도엑이 사울의 신하 중에 섰더니 대답하여 이르되 <u>이새의 아들이 놉에 와서 아히둡의 아들 아히멜렉에게 이른 것을 내가 보았는데 아히멜렉이 그를 위하여 여호와께 묻고 그에게 음식도 주고 블레셋 사람 골리앗의 칼도 주더이다</u>(삼상 22:9-10)

단지 사실을 말하기만 하면, 제9계명을 다 지킨 것이라 할 수 있을까요? 그렇지 않습니다. 십계명의 핵심은 사랑입니다. 십계명은 사랑을 이루는 방법입니다. 사실을 말하는 것이 이웃에게 손해가 될 때는 오히려 침묵하는 것이 제9계명에 순종하는 일입니다. 예를 들어, 기생 라합은 왕이 보낸 사자들에게 이스라엘의 정탐꾼이 어디 있는지 알지 못한다고 거짓말했습니다. 라합은 거짓말로 사랑을 이루었습니다. 때로는 거짓을 말하는 것이 사랑일 수 있고, 반대로 사실을 말하는 것이 '불의'일 수 있습니다.

대표적인 경우가 도엑입니다. 그는 아히멜렉이 다윗을 도와준 일을 사실대로 사울에게 알렸습니다. 그 결과 아히멜렉은 생명을 잃었습니다. 도엑이 아히멜렉을 사랑하기 위해서는 오히려 거짓을 말해야 했습니다. 때에 맞지 않게 진실을 말하는 것은 도리어 제9계명을 어기는 일입니다.

7. 그릇된 목적으로 악의적으로 말하거나,

> 예수께서 대답하여 이르시되 너희가 이 성전을 헐라 내가 사흘 동안에 일으키리라(요 2:19)
>
> 거짓 증인이 많이 왔으나 얻지 못하더니 후에 두 사람이 와서 이르되 이 사람의 말이 내가 하나님의 성전을 헐고 사흘 동안에 지을 수 있다 하더라 하니(마 26:60-61)

거짓 증인들이 예수님을 고발한 죄목은 성전 모독이었습니다. 그들은 예수님께서 "내가 하나님의 성전을 헐고 사흘 동안에 지을 수 있다"라고 말했다고 주장했습니다. 하지만 예수님은 자신이 성전을 헐겠다고 말씀하시지 않았습니다. "너희가 이 성전을 헐라"라고 말씀하셨습니다. 그리고 예수님께서 말씀하신 성전은 헤롯 성전이 아니라, 자신의 육체였습니다(요2:21). 이처럼 그릇 된 목적으로 상대방의 의도와 다르게 악의적으로 왜곡하여 말하는 것은 제9계명을 어기는 일입니다.

8. 진리를 왜곡하여 그릇된 의미로 만들거나, 의심스럽고 애매한 표현으로 진실과 공의를 손상시키는 것입니다.

진실을 왜곡하는 경우	너희가 그것을 먹는 날에는 너희 눈이 밝아져 하나님과 같이 되어 선악을 알 줄 하나님이 아심이니라(창 3:5)
애매한 표현으로 진실을 가리는 경우	그 곳 사람들이 그의 아내에 대하여 물으매 그가 말하기를 그는 내 누이라 하였으니 리브가는 보기에 아리따우므로 그 곳 백성이 리브가로 말미암아 자기를 죽일까 하여 그는 내 아내라 하기를 두려워함이었더라(창 26:7)

그리스도인은 사실을 말해야 합니다. 속이기 위한 의도로 거짓을 말해서는 안 됩니다. 대표적인 경우가 진실을 왜곡해서 말하거나, 애매한 표현으로 진실을 가리는 경우입니다. 사탄은 선악과를 먹으면 반드시 죽는다는 진실을 왜곡했고, 이삭은 아내를 누이라고 소개함으로써 진실을 가렸습니다. 이처럼 누군가를 속이기 위해 진실을 왜곡하거나 진실을 가리는 것은 제 제9계명을 어기는 일입니다.

9. 비진리를 말하며, 거짓말하고,

> 너희가 서로 거짓말을 하지 말라 옛 사람과 그 행위를 벗어 버리고(골 3:9)

바울은 거짓말을 하는 것이 옛사람의 모습과 행동에 속한 것이라고 말합니다. 이제 우리는 새사람이 되었으므로, 이전에 하던 행동들을 벗어버려야 한다는 것입니다. 원래 우리는 사탄에게 속한 자들이었습니다(엡 2:2). 거짓의 아비인 사탄을 따라 거짓 말을 즐겨 하던 자들이었습니다. 하지만 하나님께서 우리를 거기서 건져내어 예수님 께 속한 사람이 되게 하셨습니다(엡 2:6). 그렇다면 사탄의 행실을 버리고 예수님의 행 실을 본받는 것은 당연한 의무입니다. 예수님을 본받아야 할 의무를 버리고, 비진리 와 거짓을 말하는 것은 제9계명을 어기는 일입니다.

10. 비방하며 험담하고 훼방하며, 나쁜 소문을 퍼뜨리고 수군거리며 비웃고 욕하며, 경솔하고 가혹하게 편파적으로 비난하는 것입니다.

비방	앉아서 네 형제를 공박하며 네 어머니의 아들을 비방하는도다(시 50:20)
험담	그의 혀로 남을 허물하지 아니하고 그의 이웃에게 악을 행하지 아니하며 그의 이웃을 비방하지 아니하며(시 15:3)
훼방 (비방)	형제들아 서로 비방하지 말라 형제를 비방하는 자나 형제를 판단하는 자는 곧 율법을 비방하고 율법을 판단하는 것이라 네가 만일 율법을 판단하면 율법의 준행자가 아니요 재판관이로다(약 4:11)
나쁜 소문을 퍼뜨리는 것 (고자질)	너는 네 백성 중에 돌아다니며 사람을 비방하지 말며 네 이웃의 피를 흘려 이익을 도모하지 말라 나는 여호와이니라(레 19:16)
수군거리는 것	곧 모든 불의, 추악, 탐욕, 악의가 가득한 자요 시기, 살인, 분쟁, 사기, 악독이 가득한 자요 수군수군하는 자요(롬 1:29)
비웃는 것	사라가 본즉 아브라함의 아들 애굽 여인 하갈의 아들이 이삭을 놀리는 지라(창 21:9)

욕하는 것	도적이나 탐욕을 부리는 자나 술 취하는 자나 모욕하는 자나 속여 빼앗는 자들은 하나님의 나라를 유업으로 받지 못하리라(고전 6:10)
경솔한 비난	비판을 받지 아니하려거든 비판하지 말라(마 7:1)
가혹한 비난	원주민들이 이 짐승이 그 손에 매달려 있음을 보고 서로 말하되 진실로 이 사람은 살인한 자로다 바다에서는 구조를 받았으나 공의가 그를 살지 못하게 함이로다 하더니(행 28:4)
편파적인 비난	석 달쯤 후에 어떤 사람이 유다에게 일러 말하되 네 며느리 다말이 행음하였고 그 행음함으로 말미암아 임신하였느니라 유다가 이르되 그를 끌어내어 불사르라(창 38:24)

'비방'은 어떤 사람을 모욕하기 위해 악의적으로 거짓말을 하는 것입니다. '험담'은 남의 잘못된 점이나 흉이 될 만한 것을 찾아내어 말하는 것입니다. '고자질'은 남의 허물을 널리 전파하는 것입니다. '수군거림'은 은밀한 고자질, 다시 말해서 은밀하게 남의 허물을 널리 전파하는 것입니다.[25] '비웃음'은 상대방을 불쾌하게 만드는 웃음입니다. '욕'은 상처를 주려는 목적으로 하는 말입니다. '경솔한 비난'은 신중하게 생각하지 않고 섣불리 비난하는 것입니다. '가혹한 비난'은 정도에 지나치게 매우 모질게 비난하는 것입니다. '편파적인 비난'은 선입견을 가지고 비난하는 것입니다. 이것들은 모두 우리 이웃들의 선한 평판을 해치는 것이기 때문에 제9계명을 어기는 일입니다.

11. 의도와 말과 행동을 오해하는 것,

그 글에 이르기를 이방 중에도 소문이 있고 가스무도 말하기를 너와 유다 사람들이 모반하려 하여 성벽을 건축한다 하나니 네가 그 말과 같이 왕이 되려 하는도다 또 네가 선지자를 세워 예루살렘에서 너를 들어 선전하기를 유다에 왕이 있다 하게 하였으니 지금 이 말이 왕에게 들릴지라 그런즉 너는 이제 오라 함께 의논하자 하였기로 내가 사람을 보내어 그에게 이르기를 네가 말한 바 이런 일은 없는 일이요 네 마음에서 지어낸 것이라 하였나니(느 6:6-8)

---

25 J. G. 보스, G. I. 윌리암슨, 『웨스트민스터 대요리문답 강해』, 류근상 옮김 (서울: 크리스챤출판사, 2007), 512.

느헤미야의 대적들은 느헤미야가 성벽을 재건하는 것을 두고 그가 왕이 되려 한다고 말했습니다. 그들이 느헤미야의 행동에 근거를 두고 말했을지라도, 사실 그것은 노골적으로 거짓말을 하는 것과 다를 바가 없었습니다. 이처럼 상대방의 의도와 말과 행동을 오해하거나 왜곡하는 것은 제9계명을 어기는 일입니다. 우리는 상대방의 의도와 말과 행동을 섣불리 판단하지 말아야 합니다.

12. 아첨과 헛된 자랑을 하는 것,

아첨	이같은 자들은 우리 주 그리스도를 섬기지 아니하고 다만 자기들의 배만 섬기나니 교활한 말과 <u>아첨하는 말로 순진한 자들의 마음을 미혹하느니라</u>(롬 16:18)
헛된 자랑	사람들이 자기를 사랑하며 돈을 사랑하며 <u>자랑하며</u> 교만하며 비방하며 부모를 거역하며 감사하지 아니하며 거룩하지 아니하며(딤후 3:2)

아첨은 어떤 사람으로부터 의도한 반응을 이끌어 내기 위해 그를 지나치게 칭찬하고 높이는 것입니다. 헛된 자랑은 자신의 명예를 높이기 위해 자신을 실제보다 대단한 사람으로 포장하는 것입니다. 둘 다 사사로운 목적을 이루기 위해 거짓을 말하는 것이므로, 제9계명을 어기는 일입니다.

13. 우리 자신이나 남들을 지나치게 높게 혹은 낮게 생각하고 말하는 것이며,

또 <u>자기를 의롭다고 믿고</u> 다른 사람을 멸시하는 자들에게 이 비유로 말씀하시되(눅 18:9)
서로 마음을 같이하며 높은 데 마음을 두지 말고 도리어 낮은 데 처하며 <u>스스로 지혜 있는 체 하지 말라</u>(롬 12:16)
모세가 여호와께 아뢰되 <u>오 주여 나는 본래 말을 잘 하지 못하는 자니이다</u> 주께서 주의 종에게 명령하신 후에도 역시 그러하니 나는 입이 뻣뻣하고 혀가 둔한 자니이다(출 4:10)

제9계명은 진실만을 말할 것을 요구합니다. 따라서 자신을 지나치게 높게 평가하는 과대평가 또는 자신을 지나치게 낮게 평가하는 과소평가는 제9계명을 어기는 일입니다. 일반적으로 자신을 과대평가하는 것만 잘못된 것으로 생각하기 쉬운데, 과소평가 역시 잘못된 일입니다. 하나님께서 주신 은혜와 은사를 비방하는 것이기 때문입니다.[26] 대표적인 사람이 모세입니다. 모세의 지나친 겸손은 오히려 하나님의 역사에 걸림돌이 되었습니다(출 4:10).

14. 하나님께서 주신 재능(은사)들과 장점(은혜)들을 부인하고,

> 내가 자유인이 아니냐 사도가 아니냐 예수 우리 주를 보지 못하였느냐 주 안에서 행한 나의 일이 너희가 아니냐(고전 9:1)

바울은 고린도 교회에 편지를 보내어 자신의 사도성을 변호했습니다(고전 9:1). 고린도 교회에 바울의 사도성을 의심하는 자들이 있었기 때문입니다. 바울의 행적과 열매들이 바울의 사도성에 대한 충분한 근거가 되었지만, 대적들은 계속해서 바울의 재능들과 장점들을 부인했습니다. 그 결과 바울의 명예는 심각하게 훼손되었습니다. 이처럼 우리 자신이나 다른 사람들의 재능들과 장점들을 부인하는 것은 제9계명을 어기는 일입니다.

15. 작은 과실들을 더욱 악화시키고,

> 어찌하여 형제의 눈 속에 있는 티는 보고 네 눈 속에 있는 들보는 깨닫지 못하느냐 보라 네 눈 속에 들보가 있는데 어찌하여 형제에게 말하기를 나로 네 눈 속에 있는 티를 빼게 하라 하겠느냐 외식하는 자여 먼저 네 눈 속에서 들보를 빼어라 그 후에야 밝히 보고 형제의 눈 속에서 티를 빼리라(마 7:3-5)

예수님은 "형제의 눈 속에 있는 티는 보고 네 눈 속에 있는 들보는 깨닫지 못하느냐"라고 말씀하셨습니다(마 7:3). 자신의 과실은 축소시키고, 타인의 과실은 확대시키는 그릇된 경향을 지적한 것입니다. 잘못된 행동을 지적할 수는 있지만, 작은 과실을 심각한 과실처럼 확대하고 소문내는 것은 상대방의 명예를 심각하게 훼손할 수 있습니다. 그러므로 적은 과실들을 더욱 악화시키는 것은 제9계명을 어기는 일입니다.

---

26 J. G. 보스, G. I. 윌리암슨, 『웨스트민스터 대요리문답 강해』, 류근상 옮김 (서울: 크리스찬출판사, 2007), 514.

16. 자유롭게 고백하도록 요청받았을 때 죄를 숨기고 변명하고 경감시키는 것입니다.

> 아담이 이르되 하나님이 주셔서 나와 함께 있게 하신 여자 그가 그 나무 열매를 내게 주므로 내가 먹었나이다 여호와 하나님이 여자에게 이르시되 네가 어찌하여 이렇게 하였느냐 여자가 이르되 뱀이 나를 꾀므로 내가 먹었나이다(창 3:12-13)
> 자기의 죄를 숨기는 자는 형통하지 못하나 죄를 자복하고 버리는 자는 불쌍히 여김을 받으리라(잠 28:13)

자신의 죄를 숨기고 변명하고 경감시키는 것은 거짓에 속한 일입니다. 대표적인 사람이 아담과 하와입니다. 그들은 자신들의 죄를 사실대로 드러내고 인정하지 않았습니다. 아담은 여자 때문이라고 변명했고, 하와는 뱀 때문이라고 변명했습니다. 우리역시 이렇게 행동할 때가 많습니다. 죄를 인정하면 자신이 비참해질 것이라고 생각하기 때문입니다. 하지만 절대로 죄를 숨겨서는 안 됩니다. 하나님은 반드시 우리의죄를 찾아내시기 때문입니다. 그래서 성경은 자기의 죄를 숨기는 자는 형통하지 못할 것이라고 말합니다. 오히려 죄를 자복하고 버리는 자에게 하나님의 자비가 임한다는 사실을 기억해야 합니다.

17. 약점을 쓸데없이 찾아내며,

> 너는 이웃과 다투거든 변론만 하고 남의 은밀한 일은 누설하지 말라 듣는 자가 너를 꾸짖을 터이요 또 네게 대한 악평이 네게서 떠나지 아니할까 두려우니라(잠 25:9-10)

성경은 "남의 은밀한 일"을 소문내지 말라고 말합니다. 다른 사람의 약점을 쓸데없이알리고 다니지 말라는 말입니다. 하나님께서 원하시는 것은 이웃의 약점을 보았을때 애통하며 기도하는 것이지, 드러내고 소문내는 것이 아닙니다. 그리고 다른 사람의 약점을 과장 없이 사실대로 전했다 할지라도, 전파되는 과정에서 확대되고 왜곡될 가능성이 많습니다. 결과적으로 거짓말을 한 것과 같습니다. 그러므로 이웃의 약점을 쓸데없이 찾아내는 태도는 제9계명을 어기는 일입니다.

18. 헛소문을 퍼뜨리고,

> 너는 <u>거짓된 풍설을 퍼뜨리지 말며</u> 악인과 연합하여 위증하는 증인이 되지 말며(출 23:1)

의도적으로 했든 모르고 했든 간에 헛소문을 퍼뜨리는 것은 이웃의 명예를 심각하게 훼손하는 일입니다. 그러므로 우리가 들은 소문이 사실로 확인되기 전에는 다른 사람에게 전달하지 말아야 합니다. 실제 사실로 확인되었다 할지라도, 이웃의 약점을 퍼뜨리는 것은 이웃을 사랑하는 태도가 아니므로 주의해야 합니다.

19. 악한 소문을 받아들이고 지지하며, 공정한 변호에는 귀를 막는 것이며,

> 말하되 보라 하늘이 열리고 인자가 하나님 우편에 서신 것을 보노라 한대 그들이 큰 소리를 지르며 <u>귀를 막고</u> 일제히 그에게 달려들어 성 밖으로 내치고 돌로 칠새 증인들이 옷을 벗어 사울이라 하는 청년의 발 앞에 두니라(행 7:56-58)

유대인들은 스데반을 율법과 성전을 모독한 죄로 고발했습니다(행 6:13). 아마 스데반은 예수님의 가르침을 따랐을 것입니다. 예수님은 율법을 부인하신 적은 없지만, 인간이 만든 전통에 대해서는 부정적인 견해를 보이셨습니다(마 15:3). 그리고 성전이 무너질 것을 경고하기도 하셨습니다. 이에 대해 스데반은 철저하게 구약 성경에 근거해서 자신의 의로움을 변호했습니다. 아마 편견 없이 스데반의 말에 귀를 기울였다면, 스데반에게 붙여진 죄목이 사실이 아님을 알 수 있었을 것입니다. 하지만 유대인들은 스데반과 관련한 악한 소문은 받아들이고 지지하면서, 그의 공정한 변호에는 귀를 막았습니다. 이처럼 거짓에 입각한 선입견을 가지는 것은 직접 거짓말을 하는 것과 다를 바 없습니다. 그릇된 선입견은 거짓말과 동일하게 이웃의 명예를 훼손하기 때문입니다.

20. 악하게 의심을 품는 것,

> 무례히 행하지 아니하며 자기의 유익을 구하지 아니하며 성내지 아니하며 <u>악한 것을 생 각하지 아니하며</u>(고전 13:5)

흔히 '사랑 장'이라 불리는 고린도전서 13장에서, 바울은 악한 것을 생각하지 말라고 말합니다. 이웃을 사랑하기 위해서는 악한 의심을 품지 말아야 한다는 뜻입니다. 악한 의심이란, 합법적인 의심과 정반대되는 것으로, 근거 없이 의심하는 것을 말합니다. 확실한 증거에 의해서가 아니라, 그렇게 되기를 희망하는 마음 때문에 의심하는 것이 '악한 의심'입니다.[27] 이것은 결코 이웃의 명예를 보존하고 증진하려는 태도가 아닙니다. 확실한 근거 없이 이웃을 의심하는 것은 제9계명을 어기는 일입니다.

21. 마땅히 받을 만한 자격이 있는 자에게 돌아가는 명예에 대해 시기하고 배 아파하는 것,

> 대제사장들과 서기관들이 예수께서 하시는 이상한 일과 또 성전에서 소리 질러 호산나 다윗의 자손이여 하는 어린이들을 보고 노하여(마 21:15)

이웃의 명예를 사랑하고 바라고 기뻐하는 것은 제9계명이 요구하는 의무입니다. 그러므로 마땅히 받을 자격이 있는 자에게 돌아가는 명예에 대해 시기하며 배 아파하는 것은 제9계명을 어기는 일입니다. 대표적인 사례가 유대 지도자들이 예수님에 대해 가졌던 태도입니다. 그들은 백성들이 예수님을 향해 "호산나 다윗의 자손이여"라고 하는 것을 보고 분노했습니다. 마땅히 예수님께 돌아가야 할 명예를 시기했기 때문입니다.

---

27 J. G. 보스, G. I. 윌리암슨, 『웨스트민스터 대요리문답 강해』, 류근상 옮김 (서울: 크리스챤출판사, 2007), 518.

22. 그것을 손상시키려고 애쓰거나 갈망하는 것이며,

> 다니엘은 마음이 민첩하여 총리들과 고관들 위에 뛰어나므로 왕이 그를 세워 전국을 다스리게 하고자 한지라 이에 총리들과 고관들이 국사에 대하여 다니엘을 고발할 근거를 찾고자 하였으나 아무 근거, 아무 허물도 찾지 못하였으니 이는 그가 충성되어 아무 그릇됨도 없고 아무 허물도 없음이었더라(단 6:3-4)

다리오 황제는 고관 백이십 명과 총리 세 명을 세웠는데, 다니엘은 그중에서도 으뜸가는 지위를 가지고 있었습니다. 그러자 총리들과 고관들이 다니엘을 시기하면서 적극적으로 다니엘의 흠을 찾기 시작했습니다. 이처럼 이웃의 명예를 손상시키려고 애쓰거나 갈망하는 것은 제9계명을 어기는 일입니다.

23. 그들의 불명예와 오명을 기뻐하는 것입니다.

> 네가 이스라엘을 조롱하지 아니하였느냐 그가 도둑 가운데에서 발견되었느냐 네가 그를 말할 때마다 네 머리를 흔드는도다(렘 48:27)

예레미야 선지자는 모압에 하나님의 심판이 임하는 이유가 그들이 이스라엘을 조롱했기 때문이라고 했습니다. 비록 이스라엘이 하나님의 심판을 자처했지만, 모압이 이스라엘의 멸망을 기뻐한 것은 하나님을 자극하는 일이었습니다. 안타깝게도 우리 역시 모압과 같습니다. 솔직하게 자신을 돌아보면, 이웃의 명예가 나락으로 떨어지는 것을 슬퍼하기보다는 기뻐하는 경우가 더 많음을 알 수 있을 것입니다. 이웃의 명예가 훼손될 때 슬퍼하기보다 기뻐하는 것은 제9계명을 어기는 일입니다.

24. 조소하듯이 멸시하고,

> 그의 옷을 벗기고 홍포를 입히며 가시관을 엮어 그 머리에 씌우고 갈대를 그 오른손에 들리고 그 앞에서 무릎을 꿇고 희롱하여 이르되 유대인의 왕이여 평안할지어다 하며(마 27:28-29)

"조소하듯이 멸시"하는 것은 깔보고 무시하는 태도를 말합니다. 이는 하나님의 형상으로 지어진 인간의 존엄성을 무시하는 것으로서, 명백한 제9계명 위반입니다. 그리스도께서 십자가 위에서 이런 멸시를 당하셨습니다.

25. 맹신적으로 존경하며,

> 헤롯이 날을 택하여 왕복을 입고 단상에 앉아 백성에게 연설하니 백성들이 크게 부르되 이것은 신의 소리요 사람의 소리가 아니라 하거늘(행 12:22)
> 이 사람들은 원망하는 자며 불만을 토하는 자며 그 정욕대로 행하는 자라 그 입으로 자랑하는 말을 하며 이익을 위하여 아첨하느니라(유 1:16)

두로와 시돈 사람들은 헤롯(헤롯 대왕의 손자 헤롯 아그립바 1세)을 신과 같은 존재라고 아첨했습니다. 헤롯이 팔레스타인 지역뿐만 아니라 두로와 시돈이 속해 있는 시리아 지방까지 권력을 행사하는 실력자였기 때문입니다.[28] 이처럼 이익을 위해 상대방을 과도하게 찬미하는 거짓말은 제9계명을 어기는 일입니다.

26. 정한 약속을 위반하는 것이며,

> 우매한 자요 배약하는 자요 무정한 자요 무자비한 자라(롬 1:31)

바울이 심판받을 세상의 모습 중 하나로 예로 든 것이 '배약하는' 일입니다. 이것은 헬라어 '아쉰데토스'를 번역한 것으로, 약속한 의무를 이행하지 않는 것을 뜻합니다. 정당한 약속은 반드시 지키는 것이 제9계명의 의무입니다. 약속과 다른 행동을 하는 순간, 우리의 약속은 거짓말이 됩니다. 정당한 약속을 위반하는 것은 제9계명을 어기는 일입니다.

---

28 크로스웨이 ESV 스터디 바이블 편찬팀, 『ESV 스터디 바이블』, 신지철 외 옮김 (서울: 부흥과 개혁사, 2014), 2150.

27. 명예를 얻는 일에는 소홀히 하고, 불명예를 초래하는 일은 행하고 스스로 피하지 않을뿐더러, 다른 사람들이 그런 일을 못하도록 능히 할 수 있음에도 불구하고 막지 않는 것입니다.

> 네 길을 그에게서 멀리 하라 그의 집 문에도 가까이 가지 말라 두렵건대 네 존영이 남에게 잃어버리게 되며 네 수한이 잔인한 자에게 빼앗기게 될까 하노라(잠 5:8-9)

잠언 기자는 음란의 죄를 짓지 말아야 할 이유 중 하나가 존영(명예)을 빼앗기기 때문이라고 말했습니다(잠 5:8-9). 하나님께서 우리의 명예를 얼마나 가치 있게 여기시는지 알 수 있는 표현입니다. 우리는 명예를 높일 수 있는 행동은 힘써 실행에 옮겨야 하고, 명예를 훼손할 수 있는 행동은 힘써 피해야 합니다. 이와 반대로 명예를 얻는 일은 소홀히 하고, 불명예를 초래하는 일을 피하지 않는 것은 제9계명을 어기는 일입니다.

답: 제10계명은 "네 이웃의 집을 탐내지 말라 네 이웃의 아내나 그의 남종이나 그의 여종이나 그의 소나 그의 나귀나 무릇 네 이웃의 소유를 탐내지 말라."입니다.

1. 제10계명은 "네 이웃의 집을 탐내지 말라 네 이웃의 아내나 그의 남종이나 그의 여종이나 그의 소나 그의 나귀나 무릇 네 이웃의 소유를 탐내지 말라."입니다.

> 네 이웃의 집을 탐내지 말라 네 이웃의 아내나 그의 남종이나 그의 여종이나 그의 소나 그의 나귀나 무릇 네 이웃의 소유를 탐내지 말라(출 20:17)

제10계명은 탐심을 금합니다. 탐심이란, 다른 사람이 가진 것을 탐내거나 질투하는 마음입니다. 제10계명은 탐내지 말아야 할 것들을 구체적으로 언급하고 있습니다. "집, 아내, 남종, 여종, 소, 나귀"입니다. 그렇다면 그 외의 것들은 탐내고 질투해도 상관이 없을까요? 그렇지 않습니다. 여기서 "무릇"이라고 번역된 히브리어 '콜'은 '모두' 또는 '전체'를 의미하기 때문입니다. 그 어떤 것도 탐내지 않는 것이 제10계명이 요구하는 의무입니다.

하나님께서 탐심을 금하시는 이유는 탐심이 모든 범죄의 뿌리가 되기 때문입니다.[29] 디모데전서 6장 10절은 돈을 탐내는 것이 "일만 악의 뿌리"라고 말합니다. 실제로 돈 때문에 하나님을 떠나기도 하고, 부모를 버리기도 하며, 사람을 해치기도 합니다. 반대로 탐심을 내려놓으면 모든 것이 제자리를 찾습니다. 그래서 디모데전서 6장 6절은 자족하는 마음이 있을 때 경건한 삶을 살 수 있다고 말합니다.

---

29 손재익, 『십계명 언약의 10가지 말씀』, (서울: 디다스코, 2016), 385.

제147문 제10계명에서 요구하는 의무는 무엇입니까?

답: 제10계명에서 요구하는 의무는 우리 자신의 형편에 온전히 만족하고, 우리 이웃에 대해 우호적인 마음의 자세를 가지되, 우리 내면의 모든 움직임과 애정이 우리의 이웃을 감동하게 할 만큼 그가 가진 모든 재산을 돌보고 증진하는 것입니다.

1. 제10계명에서 요구하는 의무는 우리 자신의 형편에 온전히 만족하고,

돈을 사랑하지 말고 있는 바를 족한 줄로 알라 그가 친히 말씀하시기를 내가 결코 너희를 버리지 아니하고 너희를 떠나지 아니하리라 하셨느니라(히 13:5)
그러나 자족하는 마음이 있으면 경건은 큰 이익이 되느니라(딤전 6:6)

히브리서 13장 5절은 "돈을 사랑하지 말고 있는 바를 족한 줄로 알라"고 말합니다. 디모데전서 6장 6절은 자족하는 마음이 있을 때, 경건은 큰 이익이 된다고 말합니다. 이처럼 자신의 형편에 온전히 만족하는 것은 제10계명이 요구하는 의무입니다.

그렇다면 지금보다 더 나은 삶을 살기 위해 노력하는 것은 그릇된 일일까요? 그렇지 않습니다. 제10계명을 게으름의 근거로 삼거나, 그것을 핑계로 자기 삶을 개선하지 않는 것은 잘못된 일입니다.[30] 예를 들어, 네덜란드는 지면이 해수면보다 낮았고, 스코틀랜드는 바위가 많았으며, 캐나다는 추운 겨울로 유명했습니다. 하지만 이들은 자연의 불리함을 극복하고 선진국의 대열에 들어섰습니다. 이런 경우를 두고 제10계명을 어겼다고 볼 수 없을 것입니다.[31]

---

30 J. G. 보스, G. I. 윌리암슨, 『웨스트민스터 대요리문답강해』, 류근상 옮김 (서울: 크리스챤출판사, 2007), 521.
31 위의 책, 522.

2. 우리 이웃에 대해 우호적인 마음의 자세를 가지되, 우리 내면의 모든 움직임과 애정이 우리의 이웃을 감동하게 할 만큼 그가 가진 모든 재산을 돌보고 중진하는 것입니다.

> 사랑은 오래 참고 사랑은 온유하며 시기하지 아니하며 사랑은 자랑하지 아니하며 교만하지 아니하며(고전 13:4)
> 즐거워하는 자들과 함께 즐거워하고 우는 자들과 함께 울라(롬 12:15)

이웃의 소유를 탐내지 말라는 것은 이웃을 시기하지 말라는 것입니다. 누구도 시기하는 대상을 사랑할 수는 없습니다. 따라서 시기하지 않는 것은 상대방을 사랑하기 위한 필수 요소입니다. 시기심 대신 우리가 가져야 할 마음은 무엇일까요? 시기심과 반대되는 개념은 로마서 12장 15절에 잘 나타나 있습니다. "즐거워하는 자들과 함께 즐거워하고 우는 자들과 함께 울라". 이 말씀은 이웃의 기쁨과 슬픔을 나의 기쁨과 슬픔처럼 여기라는 뜻입니다. 이웃의 성공을 시기하기보다는 함께 기뻐하고, 이웃의 슬픔을 고소하게 생각하기보다는 함께 슬퍼하라는 뜻입니다.

제10계명에서 금지하는 죄는 무엇입니까?

답: 제10계명에서 금지하는 죄는 우리 자신의 재산에 만족하지 못하고, 우리 이웃의 재물에 대해 시샘하며, 배 아파할 뿐만 아니라, 이웃이 가진 어떤 소유에 대해 과도한 끌림과 애착을 갖는 모든 것입니다.

1. 제10계명에서 금하는 죄는 우리 자신의 재산에 만족하지 못하고,

> 이스르엘 사람 나봇이 아합에게 대답하여 이르기를 내 조상의 유산을 왕께 줄 수 없다 하므로 아합이 근심하고 답답하여 왕궁으로 돌아와 침상에 누워 얼굴을 돌리고 식사를 아니하니(왕상 21:4)

제10계명은 우리의 소유에 온전히 만족할 것을 요구합니다. 자신의 재산에 만족하지 않는 것은 제10계명을 어기는 일입니다. 대표적인 사람이 아합 왕입니다. 그는 엄청난 재산을 소유하고 있었습니다. 그럼에도 불구하고 나봇의 포도원을 갖지 못한 것 때문에 마음에 병이 들었습니다.

자기 처지에 만족하지 않는 것이 위험한 이유는, 그것이 필연적으로 하나님을 향한 불만으로 이어지기 때문입니다. 자기에게 없는 것만 생각하는 사람은 하나님을 부당한 분으로 생각하기 쉽습니다. 어쩌면 바로 이것이 우리가 가장 흔히 짓는 죄일지 모릅니다. 우리는 하루에도 수십 번씩 다른 사람의 것을 탐내고 시기하면서, 왜 하나님께서 나에게는 그것을 주시지 않았을까 생각하기 때문입니다.

2. 우리 이웃의 재물에 대해 시샘하며,

> 헛된 영광을 구하여 서로 노엽게 하거나 서로 투기하지 말지니라(갈 5:26)
> 그러나 너희 마음 속에 독한 시기와 다툼이 있으면 자랑하지 말라 진리를 거슬러 거짓말
> 하지 말라... 시기와 다툼이 있는 곳에는 혼란과 모든 악한 일이 있음이라(약 3:14, 16)

바울은 헛된 영광을 구하는 데서 시기심이 생겨난다고 말했습니다(갈 5:26). 하나님께서 나에게 주시지 않은 것을 가지려는 마음에서 시기심이 생겨난다는 뜻입니다. 그러므로 시기심은 하나님의 섭리에 저항하는 태도입니다. 하나님의 섭리를 인정한다면 지금 가진 것에 만족할 것이기 때문입니다. 야고보는 시기심이 모든 악한 일의 근원이라고 말했습니다(약 3:16). 시기심이 모든 범죄의 씨앗이 된다는 뜻입니다. 그 이유는 시기심이 지극히 이기적인 동기에서 발생하기 때문입니다. 시기심은 나에게 없는 것이 다른 사람에게도 없어야 한다는 마음입니다. 이런 마음으로는 이웃을 사랑할 수 없습니다. 그러므로 이웃의 재물에 대해 시샘하는 것은 제9계명을 어기는 일입니다.

3. 배 아파할 뿐만 아니라,

> 그가 재물을 흩어 빈궁한 자들에게 주었으니 그의 의가 영구히 있고 그의 뿔이 영광 중에
> 들리리로다 악인은 이를 보고 한탄하여 이를 갈면서 소멸되리니 악인들의 욕망은 사라지
> 리로다(시 112:9-10)
> 호론 사람 산발랏과 종이었던 암몬 사람 도비야가 이스라엘 자손을 흥왕하게 하려는 사
> 람이 왔다 함을 듣고 심히 근심하더라(느 2:10)

제10계명은 이웃의 소유와 성취를 나의 것처럼 기뻐할 것을 요구합니다. 그러므로 이웃의 소유를 보면서 배 아파하는 것은 제10계명을 어기는 일입니다.

4. 이웃이 가진 어떤 소유에 대해 과도한 끌림과 애착을 갖는 모든 것입니다.

> 그러므로 땅에 있는 지체를 죽이라 곧 음란과 부정과 사욕과 악한 정욕과 탐심이니 <u>탐심</u>은 우상 숭배니라(골 3:5)
> 네 이웃의 아내를 <u>탐내지 말지니라</u> 네 이웃의 집이나 그의 밭이나 그의 남종이나 그의 여종이나 그의 소나 그의 나귀나 네 이웃의 모든 소유를 <u>탐내지 말지니라</u>(신 5:21)

제10계명은 근본적으로 행위가 아닌 마음에 대한 계명입니다. 제10계명은 이웃의 소유를 탐내는 마음 자체를 금합니다. 그런 점에서 제10계명은 십계명의 결론이라 할 수 있습니다. 어떤 사람도 십계명을 모두 지킬 수 없음을 제10계명이 명확하게 보여 주기 때문입니다.

예를 들어, 간음하지 말라는 계명을 행동으로는 지킬 수 있겠지만, 그런 마음이 생기지 않게 하는 것은 불가능합니다. 이웃의 소유를 훔치지 않는 것은 가능해도, 이웃의 소유를 탐내는 마음 자체를 금하는 것은 불가능합니다. 그런 점에서 제10계명은 우리를 그리스도에게로 인도하는 징검다리입니다. 율법으로 구원을 얻는 것이 불가능함을 알게 되는 순간, 유일한 구원자가 되시는 그리스도를 바라보게 되기 때문입니다.

제149문 하나님의 계명을 완전히 지킬 수 있는 사람이 있습니까?

답: 아무도 자기 스스로의 힘으로든, 혹은 이 세상에서 받은 어떤 은혜를 힘입어 든, 하나님의 계명을 완전히 지킬 수 없고, 오히려 날마다 생각과 말과 행동으로 계명을 범합니다.

1. 아무도 자기 스스로의 힘으로든, 혹은 이 세상에서 받은 어떤 은혜를 힘입어서든, 하나님의 계명을 완전히 지킬 수 없고,

> 선을 행하고 전혀 죄를 범하지 아니하는 의인은 세상에 없기 때문이로다(전 7:20)
> 만일 우리가 범죄하지 아니하였다 하면 하나님을 거짓말하는 이로 만드는 것이니 또한 그의 말씀이 우리 속에 있지 아니하니라(요일 1:10)
> 내 속 곧 내 육신에 선한 것이 거하지 아니하는 줄을 아노니 원함은 내게 있으나 선을 행하는 것은 없노라 내가 원하는 바 선은 행하지 아니하고 도리어 원하지 아니하는 바 악을 행하는도다(롬 7:18-19)

"전혀 죄를 범하지 아니하는 의인은 세상에" 없습니다(전 7:20). 만약 "나는 전혀 죄를 짓지 않았다!"라고 주장하는 자가 있다면, 그는 틀림없이 거짓말쟁이입니다(요일 1:10). 모든 사람은 부패한 본성을 가지고 태어나며, 구원받은 이후에도 부패한 본성에서 자유롭지 못합니다(롬 7:18-19). 이처럼 아무도 자기 스스로든지, 혹은 현세에서 받는 은혜로든지, 하나님의 계명을 온전히 지킬 수 없습니다.

2. 오히려 날마다 생각과 말과 행동으로 계명을 범합니다.

생각으로 계명을 범함	여호와께서 사람의 죄악이 세상에 가득함과 <u>그의 마음으로 생각하는 모든 계획이 항상 악할 뿐임을 보시고</u>(창 6:5)
말로 계명을 범함	그들의 목구멍은 열린 무덤이요 <u>그 혀로는 속임을 일삼으며 그 입술에는 독사의 독이 있고 그 입에는 저주와 악독이 가득하고</u>(롬 3:13-14)
행동으로 계명을 범함	그들이 이같은 일을 행하는 자는 사형에 해당한다고 하나님께서 정하심을 알고도 <u>자기들만 행할 뿐 아니라 또한 그런 일을 행하는 자들을 옳다 하느니라</u>(롬 1:32)

어떤 사람도 하나님의 계명을 모두 다 지킬 수 없습니다. 오히려 날마다 생각과 말과 행동으로 계명을 범합니다.

제150문 하나님의 율법을 범하는 모든 죄가 그 자체로, 또 하나님 보시기에 동등하게 가증합니까?

답: 하나님의 율법을 범한 모든 죄들이 동등하게 가증한 것은 아닙니다. 어떤 죄는 그 자체로, 그리고 여러 가지 악화시키는 요소들 때문에 하나님 보시기에 다른 죄들보다 더 가증합니다.

1. 하나님의 법을 범한 모든 죄들이 동등하게 가증한 것은 아닙니다. 어떤 죄는 그 자체로, 그리고 여러 가지 악화시키는 요소들 때문에 하나님 보시기에 다른 죄들보다 더 가증합니다.

> 그가 또 내게 이르시되 인자야 이스라엘 족속이 행하는 일을 보느냐 그들이 여기에서 크게 가증한 일을 행하여 나로 내 성소를 멀리 떠나게 하느니라 너는 다시 다른 큰 가증한 일을 보리라 하시더라(겔 8:6)
> 그가 또 내게 이르시되 인자야 네가 그것을 보았느냐 너는 또 이보다 더 큰 가증한 일을 보리라 하시더라(겔 8:15)
> 누구든지 형제가 사망에 이르지 아니하는 죄 범하는 것을 보거든 구하라 그리하면 사망에 이르지 아니하는 범죄자들을 위하여 그에게 생명을 주시리라 사망에 이르는 죄가 있으니 이에 관하여 나는 구하라 하지 않노라(요일 5:16)

하나님은 이스라엘의 범죄를 비교급으로 설명하셨습니다. 이것은 모든 범죄가 동등하게 가증한 것은 아니며, 어떤 죄는 다른 죄들보다 더 심각함을 뜻합니다. 예를 들어, 생각으로 간음하는 것도 제7계명을 어기는 일입니다. 하지만 실제로 간음을 행한 것은 더 큰 범죄입니다. 윗사람을 마음으로 존경하지 않는 것은 제5계명을 어기는 일입니다. 하지만 실제로 반역을 꾀하는 것은 더 큰 범죄입니다.

로마 가톨릭교회의 '대죄·소죄 교리'와 혼동해서는 안 됩니다. 로마 가톨릭교회는 죽음에 이르는 죄를 '대죄', 용서받을 수 있는 죄를 '소죄'라고 부릅니다. 대죄는 영원한 사망을 가져오지만, 소죄는 하나님의 사랑을 감소시킬 뿐이라고 가르칩니다.[32] 이것은 성경적인 교리가 아닙니다. 성경은 모든 죄가 사망을 불러온다고 말합니다(롬 6:23).

그렇다면 요한일서 5장 16절에 나오는 "사망에 이르지 아니하는 죄"와 "사망에 이르는 죄"는 무엇일까요? 여기서 "사망에 이르는 죄"란 구체적인 범죄를 말하는 것이 아니라, 복음을 완고하게 거부하는 태도를 말하는 것입니다.[33] 마태복음 12장 31절도 마찬가지입니다. 여기서 성령을 모독하는 것은 하나님의 은혜의 사역을 고의적으로 거부하는 것을 의미합니다.[34]

---

32 J. G. 보스, G. I. 윌리암슨, 『웨스트민스터 대요리문답 강해』, 류근상 옮김 (서울: 크리스챤출판사, 2007), 530.

33 리고니어 미니스트리 출판부, 『개혁주의 스터디 바이블』, 김진운 외 옮김 (서울: 부흥과 개혁사, 2017), 2336.

34 위의 책, 1629.

제151문 어떤 죄를 다른 죄보다 더 가증하게 악화시키는 요소들은 무엇입니까?

답: 죄를 더 악화시키는 요소들은 다음과 같습니다.

1. 범죄한 사람들에 따라서: 그들의 연령이 높거나, 보다 더 많은 경험 혹은 은혜를 가졌거나, 직업과 재능과 위치와 직분에서 탁월하고, 다른 사람들의 인도자들이며, 그러기에 다른 사람들이 그들을 본받게 되기가 쉬운 경우에 그렇습니다.

2. 범죄한 대상에 따라서: 직접적으로 하나님과 그분의 속성과 예배, 그리스도와 그분의 은혜, 성령의 그분의 증거와 사역에 대항하여 범죄할 경우입니다. 또한 윗사람들과 존경해야 할 사람들, 특별히 우리와 관련되고 우리를 고용한 윗사람들에 대항하여, 성도 중 아무에게나, 특히 연약한 형제들의 영혼이나 다른 어떤 것들에 대항하여, 그리고 모든 사람들 혹은 많은 사람들의 공동의 유익에 대항하여 범죄한 경우입니다.

3. 범죄의 성격과 질에 따라서: 그들의 범죄가 율법에 명시된 것을 거스른 것이거나, 많은 계명을 범했거나 많은 죄를 포함한 범죄를 하는 경우입니다. 마음속에 품었을 뿐 아니라 말과 행동으로 표출되고, 다른 사람을 중상하고 보상할 의지가 없는 범죄인 경우입니다. 은혜의 방편들과 긍휼, 심판과 본성의 빛, 양심의 가책, 공적 혹은 사적인 권면, 교회의 권징, 국가의 징벌과, 우리의 기도와 삶의 목적, 약속과 서약, 언약과 하나님과 사람과의 약속에 대항하여 범죄한 경우입니다. 일부러, 고의적으로, 뻔뻔스럽고, 경솔하게, 자랑삼아, 사악하게, 자주, 완강히, 기쁨으로, 계속적으로 혹은 회개한 후에도 거듭 범죄하는 경우입니다.

4. 때와 장소의 상황에 따라서: 주일 또는 다른 예배 시에, 또는 예배 직전이나 직후, 또는 그런 범죄를 예방하거나 극복할 수 있는 다른 도움이 있음에도 불구하고 범죄 하는 경우입니다. 그리고 공개적으로 남들 앞에서 범죄함으로써 그들이 죄에 자극되고 오염될 수 있는 경우입니다.

1. 범죄한 사람들에 따라서:

그들의 연령이 높거나 보다 더 많은 경험 혹은 은혜를 가졌거나, 직업과 재능과 위치와 직분에서 탁월하고 다른 사람들의 인도자들이며, 그러기에 다른 사람들이 그들을 본받게 되기가 쉬운 경우에 그렇습니다.

> 제사장들은 여호와께서 어디 계시냐 말하지 아니하였으며 율법을 다루는 자들은 나를 알지 못하며 관리들도 나에게 반역하며 선지자들은 바알의 이름으로 예언하고 무익한 것들을 따랐느니라 그러므로 내가 다시 싸우고 너희 자손들과도 싸우리라 여호와의 말씀이니라(렘 2:8-9)
> 그러나 백성 가운데 또한 거짓 선지자들이 일어났었나니 이와 같이 너희 중에도 거짓 선생들이 있으리라 그들은 멸망하게 할 이단을 가만히 끌어들여 자기들을 사신 주를 부인하고 임박한 멸망을 스스로 취하는 자들이라 여럿이 그들의 호색하는 것을 따르리니 이로 말미암아 진리의 도가 비방을 받을 것이요(벧후 2:1-2)

하나님은 이스라엘의 지도자들과 싸울 것이라고 말씀하셨습니다(렘 2:8-9). 그들이 책임에 걸맞게 행동하지 않았기 때문입니다. 이처럼 지위와 연령과 경험에 있어서 윗사람들이 범한 죄는 아랫사람들이 범한 죄보다 더 가중한 범죄입니다. 예를 들어, 주일 학교 교사가 범한 죄는 주일 학교 학생이 범한 죄보다 더 가중한 범죄입니다. 그들은 하나님의 은혜를 더 많이 경험했으며, 구원에 관해 더 많이 배웠을 뿐만 아니라, 순종을 지도하고 가르쳐야 할 위치에 있기 때문입니다. 지도자들의 타락은 그 영향력 때문에 더 가중한 범죄입니다. 예를 들어, 목사의 범죄는 일반 성도의 범죄보다 더 가중합니다. 성도들이 그들의 죄를 본받기 쉬울 뿐만 아니라(벧후 2:1-2), 그 소문이 미치는 해악도 훨씬 심각하기 때문입니다.

2. 범죄한 대상에 따라서:

직접적으로 하나님과 그분의 속성과 예배, 그리스도와 그분의 은혜, 성령의 그분의 증거와 사역에 대항하여 범죄할 경우입니다. 또한 윗사람들과 존경해야 할 사람들, 특별히 우리와 관련되고 우리를 고용한 윗사람들에 대항하여, 성도 중 아무에게나, 특히 연약한 형제들의 영혼이나 다른 어떤 것들에 대항하여, 그리고 모든 사람들 혹은 많은 사람들의 공동의 유익에 대항하여 범죄한 경우입니다.

하나님께 범한 죄는 더 가증하다.	땅이 그대로 있을 때에는 네 땅이 아니며 판 후에도 네 마음대로 할 수가 없더냐 어찌하여 이 일을 네 마음에 두었느냐 <u>사람에게 거짓말한 것이 아니요 하나님께로다</u>(행 5:4)
윗사람에게 범한 죄는 더 가증하다.	그와는 내가 대면하여 명백히 말하고 은밀한 말로 하지 아니하며 그는 또 여호와의 형상을 보거늘 너희가 <u>어찌하여 내 종 모세 비방하기를 두려워하지 아니하느냐</u>(민 12:8)
연약한 지체에게 범한 죄는 더 가증하다.	누구든지 나를 믿는 <u>이 작은 자 중 하나를 실족하게 하면 차라리 연자 맷돌이 그 목에 달려서 깊은 바다에 빠뜨려지는 것이 나으니라</u>(마 18:6)
성도에게 범한 죄는 더 가증하다.	<u>형제가 형제와 더불어 고발할 뿐더러</u> 믿지 아니하는 자들 앞에서 하느냐 너희가 피차 고발함으로 너희 가운데 이미 뚜렷한 허물이 있나니 차라리 불의를 당하는 것이 낫지 아니하며 차라리 속는 것이 낫지 아니하냐(고전 6:6-7)
다수에게 범한 죄는 더 가증하다.	세라의 아들 아간이 온전히 바친 물건에 대하여 범죄하므로 이스라엘 온 회중에 진노가 임하지 아니하였느냐 그의 죄악으로 멸망한 자가 그 한 사람만이 아니었느니라 하니라(수 22:20)

베드로는 하나님께 범죄한 것이 더 가증한 범죄라고 했습니다. 하나님은 모세에게 범죄한 것이 더 가증한 범죄라고 하셨습니다. 예수님은 연약한 형제에게 범죄한 것이 더 가증한 범죄라고 하셨습니다. 바울은 성도에게 범죄한 것이 더 가증한 범죄라고 했습니다. 하나님은 아간을 공개 심판하시면서 다수를 해롭게 하는 범죄가 더 가

증한 범죄라고 하셨습니다. 이처럼 범죄 한 대상이 누구냐에 따라서 더 가증한 범죄가 되기도 합니다.

3. 범죄의 성격과 질에 따라서:

그들의 범죄가 율법에 명시된 것을 거스른 것이거나, 많은 계명을 범했거나 많은 죄를 포함한 범죄를 하는 경우입니다. 마음속에 품었을 뿐 아니라 말과 행동으로 표출되고, 다른 사람을 중상하고 보상할 의지가 없는 범죄인 경우입니다. 은혜의 방편들과 긍휼, 심판과 본성의 빛, 양심의 가책, 공적 혹은 사적인 권면, 교회의 권징, 국가의 징벌과, 우리의 기도와 삶의 목적, 약속과 서약, 언약과 하나님과 사람과의 약속에 대항하여 범죄한 경우입니다. 일부러, 고의적으로, 뻔뻔스럽고, 경솔하게, 자랑삼아, 사악하게, 자주, 완강히, 기쁨으로, 계속적으로 혹은 회개한 후에도 거듭 범죄하는 경우입니다.

율법에 명시된 것을 범한 죄는 더 가증하다.	솔로몬이 마음을 돌려 이스라엘의 하나님 여호와를 떠나므로 여호와께서 그에게 진노하시니라 여호와께서 일찍이 두 번이나 그에게 나타나시고 이 일에 대하여 명령하사 다른 신을 따르지 말라 하셨으나 그가 여호와의 명령을 지키지 않았으므로(왕상 11:9-10)
많은 계명을 한꺼번에 범한 죄는 더 가증하다.	돈을 사랑함이 일만 악의 뿌리가 되나니 이것을 탐내는 자들은 미혹을 받아 믿음에서 떠나 많은 근심으로써 자기를 찔렀도다(딤전 6:10)
실제 말과 행동으로 표출된 죄는 더 가증하다.	분을 내어도 죄를 짓지 말며 해가 지도록 분을 품지 말고 (엡 4:26)
보상할 수 없는 죄는 더 가증하다.	이제 네가 나를 업신여기고 헷 사람 우리아의 아내를 빼앗아 네 아내로 삼았은즉 칼이 네 집에서 영원토록 떠나지 아니하리라 하셨고(삼하 12:10)
은혜를 받고도 범한 죄는 더 가증하다.	내가 와서 그들에게 말하지 아니하였더라면 죄가 없었으려니와 지금은 그 죄를 핑계할 수 없느니라(요 15:22)
긍휼을 받고도 범한 죄는 더 가증하다.	어리석고 지혜 없는 백성아 여호와께 이같이 보답하느냐 그는 네 아버지시요 너를 지으신 이가 아니시냐 그가 너를 만드시고 너를 세우셨도다(신 32:6)

징계를 받으면서도 범한 죄는 더 가증하다.	내가 너희 중의 성읍 무너뜨리기를 하나님인 내가 소돔과 고모라를 무너뜨림 같이 하였으므로 너희가 불붙는 가운데서 빼낸 나무 조각 같이 되었으나 너희가 내게로 돌아오지 아니하였느니라 여호와의 말씀이니라 그러므로 이스라엘아 내가 이와 같이 네게 행하리라 내가 이것을 네게 행하리니 이스라엘아 네 하나님 만나기를 준비하라(암 4:11-12)
본성을 거슬러 범한 죄는 더 가증하다.	이 때문에 하나님께서 그들을 부끄러운 욕심에 내버려 두셨으니 곧 그들의 여자들도 순리대로 쓸 것을 바꾸어 역리로 쓰며 그와 같이 남자들도 순리대로 여자 쓰기를 버리고 서로 향하여 음욕이 불 일듯 하매 남자가 남자와 더불어 부끄러운 일을 행하여 그들의 그릇됨에 상당한 보응을 그들 자신이 받았느니라(롬 1:26-27)
양심을 거슬러 범한 죄는 더 가증하다.	벨사살이여 왕은 그의 아들이 되어서 이것을 다 알고도 아직도 마음을 낮추지 아니하고(단 5:22)
권면을 받고도 범한 죄는 더 가증하다.	자주 책망을 받으면서도 목이 곧은 사람은 갑자기 패망을 당하고 피하지 못하리라(잠 29:1)
권징을 받고도 범한 죄는 더 가증하다.	만일 그들의 말도 듣지 않거든 교회에 말하고 교회의 말도 듣지 않거든 이방인과 세리와 같이 여기라(마 18:17)
국가의 징벌을 받고도 범한 죄는 더 가증하다.	각 사람은 위에 있는 권세들에게 복종하라 권세는 하나님으로부터 나지 않음이 없나니 모든 권세는 다 하나님께서 정하신 바라 그러므로 권세를 거스르는 자는 하나님의 명을 거스름이니 거스르는 자들은 심판을 자취하리라(롬 13:1-2)
기도에 역행하여 범한 죄는 더 가증하다.	그러나 그들이 입으로 그에게 아첨하며 자기 혀로 그에게 거짓을 말하였으니 이는 하나님께 향하는 그들의 마음이 정함이 없으며 그의 언약에 성실하지 아니하였음이로다 (시 78:36-37)
서원한 것을 범한 죄는 더 가증하다.	네가 하나님께 서원하였거든 갚기를 더디게 하지 말라 하나님은 우매한 자들을 기뻐하지 아니하시나니 서원한 것을 갚으라 서원하고 갚지 아니하는 것보다 서원하지 아니하는 것이 더 나으니(전 5:4-5)

하나님과 약속한 것을 어기고 범한 죄는 더 가증하다.	내가 칼을 너희에게로 가져다가 <u>언약을 어긴 원수를 갚을 것이며</u> 너희가 성읍에 모일지라도 너희 중에 염병을 보내고 너희를 대적의 손에 넘길 것이며(레 26:25)
일부러 범한 죄는 더 가증하다.	여호와께서 이와 같이 말씀하시되 너희는 길에 서서 보며 옛적 길 곧 선한 길이 어디인지 알아보고 그리로 가라 너희 심령이 평강을 얻으리라 하나 그들의 대답이 <u>우리는 그리로 가지 않겠노라</u> 하였으며(렘 6:16)
자랑스럽게 범한 죄는 더 가증하다.	<u>포악한 자여 네가 어찌하여 악한 계획을 스스로 자랑하는가</u> 하나님의 인자하심은 항상 있도다(시 52:1)
악의적으로 범한 죄는 더 가증하다.	그러므로 내가 가면 그 행한 일을 잊지 아니하리라 그가 악한 말로 우리를 비방하고도 오히려 부족하여 형제들을 맞아들이지도 아니하고 맞아들이고자 하는 자를 금하여 교회에서 내쫓는도다(요삼 1:10)
자주 범한 죄는 더 가증하다.	내 영광과 애굽과 광야에서 행한 내 이적을 보고서도 이같이 열 번이나 나를 시험하고 내 목소리를 청종하지 아니한 그 사람들은(민 14:22)
완강하게 범한 죄는 더 가증하다.	그들이 듣기를 싫어하여 등을 돌리며 듣지 아니하려고 귀를 막으며 그 마음을 금강석 같게 하여 율법과 만군의 여호와가 그의 영으로 옛 선지자들을 통하여 전한 말을 듣지 아니하므로 큰 진노가 만군의 여호와께로부터 나왔도다 (슥 7:11-12)
기쁨으로 범한 죄는 더 가증하다.	<u>행악하기를 기뻐하며</u> 악인의 패역을 즐거워하나니(잠 2:14)
계속적으로 범한 죄는 더 가증하다.	그의 탐심의 죄악으로 말미암아 내가 노하여 그를 쳤으며 또 내 얼굴을 가리고 노하였으나 <u>그가 아직도 패역하여</u> 자기 마음의 길로 걸어가도다(사 57:17)
회개한 후에 범한 죄는 더 가증하다.	의의 도를 안 후에 받은 거룩한 명령을 저버리는 것보다 <u>알지 못하는 것이 도리어 그들에게 나으니라</u>(벧후 2:21)

모르고 행한 범죄보다 알면서 행한 범죄가 더 가중합니다. 예를 들어, 절도와 복권 구매는 동일하게 제8계명을 어기는 행위입니다(제8계명 해설 참조). 하지만 절도는 율법에 명시된 범죄인 반면 복권 구매는 율법에 명시된 범죄가 아닙니다. 그런 점에서 절도가 더 가중한 범죄입니다. 마음으로 지은 죄보다 실제 행동으로 지은 죄가 더 가중합니다. 예를 들어, 어떤 사람에게 미운 감정을 가지는 것과 그 사람을 해치는 것은 동일하게 제6계명을 어기는 행위입니다. 하지만 분을 내어도 죄를 짓지 말라는 말씀처럼(엡4:26), 실제 행동으로 지은 죄가 더 가중한 범죄입니다. 보상할 수 없는 죄는 더 가중합니다. 예를 들어, 돈을 빼앗은 경우는 다시 돌려 줄 수 있지만, 생명을 빼앗은 경우는 다시 돌려줄 수 없습니다.

4. 때와 장소의 상황에 따라서:

주일 또는 다른 예배 시에, 또는 예배 직전이나 직후, 또는 그런 범죄를 예방하거나 극복할 수 있는 다른 도움이 있음에도 불구하고 범죄 하는 경우입니다. 그리고 공개적으로 남들 앞에서 범죄함으로써 그들이 죄에 자극되고 오염될 수 있는 경우입니다.

주일, 또는 예배 전후에 범한 죄는 더 가중하다.	이 외에도 그들이 내게 행한 것이 있나니 당일에 내 성소를 더럽히며 내 안식일을 범하였도다(겔 23:38)
도움에도 불구하고 범한 죄는 더 가중하다.	그 조상들의 하나님 여호와께서 그의 백성과 그 거하시는 곳을 아끼사 부지런히 그의 사신들을 그 백성에게 보내어 이르셨으나 그의 백성이 하나님의 사신들을 비웃고 그의 말씀을 멸시하며 그의 선지자를 욕하여 여호와의 진노를 그의 백성에게 미치게 하여 회복할 수 없게 하였으므로(대하 36:15-16)
공개적으로 범한 죄는 더 가중하다.	이에 사람들이 압살롬을 위하여 옥상에 장막을 치니 압살롬이 온 이스라엘 무리의 눈앞에서 그 아버지의 후궁들과 더불어 동침하니라(삼하 16:22)

주일, 특히 예배 전후에 범한 죄는 더 가중합니다. 주일, 특히 예배하는 시간을 통해 우리는 하나님께 순종하는 것을 배우기 때문입니다. 여기에는 하나님을 위해 구별한

날을 더럽힌 죄까지 추가되기 때문에 더더욱 가증합니다. 하나님의 도움에도 불구하고 범한 죄는 더 가중합니다. 하나님의 특별한 섭리를 무시한 일이기 때문입니다. 공개적으로 범한 죄는 더 가중합니다. 더 많은 사람에게 악한 영향을 미칠 수 있기 때문입니다.

제152문 모든 죄가 하나님께 마땅히 받아야 할 보응은 무엇입니까?

답: 죄마다, 그것이 비록 가장 작은 죄라 할지라도 하나님의 주권과 선하심과 거룩하심, 그리고 그분의 의로운 율법에 대항한 것이기에, 이 세상과 오는 세상에서 그분의 진노와 저주를 받아야 마땅하며, 그리스도의 피가 아니고서는 결코 속죄될 수 없습니다.

1. 죄마다, 그것이 비록 가장 작은 죄라 할지라도

> 누구든지 온 율법을 지키다가 그 하나를 범하면 모두 범한 자가 되나니 간음하지 말라 하신 이가 또한 살인하지 말라 하셨은즉 네가 비록 간음하지 아니하여도 살인하면 율법을 범한 자가 되느니라(약 2:10-11)

사소한 죄는 괜찮다고 생각해서는 안 됩니다. "하나를 범하면 모두 범한" 것과 동일하기 때문입니다. 그래서 모든 죄는, 그것이 비록 가장 작은 죄라 할지라도, 현세와 내세에서 하나님의 진노와 저주를 받기에 합당합니다.

2. 하나님의 주권과 선하심과

> 어리석고 지혜 없는 백성아 여호와께 이같이 보답하느냐 그는 네 아버지시요 너를 지으신 이가 아니시냐 그가 너를 만드시고 너를 세우셨도다(신 32:6)

어떻게 가장 작은 죄를 범한 것 때문에 현세뿐만 아니라 내세에서까지 하나님의 진노와 저주를 받아야 하는지 의문을 품는 자들이 있습니다. 그것은 죄의 성격 때문입니다. 모든 죄에는 크게 두 가지 속성이 포함되어 있습니다. 첫째, 하나님의 주권을 대적하는 것입니다. 둘째, 하나님의 선하심을 의심하는 것입니다.

아담과 하와의 범죄를 통해 이 사실을 살펴보겠습니다. 아담과 하와가 금지된 열매를 먹은 것은 사소한 일처럼 보입니다. 그러나 아담과 하와는 자기 뜻대로 행동하여 하나님의 주권을 무시했습니다. 동시에 선악과를 주신 의도를 의심하여 하나님의 선하심을 부정했습니다. 이처럼 아무리 작은 죄라도 하나님의 주권과 선하심을 대항한 것이기에 현세와 내세에서 하나님의 진노와 저주를 받기에 합당합니다.

3. 거룩하심,

> 나는 여호와 너희의 하나님이라 내가 거룩하니 너희도 몸을 구별하여 거룩하게 하고 땅에 기는 길짐승으로 말미암아 스스로 더럽히지 말라(레 11:44)

거룩하신 하나님께서 우리의 거룩함을 원하십니다. 아무리 작은 죄라도 거룩함을 훼손하는 것이기에, 현세와 내세에서 하나님의 진노와 저주를 받기에 합당합니다.

4. 그리고 그분의 의로운 율법에 대항한 것이기에,

> 죄를 짓는 자마다 불법을 행하나니 죄는 불법이라(요일 3:4)
> 무릇 율법 행위에 속한 자들은 저주 아래에 있나니 기록된 바 누구든지 율법 책에 기록된 대로 모든 일을 항상 행하지 아니하는 자는 저주 아래에 있는 자라 하였음이라(갈 3:10)

죄는 율법을 어기는 일입니다. 율법을 어긴다는 것은 율법의 수여자이신 하나님을 대적한다는 뜻입니다. 외적으로는 사소한 율법 하나 어긴 것처럼 보일지라도, 그 이면에는 영원하신 하나님을 향한 반역이 자리 잡고 있습니다. 그러므로 모든 죄는 현세와 내세에서 하나님의 진노와 저주를 받기에 합당합니다.

5. 이 세상과 오는 세상에서 그분의 진노와 저주를 받아야 마땅하며,

이 세상에서 받는 진노와 저주	살아 있는 사람은 자기 죄들 때문에 벌을 받나니 어찌 원망하랴 (잠 3:39)
오는 세상에서 받는 진노와 저주	또 왼편에 있는 자들에게 이르시되 저주를 받은 자들아 나를 떠나 마귀와 그 사자들을 위하여 예비된 영원한 불에 들어가라(마 25:41)

크게 두 부류의 사람들이 '하나님의 진노'를 부정합니다. 첫째, 불신자들입니다. 그들은 하나님을 믿지 않지만, 만약 하나님이 계시다면 그분은 사랑의 하나님일 것이라고 말하곤 합니다. 둘째, 잘못된 신학을 가진 자들입니다. 그들은 구약의 하나님은 진노하시는 하나님이며 원시적인 하나님이고, 신약의 하나님은 사랑의 하나님이라고 주장합니다. 물론 하나님은 사랑이십니다. 하지만 하나님의 성품에 사랑만 있는 것은 아닙니다. 성경은 명백하게 하나님의 진노를 말합니다(롬 1:18). 하나님은 죄를 미워하시며 반드시 죄를 심판하시는 정의로운 분이십니다. 그러므로 하나님께서 죄에 침묵하신다고 주장하는 자들은 우상 숭배자들과 다를 바 없습니다.

6. 그리스도의 피가 아니고서는 결코 속죄될 수 없습니다.

율법을 따라 거의 모든 물건이 피로써 정결하게 되나니 피흘림이 없은즉 사함이 없느니라(히 9:22)

모든 인류는 현세와 내세에서 하나님의 진노와 저주를 받아야 마땅합니다. 이 문제를 해결하는 방법은 하나밖에 없습니다. 하나님께서 세우신 유일한 중보자, 곧 우리 주 예수 그리스도의 보혈입니다. 그래서 성경은 "피 흘림이 없은즉 사함이 없느니라"고 말합니다. 그리스도의 보혈 없이 죄를 해결하려는 모든 시도는 실패로 끝날 것입니다. "다른 이로써는 구원을 받을 수 없나니 천하 사람 중에 구원을 받을 만한 다른 이름을 우리에게 주신 일이 없음이라 하였더라"(행 4:12).

제153문 우리가 율법을 어김으로 받게 될 하나님의 진노와 저주를 피하기 위하여, 하나님께서 우리에게 요구하시는 것은 무엇입니까?

답: 우리가 율법을 어김으로 받게 될 하나님의 진노와 저주를 피하기 위하여, 하나님은 우리에게 하나님께 대한 회개, 우리 주 예수 그리스도에 대한 믿음, 그리고 그리스도께서 자기 중보의 은덕을 전달하시는 외적 방편들을 부지런히 사용하기를 요구하십니다.

---

1. 우리가 율법을 어김으로 받게 된 하나님의 진노와 저주를 피하기 위하여, 하나님은 우리에게 하나님께 대한 회개,

> 너희에게 이르노니 아니라 너희도 만일 회개하지 아니하면 다 이와 같이 망하리라(눅 13:3)

회개가 필요하지 않은 사람은 없습니다. 모든 사람이 하나님 앞에서 죄인이기 때문입니다. 하나님의 진노와 저주를 피하기 원한다면, 반드시 자신이 죄인인 것을 인정하고, 죄를 혐오하며, 죄의 영향력에서 벗어나기를 간절히 원해야 합니다. 계속해서 죄를 지으며, 회개하지 않는 사람은 구원에 이를 수 없습니다.

2. 우리 주 예수 그리스도에 대한 믿음,

> 그들을 데리고 나가 이르되 선생들이여 내가 어떻게 하여야 구원을 받으리이까 하거늘
> 이르되 주 예수를 믿으라 그리하면 너와 네 집이 구원을 받으리라 하고(행 16:30-31)
> 하나님이 세상을 이처럼 사랑하사 독생자를 주셨으니 이는 그를 믿는 자마다 멸망하지
> 않고 영생을 얻게 하려 하심이라(요 3:16)
> 내가 너로 여자와 원수가 되게 하고 네 후손도 여자의 후손과 원수가 되게 하리니 여자의
> 후손은 네 머리를 상하게 할 것이요 너는 그의 발꿈치를 상하게 할 것이니라 하시고(창
> 3:15)

구원에 관한 성경의 메시지는 언제나 동일합니다. 구원은 오직 그리스도를 믿는 자들에게만 주어집니다. 예를 들어, 하나님께서 아담과 하와에게 약속하신 구원자도 그리스도였습니다. 하나님께서 타락한 아담과 하와에게 약속하신 여자의 후손이 바로 그리스도입니다(창 3:15). 그리스도는 유일한 구속자이며, 다른 길은 없습니다.

3. 그리고 그리스도께서 자기 중보의 은덕을 전달하시는 외적 방편들을 부지런히 사용하기를 요구하십니다.

> 내 아들아 네가 만일 나의 말을 받으며 나의 계명을 네게 간직하며 네 귀를 지혜에 기울이
> 며 네 마음을 명철에 두며 지식을 불러 구하며 명철을 얻으려고 소리를 높이며 은을 구하
> 는 것 같이 그것을 구하며 감추어진 보배를 찾는 것 같이 그것을 찾으면 여호와 경외하기
> 를 깨달으며 하나님을 알게 되리니(잠 2:1-5)

우리는 우리의 자격이나 조건이 아니라 그리스도 때문에 구원받았습니다. 구원받기 위해서 우리가 해야 하는 것이나 할 수 있는 것은 없습니다. 하지만, 구원과 더불어 임하는 여러 가지 은덕들은 그렇지 않습니다. 그래서 잠언 기자는 성실하게 하나님의 말씀을 묵상하고, 소리를 높여 하나님께 간구하라고 말합니다(잠 2:1-5). 이처럼 하나님의 은혜를 더욱 풍성히 누리기 위해서는 하나님께서 정하신 은혜의 방편들을 성실하게 사용해야 합니다.

그리스도께서 자기 중보의 은덕을
우리에게 전달하시는 외적 방편들
은 무엇입니까?

답: 그리스도께서 자신의 교회에 자기 중보의 은덕을 전달하는 외적이고 통상적
인 방편들은 그분의 모든 규례들, 특히 말씀과 성례와 기도인데, 이 모두가 택
하신 자들을 구원하는데 효과적인 수단입니다.

1. 그리스도께서 자신의 교회에 자기 중보의 은덕을 전달하는 외적이고 통상적인 방편들은 그분의 모든 규례들, 특히 말씀과 성례와 기도인데,

말씀과 세례	그러므로 너희는 가서 모든 민족을 제자로 삼아 아버지와 아들과 성령의 이름으로 세례를 베풀고 내가 너희에게 분부한 모든 것을 가르쳐 지키게 하라 볼지어다 내가 세상 끝날까지 너희와 항상 함께 있으리라 하시니라 (마 28:19-20)
말씀과 성찬	그들이 사도의 가르침을 받아 서로 교제하고 떡을 떼며 오로지 기도하기를 힘쓰니라(행 2:42)
말씀과 기도	구원의 투구와 성령의 검 곧 하나님의 말씀을 가지라 모든 기도와 간구를 하되 항상 성령 안에서 기도하고 이를 위하여 깨어 구하기를 항상 힘쓰며 여러 성도를 위하여 구하라(엡 6:17-18)

성경은 말씀과 성례와 기도를 은혜의 방편으로 설명합니다. 말씀과 성례와 기도는
우리 마음속에서 일하시는 '성령의 내적 사역'과 구분하기 위하여 '외적 방편'이라고
합니다. 그리고 하나님께서 특별한 경우를 제외하고, 일반적인 경우에 통상적으로

사용하시는 수단이라는 뜻으로 '통상적인 방편'이라고 합니다.

2. 이 모두가 택하신 자들을 구원하는데 효과적인 수단입니다.

> 이방인들이 듣고 기뻐하여 하나님의 말씀을 찬송하며 <u>영생을 주시기로 작정된 자는 다</u>
> <u>믿더라</u>(행 13:48)

사도행전 13장 48절은 사울과 바나바가 설교한 이후의 반응을 기록한 것입니다. 이
때 두 사람의 설교를 듣고 회심한 것은 하나님께서 구원하시기로 예정한 자들이었습
니다. 이처럼 은혜의 방편들은 하나님께서 미리 택한 자들에게 효력을 나타냅니다.

말씀이 어떻게 구원을 위하여 효력 있게 사용됩니까?

답: 하나님의 영은 말씀을 읽는 것, 특히 말씀의 설교를 효력 있는 방편으로 삼아 죄인들을 깨닫게 하고 책망하며 겸손하게 하실 뿐만 아니라, 그들을 자신들로 부터 나오게 하여 그리스도께로 이끄시며, 그분의 형상을 본받게 하시고, 그분의 뜻에 복종하게 하시며, 유혹과 부패에 대항하여 그들을 강하게 하시고, 은혜 안에서 자라게 하시며, 믿음으로 말미암아 구원에 이르도록 그들의 마음을 거룩함과 위로로 견고하게 세워 가십니다.

1. 하나님의 영은 말씀을 읽는 것, 특히 말씀의 설교를 효력 있는 방편으로 삼아 죄인들을 깨닫게 하고

> 여호와의 율법은 완전하여 영혼을 소성시키며 여호와의 증거는 확실하여 우둔한 자를 지혜롭게 하며 여호와의 교훈은 정직하여 마음을 기쁘게 하고 여호와의 계명은 순결하여 눈을 밝게 하시도다(시 19:7-8)
> 빌립이 달려가서 선지자 이사야의 글 읽는 것을 듣고 말하되 읽는 것을 깨닫느냐 대답하되 지도해 주는 사람이 없으니 어찌 깨달을 수 있느냐 하고 빌립을 청하여 수레에 올라 같이 앉으라 하니라(행 8:30-31)

성령님은 말씀을 통해 생명과 지혜와 기쁨을 주십니다(시 19:7-8). 따라서 은혜받기를 원하는 자는 반드시 말씀을 가까이해야 합니다. 말씀을 통해 은혜를 받는 방식은 크게 두 가지입니다. 말씀을 읽는 것과 말씀의 설교를 듣는 것입니다. 두 가지 모두 하나님께서 죄인을 구원하기 위해 사용하시는 방편이지만, 말씀의 설교가 더 효력 있는 방편입니다. 에디오피아 내시가 빌립에게 가르침을 요청했던 것이 대표적인 증거입니다. 그는 빌립의 설교를 듣기 전에는 성경을 정확하게 이해하지 못했습니다. 빌립이 지도해 주었을 때 비로소 성경을 보는 눈이 열렸습니다. 이처럼 성령님은 말씀을 통해서, 특히 말씀의 설교를 통해서 은혜를 주십니다.

2. 책망하며 겸손하게 하실 뿐만 아니라,

> 서기관 사반이 또 왕에게 아뢰어 이르되 제사장 힐기야가 내게 책을 주더이다 하고 사반이 왕 앞에서 그것을 읽으매 왕이 율법의 말씀을 듣자 곧 자기 옷을 찢더라(대하 34:18-19)

요시야는 하나님의 말씀을 듣자 곧 자기 옷을 찢었습니다. 자기 옷을 찢는 것은 슬픔의 표시입니다. 요시야가 깊이 슬퍼했던 것은 말씀을 통해 자신의 죄와 허물을 깨닫게 되었기 때문입니다. 이처럼 성령님은 말씀을 통해 우리를 책망하시고 겸손하게 하십니다.

3. 그들을 자신들로부터 나오게 하여 그리스도께로 이끄시며,

> 그들이 이 말을 듣고 마음에 찔려 베드로와 다른 사도들에게 물어 이르되 형제들아 우리가 어찌할꼬 하거늘…그 말을 받은 사람들은 세례를 받으매 이 날에 신도의 수가 삼천이나 더하더라(행 2:37, 41)

본문의 유대인들은 얼마 전까지만 해도 예수를 못 박으라고 외쳤던 자들입니다. 하지만 성령님께서 말씀을 통해 역사하시자, 자신들의 죄를 깨닫고 그리스도를 영접하게 됩니다. 이처럼 성령님은 말씀을 통해서 우리를 그리스도께로 이끄십니다.

4. 그분의 형상을 본받게 하시고,

> 그와 같은 형상으로 변화하여 영광에서 영광에 이르니 곧 주의 영으로 말미암음이니라 (고후 3:18)

성령님은 말씀을 통해서 우리를 변화시키십니다. 그렇다면 성령님의 궁극적인 목적은 무엇일까요? 성령님의 목적은 우리가 어떤 사람이 되는 것일까요? '그리스도'입니다. 우리가 그리스도를 닮아 가고, 그리스도와 같은 사람이 되는 것이 성령님의 목적입니다. "그와 같은 형상으로 변화하여 영광에서 영광에 이르니 곧 주의 영으로 말미암음이니라"(고후 3:18)

5. 그분의 뜻에 복종하게 하시며,

하나님께 감사하리로다 너희가 본래 죄의 종이더니 너희에게 전하여 준 바 교훈의 본을 마음으로 순종하여 죄로부터 해방되어 의에게 종이 되었느니라(롬 6:17-18)
육신을 따르지 않고 그 영을 따라 행하는 우리에게 율법의 요구가 이루어지게 하려 하심이니라(롬 8:4)

원래 로마 교회 신자들은 죄의 종이었습니다(롬 6:17). 하지만 이제는 변화되어 하나님의 종이 되었습니다(롬 6:18). 이러한 변화는 성령님께서 역사하신 결과입니다(롬 8:4). 성령님은 말씀을 통해 우리로 하여금 하나님의 뜻에 복종하게 하십니다.

6. 유혹과 부패에 대항하여 그들을 강하게 하시고,

모든 것 위에 믿음의 방패를 가지고 이로써 능히 악한 자의 모든 불화살을 소멸하고 구원의 투구와 성령의 검 곧 하나님의 말씀을 가지라(엡 6:16-17)
예수께서 대답하여 이르시되 기록되었으되 사람이 떡으로만 살 것이 아니요 하나님의 입으로부터 나오는 모든 말씀으로 살 것이라 하였느니라 하시니(마 4:4)
사람이 떡으로만 사는 것이 아니요 여호와의 입에서 나오는 모든 말씀으로 사는 줄을 네가 알게 하려 하심이니라(신 8:3)

에베소서 6장 17절은 '하나님의 말씀'을 '성령의 검'이라고 말합니다. 성령님께서 말씀으로 마귀의 유혹을 이기도록 도우시기 때문입니다. 예수님께서 마귀의 유혹을 이기신 힘도 역시 하나님의 말씀이었습니다. 예수님은 신명기 말씀으로 마귀의 유혹을 이기셨습니다(신 8:3). 이처럼 성령님은 말씀을 통해 우리가 유혹과 부패를 이기도록 하십니다.

7. 은혜 안에서 자라게 하시며,

> 지금 내가 여러분을 주와 및 그 은혜의 말씀에 부탁하노니 그 말씀이 여러분을 능히 든든
> 히 세우사 거룩하게 하심을 입은 모든 자 가운데 기업이 있게 하시리라(행 20:32)

사도행전 20장 32절은 바울이 에베소 교회 장로들에게 전한 말씀입니다. 바울은 헤
어짐을 아쉬워하는 장로들에게 은혜의 말씀이 교회를 든든히 세울 것이라고 말했습
니다. 이처럼 성령님은 말씀을 통해 우리가 은혜 안에서 자라게 하십니다.

8. 믿음으로 말미암아 구원에 이르도록 그들의 마음을 거룩함과 위로로 견
고하게 세워 가십니다.

> 그러므로 믿음은 들음에서 나며 들음은 그리스도의 말씀으로 말미암았느니라(롬 10:17)
> 무엇이든지 전에 기록된 바는 우리의 교훈을 위하여 기록된 것이니 우리로 하여금 인내
> 로 또는 성경의 위로로 소망을 가지게 함이니라(롬 15:4)
> 우리 형제 곧 그리스도의 복음을 전하는 하나님의 일꾼인 디모데를 보내노니 이는 너희
> 를 굳건하게 하고 너희 믿음에 대하여 위로함으로...너희 마음을 굳건하게 하시고 우리
> 주 예수께서 그의 모든 성도와 함께 강림하실 때에 하나님 우리 아버지 앞에서 거룩함에
> 흠이 없게 하시기를 원하노라(살전 3:2, 13)

성령님은 말씀을 회심의 도구로 사용하십니다(롬 10:17). 성령님은 말씀을 인내의 도구
로 사용하십니다(롬 15:4). 성령님은 말씀을 거룩함의 도구로 사용하십니다(살전 3:13).
이처럼 성령님은 구원의 모든 단계에서 말씀을 은혜의 방편으로 사용하십니다.

제156문 하나님의 말씀은 모든 사람이 읽어야 합니까?

답: 비록 모든 사람이 회중 앞에서 공적으로 말씀을 읽도록 허락되어 있지는 않지만, 어떤 부류의 사람들이라도 각자 개별적으로, 또 가족들과 함께 말씀을 읽어야 할 의무가 있습니다. 그러기 위해 성경은 원어에서 각국의 언어로 번역되어야 합니다.

1. 비록 모든 사람이 회중 앞에서 공적으로 말씀을 읽도록 허락되어 있지는 않지만,

또 <u>모세가 이 율법을 써서 여호와의 언약궤를 메는 레위 자손 제사장들과 이스라엘 모든 장로에게 주고</u> 모세가 그들에게 명령하여 이르기를 매 칠 년 끝 해 곧 면제년의 초막절에 온 이스라엘이 네 하나님 여호와 앞 그가 택하신 곳에 모일 때에 <u>이 율법을 낭독하여 온 이스라엘에게 듣게 할지니</u>(신 31:9-11)

모세는 공적으로 말씀을 읽어 주는 역할을 제사장과 장로에게 맡겼습니다. 이처럼 예배 시간에 성도들에게 성경을 읽어 주는 역할은 공적으로 위임을 받은 자들이 수행해야 합니다.

2. 어떤 부류의 사람들이라도 각자 개별적으로,

> 너희는 여호와의 책에서 찾아 읽어보라 이것들 가운데서 빠진 것이 하나도 없고 제 짝이 없는 것이 없으리니 이는 여호와의 입이 이를 명령하셨고 그의 영이 이것들을 모으셨음 이라(사 34:16)
> 이 예언의 말씀을 읽는 자와 듣는 자와 그 가운데에 기록한 것을 지키는 자는 복이 있나 니 때가 가까움이라(계 1:3)
> 평생에 자기 옆에 두고 읽어 그의 하나님 여호와 경외하기를 배우며 이 율법의 모든 말 과 이 규례를 지켜 행할 것이라(신 17:19)

하나님께서는 성경을 읽으라고 명령하셨습니다(사 34:16). 이 책임에서 면제되는 사람 은 아무도 없습니다. 성경을 읽는 것은 모든 사람의 의무입니다. 그래서 하나님은 성 경을 읽는 자들에게 복을 약속하셨습니다(계1:3). 성경을 읽는 일이 중단되지 않기를 원하셨기 때문입니다. 하나님께서 자신의 말씀을 기록된 책의 형태로 주셨다는 사실 도 중요합니다. 만약 읽을 필요가 없다면, 그렇게 하시지 않았을 것입니다. 따라서 우 리는 기록된 하나님의 말씀을 평생 곁에 두고 읽어야 합니다(신 17:19).

3. 또 가족들과 함께 말씀을 읽어야 할 의무가 있습니다.

> 오늘 내가 네게 명하는 이 말씀을 너는 마음에 새기고 네 자녀에게 부지런히 가르치며(신 6:6-7)

많은 부모가 자녀의 신앙 교육을 교회에 전적으로 위탁하고 있습니다. 이것은 올바 른 현상이 아닙니다. 하나님은 자녀에게 말씀을 가르치는 역할을 일차적으로 부모에 게 맡기셨습니다(신 6:6-7). 자녀에게 말씀을 읽어 주고 가정 예배를 인도하는 일은 부 모의 의무입니다.

4. 그러기 위해 성경은 원어에서 각국의 언어로 번역되어야 합니다.

> 이와 같이 너희도 혀로써 알아 듣기 쉬운 말을 하지 아니하면 그 말하는 것을 어찌 알리요
> 이는 허공에다 말하는 것이라 이같이 세상에 소리의 종류가 많으나 뜻 없는 소리는 없나
> 니 그러므로 내가 그 소리의 뜻을 알지 못하면 내가 말하는 자에게 외국인이 되고 말하는
> 자도 내게 외국인이 되리니(고전 14:9-11)

구약 성경은 히브리어로, 신약 성경은 헬라어로 기록되었습니다. 히브리어와 헬라
어는 매우 소수의 사람만 읽고 이해할 수 있습니다. "혀로써 알아 듣기 쉬운 말을 하
지 아니하면 그 말하는 것을 어찌 알리요"라는 말씀처럼, 원어를 각국의 언어로 번역
하지 않으면 대다수의 사람들은 성경을 읽을 수가 없습니다. 그러므로 원어 성경을
각 민족의 언어로 번역하는 일은 교회의 중요한 사명입니다.

하나님의 말씀은 어떻게 읽어야 합니까?

답: 성경은 높이 받들어 경외하는 마음으로 읽어야 합니다. 그리고 성경이 곧 하나님의 말씀이며, 하나님만이 우리로 하여금 성경을 깨닫게 하실 수 있다는 굳은 신념과 성경에 계시된 하나님의 뜻을 알고 믿으며 순종하려는 갈망을 가지고 읽어야 합니다. 부지런히 읽어야 하고, 성경의 내용과 목적에 주의하며 읽어야 하며, 묵상하고, 적용하고, 자기를 부인하고, 기도하며 읽어야 합니다.

1. 성경은 높이 받들어 경외하는 마음으로 읽어야 합니다.

> 언약서를 가져다가 백성에게 낭독하여 듣게 하니 그들이 이르되 여호와의 모든 말씀을 우리가 준행하리이다(출 24:7)

모세를 통해 하나님의 말씀을 들은 백성들은 다음과 같이 말했습니다. "여호와의 모든 말씀을 우리가 준행하리이다"(출 24:7) 그들은 일부분만 믿겠다거나, 일부분만 순종하겠다고 말하지 않았습니다. "모든 말씀"에 순종하겠다고 말했습니다. 우리 역시 이러한 자세로 성경을 읽어야 합니다. 성경에 기록된 내용은 모두 다 하나님의 말씀이며, 한 자도 빠짐없이 진리이기 때문입니다. 그런 점에서 세상 어떤 책도 성경과 비교할 수 없습니다. 다른 책들은 성경과 일치할 때만 진리가 되지만, 성경은 그 자체로 진리의 시금석입니다. 그러므로 성경은 다른 책을 읽을 때와는 달리 높이 받들어 경외하는 마음으로 읽어야 합니다.

2. 그리고 성경이 곧 하나님의 말씀이며,

> 또 우리에게는 더 확실한 예언이 있어 어두운 데를 비추는 등불과 같으니 날이 새어 샛별
> 이 너희 마음에 떠오르기까지 너희가 이것을 주의하는 것이 옳으니라 먼저 알 것은 성경
> 의 모든 예언은 사사로이 풀 것이 아니니 예언은 언제든지 사람의 뜻으로 낸 것이 아니요
> 오직 성령의 감동하심을 받은 사람들이 하나님께 받아 말한 것임이라(벧후 1:19-21)

성경을 실제로 기록한 것은 사람입니다. 하지만 그들은 성경의 2차 저자일 뿐, 1차
저자는 아닙니다. 성경의 1차 저자는 성령님입니다. 그래서 베드로는 "예언은 언제
든지 사람의 뜻으로 낸 것이 아니요 오직 성령의 감동하심을 받은 사람들이 하나
님께 받아 말한 것임이라"고 말했습니다(벧후 1:19-21). 그러므로 우리는 성경이 하나
님의 말씀이라는 사실을 믿는 마음으로 읽어야 합니다.

　여기에 반대하는 사상이 자유주의입니다. 그들은 성경에 하나님의 말씀이 포함되
어 있으므로, 하나님의 말씀과 사람의 주장을 구분해서 읽어야 한다고 주장합니다.
그러한 주장은 성경의 권위를 훼손합니다. 하나님의 말씀과 사람의 주장을 구분하는
기준은 사람의 이성이 될 것이고, 그것은 사람의 이성을 성경보다 더 높은 위치에 두
는 것이기 때문입니다.

3. 하나님만이 우리로 하여금 성경을 깨닫게 하실 수 있다는 굳은 신념과

> 또 이르시되 내가 너희와 함께 있을 때에 너희에게 말한 바 곧 모세의 율법과 선지자의
> 글과 시편에 나를 가리켜 기록된 모든 것이 이루어져야 하리라 한 말이 이것이라 하시고
> 이에 그들의 마음을 열어 성경을 깨닫게 하시고(눅 24:44-45)
> 보혜사 곧 아버지께서 내 이름으로 보내실 성령 그가 너희에게 모든 것을 가르치고 내가
> 너희에게 말한 모든 것을 생각나게 하리라(요 14:26)

원래 사람은 하나님의 형상이었습니다. 거룩한 지식과 분별력을 가진 선한 존재였습
니다. 하지만 죄로 인해 타락한 이후로는 모든 것이 뒤바뀌었습니다. 하나님의 형상
을 대부분 잃어버렸고, 거룩한 지식으로 가득했던 마음은 어둠으로 가득 차게 되었
습니다. 하나님을 대적하게 되었고, 진리보다 거짓을 더 사랑하게 되었습니다.

　그래서 어떤 사람도 하나님의 은혜가 없이는 성경을 올바르게 이해할 수 없습니
다. 오직 성령께서 진리의 빛을 비추어 주실 때만 성경을 제대로 이해할 수 있습니다

(눅 24:44-45; 요 14:26). 그러므로 우리는 하나님만이 우리로 하여금 성경을 깨닫게 하실 수 있다는 굳은 신념을 가지고 성경을 읽어야 합니다.

4. 성경에 계시된 하나님의 뜻을 알고 믿으며 순종하려는 갈망을 가지고 읽어야 합니다.

> 평생에 자기 옆에 두고 읽어 그의 하나님 여호와 경외하기를 배우며 이 율법의 모든 말과 그 규례를 지켜 행할 것이라 그리하면 그의 마음이 그의 형제 위에 교만하지 아니하고 이 명령에서 떠나 좌로나 우로나 치우치지 아니하리니 이스라엘 중에서 그와 그의 자손이 왕위에 있는 날이 장구하리라(신 17:19-20)

모세는 하나님의 뜻을 알고 하나님의 뜻에 순종하기 위해 성경을 읽어야 한다고 말했습니다(신 17:19-20). 안타깝게도 이와는 다른 이유로 성경을 읽는 이들이 많습니다. 어떤 이들은 자신의 지식을 자랑하기 위해 성경을 읽습니다. 어떤 이들은 호기심 때문에 성경을 읽습니다. 심지어 어떤 이들은 오류를 찾아내기 위해 성경을 읽습니다. 이것은 성경을 대하는 올바른 자세가 아닙니다.

5. 부지런히 읽어야 하고,

> 베뢰아에 있는 사람들은 데살로니가에 있는 사람들보다 더 너그러워서 간절한 마음으로 말씀을 받고 이것이 그러한가 하여 날마다 성경을 상고하므로(행 17:11)

아인슈타인의 상대성이론을 설명한 책이 있다고 가정해 봅시다. 그 책을 대충 읽고 이해할 수 있는 사람이 얼마나 될까요? 아마 거의 없다고 해도 과언이 아닐 것입니다. 성경도 마찬가지입니다. 성경은 심오하고 방대한 내용을 담고 있습니다. 따라서 부지런히 읽지 않고서는, 성경의 깊고 오묘한 내용을 올바르게 이해할 수 없습니다. 그런 점에서 날마다 성경을 묵상했던 베뢰아 교인들의 자세는 매우 본받을 만한 습관입니다(행 17:11).

6. 성경의 내용과 목적에 주의하며 읽어야 하고,

> 빌립이 달려가서 선지자 이사야의 글 읽는 것을 듣고 말하되 읽는 것을 깨닫느냐 대답하
> 되 지도해 주는 사람이 없으니 어찌 깨달을 수 있느냐 하고 빌립을 청하여 수레에 올라 같
> 이 앉으라 하니라(행 8:30-31)

에디오피아 내시는 이사야서의 내용을 이해하지 못했습니다. 에디오피아 내시가 읽
었던 본문은 고난받는 종에 관한 것으로, 예수님의 고난을 예언한 말씀이었습니다.
그는 성경의 전후 맥락을 몰랐기 때문에, 이사야서 말씀도 제대로 이해하지 못했습니
다. 이처럼 성경은 본문의 배경과 전후 문맥에 주의를 기울이며 읽어야 합니다. 예를
들어, 욥기 8장 7절의 "네 시작은 미약하였으나 네 나중은 심히 창대하리라"는 말씀은
수아 사람 빌닷이 욥을 정죄하는 의도로 사용한 말입니다. 전후 문맥과 상관없이 이
말씀만 따로 떼어 놓으면, 마치 축복의 의도로 사용한 말처럼 오해하기 쉽습니다.

7. 묵상하고,

> 오직 여호와의 율법을 즐거워하여 그의 율법을 주야로 묵상하는도다(시 1:2)

묵상으로 번역된 히브리어 '하가'는 하나님의 말씀을 반복해서 낭송하는 것을 의미합
니다. 따라서 묵상이란, 본문을 대충 읽고 지나가는 것이 아니라 오랜 시간 숙고해서
읽는 것입니다. 성경을 묵상해야 하는 이유는 간절히 원하는 자에게 하나님의 은혜가
임하기 때문입니다. 특별한 경우를 제외하고 성경에서 큰 은혜를 받는 자들은, 성경
을 대충 읽고 지나가는 자들이 아니라 그 말씀을 오랜 시간 묵상하는 자들입니다.

8. 적용하고,

> 너희는 가서 나와 및 이스라엘과 유다의 남은 자들을 위하여 이 발견한 책의 말씀에 대하
> 여 여호와께 물으라 우리 조상들이 여호와의 말씀을 지키지 아니하고 이 책에 기록된 모
> 든 것을 준행하지 아니하였으므로 여호와께서 우리에게 쏟으신 진노가 크도다 하니라(대
> 하 34:21)

하나님은 이스라엘에게 진노하셨습니다. 그들이 하나님의 말씀을 준행하지 않았기 때문입니다(대하 34:21). 성경은 공허한 메아리가 아닙니다. 추상적인 철학도 아닙니다. 성경은 우리의 생각과 말과 행동을 규정하는 절대적이고 유일한 규칙입니다. 그러므로 성경은 반드시 우리 삶에 적용하며 읽어야 합니다.

9. 자기를 부인하고,

> 너는 마음을 다하여 여호와를 신뢰하고 네 명철을 의지하지 말라(잠 3:5)

하나님을 알기 위해서는 우리의 한계를 인정해야 합니다(잠 3:5). 우리의 지식으로는 하나님을 전부 이해할 수 없음을 인정해야 합니다. 예를 들어 삼위일체 교리는 인간의 지식으로는 도저히 이해할 수 없는 신비입니다. 하지만 우리가 이해할 수 없다고 하여 삼위일체 교리를 부정해서는 안 됩니다. 교리에 문제가 있는 것이 아니라, 우리의 부족한 지성이 문제이기 때문입니다. 성경의 다른 부분도 마찬가지입니다. 언제든지 성경을 읽을 때는 우리의 부족함을 인정하는 자세를 가져야 합니다. 우리의 선입견을 내려놓고 성경 전체의 교훈을 겸허하게 수용해야 합니다.

10. 기도하며 읽어야 합니다.

> 내 눈을 열어서 주의 율법에서 놀라운 것을 보게 하소서(시 119:18)

성령님의 도움 없이는 성경을 이해할 수 없습니다. 성경을 이해할 수 있도록 도우시는 성령님의 사역을 '성령의 조명'이라고 합니다. 따라서 성경을 읽기 전에 성령님의 도움을 구하는 것은 당연한 수순입니다. 우리가 "내 눈을 열어서 주의 율법에서 놀라운 것을 보게 하소서"라고 기도할 때, 비로소 성경의 진리를 제대로 이해하게 될 것입니다(시 119:18).

제158문 누가 하나님의 말씀을 설교할 수 있습니까?

답: 충분한 은사를 갖추었을 뿐 아니라, 정식으로 인정을 받아 이 직분에 부름을 받은 사람만이 하나님의 말씀을 설교할 수 있습니다.

1. 충분한 은사를 갖추었을 뿐 아니라,

> 그러므로 감독은 책망할 것이 없으며 한 아내의 남편이 되며 절제하며 신중하며 단정하며 나그네를 대접하며 가르치기를 잘하며(딤전 3:2)

초대교회의 지도자를 '감독' 또는 '장로'라고 불렀습니다. 감독과 장로는 다른 직분이 아니라, 같은 직분을 다르게 부른 것입니다.[35] 감독은 각 교회의 설교자였습니다. 그래서 감독의 자격은 곧 설교자의 자격입니다. 바울은 설교자의 자격을 다음과 같이 말했습니다. 첫째, 책망할 것이 없어야 합니다. 신자뿐만 아니라 불신자에게도 좋은 평판을 받아야 합니다.[36] 둘째, 한 아내의 남편이어야 합니다. 한 여자와의 결혼 관계에 충실한 사람, 다시 말해 성적으로 순결한 사람이어야 합니다.[37] 셋째, 가르치기를 잘해야 합니다. 가르치는 은사가 있어야 합니다. 따라서 누구나 하나님의 은혜를 증언할 수 있고 간증할 수 있지만, 공적으로 설교하는 일은 충분한 은사를 갖춘 사람만 할 수 있습니다.

---

35 리고니어 미니스트리 출판부, 『개혁주의 스터디 바이블』, 김진운 외 옮김 (서울: 부흥과 개혁사, 2017), 2201.
36 위의 책, 2201.
37 위의 책, 2201.

---

2. 정식으로 인정을 받아 이 직분에 부름을 받은 사람만이 하나님의 말씀을 설교할 수 있습니다.

> 아무에게나 경솔히 안수하지 말고 다른 사람의 죄에 간섭하지 말며 네 자신을 지켜 정결하게 하라(딤전 5:22)

바울은 "아무에게나 경솔히 안수하지" 말라고 했습니다. 안수는 초대 교회에서 장로, 즉 설교자를 세우는 의식이었습니다. 바울은 정식으로 인정을 받은 사람만, 교회에서 설교할 수 있도록 했습니다. 그래서 장로교회는 다음의 두 가지 기준으로 설교자의 자격을 검증해 왔습니다.

첫째, '내적 소명'입니다. 설교자가 되려는 사람은 자신이 하나님께 부르심을 받았다고 믿을 만한 이유가 있어야 합니다.[38] 예를 들어, 설교자로 부름을 받았다는 확신과 신학 훈련을 기쁘게 감당하려는 의지가 있어야 합니다. 둘째, '외적 소명'입니다. 이는 '교회의 부르심'이라고도 합니다.[39] 본인은 설교자로 부름을 받았다고 확신할지라도, 교회의 검증 과정을 통과하지 못하거나 교회의 공식적인 청빙이 없다면 목사로 임직할 수 없습니다.[40]

---

38 J. G. 보스, G. I. 윌리암슨, 『웨스트민스터 대요리문답 강해』, 류근상 옮김 (서울: 크리스챤출판사, 2007), 578.

39 위의 책, 579.

40 위의 책, 579.

제159문 하나님의 말씀을 설교할 수 있도록 부름받은 사람들은 하나님의 말씀을 어떻게 설교해야 합니까?

답: 말씀을 설교하는 일에 봉사하도록 부름받은 사람들은 올바른 교리를 설교해야 합니다. 때를 얻든지 못 얻든지 부지런히, 사람의 지혜가 권하는 말이 아니라 성령의 나타남과 능력으로 단순 명료하게, 하나님의 모든 뜻을 알도록 신실하게, 청중의 필요와 수용 능력에 따라 지혜롭게 적용하며, 하나님과 그분의 백성들의 영혼에 대한 뜨거운 사랑으로 열렬히, 하나님의 영광과 그들의 회심, 성숙과 구원을 추구하며 진심으로 설교해야 합니다.

1. 말씀을 설교하는 일에 봉사하도록 부름받은 사람들은 올바른 교리를 설교해야 합니다.

> 오직 너는 <u>바른 교훈에 합당한 것을 말하여</u>(딛 2:1)

설교자의 역할은 청중을 웃기거나 울리는 것이 아닙니다. 교양이나 상식을 가르치는 것도 아닙니다. 설교자의 역할은 성도들이 하나님을 예배하게 하는 것입니다. 성도들이 은혜 안에서 성장하게 하는 것입니다. 그러므로 설교자는 반드시 바른 교훈에 합당한 것, 즉 올바른 교리를 설교해야 합니다(딛 2:1). 바른 교리를 배우는 것을 통해서만 하나님을 바르게 알 수 있으며, 하나님께서 원하시는 경건한 삶을 살 수 있기 때문입니다.

2. 때를 얻든지 못 얻든지 부지런히,

> 너는 말씀을 전파하라 때를 얻든지 못 얻든지 항상 힘쓰라 범사에 오래 참음과 가르침으로 경책하며 경계하며 권하라(딤후4:2)

일반적으로 디모데후서 4장 2절을 전도의 중요성을 강조하는 의미로 이해하곤 합니다. 하지만 디모데후서가 목회자의 역할을 설명하는 목회 서신인 점을 감안하면, 이 구절은 '설교의 중요성'을 설명하는 의미로 해석해야 마땅합니다. 그것이 본문의 배경과 문맥에 합당한 해석입니다. 이처럼 설교는 구원을 위해 하나님께서 지정하신 방편이므로, 설교자는 때를 얻든지 못 얻든지 부지런하게 하나님의 말씀을 전해야 합니다. 하나님의 말씀 가르치는 일을 귀찮게 여기거나 하찮게 여겨서는 안 됩니다.

3. 사람의 지혜가 권하는 말이 아니라 성령의 나타남과 능력으로

> 내 말과 내 전도함이 설득력 있는 지혜의 말로 하지 아니하고 다만 성령의 나타나심과 능력으로 하여(고전 2:4)

바울은 풍부한 지식과 탁월한 언변을 가지고 있었습니다(행 19:8). 그럼에도 불구하고 바울은 자신의 능력을 전혀 의지하지 않았습니다(고전 2:4). 그는 "설득력 있는 지혜의 말"을 의지하기보다는, "성령의 나타나심과 능력"만을 의지했습니다. 교회가 참으로 변화되는 것은 탁월한 설교가 아니라, 그 설교를 사용하시는 성령님의 역사에 달려 있음을 알았기 때문입니다. 그렇다고 해서 설교가 흥미롭고 매력적인 방식으로 선포되어서는 안 된다는 의미는 아닙니다.[41] 다만, 설교의 능력이 사람이 아니라 하나님께 달려 있음을 전적으로 믿어야 한다는 것입니다.

---

41   J. G. 보스, G. I. 윌리암슨, 『웨스트민스터 대요리문답강해』, 류근상 옮김 (서울: 크리스챤출판사, 2007), 581.

4. 단순 명료하게,

> 그러나 교회에서 네가 남을 가르치기 위하여 깨달은 마음으로 다섯 마디 말을 하는 것이 일만 마디 방언으로 말하는 것보다 나으니라(고전 14:19)

일만 마디 방언보다, 깨달은 마음으로 하는 다섯 마디 말이 더 낫습니다(고전 14:19). 심오한 설교라도, 청중이 이해할 수 없다면 무용지물입니다. 따라서 설교자는 성경의 의미를 단순명료하게 설교해야 합니다.

5. 하나님의 모든 뜻을 알도록

> 내가 너희에게 분부한 모든 것을 가르쳐 지키게 하라 볼지어다 내가 세상 끝날까지 너희와 항상 함께 있으리라 하시니라(마 28:20)
> 이는 내가 꺼리지 않고 하나님의 뜻을 다 여러분에게 전하였음이라(행 20:27)

주님은 "내가 너희에게 분부한 모든 것을 가르쳐 지키게 하라"고 하셨습니다(마 28:20). 그러므로 설교자는 하나님의 모든 뜻을 설교해야 합니다. 성경의 일부분만 설교하는 것이 아니라, 전체를 설교해야 합니다(행 20:27). 성도들이 좋아할 만한 내용은 자주 설교하면서, 싫어할 것 같은 내용이라고 침묵해서는 안 됩니다. 이것은 성경의 모든 부분을 동일한 비중으로 설교하라는 뜻이 아닙니다. 성경에 기록된 모든 내용이 하나님의 말씀이지만, 어떤 부분은 다른 부분보다 더 중요하기 때문입니다.

6. 신실하게,

> 여호와의 말씀이니라 꿈을 꾼 선지자는 꿈을 말할 것이요 내 말을 받은 자는 성실함으로 내 말을 말할 것이라 겨가 어찌 알곡과 같겠느냐(렘 23:28)
> 사람이 마땅히 우리를 그리스도의 일꾼이요 하나님의 비밀을 맡은 자로 여길지어다 그리고 맡은 자들에게 구할 것은 충성이니라(고전 4:1-2)

하나님께서 "내 말을 받은 자는 성실함으로 내 말을 말할 것이라"고 하셨습니다(렘 23:28). 바울 역시 하나님의 비밀을 맡은 자들은 충성스러운 일꾼이 되어야 한다고 했습니다(고전 4:1-2). 그러므로 설교자는 하나님의 말씀을 전하고 가르침에 있어서 신실해야 합니다. 열정적이고 성실한 설교자가 되어야 합니다.

7. 청중의 필요와 수용 능력에 따라 지혜롭게 적용하며,

> 내가 너희를 젖으로 먹이고 밥으로 아니하였노니 이는 너희가 감당하지 못하였음이거니와 지금도 못하리라(고전 3:2)

바울은 고린도 교회의 교인들에게 밥이 아니라 젖을 먹였습니다(고전 3:2). 밥은 심오한 교리를, 젖은 기초적인 교리를 의미합니다. 그 이유는 고린도 교회의 교인들이 영적으로 성숙하지 않았기 때문입니다. 이처럼 설교자는 청중들의 필요와 수용 능력에 맞추어서 지혜롭게 설교해야 합니다. 아이들에게 어른들의 언어로 설교하거나, 선교지의 원주민에게 일반인에게 설교하듯 해서는 안 됩니다.

8. 하나님과 그분의 백성들의 영혼에 대한 뜨거운 사랑으로 열렬히,

> 보라 내가 이제 세 번째 너희에게 가기를 준비하였으나 너희에게 폐를 끼치지 아니하리라 내가 구하는 것은 너희의 재물이 아니요 오직 너희니라 어린 아이가 부모를 위하여 재물을 저축하는 것이 아니요 부모가 어린 아이를 위하여 하느니라 내가 너희 영혼을 위하여 크게 기뻐하므로 재물을 사용하고 또 내 자신까지도 내어 주리니 너희를 더욱 사랑할수록 나는 사랑을 덜 받겠느냐(고후 12:14-15)

바울이 원했던 것은 재물이 아니라 성도들의 영적 성장이었습니다(고후 12:14). 이것은 모든 설교자들의 중요한 모범입니다. 설교의 목적은 돈이나 명예가 아니라 청중을 향한 사랑이어야 합니다. 설교를 통해 청중이 변화되는 것이어야 합니다. 이런 목적을 가진 설교자가 냉랭한 가슴으로 설교하는 것은 불가능합니다. 그런 점에서 "열렬히" 설교하는 것은 설교자의 중요한 자질입니다. 설교자는 청중의 회심이 세상에서 가장 중요한 일이라는 사명감을 가지고 전심을 다해 설교해야 합니다.

9. 하나님의 영광과

> 스스로 말하는 자는 자기 영광만 구하되 <u>보내신 이의 영광을 구하는 자는 참되니</u> 그 속에 불의가 없느니라(요 7:18)

예수님은 자신이 하나님의 영광을 추구하기 때문에 의롭다고 하셨습니다(요 7:18). 하나님의 영광은 모든 인류의 목적이지만, 설교자에게 있어서는 특히나 중요합니다. 설교라는 것이 애초에 하나님의 영광을 드러내는 도구이기 때문입니다. 그러므로 모든 설교자는 하나님의 영광을 궁극적인 목적으로 삼고 말씀을 가르쳐야 합니다.

10. 그들의 회심,

> 약한 자들에게 내가 약한 자와 같이 된 것은 약한 자들을 얻고자 함이요 <u>내가 여러 사람에게 여러 모습이 된 것은 아무쪼록 몇 사람이라도 구원하고자 함이니</u>(고전 9:22)

바울은 유대인에게는 유대인의 모습으로, 이방인에게는 이방인의 모습으로, 종에게는 종의 모습으로 다가갔습니다. 이는 그들 중 몇 사람이라도 구원하고자 함이었습니다(고전 9:22). 이처럼 설교자는 청중의 회심을 위해 최선의 노력을 다해야 합니다.

11. 성숙과

> 그가 어떤 사람은 사도로, 어떤 사람은 선지자로, 어떤 사람은 복음 전하는 자로, 어떤 사람은 목사와 교사로 삼으셨으니 <u>이는 성도를 온전하게 하여</u> 봉사의 일을 하게 하며 그리스도의 몸을 세우려 하심이라(엡 4:11-12)

사도, 선지자, 복음 전하는 자, 목사와 교사는 모두 설교하는 사명을 맡은 자들입니다. 그리고 하나님께서 이들을 세우신 이유는 성도를 온전하게 하기 위함입니다(엡 4:11-12). 그러므로 설교자는 설교를 통해 청중의 성숙을 도모해야 합니다.

12. 구원을 추구하며 진심으로 설교해야 합니다.

> 네가 네 자신과 가르침을 살펴 이 일을 계속하라 <u>이것을 행함으로</u> 네 자신과 네게 듣는 자를 구원하리라(딤전 4:16)
> 우리는 수많은 사람들처럼 하나님의 말씀을 혼잡하게 하지 아니하고 곧 <u>순전함으로</u> 하나님께 받은 것 같이 하나님 앞에서와 그리스도 안에서 말하노라(고후 2:17)

바울은 디모데에게 설교하는 일을 계속하라고 권면했습니다. 설교를 듣는 자들 가운데 구원에 이르는 자들이 있을 것이기 때문입니다(딤전 4:16). 이처럼 설교자는 하나님의 말씀을 설교하는 일이 구원의 열매를 가져올 것이라 믿고, 진심으로 설교해야 합니다(고후 2:17).

설교를 듣는 사람들에게 요구되는 것은 무엇입니까?

답: 설교를 듣는 사람들에게 요구되는 것은 다음과 같습니다. 그들은 준비된 자세와 기도로 설교에 부지런히 참여해야 하며, 그 들은 바를 성경을 통해 점검해 보고, 믿음과 사랑과 온유함과 준비된 마음으로 진리를 받되 하나님의 말씀으로 받아야 합니다. 그것을 묵상하고 숙고하며, 그들의 마음속에 간직하여, 그 말씀의 열매가 삶 가운데 맺히도록 해야 합니다.

---

1. 설교를 듣는 사람들에게 요구되는 것은 다음과 같습니다. 그들은 준비된 자세와 기도로 설교에 부지런히 참여해야 하며,

준비함으로 설교를 들어야 한다	그러므로 모든 악독과 모든 기만과 외식과 시기와 모든 비방하는 말을 버리고 갓난 아기들 같이 순전하고 신령한 젖을 사모하라 이는 그로 말미암아 너희로 구원에 이르도록 자라게 하려 함이라(벧전 2:1-2)
기도함으로 설교를 들어야 한다	모든 기도와 간구를 하되 항상 성령 안에서 기도하고 이를 위하여 깨어 구하기를 항상 힘쓰며 여러 성도를 위하여 구하라 또 나를 위하여 구할 것은 내게 말씀을 주사 나로 입을 열어 복음의 비밀을 담대히 알리게 하옵소서 할 것이니(엡 6:18-19)
부지런히 설교를 들어야 한다	누구든지 내게 들으며 날마다 내 문 곁에서 기다리며 문설주 옆에서 기다리는 자는 복이 있나니(잠 8:34)

설교는 하나님께서 예비하신 은혜의 방편입니다. 그런데 똑같은 설교라도 전혀 다른 결과가 나타나곤 합니다. 어떤 사람은 큰 은혜를 받지만, 어떤 사람은 전혀 그렇지 않

습니다. 여기에는 여러 가지 이유가 있을 수 있지만, 가장 중요한 이유는 설교를 듣는 사람마다 태도와 자세가 다르기 때문입니다. 그렇다면 설교를 어떻게 들어야 할까요?

첫째, 준비해야 합니다. 베드로는 영적인 음식(설교)을 먹기 전에, 모든 악독과 기만과 외식과 시기와 비방하는 말을 버리라고 했습니다(벧전 2:1-2). 이처럼 회개함으로써 설교 듣기를 준비해야 합니다.

둘째, 기도해야 합니다. 바울은 자신의 설교 사역을 위한 중보 기도를 요청했습니다(엡 6:18-19). 설교는 영적인 사역이기 때문에 하나님의 은혜 없이는 아무 일도 일어나지 않기 때문입니다. 우리 역시 설교자와 듣는 자를 위해 기도해야 합니다.

셋째, 부지런해야 합니다. 잠언 기자는 하나님의 말씀을 듣기 위해 "날마다" 기다리는 자가 복이 있다고 말했습니다(잠 8:34). 성실하게 공적인 예배에 참석하여 하나님의 말씀을 듣는 것은 신자의 의무입니다.

2. 그들은 바른 성경을 통해 점검해 보고,

> 베뢰아에 있는 사람들은 데살로니가에 있는 사람들보다 더 너그러워서 간절한 마음으로 말씀을 받고 <u>이것이 그러한가 하여 날마다 성경을 상고하므로</u>(행 17:11)

베뢰아 성도들은 바울의 설교를 성경을 통해 점검했습니다. 우리는 이런 자세를 본받아야 합니다. 어떤 설교자라도 실수할 수 있고, 실제로 그런 경우가 많이 발생하기 때문입니다. 설교자의 말이기 때문에 아무런 오류가 없을 것이라고 믿어서는 안 됩니다. 설교는 성경에 근거했을 때만 하나님의 말씀이 됩니다.

3. 믿음과 사랑과 온유함과 준비된 마음으로 진리를 받되 하나님의 말씀으로 받아야 합니다.

진리를 믿어야 한다.	그들과 같이 우리도 복음 전함을 받은 자이나 들은 바 그 말씀이 그들에게 유익하지 못한 것은 듣는 자가 <u>믿음과 결부시키지 아니함이라</u>(히 4:2)
진리를 사랑해야 한다.	불의의 모든 속임으로 멸망하는 자들에게 있으리니 이는 그들이 <u>진리의 사랑을 받지 아니하여</u> 구원함을 받지 못함이라(살후 2:10)

온유한 마음으로 진리를 받아야 한다.	그러므로 모든 더러운 것과 넘치는 악을 내버리고 너희 영혼을 능히 구원할 바 마음에 심어진 <u>말씀을 온유함으로 받으라</u>(약 1:21)
준비된 마음으로 진리를 받아야 한다.	베뢰아에 있는 사람들은 데살로니가에 있는 사람들보다 더 너그러워서 <u>간절한 마음으로 말씀을 받고</u> 이것이 그러한가 하여 날마다 성경을 상고하므로(행17:11)
하나님의 말씀으로 진리를 받아야 한다.	이러므로 우리가 하나님께 끊임없이 감사함은 너희가 우리에게 들은 바 하나님의 말씀을 받을 때에 사람의 말로 받지 아니하고 <u>하나님의 말씀으로 받음이니</u> 진실로 그러하도다 이 말씀이 또한 너희 믿는 자 가운데에서 역사하느니라(살전2:13)

설교를 어떻게 받아들여야 할까요? 첫째, 믿어야 합니다. 성경에 근거한 설교라면 진리라고 믿어야 합니다(히 4:2). 예를 들어, 예정 교리처럼 지성으로는 이해가 되지 않지만 성경에 명백하게 기록된 교리라면, 의심하지 않고 믿어야 합니다.

둘째, 사랑해야 합니다(살후 2:10). 설교가 우리 영혼을 살리는 하나님의 도구라면, 그 설교 말씀을 무엇보다 사랑하는 것은 당연한 자세입니다. 합당하지 않은 이유로 설교를 피해서는 안 됩니다.

셋째, 온유해야 합니다(약 1:21). 거부감이 든다고 부정할 것이 아니라, 수용적인 태도로 받아들여야 합니다. 예를 들어, 영원한 형벌 교리처럼 감정적으로 거부감이 드는 주제라도 받아들여야 합니다.

넷째, 준비되어야 합니다(행 17:11). 항상 하나님의 말씀을 사모하는 마음을 가지고 있어야 합니다.

다섯째, 하나님의 말씀으로 받아야 합니다. 사람의 입술을 통해 전달되는 말씀일지라도 그것이 하나님의 말씀임을 의심하지 말아야 합니다(살전 2:13).

4. 그것을 묵상하고 숙고하며,

> 오늘 내가 네게 명하는 <u>이 말씀을 너는 마음에 새기고</u>(신 6:6)

하나님은 우리가 말씀을 마음에 새기기를 원하십니다(신 6:6). 그러므로 우리는 설교를 들은 이후에 그것을 계속 묵상하고 숙고해야 합니다. 그렇게 하는 과정에서 우리가 삶에서 맞닥뜨리는 여러 문제에 대한 해답을 찾을 수 있고, 각자의 상황에 가장 적절한 하나님의 인도를 경험할 수 있기 때문입니다.

5. 그들의 마음속에 간직하여,

> 내 아들아 네가 만일 나의 말을 받으며 나의 계명을 네게 간직하며 … 여호와 경외하기를 깨달으며 하나님을 알게 되리니(잠 2:1, 5)

성경은 하나님의 말씀을 마음에 간직하라고 말합니다(잠 2:1). 따라서 설교는 한 번 듣고 잊어버려서는 안 됩니다. 들은 설교를 마음에 간직하기 위해서 노력해야 합니다. 설교 노트를 기록하거나 설교 본문을 암송하는 것은 설교를 마음에 간직하는 데 도움이 될 것입니다.

6. 그 말씀의 열매가 삶 가운데 맺히도록 해야 합니다.

> 좋은 땅에 있다는 것은 착하고 좋은 마음으로 말씀을 듣고 지키어 인내로 결실하는 자니라(눅 8:15)
> 자유롭게 하는 온전한 율법을 들여다보고 있는 자는 듣고 잊어버리는 자가 아니요 실천하는 자니 이 사람은 그 행하는 일에 복을 받으리라(약 1:25)

성경의 가르침은 매우 실제적입니다. 형이상학적이지 않습니다. 성경은 우리의 생각과 말과 행동에 대해 구체적으로 가르치고 있습니다. 그러므로 설교를 듣고 난 이후에 우리의 반응도 실제적이고 구체적이어야 합니다(눅 8:15). 설교를 삶에 적용해야 합니다(약 1:25). 설교가 우리 삶에서 열매로 나타나도록 해야 합니다(마 7:20).

성례는 어떻게 구원의 효력 있는 방
편이 됩니까?

답: 성례는 그 자체 안에 있는 어떤 능력이나, 성례를 시행하는 이의 경건이나 의
도에서 파생되는 덕으로 말미암지 않고, 오직 성령의 역사와 성례를 제정하신
그리스도의 복 주심으로 말미암아 구원의 효력 있는 방편이 됩니다.

1. 성례는 그 자체 안에 있는 어떤 능력이나, 성례를 시행하는 이의 경건이나 의도에서 파생되는 덕으로 말미암지 않고, 오직 성령의 역사와 성례를 제정하신 그리스도의 복 주심으로 말미암아 구원의 효력 있는 방편이 됩니다.

> 시몬도 믿고 세례를 받은 후에 전심으로 빌립을 따라다니며 그 나타나는 표적과 큰 능력
> 을 보고 놀라니라(행 8:13)
> 하나님 앞에서 네 마음이 바르지 못하니 이 도에는 네가 관계도 없고 분깃 될 것도 없느니
> 라(행 8:21)
> 나는 심었고 아볼로는 물을 주었으되 오직 하나님께서 자라나게 하셨나니 그런즉 심는
> 이나 물 주는 이는 아무 것도 아니로되 오직 자라게 하시는 이는 하나님뿐이니라(고전
> 3:6-7)
> 너희 중에 이와 같은 자들이 있더니 주 예수 그리스도의 이름과 우리 하나님의 성령 안에
> 서 씻음과 거룩함과 의롭다 하심을 받았느니라(고전 6:11)

로마 가톨릭교회는 성례 자체에 은혜가 내재되어 있다고 가르칩니다. 성례를 시행하
는 이의 의도에 따라 은혜가 전달되기도 하고 취소되기도 한다고 가르칩니다. 이것
은 비성경적입니다. 먼저 성례 자체에 은혜가 내재되어 있다는 주장의 오류를 살펴
보겠습니다. 사도행전 8장 13절을 보면 마술사 시몬이 베드로에게 세례를 받는 장면
이 등장합니다. 하지만 얼마 후 베드로는 그에게 "하나님 앞에서 네 마음이 바르지 못

하니 이 도에는 네가 관계도 없고 분깃 될 것도 없느니라"라고 말합니다(행 8:21). 마술사 시몬은 세례를 받은 이후에도 여전히 하나님 나라와 관계없는 사람이었습니다. 만약 세례 자체에 은혜가 내재되어 있다면, 마술사 시몬은 틀림없이 회심하여 새로운 사람이 되었을 것입니다. 이처럼 성례의 은혜는 성례 안에 있는 어떤 능력에서 파생되는 것이 아닙니다.

다음으로 성례를 시행하는 이의 의도에 따라 은혜가 전달되기도 하고 취소되기도 한다는 주장의 오류를 살펴보겠습니다. 바울은 고린도 교인들에게 자신과 아볼로는 아무것도 아니며, "오직 자라게 하시는 이는 하나님뿐이니라"고 말했습니다(고전 3:7). 또 "주 예수 그리스도의 이름과 우리 하나님의 성령 안에서 씻음과 거룩함과 의롭다 하심을" 받는다고 말했습니다(고전 6:11). 우리에게 은혜를 주시는 분은 하나님밖에 없다는 뜻입니다. 경건하지 않은 목회자가 성례를 시행하는 것은 생각만 해도 끔찍한 일입니다. 하지만 성례를 시행하는 목회자의 의도나 경건은 성례의 은혜와 아무 상관이 없습니다.

성례를 제정하신 분은 그리스도입니다. 성례의 은혜를 적용하여 주시는 분은 성령님입니다. 그러므로 성례는 성령님의 역사와 그리스도의 복 주심에 의해서만 구원의 효력 있는 방편이 됩니다.

제162문 성례란 무엇입니까?

답: 성례는 그리스도께서 자신의 교회에 제정하신 거룩한 규례로서, 은혜 언약 안에 있는 자들에게 그리스도의 중보의 은덕을 표하고 인치며 나타내기 위한 것입니다. 이는 그들의 믿음과 다른 모든 은혜들을 강화하고 증진하며, 그들로 하여금 순종하게 하며, 그들 상호간의 사랑과 교제를 증거하고 귀히 간직하게 하며, 그들을 은혜 언약 밖에 있는 이들과 구별하게 합니다.

1. 성례는 그리스도께서 자신의 교회에 제정하신 거룩한 규례로서,

> 너희 중 남자는 다 할례를 받으라 이것이 <u>나와 너희와 너희 후손 사이에 지킬 내 언약이니</u>라(창 17:10)

할례는 구약의 성례입니다. 하나님은 이방인들이 아니라 자기 백성에게만 할례를 명하셨습니다(창 17:10). 이처럼 성례는 하나님의 백성, 즉 교회를 위한 규례입니다. 그러므로 교회 밖에서 사적으로 세례와 성찬을 시행하는 일은 피해야 합니다.

2. 은혜 언약 안에 있는 자들에게

> 너희와 함께 거류하는 타국인이 여호와의 유월절을 지키고자 하거든 그 모든 남자는 할례를 받은 후에야 가까이 하여 지킬지니 곧 그는 본토인과 같이 될 것이나 <u>할례 받지 못한 자는 먹지 못할 것이니라</u>(출 12:48)

유월절 식사는 구약의 성례입니다. 하나님은 할례받지 않은 자들이 유월절 식사에 참여하는 것을 금하셨습니다. 이처럼 할례는 세상을 위한 것이 아니라, 은혜 언약 안에 있는 자들을 위한 것입니다. 그러므로 교회 밖에 있는 자들에게는 세례와 성찬을 베풀지 말아야 합니다.

3. 그리스도의 중보의 은덕을 표하고

> 베드로가 이르되 너희가 회개하여 각각 예수 그리스도의 이름으로 세례를 받고 죄 사함
> 을 받으라 그리하면 성령의 선물을 받으리니(행 2:38)
> 우리가 축복하는 바 축복의 잔은 그리스도의 피에 참여함이 아니며 우리가 떼는 떡은 그
> 리스도의 몸에 참여함이 아니냐(고전 10:16)

세례는 그리스도 때문에 죄사함 받았음을 표시합니다(행 2:38). 성찬은 그리스도의 살
과 피에 참여함을 표시합니다(고전 10:16). 이처럼 성례는 그리스도의 중보의 은덕을
표시하는 것입니다.

4. 인치며

> 그가 할례의 표를 받은 것은 무할례시에 믿음으로 된 의를 인친 것이니 이는 무할례자로
> 서 믿는 모든 자의 조상이 되어 그들도 의로 여기심을 얻게 하려 하심이라(롬 4:11)

'인침'은 도장을 찍는다는 것으로서, 최종적으로 확증되었음을 의미합니다. 참된 믿
음으로 성례에 참여하는 사람들은 자신의 구원이 최종적으로 확증되었음을 확신하
게 됩니다.

5. 나타내기 위한 것입니다.

> 축사하시고 떼어 이르시되 이것은 너희를 위하는 내 몸이니 이것을 행하여 나를 기념하
> 라 하시고(고전 11:24)

성례는 그리스도께서 우리를 위해 자신을 희생하셨음을 나타내는 의식입니다. 교회
는 성례를 계속 시행하여 그리스도의 희생을 기념해야 합니다.

6. 이는 그들의 믿음과 다른 모든 은혜들을 강화하고 증진하며,

> 내 살을 먹고 내 피를 마시는 자는 내 안에 거하고 나도 그의 안에 거하나니 살아 계신 아
> 버지께서 나를 보내시매 내가 아버지로 말미암아 사는 것 같이 나를 먹는 그 사람도 나로
> 말미암아 살리라(요 6:56-57)

예수님은 "내 살을 먹고 내 피를 마시는 자는 내 안에 거하고 나도 그의 안에 거하나
니"라고 말씀하셨습니다(요 6:56-57). 믿음으로 성찬에 참여하는 사람은 자신이 예수
님께 속해 있으며, 그로 인해 영생을 소유하고 있음을 확신할 수 있습니다. 이처럼 성
례는 말씀처럼 은혜의 방편입니다. 하지만 성례와 말씀의 역할이 완전히 같지는 않
습니다. 말씀은 그 자체로 믿음을 줄 수 있지만, 성례는 그 자체로는 믿음을 주지 못
합니다. 성례는 이미 믿음을 가지고 있는 자들에게 시행되며, 그들의 믿음을 강화하
고 증진하는 역할을 수행합니다.

7. 그들로 하여금 순종하게 하며,

> 무릇 그리스도 예수와 합하여 세례를 받은 우리는 그의 죽으심과 합하여 세례를 받은 줄을
> 알지 못하느냐 그러므로 우리가 그의 죽으심과 합하여 세례를 받음으로 그와 함께 장사되
> 었나니 이는 아버지의 영광으로 말미암아 그리스도를 죽은 자 가운데서 살리심과 같이 우
> 리로 또한 새 생명 가운데서 행하게 하려 함이라(롬 6:3-4)

말씀이 복음을 들려주는 것이라면, 성례는 복음을 보고, 느끼고, 맛보게 해줍니다.
시각과 미각과 촉각을 통해 훨씬 생생하게 복음을 체험하게 합니다. 이로써 성례는
이미 가지고 있던 믿음과 은혜를 증진하여, 이전보다 더 하나님께 순종하게 합니다
(롬 6:3-4).

8. 그들 상호간의 사랑과 교제를 증거하고 귀히 간직하게 하며,

> 모든 겸손과 온유로 하고 오래 참음으로 사랑 가운데서 서로 용납하고 평안의 매는 줄로 <u>성령이 하나 되게 하신 것을 힘써 지키라</u> 몸이 하나요 성령도 한 분이시니 이와 같이 너희 가 부르심의 한 소망 안에서 부르심을 받았느니라 주도 한 분이시요 믿음도 하나요 <u>세례 도 하나요</u>(엡 4:2-5)

바울은 교회의 하나 됨을 힘써 지킬 근거로 동일한 세례를 받았음을 명시합니다(엡 4:2-5). 교회는 세례를 통해 자신들이 동일한 주님을 섬기며, 동일한 믿음을 가지고 있음을 확인하게 됩니다. 그런 점에서 성례는 신자 상호 간의 사랑과 교제를 강화하기도 합니다.

9. 그들을 은혜언약 밖에 있는 이들과 구별하게 합니다.

> 너희는 떠날지어다 떠날지어다 거기서 나오고 부정한 것을 만지지 말지어다 그 가운데에 서 나올지어다 여호와의 기구를 메는 자들이여 스스로 정결하게 할지어다(사 52:11)

하나님의 백성은 세상과 구별되어야 합니다(사 52:11). 성례는 우리가 세상과 구별된 하나님의 백성이라는 표시이자 증거입니다. 믿음으로 성례에 참여하는 자들은 자신이 세상과 구별되어야 함을 더욱 확실하게 알게 됩니다.

제163문 성례는 어떻게 이루어져 있습니까?

답: 성례는 두 부분으로 이루어져 있습니다. 하나는 그리스도께서 친히 명하신 대로 사용되는 외적이고 감각적인 표이며, 다른 하나는 이 표가 상징하는 내적이고 영적인 은혜입니다.

1. 성례는 두 부분으로 이루어져 있습니다. 하나는 그리스도께서 친히 명하신 대로 사용되는 외적이고 감각적인 표이며, 다른 하나는 이 표가 상징하는 내적이고 영적인 은혜입니다.

> 물은 예수 그리스도께서 부활하심으로 말미암아 <u>이제 너희를 구원하는 표니 곧 세례라</u> 이는 <u>육체의 더러운 것을 제하여 버림이 아니요</u> 하나님을 향한 선한 양심의 간구니라(벧전 3:21)

베드로는 세례가 우리를 구원하는 "표"라고 말합니다. 실체로서 하나님의 은혜가 존재하되, 세례는 그것을 나타내는 표라는 뜻입니다. 이처럼 성례는 두 부분으로 구성됩니다. 외적인 부분과 내적인 부분입니다. 예를 들어, 성찬에 사용하는 빵과 포도주는 외적인 부분이고, 빵과 포도주가 상징하는 하나님의 은혜는 내적인 부분입니다. 외적인 부분은 시공간에 존재하고 있어서 만지거나 맛볼 수 있지만, 내적인 부분은 시공간에 없으므로 믿음으로만 볼 수 있습니다. 이처럼 내적인 부분은 실체이며, 외적인 부분은 실체를 나타내는 표입니다. 외적인 부분이 그리스도의 말씀대로 정당하게 시행되면, 내적인 부분이 상징하는 하나님의 은혜가 성령님을 통해 전달됩니다.

제164문 신약 성경에 따르면 그리스도께서 자신의 교회에 제정하신 성례는 몇 가지입니까?

답: 신약 성경에 따르면 그리스도께서 자신의 교회에 제정하신 성례는 두 가지인데, 곧 세례와 성찬입니다.

1. 신약 성경에 따르면 그리스도께서 자신의 교회에 제정하신 성례는 두 가지인데, 곧 세례와 성찬입니다.

그리스도께서 세례를 제정하심	내가 너희에게 전한 것은 주께 받은 것이니 곧 주 예수께서 잡히시던 밤에 떡을 가지사 축사하시고 떼어 이르시되 이것은 너희를 위하는 내 몸이니 이것을 행하여 나를 기념하라 하시고 식후에 또한 그와 같이 잔을 가지시고 이르시되 이 잔은 내 피로 세운 새 언약이니 이것을 행하여 마실 때마다 나를 기념하라 하셨으니 너희가 이 떡을 먹으며 이 잔을 마실 때마다 주의 죽으심을 그가 오실 때까지 전하는 것이니라(고전 11:23-26)
그리스도께서 성찬을 제정하심	그러므로 너희는 가서 모든 민족을 제자로 삼아 아버지와 아들과 성령의 이름으로 세례를 베풀고(마 28:19)

그리스도께서 직접 제정하신 것만 성례입니다. 신약 성경을 보면 그리스도께서 제정하신 성례는 세례와 성찬, 단 두 가지입니다. 그러므로 로마 가톨릭교회가 시행하는 7성례(세례성사, 견진성사, 성체성사, 고백성사, 주유성사, 영세성사, 종부성사)는 비성경적입니다. 그것들은 그리스도께서 제정하신 것이 아니라 인간적 전통에서 비롯된 것입니다.

세례란 무엇입니까?

답: 세례는 신약의 성례로서, 그리스도께서 성부와 성자와 성령의 이름으로 물로 써 씻는 의식을 제정하시되, 그리스도 자신에게 접붙임받고, 자신의 피로 죄 사함받으며, 성령으로 거듭나고, 양자가 되며, 영원한 생명으로 부활하는 것에 대한 표와 인이 되게 하신 것입니다. 이로써 세례받은 당사자들은 유형 교회에 엄숙하게 받아들여지고, 전적으로 오직 주님의 소유가 되겠다고 공개적으로 고백적인 약속을 맺습니다.

1. 세례는 신약의 성례인데, 그리스도께서 성부와 성자와 성령의 이름으로 물로써 씻는 의식을 제정하시되,

> 그러므로 너희는 가서 모든 민족을 제자로 삼아 아버지와 아들과 성령의 이름으로 세례를 베풀고(마 28:19)
> 이는 곧 물로 씻어 말씀으로 깨끗하게 하사 거룩하게 하시고(엡 5:26)

세례는 그리스도께서 직접 제정하신 성례입니다(마 28:19). 세례는 공적으로 위임받은 사역자가 물로써 씻는 성례입니다(엡 5:26). 에베소서 5장 26절에서 물로 씻는다는 표현은 세례를 의미합니다.[42] 이처럼 세례 때 물을 사용하는 것은 성경에 지정되어 있습니다. 하지만 사용하는 물의 양이나 방식은 지정되어 있지 않습니다. 일반적으로 교회는 물을 부음, 물을 뿌림, 물에 잠김, 이 세 가지 방식을 사용해 왔습니다. 침례교회는 "세례를 주다"로 번역된 헬라어 '뱁타이조'가 물에 잠기는 것을 의미한다고 하여, '물 부음'과 '물 뿌림'을 비성경적인 것으로 생각합니다. 하지만 신약적 용법에서

---

42 크로스웨이 ESV 스터디 바이블 편찬팀, 『ESV 스터디 바이블』, 신지철 외 옮김 (서울: 부흥과 개혁사, 2014), 2325.

헬라어 '뱁타이조'는 씻는 것을 의미합니다(막 7:4; 눅 11:38).[43] 세례의 방식으로 침례를 사용할 수 있지만, 오직 침례만 정당한 세례 방식이라고 주장해서는 안 됩니다.

2. 그리스도 자신에게 접붙임받고,

> 누구든지 그리스도와 합하기 위하여 세례를 받은 자는 <u>그리스도로 옷 입었느니라</u>(갈 3:27)

바울은 세례를 받은 자는 곧 그리스도로 옷 입은 자라고 했습니다(갈 3:27). 그리스도로 옷 입었다는 것은 신자와 그리스도 사이의 '영적 연합'을 의미합니다.[44] 대요리문답은 이것을 그리스도에게 접붙임받은 것이라고 표현합니다. 접붙임을 통해 나무가 영양분을 공급받듯이, 영적 연합을 통해 그리스도에게 은혜를 공급받기 때문입니다.

3. 자신의 피로 죄사함받으며

> 또 충성된 증인으로 죽은 자들 가운데에서 먼저 나시고 땅의 임금들의 머리가 되신 예수 그리스도로 말미암아 은혜와 평강이 너희에게 있기를 원하노라 우리를 사랑하사 <u>그의 피로 우리 죄에서 우리를 해방하시고</u>(계 1:5)

세례의 물은 '그리스도의 피'를 상징하며, 그리스도의 피는 우리를 대신하신 그분의 '대속적 죽음'을 의미합니다(계 1:5). 그러므로 세례는 물이 몸의 더러움을 씻듯이, 그리스도의 피가 우리의 죄를 씻었음을 나타냅니다. 세례를 받지 않아도 죄사함을 받을 수 있지만, 믿음으로 세례를 받는 자는 그리스도의 피로 죄사함 받았음을 더욱 확신할 수 있습니다.

---

43 J. G. 보스, G. I. 윌리암슨, 『웨스트민스터 대요리문답 강해』, 류근상 옮김 (서울: 크리스챤출판사, 2007), 604.
44 크로스웨이 ESV 스터디 바이블 편찬팀, 앞의 책, 2303.

4. 성령으로 거듭나고,

> 우리를 구원하시되 우리가 행한 바 의로운 행위로 말미암지 아니하고 오직 그의 긍휼하심을 따라 중생의 씻음과 성령의 새롭게 하심으로 하셨나니(딛 3:5)

구원이 진행되는 과정에서 중생(다시 태어남)은 믿음에 선행합니다.[45] 중생한 자만 그리스도를 믿을 수 있기 때문입니다. 그리고 중생은 성령의 사역입니다(딛 3:5). 그러므로 믿음으로 세례를 받는 것은 성령으로 거듭났음을 나타냅니다.

5. 양자가 되며

> 너희가 다 믿음으로 말미암아 그리스도 예수 안에서 하나님의 아들이 되었으니 누구든지 그리스도와 합하기 위하여 세례를 받은 자는 그리스도로 옷 입었느니라(갈 3:26-27)

믿는 자는 그리스도 안에 있으며, 그리스도 안에 있는 자는 하나님의 자녀입니다(갈 3:26-27). 그러므로 믿음으로 세례를 받는 것은 하나님의 양자가 되었음을 나타냅니다.

6. 영원한 생명으로 부활하는 것에 대한 표와 인이 되게 하신 것입니다.

> 만일 우리가 그의 죽으심과 같은 모양으로 연합한 자가 되었으면 또한 그의 부활과 같은 모양으로 연합한 자도 되리라(롬 6:5)

신자는 그리스도와 영적으로 연합되어 있습니다. 그래서 신자가 영원히 죽으려면 그리스도도 영원히 죽어야 합니다. 이것은 있을 수 없는 일입니다. 그러므로 믿음으로 세례를 받는 것은 영원한 생명으로 부활하게 될 것을 나타냅니다(롬 6:5).

---

[45] 리고니어 미니스트리 출판부, 『개혁주의 스터디 바이블』, 김진운 외 옮김 (서울: 부흥과 개혁사, 2017), 2229.

7. 이로써 세례 받은 당사자들은 유형 교회에 엄숙하게 받아들여지고,

> 우리가 유대인이나 헬라인이나 종이나 자유인이나 다 한 성령으로 세례를 받아 한 몸이 되었고 또 다 한 성령을 마시게 하셨느니라(고전 12:13)

바울은 한 성령으로 세례를 받은 자들이 한 몸이라고 말합니다(고전 12:13). 신자 개개 인이 믿음으로 그리스도와 연합되어 있으므로, 그리스도 안에서 모든 성도가 한 몸 이라는 뜻입니다. 이처럼 세례를 받는 것은 유형 교회에 엄숙하게 받아들여지는 것 을 의미합니다.

8. 전적으로 오직 주님의 소유가 되겠다고 공개적으로 고백적인 약속을 맺 습니다.

> 그러므로 우리가 그의 죽으심과 합하여 세례를 받음으로 그와 함께 장사되었나니 이는 아 버지의 영광으로 말미암아 그리스도를 죽은 자 가운데서 살리심과 같이 우리로 또한 새 생 명 가운데서 행하게 하려 함이라(롬 6:4)

세례는 신자와 그리스도가 영적으로 한 몸이며, 신자가 그리스도에게 접붙여져 있 다는 것을 나타냅니다. 그러므로 믿음으로 세례를 받는 것은 오직 주님의 소유가 되 겠다고 공개적으로 고백하고 언약을 맺는 것입니다. 세례는 단순히 교회의 회원으로 받아들여지는 의식을 넘어서서, 세상과 구분되어 새 생명 가운데서 행하겠다는 결단 이자 서약입니다(롬 6:4).

세례는 누구에게 베풀어야 합니까?

답: 세례는 유형 교회 밖에 있고 약속의 언약을 알지 못하는 어느 누구에게도, 그
들이 그리스도에 대한 믿음과 순종을 고백할 때까지 베풀어서는 안 됩니다. 그
러나 양편 혹은 한편의 부모가 그리스도에 대한 믿음과 순종을 고백하는 가정
에서 태어난 유아들은, 그러한 점에서 언약 안에 있는 것이 되므로, 세례를 받
아야 합니다.

1. 세례는 유형 교회 밖에 있고 약속의 언약을 알지 못하는 어느 누구에게도, 그들이 그리스도에 대한 믿음과 순종을 고백할 때까지 베풀어서는 안 됩니다.

베드로가 이르되 너희가 회개하여 각각 예수 그리스도의 이름으로 세례를 받고 죄 사함
을 받으라 그리하면 성령의 선물을 받으리니(행 2:38)
그 때에 너희는 그리스도 밖에 있었고 이스라엘 나라 밖의 사람이라 약속의 언약들에 대
하여는 외인이요 세상에서 소망이 없고 하나님도 없는 자이더니(엡 2:12)

세례는 예수님의 이름으로 받습니다(행 2:38). 세례를 받기 위해서는 그리스도에 대한
믿음이 있어야 합니다. 따라서 세례는 그리스도에 대한 믿음을 개인적으로 고백하는
자들에게 주어야지, 그리스도 밖에 있는 자들에게는 주어서는 안 됩니다(엡 2:12). 은
혜 언약 밖에 있는 자들은 세례의 대상이 아닙니다(엡 2:12).

2. 그러나 양편 혹은 한편의 부모가 그리스도에 대한 믿음과 순종을 고백하는 가정에서 태어난 유아들은, 그러한 점에서 언약 안에 있는 것이 되므로, 세례를 받아야 합니다.

내가 내 언약을 나와 너 및 네 대대 후손 사이에 세워서 영원한 언약을 삼고 너와 네 후손의 하나님이 되리라(창 17:7)
또 그 안에서 너희가 손으로 하지 아니한 할례를 받았으니 곧 육의 몸을 벗는 것이요 그리스도의 할례니라(골 2:11)

하나님은 아브라함뿐만 아니라 아브라함의 후손과도 언약을 맺으셨습니다(창 17:7). 그래서 하나님은 아브라함의 하나님이실 뿐만 아니라, 그의 후손들의 하나님이시기도 합니다. 바로 이것이 아브라함에게 속한 유아들도 할례를 받았던 이유입니다.

바울은 골로새서 2장 11절에서 "그리스도의 할례"를 받은 자에게는 할례가 필요 없다고 했습니다. 여기서 "그리스도의 할례"는 '세례'를 의미합니다.[46] 그러므로 신약의 세례는 구약의 할례를 대체하는 것입니다. 하나님께 속했음을 나타내는 의식이 구약에서는 할례였다면, 신약에서는 세례입니다. 따라서 옛 언약에 속했던 어린 자녀들이 할례를 받았던 것처럼, 새 언약에 속한 어린 자녀들도 유아 세례를 받아야 합니다.

---

46 리고니어 미니스트리 출판부, 『개혁주의 스터디 바이블』, 김진운 외 옮김 (서울: 부흥과 개혁사, 2017), 2160.

제167문 우리는 우리가 받은 세례를 어떻게 더 온전하고 의미 있게 할 수 있습니까?

답: 우리에게는 꼭 필요함에도 매우 등한시해 왔던 의무가 있습니다. 우리가 받은 세례를 평생에 걸쳐 더 온전하고 의미 있게 해야 하는 의무입니다. 특별히, 시험당할 때와 다른 사람들에게 세례를 베푸는 자리에 참석했을 때 이 의무를 수행해야 합니다. 즉, 세례의 본질, 그리스도께서 세례를 제정하신 목적, 세례를 통해 부여되고 보증된 특권과 혜택, 그리고 세례에서 한 엄숙한 서약을 신중하면서도 감사히 숙고함으로써 행해야 합니다. 또, 우리가 죄악으로 더럽혀져 있다는 것과 세례를 통해 받는 은혜와 세례받을 때에 했던 약속에 우리가 아직 미치지 못하고 오히려 반대로 행하고 있음을 생각하면서 겸손함으로써 행해야 합니다. 그리고 이 성례 안에서 보증된 죄사함과 다른 모든 복에 대한 확신에 이르기까지 자라 감으로써 행해야 하고, 죄를 죽이고 은혜를 소생시키기 위해 우리에게 세례를 주신 그리스도의 죽음과 부활로부터 힘을 얻음으로써 행해야 합니다. 또한 믿음으로 살기를, 그리스도께 자신들의 이름을 드린 자들로서 거룩하고 의로운 삶을 살기를, 그리고 한 성령으로 세례를 받아 한 몸을 이룬 자들로서 형제 사랑하기를 힘껏 노력함으로써 행해야 합니다.

---

1. 우리에게는 꼭 필요함에도 매우 등한시해 왔던 의무가 있습니다. 우리가 받은 세례를 평생에 걸쳐 더 온전하고 의미 있게 해야 하는 의무입니다. 특별히, 시험당할 때와 다른 사람들에게 세례를 베푸는 자리에 참석했을 때 이 의무를 수행해야 합니다.

> 그러므로 우리가 그의 죽으심과 합하여 세례를 받음으로 그와 함께 장사되었나니 이는 아버지의 영광으로 말미암아 그리스도를 죽은 자 가운데서 살리심과 같이 <u>우리로 또한 새 생명 가운데서 행하게 하려 함이라</u>(롬 6:4)

바울은 세례를 "새 생명 가운데서 행하게" 하는 것이라고 말합니다(롬 6:4). 세례는 죄악된 삶에서 구원받은 것을 의미하기 때문에, 그 의미를 생각하는 사람은 점점 거룩함으로 나아가게 된다는 뜻입니다. 그러므로 세례는 일생에 단 한 번만 받을지라도, 이미 받은 세례를 효용 있게 하려는 노력, 다시 말해서 세례의 목적을 성취하려는 노력은 일평생에 걸쳐서 이행해야 합니다.

2. 즉, 세례의 본질, 그리스도께서 세례를 제정하신 목적, 세례를 통해 부여되고 보증된 특권과 혜택, 그리고 세례에서 한 엄숙한 서약을 신중하면서도 감사히 숙고함으로써 행해야 합니다.

> 만일 우리가 그의 죽으심과 같은 모양으로 연합한 자가 되었으면 또한 그의 부활과 같은 모양으로 연합한 자도 되리라(롬 6:5)

세례는 평범한 의식이 아닙니다. 세례는 그리스도 안에서 죽고 사는 것을 나타냅니다(롬 6:5). 그리스도께서 죽으실 때 우리도 죽었고, 그리스도께서 부활하실 때 우리도 새로운 생명으로 다시 태어났음을 세례를 통해 깨닫게 됩니다. 그러므로 우리는 세례의 의미와 더불어 세례 받은 자의 합당한 삶을 심각하게 숙고하며 살아야 합니다.

3. 또, 우리가 죄악으로 더럽혀져 있다는 것과 세례를 통해 받는 은혜와 세례 받을 때에 했던 약속에 우리가 아직 미치지 못하고 오히려 반대로 행하고 있음을 생각하면서 겸손함으로써 행해야 합니다.

> 그럴 수 없느니라 죄에 대하여 죽은 우리가 어찌 그 가운데 더 살리요 무릇 그리스도 예수와 합하여 세례를 받은 우리는 그의 죽으심과 합하여 세례를 받은 줄을 알지 못하느냐(롬 6:2-3)

세례는 우리의 소속이 변경되었음을 나타냅니다. 믿음으로 세례를 받은 사람은 더이상 세상에 속한 자가 아닙니다. 죄에 대하여 죽은 자입니다(롬 6:2-3). 그러므로 우리는 세례의 의미를 생각할 때마다, 세례의 목적대로 살지 못한 것에 대해 뉘우치며 겸손해야 합니다.

4. 그리고 이 성례 안에서 보증된 죄사함과 다른 모든 복에 대한 확신에 이르기까지 자라 감으로써 행해야 하고,

물은 예수 그리스도께서 부활하심으로 말미암아 이제 너희를 구원하는 표니 곧 세례라 이는 육체의 더러운 것을 제하여 버림이 아니요 하나님을 향한 선한 양심의 간구니라(벧전 3:21)

세례는 우리를 구원하는 표입니다(벧전 3:21). 세례는 우리의 구원이 확실함을 보여 줍니다.[47] 그러므로 믿음으로 세례를 받은 신자는 세례 안에서 보증된 죄사함과 다른 모든 복에 대한 확신에 이르기까지 성숙하기 위해 노력해야 합니다.

5. 죄를 죽이고 은혜를 소생시키기 위해 우리에게 세례를 주신 그리스도의 죽음과 부활로부터 힘을 얻음으로써 행해야 합니다.

무릇 그리스도 예수와 합하여 세례를 받은 우리는 그의 죽으심과 합하여 세례를 받은 줄을 알지 못하느냐(롬 6:3)

참된 믿음으로 세례를 받은 사람은 그리스도와 영적으로 연합하여 있습니다(롬 6:3-5). 따라서 신자는 그리스도께서 죽으실 때 함께 죽고, 그리스도께서 부활하실 때 함께 살아난 존재입니다. 우리는 죄를 죽이고 은혜를 소생시키기 위해서 이 사실을 늘 생각해야 합니다.

6. 또한 믿음으로 살기를, 그리스도께 자신들의 이름을 드린 자들로서 거룩하고 의로운 삶을 살기를,

그러나 이제는 너희가 죄로부터 해방되고 하나님께 종이 되어 거룩함에 이르는 열매를 맺었으니 그 마지막은 영생이라(롬 6:22)

믿음으로 세례를 받은 신자는 더 이상 세상에 속한 자가 아닙니다(롬 6:22). 신자는 그

---

47 리고니어 미니스트리 출판부, 『개혁주의 스터디 바이블』, 김진운 외 옮김 (서울: 부흥과 개혁사, 2017), 2304.

리스도와 영적으로 연합한 자이며 하나님의 종입니다. 우리는 이 사실을 생각하며 믿음과 거룩함과 의로움의 열매를 맺기 위해 노력해야 합니다.

7. 그리고 한 성령으로 세례를 받아 한 몸을 이룬 자들로서 형제 사랑하기를 힘껏 노력함으로써 행해야 합니다.

> 우리가 유대인이나 헬라인이나 종이나 자유인이나 다 한 성령으로 세례를 받아 한 몸이 되었고 또 다 한 성령을 마시게 하셨느니라(고전 12:13)
> 몸 가운데서 분쟁이 없고 오직 여러 지체가 서로 같이 돌보게 하셨느니라 만일 한 지체가 고통을 받으면 모든 지체가 함께 고통을 받고 한 지체가 영광을 얻으면 모든 지체가 함께 즐거워하느니라 너희는 그리스도의 몸이요 지체의 각 부분이라(고전 12:25-27)

교회 공동체는 한 몸입니다(고전 12:13). 한 성령으로 세례를 받았기 때문입니다(고전 12:13). 따라서 분쟁을 피하고, 서로 돌보는 것은 신자의 당연한 의무입니다(고전 12:25-27).

성찬이란 무엇입니까?

답: 성찬은 예수 그리스도께서 명하신 바를 따라 떡과 포도주를 주고받음으로써 그분의 죽으심을 보여 주는 신약의 성례입니다. 성찬에 합당하게 참여하는 자들은 주님의 몸과 피를 먹고 마심으로, 영적 양식을 공급받고 은혜 가운데 성장하며, 주님과의 연합과 교제가 확고해집니다. 성찬은 하나님을 향한 감사와 헌신뿐만 아니라 신비롭게 한 몸의 지체된 그들이 서로 사랑하고 교제함을 입증하고 새롭게 하는 것입니다.

1. 성찬은 예수 그리스도께서 명하신 바를 따라 떡과 포도주를 주고받음으로써 그분의 죽으심을 보여 주는 신약의 성례입니다.

> 저녁 먹은 후에 잔도 그와 같이 하여 이르시되 이 잔은 내 피로 세우는 새 언약이니 곧 너희를 위하여 붓는 것이라(눅 22:20)

예수님은 성찬을 제정하시면서 "내 피로 세우는 새 언약"이라고 말씀하셨습니다(눅 22:20). 성찬이 새 언약을 보여 주는 성례라는 뜻입니다. 할례와 유월절이 옛 언약에 속한 구약의 성례였다면, 성찬은 새 언약에 속한 신약의 성례입니다. 옛 언약에서 유월절 만찬이 애굽에서 구원받았음을 기념하는 식사였다면, 새 언약에서 주님의 만찬은 죄와 사망에서 구원받았음을 기념하는 식사입니다.

2. 성찬에 합당하게 참여하는 자들은 주님의 몸과 피를 먹고 마심으로, 영적 양식을 공급받고 은혜 가운데 성장하며,

> 그들이 먹을 때에 예수께서 떡을 가지사 축복하시고 떼어 제자들에게 주시며 이르시되 받아서 먹으라 <u>이것은 내 몸이니라</u> 하시고 또 잔을 가지사 감사 기도 하시고 그들에게 주시며 이르시되 너희가 다 이것을 마시라 <u>이것은 죄 사함을 얻게 하려고 많은 사람을 위하여 흘리는 바 나의 피 곧 언약의 피니라</u>(마 26:26-28)

예수님은 성찬을 제정하시면서 "이것은 내 몸이니라"고 말씀하셨습니다(마 26:26-28). "이것은 내 몸이니라"는 말씀이 무엇을 의미하는지에 대해 크게 네 가지 주장이 있습니다.

첫째, 가톨릭의 '화체설' 입니다. 성찬의 빵과 포도주가 실제 예수님의 살과 피로 변한다는 주장입니다. 둘째, 루터의 '공재설' 입니다. 빵과 포도주가 실제 예수님의 살과 피로 변하지는 않을지라도, 어떤 방식으로든 주의 만찬 안에 그리스도께서 육체적으로 임재한다는 주장입니다. 셋째, 츠빙글리의 '상징설' 입니다. 예수님께서 "나는 참 포도나무요"라고 비유하신 것처럼, 빵과 포도주가 예수님의 살과 피를 상징한다는 주장입니다. 넷째, 칼뱅의 '영적 임재설' 입니다. 빵과 포도주가 예수님의 살과 피를 상징할 뿐만 아니라, 그리스도께서 영적으로 성찬에 임재 하신다는 주장입니다. 개혁교회(장로교회 포함)는 칼뱅의 주장이 "이것은 내 몸이니라"를 가장 성경적으로 해석한 것으로 받아들였습니다. 따라서 우리는 성찬을 통해 주님의 몸과 피를 영적으로 먹고 마신다고 믿습니다.

3. 그들이 주님과 갖는 연합과 교제가 확고해집니다.

> 우리가 축복하는 바 축복의 잔은 <u>그리스도의 피에 참여함</u>이 아니며 우리가 떼는 떡은 <u>그리스도의 몸에 참여함이 아니냐</u>(고전 10:16)

바울은 성찬이 그리스도의 피와 몸에 참여하는 것이라고 말합니다(고전 10:16). 이것은 신자와 그리스도 사이의 영적 연합을 전제한 것입니다. 비록 그리스도의 인성은 하늘에 있을지라도, 그분의 신성은 신자와 함께 있습니다. 그리스도를 영적으로 먹고 마시는 성찬을 통해, 우리가 주님과 갖는 연합과 교제가 더욱 확고해집니다.

4. 성찬은 하나님을 향한 감사와

> 축사하시고 떼어 이르시되 <u>이것은 너희를 위하는 내 몸이니</u> 이것을 행하여 나를 기념하라 하시고(고전11:24)

예수님은 성찬을 제정하시면서 "이것은 너희를 위하는 내 몸"이라고 말씀하셨습니다(고전11:24). 예수님께서 우리 대신 죽으셨음을 성찬이 나타낸다는 뜻입니다. 따라서 합당하게 성찬에 참여하는 자들은 그리스도를 통해 나타난 하나님의 사랑 때문에, 더욱 하나님께 감사하게 됩니다.

5. 헌신뿐만 아니라

> 그런즉 내 사랑하는 자들아 <u>우상 숭배하는 일을 피하라</u> 나는 지혜 있는 자들에게 말함과 같이 하노니 너희는 내가 이르는 말을 스스로 판단하라 <u>우리가 축복하는 바 축복의 잔은 그리스도의 피에 참여함이 아니며 우리가 떼는 떡은 그리스도의 몸에 참여함이 아니냐</u> (고전 10:14-16)

바울은 우상 숭배하는 일을 피해야 하는 근거가 성찬에 있다고 주장합니다(고전 10:14-16). 성찬이 그리스도와의 영적 연합을 나타내기 때문입니다. 따라서 우리는 성찬을 하나님을 향한 우리의 헌신을 새롭게 하는 기회로 삼아야 합니다.

6. 신비롭게 한 몸의 지체된 그들이 서로 사랑하고 교제함을 입증하고 새롭게 하는 것입니다.

> 떡이 하나요 많은 우리가 한 몸이니 이는 우리가 다 한 떡에 참여함이라(고전 10:17)

바울은 우리가 "한 떡에 참여"하고 있으므로, "한 몸"이라고 말합니다(고전 10:17). 여기서 한 떡은 그리스도를 말합니다. 신자 개개인이 그리스도와 영적으로 연합하고 있으므로, 그리스도를 통해 모든 신자가 한 몸으로 연결된다는 뜻입니다. 따라서 우리는 성찬을 교회의 지체들을 향한 사랑과 교제를 새롭게 하는 기회로 삼아야 합니다.

제169문 그리스도는 성찬 예식에서 떡과 포도주를 어떻게 주고받으라고 명하셨습니까?

답: 그리스도는 자신의 말씀의 사역자들에게 명하시기를, 성찬 예식을 시행할 때는 성찬 제정에 관한 말씀과 감사와 기도로 떡과 포도주를 일반적인 용도로부터 구별하고, 떡을 취하여 뗀 후, 떡과 포도주를 성찬을 받는 사람들에게 나누어 주라고 하셨습니다. 그러면 성찬을 받는 사람들은 동일한 주님의 명령을 따라, 그리스도께서 자신들을 위해 몸이 찢기시고, 주시고, 피 흘리신 것을 감사히 기념하면서, 떡을 받아 먹고 포도주를 마셔야 합니다.

1. 그리스도는 자신의 말씀의 사역자들에게 명하시기를, 성찬 예식을 시행할 때는 성찬 제정에 관한 말씀과 감사와 기도로 떡과 포도주를 일반적인 용도로부터 구별하고, 떡을 취하여 뗀 후, 떡과 포도주를 성찬을 받는 사람들에게 나누어 주라고 하셨습니다. 그러면 성찬을 받는 사람들은 동일한 주님의 명령을 따라, 그리스도께서 자신들을 위해 몸이 찢기시고, 주시고, 피 흘리신 것을 감사히 기념하면서, 떡을 받아 먹고 포도주를 마셔야 합니다.

> 내가 너희에게 전한 것은 주께 받은 것이니 곧 주 예수께서 잡히시던 밤에 떡을 가지사 축사하시고 떼어 이르시되 이것은 너희를 위하는 내 몸이니 이것을 행하여 나를 기념하라 하시고(고전 11:23-24)

성찬은 그리스도께서 직접 제정하신 성례입니다. 따라서 성찬을 시행하는 방식은 그리스도께서 제정하신 대로 해야 하며, 교회가 임의로 수정할 수 없습니다. 그리스도는 다음과 같이 성찬을 시행하라고 하셨습니다. 먼저 말씀 사역자들은 성찬 제정에 관한 말씀과 감사와 기도로 떡과 포도주를 일반적인 용도로부터 구별해야 합니다. 이것은 그리스도께서 우리의 구속 사역을 위해 특별히 구별된 분임을 나타냅니다. 다음으로 떡을 찢고 포도주를 흘려 부어서 성찬을 받는 사람들에게 나누어주어야 합니다. 이것은 그리스도께서 우리를 위해 살 찢기시고, 피 흘리신 것을 나타냅니다. 그러면 성찬에 참여하는 자들은 떡과 포도주를 받아야 합니다. 이것은 그리스도를 자신의 구세주로 받아들이는 것을 나타냅니다. 다음으로 떡을 먹고 포도주를 마셔야 합니다. 이것은 영적 생명이 철저하게 그리스도에게 의존적임을 나타냅니다.[48]

성찬에 이러한 신학적 의미가 풍성하게 담겨 있으므로, 성찬은 반드시 말씀 사역자가 수행해야 합니다. 그래야만 성찬이 '보이는 말씀(복음)'으로서의 기능을 제대로 수행할 수 있습니다. 또한 "모든 것을 품위 있게 하고 질서 있게 하라"(고전 14:40)는 말씀처럼, 하나님은 공적인 일들이 질서 있게 수행되기를 원하십니다. 하나님께서 성전 예배를 위해 레위인과 제사장을 따로 세우신 것처럼 말입니다. 따라서 정당한 지도권을 가진 말씀 사역자들이 성찬을 시행함이 성경적인 원리입니다.

48 J. G. 보스, G. I. 윌리암슨, 『웨스트민스터 대요리문답 강해』, 류근상 옮김 (서울: 크리스챤출판사, 2007), 622.

제170문 성찬에 합당하게 참여하는 이들은 그 예식을 통해서 그리스도의 몸과 피를 어떻게 먹고 마시게 됩니까?

답: 그리스도의 몸과 피가 성찬의 떡과 포도주 안에, 그와 함께, 또는 그 아래에 육체적으로나 물질적으로 임재하지는 않지만, 성찬을 받는 사람들에게 외적으로 느껴지는 것과 똑같은 정도로 참되고도 실재적으로, 성찬을 믿음으로 받는 사람들에게 영적으로 임재합니다. 그러므로 성찬 예식에 합당하게 참여하는 이들은 이 예식을 통해서 육체적으로나 물질적으로가 아닌 영적인 방식으로 그리스도의 몸과 피를 먹고 마십니다. 하지만 그것은 십자가에 못 박힌 그리스도와 그분의 죽음에서 오는 모든 혜택을 믿음으로 받고 자신들에게 적용하는 한에서, 참으로 그리고 실제로 먹고 마시는 것입니다.

1. 그리스도의 몸과 피가 성찬의 떡과 포도주 안에, 그와 함께, 또는 그 아래에 육체적으로나 물질적으로 임재하지는 않지만,

> 이르되 갈릴리 사람들아 어찌하여 서서 하늘을 쳐다보느냐 너희 가운데서 하늘로 올려지신 이 예수는 하늘로 가심을 본 그대로 오시리라 하였느니라(행 1:11)
> 하나님이 영원 전부터 거룩한 선지자들의 입을 통하여 말씀하신 바 만물을 회복하실 때까지는 하늘이 마땅히 그를 받아 두리라(행 3:21)

그리스도는 하늘로 올려지셨고(행 1:11), 지금도 여전히 하늘에 계십니다(행 3:21). 그러므로 성찬의 떡과 포도주가 실제 그리스도의 살과 피로 변한다는 가톨릭의 화체설, 그리스도의 살과 피가 (마치 스펀지 안에 물이 들어 있는 것과 비슷하게)[49] 빵과 포도주의 안

---

49 크로스웨이 ESV 스터디 바이블 편찬팀, 『ESV 스터디 바이블』, 신지철 외 옮김 (서울: 부흥과 개혁사, 2014), 2254.

과 겉과 아래에 존재한다는 루터파의 공재설은 비성경적입니다. 그리스도의 몸은 땅이 아니라 하늘에 계십니다.

2. 성찬을 받는 사람들에게 외적으로 느껴지는 것과 똑같은 정도로 참되고 도 실재적으로, 성찬을 믿음으로 받는 사람들에게 영적으로 임재합니다.

> 그들이 먹을 때에 예수께서 떡을 가지사 축복하시고 떼어 제자들에게 주시며 이르시되 받아서 먹으라 이것은 내 몸이니라 하시고…이것은 죄 사함을 얻게 하려고 많은 사람을 위하여 흘리는 바 나의 피 곧 언약의 피니라(마 26:26, 28)

성찬의 떡과 포도주는 실제 그리스도의 몸과 피로 바뀌지 않습니다. 그리스도의 육체가 성찬을 할 때 임재하는 것도 아닙니다. 그럼에도 불구하고 그리스도께서 "이것은 내 몸이니라"라고 하신 이유는 떡과 포도주가 외부적으로 실재하듯이, 그리스도께서 신자 안에 영적으로 실재한다는 것을 나타내기 위한 것입니다.

3. 그러므로 성찬 예식에 합당하게 참여하는 이들은 이 예식을 통해서 육체적으로나 물질적으로가 아닌 영적인 방식으로 그리스도의 몸과 피를 먹고 마십니다.

> 그러므로 누구든지 주의 떡이나 잔을 합당하지 않게 먹고 마시는 자는 주의 몸과 피에 대하여 죄를 짓는 것이니라(고전 11:27)

신자는 영적인 방식으로 그리스도의 몸과 피를 먹고 마십니다. 그러므로 그리스도에 대한 참된 믿음이 없는 사람은 성찬에서 아무것도 얻을 수 없습니다. 그러한 참여자는 오히려 그리스도의 몸과 피에 대하여 죄를 짓는 것입니다(고전 11:27). 바울은 주의 성찬에 합당하게 참여할 것을 요구합니다. 이것은 합당한 자격을 갖춘 사람만 성찬에 참여할 수 있다는 것이 아니라, 합당한 방식으로 성찬에 참여하라는 뜻입니다.[50] 합당한 방식으로 성찬에 참여하는 것은 그리스도에 대한 믿음, 회개하는 마음, 그리고 성찬에 대한 지식을 가지고 참여하는 것을 말합니다.

---

50 J. G. 보스, G. I. 윌리암슨, 『웨스트민스터 대요리문답 강해』, 류근상 옮김 (서울: 크리스챤출판사, 2007), 626.

4. 하지만 그것은 십자가에 못 박힌 그리스도와 그분의 죽음에서 오는 모든 혜택을 믿음으로 받고 자신들에게 적용하는 한에서, 참으로 그리고 실제로 먹고 마시는 것입니다.

> 우리가 축복하는 바 축복의 잔은 <u>그리스도의 피에 참여함</u>이 아니며 우리가 떼는 떡은 <u>그리스도의 몸에 참여함</u>이 아니냐(고전 10:16)

바울은 성찬을 그리스도의 피와 몸에 참여하는 것이라고 말합니다(고전 10:16). 이것은 합당한 방식으로 성찬에 참여하는 자들은 그리스도께서 약속하신 은혜를 받아 누릴 수 있다는 뜻입니다.

제171문 성찬을 받는 사람들은 성찬에 참여하기 전에 어떻게 자신들을 준비해야 합니까?

답: 성찬의 성례를 받는 사람들은 성찬에 참여하기 전에 성찬을 위해 다음과 같이 자신들을 준비해야 합니다. 자신들이 그리스도 안에 있는지에 대해, 자신들의 죄와 부족함에 대해, 자신들의 지식과 믿음, 회개, 하나님과 형제들에 대한 사랑, 모든 사람에 대한 긍휼, 잘못한 이들에 대한 용서의 진실성과 분량에 대해, 그리고 그리스도를 향한 자신들의 갈망과 자신들의 새로운 순종에 대해 스스로를 살펴야 합니다. 또한 이 덕목들을 거듭 실천하면서, 깊은 묵상과 뜨거운 기도로 성찬을 준비해야 합니다.

1. 성찬을 받는 사람들은 성찬에 참여하기 전에 성찬을 위해 다음과 같이 자신들을 준비해야 합니다.

사람이 자기를 살피고 그 후에야 이 떡을 먹고 이 잔을 마실지니(고전 11:28)

성찬을 받는 사람은 성찬에 참여하기 전에 자신을 살펴야 합니다(고전 11:28). 그렇다고 해서 합당한 자격을 갖춘 사람만 성찬에 참여할 수 있다고 생각해서는 안 됩니다. 이 세상에 은혜받을 자격을 갖춘 사람은 아무도 없습니다. 자신을 살펴야 하는 이유는 성찬에 올바르게 나아가 주님께서 약속하신 복을 받기 위함입니다.

2. 자신들이 그리스도 안에 있는지에 대해,

> 너희는 믿음 안에 있는가 너희 자신을 시험하고 너희 자신을 확증하라 <u>예수 그리스도께</u>
> <u>서 너희 안에 계신 줄을 너희가 스스로 알지 못하느냐</u>(고후 13:5)

성찬에 참여하기 전에 우리가 그리스도 안에 있는지를 살펴야 합니다(고후 13:5). 이는 우리가 그리스도에 대한 참된 믿음을 소유하고 있는지를 점검하라는 것입니다. 하나님은 참된 믿음 없이 성찬의 자리에 나오는 것을 매우 미워하십니다(고전 11:29). 참된 믿음이 없는 사람은 성찬 참여를 제한해야 합니다.

3. 자신들의 죄와 부족함에 대해,

> 너희는 누룩 없는 자인데 새 덩어리가 되기 위하여 <u>묵은 누룩을 내버리라</u> 우리의 유월절
> 양 곧 그리스도께서 희생되셨느니라(고전 5:7)
> 너희는 이레 동안 무교병을 먹을지니 그 첫날에 <u>누룩을 너희 집에서 제하라</u> 무릇 첫날부
> 터 일곱째 날까지 유교병을 먹는 자는 이스라엘에서 끊어지리라(출 12:15)

일반적으로 누룩은 죄를 의미합니다(막 8:15). 누룩의 확장성 때문입니다. 누룩이 밀가루를 부풀게 만드는 것처럼, 죄를 그냥 두면 안팎으로 퍼져 나갑니다. 바울이 "묵은 누룩을 내버리라"고 말한 것은(고전 5:7) 죄가 커지기 전에 끊어 내라는 것입니다. 성찬을 받는 사람들은 성찬에 참여하기 전에 자신의 죄를 살피고, 거기서 떠나야 합니다.

4. 자신들의 지식과 믿음,

> <u>주의 몸을 분별하지 못하고 먹고 마시는 자는</u> 자기의 죄를 먹고 마시는 것이니라(고전
> 11:29)

주님의 몸을 분별하는 사람만 성찬에 참여할 수 있습니다(고전 11:29). 성찬을 이해하는 사람만 성찬에 참여할 수 있다는 뜻입니다. 성찬에 대한 이해 없이 성찬에 참여하는 것은, 오히려 죄를 짓는 일입니다(고전 11:29).

5. 회개,

그리스도는 우리의 죄 때문에 죽으셨습니다. 그리스도는 우리를 죄의 권세에서 해방시키기 위해 죽으셨습니다(마 26:28). 이 사실을 안다면 쉽게 죄를 지을 수 없습니다. 죄를 사랑할 수 없습니다. 마땅히 죄를 미워하고 죄와 싸워야 합니다. 따라서 우리는 성찬에 참여하기 전에, 우리가 얼마나 죄와 구별된 삶을 살았는지를 점검해야 합니다. 그리고 회개해야 합니다.

6. 하나님과 형제들에 대한 사랑,

그리스도는 우리 안에 거하십니다. 그리스도는 우리 안에 영적으로 거하십니다. 성찬의 떡과 포도주는 바로 이 진리를 나타냅니다. 성찬의 떡과 포도주는 우리 몸에 들어와, 우리 몸의 일부가 됩니다. 우리 몸과 연합합니다. 마찬가지로 주님도 우리와 영적으로 연합하고 계십니다.

모든 신자가 그리스도와 연합하고 있으므로 그리스도를 중심으로 모든 신자도 연합한 것이나 마찬가지입니다. 그래서 바울은 우리가 한 몸이라고 말했습니다(고전 10:16). 그러므로 우리는 성찬에 앞서서 주님이 한 몸되게 하신 신자들을 얼마나 사랑했는지를 점검해야 합니다. 형제 사랑을 얼마나 실천했는지를 점검해야 합니다.

7. 모든 사람에 대한 긍휼,

바울은 고린도 교회 성도들에게 "너희는 성찬을 할 수 없다."라고 말했습니다(고전 11:20). 그들 중에 분쟁이 있었기 때문입니다(고전 11:18). 따라서 성찬을 받는 사람들은 성찬에 앞서서 자신이 모든 사람에 대한 긍휼을 가지고 있는지를 점검해야 합니다.

8. 잘못한 이들에 대한 용서의 진실성과 분량에 대해,

> 그러므로 예물을 제단에 드리려다가 거기서 네 형제에게 원망들을 만한 일이 있는 것이 생각나거든 예물을 제단 앞에 두고 먼저 가서 형제와 화목하고 그 후에 와서 예물을 드리라(마 5:23-24)

주님은 먼저 형제와 화목한 후에 예물을 드리라고 하셨습니다(마 5:23-24). 따라서 수찬자들은 성찬에 참여하기 전에 자기에게 잘못한 사람들을 용서하고 있는지 살펴보아야 합니다.

9. 그리고 그리스도를 향한 자신들의 갈망과

> 오호라 너희 모든 목마른 자들아 물로 나아오라 돈 없는 자도 오라 너희는 와서 사 먹되 돈 없이, 값 없이 와서 포도주와 젖을 사라(사 55:1)
> 명절 끝날 곧 큰 날에 예수께서 서서 외쳐 이르시되 누구든지 목마르거든 내게로 와서 마시라(요 7:37)

이사야 선지자는 "너희 모든 목마른 자들아 물로 나아오라"고 외쳤습니다(사 55:1). 이 목마름은 영적인 목마름을 의미합니다. 복음을 받아들이기 위한 기본 조건은 자신의 목마름을 아는 것입니다. 다시 말해서 영적인 궁핍함을 아는 것입니다.

주님도 동일하게 말씀하셨습니다. "누구든지 목마르거든 내게로 와서 마시라"라는 말씀처럼(요 7:37), 주님은 목마름을 인식하고 자신에게 나오기를 원하십니다. 따라서 성찬을 받는 사람들은 그리스도를 사모하는 영적인 목마름이 있는지를 점검해야 합니다.

10. 자신들의 새로운 순종에 대해 스스로를 살펴야 합니다.

> 너희는 누룩 없는 자인데 새 덩어리가 되기 위하여 묵은 누룩을 내버리라 우리의 유월절 양 곧 그리스도께서 희생되셨느니라 이러므로 우리가 명절을 지키되 묵은 누룩으로도 말고 악하고 악의에 찬 누룩으로도 말고 누룩이 없이 오직 순전함과 진실함의 떡으로 하자(고전 5:7-8)

바울은 고린도 교회에게 "묵은 누룩을 내버리라"고 말했습니다(고전 5:7). 이것은 그리스도를 영접하기 이전의 생활 방식을 버리라는 뜻입니다. 이제 세상에 속한 자가 아니라 그리스도에게 속한 자가 되었으므로, 새로운 정체성에 걸맞게 살라는 것입니다. 따라서 성찬을 받는 사람들은 성찬에 앞서서 자신이 주님의 말씀에 순종하고 있는지를 점검해 보아야 합니다.

11. 또한 이 덕목들을 거듭 실천하면서, 깊은 묵상과 뜨거운 기도로 성찬을 준비해야 합니다.

깊은 묵상	축사하시고 떼어 이르시되 이것은 너희를 위하는 내 몸이니 <u>이것을 행하여 나를 기념하라</u> 하시고 식후에 또한 그와 같이 잔을 가지시고 이르시되 이 잔은 내 피로 세운 새 언약이니 <u>이것을 행하여 마실 때마다 나를 기념하라</u> 하셨으니(고전 11:24-25)
뜨거운 기도	에브라임과 므낫세와 잇사갈과 스불론의 많은 무리는 자기들을 깨끗하게 하지 아니하고 유월절 양을 먹어 기록한 규례를 어긴지라 <u>히스기야가 그들을 위하여 기도하여 이르되</u> 선하신 여호와여 사하옵소서 결심하고 하나님 곧 그의 조상들의 하나님 여호와를 구하는 사람은 누구든지 비록 성소의 결례대로 스스로 깨끗하게 못하였을지라도 사하옵소서 하였더니 (대하 30:18-19)
거듭된 실천	<u>사람이 자기를 살피고 그 후에야 이 떡을 먹고 이 잔을 마실지니</u>(고전 11:28)

성찬은 평범한 의식이 아닙니다. 성찬은 그리스도의 죽음을 나타내는 성례입니다. 따라서 성찬을 받는 사람은 성찬에 참여하기 전에 성찬의 의미를 깊이 묵상해야 합니다. 더불어 성찬을 통해 하나님께서 주시는 영적인 양식을 섭취할 수 있기를 뜨겁게 기도해야 합니다. 그리고 성찬이 일회적인 의식이 아니라 경건 생활의 일부가 될 수 있도록, 이 덕목들을 반복적으로 실천해야 합니다.

제172문 자신이 그리스도 안에 있는지 또는 성찬을 받을 합당한 준비가 되었는지 의심하는 사람도 성찬에 참여할 수 있습니까?

답: 자신이 그리스도 안에 있는지 또는 성찬을 받을 합당한 준비가 되었는지 의심하는 사람도, 비록 그에 대한 확신은 없을지라도 그리스도에 대한 참된 관심을 가지고 있을 수 있습니다. 만약 그가 그런 결핍에 대해서 매우 우려하여 그리스도 안에서 발견되고 악에서 떠나기를 진실하게 원한다면, 하나님께서 보시기에 그는 준비가 된 것입니다. 그럴 경우, (약하고 의심하는 그리스도인들을 안심시키기 위해서도 약속들이 주어졌고 성례가 제정된 것이기에) 그는 자신의 믿음 없음을 슬퍼하면서, 그러한 의심을 해결하기 위해 노력해야 합니다. 그렇게 하면서 그는 자신의 믿음을 더욱 강화하기 위해서 성찬에 참여할 수 있으며, 반드시 참여해야 합니다.

1. 자신이 그리스도 안에 있는지 또는 성찬을 받을 합당한 준비가 되었는지 의심하는 사람도, 비록 그에 대한 확신은 없을지라도 그리스도에 대한 참된 관심을 가지고 있을 수 있습니다.

> 내가 하나님의 아들의 이름을 믿는 너희에게 이것을 쓰는 것은 너희로 하여금 너희에게 영생이 있음을 알게 하려 함이라(요일 5:13)
> 주께서 영원히 버리실까, 다시는 은혜를 베풀지 아니하실까, 그의 인자하심은 영원히 끝났는가, 그의 약속하심도 영구히 폐하였는가, 하나님이 그가 베푸실 은혜를 잊으셨는가, 노하심으로 그가 베푸실 긍휼을 그치셨는가 하였나이다(시 77:7-9)

성경은 '구원 자체'와 '구원의 확신'을 구분합니다. 예를 들어 사도 요한은 요한일서에서 "너희에게 영생이 있음을 알게" 하기 위해 이것을 쓴다고 말했습니다(요일 5:13). 요한일서의 수신자들 가운데 구원을 확신하지 못하는 자들이 있었던 것입니다. 시편 77편의 고백도 마찬가지입니다. 여기서 시인은 자신의 구원을 확신하지 못합니다(시 77:7). 도리어 자신이 하나님께 버림받은 것은 아닌지 두려워합니다. 이처럼 구원받은 사람 중에도 구원을 확신하지 못하는 사람이 있을 수 있습니다.

2. 만약 그가 그런 결핍에 대해서 매우 우려하여 그리스도 안에서 발견되고 악에서 떠나기를 진실하게 원한다면, 하나님께서 보시기에 그는 준비가 된 것입니다.

죄를 슬퍼하는 자	애통하는 자는 복이 있나니 그들이 위로를 받을 것임이요(마 5:4)
그리스도에게 속하기를 원하는 자	또한 모든 것을 해로 여김은 내 주 그리스도 예수를 아는 지식이 가장 고상하기 때문이라 내가 그를 위하여 모든 것을 잃어버리고 배설물로 여김은 <u>그리스도를 얻고 그 안에서 발견되려 함이니</u> 내가 가진 의는 율법에서 난 것이 아니요 오직 그리스도를 믿음으로 말미암은 것이니 곧 믿음으로 하나님께로부터 난 의라(빌 3:8-9)
악에서 떠나기를 원하는 자	그러나 하나님의 견고한 터는 섰으니 인침이 있어 일렀으되 주께서 자기 백성을 아신다 하며 또 <u>주의 이름을 부르는 자마다 불의에서 떠날지어다</u> 하였느니라(딤후 2:19)

성경은 자기 죄를 슬퍼하고(마 5:4), 그리스도에게 속하기를 간절히 원하고(빌 3:8-9), 악에서 떠나려는 마음이 있는 자들은(딤후 2:19) 은혜 안에 있는 자들이라고 말합니다. 비록 구원을 확신하지 못할지라도, 이상에서 언급된 성향과 마음을 가진 자들은 하나님께서 보시기에 성찬에 참여할 준비가 이미 된 것입니다.

3. 그럴 경우, (약하고 의심하는 그리스도인들을 안심시키기 위해서도 약속들이 주어졌고 성례가 제정된 것이기에) 그는 자신의 믿음 없음을 슬퍼하면서, 그러한 의심을 해결하기 위해 노력해야 합니다.

> 피곤한 자에게는 능력을 주시며 무능한 자에게는 힘을 더하시나니(사 40:29)
> 상한 갈대를 꺾지 아니하며 꺼져가는 심지를 끄지 아니하기를 심판하여 이길 때까지 하리니(마 12:20)

아직 믿음이 어리고 자신의 구원을 확신하지 못하는 사람이라도, 주님의 만찬에서 배제해서는 안 됩니다. 하나님은 무능한 자를 배척하시지 않고 오히려 그들에게 힘을 더하십니다(사 40:29). 하나님은 상한 갈대를 꺾지 않고 오히려 힘써 돌보십니다(마 12:20). 그러므로 약하고 의심하는 신자라도 성찬을 멀리하기보다, 성찬을 통해 은혜 받기를 사모해야 합니다.

4. 그렇게 하면서 그는 자신의 믿음을 더욱 강화하기 위해서 성찬에 참여할 수 있으며, 반드시 참여해야 합니다.

> 곧 그 아이의 아버지가 소리를 질러 이르되 내가 믿나이다 나의 믿음 없는 것을 도와 주소서 하더라(막 9:24)그들이 이 말을 듣고 마음에 찔려 베드로와 다른 사도들에게 물어 이르되 형제들아 우리가 어찌할꼬 하거늘(행 2:37)

마가복음 9장에 등장하는 귀신들린 아이의 아버지는 "나의 믿음 없는 것을 도와 주소서"라고 외침으로써 은혜를 받을 수 있었습니다. 사도행전 2장에 등장하는 유대인 무리들은 "형제들아 우리가 어찌할꼬"라고 외침으로써 은혜를 받을 수 있었습니다. 이처럼 믿음이 연약한 자들은 영적 혜택을 얻어 더욱더 강건해지기 위해서 성찬에 참여할 수 있으며, 반드시 참여해야 합니다.

믿음을 고백하고 성찬에 참여하기 원하는 이에게 성찬에 참여하지 못하게 할 수 있습니까?

답: 비록 믿음을 고백하고 성찬에 참여하기를 원한다 할지라도, 무지하며 수치스러운 일이 드러난 이들은 그들이 가르침을 받아 변화되기까지, 그리스도께서 그분의 교회에 맡기신 권세로 성찬에 참여하지 못하게 할 수 있으며, 또한 못하게 해야 합니다.

1. 비록 믿음을 고백하고 성찬에 참여하기를 원한다 할지라도, 무지하며 수치스러운 일이 드러난 이들은 그들이 가르침을 받아 변화되기까지, 그리스도께서 그분의 교회에 맡기신 권세로 성찬에 참여하지 못하게 할 수 있으며, 또한 못하게 해야 합니다.

> 그러므로 누구든지 주의 떡이나 잔을 합당하지 않게 먹고 마시는 자는 주의 몸과 피에 대하여 죄를 짓는 것이니라(고전 11:27)

합당하지 않게 성찬에 참여하는 것은 오히려 하나님께 죄를 짓는 일입니다(고전 11:27). 따라서 무지하거나 수치스러운 일이 드러난 자들은, 그들이 가르침을 받아 변화되기까지 성찬 참여를 제한하는 것이 마땅합니다. 무지하다는 것은 세상 학문과 일반 상식이 아니라, 교리적인 무지를 말합니다. 바른 교리를 모르거나, 또는 잘못된 교리를 믿는 사람은 성찬 참여를 제한해야 한다는 것입니다. "수치스러운 일"은 신앙고백과 모순되는 삶을 말합니다. 거룩하신 하나님을 믿는다고 하면서 음란한 삶을 살거나, 술과 도박에 찌든 삶을 사는 자들이 성찬에 참여하기를 원한다면, 교회는 하나님께서 교회에 맡기신 권세로 그런 자들의 성찬 참여를 제한해야 합니다.

성찬을 시행할 때 성찬을 받는 사람들에게 요구되는 것은 무엇입니까?

답: 성찬을 시행할 때 성찬을 받는 사람들에게 요구되는 것은, 성찬을 시행하는 동안 지극히 거룩한 경외심과 조심스러움으로 하나님을 섬기며, 성례의 요소들과 동작들을 부지런히 주목하면서 주님의 몸을 주의 깊게 분별하고, 주님의 죽으심과 고난을 마음 깊이 묵상함으로써 그 은혜가 왕성하게 역사하도록 스스로를 자극하는 것입니다. 그들 스스로를 살피고 죄를 슬퍼하며, 그리스도에 대해 진정으로 주리고 목말라 하면서 믿음으로 그리스도를 먹고, 그분의 충만함을 받으며, 그분의 공로를 의지하고, 그분의 사랑을 기뻐하며, 그분의 은혜에 감사하는 것입니다. 또 하나님의 언약과 모든 성도에 대한 사랑을 새롭게 하는 것입니다.

1. 성찬을 시행할 때 성찬을 받는 사람들에게 요구되는 것은, 성찬을 시행하는 동안 지극히 거룩한 경외심과 조심스러움으로 하나님을 섬기며,

> 아론의 아들 나답과 아비후가 각기 향로를 가져다가 여호와께서 명령하시지 아니하신 다른 불을 담아 여호와 앞에 분향하였더니 불이 여호와 앞에서 나와 그들을 삼키매 그들이 여호와 앞에서 죽은지라 모세가 아론에게 이르되 이는 여호와의 말씀이라 이르시기를 <u>나는 나를 가까이 하는 자 중에서 내 거룩함을 나타내겠고 온 백성 앞에서 내 영광을 나타내리라</u> 하셨느니라 아론이 잠잠하니(레 10:1-3)

하나님은 나답과 아비후를 벌하셨습니다. 나답과 아비후가 하나님을 경외하는 마음 없이 부주의하게 예배를 드렸기 때문입니다(렘 10:1-3). 성찬 역시 하나님께 드리는 예배입니다. 따라서 거룩한 경외심을 가지고, 조심스럽게 성찬에 참여해야 합니다.

2. 성례의 요소들과 동작들을 부지런히 주목하면서

> 이것은 죄 사함을 얻게 하려고 많은 사람을 위하여 흘리는 바 나의 피 곧 언약의 피니라
> (마 26:28)

성찬은 예수님의 보혈을 나타냅니다(마 26:28). 성찬의 각 요소와 동작에는 우리를 구원하기 위해 자신을 희생하신 예수님의 대속(代贖)의 의미가 담겨 있습니다. 주님께서 제정하신 성찬의 요소와 동작들에는 무의미한 것이 하나도 없습니다. 그러므로 성찬에 참여할 때는 성례의 요소들과 동작들을 부지런히 주목하면서 따라야 합니다.

3. 주님의 몸을 주의 깊게 분별하며,

> 주의 몸을 분별하지 못하고 먹고 마시는 자는 자기의 죄를 먹고 마시는 것이니라(고전
> 11:29)

성찬에 참여할 때는 "주의 몸을 분별"해야 합니다(고전 11:29). 성찬의 빵과 포도주가 어떤 의미인지 이해하고 성찬에 참여해야 한다는 뜻입니다. 성찬의 빵과 포도주가 무엇을 나타내는지도 모르면서 성찬에 참여하는 자들은, 성찬으로부터 아무런 유익을 얻지 못합니다.

4. 주님의 죽으심과 고난을 마음 깊이 묵상함으로써, 그 은혜가 왕성하게 역사하도록 스스로를 자극하는 것입니다.

> 또 떡을 가져 감사 기도 하시고 떼어 그들에게 주시며 이르시되 이것은 너희를 위하여 주
> 는 내 몸이라 너희가 이를 행하여 나를 기념하라 하시고(눅22:19)

부모님을 생각할 때마다 마음 한구석이 찡한 것은, 부모님이 우리를 위해 희생했음을 알기 때문입니다. 그리고 우리를 위해 자신을 희생하신 부모님의 사랑을 더 깊이 깨닫게 될수록, 우리는 부모님을 더 많이 사랑하게 될 것입니다. 성찬도 동일합니다. 성찬은 그리스도의 죽음과 고난을 의미합니다. 우리를 위해 자신을 희생하신 그리스도의 사랑을 더 깊이 깨닫게 될수록, 우리는 그리스도를 더 많이 사랑하게 될 것입니

다. 그러므로 우리는 성찬이 시행되는 동안 그리스도의 죽으심과 고난을 마음을 다해 묵상해야 합니다.

5. 그들 스스로를 살피고 죄를 슬퍼하며,

> 우리가 우리를 살폈으면 판단을 받지 아니하려니와(고전 11:31)
> 슬퍼하며 애통하며 울지어다 너희 웃음을 애통으로, 너희 즐거움을 근심으로 바꿀지어다
> 주 앞에서 낮추라 그리하면 주께서 너희를 높이시리라(약 4:9-10)

성찬은 그리스도의 죽음과 고난을 의미합니다. 그리스도께서 고난당하시고 죽으신 것은 우리의 죄 때문입니다. 따라서 자기 죄를 슬퍼하지 않는 사람은 성찬을 통해 별다른 유익을 얻지 못합니다. 우리는 성찬 예식에 참여하는 동안 힘써 우리의 죄를 살피고, 우리의 죄를 슬퍼해야 합니다.

6. 그리스도에 대해 진정으로 주리고 목말라 하면서 믿음으로 그리스도를 먹고,

> 성령과 신부가 말씀하시기를 오라 하시는도다 듣는 자도 오라 할 것이요 목마른 자도 올 것이요 또 원하는 자는 값없이 생명수를 받으라 하시더라(계 22:17)
> 예수께서 이르시되 나는 생명의 떡이니 내게 오는 자는 결코 주리지 아니할 터이요 나를 믿는 자는 영원히 목마르지 아니하리라(요 6:35)

배부른 자는 음식을 원하지 않습니다. 성찬도 마찬가지입니다. 그리스도께서 주시는 은혜에 목말라 하지 않는 자에게 성찬은 별다른 의미가 없습니다. 그리스도에 대해 진정으로 주리고 목말라 하는 사람이라야, 성찬을 통해 은혜를 받을 수 있습니다. 그리스도를 자신의 유일한 구원자로 믿는 자라야, 성찬에서 영적인 유익을 누릴 수 있습니다. 주님은 그런 자에게 값없이 은혜를 주십니다(계 22:17; 요 6:35).

7. 그분의 충만함을 받으며, 그분의 공로를 의지하고, 그분의 사랑을 기뻐하며, 그분의 은혜에 감사하는 것입니다.

그리스도로 충분함을 믿어야 함	우리가 다 <u>그의 충만한 데서 받으니</u> 은혜 위에 은혜러라(요 1:16)
그리스도의 공로를 의지해야 함	그 안에서 발견되려 함이니 내가 가진 의는 율법에서 난 것이 아니요 <u>오직 그리스도를 믿음으로 말미암은 것이니</u> 곧 믿음으로 하나님께로부터 난 의라(빌 3:9)
그리스도의 사랑을 기뻐하고 감사해야 함	우리 주 예수 <u>그리스도로 말미암아</u> 하나님께 감사하리로다(롬 7:25)

성찬은 우리를 구원하기 위해 자신을 희생하신 그리스도의 몸과 피를 나타냅니다. 따라서 성찬에 참여하는 자에게는 그리스도만을 자신의 구원자로 믿는 믿음이 있어야 합니다. 그러므로 우리는 성찬 예식에 참여하는 동안 그리스도만으로 충분하다는 믿음, 그리스도만을 전적으로 의지하는 태도, 그리스도에 대한 사랑과 감사의 마음을 가져야 합니다.

8. 또 하나님의 언약과 모든 성도들에 대한 사랑을 새롭게 하는 것입니다.

> 그들이 그 얼굴을 시온으로 향하여 그 길을 물으며 말하기를 너희는 오라 잊을 수 없는 영원한 언약으로 여호와와 연합하라 하리라(렘 50:5)
> 그들이 사도의 가르침을 받아 <u>서로 교제하고 떡을 떼며</u> 오로지 기도하기를 힘쓰니라...믿는 사람이 다 함께 있어 <u>모든 물건을 서로 통용하고 또 재산과 소유를 팔아 각 사람의 필요를 따라 나눠 주며</u>(행 2:42, 44-45)

성찬은 은혜 언약을 나타냅니다. 따라서 우리는 성찬 예식에 참여하는 동안 은혜 언약의 내용을 깊이 묵상하며 감사해야 합니다(렘 50:5). 더불어 성찬은 우리를 위해 자신을 내어주신 그리스도의 희생을 의미합니다. 따라서 우리는 성찬 예식에 참여하는 동안 모든 성도들에 대한 사랑을 새롭게 해야 합니다. 실제로 초대 교회 성도들은 성찬을 시행하는 것으로 그치지 않고, 재산과 소유를 팔아 가면서까지 이웃 사랑을 실천했습니다(행 2:42, 44-45).

제175문 성찬을 받은 후에 그리스도인들이
해야 할 의무는 무엇입니까?

답: 성찬을 받은 후에 그리스도인들이 해야 할 의무는 그들이 성찬식에서 어떻게 행동했으며, 어떤 성과가 있었는지를 진지하게 생각하는 것입니다. 만약 그들이 소생함과 위로를 경험했다면, 그로 말미암아 하나님을 찬양하고, 그 은혜가 계속되기를 간구하며, 다시 이 은혜에서 떨어지지 않도록 주의하고, 자신이 서약한 것을 이행하며, 성찬에 자주 참여하도록 스스로 힘써야 합니다. 그러나 그들이 어떤 은혜도 얻지 못했다면, 성찬에 대한 준비와 성찬에 참여하는 태도를 더 엄밀하게 검토해야 합니다. 만약 그들이 준비와 태도에서 하나님과 자신들의 양심에 떳떳하다면, 적절한 때에 나타날 성찬의 열매를 기다려야 합니다. 그러나 만약 그들이 준비와 태도에서 어느 하나라도 부족함을 발견한다면, 그들은 겸손해져야 하며, 이후에는 더 많은 주의와 부지런함으로 성찬에 참여해야 합니다.

1. 성찬을 받은 후에 그리스도인들이 해야 할 의무는 그들이 성찬식에서 어떻게 행동했으며, 어떤 성과가 있었는지를 진지하게 생각하는 것입니다.

> 그러므로 너희 중에 약한 자와 병든 자가 많고 잠자는 자도 적지 아니하니 우리가 우리를 살폈으면 판단을 받지 아니하려니와(고전 11:30-31)

바울은 고린도 교회 안에 약한 자와 병든 자가 많다고 했습니다(고전 11:30). 주님께서 징계하신 결과였습니다. 심지어 잠자는 자도 적지 않다고 말했는데, 이것은 죽음에 대한 완곡한 표현입니다. 이처럼 고린도 교회는 성찬을 통해, 은혜를 받은 것이 아니라 도리어 징계를 받았습니다. 따라서 우리는 성찬을 받은 후에, 우리가 성찬식에서 어떻게 행동했으며 어떤 성과가 있었는지를 진지하게 생각해야 합니다.

2. 만약 그들이 소생함과 위로를 경험했다면, 그로 말미암아 하나님을 찬양 하고,

> 예루살렘에 모인 이스라엘 자손이 크게 즐거워하며 칠 일 동안 무교절을 지켰고 레위 사
> 람들과 제사장들은 날마다 여호와를 칭송하며 큰 소리 나는 악기를 울려 여호와를 찬양
> 하였으며 히스기야는 여호와를 섬기는 일에 능숙한 모든 레위 사람들을 위로하였더라 이
> 와 같이 절기 칠 일 동안에 무리가 먹으며 화목제를 드리고 그의 조상들의 <u>하나님 여호와</u>
> <u>께 감사하였더라</u>(대하 30:21-22)

히스기야는 유월절을 지킨 후에 하나님께 감사했습니다(대하 30:22). 하나님께서 유월
절을 통해 은혜를 주셨기 때문입니다. 유월절은 구약의 성례입니다. 따라서 우리 역
시 신약의 성례인 성찬에 참여한 이후에, 자신의 상태를 숙고해 보아야 합니다. 그리
고 하나님께서 은혜 주신 증거가 있다면 하나님을 송축해야 합니다.

3. 그 은혜가 계속되기를 간구하며,

> 주를 아는 자들에게 <u>주의 인자하심을 계속</u> 베푸시며 마음이 정직한 자에게 주의 공의를
> 베푸소서(시 36:10)

시편 36편은 악인들에게 둘러싸인 한 의인의 노래입니다. 시인은 자신의 비참한 처
지를 고백한 후, 하나님께서 은혜 베풀어 주시기를 간구하면서 노래를 마무리합니
다. 우리가 어떤 처지에 있든지 간에 하나님의 은혜가 계속 베풀어지기만 한다면,
어떤 어려움도 극복할 수 있음을 이 시편은 잘 보여줍니다. 우리 역시 성찬 이후에
자신을 돌아보고, 하나님께서 은혜 주신 증거가 있다면, 그 은혜가 계속되기를 간구
해야 합니다. 하나님의 은혜만이 고난 많은 인생을 살아 내는 유일한 해답이기 때문
입니다.

4. 다시 이 은혜에서 떨어지지 않도록 주의하고,

> 그러나 그들의 다수를 하나님이 기뻐하지 아니하셨으므로 <u>그들이 광야에서 멸망을 받았</u>
> <u>느니라</u>(고전 10:5)
> 그들에게 일어난 <u>이런 일은 본보기가 되고</u> 또한 말세를 만난 우리를 깨우치기 위하여 기
> 록되었느니라 그런즉 선 줄로 생각하는 자는 넘어질까 조심하라(고전 10:11-12)

이스라엘은 출애굽의 은혜를 입었습니다. 하지만 그들 중 상당수가 은혜에서 떨어졌
습니다(고전 10:5). 계속되는 불순종 때문에 소수의 사람들만 가나안에 입성했습니다.
따라서 우리는 한 번 은혜를 받은 것으로 만족해서는 안 됩니다. 성찬에서 은혜를 받
았다면, 그 은혜에서 다시 떨어지지 않도록 주의해야 합니다.

5. 자신이 서약한 것을 이행하며

> 네가 하나님께 <u>서원하였거든 갚기를 더디게 하지 말라</u> 하나님은 우매한 자들을 기뻐하
> 지 아니하시나니 서원한 것을 갚으라(전 5:4)

성찬에 참여하면서 하나님과의 언약과 모든 성도들에 대한 사랑을 새롭게 할 것을
서약하였다면(제174문답), 반드시 그 서약을 지켜야 합니다. 하나님은 서약을 더디 갚
는 자들을 미워하시기 때문입니다.

6. 성찬에 자주 참여하도록 스스로 힘써야 합니다.

> 식후에 또한 그와 같이 잔을 가지시고 이르시되 이 잔은 내 피로 세운 새 언약이니 <u>이것을</u>
> <u>행하여 마실 때마다 나를 기념하라</u> 하셨으니(고전 11:25)

멋진 휴양지를 떠날 때는 아쉬움이 남습니다. 누구나 그런 순간에는 다음을 기약합
니다. 멋진 추억을 남긴 곳에 또다시 오고 싶어 합니다. 은혜에 대한 반응도 마찬가지
여야 합니다. 하나님께서 성찬을 통해 은혜를 베풀어 주셨다면, 다음을 기약해야 합
니다. 성찬의 은혜에 대한 사모함을 가져야 합니다. 따라서 우리는 성찬 예식이 끝난
직후부터 다음 성찬을 사모하며, 성찬을 통해 부어 주실 은혜를 간구해야 합니다. 바

로 이것이 성찬을 행함으로써 "나를 기념하라"고 하신 주님의 말씀에 대한 바른 순종입니다(고전 11:25).

7. 그러나 그들이 어떤 은혜도 얻지 못했다면, 성찬에 대한 준비와 성찬에 참여하는 태도를 더 엄밀하게 검토해야 합니다.

> 그러므로 누구든지 주의 떡이나 잔을 합당하지 않게 먹고 마시는 자는 주의 몸과 피에 대하여 죄를 짓는 것이니라 사람이 자기를 살피고 그 후에야 이 떡을 먹고 이 잔을 마실지니 주의 몸을 분별하지 못하고 먹고 마시는 자는 자기의 죄를 먹고 마시는 것이니라(고전 11:27-29)

고린도 교회에는 성찬에서 어떤 은혜도 얻지 못하는 자들이 있었습니다(고전 11:27). 우리도 마찬가지입니다. 우리 역시 성찬에서 아무런 영적 유익을 누리지 못할 수가 있습니다. 그때에는 하나님께서 은혜를 주시지 않은 이유가 혹시 우리의 과실 때문은 아닌지 검토해 보아야 합니다. 성찬을 준비하고 참여할 때 하나님께 죄를 짓지 않았는지 살펴보아야 합니다(고전 11:27-29).

8. 만약 그들이 준비와 태도에서 하나님과 자신들의 양심에 떳떳하다면, 적절한 때에 나타날 성찬의 열매를 기다려야 합니다.

> 하늘에 계시는 주여 내가 눈을 들어 주께 향하나이다 상전의 손을 바라보는 종들의 눈 같이, 여주인의 손을 바라보는 여종의 눈 같이 우리의 눈이 여호와 우리 하나님을 바라보며 우리에게 은혜 베풀어 주시기를 기다리나이다(시 123:1-2)

시편 123편 기자는 하나님께서 은혜 베풀어 주시기를 기다렸습니다. 은혜는 인간이 스스로 만들어 낼 수 없고, 하나님께서 주권적으로 주시는 것이기 때문입니다. 우리도 마찬가지입니다. 성찬의 준비와 태도에서 과실이 없는 것이 확실하다면, 때가 되면 나타날 하나님의 은혜를 기다려야 합니다.

9. 그러나 만약 그들이 준비와 태도에서 어느 하나라도 부족함을 발견한다면, 그들은 겸손해져야 하며, 이후에는 더 많은 주의와 부지런함으로 성찬에 참여해야 합니다.

> 너희는 스스로 씻으며 스스로 깨끗하게 하여 내 목전에서 너희 악한 행실을 버리며 행악을 그치고...여호와께서 말씀하시되 오라 우리가 서로 변론하자 너희의 죄가 주홍 같을지라도 눈과 같이 희어질 것이요 진홍 같이 붉을지라도 양털 같이 희게 되리라(사 1:16, 18)

은혜는 하나님께서 주권적으로 주시는 선물입니다. 하나님은 아무 조건 없이 은혜를 주십니다. 하지만 때로는 자격을 요구하십니다. 이사야서 1장이 대표적입니다. 여기서 하나님은 은혜받기 위해 악한 행실을 버리라고 하셨습니다. 따라서 자신을 돌아본 후에 과실을 발견하게 된 사람은, 겸손한 마음으로 다음을 기약하며, 더 많은 주의와 부지런함으로 성찬에 임해야 합니다.

제176문 **세례와 성찬은 어떤 점에서 일치합니까?**

답: 세례와 성찬이 일치하는 점은 둘 다 그 창시자가 하나님이시며, 그 영적 측면이 모두 그리스도와 그리스도께서 베푸신 은혜라는 점입니다. 둘 다 동일한 언약의 인침이며, 둘 다 복음의 사역자들에 의해서만 시행될 수 있고, 다른 어느 누구에 의해서도 시행될 수 없습니다. 또한 둘 다 그리스도께서 재림하실 때까지 그분의 교회에서 계속 시행되어야 한다는 점입니다.

1. 세례와 성찬이 일치하는 점은 둘 다 그 창시자가 하나님이시며,

> 그러므로 너희는 가서 모든 민족을 제자로 삼아 아버지와 아들과 성령의 이름으로 세례를 베풀고(마 28:19)
> 내가 너희에게 전한 것은 <u>주께 받은 것이니</u> 곧 주 예수께서 잡히시던 밤에 떡을 가지사(고전 11:23)

세례와 성찬은 둘 다 그리스도께서 제정하셨다는 점에서 일치합니다.

2. 그 영적 측면이 모두 그리스도와 그리스도께서 베푸시는 은혜라는 점입니다.

> <u>무릇 그리스도 예수와 합하여 세례를 받은 우리는 그의 죽으심과 합하여 세례를 받은 줄을</u> 알지 못하느냐 그러므로 우리가 그의 죽으심과 합하여 세례를 받음으로 그와 함께 장사되었나니 이는 아버지의 영광으로 말미암아 그리스도를 죽은 자 가운데서 살리심과 같이 우리로 또한 새 생명 가운데서 행하게 하려 함이라(롬 6:3-4)
> 우리가 축복하는 바 축복의 잔은 <u>그리스도의 피에 참여함</u>이 아니며 우리가 떼는 떡은 <u>그리스도의 몸에 참여함</u>이 아니냐(고전10:16)

세례와 성찬은 둘 다 '그리스도'와 '그리스도께서 베푸신 은혜'를 나타낸다는 점에서 일치합니다.

3. 둘 다 동일한 언약의 인침이며,

> 그가 할례의 표를 받은 것은 무할례시에 믿음으로 된 의를 인친 것이니 이는 무할례자로서 믿는 모든 자의 조상이 되어 그들도 의로 여기심을 얻게 하려 하심이라(롬 4:11)

아브라함은 할례 때문에 의롭다 함은 것이 아닙니다. 할례는 그가 이미 믿음으로 의롭게 되었음을 인치는 일이었습니다. 인을 친다는 것은 도장을 찍는다는 의미로서, 확실함을 보증한다는 뜻입니다. 아브라함은 이미 믿음으로 의롭다 함을 받았지만, 할례를 통해 더욱 확실하게 보증을 받았습니다.

　신약의 성례인 세례와 성찬도 마찬가지입니다. 세례와 성찬을 통해 의롭게 되는 것이 아닙니다. 이미 믿음을 통해 의롭다 함을 받았지만, 세례와 성찬을 통해 은혜 언약 안에 있음을 더욱 확실하게 보증하는 것입니다. 따라서 세례와 성찬은 둘 다 같은 언약을 인친다는 점에서 일치합니다.

4. 둘 다 복음의 사역자들에 의해서만 시행될 수 있고, 다른 어느 누구에 의해서도 시행될 수 없습니다.

제사장 직분을 행할 자들을 구별하셨음	너는 이스라엘 자손 중 네 형 아론과 그의 아들들 곧 아론과 아론의 아들들 나답과 아비후와 엘르아살과 이다말을 그와 함께 네게로 나아오게 하여 나를 섬기는 제사장 직분을 행하게 하되(출 28:1)
세례를 시행할 일꾼들을 구별하셨음	나도 그를 알지 못하였으나 <u>나를 보내어 물로 세례를 베풀라 하신 그이</u>가 나에게 말씀하시되 성령이 내려서 누구 위에든지 머무는 것을 보거든 그가 곧 성령으로 세례를 베푸는 이인 줄 알라 하셨기에(요 1:33) <u>그러므로 너희는 가서</u> 모든 민족을 제자로 삼아 아버지와 아들과 성령의 이름으로 세례를 베풀고(마 28:19)
성찬을 시행할 일꾼들을 구별하셨음	<u>내가 너희에게 전한 것은 주께 받은 것이니</u> 곧 주 예수께서 잡히시던 밤에 떡을 가지사(고전 11:23)

누구나 제사장이 될 수 없었습니다. 아론의 후손만 제사장이 될 수 있었습니다(출 28:1). 하나님은 구별된 자들이 신성한 일을 감당하도록 하셨습니다. 세례와 성찬 역시 마찬가지입니다. 하나님은 아무에게나 세례와 성찬을 맡기시지 않았습니다. 세례와 성찬을 시행할 수 있는 일꾼들을 구별하셨습니다(요 1:33; 마 28:19). 따라서 세례와 성찬은 둘 다 복음 사역자들에 의해 시행되어야 한다는 점에서 일치합니다.

5. 또한 둘 다 그리스도께서 재림하실 때까지 그분의 교회에서 계속 시행되어야 한다는 점입니다.

> 그러므로 너희는 가서 모든 민족을 제자로 삼아 아버지와 아들과 성령의 이름으로 세례를 베풀고 내가 너희에게 분부한 모든 것을 가르쳐 지키게 하라 볼지어다 내가 세상 끝날까지 너희와 항상 함께 있으리라 하시니라(마 28:19-20)
> 너희가 이 떡을 먹으며 이 잔을 마실 때마다 주의 죽으심을 그가 오실 때까지 전하는 것이니라(고전 11:26)

그리스도는 세상 끝날까지 세례를 베풀라고 하셨습니다. 바울은 그리스도께서 다시오실 때까지 성찬을 시행하라고 하였습니다. 세례와 성찬은 그리스도께서 재림하실 때까지 계속 시행되어야 한다는 점에서 일치합니다.

세례와 성찬은 어떤 점에서 다릅니까?

답: 세례와 성찬의 다른 점은 다음과 같습니다. 세례는 물로 단 한 번만 시행하는 것으로서, 우리의 중생과 그리스도께 접붙임 되었음을 상징하고 인치는 것이며, 유아에게도 시행할 수 있습니다. 반면에, 성찬은 떡과 포도주로 자주 시행해야 하는 것으로서, 그리스도를 영혼의 신령한 양식으로 재현하고 나타내며, 우리가 그리스도 안에 계속 거하고 자라남을 확증해 주는 것이므로, 자신을 점검할 수 있는 연령에 이르고 그런 능력이 있는 이들에게만 시행됩니다.

1. 세례와 성찬의 다른 점은 다음과 같습니다. 세례는 물로 단 한 번만 시행하는 것으로서,

> 우리를 구원하시되 우리가 행한 바 의로운 행위로 말미암지 아니하고 오직 그의 긍휼하심을 따라 중생의 씻음과 성령의 새롭게 하심으로 하셨나니(딛 3:5)
> 누구든지 그리스도와 합하기 위하여 세례를 받은 자는 <u>그리스도로 옷 입었느니라</u>(갈 3:7)

세례는 성령의 능력으로 새로운 사람이 되는 것(딛 3:5), 그리스도와 영적으로 연합한 새로운 생명이 되는 것을 의미합니다(갈 3:7). 이것을 영적인 출생이라고 합니다. 두 번 출생하는 경우가 없듯이, 영적으로 두 번 출생하는 경우도 없습니다. 그래서 세례는 일생에 단 한 번만 받습니다.

2. 우리의 중생과 그리스도께 접붙임 되었음을 상징하고 인치는 것이며, 유아에게도 시행할 수 있습니다.

> 너희의 대대로 모든 남자는 집에서 난 자나 또는 너희 자손이 아니라 이방 사람에게서 돈으로 산 자를 막론하고 난 지 팔 일 만에 할례를 받을 것이라(창 17:12)

할례는 하나님의 백성으로 가입하는 성례였으며, 할례를 이어받은 것이 세례입니다. 그래서 세례를 신약의 할례라고 합니다.[51] 유아에게 할례를 주었듯이, 유아에게 세례를 줄 수 있습니다.

3. 반면에, 성찬은 떡과 포도주로 자주 시행해야 하는 것으로서, 그리스도를 영혼의 신령한 양식으로 재현하고 나타내며, 우리가 그리스도 안에 계속 거하고 자라남을 확증해 주는 것이므로, 자신을 점검할 수 있는 연령에 이르고 그런 능력이 있는 이들에게만 시행됩니다.

> 내가 너희에게 전한 것은 주께 받은 것이니 곧 주 예수께서 잡히시던 밤에 떡을 가지사 축사하시고 떼어 이르시되 이것은 너희를 위하는 내 몸이니 이것을 행하여 나를 기념하라 하시고 식후에 또한 그와 같이 잔을 가지시고 이르시되 이 잔은 내 피로 세운 새 언약이니 이것을 행하여 마실 때마다 나를 기념하라 하셨으니 너희가 이 떡을 먹으며 이 잔을 마실 때마다 주의 죽으심을 그가 오실 때까지 전하는 것이니라(고전 11:23-26)
> 사람이 자기를 살피고 그 후에야 이 떡을 먹고 이 잔을 마실지니 주의 몸을 분별하지 못하고 먹고 마시는 자는 자기의 죄를 먹고 마시는 것이니라(고전 11:28-29)

성찬은 크게 세 가지 점에서 세례와 다릅니다. 첫째, 세례의 물질적 요소가 물인 반면, 성찬의 물질적 요소는 떡과 포도주입니다. 둘째, 세례는 일생에 단 한 번만 참여하는 반면, 성찬은 반복해서 참여할 수 있고, 계속 참여해야 합니다. 세례는 영적 출생을 의미하고, 성찬은 영적 성장을 의미하기 때문입니다. 영적으로 성장하기 위해서 성찬에 반복해서 참여해야 합니다. 셋째, 세례는 유아에게도 줄 수 있지만, 성찬은 자신을 살필 수 있는 연령과 능력을 가진 자들에게만 시행되어야 합니다.

---

51 J. C. 보스, G. I. 윌리암슨 , 『웨스트민스터 대요리문답 강해』, 류근상 옮김 (서울: 크리스챤출판사, 2007), 648.

기도란 무엇입니까?

답: 기도는 그리스도의 이름으로, 성령님의 도우심을 받아, 우리의 소원을 하나님 께 아뢰는 것인데, 우리 죄의 고백과 하나님의 자비에 감사함으로 하는 것입니 다.

1. 기도는 그리스도의 이름으로,

> 그 날에는 너희가 아무 것도 내게 묻지 아니하리라 내가 진실로 진실로 너희에게 이르노 니 너희가 무엇이든지 아버지께 구하는 것을 내 이름으로 주시리라(요 16:23)

원래 우리는 하나님 앞에 설 수 없습니다. 죄 때문입니다. 죄가 해결되지 않은 상태로 하나님 앞에 나서는 것은 죽음을 자초(自招)하는 일입니다. 회심한 이후에도 마찬가 지입니다. 우리는 여전히 생각과 말과 행동으로 죄를 짓습니다. 그래서 그리스도의 중보가 필요합니다. 우리는 그리스도에게서 하나님 앞에 설 수 있는 담력과 기도할 수 있는 용기를 얻습니다. 예수님께서 자기 이름으로 기도하라 하신 것은 바로 이 때 문입니다(요 16:23).

2. 성령님의 도우심을 받아,

> 이와 같이 성령도 우리의 연약함을 도우시나니 우리는 마땅히 기도할 바를 알지 못하나 오직 성령이 말할 수 없는 탄식으로 우리를 위하여 친히 간구하시느니라(롬 8:26)

성령님은 우리의 보혜사입니다(롬 14:16). '보혜사'란 '돕는 자'를 의미합니다. 특별히 성령님은 우리의 기도를 도우십니다(롬 8:26). 기도를 누구나 할 수 있는 쉬운 일로 생각하기 쉽습니다. 하지만 실제로는 성령님의 도움을 받아야 할 만큼 힘든 일입니다. 생각해 보면 기도에 집중하지 못해서 힘들었거나, 계획만큼 꾸준하게 기도하지 못했던 경험을 떠올릴 수 있을 것입니다. 그래서 성령님의 도움이 필요합니다. 기도는 결코 혼자 힘으로 할 수 없습니다.

3. 우리의 소원을 하나님께 아뢰는 것인데,

> 백성들아 시시로 그를 의지하고 그의 앞에 마음을 토하라 하나님은 우리의 피난처시로다 (시 62:8)

우리의 소원을 하나님께 말씀드려야 하는 이유는, 우리가 하나님의 피조물이기 때문입니다. 우리는 창조주가 아니기에 홀로 존재할 수 없습니다. 우리는 생존에 필요한 것들을 창조주에게서 공급받아야 합니다. 그래서 하나님은 우리의 피난처입니다(시 62:8). 특히 죄가 들어온 이후로는 영적인 것들을 하나님께 공급받아야 할 필요가 더욱 커졌습니다. 우리는 영육의 모든 필요를 하나님께 구해야 합니다.

4. 우리 죄의 고백과

> 내가 나의 마음에 죄악을 품었더라면 주께서 듣지 아니하시리라(시 66:18)
> 내가 이르기를 내 허물을 여호와께 자복하리라 하고 주께 내 죄를 아뢰고 내 죄악을 숨기지 아니하였더니 곧 주께서 내 죄악을 사하셨나이다 이로 말미암아 모든 경건한 자는 주를 만날 기회를 얻어서 주께 기도할지라 진실로 홍수가 범람할지라도 그에게 미치지 못하리이다(시 32:5-6)

기도할 때 죄를 고백해야 하는 이유는 크게 두 가지입니다. 첫째, 하나님께서 죄를 숨기는 것을 싫어하시기 때문입니다. 하나님은 죄를 숨기는 자의 기도를 듣지 않으십니다(시 66:18). 둘째, 우리가 죄를 고백할 때 하나님께서 우리의 죄를 용서해 주시기 때문입니다(시 32:5). 그러므로 우리는 죄를 자백하는 일에 게으르지 말아야 합니다. 성실하고 신속하게 죄를 자백해야 합니다.

5. 하나님의 자비에 감사함으로 하는 것입니다.

> 온갖 좋은 은사와 온전한 선물이 다 위로부터 빛들의 아버지께로부터 내려오나니(약 1:17)
> 그를 향하여 우리가 가진 바 담대함이 이것이니 그의 뜻대로 무엇을 구하면 들으심이라
> (요일 5:14)
> 아무 것도 염려하지 말고 다만 모든 일에 기도와 간구로, 너희 구할 것을 감사함으로 하나
> 님께 아뢰라(빌 4:6)

감사함으로 기도해야 하는 이유는 크게 두 가지입니다. 첫째, 지금 우리에게 있는
것들이 하나님의 선물이기 때문입니다(약 1:17). 둘째, 하나님의 뜻대로 구할 때 하
나님께서 응답해 주시기 때문입니다(요일 5:14). 그래서 우리는 아무것도 염려하지
말고 다만 감사함으로 기도해야 합니다(빌 4:6).

제179문 우리는 하나님께만 기도해야 합니까?

답: 오직 하나님만이 우리의 마음을 살피시고, 우리의 요청을 들으시며, 우리의 죄를 용서하시고, 모든 사람의 소원을 이루실 수 있습니다. 또한 하나님만이 믿음과 종교적 예배의 대상이시므로, 예배의 특별한 부분인 기도는 오직 하나님께만 드려야 하고, 다른 누구에게도 해서는 안 됩니다.

1. 오직 하나님만이 우리의 마음을 살피시고,

> 주는 계신 곳 하늘에서 들으시고 사하시며 각 사람의 마음을 아시오니 그들의 모든 행위대로 행하사 갚으시옵소서 주만 홀로 사람의 마음을 다 아심이니이다(왕상 8:39)

우리는 하나님께만 기도해야 합니다. 그 이유는 다음과 같습니다. 첫째, 우리 마음의 소원을 아시는 분이 하나님밖에 없기 때문입니다(왕상 8:39). 마음으로 드리는 기도는 하나님만 들으실 수 있습니다. 그러므로 성모 마리아나 성인, 그리고 천사는 기도의 대상이 될 수 없습니다.

2. 우리의 요청을 들으시며,

> 기도를 들으시는 주여 모든 육체가 주께 나아오리이다(시 65:2)

하나님께만 기도해야 하는 두 번째 이유는, 하나님께서 우리의 기도를 "들으시기" 때문입니다(시 65:2). 시편 65편 2절에서 "들으시는"으로 번역된 히브리어는 '샤마'입니다. 이 단어는 '듣다' 또는 '응답하다'라는 의미를 가지고 있습니다. 우리가 언제, 어디서, 어떻게 기도하든 하나님은 들으시고 응답하십니다.

3. 우리의 죄를 용서하시고,

> 주와 같은 신이 어디 있으리이까 <u>주께서는 죄악과 그 기업에 남은 자의 허물을 사유하시</u>
> <u>며 인애를 기뻐하시므로 진노를 오래 품지 아니하시나이다</u>(미 7:18)

하나님께만 기도해야 하는 세 번째 이유는, 하나님께서 우리의 죄를 용서하시기 때문입니다. 선과 악의 기준을 정할 수 있는 분은 하나님밖에 없습니다. 사람들이 옳다고 여기는 행동도 하나님 앞에서는 악할 수 있습니다. 반대로 사람들이 악하다고 여기는 행동도 하나님 앞에서는 선할 수 있습니다. 선과 악의 기준이 하나님께만 있는 것처럼, 정죄하거나 용서하는 권한도 하나님께만 있습니다. 세상 재판정에서 옳다고 여김을 받은 사람도 하나님께서 죄인이라고 하시면 죄인입니다. 반대로 세상 재판정에서 악하다고 여김을 받은 사람도 하나님께서 의롭다고 하시면 의인입니다. 그러므로 우리는 일차적으로 하나님께 죄 용서를 구해야 합니다.

4. 모든 사람의 소원을 이루실 수 있습니다.

> 여호와께서는 자기에게 간구하는 모든 자 곧 진실하게 간구하는 모든 자에게 가까이 하
> 시는도다 <u>그는 자기를 경외하는 자들의 소원을 이루시며</u> 또 그들의 부르짖음을 들으사
> 구원하시리로다(시 145:18-19)

하나님께만 기도해야 하는 네 번째 이유는, 하나님만이 모든 사람의 소원을 이루실 수 있기 때문입니다. 전능하신 능력은 하나님께만 있습니다(시 145:18-19). 따라서 하나님 외에 다른 누구에게도 기도해서는 안 됩니다.

5. 또한 하나님만이 믿음과

> 그런즉 그들이 믿지 아니하는 이를 어찌 부르리요 <u>듣지도 못한 이를 어찌 믿으리요</u> 전파
> 하는 자가 없이 어찌 들으리요(롬10:14)

하나님께만 기도해야 하는 다섯 번째 이유는, 하나님만이 믿음의 대상이시기 때문입니다. 믿음에는 크게 두 종류가 있습니다. 첫째, 일반적인 믿음입니다. 예를 들어, 지

구가 둥글다는 것을 믿는 것은 일반적인 믿음입니다. 둘째, 종교적인 믿음입니다. 예를 들어, 하나님만을 창조주요 구원자로 믿는 것은 종교적인 믿음입니다. 그리고 종교적인 믿음의 대상은 하나님밖에 없습니다(롬10:14).

6. 종교적 예배의 대상이시므로,

> 이에 예수께서 말씀하시되 사탄아 물러가라 기록되었으되 주 너의 하나님께 경배하고 다만 그를 섬기라 하였느니라(마 4:10)

하나님께만 기도해야 하는 여섯 번째 이유는 하나님만이 예배의 대상이시기 때문입니다. 이것은 하나님 외에 참된 신이 없다는 단순한 진리에 기인합니다.

7. 예배의 특별한 부분인 기도는 오직 하나님께만 드려야 하고,

> 다니엘이 이 조서에 왕의 도장이 찍힌 것을 알고도 자기 집에 돌아가서는 윗방에 올라가 예루살렘으로 향한 창문을 열고 전에 하던 대로 하루 세 번씩 무릎을 꿇고 기도하며 그의 하나님께 감사하였더라(단 6:10)

다리오 왕은 자신 외의 다른 존재에게 기도하는 것을 금했습니다. 자신을 종교적 예배의 대상으로 선포했습니다. 그럼에도 불구하고 다니엘은 늘 하던 대로 하나님께 기도했습니다. 하나님만이 종교적 예배의 대상이심을 알았기 때문입니다.

8. 다른 누구에게도 해서는 안 됩니다.

> 나는 여호와이니 이는 내 이름이라 나는 내 영광을 다른 자에게, 내 찬송을 우상에게 주지 아니하리라(사 42:8)

하나님은 자기 영광을 다른 누구와 나누신 적이 없습니다(사 42:8). 그러므로 우리가 예배해야 할 대상은 하나님밖에 없습니다. 그런데 기도는 예배의 한 부분이므로, 우리가 기도해야 할 대상 역시 하나님밖에 없습니다.

제180문 그리스도의 이름으로 기도하는 것은 무엇입니까?

답: 그리스도의 이름으로 기도하는 것은 그리스도의 명령에 순종하고, 그분의 약속을 신뢰하는 가운데, 그분의 공로를 의지하여 자비를 구한다는 것인데, 단순히 그리스도의 이름을 언급함으로써가 아니라, 그리스도와 그분의 중보로부터 우리가 기도할 용기, 담대함, 힘, 그리고 기도가 응답되리라는 소망을 얻음으로써 하는 것입니다.

1. 그리스도의 이름으로 기도하는 것은 그리스도의 명령에 순종하고, 그분의 약속을 신뢰하는 가운데, 그분의 공로를 의지하여 자비를 구한다는 것인데,

> 너희가 내 이름으로 무엇을 구하든지 내가 행하리니 이는 아버지로 하여금 아들로 말미암아 영광을 받으시게 하려 함이라 내 이름으로 무엇이든지 내게 구하면 내가 행하리라 (요 14:13-14)
> 지금까지는 너희가 내 이름으로 아무 것도 구하지 아니하였으나 구하라 그리하면 받으리니 너희 기쁨이 충만하리라(요 16:24)

그리스도의 이름으로 기도하는 것은 단순히 그리스도의 이름으로 기도를 끝마쳐야 한다는 형식에 관한 것이 아닙니다. "죄인임에도 불구하고 그리스도의 공로를 의지하여 하나님 앞에 왔사오니, 그리스도의 공로를 생각하시어 우리에게 자비를 베풀어 주십시오"라는 의미입니다. 우리가 하나님께 자비를 구할 수 있는 근거는 그리스도의 약속에 있습니다. 그리스도는 친히 자신의 이름으로 기도할 것과 자신의 이름으로 기도할 때 응답하실 것을 약속해 주셨습니다(요 14:13-14; 16:24).

2. 단순히 그리스도의 이름을 언급함으로써가 아니라,

> 나더러 주여 주여 하는 자마다 다 천국에 들어갈 것이 아니요 다만 하늘에 계신 내 아버지의 뜻대로 행하는 자라야 들어가리라(마7:21)

예수님을 향해 "주여 주여" 하는 자마다 다 천국에 들어가지 않는 것처럼, 예수님의 이름으로 기도한다고 해서 자동적으로 기도가 응답되는 것은 아닙니다. 예수님의 이름 자체에 주술적 효과가 있는 것이 아니기 때문입니다.

3. 그리스도와 그분의 중보로부터 우리가 기도할 용기, 담대함, 힘, 그리고 기도가 응답되리라는 소망을 얻음으로써 하는 것입니다.

> 그러므로 우리에게 큰 대제사장이 계시니 승천하신 이 곧 하나님의 아들 예수시라 우리가 믿는 도리를 굳게 잡을지어다 우리에게 있는 대제사장은 우리의 연약함을 동정하지 못하실 이가 아니요 모든 일에 우리와 똑같이 시험을 받으신 이로되 죄는 없으시니라 그러므로 우리는 긍휼하심을 받고 때를 따라 돕는 은혜를 얻기 위하여 은혜의 보좌 앞에 담대히 나아갈 것이니라(히 4:14-16)
> 그를 향하여 우리가 가진 바 담대함이 이것이니 그의 뜻대로 무엇을 구하면 들으심이라(요일 5:14)

그리스도를 소유하지 못한 자들은 하나님께 기도할 수 없을뿐더러 하나님께서 응답하신다는 확신을 가질 수도 없습니다. 하지만 우리는 다릅니다. 그리스도께서 우리의 대제사장이시기 때문에 하나님 앞에 담대히 나갈 수 있습니다. 이처럼 우리는 그리스도께서 하나님과 우리 사이의 중보자(화해자)인 것을 믿기 때문에, 기도할 용기와 담대함과 힘을 가집니다(히 4:14-16). 그리고 중보자의 뜻을 따라 기도할 때 반드시 응답받을 것이라고 확신하며 기도합니다(요일 5:13-15).

제181문 왜 우리는 그리스도의 이름으로 기도해야 합니까?

답: 사람의 죄악과 그로 인해 하나님과 사람 사이에 생긴 거리가 매우 멀어서, 우리는 중보자 없이 하나님 앞에 나아갈 수가 없습니다. 그리고 하늘과 땅에 그리스도 한 분밖에는 그처럼 영광스러운 사역을 위해 임명되거나 그것에 적합한 이가 없으므로, 우리는 다른 이름이 아닌 오직 그리스도의 이름으로만 기도해야 합니다.

1. 사람의 죄악과 그로 인해 하나님과 사람 사이에 생긴 거리가 매우 멀어서, 우리는 중보자 없이 하나님 앞에 나아갈 수가 없습니다.

> 오직 너희 죄악이 너희와 너희 하나님 사이를 갈라 놓았고 너희 죄가 그의 얼굴을 가리어서 너희에게서 듣지 않으시게 함이니라(사 59:2)
> 예수께서 이르시되 내가 곧 길이요 진리요 생명이니 나로 말미암지 않고는 아버지께로 올 자가 없느니라(요 14:6)

깊은 절벽이 있다고 가정해 봅시다. 절벽 건너편으로 가기 위해서는 다리가 있어야 합니다. 다리를 통하지 않고서는 절벽 건너편으로 갈 수 없습니다. 하나님과 사람 사이도 마찬가지입니다. 하나님과 사람 사이에는 죄가 만들어 낸 무한한 간격이 있습니다(사 59:2). 그래서 다리가 필요합니다. 하나님과 사람 사이의 다리는 그리스도입니다. 아무도 그리스도 없이는 하나님께 접근할 수 없고, 그리스도를 믿는 자는 누구나 하나님께 가까이 갈 수 있습니다(요 14:6).

2. 그리고 하늘과 땅에 그리스도 한 분밖에는 그처럼 영광스러운 사역을 위해 임명되거나 그것에 적합한 이가 없으므로,

> 하나님은 한 분이시요 또 하나님과 사람 사이에 중보자도 한 분이시니 곧 사람이신 그리스도 예수라(딤전2:5)
> 썩을 양식을 위하여 일하지 말고 영생하도록 있는 양식을 위하여 하라 이 양식은 인자가 너희에게 주리니 인자는 아버지 하나님께서 인치신 자니라(요 6:27)
> 그러므로 자기를 힘입어 하나님께 나아가는 자들을 온전히 구원하실 수 있으니 이는 그가 항상 살아 계셔서 그들을 위하여 간구하심이라(히 7:25)

만약 징그러운 벌레가 우리 앞에 나타난다면 우리는 어떻게 행동할까요? 살충제를 뿌리거나 파리채로 때려서 죽일 것입니다. 하나님과 사람의 관계도 마찬가지입니다. 어떤 사람이든 중보자 없이 하나님 앞에 나아간다면, 그는 즉시 하나님의 심판을 받게 됩니다. 하나님은 절대적으로 거룩하셔서 죄인들이 침범하는 것을 원하시지 않기 때문입니다. 그렇다면 우리의 중보자는 누구일까요? 예수 그리스도이십니다(딤전 2:5). 예수님은 하나님께서 승인하신 유일한 중보자이며(요 6:27), 자기를 힘입어 하나님께 나아가는 자들을 구원하실 수 있는 유일한 구원자입니다(히 7:25).

3. 우리는 다른 이름이 아닌 오직 그리스도의 이름으로만 기도해야 합니다.

> 또 무엇을 하든지 말에나 일에나 다 주 예수의 이름으로 하고 그를 힘입어 하나님 아버지께 감사하라(골 3:17)
> 그러므로 우리는 예수로 말미암아 항상 찬송의 제사를 하나님께 드리자 이는 그 이름을 증언하는 입술의 열매니라(히 13:15)

앞에서 살펴본 이유 때문에 우리는 반드시 그리스도의 이름으로만 기도해야 합니다 (골 3:17; 히 13:15). 성모 마리아나 다른 성인들의 이름으로 기도해서는 안 됩니다. 성모 마리아와 성인들도 중보자이신 그리스도 없이는 하나님께 나아갈 수 없습니다. 그들 역시 죄인이기 때문입니다.

제182문 성령님께서 우리의 기도를 어떻게 도우십니까?

답: 우리가 마땅히 기도해야 할 바를 알지 못하므로, 성령님은 우리의 연약함을 도우셔서, 누구를 위해, 무엇을 위해, 어떻게 기도해야 하는지를 깨닫게 하십니다. 또한 기도의 의무를 올바르게 이행하는 데 필요한 깨달음과 열정과 은혜를 우리 마음속에 불러일으키십니다(비록 모든 사람에게 항상 똑같은 정도로 역사하시지는 않더라도 말입니다).

1. 우리가 마땅히 기도해야 할 바를 알지 못하므로, 성령님은 우리의 연약함을 도우셔서, 누구를 위해, 무엇을 위해, 어떻게 기도해야 하는지를 깨닫게 하십니다.

> 이와 같이 성령도 우리의 연약함을 도우시나니 우리는 마땅히 기도할 바를 알지 못하나 오직 성령이 말할 수 없는 탄식으로 우리를 위하여 친히 간구하시느니라 마음을 살피시는 이가 성령의 생각을 아시나니 이는 성령이 하나님의 뜻대로 성도를 위하여 간구하심이니라(롬 8:26-27)

젖먹이를 홀로 내버려 두는 부모는 없습니다. 어린아이에겐 부모의 도움이 필요합니다. 신자와 성령님의 관계도 마찬가지입니다. 우리는 기도에 있어서 유아와 같습니다. 그래서 성령님의 도우심이 필요합니다. 성령님은 우리가 하나님의 뜻대로 기도하도록 도와주십니다(롬 8:26-27).

2. 또한 기도의 의무를 올바르게 이행하는 데 필요한 깨달음과 열정과 은혜를 우리 마음속에 불러일으키십니다(비록 모든 사람에게 항상 똑같은 정도로 역사하시지는 않더라도 말입니다).

> 내가 다윗의 집과 예루살렘 주민에게 은총과 간구하는 심령을 부어 주리니 그들이 그 찌른 바 그를 바라보고 그를 위하여 애통하기를 독자를 위하여 애통하듯 하며 그를 위하여 통곡하기를 장자를 위하여 통곡하듯 하리로다(슥 12:10)
> 여호와여 주는 겸손한 자의 소원을 들으셨사오니 그들의 마음을 준비하시며 귀를 기울여 들으시고(시 10:17)

최고급 자동차도 연료통이 비어 있는 상태에서는 움직일 수 없습니다. 자동차가 목적지를 향해 달리기 위해서는 연료통이 가득 채워져 있어야 합니다. 사람도 마찬가지입니다. 텅 빈 마음으로는 기도할 수 없습니다. 마음속에 기도의 열정이 채워져야 합니다. 그래서 성령님은 우리의 마음에 "간구하는 심령"을 부어 주십니다(슥 12:10). 기도할 수 있도록 우리를 준비시키십니다(시 10:17).

제183문 우리는 누구를 위해 기도해야 합니까?

답: 우리는 지상에 있는 그리스도의 모든 교회를 위해 기도해야 합니다. 국가와 국민을 공적으로 섬기는 사람과 교역자와 우리 자신과 우리 형제뿐만 아니라, 우리의 원수를 위해서도 기도해야 하며, 또한 살아 있는, 그리고 이후에 살아갈 모든 부류의 사람을 위해서도 기도해야 합니다. 하지만 죽은 사람이나 사망에 이르는 죄를 지었다고 알려진 사람을 위해 기도해서는 안 됩니다.

1. 우리는 지상에 있는 그리스도의 모든 교회를 위해 기도해야 합니다.

> 모든 기도와 간구를 하되 항상 성령 안에서 기도하고 이를 위하여 깨어 구하기를 항상 힘쓰며 여러 성도를 위하여 구하라(엡 6:18)
> 주의 백성을 구원하시며 주의 산업에 복을 주시고 또 그들의 목자가 되시어 영원토록 그들을 인도하소서(시 28:9)

자기 가족을 돌보지 않는 사람이 있다면, 우리는 그 사람을 올바른 사람이라고 생각하지 않을 것입니다. 또는 자기 몸을 학대하는 사람이 있다면, 우리는 그 사람 역시 정상적인 사람이라고 생각하지 않을 것입니다. 교회의 관계도 마찬가지입니다. 교회는 하나님을 아버지로 모시는 한 가족이며(고전 8:6), 그리스도를 머리로 하는 한 몸입니다(엡 1:22-23). 따라서 우리는 세상에 있는 모든 교회를 위해 기도해야 합니다(시 28:9). 자기 교회를 위해서만 기도하거나, 자신이 속해 있는 교단만을 위해 기도하는 것은 분파주의적 태도입니다.

2. 국가와 국민을 공적으로 섬기는 사람과 교역자와 우리 자신과 우리 형제 뿐만 아니라, 우리의 원수를 위해서도 기도해야 하며,

> 내가 주께 간구하오니 내 형의 손에서, 에서의 손에서 나를 건져내시옵소서 내가 그를 두려워함은 그가 와서 나와 내 처자들을 칠까 겁이 나기 때문이니이다(창 32:11)
> 그러므로 내가 첫째로 권하노니 모든 사람을 위하여 간구와 기도와 도고와 감사를 하되 임금들과 높은 지위에 있는 모든 사람을 위하여 하라 이는 우리가 모든 경건과 단정함으로 고요하고 평안한 생활을 하려 함이라(딤전 2:1-2)
> 또한 우리를 위하여 기도하되 하나님이 전도할 문을 우리에게 열어 주사 그리스도의 비밀을 말하게 하시기를 구하라 내가 이 일 때문에 매임을 당하였노라(골 4:3)
> 나는 너희에게 이르노니 너희 원수를 사랑하며 너희를 박해하는 자를 위하여 기도하라 (마 5:44)

야곱이 하나님의 도움을 간절히 구했던 것처럼(창 32:11), 우리 역시 매일의 삶에서 하나님의 도우심을 구해야 합니다. 하지만 우리 자신만을 위해 기도하는 것은 바람직하지 않습니다. 하나님은 우리가 다양한 대상을 위해 기도하기를 원하십니다. 우리는 국가 지도자들을 위해 기도해야 합니다. 하나님께서 국가를 통해 교회를 보호하시기 때문입니다(딤전 2:1-2). 우리는 말씀 사역자들을 위해 기도해야 합니다. 우리의 기도를 통해 복음 전파의 문이 열리기 때문입니다(골 4:3). 심지어 원수를 위해서도 기도해야 합니다(마 5:44). 우리의 원수들도 하나님의 은혜와 구원이 필요하기 때문입니다.

3. 또한 살아 있는, 그리고 이후에 살아갈 모든 부류의 사람을 위해서도 기도해야 합니다. 하지만 죽은 사람이나 사망에 이르는 죄를 지었다고 알려진 사람을 위해 기도해서는 안 됩니다.

내가 비옵는 것은 이 사람들만 위함이 아니요 <u>또 그들의 말로 말미암아 나를 믿는 사람들</u>도 위함이니(요 17:20)
그의 신하들이 그에게 이르되 아이가 살았을 때에는 그를 위하여 금식하고 우시더니 죽은 후에는 일어나서 잡수시니 이 일이 어찌 됨이니이까 하니 이르되 아이가 살았을 때에 내가 금식하고 운 것은 혹시 여호와께서 나를 불쌍히 여기사 아이를 살려 주실는지 누가 알까 생각함이거니와 <u>지금은 죽었으니 내가 어찌 금식하랴 내가 다시 돌아오게 할 수 있느냐 나는 그에게로 가려니와 그는 내게로 돌아오지 아니하리라</u> 하니라(삼하 12:21-23)
누구든지 형제가 사망에 이르지 아니하는 죄 범하는 것을 보거든 구하라 그리하면 사망에 이르지 아니하는 범죄자들을 위하여 그에게 생명을 주시리라 <u>사망에 이르는 죄가 있으니 이에 관하여 나는 구하라 하지 않노라</u>(요일 5:16)

그리스도께서는 지금 믿고 있는 신자들뿐만 아니라, 앞으로 믿게 될 사람들을 위해서도 기도하셨습니다(요 17:20). 그러므로 우리도 지금 살아 있는 사람들뿐만 아니라, 앞으로 살아갈 모든 부류의 사람들을 위해서도 기도해야 합니다. 특히 교회의 다음 세대를 위해 기도하는 일은 매우 중요합니다.

하지만 이미 죽은 사람들을 위해서는 기도할 필요가 없습니다. 의인의 영혼은 하나님 곁에 있으므로 우리의 기도가 필요 없고, 죄인의 영혼은 하나님의 심판 가운데 있으므로 우리의 기도가 영향을 미칠 수 없습니다. 그래서 다윗은 아이가 죽은 이후에는 기도하기를 멈췄습니다(삼하 12:21-23).

그리고 "사망에 이르는 죄"를 지은 자들을 위해서도 기도하지 말아야 합니다(요일 5:16). "사망에 이르는 죄"는 성령을 훼방하는 죄일 가능성이 크지만(마 12:31), 명확하지 않습니다. 따라서 함부로 특정 개인을 "사망에 이르는 죄"를 지은 사람으로 단정 짓지는 말아야 합니다.

제184문 우리는 무엇을 위해 기도해야 합니까?

답: 우리는 하나님의 영광과 교회의 안녕과 우리 자신과 다른 이들의 유익을 위해 기도해야 합니다. 그러나 무엇이든지 불법적인 것을 위해 기도해서는 안 됩니다.

1. 우리는 하나님의 영광과 교회의 안녕과 우리 자신과 다른 이들의 유익을 위해 기도해야 합니다.

하나님의 영광을 위해	그러므로 너희는 이렇게 기도하라 하늘에 계신 우리 아버지여 이름이 <u>거룩히 여김을 받으시오며</u>(마 6:9)
교회의 안녕을 위해	<u>예루살렘을 위하여 평안을 구하라</u> 예루살렘을 사랑하는 자는 형통하리로다(시 122:6)
우리 자신의 유익을 위해	너희가 악한 자라도 좋은 것으로 자식에게 줄 줄 알거든 하물며 하늘에 계신 너희 아버지께서 구하는 자에게 <u>좋은 것으로 주시지 않겠느냐</u>(마 7:11)
다른 이들의 유익을 위해	여호와여 선한 자들과 마음이 정직한 자들에게 <u>선대하소서</u>(시 125:4)

183문답에서 누구를 위해 기도해야 하는지를 설명했다면, 184문답에서는 무엇을 위해 기도해야 하는지를 설명합니다. 우리는 하나님을 위해 기도하되, 하나님의 이름이 거룩히 여김을 받으시기를 기도해야 합니다. 우리는 교회를 위해 기도하되, 교회 위에 하나님께서 주시는 평안이 있기를 기도해야 합니다. 우리는 우리 자신을 위해

기도하되, 우리 보기에 좋은 것이 아니라, 하나님께서 보시기에 좋은 것이 넘치기를 기도해야 합니다. 우리는 이웃에게 유익한 모든 것을 기도하되, 특별히 그들의 구원을 위해 기도해야 합니다.

2. 그러나 무엇이든지 불법적인 것을 위해 기도해서는 안 됩니다.

> 그를 향하여 우리가 가진 바 담대함이 이것이니 <u>그의 뜻대로 무엇을 구하면 들으심이라</u>
> (요일 5:14)
> 구하여도 받지 못함은 <u>정욕으로 쓰려고 잘못 구하기 때문이라</u>(약 4:3)
> 내가 나의 마음에 <u>죄악을 품었더라면 주께서 듣지 아니하시리라</u>(시 66:18)

하나님께서 보시기에 악한 것을 기도해서는 안 됩니다. 하나님은 "그의 뜻대로" 구할 때만 응답하십니다(요일 5:14). 만약 우리가 우리에게 필요한 것 이상으로 구하거나(약 4:3) 우리에게 영적으로 해로운 것을 구한다면, 하나님은 듣지 않으십니다(시 66:18).

제185문 우리는 어떻게 기도해야 합니까?

답: 우리는 하나님의 위엄에 대한 엄숙한 이해와 우리 자신의 무가치함과 빈곤과 죄를 깊이 의식하면서 기도해야 합니다. 회개하는 마음, 감사하는 마음, 열린 마음으로 기도해야 하고, 깨달음과 믿음과 진실함과 열정과 사랑과 인내를 가지고 하나님의 응답을 기다리며, 하나님의 뜻에 겸손히 복종하는 마음으로 기도해야 합니다.

1. 우리는 하나님의 위엄에 대한 엄숙한 이해와 우리 자신의 무가치함과 빈곤과 죄를 깊이 의식하면서 기도해야 합니다.

하나님의 위엄을 생각하며	너는 하나님의 집에 들어갈 때에 네 발을 삼갈지어다 가까이 하여 말씀을 듣는 것이 우매한 자들이 제물 드리는 것보다 나으니 그들은 악을 행하면서도 깨닫지 못함이니라 너는 하나님 앞에서 함부로 입을 열지 말며 급한 마음으로 말을 내지 말라 하나님은 하늘에 계시고 너는 땅에 있음이니라 그런즉 마땅히 말을 적게 할 것이라(전 5:1-2)
우리의 무가치함을 생각하며	아브라함이 대답하여 이르되 나는 티끌이나 재와 같사오나 감히 주께 아뢰나이다(창 18:27)
우리의 빈곤을 생각하며	이에 스스로 돌이켜 이르되 내 아버지에게는 양식이 풍족한 품꾼이 얼마나 많은가 나는 여기서 주려 죽는구나 내가 일어나 아버지께 가서 이르기를 아버지 내가 하늘과 아버지께 죄를 지었사오니 지금부터는 아버지의 아들이라 일컬음을 감당하지 못하겠나이다 나를 품꾼의 하나로 보소서 하리라 하고(눅 15:17-19)
우리의 죄를 생각하며	세리는 멀리 서서 감히 눈을 들어 하늘을 쳐다보지도 못하고 다만 가슴을 치며 이르되 하나님이여 불쌍히 여기소서 나는 죄인이로소이다 하였느니라 내가 너희에게 이르노니 이에 저 바리새인이 아니고 이 사람이 의롭다 하심을 받고 그의 집으로 내려갔느니라 무릇 자기를 높이는 자는 낮아지고 자기를 낮추는 자는 높아지리라 하시니라(눅 18:13-14)

하나님의 위엄을 엄숙하게 이해한다는 것은 하나님께서 우리와 다른 분이라는 것을 진지하게 생각하는 것입니다. 하나님은 창조주이시며 우리는 피조물입니다. 하나님은 거룩한 분이시며 우리는 죄가 많은 인생입니다. 따라서 우리는 기도할 때, 함부로 입을 열지 말아야 합니다.

우리의 무가치함을 생각해야 합니다. 우리는 하나님께 요구할 자격이 없고, 하나님은 우리에게 응답할 의무가 없습니다. 그럼에도 불구하고 하나님께서 우리의 기도를 들으신다면, 그것은 전적으로 하나님의 은혜입니다. 우리의 빈곤을 생각한다는 것은 우리에게 부족한 것이 무엇인지를 바르게 아는 것입니다. 만약 영적으로 빈곤한 사람이 물질적 풍요만을 구한다면, 그 사람의 기도는 참된 기도일 수 없습니다.

더불어 우리의 죄를 생각하며 기도해야 합니다. 그래야만 겸손한 자세로 하나님께 기도할 수 있고, 간절히 하나님의 긍휼을 구할 수 있습니다.

2. 회개하는 마음, 감사하는 마음, 열린 마음으로 기도해야 하고,

회개하는 마음으로	하나님께서 구하시는 제사는 상한 심령이라 하나님이여 상하고 통회하는 마음을 주께서 멸시하지 아니하시리이다(시 51:17)
감사하는 마음으로	아무 것도 염려하지 말고 다만 모든 일에 기도와 간구로, 너희 구할 것을 감사함으로 하나님께 아뢰라(빌 4:6)
열린 마음으로	한나가 대답하여 이르되 내 주여 그렇지 아니하니이다 나는 마음이 슬픈 여자라 포도주나 독주를 마신 것이 아니요 여호와 앞에 내 심정을 통한 것 뿐이오니(삼상 1:15) 한나가 기도하여 이르되 내 마음이 여호와로 말미암아 즐거워하며 내 뿔이 여호와로 말미암아 높아졌으며 내 입이 내 원수들을 향하여 크게 열렸으니 이는 내가 주의 구원으로 말미암아 기뻐함이니이다(삼상 2:1)

우리는 회개하는 마음으로 기도해야 합니다. 죄를 자백하며 하나님의 긍휼을 구하는 자들을 하나님은 멸시하지 않으십니다. 감사하는 마음으로 기도해야 합니다. 하나님께서 우리에게 베푸신 은혜가 매우 크기 때문입니다. 열린 마음으로 기도하는 것도 중요합니다. 열린 마음이란, 하나님의 도움을 바라는 간절한 마음의 자세입니다. 하나님이 도와주셔도 그만, 도와주지 않으셔도 그만이라는 자세는 바람직하지 않습니다.

3. 깨달음과 믿음과 진실함과 열정과 사랑과 인내를 가지고 하나님의 응답을 기다리며,

깨달음을 가지고	그러면 어떻게 할까 내가 영으로 기도하고 또 마음으로 기도하며 내가 영으로 찬송하고 또 마음으로 찬송하리라(고전 14:15)
믿음을 가지고	그러므로 내가 너희에게 말하노니 무엇이든지 기도하고 구하는 것은 받은 줄로 믿으라 그리하면 너희에게 그대로 되리라(막 11:24)
진실함을 가지고	여호와여 의의 호소를 들으소서 나의 울부짖음에 주의하소서 거짓 되지 아니한 입술에서 나오는 나의 기도에 귀를 기울이소서(시 17:1)
열정을 가지고	예수께서 힘쓰고 애써 더욱 간절히 기도하시니 땀이 땅에 떨어지는 핏방울 같이 되더라(눅 22:44)
사랑을 가지고	그러므로 각처에서 남자들이 분노와 다툼이 없이 거룩한 손을 들어 기도하기를 원하노라(딤전 2:8)
인내를 가지고	모든 기도와 간구를 하되 항상 성령 안에서 기도하고 이를 위하여 깨어 구하기를 항상 힘쓰며 여러 성도를 위하여 구하라(엡 6:18)

바울은 영으로만 기도하지 않고, 마음으로도 기도한다고 말합니다. 여기서 마음으로 기도한다는 것은 하나님에 대한 바른 깨달음(지각)을 가지고 기도한다는 뜻입니다. 그러므로 성경에 계시된 하나님에 대한 바른 지식 없이, 그저 열심만 가지고 기도하는 것은 바른 기도라 할 수 없습니다.

응답될 것에 대한 확고한 믿음이 없다면, 그것 역시 바른 기도가 아닙니다. 그런 기도는 오히려 하나님의 영광을 훼손하는 일입니다. 응답될 것을 확고하게 믿으면서 기도해야 하나님께 영광이 됩니다. 진실하지 않고, 열정이 없고, 사랑과 인내와 기다림이 없는 기도도 마찬가지입니다. 그런 기도는 하나님의 말씀에 합당한 기도가 아니기에, 하나님께서 듣지 않으십니다.

4. 하나님의 뜻에 겸손히 복종하는 마음으로 기도해야 합니다.

> 조금 나아가사 얼굴을 땅에 대시고 엎드려 기도하여 이르시되 내 아버지여 만일 할 만하시거든 이 잔을 내게서 지나가게 하옵소서 그러나 <u>나의 원대로 마시옵고 아버지의 원대로 하옵소서</u> 하시고(마 26:39)

어린 자녀의 뜻보다 성숙한 부모의 뜻이 더 올바른 경우가 많습니다. 그래서 좋은 자녀의 덕목은 부모에게 복종하는 것입니다. 하나님과 사람의 관계는 말할 것도 없습니다. 언제나 하나님의 뜻이 더 올바릅니다. 그래서 예수님도 "나의 원대로 마시옵고 아버지의 원대로 하옵소서"라고 기도하셨습니다(마 26:39). 이처럼 기도에 있어서 가장 중요한 원칙은 하나님의 뜻을 인정하는 태도입니다. 때로는 우리가 생각한 것과 전혀 다른 결과가 나타날 수 있습니다. 그때에도 우리는 하나님의 뜻에 겸손히 복종해야 합니다.

제186문 하나님께서 우리에게 기도의 의무를 이행하게 하는 지침으로 주신 법칙은 무엇입니까?

답: 하나님의 모든 말씀이 우리가 기도의 의무를 이행하게 하는 지침으로 사용되지만, 이 지침의 특별한 법칙은 그리스도께서 자기 제자들에게 가르치신 기도의 형태인데, 보통 주기도문이라고 불립니다.

1. 하나님의 모든 말씀이 우리가 기도의 의무를 이행하게 하는 지침으로 사용되지만,

> 그를 향하여 우리가 가진 바 담대함이 이것이니 <u>그의 뜻대로 무엇을 구하면 들으심이라</u>
> (요일 5:14)

예레미야 선지자는 "만물보다 거짓되고 심히 부패한 것은 마음이라"(렘 17:9)고 했습니다. 그래서 우리에겐 기도의 지침이 필요합니다. 만약 기도의 지침이 없다면, 우리는 거짓되고 부패한 기도밖에 할 수 없습니다. 그렇다면 어디에서 기도의 지침을 찾을 수 있을까요? 하나님의 말씀인 성경입니다. 우리는 성경을 통해 하나님의 뜻을 알 수 있고, 하나님의 뜻을 알아야만 하나님께서 들으시는 기도를 할 수 있습니다(요일 5:14).

2. 이 지침의 특별한 법칙은 그리스도께서 자기 제자들에게 가르치신 기도의 형태인데, 보통 주기도문이라고 불립니다.

> 예수께서 한 곳에서 기도하시고 마치시매 제자 중 하나가 여짜오되 주여 요한이 자기 제자들에게 기도를 가르친 것과 같이 <u>우리에게도 가르쳐 주옵소서 예수께서 이르시되 너희는 기도할 때에 이렇게 하라</u> 아버지여 이름이 거룩히 여김을 받으시오며 나라가 임하시오며 우리에게 날마다 일용할 양식을 주시옵고 우리가 우리에게 죄 지은 모든 사람을 용서하오니 우리 죄도 사하여 주시옵고 우리를 시험에 들게 하지 마시옵소서 하라(눅 11:1-4)

제자들은 예수님께 "요한이 자기 제자들에게 기도를 가르친 것과 같이 우리에게도 가르쳐 주옵소서"라고 요청했습니다(눅 11:1). 당시 세례 요한은 자신의 종교적 신념을 담은 기도문을 자신의 제자들에게 가르쳐 주었는데, 예수님의 제자들도 그와 같은 기도문을 예수님께 요청한 것입니다. 그러므로 제자들의 요청은 '기도 그 자체'를 가르쳐 달라고 한 것이 아니라, '기도의 내용'을 가르쳐 달라고 한 것입니다. 그때 예수님은 주기도문이라고 불리는 기도를 가르쳐 주셨습니다. 그런 점에서 주기도문은 어떤 내용으로 기도해야 할지를 알려 주는 특별한 지침입니다.

제187문 주기도문을 어떻게 사용해야 합니까?

답: 주기도문은 기도의 모범이 되는 지침일 뿐만 아니라, 주기도문 자체가 기도로써 사용될 수도 있습니다. 그러므로 우리는 기도의 의무를 바르게 행하는 데 필요한 깨달음, 믿음, 경외심, 그리고 다른 덕목들을 가지고 주기도문을 사용해야 합니다.

1. 주기도문은 기도의 모범이 되는 지침일 뿐만 아니라, 주기도문 자체가 기도로써 사용될 수도 있습니다.

> 그러므로 너희는 이렇게 기도하라 하늘에 계신 우리 아버지여 이름이 거룩히 여김을 받으시오며(마 6:9)
> 예수께서 이르시되 너희는 기도할 때에 이렇게 하라 아버지여 이름이 거룩히 여김을 받으시오며 나라가 임하시오며(눅 11:2)

예수님은 주기도문을 가르쳐 주시면서, "너희는 이렇게 기도하라"고 하셨습니다(마 6:9; 눅 11:2). 주기도문은 기도의 모범일 뿐만 아니라, 그 자체가 기도로 사용될 수 있습니다.

2. 그러므로 우리는 기도의 의무를 바르게 행하는 데 필요한 깨달음, 믿음, 경외심, 그리고 다른 덕목들을 가지고 주기도문을 사용해야 합니다.

> 그러면 어떻게 할까 내가 영으로 기도하고 또 마음으로 기도하며 내가 영으로 찬송하고 또 마음으로 찬송하리라(고전 14:15)
> 믿음이 없이는 하나님을 기쁘시게 하지 못하나니 하나님께 나아가는 자는 반드시 그가 계신 것과 또한 그가 자기를 찾는 자들에게 상 주시는 이심을 믿어야 할지니라(히 11:6)

자녀에게 선물을 주면서 기분 나빠하는 부모는 없습니다. 하지만 자녀가 선물에만 관심을 가지고 부모에게는 관심을 가지지 않는다면, 부모의 마음은 좋지 않을 것입니다. 하나님께 드리는 기도도 이와 같습니다. 우리가 기도를 통해 얻는 것에만 관심을 가지고 기도의 대상이신 하나님께 관심을 가지지 않는다면, 그런 기도는 올바른 기도라 할 수 없습니다. 따라서 우리는 하나님에 대한 깨달음을 가지고 기도해야 합니다(고전 14:15). 하나님에 대한 믿음과 경외심을 가지고 기도해야 합니다(히 11:6).

주기도문은 몇 부분으로 구성되어 있습니까?

답: 주기도문은 세 부분, 즉 머리말, 간구, 맺음말로 구성되어 있습니다.

1. 주기도문은 세 부분, 즉 머리말, 간구, 맺음말로 구성되어 있습니다.

머리말	하늘에 계신 우리 아버지여(마 6:9)
간구	이름이 거룩히 여김을 받으시오며 나라가 임하시오며 뜻이 하늘에서 이루어진 것 같이 땅에서도 이루어지이다 오늘 우리에게 일용할 양식을 주시옵고 우리가 우리에게 죄 지은 자를 사하여 준 것 같이 우리 죄를 사하여 주시옵고 우리를 시험에 들게 하지 마시옵고 다만 악에서 구하시옵소서(마 6:9-13)
맺음말	나라와 권세와 영광이 아버지께 영원히 있사옵나이다 아멘(마 6:13)

주기도문의 머리말은 우리에게 무엇을 가르칩니까?

답: 주기도문의 머리말인 "하늘에 계신 우리 아버지여"가 우리에게 가르치는 것은, 우리가 기도할 때 아버지 같은 그분의 선하심에 대한 확신과 그것에 대한 우리의 관심을 가지고서 하나님께 나아가라는 것입니다. 또한 경외심, 어린아이 같은 마음가짐, 하늘에 속한 사랑을 가지고, 하나님의 주권적 능력과 위엄과 은혜로운 낮아짐을 잘 이해하는 가운데서 하나님께 나아가라고 가르칩니다. 이는 다른 사람들과 함께 기도하거나 또는 그들을 위해 기도할 때도 마찬가지입니다.

1. 주기도문의 머리말인 "하늘에 계신 우리 아버지여"가 가르치는 것은,

> 그러므로 너희는 이렇게 기도하라 하늘에 계신 우리 아버지여(마 6:9)

예수님은 기도를 시작하자마자 곧바로 무언가를 간구하지 않으셨습니다. 그보다 먼저 하나님의 사랑과 능력을 인정하는 서문을 고백하셨습니다(마 6:9). 여기서 우리는 중요한 진리를 발견할 수 있습니다. 기도란, 우리의 개인적 필요를 나열하는 시간이 아니라, 하늘 아버지와의 인격적인 대화라는 것입니다.

2. 우리가 기도할 때 아버지 같은 그분의 선하심에 대한 확신과 그것에 대한 우리의 관심을 가지고서 하나님께 나아가라는 것입니다.

> 너희가 악할지라도 좋은 것을 자식에게 줄 줄 알거든 하물며 너희 하늘 아버지께서 구하는 자에게 성령을 주시지 않겠느냐 하시니라(눅 11:13)
>
> 너희는 다시 무서워하는 종의 영을 받지 아니하고 양자의 영을 받았으므로 우리가 아빠 아버지라고 부르짖느니라(롬 8:15)

우리가 하나님께 기도할 수 있는 근거는 하나님이 우리의 "하늘 아버지"라는데 있습니다. 육신의 아버지가 자식에게 좋은 것을 주듯이, 하늘 아버지가 우리에게 좋은 것을 주실 것이라는 믿음이 기도의 근거입니다(눅 11:13). 그리스도께서 우리에게 "아버지여"라고 부르며 기도하라고 하신 이유가 바로 여기에 있습니다. 그리고 하나님을 "하늘 아버지"로 믿는 믿음은 하나님의 선물입니다. 하나님은 우리에게 성령님을 보내셔서, 우리가 담대히 하나님을 아버지라고 부르게 하십니다(롬 8:15).

3. 또한 경외심, 어린아이 같은 마음가짐,

> 여호와여, 너무 분노하지 마시오며 죄악을 영원히 기억하지 마시옵소서 구하오니 보시옵소서 보시옵소서 우리는 다 주의 백성이니이다(사 64:9)

예수님은 "우리 아버지여"라고 부르는 동시에, "하늘에 계신"이라고 부르도록 하셨습니다. 하나님이 우리의 하늘 아버지이시지만, 그렇다고 해서 우리와 동등한 분이 아님을 강조하기 위해서입니다. 우리는 세상 친구와 대화하듯, 또는 이웃집 아저씨와 대화하듯 하나님께 기도해서는 안 됩니다. 하나님은 우리와 너무나 다른, 지극히 크고 거룩한 분임을 생각하며 기도해야 합니다. 우리는 이러한 태도를 이사야 선지자에게서 발견할 수 있습니다. 이사야 선지자는 "여호와여, 너무 분노하지 마시오며 죄악을 영원히 기억하지 마시옵소서 구하오니 보시옵소서 보시옵소서 우리는 다 주의 백성이니이다"라고 기도했습니다. 이사야 선지자는 하나님의 크고 거룩하심을 인식했습니다. 그의 기도에서는 경박함과 무례함을 찾아볼 수 없습니다.

4. 하늘에 속한 사랑을 가지고,

> 하늘에 계시는 주여 내가 눈을 들어 주께 향하나이다(시 123:1)

"하늘에 속한 사랑을 가지고" 기도한다는 것은, 기도하는 동안 우리의 모든 마음과 생각을 하나님이 계신 하늘에 집중한다는 뜻입니다.[52] 시편 123편 기자가 하늘에 계시는 주님을 향해 눈을 들었던 것처럼, 세상에 속한 모든 잡념을 버리고 오직 하나님의 영광과 능력과 지혜만 생각한다는 뜻입니다.

5. 하나님의 주권적 능력과 위엄과 은혜로운 낮아짐을 잘 이해하는 가운데서 하나님께 나아가라고 가르칩니다.

> 주여 하늘에서 굽어 살피시며 주의 거룩하고 영화로운 처소에서 보옵소서 주의 열성과 주의 능하신 행동이 이제 어디 있나이까(사 63:15)
> 이제 종이 주의 종들인 이스라엘 자손을 위하여 주야로 기도하오며 우리 이스라엘 자손이 주께 범죄한 죄들을 자복하오니 주는 귀를 기울이시며 눈을 여시사 종의 기도를 들으시옵소서(느 1:6)

이사야 선지자는 "주의 열성과 주의 능하신 행동이 이제 어디 있나이까"라고 외쳤습니다. 이스라엘을 애굽으로부터 구원하시기 위해 주권적으로 역사하셨던 것처럼, 지금도 그때와 같은 "주권적 능력과 위엄"을 베풀어 달라는 것입니다. 이처럼 하나님께 기도하는 사람은 반드시 "하나님의 주권적 능력과 위엄"에 대한 바른 이해가 있어야 합니다.

동시에 하나님의 "은혜로운 낮아짐"을 잘 이해하는 것도 중요합니다. "은혜로운 낮아짐"이란, 하나님께서 자기 백성에게 어떤 의무도 지고 계시지 않음에도 불구하고 자발적으로 자기 백성을 위해 무언가 하시는 것을 의미합니다.[53] 이런 태도는 느헤미야의 기도에서 발견할 수 있습니다. 느헤미야는 자신과 이스라엘을 '종'이라 부르며, 주인이신 하나님의 자비를 구했습니다. 당연히 받아야 할 것을 구하는 주인의

---

52 J. G. 보스, G. I. 윌리암슨, 『웨스트민스터 대요리문답 강해』, 류근상 옮김 (서울: 크리스챤 출판사, 2007), 688.
53 J. G. 보스, G. I. 윌리암슨, 『웨스트민스터 대요리문답 강해』, 류근상 옮김 (서울: 크리스챤출판사, 2007), 688.

자세가 아니라, 은혜와 자비를 구하는 '종의 자세'로 기도했습니다.

6. 다른 사람들과 함께 기도하거나 또는 그들을 위해 기도할 때도 마찬가지 입니다.

이에 베드로는 옥에 갇혔고 교회는 그를 위하여 간절히 하나님께 기도하더라(행 12:5)

예수님은 "나의 아버지"가 아니라 "우리 아버지"라 부르며 기도를 시작하라고 하셨습니다. 이것은 다른 사람들과 함께 기도해야 한다는 것과 다른 사람들을 위해 기도해야 한다는 것을 의미합니다. 모든 그리스도인은 아무리 멀리 떨어져 있더라도 하나님을 아버지로 하는 한 가족입니다. 그러므로 서로를 위해 기도하는 것은 당연합니다. 하나님께서 우리를 자녀로 대하신다면, 우리도 다른 성도들을 형제로 대해야 합니다.

제190문 첫 번째 간구에서 우리는 무엇을 위해 기도합니까?

답: 첫째 간구인 "이름이 거룩히 여김을 받으시오며"에서 우리는, 우리 자신과 모든 사람이 하나님을 바르게 경배하기에 전적으로 무능하고 부적합하다는 것을 인정하면서, 하나님께서 자신의 은혜로 우리와 다른 사람들에게 하나님, 자신의 이름, 속성, 규례, 말씀, 사역뿐만 아니라, 자신을 알리시는 일에 기쁘게 사용하시는 모든 것을, 우리가 깨닫고 인정하고 존귀하게 여길 수 있는 능력과 마음을 주시도록 기도하고, 더불어 생각과 말과 행동으로 하나님을 영화롭게 할 수 있기를 기도합니다. 그리고 하나님께서 무신론, 무지, 우상 숭배, 신성 모독과 하나님께 불명예가 되는 모든 일을 막아 주시고 제거해 주시기를, 또한 하나님께서 주권적인 섭리로 자신의 영광을 위해 모든 것을 명령하시고 주관하시기를 위해 기도합니다.

1. 첫 번째 간구인 "이름이 거룩히 여김을 받으시오며"에서 우리는,

> 이름이 거룩히 여김을 받으시오며(마 6:9)

첫 번째 간구는 "이름이 거룩히 여김을 받으시오며"입니다. 여기서 이름은 하나님의 이름을 의미합니다. 하나님의 이름에는 크게 두 가지 의미가 있습니다. 첫째, 하나님의 이름은 하나님의 존재를 의미합니다. 예를 들어, 누군가가 우리의 이름을 부르면 우리는 그 부름에 대답합니다. 이름이 우리의 존재를 의미하기 때문입니다. 하나님의 이름도 마찬가지입니다. 하나님의 이름은 하나님의 존재를 의미합니다. 따라서 하나님의 이름이 거룩하게 여겨지기를 기도하는 것은 하나님이 거룩하게 여겨지기를 기도하는 것과 같습니다.

둘째, 하나님의 이름은 하나님께서 자신을 알리시는 수단들을 의미합니다. 예를 들어 하나님은 자신의 이름을 "스스로 있는 자"로 소개하셨습니다. 하나님은 이름을 통해 자신이 어떤 분인지 우리에게 알려주셨습니다. 그러므로 하나님의 이름이 거룩하게 여겨지기를 기도하는 것은 하나님께서 자신을 알리시는 수단들이 거룩하게 여겨지기를 기도하는 것과 같습니다.

2. 우리 자신과 모든 사람이 하나님을 바르게 경배하기에 전적으로 무능하고 부적합하다는 것을 인정하면서,

우리가 무슨 일이든지 우리에게서 난 것 같이 <u>스스로 만족할 것이 아니니 우리의 만족은 오직 하나님으로부터 나느니라</u>(고후 3:5)

사람이 아무런 도구 없이 맨손으로 고층 빌딩을 지을 수 있을까요? 불가능합니다. 고층 빌딩을 짓기 위해서는 굴착기나 크레인 같은 중장비가 필수적입니다. 하나님을 경배하는 것도 마찬가지입니다. 사람에게는 하나님을 경배할 능력이 없습니다. 그래서 하나님의 은혜가 필요하고 하나님의 은혜를 간구하는 일이 필요합니다.

바울은 "우리의 만족은 오직 하나님으로부터" 난다고 말했습니다(고후 3:5). 하나님께서 능력을 주시지 않으면 하나님께서 맡기신 사역을 감당할 수 없다는 뜻입니다. 바로 이것이 "이름이 거룩히 여김을 받으시오며"라고 기도해야 하는 이유입니다. 그렇게 기도할 때 비로소 하나님을 올바르게 공경할 수 있는 능력을 하나님께로부터 받게 됩니다.

3. 하나님께서 자신의 은혜로 우리와 다른 사람들에게 하나님, 자신의 이름, 속성, 규례, 말씀, 사역뿐만 아니라, 자신을 알리시는 일에 기쁘게 사용하시는 모든 것을, 우리가 깨닫고 인정하고 존귀하게 여길 수 있는 능력과 마음을 주시도록 기도하고,

하나님을 알고 찬양하기를 기도해야 함	주의 도를 땅 위에, 주의 구원을 모든 나라에게 알리소서 하나님이여 민족들이 주를 찬송하게 하시며 모든 민족들이 주를 찬송하게 하소서(시 67:2-3)
하나님의 이름을 알고 찬양하기를 기도해야 함	여호와라 이름하신 주만 온 세계의 지존자로 알게 하소서 (시 83:18)
하나님의 속성을 알고 찬양하기를 기도해야 함	그러나 주여 주는 긍휼히 여기시며 은혜를 베푸시며 노하기를 더디하시며 인자와 진실이 풍성하신 하나님이시오니(시 86:5)
하나님의 규례와 말씀을 알고 찬양하기를 기도해야 함	끝으로 형제들아 너희는 우리를 위하여 기도하기를 주의 말씀이 너희 가운데서와 같이 퍼져 나가 영광스럽게 되고 (살후 3:1)
하나님의 사역을 알고 찬양하기를 기도해야 함	대대로 주께서 행하시는 일을 크게 찬양하며 주의 능한 일을 선포하리로다(시 145:4)

우리가 한글을 자랑하는 것은 한글의 우수성을 잘 알기 때문입니다. 한글을 모르는 사람이 한글을 자랑하지는 않을 것입니다. 하나님의 거룩하심을 인정하는 것도 마찬가지입니다. 하나님이 어떤 분인지 알아야, 하나님의 거룩하심을 인정하는 삶을 살 수 있습니다.

그렇다면 우리는 무엇을 통해 하나님을 알 수 있을까요? 대표적으로 하나님의 이름, 하나님의 속성, 하나님의 규례와 말씀, 하나님의 사역을 들 수 있습니다. 우리는 이러한 것들을 통해서 하나님을 알고, 하나님을 찬양하기를 기도해야 합니다.

4. 더불어 생각과 말과 행동으로 하나님을 영화롭게 할 수 있기를 기도합니다.

생각과 말을 통해 하나님을 영화롭게 하기를 기도해야 함	나의 반석이시요 나의 구속자이신 여호와여 내 입의 말과 마음의 묵상이 주님 앞에 열납되기를 원하나이다(시 19:14)
행동을 통해 하나님을 영화롭게 하기를 기도해야 함	내가 기도하노라 너희 사랑을 지식과 모든 총명으로 점점 더 풍성하게 하사...예수 그리스도로 말미암아 의의 열매가 가득하여 하나님의 영광과 찬송이 되기를 원하노라(빌 1:9, 11)

주일에 한 번 교회에 가는 것으로 하나님의 이름을 거룩하게 여기는 삶을 살고 있다고 착각해서는 안 됩니다. 진정으로 하나님의 이름을 거룩하게 하고자 한다면, 매일 매 순간을 하나님의 영광을 위해서 살아야 합니다. 그러므로 우리의 생각과 말과 행동이 하나님의 이름을 거룩하게 하는 것이 될 수 있도록 항상 기도해야 합니다.

5. 그리고 하나님께서 무신론, 무지, 우상 숭배, 신성 모독과 하나님께 불명예가 되는 모든 일을 막아 주시고 제거해 주시기를,

무신론을 제거하는 기도	주의 도를 땅 위에, 주의 구원을 모든 나라에게 알리소서(시 67:2)
무지를 제거하는 기도	우리 주 예수 그리스도의 하나님, 영광의 아버지께서 지혜와 계시의 영을 너희에게 주사 하나님을 알게 하시고 너희 마음의 눈을 밝히사 그의 부르심의 소망이 무엇이며 성도 안에서 그 기업의 영광의 풍성함이 무엇이며 그의 힘의 위력으로 역사하심을 따라 믿는 우리에게 베푸신 능력의 지극히 크심이 어떠한 것을 너희로 알게 하시기를 구하노라(엡 1:17-19)
우상숭배를 제거하는 기도	조각한 신상을 섬기며 허무한 것으로 자랑하는 자는 다 수치를 당할 것이라 너희 신들아 여호와께 경배할지어다(시 97:7)

신성모독을 제거하는 기도	여호와여 이것을 기억하소서 원수가 주를 비방하며 우매한 백성이 주의 이름을 능욕하였나이다...하나님이여 일어나 주의 원통함을 푸시고 우매한 자가 종일 주를 비방하는 것을 기억하소서 주의 대적들의 소리를 잊지 마소서 일어나 주께 항거하는 자의 떠드는 소리가 항상 주께 상달되나이다(시 74:18, 22-23)
그분에게 모독되는 모든 일을 제거하는 기도	그 앞에서 히스기야가 기도하여 이르되 그룹들 위에 계신 이스라엘의 하나님 여호와여 주는 천하 만국에 홀로 하나님이시라 주께서 천지를 만드셨나이다 여호와여 귀를 기울여 들으소서 여호와여 눈을 떠서 보시옵소서 산헤립이 살아 계신 하나님을 비방하러 보낸 말을 들으시옵소서(왕하 19:15-16)

하나님의 이름이 거룩하게 여겨지기를 원한다면, 하나님의 영광을 가리는 것들이 사라지기를 기도해야 합니다. 무신론, 무지, 우상 숭배, 신성 모독이 대표적입니다.

6. 또한 하나님께서 주권적인 섭리로 자신의 영광을 위해 모든 것을 명령하시고 주관하시기를 위해 기도합니다.

> 이르되 우리 조상들의 하나님 여호와여 주는 하늘에서 하나님이 아니시니이까 이방 사람들의 모든 나라를 다스리지 아니하시나이까 주의 손에 권세와 능력이 있사오니 능히 주와 맞설 사람이 없나이다(대하 20:6)

유다 왕 여호사밧은 모압과 암몬 연합군과의 전쟁을 앞두고 하나님의 도움을 구하는 기도를 드렸습니다. 그런데 그 이유가 특이했습니다. 단순히 승리를 위해서가 아니라, 여호와께서 하나님이시기 때문에 도와주셔야 한다고 간구했습니다(대하 20:6). 이것은 유다의 영광을 위해서가 아니라, 여호와의 영광을 위해 승리를 달라는 뜻입니다. 하나님은 자신의 영광을 위해 섭리하는 분이시기 때문입니다. 우리 역시 하나님께서 자기 영광을 위해 섭리하시기를 기도해야 합니다. 하나님께서 영광을 받으시는 것이, 곧 하나님의 이름이 거룩하게 여김을 받는 것이기 때문입니다.

두 번째 간구에서 우리는 무엇을 위해 기도합니까?

답: 두 번째 간구인 "나라가 임하시오며"에서 우리는, 우리 자신과 온 인류가 본질상 죄와 사탄의 지배 아래 있음을 인정하면서, 죄와 사탄의 나라가 멸망하고, 복음이 온 세상에 전파되며, 유대인들이 부르심을 받으며, 이방인들의 충만한 수가 차게 되기를 기도합니다. 또 교회가 모든 복음의 일꾼들과 규례들로 갖추어지며, 부패를 제거하여 깨끗하게 되고, 국가의 공직자로부터 지지와 옹호를 받기를, 또한 그리스도의 규례들이 순수하게 시행되어 아직 죄 중에 있는 사람들을 회심하게 하며, 이미 회심한 사람들을 견고하게 하고 위로하고 성숙하게 하는 데 효력 있게 되기를 기도합니다. 더불어 그리스도께서 이 세상에서 우리의 마음을 다스려 주시며, 그리스도의 재림과 우리가 그리스도와 함께 영원히 다스릴 때가 속히 임하기를 기도하고, 이상의 목적들을 가장 잘 이루기 위해서 그리스도께서 기꺼이 자기 나라의 권세를 온 세상에 행사하시기를 기도합니다.

1. 두 번째 간구인 "나라가 임하시오며"에서 우리는,

> 나라가 임하시오며(마 6:10)

두 번째 간구는 "나라가 임하시오며"입니다. 여기서 '나라'는 하나님께서 통치하시는 '하나님의 나라'를 의미합니다. 그러므로 "나라가 임하시오며"라는 간구의 핵심은 죄와 사탄의 나라가 멸망하고, 하나님의 통치가 확장되는 것입니다. 그리고 그것을 위해 교회가 부흥하는 것입니다.

2. 우리 자신과 온 인류가 본질상 죄와 사탄의 지배 아래 있음을 인정하면서,

> 그 때에 너희는 그 가운데서 행하여 이 세상 풍조를 따르고 <u>공중의 권세 잡은 자를 따랐으</u>
> <u>니 곧 지금 불순종의 아들들 가운데서 역사하는 영이라</u> 전에는 우리도 다 그 가운데서 우
> 리 육체의 욕심을 따라 지내며 육체와 마음의 원하는 것을 하여 다른 이들과 같이 본질상
> 진노의 자녀이었더니(엡 2:2-3)

불신자들은 '공중 권세 잡은 자'의 영향 아래 있습니다(엡 2:2). 여기서 공중 권세 잡은
자는 사탄을 의미합니다. 불신자들이 자기 뜻대로 살면서 주인 노릇을 하는 것처럼
보일지라도, 실상은 사탄의 노예라는 뜻입니다. 우리 역시 마찬가지입니다. 사탄의
노예는 아니지만, 부분적으로 사탄의 영향 아래 있습니다. 바로 이것이 우리가 두 번
째 간구로 기도해야 하는 이유입니다.

3. 죄와 사탄의 나라가 멸망하고,

> 하나님이 일어나시니 <u>원수들은 흩어지며 주를 미워하는 자들은 주 앞에서 도망하리이다</u>
> (시 68:1)
> <u>또 우리 형제들이 어린 양의 피와 자기들이 증언하는 말씀으로써 그를 이겼으니</u> 그들은
> 죽기까지 자기들의 생명을 아끼지 아니하였도다(계 12:11)

사탄은 인격적인 존재입니다. 사탄은 사람들에게 실제적인 영향을 미칩니다. 사람
들은 사탄의 유혹에 넘어가 죄를 짓습니다. 그래서 우리는 사탄의 나라가 멸망하기
를 기도해야 합니다. 사탄의 도모가 실패로 끝나기를, 악한 영들의 역사가 무너지기
를 기도해야 합니다(시 68:1).

어떤 사람들은 교육과 사회 제도를 개선함으로써 죄를 극복할 수 있다고 주장합
니다. 하지만 '죄와 사탄의 나라'는 그런 것에 영향을 받지 않습니다. 그리스도의 사
역과 복음만이 사탄의 나라를 무너뜨릴 수 있습니다(계 12:11). 그리스도의 사역과 복
음 전파를 통해 죄인들이 회개할 때 사탄의 나라는 멸망합니다. 그리고 그리스도가
재림하실 때 사탄의 나라는 완전히 멸망하게 될 것입니다.

4. 복음이 온 세상에 전파되며,

> 끝으로 형제들아 너희는 우리를 위하여 기도하기를 <u>주의 말씀이 너희 가운데서와 같이</u>
> <u>퍼져 나가 영광스럽게 되고</u>(살후 3:1)
> 주의 도를 땅 위에, 주의 구원을 모든 나라에게 알리소서(시 67:2)

바울은 데살로니가 교인들에게 복음 전파를 위해 기도해 달라고 부탁했습니다(살후
3:1). 복음이 전파되어야만 죄인들이 하나님께 순종하는 일이 일어나기 때문입니다.
오늘날 수많은 국가가 복음 전파를 완고하게 거절하면서 선교사들을 핍박하고 있습
니다. 주로 이슬람권에서 이런 일이 일어납니다. 우리는 이러한 곳에서 복음의 문이
열리기를 기도해야 합니다. 복음은 모든 나라와 모든 민족에게 전파되어야 합니다
(시 67:2).

5. 유대인들이 부르심을 받으며,

> 형제들아 내 마음에 원하는 바와 하나님께 구하는 바는 <u>이스라엘을 위함이니 곧 그들로</u>
> <u>구원을 받게 함이라</u>(롬 10:1)

원래 유대인들은 하나님의 나라를 구성하는 주된 축이었습니다. 하지만 그리스도께
서 오신 이후로 누구보다 맹렬하게 하나님의 나라를 방해하는 세력이 되었습니다.
그래서 바울은 간절한 마음으로 동족 이스라엘을 위해 기도했습니다. 그러므로 우리
역시 유대인들의 회심을 위해 기도해야 합니다. 특히 성경은 유대인의 불순종이 일
시적인 현상이라고 말합니다(롬 11:25). 지금도 유대인의 개종이 간헐적으로 발생하고
있지만, 언젠가는 상당히 많은 유대인이 그리스도를 영접하게 될 것입니다.[54] 우리는
그날이 속히 오기를 기도해야 합니다.

---

54 J. G. 보스, G. I. 윌리암슨, 『웨스트민스터 대요리문답 강해』, 류근상 옮김 (서울: 크리스챤출판사, 2007),
   696.

6. 이방인들의 충만한 수가 차게 되기를 기도합니다.

형제들아 너희가 스스로 지혜 있다 하면서 이 신비를 너희가 모르기를 내가 원하지 아니하노니 이 신비는 이방인의 충만한 수가 들어오기까지 이스라엘의 더러는 우둔하게 된 것이라 그리하여 온 이스라엘이 구원을 받으리라 기록된 바 구원자가 시온에서 오사 야곱에게서 경건하지 않은 것을 돌이키시겠고(롬 11:25-26)

"이방인들의 충만한 수"라는 표현은 로마서 11장 25절에서 온 것입니다. 바울은 택함을 받은 하나님의 백성 가운데, 유대인을 제외한 자들을 가리키는 표현으로 이 용어를 사용했습니다. 우리는 유대인들의 회심뿐만 아니라, 택함을 받은 이방인들의 구원을 위해서도 기도해야 합니다.

7. 또 교회가 모든 복음의 일꾼들과 규례들로 갖추어지며,

그러므로 추수하는 주인에게 청하여 추수할 일꾼들을 보내 주소서 하라 하시니라(마 9:38)

하나님의 나라는 복음 전파를 통해 확장됩니다. 그래서 예수님은 복음의 일꾼들을 보내달라고 기도하셨습니다(마 9:38). 여기서 두 가지 중요한 사실을 발견할 수 있습니다. 첫째, 복음의 일꾼들은 하나님께서 교회에 주시는 선물입니다. 둘째, 교회에는 복음의 일꾼들이 꼭 필요합니다.

그러므로 우리는 복음의 일꾼들을 위해서 기도해야 합니다. 합당한 자격을 갖춘 사람들이 교회의 직분자로 세워지기를 기도해야 합니다. 이미 직분을 맡은 사람들은 그 직분을 성실하게 수행하기를 기도해야 합니다. 그리고 직분자들을 통해 교회의 규례들이 바르게 시행되기를 기도해야 합니다. 여기에는 말씀 전파, 성례의 집행, 권징과 같은 것들이 있습니다.

8. 부패를 제거하여 깨끗하게 되고,

> 만군의 여호와가 이르노라 해 뜨는 곳에서부터 해 지는 곳까지의 이방 민족 중에서 내 이름이 크게 될 것이라 각처에서 내 이름을 위하여 분향하며 깨끗한 제물을 드리리니 이는 내 이름이 이방 민족 중에서 크게 될 것임이니라(말 1:11)
> 그러므로 누구든지 이런 것에서 자기를 깨끗하게 하면 귀히 쓰는 그릇이 되어 거룩하고 주인의 쓰심에 합당하며 모든 선한 일에 준비함이 되리라(딤후 2:21)

교회가 복음 사역을 잘 수행하려면, 부패를 제거하여 깨끗하게 되어야 합니다(말 1:11). 하나님은 많은 제물이 아니라 깨끗한 제물을 기뻐하시기 때문입니다. 그래서 바울은 하나님께서 쓰시는 일꾼은 깨끗한 사람이라고 말했습니다(딤후 2:21).

9. 국가의 공직자로부터 지지와 옹호를 받기를,

> 다스리는 자들은 선한 일에 대하여 두려움이 되지 않고 악한 일에 대하여 되나니 네가 권세를 두려워하지 아니하려느냐 선을 행하라 그리하면 그에게 칭찬을 받으리라 그는 하나님의 사역자가 되어 네게 선을 베푸는 자니라 그러나 네가 악을 행하거든 두려워하라 그가 공연히 칼을 가지지 아니하였으니 곧 하나님의 사역자가 되어 악을 행하는 자에게 진노하심을 따라 보응하는 자니라(롬 13:3-4)
> 그러므로 내가 첫째로 권하노니 모든 사람을 위하여 간구와 기도와 도고와 감사를 하되 임금들과 높은 지위에 있는 모든 사람을 위하여 하라 이는 우리가 모든 경건과 단정함으로 고요하고 평안한 생활을 하려 함이라(딤전 2:1-2)

교회는 국가의 공직자들을 위해서 기도해야 합니다. 하나님께서 국가의 공직자들에게 선을 장려하고, 악을 제어하는 권세를 주셨기 때문입니다(롬 13:3-4). 예를 들어, 살기가 가득한 유대인들로부터 바울을 보호해 준 것은 로마의 공직자들이었습니다. 이처럼 국가가 자기 역할을 올바르게 수행할 때, 교회는 복음 사역을 더 안정적으로 수행할 수 있습니다(딤전 2:1-2).

10. 또한 그리스도의 규례들이 순수하게 시행되어 아직 죄 중에 있는 사람들을 회심하게 하며, 이미 회심한 사람들을 견고하게 하고 위로하고 성숙하게 하는 데 효력 있게 되기를 기도합니다.

> 이러므로 우리도 항상 너희를 위하여 기도함은 우리 하나님이 너희를 그 부르심에 합당한 자로 여기시고 모든 선을 기뻐함과 <u>믿음의 역사를 능력으로 이루게 하시고</u>(살후 1:11) 우리 주 예수 그리스도와 우리를 사랑하시고 영원한 위로와 좋은 소망을 은혜로 주신 하나님 우리 아버지께서 너희 마음을 위로하시고 <u>모든 선한 일과 말에 굳건하게 하시기를 원하노라</u>(살후 2:16-17)

바울은 데살로니가 교회가 "믿음의 역사"를 능력으로 이루기를 기도하였습니다(살후 1:11). 여기서 믿음의 역사란, 교회가 수행해야 할 '그리스도의 규례'들을 의미합니다. 그리스도의 규례는 주로 복음의 전파, 성례의 집행, 권징의 시행. 이 세 가지를 의미합니다.

그런데 대요리문답은 그리스도의 규례들이 "순수하게" 시행되어야 한다고 말합니다. 복음의 전파와 성례의 집행과 권징의 시행이 인간적인 요소에 의해 오염된 경우가 많았기 때문입니다. 우리는 교회 안에서 그리스도의 규례들이 성경적인 절차와 원리에 따라 시행되도록 기도해야 합니다.

11. 더불어 그리스도께서 이 세상에서 우리의 마음을 다스려 주시며,

첫째, 성도의 마음속에 임한 하나님 나라 (그리스도의 영적인 통치)	믿음으로 말미암아 <u>그리스도께서 너희 마음에 계시게 하시옵고</u> 너희가 사랑 가운데서 뿌리가 박히고 터가 굳어져서(엡 3:17)

하나님의 나라는 어디에 있을까요? 크게 세 가지로 구분할 수 있습니다. 첫째, 하나님의 나라는 성도의 마음속에 있습니다. 이것을 그리스도의 영적인 통치라고 합니다. 복음을 믿는 신자들이 있는 곳은 그 어디나 하나님 나라입니다. 그러므로 우리는 그리스도께서 우리의 마음을 다스려 주시기를 기도해야 합니다.

12. 그리스도의 재림과 우리가 그리스도와 함께 영원히 다스릴 때가 속히 임하기를 기도하고,

둘째, 마지막 날에 완성될 하나님 나라 (그리스도의 영원한 통치)	이것들을 증언하신 이가 이르시되 내가 진실로 속히 오리라 하시거늘 아멘 주 예수여 오시옵소서(계 22:20)

둘째, 하나님의 나라는 마지막 날에 완성됩니다. 이것을 그리스도의 영원한 통치라고 합니다. 사도 요한은 "아멘 주 예수여 오시옵소서"라고 기도했습니다(계 22:20). 사도 요한이 예수님의 재림을 기도했던 이유는 예수님의 재림을 통해서 하나님의 나라가 완성되기 때문입니다. 어떤 성도들은 이 땅의 향락에 취해서 하나님 나라의 완성이 지연되기를 바랍니다. 그것은 바람직한 태도가 아닙니다. 우리는 이 세상의 나그네일 뿐입니다. 우리의 참된 본향은 이 세상이 아니라 다음 세상입니다. 그러므로 우리는 예수님의 재림과 하나님 나라의 완성을 두고 기도해야 합니다.

13. 이상의 목적들을 가장 잘 이루기 위해서 그리스도께서 기꺼이 자기 나라의 권세를 온 세상에 행사하시기를 기도합니다.

셋째, 지금 현재 이 땅 위에 임한 하나님 나라 (그리스도의 현재적 통치)	이십사 장로들이 보좌에 앉으신 이 앞에 엎드려 세세토록 살아 계시는 이에게 경배하고 자기의 관을 보좌 앞에 드리며 이르되(계 4:10)

사도 요한의 환상 속에서, 이십사 장로들은 그리스도에게 자신의 관을 드렸습니다 (계 4:10). 사도 요한은 로마 황제가 제국을 통치하던 시기를 살았습니다. 따라서 이 환상은 로마 황제가 아니라, 그리스도가 진정한 왕이심을 의미합니다. 따라서 그리스도는 종말이 되어야 비로소 왕위에 오르시는 것이 아닙니다. 그리스도는 지금 이미 왕이십니다. 그러므로 우리는 그리스도의 통치가 지금 이 세상에서 실현되기를 기도해야 합니다.

제192문 | 세 번째 간구에서 우리는 무엇을 위해 기도합니까?

답: 세 번째 간구인 "뜻이 하늘에서 이루어진 것 같이 땅에서도 이루어지이다"에서 우리는, 우리와 모든 사람이 본질상 하나님의 뜻을 알고 행하기에 전적으로 무능하고 완고할 뿐 아니라, 하나님의 말씀에 반역하기를 잘하고, 하나님의 섭리에 대해 불평하고 투덜대며, 전적으로 육신과 마귀의 뜻을 행하려 한다는 사실을 인정하면서, 하나님께서 성령으로 우리와 다른 사람들에게 있는 모든 무지, 연약함, 완고함, 사악함을 제거해 주시고, 하나님의 은혜로 우리가 하늘의 천사들처럼 겸손, 기쁨, 신실함, 부지런함, 열심, 성실함, 한결같음으로 모든 일에서 하나님의 뜻을 알고 행하고 복종하기를 즐겨할 수 있게 해 주시기를 기도합니다.

1. 세 번째 간구인 "뜻이 하늘에서 이루어진 것 같이 땅에서도 이루어지이다"에서 우리는,

> 뜻이 하늘에서 이루어진 것 같이 땅에서도 이루어지이다 (마 6:10)

세 번째 간구는 "뜻이 하늘에서 이루어진 것 같이 땅에서도 이루어지이다"입니다. 여기서 "뜻"은 하나님의 뜻을 말합니다. 하나님의 뜻에는 크게 두 종류가 있습니다. 첫째, '이미 드러난 뜻'입니다. 이미 드러난 하나님의 뜻은 도덕적 의무입니다. 십계명이 대표적입니다. 십계명과 같은 도덕적 의무는 하나님의 뜻을 찾을 필요가 없습니다. 이미 명확하게 드러나 있기 때문입니다. 둘째, '아직 감추어진 뜻'입니다. 아직 감추어진 하나님의 뜻은 하나님의 작정과 섭리입니다. 고난을 받는 이유가 대표적입니다. 우리가 왜 고난을 받는지 아직은 알 수 없습니다. 고난 속에는 하나님의 뜻이 감추어져 있습니다.

2. 우리와 모든 사람이 본질상 하나님의 뜻을 알고 행하기에 전적으로 무능하고 완고할 뿐 아니라, 하나님의 말씀에 반역하기를 잘하고, 하나님의 섭리에 대해 불평하고 투덜대며, 전적으로 육신과 마귀의 뜻을 행하려 한다는 사실을 인정하면서,

하나님의 뜻을 알고 행하기에 전적으로 무능하고 완고함	내 속 곧 내 육신에 선한 것이 거하지 아니하는 줄을 아노니 원함은 내게 있으나 선을 행하는 것은 없노라 (롬 7:18)
하나님의 말씀에 반역함	육신의 생각은 하나님과 원수가 되나니 이는 하나님의 법에 굴복하지 아니할 뿐 아니라 할 수도 없음이라 (롬 8:7)
하나님의 섭리에 불평함	이스라엘 자손이 다 모세와 아론을 원망하며 온 회중이 그들에게 이르되 우리가 애굽 땅에서 죽었거나 이 광야에서 죽었으면 좋았을 것을(민 14:2)
전적으로 육신과 마귀의 뜻을 행하려고 함	그 때에 너희는 그 가운데서 행하여 이 세상 풍조를 따르고 공중의 권세 잡은 자를 따랐으니 곧 지금 불순종의 아들들 가운데서 역사하는 영이라(엡 2:2)

우리의 타락한 상태는 크게 네 가지로 구분할 수 있습니다. 첫째, 우리는 하나님의 뜻을 알고 행하기에 전적으로 무능하고 완고합니다. 둘째, 우리는 하나님의 말씀에 반역하려는 성향을 가지고 있습니다. 셋째, 우리는 하나님의 섭리를 감사와 인내로 받아들이지 않고, 오히려 원망하고 불평합니다. 넷째, 우리는 하나님의 뜻보다는 육신과 마귀의 뜻을 행하기 좋아합니다. 바로 이것이 우리가 "뜻이 하늘에서 이루어진 것 같이 땅에서도 이루어지이다"라고 기도해야 하는 이유입니다. 우리의 생각과 마음이 악한 것으로 가득 채워져 있으므로, 하나님의 뜻이 이루어지기를 힘써 기도하지 않으면 하나님의 뜻에 순종하는 삶을 살 수 없습니다.

3. 하나님께서 성령으로 우리와 다른 사람들에게 있는 모든 무지, 연약함, 완고함, 사악함을 제거해 주시고,

무지를 제거하는 기도	우리 주 예수 그리스도의 하나님, 영광의 아버지께서 <u>지혜와 계시</u> <u>의 영을 너희에게 주사</u> 하나님을 알게 하시고 너희 마음의 눈을 <u>밝</u> <u>희사</u> 그의 부르심의 소망이 무엇이며 성도 안에서 그 기업의 영광 의 풍성함이 무엇이며(엡 1:17-18)
연약함을 제거하는 기도	그의 영광의 풍성함을 따라 그의 성령으로 말미암아 <u>너희 속사람</u> <u>을 능력으로 강건하게 하시오며</u>(엡 3:16)
완고함을 제거하는 기도	제자들에게 오사 그 자는 것을 보시고 베드로에게 말씀하시되 너 희가 나와 함께 한 시간도 이렇게 깨어 있을 수 없더냐 <u>시험에 들지</u> <u>않게 깨어 기도하라</u> 마음에는 원이로되 육신이 약하도다 하시고 (마 26:40-41)
사악함을 제거하는 기도	에브라임이 스스로 탄식함을 내가 분명히 들었노니 주께서 나를 징벌하시매 멍에에 익숙하지 못한 송아지 같은 내가 징벌을 받았 나이다 <u>주는 나의 하나님 여호와이시니 나를 이끌어 돌이키소서</u> <u>그리하시면 내가 돌아오겠나이다</u> 내가 돌이킨 후에 뉘우쳤고 내가 교훈을 받은 후에 내 볼기를 쳤사오니 이는 어렸을 때의 치욕을 지 므로 부끄럽고 욕됨이니이다 하도다(렘 31:18-19)

우리가 하나님의 뜻에 순종하기 위해서는 우리의 생각과 마음을 가득 채우고 있는 악한 것들이 제거되어야 합니다. 우리에게서 제거되어야 할 것들은 크게 네 가지입니다. 첫째, 하나님의 뜻을 분별하지 못하는 무지함. 둘째, 구원받기 이전의 습성을 버리지 못하는 연약함. 셋째, 하나님의 뜻에 순종하지 않으려는 완고함. 넷째, 하나님의 뜻에 고의적으로 저항하는 사악함입니다.

4. 하나님의 은혜로 우리가 하늘의 천사들처럼 겸손, 기쁨, 신실함, 부지런함, 열심, 성실함, 한결같음으로

하늘의 천사들과 같은	능력이 있어 여호와의 말씀을 행하며 그의 말씀의 소리를 듣는 여호와의 천사들이여 여호와를 송축하라 그에게 수종들며 <u>그의 뜻을 행하는</u> <u>모든 천군이여</u> 여호와를 송축하라(시 103:20-21)
겸손	사람아 주께서 선한 것이 무엇임을 네게 보이셨나니 여호와께서 네게 구하시는 것은 오직 정의를 행하며 인자를 사랑하며 <u>겸손하게</u> 네 하나님과 함께 행하는 것이 아니냐(미 6:8)
기쁨	<u>기쁨으로 여호와를 섬기며</u> 노래하면서 그의 앞에 나아갈지어다(시 100:2)
신실함(충성)	이르되 여호와여 구하오니 내가 주 앞에서 진실과 전심으로 행하며 주의 목전에서 선하게 행한 것을 기억하옵소서 하고 히스기야가 심히 통곡하니(사 38:3)
부지런함	주께서 명령하사 주의 법도를 잘 지키게 하셨나이다 <u>내 길을 굳게 정하사 주의 율례를 지키게 하소서</u>(시 119:4-5)
열심	부지런하여 게으르지 말고 <u>열심을 품고 주를 섬기라</u>(롬 12:11)
성실함	<u>내 마음으로 주의 율례들에 완전하게 하사</u> 내가 수치를 당하지 아니하게 하소서(시 119:80)
한결같음	내가 주의 율례들을 <u>영원히 행하려고</u> 내 마음을 기울였나이다(시 119:112)

주기도문의 세 번째 간구에서 "뜻이 하늘에서 이루어진 것 같이"라는 표현은 하늘에 있는 천사들의 순종을 뜻합니다. 즉, 세 번째 간구의 핵심은 하늘에 있는 천사들이 하나님께 완전히 순종하고 있는 것처럼, 우리도 하나님께 완전히 순종할 수 있도록 도와달라는 것입니다. 그래서 대요리문답은 하늘의 천사와 같은 덕목 일곱 가지를 제시합니다. 우리가 이러한 일곱 가지 덕목을 붙들고 힘써 기도한다면, 하늘의 천사와 같은 순종에 좀 더 가까워질 것입니다.

5. 모든 일에서 하나님의 뜻을 알고 행하고 복종하기를 즐겨할 수 있게 해 주시기를 기도합니다.

> 행위가 온전하여 여호와의 율법을 따라 행하는 자들은 복이 있음이여(시 119:1)
> 나로 하여금 주의 계명들의 길로 행하게 하소서 내가 이를 즐거워함이니이다 내 마음을
> 주의 증거들에게 향하게 하시고 탐욕으로 향하지 말게 하소서(시 119:35-36)

하나님은 자신의 뜻을 행하는 자들에게 복을 약속하셨습니다(시 119:1). 우리는 이 약속을 믿고 힘써 하나님께 순종해야 합니다. 그런데 우리의 순종이 그저 억지로나 형식적인 순종이어서는 안 됩니다. 그와 같은 순종은 하나님께서 기뻐하시는 순종이 아닙니다(고후 9:7). 하나님은 자원하는 심령을 기뻐하십니다(벧전 5:2). 그러므로 우리는 하나님께 순종하는 것 자체를 즐거워할 수 있기 위해 늘 기도해야 합니다.

제193문 네 번째 간구에서 우리는 무엇을 위하여 기도합니까?

답: 네 번째 간구인 "오늘 우리에게 일용할 양식을 주시옵고"에서 우리는, 우리가 아담 안에서와 우리 자신의 죄로 인해 이 세상의 모든 외적인 복을 누릴 권리를 상실했기에, 하나님께서 이 모든 복을 완전히 박탈해야 마땅하며 우리가 그 복들을 사용할 때 우리에게 저주가 되는 것이 마땅하고, 그 복들 자체가 우리를 유지할 수 없으며, 우리가 그 복들을 받을 자격도 없으며, 우리의 노력으로 그 복들을 얻을 수 없으며, 오히려 그 복들을 불법적으로 구하고 획득하며 사용하기 쉽다는 사실을 인정하면서, 우리와 다른 사람들 모두 날마다 정당한 수단들을 사용하여, 하나님의 섭리 가운데서 그 응답을 기다리며, 주시는 것은 하나님께서 거저 주시는 선물로 받고, 하나님의 부성적 지혜에 가장 알맞게 보이는 그 충분한 선물들을 누리기를, 그리고 그 선물들을 거룩하고 편리하게 사용하면서 그것들이 계속해서 우리에게 복이 되고, 우리가 그 선물에 만족하게 되고, 또 이 세상에서 평안을 누리며 사는 데 반대되는 모든 것에서 우리를 지켜 주시기를 위해 기도합니다.

1. 네 번째 간구인 "오늘 우리에게 일용할 양식을 주시옵고"에서 우리는,

오늘 우리에게 일용할 양식을 주시옵고(마 6:11)

네 번째 간구는 "오늘 우리에게 일용할 양식을 주시옵고"입니다. 여기서 '양식'은 우리가 살아가는데 필요한 모든 것을 의미합니다. 그러므로 네 번째 간구의 핵심은, 하나님께 간구하지 않고서는 단 하루도 살 수 없다는 것입니다. 우리는 네 번째 간구로 기도할 때마다, 우리의 생명이 하나님의 돌보심에 달려 있다는 사실을 되새겨야 합니다.

2. 우리가 아담 안에서와 우리 자신의 죄로 인해 이 세상의 모든 외적인 복을 누릴 권리를 상실했기에, 하나님께서 이 모든 복을 완전히 박탈해야 마땅하며 우리가 그 복들을 사용할 때 우리에게 저주가 되는 것이 마땅하고,

> 선악을 알게 하는 나무의 열매는 먹지 말라 네가 먹는 날에는 <u>반드시 죽으리라</u> 하시니라 (창 2:17)
> 너희 허물이 이러한 일들을 물리쳤고 너희 죄가 너희로부터 좋은 것을 막았느니라 (렘 5:25)

하나님은 아담에게 선악과를 먹는 날에는 반드시 죽으리라고 말씀 하셨습니다(창 2:17). 여기서 죽음은 하나님과 단절되는 것을 말합니다. 즉 모든 인간은 죄로 인해 하나님과 분리되었고, 하나님께 어떤 것도 요구할 수 없으며, 하나님의 돌보심을 받을 수 없는 비참한 상태에 있습니다(렘 5:25).

3. 그 복들 자체가 우리를 유지할 수 없으며,

> 너를 낮추시며 너를 주리게 하시며 또 너도 알지 못하며 네 조상들도 알지 못하던 만나를 네게 먹이신 것은 <u>사람이 떡으로만 사는 것이 아니요 여호와의 입에서 나오는 모든 말씀으로 사는 줄을</u> 네가 알게 하려 하심이니라(신 8:3)

네 번째 간구의 '양식'은 우리가 생존하는 데 필요한 모든 것을 말합니다. 그래서 대요리문답은 하나님께서 주시는 양식을 '복'이라고 표현합니다. 그런데 대요리문답은 하나님께서 주시는 복이, 그 자체로 우리의 생명을 유지해 주지 못한다고 말합니다. 이것은 우리의 생명이 하나님께서 주시는 복에 달려 있지 않고, 하나님 자신에게 달려 있음을 강조하는 표현입니다. 하나님께서 주시는 '복'에 집중하여 정작 복 주시는 당사자인 하나님을 보지 못하는 실수를 범하지 않도록 하는 것입니다. 신명기 8장 3절은 이 주제를 잘 설명해 줍니다. 모세는 이스라엘의 40년 광야 생활이, 사람이 떡으로만 사는 것이 아니요, 하나님의 은혜로 사는 것임을 배운 기간이라고 말합니다(신 8:3). 떡이 아니라 은혜입니다. 우리가 정말 사모할 것은 하나님께서 주시는 떡이 아니라 하나님입니다.

4. 우리가 그 복들을 받을 자격도 없으며,

> 나는 주께서 주의 종에게 베푸신 모든 은총과 모든 진실하심을 조금도 감당할 수 없사오나 내가 내 지팡이만 가지고 이 요단을 건넜더니 지금은 두 떼나 이루었나이다(창 32:10)

야곱은 하나님께서 베푸신 복이 과분하다고 말했습니다(창 32:10). 참으로 올바른 고백입니다. 모든 인간은 심판을 받아야 하는 죄인입니다. 인간은 하나님께 요구할 권리가 없고, 하나님은 인간에게 주어야 할 의무가 없습니다. 그런 점에서 우리의 생존에 필요한 것들을 하나님께 간구할 때에는, 이 모든 것이 하나님의 은혜와 긍휼임을 기억해야 합니다.

5. 우리의 노력으로 그 복들을 얻을 수 없으며,

> 그러나 네가 마음에 이르기를 내 능력과 내 손의 힘으로 내가 이 재물을 얻었다 말할 것이라 네 하나님 여호와를 기억하라 그가 네게 재물 얻을 능력을 주셨음이라 이같이 하심은 네 조상들에게 맹세하신 언약을 오늘과 같이 이루려 하심이니라(신 8:17-18)

우리는 "내 능력과 내 손의 힘으로 내가 이 재물을 얻었다"라고 말해서는 안 됩니다. 그것은 참으로 미련하고 교만한 망언입니다. 하나님께서 우리에게 주시지 않았다면, 우리는 아무것도 얻지 못했을 것이기 때문입니다(신 8:17-18). 예를 들어, 하나님께서 우리의 심장을 뛰게 하시지 않는다면, 우리가 무엇을 할 수 있을까요? 우리는 하나님의 은혜 없이는 아무것도 할 수 없는 존재입니다.

6. 오히려 그 복들을 불법적으로 구하고 획득하며 사용하기 쉽다는 사실을 인정하면서,

> 속에서 곧 사람의 마음에서 나오는 것은 악한 생각 곧 음란과 도둑질과 살인과 간음과 탐욕과 악독과 속임과 음탕과 질투와 비방과 교만과 우매함이니(막 7:21-22)
> 그는 상인이라 손에 거짓 저울을 가지고 속이기를 좋아하는도다(호 12:7)
> 구하여도 받지 못함은 정욕으로 쓰려고 잘못 구하기 때문이라(약 4:3)

사람의 마음은 온갖 악한 것들로 가득합니다(막 7:21-22). 그래서 사람들은 하나님께 구하지 않고, 불법적인 방법으로 인생의 필요를 채우려고 합니다(호 12:7). 중생한 성도 역시 마찬가지입니다(약 4:3). 긴급한 문제가 생길 때 하나님께 구하지 않고 사람을 의지하거나 불법을 사용할 때가 많습니다.

7. 우리와 다른 사람들 모두 날마다 정당한 수단들을 사용하여,

> 도둑질하는 자는 다시 도둑질하지 말고 돌이켜 가난한 자에게 구제할 수 있도록 자기 손으로 수고하여 선한 일을 하라(엡 4:28)
> 우리가 들은즉 너희 가운데 게으르게 행하여 도무지 일하지 아니하고 일을 만들기만 하는 자들이 있다 하니 이런 자들에게 우리가 명하고 주 예수 그리스도 안에서 권하기를 조용히 일하여 자기 양식을 먹으라 하노라(살후 3:11-12)

아프면 기도해야 합니다. 동시에 병원을 찾아야 합니다. 기도만 하고, 병을 고치기 위한 아무 노력을 하지 않는 것은 올바르지 않습니다. 일용할 양식을 얻는 것도 마찬가지입니다. 살아가는 데 필요한 것들을 하나님께 기도해야 합니다. 동시에 필요한 것들을 얻기 위해 노력해야 합니다.

바울은 생존에 필요한 것들을 얻기 위해 기도만 하고 있으라고 말하지 않았습니다. "자기 손으로 수고하여 선한 일을 하라"고 했으며(엡 4:28), "조용히 일하여 자기 양식을 먹으라"고 했습니다(살후 3:11-12). 이처럼 우리는 살아가는 데 필요한 것들을 얻기 위해 할 수 있는 모든 노력을 다해야 합니다.

8. 하나님의 섭리 가운데서 그 응답을 기다리며, 주시는 것은 하나님께서 거저 주시는 선물로 받고, 하나님의 부성적 지혜에 가장 알맞게 보이는 그 충분한 선물들을 누리기를,

> 나는 비천에 처할 줄도 알고 풍부에 처할 줄도 알아 모든 일 곧 배부름과 배고픔과 풍부와 궁핍에도 처할 줄 아는 일체의 비결을 배웠노라(빌 4:12)

바울은 하나님의 섭리를 가장 중요하게 생각했습니다. 부족한 것도 하나님의 뜻이요, 넉넉한 것도 하나님의 뜻으로 여겼습니다(빌 4:12). 이러한 태도는 네 번째 간구로 기도함에 있어서 매우 중요합니다. 일반적으로 우리는 하나님께서 가능한 많이 주시기를 원합니다. 하지만 넉넉한 것만 하나님의 뜻일 수 없습니다. 때로는 부족한 것이 하나님의 뜻일 수 있습니다. 경우에 따라서는 번영과 성공이 우리의 영육에 도움이 되지 않을 수도 있고(마 19:23), 반대로 끔찍한 고난이 우리의 영육에 도움이 될 수도 있습니다(시 119:71).

그래서 우리는 우리의 욕심만큼이 아니라, 하늘 아버지께서 보시기에 가장 알맞은 만큼 주시기를 기도해야 합니다. 이것을 상징적으로 보여주는 것이 네 번째 간구의 "일용할 양식"이라는 표현입니다. 일용할 양식이란, 하루를 사는데 필요한 만큼의 양식을 뜻합니다. 그러므로 하나님께 일용할 양식을 구하는 것은 우리의 욕심만큼이 아니라, 하나님 보시기에 알맞은 만큼 주시기를 기도하는 것입니다.

9. 그리고 그 선물들을 거룩하고 편리하게 사용하면서 그것들이 계속해서 우리에게 복이 되고, 우리가 그 선물에 만족하게 되고,

> 혼인을 금하고 어떤 음식물은 먹지 말라고 할 터이나 음식물은 하나님이 지으신 바니 믿는 자들과 진리를 아는 자들이 감사함으로 받을 것이니라 하나님께서 지으신 모든 것이 선하매 감사함으로 받으면 버릴 것이 없나니 하나님의 말씀과 기도로 거룩하여짐이라(딤전 4:3-5)
> 그러나 자족하는 마음이 있으면 경건은 큰 이익이 되느니라 우리가 세상에 아무 것도 가지고 온 것이 없으매 또한 아무 것도 가지고 가지 못하리니 우리가 먹을 것과 입을 것이 있은즉 족한 줄로 알 것이니라(딤전 6:6-8)

우리는 생존에 필요한 것들을 공급해 달라고 기도할 뿐만 아니라, 하나님께서 주신 것에 만족할 수 있는 마음을 달라고도 기도해야 합니다(딤전 4:3-5). 하나님께서 주신 것에 만족하지 않는다면 하나님께 감사할 수도 없고(딤전 6:6-8), 하나님께 감사하는 마음이 없다면 하나님의 공급하심이 우리의 영혼에 아무런 유익이 되지 못하기 때문입니다.

10. 또 이 세상에서 평안을 누리며 사는 데 반대되는 모든 것에서 우리를 지켜 주시기를 위해 기도합니다.

> 곧 헛된 것과 거짓말을 내게서 멀리 하옵시며 나를 가난하게도 마옵시고 부하게도 마옵시고 오직 필요한 양식으로 나를 먹이시옵소서 혹 내가 배불러서 하나님을 모른다 여호와가 누구냐 할까 하오며 혹 내가 가난하여 도둑질하고 내 하나님의 이름을 욕되게 할까 두려워함이니이다(잠 30:8-9)

모든 것을 얻었지만, 신앙을 잃은 사람을 복되다고 할 수 있을까요? 그 사람은 복을 받은 사람이 아니라 저주를 받은 사람입니다. 그래서 우리는 갖고 싶어도 신앙에 유익하지 않은 것은 구하지 않고, 얻고 싶지 않아도 신앙에 유익한 것은 구해야 합니다. 구할 때는 꼭 필요한 만큼만 구해야 하며, 신앙에 해로운 것은 멀리해야 합니다(잠 30:8-9).

다섯 번째 간구에서 우리는 무엇을 위해 기도합니까?

답: 다섯 번째 간구인 "우리가 우리에게 죄지은 자를 사하여 준 것 같이 우리 죄를 사하여 주시옵고"에서 우리는, 우리와 다른 모든 사람이 원죄와 실제적인 죄를 지어 하나님의 공의에 빚진 자가 되었으며, 또한 우리나 다른 어떤 피조물도 그 빚을 조금도 갚을 수 없다는 사실을 인정하면서, 하나님께서 값없이 주시는 은혜로 말미암아 믿음으로 이해되고 적용되는 그리스도의 순종과 속죄를 통하여 우리와 다른 사람들이 죄책과 죄의 형벌에서 사면받게 해 주시기를, 하나님께서 사랑하시는 자 그리스도 안에서 우리를 받아 주시기를 위해 기도합니다. 그리고 우리에게 계속해서 그분의 은총과 은혜를 베풀어 주시며, 우리가 매일 짓는 죄를 용서해 주시고, 우리에게 죄사함의 확신을 날마다 더해 주셔서, 우리를 평강과 기쁨으로 충만하게 하시기를 기도합니다. 이 죄사함에 대한 확신은 우리가 다른 사람들의 죄를 진심으로 용서한다는 증거가 우리에게 있을 때, 더 담대하게 구할 수 있고 더 용기를 얻어 기대하게 됩니다.

1. 다섯 번째 간구인 "우리가 우리에게 죄지은 자를 사하여 준 것 같이 우리 죄를 사하여 주시옵고"에서 우리는,

> 우리가 우리에게 죄 지은 자를 사하여 준 것 같이 우리 죄를 사하여 주시옵고(마 6:12)

다섯 번째 간구는 죄 용서에 관한 것입니다. 세상 사람들은 죄에 무감각합니다. 성도 중에도 죄를 심각하게 여기지 않는 자들이 많습니다. 하지만 주님은 우리가 자신의 죄를 무겁게 돌아보기를 원하십니다. 세상은 죄를 슬픈 사건이나 괴로운 문제 정도로 생각하지만, 성경은 죄를 하나님의 심판과 직결시키고 있습니다. 우리는 죄인이 위로와 긍휼의 대상이 아니라 심판의 대상임을 직시하고 하나님 앞에 나아가야 합니다.

---

2. 우리와 다른 모든 사람이 원죄와 실제적인 죄를 지어 하나님의 공의에 빚진 자가 되었으며, 또한 우리나 다른 어떤 피조물도 그 빚을 조금도 갚을 수 없다는 사실을 인정하면서,

> 기록된 바 <u>의인은 없나니 하나도 없으며</u> 깨닫는 자도 없고 하나님을 찾는 자도 없고 다 치우쳐 함께 무익하게 되고 선을 행하는 자는 없나니 하나도 없도다(롬 3:10-12)
> 천국은 그 종들과 결산하려 하던 어떤 임금과 같으니 결산할 때에 <u>만 달란트 빚진 자 하나</u>를 데려오매 갚을 것이 없는지라(마 18:23-25)
> 여호와여 주께서 죄악을 지켜보실진대 주여 누가 서리이까 그러나 사유하심이 주께 있음은 주를 경외하게 하심이니이다(시 130:3-4)

이 세상에 의인은 없습니다(롬 3:10-12). 모든 사람이 원죄와 실제적인 죄를 지었습니다. 그래서 성경은 인간을 하나님께 빚진 상태로 묘사합니다. 마태복음 18장의 '용서할 줄 모르는 종의 비유'가 대표적입니다. 이 비유에는 도저히 갚을 수 없는 큰 빚을 지고 있는 종이 등장합니다. 이 종은 하나님께 죄의 빚을 지고 있는 인간을 상징합니다. 우리가 하나님께 죄 용서를 구하는 기도를 드릴 때마다, 이 사실을 명심해야 합니다. 우리는 하나님께 도저히 갚을 수 없는 죄의 빚을 지고 있습니다. 이 빚은 하나님의 은혜 없이는 해결할 수 없습니다(시 130:3-4).

3. 하나님께서 값없이 주시는 은혜로 말미암아 믿음으로 이해되고 적용되는 그리스도의 순종과 속죄를 통하여 우리와 다른 사람들이 죄책과 죄의 형벌에서 사면받게 해 주시기를,

> <u>그리스도 예수 안에 있는 속량으로 말미암아</u> 하나님의 은혜로 값 없이 의롭다 하심을 얻은 자 되었느니라(롬 3:24)
> 율법을 따라 거의 모든 물건이 피로써 정결하게 되나니 <u>피흘림이 없은즉 사함이 없느니라</u>(히 9:22)

우리는 그리스도 때문에 죄 용서를 받았습니다(롬 3:24). 죄 용서의 근거는 우리의 선행이나 공로가 아니라, 그리스도 때문에 값없이 베풀어지는 하나님의 은혜에 있습니다. 그렇다면 그리스도께서 무엇을 하셨기에 우리의 모든 죄가 사해질 수 있을까요?
첫째, 순종입니다. 그리스도는 우리를 위해 하나님께 순종하셨습니다. 그리스도는 하나님의 기준에 부합하는 의로움을 이루셨습니다. 그리고 그 의로움을 우리에게 전가해 주셨습니다. 둘째, 속죄입니다. 그리스도는 우리를 위해 피 흘리고 죽으셨습니다(히 9:22). 그리스도는 우리가 받아야 할 죄의 형벌을 대신 받으셨습니다. 바로 이두 가지, 그리스도의 순종과 속죄로 인하여 우리의 죄책과 형벌이 사라졌습니다.

그렇다면 무엇을 통해 그리스도의 의로움이 우리에게 전가되고, 우리의 죄는 그리스도에게 전가될까요? 믿음입니다. 믿음은 그리스도의 순종과 속죄가 우리에게 적용되는 통로입니다.

4. 하나님께서 사랑하시는 자 그리스도 안에서 우리를 받아 주시기를 위해 기도합니다.

> 우리는 <u>그리스도 안에서</u> 그의 은혜의 풍성함을 따라 그의 피로 말미암아 속량 곧 <u>죄 사함을 받았느니라</u>(엡 1:7)

우리 대신 죽으신 그리스도는 온 세상의 창조주입니다. 그리스도는 무엇과도 비교할 수 없는 무게와 가치를 가지고 계십니다. 그리스도의 피로도 해결할 수 없는 죄는 없습니다. 그래서 하나님은 아무리 큰 죄라도 그리스도 안에서 용서해 주십니다(엡 1:7). 우리 대신 죽으신 분이 그리스도라는 것. 우리는 이 사실을 생각하며 담대히 용서의 기도를 하나님께 드려야 합니다.

5. 그리고 우리에게 계속해서 그분의 은총과 은혜를 베풀어 주시며, 우리가 매일 짓는 죄를 용서해 주시고, 우리에게 죄사함의 확신을 날마다 더해 주셔서, 우리를 평강과 기쁨으로 충만하게 하시기를 기도합니다.

> 너는 말씀을 가지고 여호와께로 돌아와서 아뢰기를 <u>모든 불의를 제거하시고 선한 바를 받으소서</u> 우리가 수송아지를 대신하여 입술의 열매를 주께 드리리이다(호 14:2)
> 주의 <u>구원의 즐거움을 내게 회복시켜 주시고</u> 자원하는 심령을 주사 나를 붙드소서(시 51:12)

그리스도 안에 있는 자에게는 정죄함이 없습니다(롬 8:1). 그렇다면 그리스도인은 죄 용서를 구할 필요가 없을까요? 그렇지 않습니다. 호세아 선지자는 하나님께 죄 용서를 구하라고 외쳤습니다(호 14:2). 이미 모든 죄를 용서받았음에도 하나님께 죄 용서를 구해야 하는 이유는 무엇일까요?

죄가 구원을 취소시키지는 않지만, 죄로 인해 하나님과의 친밀한 교제가 방해받기 때문입니다. 다윗의 경우가 대표적입니다. 다윗은 큰 죄를 지은 후, 구원의 즐거움을 회복시켜 달라고 기도했습니다(시 51:12). 다윗의 죄가 구원을 취소시키지는 않았지만, 그 죄로 인해 영적인 기쁨이 사라졌던 것입니다. 바로 이것이 우리가 항상 죄 용서를 구해야 하는 이유입니다.

7. 이 죄사함에 대한 확신은 우리가 다른 사람들의 죄를 진심으로 용서한다는 증거가 우리에게 있을 때, 더 담대하게 구할 수 있고 더 용기를 얻어 기대하게 됩니다.

> 우리가 우리에게 죄 지은 모든 사람을 용서하오니 우리 죄도 사하여 주시옵고 우리를 시험에 들게 하지 마시옵소서 하라(눅 11:4)
> 너희가 사람의 잘못을 용서하면 너희 하늘 아버지께서도 너희 잘못을 용서하시려니와 너희가 사람의 잘못을 용서하지 아니하면 너희 아버지께서도 너희 잘못을 용서하지 아니하시리라(마 6:14-15)

자칫하면 다섯 번째 간구를, 우리가 먼저 다른 사람의 죄를 용서해야만 우리도 하나님께 죄 용서를 받을 수 있다는 식으로 오해할 수 있습니다. 다섯 번째 간구는 그런 의미가 아닙니다. 이 간구의 참된 의미는 우리가 다른 사람의 죄를 용서할 수 있을 때, 우리 역시 더욱 담대히 하나님께 죄 용서를 간구할 수 있다는 것입니다. 다른 사람을 용서하는 마음이 있다는 것은 성령님께서 우리 마음에 계신다는 증거이고, 그것은 우리가 하나님과 화목한 관계 가운데 있다는 증거이기 때문입니다.[55]

❖ 다섯 번째 간구에 대한 칼빈의 해설 ❖

만일 우리 마음에 분노의 감정을 그대로 갖고 있고, 앙갚음을 하고 상대방에게 해를 끼칠 계략을 생각하고 있으며, 그리고 심지어 우리의 모든 호의를 다하여 상대방에게 선한 은혜를 끼치도록 애를 쓰지 않고 있는 상태에서 이 간구를 드린다면, 이는 곧 하나님께서 우리 죄를 용서하지 말아 주십사 하고 구하는 것이 되는 것이다. 왜냐하면, 우리가 다른 사람에게 행하는 것처럼 하나님께서 우리에게 행하여 주시기를 구하는 것이기 때문이다.[56]

---

55   J. G. 보스, G. I. 윌리암슨, 『웨스트민스터 대요리문답 강해』, 류근상 옮김 (서울: 크리스챤출판사, 2007), 722.
56   존 칼빈, 『기독교강요 (중)』, 원광연 옮김 (고양: 크리스챤다이제스트, 200), 498.

제195문 여섯 번째 간구에서 우리는 무엇을 위해 기도합니까?

답: 여섯 번째 간구인 "우리를 시험에 들게 하지 마시옵고 다만 악에서 구하시옵소서"에서 우리는, 지극히 지혜로우시고 의로우시며 은혜로우신 하나님께서 거룩하고 공의로운 여러 가지 목적을 위해, 우리가 공격받고 넘어지고 유혹에 잠시 동안 사로잡히도록, 또한 사탄과 세상과 육신이 우리를 강력하게 곁길로 끌어내어서 덫에 걸리도록 그렇게 섭리하실 수 있고, 우리가 죄를 용서받은 이후에도 여전히 부패하고 연약하고 깨어 있지 않아 시험을 받으며, 우리 자신을 시험에 내어 줄 뿐만 아니라, 우리 스스로 시험에 저항하거나 시험에서 빠져나와 회복하려 한다거나 시험을 자기 반성과 성장의 기회로 삼으려고 하지도 않고, 그럴 마음도 없어서, 시험의 권세 아래 내버려 둠을 당함이 마땅하다는 것을 인정해야 합니다.

그래서 우리는, 하나님께서 세상과 그 안에 있는 모든 것을 주관하시고, 육신을 굴복시키며, 사탄을 제어하시고, 모든 것을 다스리시며, 은혜의 방편들을 베푸시고 그 방편들에 복을 주시며, 우리가 은혜의 방편들을 활용할 때 우리 안에 경각심을 일깨워 주셔서, 우리와 하나님의 모든 백성이 하나님의 섭리로 말미암아 죄의 시험에 빠지지 않게 지켜 주시기를 기도합니다.

만약 우리가 시험을 받게 된다면, 성령님께서 우리를 강하게 붙들어 주시고 시험의 때에도 든든히 서게 하시기를, 혹 넘어지더라도 거기서 다시 일어나 회복되게 하셔서, 그 유혹 받음이 오히려 우리로 거룩하게 되고 성장하는 데 사용되기를, 그래서 우리의 성화와 구원이 온전하게 되며, 사탄이 우리의 발아래에 짓밟히게 되고, 우리가 영원히 죄와 시험과 모든 악에서 완전히 자유롭게 되기를 기도합니다.

1. 여섯 번째 간구인 "우리를 시험에 들게 하지 마시옵고 다만 악에서 구하시옵소서"에서 우리는,

> 우리를 시험에 들게 하지 마시옵고 다만 악에서 구하시옵소서(마 6:13)

여섯 번째 간구는 유혹과 악에서 구해 달라는 것입니다. 우리가 사탄의 유혹에 미혹되지 않고, 우리의 마음이 죄에 물들지 않게 해 달라는 것입니다. 이 기도는 우리가 사탄에게 유혹당하기 쉬운 환경에 있다는 것과 우리의 마음이 죄에 물들기 쉬운 상태에 있다는 것을 전제하고 있습니다.

2. 지극히 지혜로우시고 의로우시며 은혜로우신 하나님께서 거룩하고 공의로운 여러 가지 목적을 위해, 우리가 공격받고 넘어지고 유혹에 잠시 동안 사로잡히도록, 또한 사탄과 세상과 육신이 우리를 강력하게 곁길로 끌어내어서 덫에 걸리도록 그렇게 섭리하실 수 있고,

거룩하고 공의로운 여러 가지 목적을 위해	시험을 받도록 섭리하심	그러나 바벨론 방백들이 히스기야에게 사신을 보내어 그 땅에서 나타난 이적을 물을 때에 하나님이 히스기야를 떠나시고 그의 심중에 있는 것을 다 알고자 하사 <u>시험하셨더라</u>(대하 32:31)
	사탄에게 시험을 받도록 섭리하심	<u>사탄이 일어나</u> 이스라엘을 대적하고 <u>다윗을 충동하여</u> 이스라엘을 계수하게 하니라(대상 21:1)
	세상에서 시험을 받도록 섭리하심	<u>너희는 스스로 조심하라 그렇지 않으면 방탕함과 술취함과 생활의 염려로 마음이 둔하여지고</u> 뜻밖에 그 날이 덫과 같이 너희에게 임하리라(눅 21:34)
	육신의 연약함으로 시험하심	오직 각 사람이 시험을 받는 것은 <u>자기 욕심에 끌려 미혹됨이니</u>(약 1:14)

하나님은 죄의 조성자가 아닙니다. 하지만 하나님이 죄와 아무 상관이 없다고 생각해서는 안 됩니다. 만약 하나님과 상관없이 죄가 발생한다고 주장한다면, 하나님께

서 죄를 통제하지 못한다는 뜻이 됩니다. 이것은 하나님의 전능하신 속성에 어긋나는 일입니다. 오히려 우리는 "지극히 지혜로우시고 의로우시며 은혜로우신 하나님께서, 거룩하고 공의로운 여러 가지 목적을 위해" 악을 허용하시고, 우리가 시험을 당하도록 섭리하신다는 사실을 믿어야 합니다.

그리고 우리는 하나님께서 우리를 시험하기도 하시지만, 그 시험은 우리를 넘어뜨리려는 시험이 아니며, 오히려 하나님의 뜻을 이루기 위한 섭리임을 믿어야 합니다. 그리고 우리가 시험을 당해 어려운 환경 속에 있을지라도, 그 시험이 하나님의 섭리임을 믿고 인내해야 합니다.

3. 우리가 죄를 용서받은 이후에도 여전히 부패하고 연약하고 깨어 있지 않아 시험을 받으며, 우리 자신을 시험에 내어 줄 뿐만 아니라, 우리 스스로 시험에 저항하거나 시험에서 빠져나와 회복하려 한다거나 시험을 자기 반성과 성장의 기회로 삼으려고 하지도 않고, 그럴 마음도 없어서, 시험의 권세 아래 내버려 둠을 당함이 마땅하다는 것을 인정해야 합니다.

우리의 부패함 때문에 시험을 당함	<u>육체의 소욕은 성령을 거스르고</u> 성령은 육체를 거스르나니 이 둘이 서로 대적함으로 너희가 원하는 것을 하지 못하게 하려 함이니라(갈 5:17)
우리가 연약하고 깨어 있지 않아서 시험을 당함	시험에 들지 않게 깨어 기도하라 마음에는 원이로되 <u>육신이 약하도다</u> 하시고(마 26:41)
우리 자신을 시험에 내어 주기도 함	내가 내 집 들창으로, 살창으로 내다 보다가 어리석은 자 중에, 젊은이 가운데 한 지혜 없는 자를 보았노라 <u>그가 거리를 지나 음녀의 골목 모퉁이로 가까이 하여 그의 집쪽으로 가</u>는데 저물 때, 황혼 때, 깊은 밤 흑암 중에라(잠 7:6-9)
시험에 저항할 능력이 없음	내 지체 속에서 한 다른 법이 내 마음의 법과 싸워 내 지체 속에 있는 죄의 법으로 나를 사로잡는 것을 보는도다 <u>오호라 나는 곤고한 사람이로다</u> 이 사망의 몸에서 누가 나를 건져내랴 (롬 7:23-24)

그러므로 악한 권세 아래 내버려 둠을 당하는 것이 마땅함	내 백성이 내 소리를 듣지 아니하며 이스라엘이 나를 원하지 아니하였도다 <u>그러므로 내가 그의 마음을 완악한 대로 버려 두어 그의 임의대로 행하게 하였도다</u>(시 81:11-12)

대요리문답은 우리가 "죄사함을 받은 후에도" 여전히 죄의 영향 아래 있음을 크게 다섯 가지로 구분하여 설명합니다. 우리가 구원받은 이후에도 여전히 부패한 본성을 가지고 있음을 확인시키는 것입니다. 대요리문답이 우리의 타락한 본성을 자세하게 설명하는 이유는, 우리의 영적 승리와 진보가 전적으로 하나님의 은혜이며 선물임을 강조하는 것입니다.

4. 그래서 우리는, 하나님께서 세상과 그 안에 있는 모든 것을 주관하시고, 육신을 굴복시키며, 사탄을 제어하시고, 모든 것을 다스리시며, 은혜의 방편들을 베푸시고 그 방편들에 복을 주시며, 우리가 은혜의 방편들을 활용할 때 우리 안에 경각심을 일깨워 주셔서, 우리와 하나님의 모든 백성이 하나님의 섭리로 말미암아 죄의 시험에 빠지지 않게 지켜 주시기를 기도합니다.

세상 모든 것을 주관하셔서 우리가 죄에 빠지지 않기를 구하는 기도	내가 비옵는 것은 그들을 <u>세상에서 데려가시기를 위함이 아니요 다만 악에 빠지지 않게 보전하시기를 위함이니이다</u>(요 17:15)
타락한 육신의 본능에 굴복하지 않기를 구하는 기도	하나님이여 내 속에 정한 <u>마음을 창조하시고 내 안에 정직한 영을 새롭게 하소서</u>(시 51:10)
사탄을 제어하셔서 우리가 죄에 빠지지 않기를 구하는 기도	여호와께서 사탄에게 이르시되 내가 그의 소유물을 다 네 손에 맡기노라 <u>다만 그의 몸에는 네 손을 대지 말지니라</u> 사탄이 곧 여호와 앞에서 물러가니라(욥 1:12) 여호와께서 사탄에게 이르시되 내가 그를 네 손에 맡기노라 <u>다만 그의 생명은 해하지 말지니라</u>(욥 2:6)

모든 것을 다스리셔서 우리가 죄에 빠지지 않기를 구하는 기도	그런즉 선 줄로 생각하는 자는 넘어질까 조심하라 사람이 감당할 시험 밖에는 너희가 당한 것이 없나니 오직 하나님은 미쁘사 너희가 감당하지 못할 시험 당함을 허락하지 아니하시고 <u>시험 당할 즈음에 또한 피할 길을 내사 너희로 능히 감당하게 하시느니라</u>(고전 10:12-13)
은혜의 방편(말씀, 기도, 성례)을 통해 우리가 죄에 빠지지 않기를 구하는 기도	<u>지금 내가 여러분을 주와 및 그 은혜의 말씀에 부탁하노니 그 말씀이 여러분을 능히 든든히 세우사 거룩하게 하심을 입은 모든 자 가운데 기업이 있게 하시리라</u> (행 20:32)
은혜의 방편을 잘 사용하여서 우리가 죄에 빠지지 않기를 구하는 기도	<u>시험에 들지 않게 깨어 기도하라</u> 마음에는 원이로되 육신이 약하도다 하시고(마 26:41)

대요리문답은 우리가 시험에 빠지지 않도록 다음과 같이 기도해야 한다고 가르칩니다. 첫째, 세상 모든 것을 주관하셔서 우리가 죄에 빠지지 않기를 구하는 기도입니다 (요 17:15). 둘째, 타락한 육신의 본능에 굴복하지 않기를 구하는 기도입니다(시 51:10). 셋째, 사탄을 제어해 달라는 기도입니다(욥 1:12; 2:6). 넷째, 만물을 섭리해 달라는 기도입니다(고전 10:12-13). 다섯째, 은혜의 방편으로 영적인 힘을 공급해 달라는 기도입니다 (행 20:32). 여섯째, 은혜의 방편을 잘 사용하게 해 달라는 기도입니다(마 26:41). 우리가 이상의 여섯 가지 간구로 힘써 기도한다면 시험에 빠지는 것을 예방할 수 있을 것입니다.

5. 만약 우리가 시험을 받게 된다면, 성령님께서 우리를 강하게 붙들어 주시고 시험의 때에도 든든히 서게 하시기를, 혹 넘어지더라도 거기서 다시 일어나 회복되게 하셔서, 그 유혹 받음이 오히려 우리로 거룩하게 되고 성장하는 데 사용되기를, 그래서 우리의 성화와 구원이 온전하게 되며, 사탄이 우리의 발아래에 짓밟히게 되고, 우리가 영원히 죄와 시험과 모든 악에서 완전히 자유롭게 되기를 기도합니다.

성령으로 붙드셔서 시험의 때에 든든히 서기를 구하는 기도	이러므로 내가 하늘과 땅에 있는 각 족속에게 이름을 주신 아버지 앞에 무릎을 꿇고 비노니 그의 영광의 풍성함을 따라 그의 성령으로 말미암아 너희 속사람을 능력으로 강건하게 하시오며(엡 3:14-16)
혹 넘어지더라도 다시 회복되기를 구하는 기도	주의 구원의 즐거움을 내게 회복시켜 주시고 자원하는 심령을 주사 나를 붙드소서(시 51:12)
시험이 도리어 거룩과 성장의 계기가 되기를 구하는 기도	근신하라 깨어라 너희 대적 마귀가 우는 사자 같이 두루 다니며 삼킬 자를 찾나니 너희는 믿음을 굳건하게 하여 그를 대적하라 이는 세상에 있는 너희 형제들도 동일한 고난을 당하는 줄을 앎이라 모든 은혜의 하나님 곧 그리스도 안에서 너희를 부르사 자기의 영원한 영광에 들어가게 하신 이가 잠깐 고난을 당한 너희를 친히 온전하게 하시며 굳건하게 하시며 강하게 하시며 터를 견고하게 하시리라(벧전 5:8-10)
우리의 성화와 구원이 온전하게 되기를 구하는 기도	너희 마음을 굳건하게 하시고 우리 주 예수께서 그의 모든 성도와 함께 강림하실 때에 하나님 우리 아버지 앞에서 거룩함에 흠이 없게 하시기를 원하노라(살전 3:13)
사탄과의 싸움에서 승리하기를 구하는 기도	평강의 하나님께서 속히 사탄을 너희 발 아래에서 상하게 하시리라 우리 주 예수의 은혜가 너희에게 있을지어다(롬 16:20)
죄에서 영원히 자유하기를 구하는 기도	평강의 하나님이 친히 너희를 온전히 거룩하게 하시고 또 너희의 온 영과 혼과 몸이 우리 주 예수 그리스도께서 강림하실 때에 흠 없게 보전되기를 원하노라(살전 5:23)

만약 우리가 시험에 들지 않는 것이 하나님의 뜻이라면, 우리 중 그 누구도 시험에 빠지지 않을 것입니다. 하지만 하나님의 뜻은 우리가 조금도 시험을 당하지 않는 것이 아니라, 시험을 통해 더욱 성숙하게 되는 것입니다. 그래서 대요리문답은 시험을 당할 때에 다음과 같이 기도하라고 가르칩니다. 첫째, 성령을 통해 시험을 이길 힘을 달라는 기도입니다(엡 3:14-16). 둘째, 혹 넘어지더라도 다시 일어날 힘을 달라는 기도입니다(시 51:12). 셋째, 시험이 도리어 성화의 방편이 되게 해달라는 기도입니다(벧전 5:8-10). 넷째, 점점 거룩하게 해달라는 기도입니다(살전 3:13). 다섯째, 사탄을 이기게 해달라는 기도입니다(롬 16:20). 여섯째, 죄에서 거룩하게 구별되게 해달라는 기도입니다(살전 5:23). 우리가 이상의 여섯 가지 간구로 힘써 기도한다면 시험을 당하더라도 능히 이길 수 있을 것입니다.

제196문 주기도문의 맺음말은 우리에게 무엇을 가르칩니까?

답: 주기도문의 맺음말인 "나라와 권세와 영광이 아버지께 영원히 있사옵나이다"는, 우리가 우리 자신이나 다른 피조물 안에 있는 어떤 가치로부터가 아니라, 오직 하나님으로부터 비롯된 이유들을 가지고서 우리의 간구를 힘써 아뢰야 한다고 가르치며, 또한 하나님께만 영원한 주권과 전능함과 영광스러운 위엄을 돌리는 찬양을 하면서 기도해야 할 것을 가르칩니다. 하나님의 이런 주권과 전능하심과 위엄으로 인해 하나님께서 우리를 기꺼이 도와주실 수 있기 때문에, 우리도 하나님께서 그렇게 해 주시기를 믿음으로 담대하게 구하고, 하나님께서 우리의 기도 제목들을 이루어 주시도록 잠잠히 그분을 의지할 수 있습니다. 그리고 이러한 우리의 소원과 확신을 증언하기 위하여, 우리는 "아멘"이라고 말합니다.

1. 주기도문의 맺음말인 "나라와 권세와 영광이 아버지께 영원히 있사옵나이다"는

(왜냐하면) 나라와 권세와 영광이 아버지께 영원히 있사옵나이다 아멘(마 6:13)

주기도문의 결론은 "나라와 권세와 영광이 아버지께 영원히 있사옵나이다 아멘"입니다. 한글 성경에는 생략되었지만, 원래 이 결론 부분은 "왜냐하면"이라는 접속사로 시작합니다. 그러므로 주기도문의 결론은, 우리가 하나님께 기도해야 하는 이유를 보여주는 기능을 합니다.

우리는 하나님께 기도해야 합니다. "왜냐하면" 나라가 하나님 아버지께 영원히 있기 때문입니다. 하나님께서 모든 나라와 민족을 다스리시기 때문입니다. 우리는 하나님께 기도해야 합니다. "왜냐하면" 권세가 하나님 아버지께 영원히 있기 때문입니다. 큰 능력이 하나님께 있기 때문입니다. 우리는 하나님께 기도해야 합니다. "왜냐하면" 영광이 하나님 아버지께 영원히 있기 때문입니다. 우리 기도에 응답하심으로써 하나님이 영광을 받으셔야 하기 때문입니다.

2. 우리가 우리 자신이나 다른 피조물 안에 있는 어떤 가치로부터가 아니라, 오직 하나님으로부터 비롯된 이유들을 가지고서 우리의 간구를 힘써 아뢰야 한다고 가르치며,

> 예수께서 힘쓰고 애써 더욱 간절히 기도하시니 땀이 땅에 떨어지는 핏방울 같이 되더라
> (눅 22:44)
> 나의 하나님이여 귀를 기울여 들으시며 눈을 떠서 우리의 황폐한 상황과 주의 이름으로
> 일컫는 성을 보옵소서 우리가 주 앞에 간구하옵는 것은 우리의 공의를 의지하여 하는 것
> 이 아니요 주의 큰 긍휼을 의지하여 함이니이다(단 9:18)

하나님을 믿지 않는 사람들도 기도합니다. 어떤 불신자들은 신자보다 더 정성스럽게, 더 간절하게 기도합니다. 그런 간절함은 우리도 본받아야 합니다. 예수님도 간절하게 기도하셨습니다(눅 22:44). 하지만 기도 응답의 근거가 우리의 간절함에 있다고 생각해서는 안 됩니다. 예를 들어, 다니엘은 우리의 공의가 아니라, 주님의 긍휼을 의지하여 기도한다고 고백했습니다(단 9:18). 기도 응답의 근거가 우리에게 전혀 없음을 알았기 때문입니다. 하나님께서 우리의 기도를 들으시는 것은 우리가 의롭고 선해서가 아니라, 하나님의 자비와 긍휼 때문입니다.

3. 또한 하나님께만 영원한 주권과 전능함과 영광스러운 위엄을 돌리는 찬양을 하면서 기도해야 할 것을 가르칩니다.

> 다윗이 온 회중 앞에서 여호와를 송축하여 이르되 우리 조상 이스라엘의 하나님 여호와
> 여 주는 영원부터 영원까지 송축을 받으시옵소서(대상 29:10)

주기도문의 결론은 일종의 찬양입니다. 왜 찬양으로 기도를 마무리해야 할까요? 기도를 하나님과의 대화라고 정의할 때, 하나님을 찬양하는 것만큼 합당한 결론이 없기 때문입니다. 하나님을 찬양하는 것이 사람의 본분임을 기억할 때, 찬양은 기도의

핵심 요소라 할 수 있습니다. 그래서 다윗은 온 이스라엘 앞에서 하나님을 찬양하는 기도를 드렸습니다(대상 29:10).

4. 하나님의 이런 주권과 전능하심과 위엄으로 인해 하나님께서 우리를 기꺼이 도와주실 수 있기 때문에,

> 우리 가운데서 역사하시는 능력대로 우리가 구하거나 생각하는 모든 것에 더 넘치도록 능히 하실 이에게 교회 안에서와 그리스도 예수 안에서 영광이 대대로 영원무궁하기를 원하노라 아멘(엡 3:20-21)

만약 하나님께서 우리가 구하거나 생각하는 것만큼만 주시는 분이라면, 또는 우리의 자격과 공로를 보시고 그에 합당한 만큼만 주시는 분이라면, 우리는 하나님께 아무것도 받을 수 없습니다. 하지만 우리 하나님은 우리가 구하거나, 또는 우리가 기대하는 것보다 더 많이 주시는 분이십니다(엡 3:20-21). 그래서 우리는 담대하게 하나님께 구할 수 있습니다.

5. 우리도 하나님께서 그렇게 해 주시기를 믿음으로 담대하게 구하고, 하나님께서 우리의 기도 제목들을 이루어 주시도록 잠잠히 그분을 의지할 수 있습니다.

> 이르되 우리 조상들의 하나님 여호와여 주는 하늘에서 하나님이 아니시니이까 이방 사람들의 모든 나라를 다스리지 아니하시나이까 주의 손에 권세와 능력이 있사오니 능히 주와 맞설 사람이 없나이다...이제 그들이 우리에게 갚는 것을 보옵소서 그들이 와서 주께서 우리에게 주신 주의 기업에서 우리를 쫓아내고자 하나이다(대하 20:6, 11)
> 아사가 그의 하나님 여호와께 부르짖어 이르되 여호와여 힘이 강한 자와 약한 자 사이에는 주밖에 도와 줄 이가 없사오니 우리 하나님 여호와여 우리를 도우소서 우리가 주를 의지하오며 주의 이름을 의탁하옵고 이 많은 무리를 치러 왔나이다 여호와여 주는 우리 하나님이시오니 원하건대 사람이 주를 이기지 못하게 하옵소서 하였더니(대하 14:11)

여호사밧은 모압과 암몬의 군대가 침략해 왔다는 소식을 듣자마자 하나님께 기도했습니다(대하 20:6, 11). 아사는 구스의 군대가 이스라엘 영토를 침범하자마자 하나님께 기도했습니다(대하 14:11). 이들이 절체절명의 위기에서 하나님께 기도했던 것은 여호와의 주권과 전능하심과 위엄을 알았기 때문입니다. 우리 역시 하나님께서 우리의 기도 제목을 이루어 주시도록 잠잠히 그분만을 의지하며 기도해야 합니다.

6. 그리고 이러한 우리의 소원과 확신을 증언하기 위하여, 우리는 "아멘"이 라고 말합니다.

> 이것들을 증언하신 이가 이르시되 내가 진실로 속히 오리라 하시거늘 아멘 주 예수여 오 시옵소서 주 예수의 은혜가 모든 자들에게 있을지어다 아멘(계 22:20-21)

"아멘"은 '확실한' 또는 '진실한'이라는 뜻입니다. 그러므로 "아멘"으로 기도를 끝마치 는 것은, 하나님께서 우리의 기도를 들으시고 응답하실 것이 확실하다는 의미를 담 은 '신앙 고백적 행위'입니다.

COMMENTARY ON
WESTMINSTER
LARGER CATECHISM